Die Haftung des Arbeitgebers für Benachteiligungen seiner Beschäftigten durch andere Beschäftigte und Dritte

Schriften zum Recht der Arbeit

Herausgegeben von Olaf Deinert und Rüdiger Krause

Band 15

PL ACADEMIC RESEARCH

Paul Brummer

Die Haftung des Arbeitgebers für Benachteiligungen seiner Beschäftigten durch andere Beschäftigte und Dritte

PL ACADEMIC RESEARCH

Bibliografische Information der Deutschen Nationalbibliothek
Die Deutsche Nationalbibliothek verzeichnet diese Publikation in der Deutschen Nationalbibliografie; detaillierte bibliografische Daten sind im Internet über http://dnb.d-nb.de abrufbar.

Zugl.: Göttingen, Univ., Diss., 2016

D 7
ISSN 2191-4079
ISBN 978-3-631-72039-4 (Print)
E-ISBN 978-3-631-72159-9 (E-PDF)
E-ISBN 978-3-631-72160-5 (EPUB)
E-ISBN 978-3-631-72161-2 (MOBI)
DOI 10.3726/b11061

PL Academic Research ist ein Imprint der Peter Lang GmbH.

Peter Lang – Frankfurt am Main · Bern · Bruxelles · New York · Oxford · Warszawa · Wien

Diese Publikation wurde begutachtet.

www.peterlang.com

Vorwort

Die vorliegende Arbeit wurde im Wintersemester 2014/2015 von der juristischen Fakultät der Georg-August-Universität zur Dissertation angenommen. Die Arbeit wurde zur Drucklegung noch einmal aktualisiert und berücksichtigt die Rechtsprechung, die Literatur und die Gesetzgebung bis Ende August 2016.

Besonders herzlich möchte ich meinem Doktorvater, Herrn Prof. Dr. Olaf Deinert, für die Betreuung der Arbeit, seine stete Unterstützung und seine ewig währende Geduld, ohne die diese Arbeit nicht fertig gestellt worden wäre, danken. Mein besonderer Dank gilt auch Herrn Prof. Dr. Rüdiger Krause für die Übernahme und zügige Erstellung des Zweitgutachtens. Beiden danke ich zudem für die Aufnahme in diese Schriftenreihe.

Meiner Familie danke ich für ihre Zuversicht, ihr Verständnis und die viele Zeit, die sie entbehren musste. Mein Dank gilt zudem Frau Dr. Mandy Reichel, die durch viele gemeinsame Diskussionen erheblich zur Fertigstellung der Arbeit beigetragen hat.

Berlin, Januar 2017
Paul Brummer

Inhaltsverzeichnis

Einleitung

Mit dem Allgemeinen Gleichbehandlungsgesetz (AGG) ist am 18. August 2006 eine umfassende Gesetzgebung zum Schutz vor Diskriminierung in Kraft getreten.[1] Bereits vor dem Inkrafttreten des AGG gab es einen weitreichenden Diskriminierungsschutz von Beschäftigten zum Beispiel hinsichtlich des Geschlechts[2] oder einer Behinderung[3]. Im Rahmen der Umsetzung europäischer Antidiskriminierungsrichtlinien in einem einheitlichen Gesetz, dem AGG, wurde der Katalog der Benachteiligungsmerkmale erweitert. Die Einführung des AGG führte zu einer Sensibilisierung im Umgang mit der Diskriminierungsproblematik, sowie zu einer Steigerung der öffentlichen Wahrnehmung.[4] Dem folgte auch eine erhebliche politische Kontroverse.[5] So befürchteten Arbeitgeber und Anwälte einen starken Anstieg und den Missbrauch von Diskriminierungsklagen, insbesondere durch so genannte „AGG-Hopper".[6] Die CDU/CSU-Fraktion äußerte bereits im Gesetzgebungsverfahren zum AGG Bedenken, dass Diskriminierungen nur aus wirtschaftlichen Interessen geltend gemacht werden könnten.[7] Das anfängliche Misstrauen auf Seiten der Arbeitgeber ist bisher nicht gewichen. Durch einzelne Fälle von AGG-Hopping wird deutlich, dass die Angst vor Missbrauch nicht gänzlich unbegründet ist.[8] Die Befürchtung einer wahren Klageflut hat sich dahingegen bisher nicht bewahrheitet[9]. Dies ist

1 *Richardi*, NZA 2006, 881; *Bauer/Krieger*, AGG, Einl. Rn. 1; Schleusener/Suckow/Voigt – *Schleusener*, AGG, § 1 Rn. 1; *Wagner/Potsch*, JZ 2006, 1085; *Deinert*, DB 2007, 398.

2 Die zentrale Norm bei Geschlechtsdiskriminierung war § 611a BGB a.F.

3 Bis zum Inkrafttreten des AGG beinhaltete § 81 II Nr. 1 SGB IX a. F. ein Verbot der Benachteiligung wegen einer Behinderung. In § 81 II Nr. 2 und Nr. 3 SGB IX a. F. waren mit § 611a BGB a. F. vergleichbare Schadensersatz- und Entschädigungsansprüche formuliert, siehe auch Schiek – *Kocher*, AGG § 15 Rn. 6.

4 *Kock*, BB 2009, 157; *Bayreuther*, NZA 2011 Beilage 1, 27.

5 Beispielhaft anzuführen sind die Bedenken des Bundesrates bezüglich der zusätzlichen Belastungen für das Wirtschafts- und Rechtsleben und die Folgen für den Wirtschaftsstandort Deutschland, BT-Drs. 16/1852 S. 1; zusammenfassend *Schmitz-Scholemann/Brune*, RdA 2011, 129.

6 Exemplarisch für die Angst vor missbräuchlichen Klagen auf Entschädigung nach dem AGG ist die von einer großen deutschen Kanzlei zeitweise eingerichtete Datenbank mit Informationen zu professionellen Diskriminierungsklägern, so genannten „AGG-Hoppern", welche für Arbeitgeber und Rechtsanwälte bei Bedarf einsehbar war. Hierzu auch *Diller*, BB 2006, 1968 ff; *ders.*, NZA 2007, 1321; ferner *Bauer/Thüsing/Schunder*, NZA 2006, 774 (775). Zum Missbrauch der Entschädigungsklage noch zu § 611a BGB a.F. *Ehrich*, BB 1996, 1007.

7 BT-Drucks. 15/5717 S. 34;

8 *Bauer/Thüsing/Schunder*, NZA 2006, 774 (776).

9 *Heyn/Meinel*, NZA 2009, 20; *Wolff*, BB 2009, M1; *Walker*, NZA 2009, 5 (7); *Schmidt*, Personal 2010, 72; *Schmitz-Scholemann/Brune*, RdA 2011, 129 (130).

unter anderem der Tatsache geschuldet, dass die Rechtsprechung strenge Anforderungen an den Kläger beziehungsweise den Nachweis der Ernsthaftigkeit im Diskriminierungsverfahren stellt, um Missbrauch auszuschließen.[10] Die Gerichte verneinten unter bestimmten Voraussetzungen die Ernsthaftigkeit einer Bewerbung[11] und wiesen die auf Schadensersatz gerichtete Klage des abgelehnten Bewerbers wegen rechtsmissbräuchlichen Verhaltens ab.[12] Das AGG wird insbesondere in Bezug auf das Alter[13], das Geschlecht, eine Behinderung[14] und auch die ethnischen Herkunft[15] angesichts der Entwicklung in der Rechtsprechung zur Alters-[16] oder Geschlechtsdiskriminierung[17] zukünftig eine bedeutende Rolle für Juristen und Rechtsanwender spielen.[18] Aufgrund des regen Interesses in der Praxis und nunmehr zunehmender Rechtsprechung zur Benachteiligung nach dem AGG[19] ist zu erwarten, dass die Anwendung und Bedeutung des AGG weiter zunehmen werden.[20]

Seit der Einführung des AGG ist die Haftung des Arbeitgebers für die unzulässige Benachteiligung von Beschäftigten[21], insbesondere die Haftung des Arbeitgebers für Benachteiligungen im Bewerbungsverfahren eines der stark diskutierten Probleme

---

10 BAG v. 12.11.1998 – 8 AZR 365/97 NZA 1999, 371; LAG Berlin v. 14.07.2004 – 15 Sa 417/04 NZA-RR 2005, 124; *Wolff*, BB 2009, M1.

11 BAG v. 12.11.1998 – 8 AZR 365/97 NZA 1999, 371; LAG Berlin v. 14.07.2004 – 15 Sa 417/04 NZA-RR 2005, 124.

12 Staudinger – *Richardi/Fischinger*, BGB, § 611, Rn. 483; Staudinger – *Annuß*, BGB, § 611a Rn. 91 m.w.N. (Bearbeitung 2005).

13 *Seel*, ÖAT 2010, 129 (131).

14 Exemplarisch BAG v. 17.12.2009 – 8 AZR 670/08, NZA 2010, 838 ff.

15 ArbG Berlin v. 11.02.2009 – 55 Ca 16952/08, NZA-RR 2010, 16; ArbG Stuttgart v. 15.04.2010 – 17 Ca 8907/09, NZA-RR 2010, 344 (Bezeichnung als Ossi ist keine Benachteiligung wegen ethnischer Herkunft).

16 EuGH v. 19.01.2010 – C-555/07 (*Kücükdeveci*), NZA 2010, 85; BAG v. 13.10.2009 – 9 AZR 722/08, NZA 2010, 327; BAG v. 20.05.2010 – 6 AZR 319/09 (A), NZA 2010, 768; BAG v. 20.05.2010 – 6 AZR 148/09 (A), NZA 2010, 961; LAG Niedersachsen v. 12.03.2010 – 10 Sa 583/09, ArbR 2010, 301; ArbG Siegburg – 27.01.2010 – 2 Ca 2144/09, DB 2010, 1466.

17 Hierzu einleitend mit Rechtssprechungsnachweisen *Heyn/Meinel*, NZA 2009, 20; *Schmidt*, Personal 2010, 72; LAG Düsseldorf v. 12.11.2008 – 12 Sa 1102/08, ZTR 2009, 271.

18 *Rolf/Wessel*, NJW 2009, 3329 (3334) im Bezug auf Geschlechtsdiskriminierung; *Schmidt*, Personal 2010, 72; *Berger-Delhey*, ZTR 2007, 474; *Schmitz-Scholemann/Brune*, RdA 2011, 129 (141).

19 Zum Beispiel BAG Urteil v. 16.05.2007 – 8 AZR 709/06 NZA 2008, 223; LAG Düsseldorf v. 14.02.2008 – 11 Sa 1939/07; vorgehend ArbG Düsseldorf v. 18.09.2007 – 7 Ca 1969/07 SAE 2008, 112 ff.; ArbG Berlin v. 12.11.2007 - 86 Ca 4035/07 NZA 2008, 492.

20 *Heyn/Meinel*, NZA 2009, 20; *Berger-Delhey*, ZTR 2007, 474; *Bayreuther*, NZA 2011 Beilage 1, 27; *Schmitz-Scholemann/Brune*, RdA 2011, 129 (130).

21 Mit den Begriffen „Beschäftigter" oder „Beschäftigte" sind im Rahmen der Ausführungen sowohl männliche wie auch weibliche Personen bezeichnet. Zur Vereinfachung und entsprechenden dem gängigen Gebrauch in der wissenschaftlichen

des Antidiskriminierungsrechts. Die zahlreichen Literaturbeiträge von Rechtsanwälten zu Problemstellungen des AGG zeigen, dass in der Praxis ein reger Bedarf an der Erörterung dieser Problematik besteht und die Anwaltschaft die Haftung des Arbeitgebers wegen unzulässiger Benachteiligung aufgrund der erheblichen Bedeutung in der anwaltlichen Beratung besonders im Blick hat.[22]

Mit der Untersuchung der Haftung des Arbeitgebers für die Benachteiligung seiner Beschäftigten durch andere Beschäftigte und durch sonstige Dritte sollen die rechtlichen Auswirkungen einer verbotenen Benachteiligung von Beschäftigten im Sinne des AGG für den Arbeitgeber ausführlich erörtert werden. Die Untersuchung beschränkt sich dabei nicht auf die Haftung nach dem AGG, sondern umfasst sämtliche Haftungstatbestände, die bei einer Diskriminierung in Betracht kommen können. Der wesentliche Gegenstand der Untersuchung wird die Haftungszurechnung des Arbeitgebers bei unzulässigen Benachteiligungen durch Beschäftigte und andere Dritte sowie die Rechtsfolgen und die Auswirkung einer Zurechnung fremden Verhaltens sein.

Gerade in großen Unternehmen und Konzernen ist der Arbeitgeber keine einzelne natürliche Person. Vielmehr sind die Arbeitgeber zumeist juristische Personen, die sich durch ihre Organe oder Beschäftigten vertreten lassen. Die unzulässige Benachteiligung eines Beschäftigten nach § 7 I AGG durch den Arbeitgeber in Person stellt deshalb nur einen Teil der Benachteiligungsfälle von Beschäftigten dar. Neben anderen Beschäftigten des Arbeitgebers, wie Vorgesetzten, Kollegen oder Untergebene können auch Kunden, Lieferanten oder andere Geschäftspartner des Arbeitgebers Handelnde der Benachteiligung sein. Zu erörtern ist, ob und wie der Arbeitgeber für das Verhalten dieser Dritten haftet beziehungsweise ihm dieses Verhalten zugerechnet werden kann und der Arbeitgeber Schadensersatz- und Entschädigungsansprüchen des betroffenen Beschäftigten ausgesetzt ist.

Die Zurechnung des Verhaltens anderer Personen ist im AGG nicht explizit geregelt. In einem früheren Entwurf zum Antidiskriminierungsgesetz (ADG), dem Entwurf eines ersten Gesetzes zur einheitlichen Umsetzung der europäischen Antidiskriminierungsvorgaben, war in § 16 noch eine entsprechende Regelung zur Haftung des Arbeitgebers bei Benachteiligung seiner Beschäftigten durch andere Beschäftigte und Dritte vorgesehen.[23] Diese wurde jedoch bereits vor der Verabschiedung des ADG durch den Deutschen Bundestag am 17. Juni 2005 aufgrund des Vorschlags des Ausschusses für Familie, Senioren, Frauen und Jugend aus dem Entwurf zum ADG gestrichen.[24] Begründet wurde dies damit, dass der Arbeitgeber bei

---

Literatur und der Rechtsprechung erfolgt in Anlehnung an den gesetzlichen Sprachgebrauch die männlich Verwendung des Begriffs.

22 *Schwab*, NZA 2007, 178 f.; *Diller*, NZA 2007, 649 ff.; *Simon/Greßlin*, BB 2007, 1782 ff.; *Göpfer/Siegrist*, NZA 2007, 473 ff.; *Mohr*, SAE 2008, 106 ff.; *Adomeit/Mohr*, NJW 2007, 2552 ff.

23 BT-Drs. 15/4538, S. 7.

24 Siehe Beschlussempfehlung und Bericht des Ausschusses für Familie, Senioren, Frauen und Jugend BT-Drs. 15/5717, 11.

einer Benachteiligung durch Beschäftigte oder Dritte seiner dann zugleich mitkodifizierten Fürsorgepflicht nicht nachgekommen sei und wegen dieser Pflichtverletzung daher nach den allgemeinen Bestimmungen hafte. Eine gesonderte Regelung sei deswegen nicht erforderlich.[25] Das geplante ADG konnte aufgrund des Grundsatzes der Diskontinuität nicht mehr umgesetzt werden, weil die 15. Wahlperiode wegen des Misstrauensvotums gegen den damaligen Bundeskanzler Gerhard Schröder früher endete.[26] Der Entwurf des ADG diente jedoch als Grundlage für das AGG.[27]

Die Problematik der unzulässigen Benachteiligung hat sich nicht erst durch die Einführung des AGG entwickelt, sondern besteht schon seit längerem. Als Anspruchsgrundlage nach erfolgter Diskriminierung wegen des Geschlechts war bis zum Inkrafttreten des AGG in diesem Zusammenhang § 611a BGB a. F. die wichtigste Norm. Daneben gibt es eine umfangreiche Rechtsprechung zu Mobbingfällen. Mobbing ist ein unbestimmter Begriff und nicht jeder Fall des Mobbings stellt zwingend eine verbotene Benachteiligung nach § 7 I AGG dar. Gleichwohl ist ein beachtlicher Teil der Mobbingfälle eine unzulässige Benachteiligung im Sinne des AGG. Dabei wird es sich zumeist um Belästigungen nach § 3 III AGG oder sexuelle Belästigungen nach § 3 IV AGG handeln. Nach der bisherigen Rechtsprechung ist Mobbing ein Anwendungsfall des Schadensersatzes nach § 280 BGB und § 823 I BGB.[28] Konsequenterweise werden somit auf Fälle unzulässiger Benachteiligungen zum Beispiel in Form des Mobbings daneben die allgemeinen zivilrechtlichen Schadensersatznormen angewandt. Hierdurch wird deutlich, dass sich die Untersuchung der Haftung des Arbeitgebers für Benachteiligung seiner Beschäftigten durch andere Beschäftigte und sonstige Dritte nicht auf die Normen des AGG beschränken kann, sondern gerade die Haftung und Zurechnung nach den allgemeinen zivilrechtlichen Vorschriften von besonderer Bedeutung sind. Sie werden daher einen weiteren Schwerpunkt der Erörterung darstellen.

Die praktische Relevanz der Haftung des Arbeitgebers für Benachteiligungen durch Beschäftigte und Dritte wird zum Beispiel im Bewerbungsverfahren und der Auswahl neuen Personals besonders deutlich. Bei der Personalsuche bedienen sich Arbeitgeber oft ihrer eigenen Mitarbeiter, zum Beispiel der Mitarbeiter der Personalabteilung oder externer Dritter, wie der Agentur für Arbeit oder privatrechtlicher Personalvermittler. Von der Stellenausschreibung bis hin zur Auswahlentscheidung und Einstellung handelt der Arbeitgeber, wenn er überhaupt eine natürliche Person ist, selten höchstpersönlich. So lässt sich die Frage nach der Haftung des

25 Siehe Beschlussempfehlung und Bericht des Ausschusses für Familie, Senioren, Frauen und Jugend, BT-Drs. 15/5717, 37.

26 Hierzu Däubler/Bertzbach – *Däubler*, AGG, Einleitung Rn. 9; *Bauer/Krieger*, AGG, Einl. Rn. 31; *Rühl/Schmidt/Viethen*, AGG, S. 9.

27 *Reichold*, ZESAR 2006, 386 (391); *Bauer/Thüsing/Schunder*, NZA 2006, 774; *Rühl/Schmidt/Viethen*, AGG, S. 10 f.

28 BAG v. 25.10.2007 – 8 AZR 593/06, NZA 2008, 223; BAG v. 16.05.2007 – 8 AZR 709/06, NZA 2007, 1154.

Arbeitgebers für das Verhalten anderer im Bewerbungsverfahren besonders veranschaulichen.

Die Haftung für Benachteiligung von Beschäftigten ist nicht nur auf der individualrechtlichen Ebene relevant. Bereits in § 15 III AGG zeigt sich die kollektivrechtliche Relevanz von Benachteiligungen. Die Haftungsreduzierung des Arbeitgebers bei Kollektivunrecht auf Vorsatz und grobe Fahrlässigkeit nach § 15 III AGG bei Anwendung von kollektivrechtlicher Vereinbarungen wird ein weiterer Gegenstand der nachfolgenden Untersuchung sein. Die praktische Relevanz veranschaulicht die Rechtsprechung zur Altersdiskriminierung in Tarifverträgen.[29] Insbesondere die wirtschaftlichen Folgen benachteiligender Anwendung oder Anwendung einer benachteiligenden Regelung eines Tarifvertrags oder einer Betriebsvereinbarung sind für Arbeitgeber erheblich weitreichender als die Benachteiligung Einzelner durch individualrechtliche Maßnahmen wie zum Beispiel eine fehlerhafte Kündigung. Dabei ist besonders die Rechtsprechung des EuGH[30] und des BAG[31] zur Beseitigung der Benachteiligung und Herstellung einer Gleichbehandlung mit der Vorgabe einer „Angleichung nach oben“ zu beachten. Die damit verbundenen Kosten zusätzlich neben der Rechtsfolge der Schadensersatz- und Entschädigungsforderungen können in größeren Unternehmen mit vielen Beschäftigten sehr hoch sein und stellen eine erhebliche wirtschaftliche Belastung dar. Die Haftung des Arbeitgebers für Benachteiligungen durch Anwendung kollektivrechtlicher Vereinbarungen mit Blick auf das Haftungsprivileg und die weiteren Rechtsfolgen unter Beachtung der europarechtlichen Vorgaben ist daher ein weiterer Schwerpunkt.

Die Frage, ob eine Benachteiligung gegeben ist, ist nicht Gegenstand der Untersuchung. Für die Beurteilung der Haftung des Arbeitgebers wird deshalb bei den weiteren Ausführungen eine Benachteiligung eines oder mehrerer Beschäftigter des Arbeitgebers im Sinne des AGG vorausgesetzt. Eine Erörterung des Begriffs der Benachteiligung erfolgt nur, soweit dies bei den entsprechenden Ausführungen zur Haftung des Arbeitgebers erforderlich ist.

---

29 Beispielhaft BAG v. 20.05.2010 – 6 AZR 148/09, NZA 2010, 961; BAG v. 20.05.2010 – 6 AZR 319/09, NZA 2010, 768; LAG Köln v. 29.09.2009 – 7 Sa 469/09, NZA-RR 2010, 488.

30 EuGH v. 13.12.1989 – C-102/88 NZA 1991, 59; EuGH v. 07.02.1991 – C-184/89, NVwZ 1991, 461; EuGH v. 27.06.1990 – C-33/89, NZA 1990, 771.

31 BAG v. 13.11.1985 – 4 AZR 234/84, NZA 1986, 321; BAG v. 07.03.1995 – 3 AZR 282/94, NZA 1996, 48.

Kapitel I – Europarechtliche Vorgaben des Diskriminierungsschutzes

Der Schutz vor Benachteiligung beim Zugang zur Beschäftigung, zur Berufsbildung, zum beruflichen Aufstieg sowie in Bezug auf Arbeitsbedingungen im nationalen Recht hat seinen Ursprung vor allem in der Umsetzung europarechtlicher Vorgaben. Insbesondere das AGG dient der Umsetzung der europäischen Rechtsakte zur Anwendung des Gleichbehandlungsgrundsatzes und dem Schutz vor Diskriminierung in Arbeits- und Beschäftigungsfragen.[32] Das nationale Recht zum Schutz vor Diskriminierung kann somit nicht losgelöst vom Europarecht, sondern nur vor dem Hintergrund der europarechtlichen Vorgaben betrachtet werden.

A. Primäres Europarecht

Der Schutz vor Diskriminierung und der Grundsatz der Gleichbehandlung von Männern und Frauen ist in verschiedenen Artikeln im Vertrag über die Arbeitsweise der Europäischen Union (AEUV), der nach Art. 1 II AEUV zusammen mit dem Vertrag über die Europäische Union die Grundlage für die Union bildet, verankert. Einen entsprechenden Schutz beinhalteten teilweise schon der EWG- und der EG-Vertrag, beispielsweise in Art. 119 EWGV oder entsprechend Art. 141 EGV.

Der AEUV sieht einen umfangreichen Schutz vor Diskriminierung vor. Nach Art. 10 AEUV zielt die Union in ihrer Politik und ihren Maßnahmen auf die Bekämpfung der Benachteiligung aus Gründen des Geschlechts, der Rasse, der ethnischen Herkunft, der Religion oder der Weltanschauung, einer Behinderung, des Alters oder der sexuellen Ausrichtung. Art. 19 AEUV ermächtigt den Rat nach Zustimmung des Parlaments entsprechende Vorkehrungen treffen, um dieses Schutzziel zu verwirklichen. Ein explizites Verbot der Diskriminierung aus Gründen der Staatszugehörigkeit nebst entsprechender Gesetzgebungskompetenz beinhaltet Art. 18 AEUV. Des Weiteren sieht der AEUV in Art. 8 vor, dass die Union darauf hinwirkt, „Ungleichheiten zu beseitigen und die Gleichstellung von Männern und Frauen zu fördern." Das Verbot der Entgeltdifferenzierung zwischen Männern und Frauen aus Art. 141 EGV wurde in Art. 157 AEUV aufgenommen.

Primärrechtlicher Schutz vor Diskriminierungen ergibt sich nicht nur aus den Verträgen der Union, sondern auch aus den durch die Rechtsprechung des EuGH entwickelten europäischen Grundrechten.[33] Davon umfasst ist auch der Grundsatz der Gleichbehandlung und der Nichtdiskriminierung.[34] In der *Mangold*-Entscheidung

32 Schiek – *Schiek*, AGG, Einl. Rn. 61.

33 BAG v. 26.04.2006 – 7 AZR 500/04, NZA 2006, 1162 (1165); ErfK – *Wissmann*, Vorb. zum EG Rn. 4; Nägele – *Kappelhoff*, S. 5; MüArbR – *Oetker*, § 13 Rn. 12.

34 EuGH v. 07.09.2006 – C-81/05 (*Anacleto Cordero Alonso*), NZA 2006, 1347.

hat der EuGH das Verbot der Diskriminierung, in diesem Fall aufgrund des Alters, als allgemeinen Grundsatz der europäischen Union angeführt.[35] Der EuGH führte aus, dass der Grundsatz der Gleichbehandlung und das Verbot der Diskriminierung ihren Ursprung in den verschiedenen völkerrechtlichen Verträgen und der gemeinsamen Verfassungstradition der Mitgliedstaaten haben. Das Verbot der Diskriminierung ist zudem in Art. 21 I der Charta der Grundrechte der Europäischen Union verankert. Daneben stellt Art. 23 dieser Charta die Gleichstellung von Männern und Frauen sicher. Die Charta der Grundrechte der Europäischen Union ist zwar nicht unmittelbarer Bestandteil der Verträge der Europäischen Union. Nach dem Verweis in Art. 6 I EU auf die Charta der Grundrechte, wonach die Charta und die Verträge der Europäischen Union gleichrangig sind, ist sie nach Inkrafttreten des Vertrags von Lissabon am 01. Dezember 2009 jedoch für alle Mitgliedstaaten mit besonderen Ausnahmeregelungen für Polen und Großbritannien[36] bindend. Das Verbot der Diskriminierung ist daher als allgemeiner Grundsatz des Europarechts anzusehen.[37] Die Mitgliedstaaten sind bei Verstößen gegen das Diskriminierungsverbot verpflichtet, die Benachteiligung zu beseitigen. Dies kann durch Anpassung im positiven, wie im negativen Sinn erfolgen.[38]

B. Sekundäres Europarecht

Zur Umsetzung eines umfassenden Schutzes vor Diskriminierung im Bereich der Beschäftigung haben die entsprechenden Organe der Europäischen Union mehrere Richtlinien erlassen.

Zum einen konzentriert sich die Richtliniensetzung auf die Gleichbehandlung von Männern und Frauen.[39] Zur Umsetzung dieses europäischen Ziels diente die Richtlinie 76/207/EWG des Rates vom 09. Februar 1976 zur Verwirklichung des Grundsatzes der Gleichbehandlung von Männern und Frauen hinsichtlich des Zugangs zur Beschäftigung, zur Berufsbildung und zum beruflichen Aufstieg sowie in Bezug auf die Arbeitsbedingungen. Diese wurde durch die Richtlinie 2002/73/EG des Europäischen Parlaments und des Rates vom 23. September 2002 zur Änderung der Richtlinie 76/207/EWG des Rates zur Verwirklichung des Grundsatzes der Gleichbehandlung von Männern und Frauen hinsichtlich des Zugangs zur Beschäftigung, zur Berufsbildung und zum beruflichen Aufstieg sowie in Bezug auf die Arbeitsbedingungen letztmalig geändert. Die europäischen Vorgaben und Regelungen zur Verwirklichung des Grundsatzes der Chancengleichheit und der

35 EuGH v. 22.11.2005 – C-114/04 (*Mangold*), NZA 2005, 1345 (1348).

36 Siehe Protokoll über die Anwendung der Charta der Grundrechte der Europäischen Union auf Polen und das Vereinigte Königreich, ABl. C 306 v. 17.12.2007, S. 156 f.

37 EuGH v. 22.11.2005 – C-114/04 (*Mangold*), NZA 2005, 1345 (1348); EuGH v. 19.01.2010 – C-555/07 (*Kücükdeveci*), NZA 2010, 85 (86); Meyer – *Hölscheidt*, Charta der Grundrechte der Europäischen Union, Art 21 Rn. 41.

38 *Jarass*, Charta der Grundrechte der Europäischen Union, Art 23, Rn. 7, Art. 21 Rn. 29.

39 Vergleiche MüArbR – *Oetker*, § 13 Rn. 14.

Gleichbehandlung von Männern und Frauen in Arbeits- und Beschäftigungsfragen wurden 2006 in einer neuen Gender-Richtlinie neu- und zusammengefasst.[40] Die bis dahin bestehenden europäischen Regelungen zur Gleichbehandlung von Männern und Frauen wurden aufgehoben.[41] Somit ist nunmehr Richtlinie 2006/54/EG ausschlaggebend für die europarechtlichen Vorgaben zur Gleichbehandlung von Männern und Frauen in Arbeits- und Beschäftigungsfragen.

Hinsichtlich des Schutzes vor Diskriminierung bezüglich anderer Merkmale, zum Beispiel ethnische Herkunft, Rasse, Alter, Behinderung oder Religion, hat der Rat der Europäischen Union zwei weitere Richtlinien erlassen.[42] Dies sind zum einen die Richtlinie 2000/43/EG des Rates vom 29. Juni 2000 zur Anwendung des Gleichbehandlungsgrundsatzes ohne Unterschied der Rasse oder der ethnischen Herkunft und zudem die Richtlinie 2000/78/EG des Rates vom 27. November 2000 zur Festlegung eines allgemeinen Rahmens für die Verwirklichung der Gleichbehandlung in Beschäftigung und Beruf. Aufgrund der Gesamtheit der genannten Richtlinien wird ein umfassender Schutz vor Diskriminierungen angestrebt, zu dessen Umsetzung die Mitgliedsstaaten verpflichtet sind.[43]

Zweck der Richtlinien ist die umfassende Sicherung des Gleichbehandlungsgrundsatzes und der Schutz vor Diskriminierung wegen der Religion oder der Weltanschauung, einer Behinderung, des Alters, des Geschlechts oder der sexuellen Orientierung in Arbeits- und Beschäftigungsfragen. Dies ergibt sich ausdrücklich aus Art. 1 RL 2000/78/EG beziehungsweise bezüglich des Geschlechts und der Gleichbehandlung von Männern und Frauen aus Art. 1 RL 2006/54/EG. Eine vergleichbare Zwecksetzung beinhaltete bereits Art. 1 RL 76/207/EWG. Die Richtlinie zur Sicherung des Gleichbehandlungsgrundsatzes und die Richtlinien zum Schutz vor Diskriminierung aufgrund der oben genannten Merkmale beinhalten im Wesentlichen den gleichen Schutzzweck, auch wenn sie nicht in allen Regelungsdetails identisch sind.

I. Sanktionierung von Verstößen

Nach den entsprechenden EU-Richtlinien bedarf es zum effektiven Schutz vor Benachteiligungen einer wirksamen Sanktionierung. Nach den entsprechenden Artikeln der Richtlinien 2000/43/EG, 2000/78/EG und 2006/54/EG, die in dieser Frage im Wortlaut bis auf die Umsetzungsfrist identisch sind, sind die Mitgliedstaaten verpflichtet, im Rahmen der nationalen Gesetzgebung Sanktionen für den Fall

40 Richtlinie 2006/54/EG des Europäischen Parlaments und des Rates vom 05. Juli 2006 zur Verwirklichung des Grundsatzes der Chancengleichheit und Gleichbehandlung von Männern und Frauen in Arbeits- und Beschäftigungsfragen.

41 Nach Art. 34 RL 2006/54/EG vom 05. Juli 2006 wurde die Richtlinie 76/207/EWG in der zuletzt durch Richtlinie 2002/73/EG geänderten Fassung mit Wirkung vom 15. August 2009 aufgehoben.

42 MüArbR – *Oetker*, § 13 Rn. 15.

43 Rust/Falke – *Falke*, AGG, § 7 Rn. 12 f.; MüArbR – *Oetker*, § 13 Rn. 15.

der Diskriminierung festzulegen. Den einzelnen Mitgliedstaaten steht die Wahl der Sanktionsmittel unter den verschiedenen und geeigneten Lösungen frei.[44] Die Pflicht zu einer bestimmten Sanktion besteht nicht.[45] Erforderlich ist gemäß den drei Richtlinien jedoch, dass die Sanktionen, die auch Schadensersatz an das Opfer umfassen können, wirksam, verhältnismäßig und abschreckend sind.[46] Soweit sich ein Mitgliedstaat entscheidet, das Sanktionierungserfordernis in Form zivilrechtlicher Haftung des Urhebers der Diskriminierung umzusetzen, bedarf es nach der Auffassung des EuGH bestimmter Mindestanforderungen an die gesetzgeberische Ausgestaltung des Schadensersatzanspruchs.[47] Sanktionen, die an ein Verschulden anknüpfen oder Exkulpationsmöglichkeiten bieten, sind demnach nicht hinreichend wirksam und entsprechen somit nicht den Vorgaben der Richtlinien.[48]

Der deutsche Gesetzgeber hat in Umsetzung der Art. 15 RL 2000/43/EG, Art. 17 RL 2000/78/EG und Art. 25 RL 2006/54/EG die Sanktionen im AGG als Schadensersatz- und Entschädigungsleistungen an das Opfer ausgestaltet.[49] Die Anspruchsgrundlagen sind § 15 I und II AGG. Diese gewähren dem benachteiligten Beschäftigten einen Schadensersatz- und einen Entschädigungsanspruch gegen den Arbeitgeber. Ob diese Umsetzung den europäischen Vorgaben entspricht, ist aufgrund des Wortlautes des § 15 I 2 AGG umstritten.[50] Nach dem Wortlaut des § 15 I 2 AGG muss der Arbeitgeber den durch einen Verstoß gegen das Benachteiligungsverbot entstandenen Schaden nicht ersetzen, wenn er diese Pflichtverletzung nicht zu vertreten hat. Der Schadensersatzanspruch gegen den Arbeitgeber soll vom Verschulden des Arbeitgebers abhängig sein. Das Verschulden wird dabei widerleglich vermutet. Dies bedeutet, dass der Arbeitgeber nachweisen muss, dass ihn kein Verschulden trifft. Der EuGH hat den europäischen Schutz vor Diskriminierungen dahingehend ausgelegt, dass die Haftung des Urhebers der Diskriminierung jedoch nicht abhängig vom Nachweis eines Verschuldens oder dem Fehlen eines Rechtfertigungsgrundes

---

44 EuGH v. 10.07.2008 – C-54/07 (*Feryn*), NZA 2008, 929 (931) explizit zu Art. 15 RL 2000/43/EG; *Schlachter*, Loccumer Protokolle 40/03, 239 (243).

45 Dies ergibt sich bereits aus den Wortlaut von Art. 15 RL 2000/43/EG, Art. 17 RL 2000/78/EG und Art. 25 RL 2006/54/EG. Der EuGH konkretisiert diese Vorgaben; vgl. EuGH v. 10.07.2008 – C-54/07 (*Feryn*), NZA 2008, 929 (931); EuGH v. 22.04.1997 – C-180/95 (*Draehmpaehl*), NJW 1997, 1839 (1840) zu Art 6 RL 76/207/EWG; Rudolf/Mahlmann – *Mahlmann*, Gleichbehandlungsrecht, § 3 Rn. 134; *Fuchs/Marhold*, Europäisches ArbR, S. 102.

46 EuGH v. 10.07.2008 – C-54/07 (*Feryn*), NZA 2008, 929 (931) explizit zu Art. 15 RL 2000/43/EG; EuGH v. 22.04.1997 – C-180/95 (*Draehmpaehl*), NJW 1997, 1839 (1840) zu Art 6 RL 76/207/EWG.

47 EuGH v. 22.04.1997 – C-180/95 (*Draehmpaehl*), NJW 1997, 1839 f.

48 EuGH v. 22.04.1997 – C-180/95 (*Draehmpaehl*), NJW 1997, 1839 f.

49 BT-Drucksache 16/1780 S. 38; KR – *Treber*, § 2 AGG Rn. 2.

50 Zum Streitstand exemplarisch ErfK – *Schlachter*, AGG, § 15 Rn. 1; Däubler/Bertzbach – *Deinert*, AGG, § 15 Rn. 30; MüKo – *Thüsing*, BGB, § 15 AGG Rn. 5, 33 f., *Adomeit/Mohr*, AGG, § 15 Rn. 30.

sein darf.[51] Allein der Verstoß gegen das Benachteiligungsverbot soll demnach einen Schadensersatzanspruch des Geschädigten begründen, sofern sich der Mitgliedstaat für eine zivilrechtliche Sanktionierung von Diskriminierungen durch Schadensersatzansprüche entschieden hat.

Die Regelungen des AGG sind jedoch nicht abschließend. Anderweitige Ansprüche eines Opfers von Diskriminierung sind nach § 15 V AGG nicht ausgeschlossen.

Resultat der von Deutschland gewählten Art und Weise der Sanktionierung ist, dass jedem Betroffenen im Fall einer unzulässigen Benachteiligung ein Anspruch auf Schadensersatz unter Maßgabe der europäischen Vorgaben zusteht. Gegen wen sich dieser Schadensersatzanspruch zu richten hat, wird weder durch Art. 15 RL 2000/43/EG, Art. 17 RL 2000/78/EG noch durch Art. 25 RL 2006/54/EG ausdrücklich vorgegeben.

II. Schadensersatz bei Ungleichbehandlung von Männern und Frauen

Im Zusammenhang mit der Gleichstellung von Männern und Frauen könnten die Vorgaben an die Ausgestaltung der Umsetzung näher konkretisiert sein. Neben wirksamen, verhältnismäßigen und abschreckenden Sanktionen haben die Mitgliedstaaten nach Art. 18 I RL 2006/54/EG sicherzustellen, dass dem Betroffenen einer Diskriminierung wegen des Geschlechts der entstandene Schaden tatsächlich und wirksam ausgeglichen oder ersetzt wird. Der Ausgleich des Schadens hat auf eine abschreckende und dem erlittenen Schaden angemessene Art und Weise zu erfolgen. Dies bedeutet, dass die Pflicht zum Schadensersatz nicht nur einen tatsächlichen Ausgleich des erlittenen Schadens gewährleisten soll, sondern zugleich Sanktionscharakter haben soll.[52] Angesichts der Orientierung am tatsächlich erlittenen Schaden kann jedoch nicht von einem reinen Strafschadensersatz über eine Kompensierung hinaus ausgegangen werden.[53] Auch der EuGH fordert, dass eine Entschädigung in einem angemessenen Verhältnis zu dem erlittenen Schaden stehen soll.[54] Dies bedeutet zwar, dass der Schadensersatz nicht nur rein symbolischen Charakter haben darf, sondern zur wirksamen Umsetzung des Diskriminierungsschutzes

---

51 EuGH v. 22.04.1997 – C-180/95 (*Draehmpaehl*), NJW 1997, 1839 (1840).

52 *Wagner*, AcP 2006, 352 (398 ff.); *Wagner/Potsch*, JZ 2006, 1085 (1088); ErfK – *Schlachter*, § 15 AGG Rn. 1; Däubler/Bertzbach – *Deinert*, AGG, § 15 Rn. 13 m.w.N.

53 ErfK – *Schlachter*, AGG, § 15 Rn. 1; Däubler/Bertzbach – *Deinert*, AGG, § 15 Rn. 13 m.w.N; *Deinert*, AiB 2006, 741 (746); MüKo – *Thüsing*, BGB, § 15 AGG Rn. 14 ff.; *Wagner/Potsch*, JZ 2006, 1085 (1088); *Stoffels*, RdA 2009, 204 (206); KR – *Treber*, § 15 AGG Rn. 7; Schiek – *Kocher*, AGG, § 15 Rn. 3 f.; von einem ausufernden Strafschadensersatz ausgehend *Adomeit*, NJW 1997, 2295; Staudinger – *Annuß*, BGB, § 611a Rn. 354 (Bearbeitung 2005); *Annuß*, NZW 1999, 738 (741); *Kandler*, 210 ff.

54 EuGH v. 10.04.1984 – Rs 14/83 (*Colson* und *Kamann*), NZA 1984, 157; EuGH v. 22.04.1997 – C-180/95 (*Draehmpaehl*), NJW 1997, 1839 (1840).

eine abschreckende Wirkung erforderlich ist.[55] Die Verhältnismäßigkeit zum tatsächlich erlittenen Schaden führt jedoch nicht nur zu einer Begrenzung der Entschädigung nach unten. Konsequenterweise kann der Schadensersatz auch nicht über die Kompensation des tatsächlichen Schadens hinaus gewährt werden. Ein reiner Strafschadensersatz ohne diese Obergrenze würde nicht mehr im Verhältnis zum erlittenen Schaden stehen.

Dafür spricht auch die Freiheit der Mitgliedstaaten zur Wahl der Sanktion. Zum einen werden durch das Erfordernis eines abschreckenden Schadensausgleichs die Kompensation des erlittenen Schadens und die Verhinderung zukünftiger Diskriminierungen bezweckt.[56] Daneben sieht bereits der Wortlaut von Art. 18 RL 2006/54/EG vor, dass der Ausgleich in einer dem erlittenen Schaden angemessenen Art und Weise geschehen muss. Des Weiteren muss neben dem Schadensersatz zusätzlich eine Sanktionierung der Diskriminierung erfolgen.[57] Dies ist in Art. 25 RL 2006/54/EG ausdrücklich geregelt. Wie bereits ausgeführt, steht dem Mitgliedstaat bei der Umsetzung die Art und Weise der Sanktionierung frei. Dabei kann die Sanktionierung, wie in Deutschland durch § 15 I, II AGG geregelt, auch in Form von Schadensersatz- und Entschädigungsansprüchen erfolgen. Dies bietet sich im Fall der Geschlechtsdiskriminierung an. Dadurch können zugleich der Schadensersatz und die Sanktion geregelt werden. Jedoch ist dies nicht zwingend. Die Mitgliedstaaten können Sanktionen unter Verzicht auf Schadensersatz auch rein öffentlich-rechtlich ausgestalten. Dies kann zum Beispiel im Rahmen des Ordnungswidrigkeitsrechts erfolgen.[58] Die Annahme eines Strafschadensersatzes wurde dazu führen, dass die Diskriminierung einerseits mit einem Bußgeld sanktioniert wird und zudem eine Bestrafung in Form des Schadensersatzes stattfinden würde. Das Ergebnis wäre eine unverhältnismäßige Doppelsanktionierung. Verhindert werden kann dies nur durch die Wahl des Schadensersatzes als Sanktion. Ein Verzicht auf Schadensersatzregelungen ist angesichts der eindeutigen europäischen Vorgaben bei der Sicherung des Gleichbehandlungsgrundsatzes nicht möglich.[59] Folglich würde die Annahme eines Strafschadensersatzes die freie Wahl des Sanktionsmittels einschränken und würde dem Sinn und Zweck der Richtlinie nicht gerecht werden. Schließlich besteht die gesonderte Pflicht der Mitgliedstaaten, Verstöße gegen das Diskriminierungsverbot zu sanktionieren. Ein reiner Strafschadensersatz ohne Begrenzung auf die Kompensierung des Schadens würde zu einer deutlich zu weit reichenden Sanktionierung

---

55 EuGH v. 10.04.1984 – Rs 14/83 (*Colson* und *Kamann*), NZA 1984, 157 (158); EuGH v. 22.04.1997 – C-180/95 (*Draehmpaehl*), NJW 1997, 1839 (1840).

56 *Wagner*, AcP 2006, 352, (398 ff.); *Stoffels*, RdA 2009, 204 (206); *Wagner/Potsch*, JZ 2006, 1085 (1088); Däubler/Bertzbach – *Deinert*, AGG, § 15 Rn. 13 f. m.w.N.; KR – *Treber*, § 15 AGG Rn. 7.

57 So auch *Wagner/Potsch*, JZ 2006, 1085 (1087, 1088).

58 *Bennecke/Kern*, EuZW 2005, 360 (363); *Bauer/Thüsung/Schunder*, NZA 2006, 774 (775); *Wank* in Festschrift Wissmann, 599 (616f).

59 *Wagner/Potsch*, JZ 2006, 1085 (1088).

führen und die grundsätzliche Wahlfreiheit der Mitgliedstaaten über die Art der Sanktionierung einengen.

Daneben kann aufgrund der in Art. 18 RL 2006/54/EG genannten Möglichkeit im Voraus eine Höchstgrenze festzulegen, der Umkehrschluss gezogen werden, dass gerade die Schadenskompensation das vordergründige Anliegen des Schadensersatzanspruchs ist und die Sanktionierung dahinter zurücktritt. Anzumerken ist, dass eine Höchstgrenze nur im Voraus festgelegt werden darf, wenn die Benachteiligung einzig in der Nichtberücksichtigung einer Bewerbung liegt. Dies bedeutet, dass der Schadensersatz des nicht berücksichtigten Bestbewerbers nicht durch den nationalen Gesetzgeber begrenzt werden darf.[60]

Insgesamt gibt Art. 18 RL 2006/54/EG vor, dass im Falle einer geschlechtsbezogenen Diskriminierung dem Benachteiligen stets ein Anspruch auf Schadensersatz zusteht.

III. Rechtsschutz

Die Mitgliedstaaten haben zudem zu gewährleisten, dass alle Personen, die sich diskriminiert fühlen, ihre aus den Richtlinien vorgegebenen Ansprüche durch Inanspruchnahme einer zuständigen Behörde oder auf dem Gerichtsweg geltend machen können. Hieraus ergibt sich in Verbindung mit der in Deutschland zivilrechtlich ausgestalteten Sanktionierung und dem Erfordernis des Schadensersatzes im Fall der Geschlechtsdiskriminierung, dass ein Betroffener, soweit er sich in unzulässiger Weise benachteiligt fühlt, auf dem Rechtsweg einen Schadensersatzanspruch geltend machen können muss. Mit anderen Worten steht jedem, der sich diskriminiert fühlt, das Recht zu, vor einem Gericht Schadensersatz zu fordern.

Wer Adressat des Schadensersatzanspruchs ist, wird durch die Regelungen der Richtlinien zum Rechtsschutz nicht vorgegeben. Der Wortlaut der Art. 17 RL 2006/54/EG, Art. 7 RL 2000/43/EG, Art. 9 RL 2000/78/EG bietet keinen Anhaltspunkt über die potentielle Gegenseite im Rahmen des gerichtlichen oder behördlichen Rechtsschutzes. Vielmehr bezweckt die Regelung nur, dass die Rechte, die dem Betroffenen zustehen, auch durch rechtsstaatliche Mittel durchgesetzt werden können. Eine Aussage über die Person, gegen die sich ein entsprechendes Verfahren richten könnte, wird im Text der Richtlinien 2006/54/EG, 2000/43/EG und 2000/78/EG nicht getroffen. Der EuGH hat dies im Rahmen seiner Rechtsprechung konkretisiert. Demnach müssen sich die Sanktionen stets gegen den Verantwortlichen der Diskriminierung richten.[61] Dies bedeutet, dass der Urheber der Benachteiligung Adressat des Schadensersatzanspruchs ist. Ob stets der Arbeitgeber der verantwortliche Urheber der Diskriminierung ist, hat der EuGH nicht entschieden.[62]

---

60 EuGH v. 22.04.1997 – C-180/95 (*Draehmpaehl*), NJW 1997, 1839 (1840) zu Art. 6 RL 76/207/EWG.

61 EuGH v. 22.04.1997 – C-180/95 (*Draehmpaehl*), NJW 1997, 1839 (1840) zu Art. 6 RL 76/207/EWG.

62 Ausführlich hierzu nachfolgend unter Kapitel I C. I. und II.

C. Europarechtliche Vorgaben für die Haftung des Arbeitgebers

Es stellt sich die Frage, ob der Arbeitgeber aufgrund der dargestellten europarechtlichen Vorgaben zum einen zwingend der einzige Anspruchsgegner von Schadensersatzansprüchen ist und, ob er stets im Fall einer Diskriminierung im Zusammenhang mit Arbeits- und Beschäftigungsfragen haftet.

I. Adressat der europäischen Vorgaben

Adressat der Vorgaben aus den Richtlinien sind die einzelnen Mitgliedstaaten.[63] Die Mitgliedstaaten sind verpflichtet, die Richtlinienbestimmungen in nationales Recht umzusetzen.[64] Eine unmittelbare Bindung zwischen Privaten und somit eine horizontale Wirkung der Richtlinienbestimmungen besteht nicht.[65] Im Gegensatz dazu haben die Richtlinien im Verhältnis der Mitgliedstaaten zum Bürger eine „quasiunmittelbare" Wirkung und finden im Verhältnis Bürger – öffentlich-rechtlicher Arbeitgeber „indirekt" unmittelbar Anwendung, wenn die europäischen Vorgaben nicht rechtzeitig oder unvollständig umgesetzt wurden.[66]

Anders ist die Wirkung der europäischen Grundrechte und damit auch des Grundsatzes des Diskriminierungsverbotes. Diese wirken auch unmittelbar zwischen Privaten. Der EuGH hat in der *Mangold*-Entscheidung deutlich gemacht, dass die Gerichte bei einem Rechtsstreit zwischen Privaten das nationale Recht nicht anzuwenden haben, wenn dieses dem durch europäische Grundrechte gewährten Schutz entgegensteht.[67] Voraussetzung ist, dass die nationale Norm einer europarechtskonformen Auslegung nicht zugänglich ist.[68] Dies hat der EuGH, auch nachdem die Charta der Grundrechte der Europäischen Union nunmehr verbindlich wirkt und daneben ein umfassender Schutz vor Diskriminierung im AEUV ausdrücklich geregelt wurde, nochmals bestätigt.[69] Ein Rückschluss auf die weiteren Folgen einer Diskriminierung im Rechtsstreit zwischen Privaten kann aus den Vorgaben des Primärrechts jedoch nicht gezogen werden. Weder auf die

---

63 Schiek – *Schiek*, AGG, Einl. Rn. 73; Rudolf/Mahlmann – *Mahlmann*, § 3 Rn. 102.

64 EuGH 05.10.2004 – C-397/01 (*Pfeiffer*), NZA 2004, 1145 (1151); Däubler/Bertzbach – *Däubler*, AGG, Einleitung Rn. 94.

65 EuGH v. 05.10.2004 – C-397/01 bis C-403/01 (*Pfeiffer*), NZA 2004, 1145 (1151) m.w.N.; EuGH v. 19.01.2010 – C-555/07 (*Kücükdeveci*) NZA 2010, 85 (88); *Repasi*, EuZW 2009, 756 (757); Schiek – *Schiek*, AGG, Einl. Rn. 73; *Mörsdorf*, NJW 2010, 1046 (1048); kritisch *Hanau*, NZA 2010, 1 (4 f.).

66 Schiek – *Schiek*, AGG, Einl. Rn. 73; MüKo – *Thüsing*, BGB, Einl. AGG Rn. 39; Kittner/Zwanziger/Deinert – *Zwanziger*, § 18 Rn. 26 f.; ähnlich *Mörsdorf*, NJW 2010, 1046 (1048).

67 EuGH v. 22.11.2005 – C-114/04 (*Mangold*), NZA 2005, 1345 (1348).

68 EuGH v. 19.01.2010 – C-555/07 (*Kücükdeveci*) NZA 2010, 85 (88).

69 EuGH v. 19.01.2010 – C-555/07 (*Kücükdeveci*) NZA 2010, 85 (88).

Sanktionierung noch einen möglichen Schadensersatzanspruch des Betroffenen kann geschlussfolgert werden. Vielmehr bedürfen die Regelungen der Richtlinien zum Schutz vor Diskriminierung gerade der Konkretisierung und Ausgestaltung des umfassenden Schutzes.[70]

II. Umsetzungsanforderungen bezüglich der Haftung

Folglich stellt sich die Frage, welche Umsetzungsanforderungen in Bezug auf die Haftung des Arbeitgebers bestehen. In den Sanktions- beziehungsweise Schadensersatzregelungen der einschlägigen Richtlinien ist ein Adressat der Sanktionierung oder des Anspruchs auf Schadensersatz nicht ausdrücklich benannt. Weder aus Art. 17 RL 2000/78/EG, Art. 15 RL 2000/43/EG noch aus Art. 25 RL 2006/54/EG ist ersichtlich, gegen wenn sich die Sanktionen richten sollen. Durch die Regelungen wird nicht deutlich, ob sich die Sanktionen gegen den tatsächlich Handelnden richten oder einzig der Arbeitgeber der Adressat ist, wie dies nach dem Wortlaut der deutschen Umsetzungsnorm, § 15 I AGG, vorgesehen ist. Unzweifelhaft richten sich die Sanktionierung und der in Art. 18 RL 2006 geforderte Schadensersatz- und Entschädigungsanspruch vordergründig gegen den Arbeitgeber, da gerade dieser der wesentliche Entscheidungsträger im Bereich der Arbeits- und Beschäftigungsbedingungen und des Zuganges zur Beschäftigung ist. In den Richtlinien und den Erwägungsgründen zu den Richtlinien sind einzelne Anhaltspunkte gegeben, wonach der Arbeitgeber nicht allein Anspruchsadressat nach den Richtlinienvorgaben ist. So werden in Art. 2 II a) ii RL 2000/78/EG neben dem Arbeitgeber zum Beispiel ausdrücklich auch andere Organisationen genannt, die Adressat des Diskriminierungsverbotes, von Schadensersatzansprüchen und von Sanktionen sein können. In den Erwägungsgründen zur Richtlinie 2006/54/EG ist ebenfalls nicht nur der Arbeitgeber, sondern auch die zur Berufsbildung zuständigen Personen genannt.[71] Auch wenn dies zumeist die Arbeitgeber sind, wird deutlich, dass neben dem Arbeitgeber auch andere Personen mit Bezug zu Beruf und Beschäftigung benachteiligen können. Für einen umfassenden Schutz ist erforderlich, dass auch deren diskriminierendes Verhalten sanktioniert wird. In Art. 18 RL 2006/54/EG wird jedoch deutlich, dass in erster Linie der Arbeitgeber jedenfalls Adressat der Sanktionen und des Schadensersatzanspruchs sein soll. Nach dieser Norm darf der vom Arbeitgeber zu leistende Schadensersatz oder die Entschädigung nur im Voraus auf eine festgelegte Höchstgrenze begrenzt werden, wenn der Bewerber auch bei diskriminierungsfreier Bewerberauswahl nicht eingestellt worden wäre. Dies veranschaulicht, dass der Arbeitgeber als Entscheidungsträger haftet. Daraus ergibt sich jedoch nicht, dass der Arbeitgeber stets haftet und alleiniger Adressat der Entschädigungsansprüche ist. Vielmehr ist Art. 18 S. 2 RL 2006/54/EG eine Konkretisierung der Ausgestaltung des

70 EuGH v. 19.01.2010 – C-555/07 (*Kücükdeveci*) NZA 2010, 85 (88); EuGH v. 22.11.2005 – C-114/04 (*Mangold*), NZA 2005, 1345 (1348).

71 Abl. L 204 vom 26.07.2006, S. 23.

Schadensersatzanspruches. Der Arbeitgeber ist als Vertragspartner die Person, die die Entscheidung über eine Einstellung trifft. Letztlich werden die Anforderungen an die Schadensersatzpflicht des Arbeitgebers genauer definiert. Ein Rückschluss darauf, dass der Arbeitgeber stets haftet, kann daraus nicht gezogen werden.

Der EuGH hat in seiner Rechtsprechung zum Schadensersatz angeführt, dass der Urheber der Diskriminierung haftet.[72] Die Haftung des Urhebers der Diskriminierung ist jedoch nicht abhängig vom Nachweis eines Verschuldens oder dem Fehlen eines Rechtsfertigungsgrundes.[73] Der Arbeitgeber haftet zweifelsfrei, wenn er selbst handelt und somit der Urheber der Benachteiligung ist. Es kann jedoch nicht davon ausgegangen werden, dass der Urheber der Benachteiligung jeweils nur der tatsächlich Handelnde ist.[74] Vielmehr ist die Rechtsprechung des EuGH darauf gerichtet, dass die Sanktionierung durch eine zivilrechtliche Haftung des Arbeitgebers ausgestaltet ist[75]. Dies ist insoweit einleuchtend, denn meist ist der Arbeitgeber derjenige auf dessen Veranlassung oder in dessen Verantwortungsbereich gehandelt wird. Zugleich wird aber auch deutlich, dass keine Haftung des Arbeitgebers für eine Diskriminierung besteht, wenn der Arbeitgeber nicht in irgendeiner Weise Urheber der Diskriminierung ist. Der EuGH hat weder in der Rechtssache *Dekker*[76] noch in der Rechtssache *Draehmpaehl*[77] ausgesprochen, dass der Arbeitgeber bei einer Diskriminierung seiner Beschäftigten stets haftet. In beiden vom EuGH zu entscheidenden Fällen handelte jeweils der Arbeitgeber, so dass der EuGH von der Urheberschaft der Arbeitgeber ausgehen konnte. Urheber ist nicht zwingend der unmittelbar Handelnde, sondern derjenige, in dessen Verantwortlichkeit das Verhalten gegenüber dem betroffenen Beschäftigten erfolgt. Nicht geboten ist ein Verschulden, sondern eine gewisse Ursächlich- und Verantwortlichkeit. In einer nachfolgenden Entscheidung deutet der EuGH fast beiläufig an, dass der Arbeitgeber nicht stets der Urheber ist, sich aber an dem Verhalten von Personen, die ihm zugerechnet werden, festhalten lassen muss.[78] Die Verantwortlichkeit spiegelt sich unter anderem in den Definitionen der Diskriminierung der entsprechenden Richtlinien wieder. Danach stellt auch die Anweisung zur Diskriminierung einer Person eine Diskriminierung im Sinne der Richtlinien dar, so geregelt in Art. 2 II b RL 2006/54/EG, Art. 2 IV RL 2000/43/EG und Art. 2 IV RL 2000/78/EG. Somit wird nicht nur der Begriff der Diskriminierung über die eigentliche benachteiligende Handlung hinaus definiert, sondern auch verdeutlicht, dass nicht zwingend der tatsächlich Handelnde der Urheber der Benachteiligung ist. Zudem ist daraus zu schließen, dass die Urheberschaft der Diskriminierung an eine Verantwortlichkeit

---

72 EuGH v. 22.04.1997 – C-180/95 (*Draehmpaehl*), NJW 1997, 1839 (1840).
73 EuGH v. 22.04.1997 – C-180/95 (*Draehmpaehl*), NJW 1997, 1839 (1840).
74 So auch *Hey*, AGG, § 15 Rn. 68 in der Vorauflage (1. Auflage 2009); *Simon/Greßlin*, BB 2007, 1782 (1784).
75 EuGH v. 22.04.1997 – C-180/95 (*Draehmpaehl*), NJW 1997, 1839 (1840).
76 EuGH v. 08.11.1990 – C-177/88 (*Dekker*), NZA 1991, 171 (172).
77 EuGH v. 22.04.1997 – C-180/95 (*Draehmpaehl*), NJW 1997, 1839.
78 EuGH v. 25.04.2013 – C-81/12 (*Asociatia ACCEPT*), EuZW 2013, 469 (471 f.).

und Ursächlichkeit, zumeist aus der Entscheidungskompetenz herrührend, geknüpft ist. Diese wird in den meisten Fällen dem Arbeitgeber zukommen. Es kann jedoch nicht zwingend aus den europarechtlichen Vorgaben geschlussfolgert werden, dass dies stets vorliegt. Vielmehr ist dies Voraussetzung für die Haftung des Arbeitgebers.

In Bezug auf die Haftung des Arbeitgebers für das diskriminierende Verhalten dritter Personen bedeutet dies, dass eine gewisse Verursachung auch durch den Arbeitgeber erforderlich ist. Der Rückschluss auf eine europarechtliche Vorgabe, dass der Arbeitgeber stets für die Benachteiligung eines Beschäftigten haftet, kann daher nicht gezogen werden. Vielmehr bedarf es einer Verantwortlichkeit bzw. Ursächlichkeit des Arbeitgebers für die Diskriminierung.

Zusammenfassend ergibt sich für die Umsetzung der Richtlinien zum Schutz vor Diskriminierung die Vorgabe, dass eine unzulässige Diskriminierung stets zu sanktionieren ist. Soweit sich der nationale Gesetzgeber zur Sanktionierung durch Schadensersatz an das Opfer entschieden hat, ist dem Betroffenen zwingend im Fall der Benachteiligung ein Schadensersatz zuzugestehen. Nicht zwingend ist dahingegen, dass stets der Arbeitgeber im Falle einer Diskriminierung insbesondere durch Dritte haftet. Dies ist vielmehr nur dann der Fall, wenn ihn eine Urheberschaft trifft. Letzteres liegt unzweifelhaft vor, wenn der Arbeitgeber selbst gehandelt hat.

Kapitel II – Unterscheidung von Beschäftigten und sonstigen Dritten

Grundsätzlich haftet jede Person nach dem deutschen Recht nur für ihr eigenes Verhalten[79], nicht jedoch für Handlungen anderer, so genannter Dritter. Zunächst ist die Frage zu klären, was unter einem Dritten zu verstehen ist und ob für die Frage der Haftung des Arbeitgebers für deren Verhalten weitere Unterscheidungen zwischen verschiedenen Dritten vorzunehmen sind.

A. Definition des Dritten

Als Dritten kann man zunächst jeden ansehen, der nicht selbst Arbeitgeber der Beschäftigten ist. Demnach sind Dritte sowohl die beim Arbeitgeber beschäftigten Arbeitnehmer, sonstige Personen, die in einem Dienstleistungsverhältnis zum Arbeitgeber stehen, als auch sonstige Außenstehende.[80] Dritter ist sowohl der Beschäftigte wie auch der Nichtbeschäftigte. Der Einordnung einer Person als Dritten steht nicht entgegen, dass sie Arbeitgeberfunktionen übernimmt oder für den Arbeitgeber handelt. So sind auch die Organe juristischer Personen in diesem Sinne Dritte, zum Beispiel der Geschäftsführer einer GmbH oder der Vorstand einer Aktiengesellschaft.

B. Unterscheidung zwischen beschäftigten und nicht beschäftigten Dritten

Angesichts der unterschiedlichen rechtlichen Beziehungen könnte die Unterscheidung zwischen beschäftigten Dritten und nicht beschäftigten Dritten im Rahmen der Haftung des Arbeitgebers für deren Handeln erforderlich sein.

I. Definitionen

Um die Erforderlichkeit einer Differenzierung zwischen beschäftigten und nicht beschäftigten Dritten aufzeigen zu können, muss zunächst definiert werden, wer beschäftigter und nicht beschäftigter Dritter ist.

---

79 *Medicus/Petersen*, BürglR, Rn. 778.
80 *Kamanabrou*, ZfA 2006, 327 (340).

1. *Beschäftigter Dritter*

a. *Definition*

Der Gesetzgeber hat in § 6 I AGG im Rahmen der Festlegung des persönlichen Anwendungsbereichs des AGG den Begriff des Beschäftigten im Sinne dieses Gesetzes definiert. Durch diese Vorschrift wird klargestellt, wer als Beschäftigter den Schutz des AGG vor Benachteiligungen genießt.[81] Der Begriff des Beschäftigten ist weitergehend als der im Arbeitsrecht übliche Begriff des Arbeitnehmers.[82] Nach der Definition des Gesetzgebers in § 6 I AGG sind Beschäftigte Arbeitnehmer, Auszubildende, Personen, die wegen ihrer wirtschaftlichen Unselbständigkeit als arbeitnehmerähnlich anzusehen sind, Bewerber für ein Beschäftigungsverhältnis und Personen, die nicht mehr in einem Beschäftigungsverhältnis zum Arbeitgeber stehen.[83] Das Beschäftigungsverhältnis ist im Wesentlichen durch die wirtschaftliche Abhängigkeit des Beschäftigten vom Arbeitgeber gekennzeichnet.[84] Nicht erforderlich für die Beschäftigteneigenschaft ist, dass es sich um eine weisungsgebundene Tätigkeit handelt, eine persönliche Abhängigkeit besteht oder die Tätigkeit in eine fremde Betriebsorganisation eingebettet ist.[85] Dies sind die engeren Voraussetzungen des Arbeitnehmerbegriffs.[86] Der Gesetzgeber hat in § 6 I AGG deutlich gemacht, dass zum einen Arbeitnehmer Beschäftigte sind, darüber hinaus aber auch noch weitere Personengruppen. Diese sind wegen ihrer wirtschaftlichen Abhängigkeit vom Arbeitgeber mit dem Arbeitnehmer vergleichbar.[87] Der Schutz vor Benachteiligungen wirkt über das AGG und kann auch Rechtsfolgen außerhalb des AGG bewirken. Dies zeigt sich in § 15 V AGG, wonach auch anderweitige Ansprüche begründet sein können. In der weiteren Untersuchung wird sich daher auch für Tatbestände außerhalb des AGG am Beschäftigtenbegriff des AGG orientiert.

b. *Leiharbeitnehmer als beschäftigte Dritte*

Nicht ausdrücklich in § 6 I AGG geregelt ist der Status von Leiharbeitnehmern. Diese sind Arbeitnehmer des Verleihers, so dass sie nach § 6 I 1 Nr. 1 AGG Beschäftigte des Verleihers sind.

---

81 *Bauer/Krieger*, AGG, § 6 Rn. 1, 5; Däubler/Bertzbach – *Schrader/Schubert*, AGG, § 6 Rn. 1a; MüKo – *Thüsing*, BGB, § 6 AGG Rn. 1.

82 Däubler/Bertzbach – *Schrader/Schubert*, AGG, § 6 Rn. 1c; ErfK – *Schlachter*, AGG, § 6 Rn. 1.

83 *Schrader/Schubert*, Rn 68; ErfK – *Schlachter*, AGG, § 6 Rn. 2 f.; Schaub – *Linck*, ArbR-Hdb, § 36 Rn. 16a f.

84 *Meinel/Heyn/Herms*, AGG, § 6 Rn. 8.

85 *Meinel/Heyn/Herms*, AGG, § 6 Rn. 8.

86 ErfK – *Preis*, § 611 BGB Rn. 35 m.w.N.;

87 *Meinel/Heyn/Herms*, AGG, § 6 Rn. 8.; ErfK – *Schlachter*, § 6 AGG Rn. 2.; Däubler/Bertzbach – *Schrader/Schubert*, AGG, § 6 Rn. 11.

Leiharbeitnehmer stehen jedoch nicht in einem Vertragsverhältnis zum Arbeitgeber, bei dem sie tatsächlich eingesetzt werden. Gleichwohl sind sie während der Durchführung ihres Arbeitsverhältnisses vergleichbar einem Vertragsarbeitnehmer dem Risiko einer Benachteiligung ausgesetzt und können auch vergleichbar einem Vertragsarbeitnehmer des Entleihers andere Beschäftigte benachteiligen. Es stellt sich daher die Frage, ob Leiharbeitnehmer beschäftigte Dritte oder sonstige Dritte sind.

Nach § 6 II 2 AGG gilt der Entleiher im Verhältnis zum Leiharbeitnehmer als Arbeitgeber im Sinne des zweiten Abschnitts des AGG. Eine logische Konsequenz ist dann, dass der Leiharbeitnehmer nach § 6 I 1 Nr. 1 AGG Beschäftigter des Entleihers ist. Der Leiharbeitnehmer wird in die Betriebsstruktur des Entleiherbetriebs eingegliedert, in der er dann seine Arbeitsleistung für den Entleiher erbringt. Der Entleiher nimmt einen Teil der Arbeitgeberfunktionen gegenüber den ihn überlassenen Arbeitnehmern war. Der Leiharbeitnehmer wird somit in einem vom Entleiher geschaffenen und beeinflussten Umfeld beschäftigt. Das Risiko einer unzulässigen Benachteiligung ist im Verhältnis zwischen Leiharbeitnehmer und Entleiher vergleichbar mit dem eines Arbeitnehmers zum Vertragsarbeitgeber. Für den Entleiher müssen daher dieselben Pflichten in Bezug auf das Benachteiligungsverbot gelten, wie für einen Vertragsarbeitgeber, so dass der Entleiher auch die Schutzpflichten nach § 12 AGG wahrnehmen muss.[88] Zur Gewährung eines effektiven Schutzes des Leiharbeitnehmers vor Benachteiligungen ist die Annahme eines Beschäftigungsverhältnisses zwischen Leiharbeitnehmer und Entleiher geboten.[89] Im Sinne des Beschäftigtenschutzes ist der Leiharbeitnehmer daher beschäftigter Dritter des Entleihers.

Der Entleiher kann zudem ähnlich dem Vertragsarbeitgeber auf den Leiharbeitnehmer einwirken und Maßnahmen nach § 12 AGG zur Vermeidung von Benachteiligungen durch den Leiharbeitnehmer ergreifen. So ist es dem Entleiher unproblematisch möglich, auch Leiharbeitnehmer nach § 12 II 1 AGG zu schulen oder in sonstiger Weise vorbeugend auf diese einzuwirken. Daneben kann der Entleiher gegenüber dem Leiharbeitnehmer auch Maßnahmen im Sinne des § 12 III AGG ergreifen, obwohl zwischen beiden kein Vertragsverhältnis besteht. Dafür spricht, dass die in § 12 III ausdrücklich genannten Maßnahmen kein abschließender Maßnahmenkatalog, sondern lediglich Beispiele für geeignete Maßnahmen sind.[90] Der Entleiher kann dem Leiharbeitnehmer im Rahmen seiner Betriebsorganisation einen neunen Arbeitsplatz zuweisen. Eine Kündigung des Arbeitsverhältnisses kann der Entleiher in der Regel nicht aussprechen. Gleichwohl kann er sein Beschäftigungsverhältnis zum Leiharbeitnehmer in vergleichbarer Weise beenden. Der Entleiher kann gegenüber dem Verleiher auf einen Austausch des

---

88 So auch MüKo – *Thüsing*, BGB, § 6 AGG Rn. 17.

89 ErfK – *Schlachter*, § 6 AGG, Rn. 4; Däubler/Bertzbach – *Schrader/Schubert*, AGG, § 6 Rn. 21a.

90 BT-Drs. 16/1780, S. 37; Schleusener/Suckow/Voigt – *Suckow*, AGG, § 12 Rn. 32; ErfK – *Schlachter*, § 12 AGG Rn. 3.

Leiharbeitnehmers aus disziplinarischem Gründen drängen. Durch die Ablösung wird das Verhältnis zwischen Entleiher und Leiharbeitnehmer beendet. Folglich ist auch aus Haftungsgesichtspunkten von einem Beschäftigungsverhältnis zwischen Entleiher und Leiharbeitnehmer auszugehen.

Zusammenfassend ist festzustellen, dass der Leiharbeitnehmer beschäftigter Dritter des entleihenden Arbeitgebers ist.

c. Organe als beschäftigte Dritte

Fraglich scheint die Einordnung von Organen oder Organmitgliedern des Arbeitgebers als Beschäftigte oder nicht beschäftigte Dritte. Der Gesetzgeber geht davon aus, dass Organe oder Organmitglieder keine Beschäftigten sind, die unter den Schutzbereich des AGG fallen. Dies ergibt sich bereits aus dem Wortlaut des § 6 III AGG. Danach erfolgt für Selbständige und Organmitglieder eine entsprechende Anwendung der Vorschriften des AGG zum Schutz von Beschäftigten vor Benachteiligungen, soweit es den Zugang zur Erwerbstätigkeit oder den beruflichen Aufstieg betrifft. Dies umfasst nach dem BGH nicht nur die Begründung des Anstellungsverhältnisses, sondern auch die organschaftliche Bestellung.[91] Es wird dadurch deutlich, dass Organe und Organmitglieder unter bestimmten Voraussetzungen gleichgestellt werden sollen.[92]

Neben der gesellschaftsrechtlichen Organstellung besteht daneben auch ein vertragliches Verhältnis zwischen Organmitglied und Arbeitgeber. Dieses zugrundeliegende Anstellungsverhältnis ist zumeist als Dienstvertrag nach § 611 BGB ausgestaltet.[93] Die Dienstverträge der Organmitglieder begründen nach dem nationalen Arbeitnehmerbegriff keine Arbeitsverhältnisse; sie sind demnach keine Arbeitnehmer.[94] Damit sind sie bei Zugrundelegung eines rein nationalen Verständnisses des Arbeitnehmerbegriffs keine Beschäftigten im Sinne des § 6 I 1 Nr. 1 AGG.

Da dass AGG der Umsetzung europäischer Richtlinien dient, verbietet sich für die Definition des persönlichen Anwendungsbereichs eine Beschränkung auf nationale Rechtsbegriffe. Vielmehr müssen europäische Maßstäbe zugrunde gelegt werden. Den Begriff des Beschäftigten gibt es im Rahmen des europäischen Diskriminierungsschutzes nicht. Weder im europäischen Primär- noch im Sekundärrecht lässt sich eine allgemeine eigenständige Definition des Arbeitnehmerbegriffs finden.[95] Bei

---

91 BGH v. 23.4.2012 – II ZR 163/10, NZA 2012, 797 (798).

92 Schleusener/Suckow/Voigt – *Schleusener*, AGG, § 6 Rn. 5; *Meinel/Heyn/Herms*, AGG, § 6 Rn. 22; ErfK – *Schlachter*, AGG, § 6 Rn. 6; HWK – *Rupp*, § 6 AGG Rn. 7; *Krause*, AG 2007, 392 (393); *Redenius-Hövermann*, ZIP 2010, 660 (663 f.).

93 BGH v. 09.11.1967 – II ZR 64/67, NJW 1968, 396. ErfK – *Preis*, BGB § 611 Rn. 137 m.w.N; *Reufels/Molle*, NZA-RR 2011, 281 (282).

94 BGH v. 09.11.1967 – II ZR 64/67, NJW 1968, 396; *Krause*, AG 2007, 392 (393); ErfK – *Preis*, § 611 BGB Rn. 137 m.w.N.; MüArbR – *Richardi*, § 17 Rn. 55 f.

95 *Fischer*, NJW 2011, 2329 (2330); *Preis/Sagan*, ZGR 2103, 26 (46 f.) m.w.N.; *Rebhahn*, EuZA 2012, 3 (5); *Wank*, EuZA 2008, 172 (185).

der Auslegung des Begriffs des Arbeitnehmers nach den Vorgaben des Europarechts ist zu differenzieren, soweit etwaige Richtlinien keine eigenständige Definition enthalten.[96] Verweist eine Richtlinie ausdrücklich auf das nationale Recht findet der Arbeitnehmerbegriff des jeweiligen Mitgliedstaats Anwendung. Fehlt es an einem solchem Verweis, ist eine unionsrechtliche Auslegung des Arbeitnehmerbegriffs geboten.[97] Die Richtlinien 2000/43/EG, 2000/78/EG und 2006/54/EG verwenden den Begriff des Arbeitnehmers ohne diesen selbst zu definieren. Einen Verweis auf das nationale Recht beinhalten diese Richtlinien ebenfalls nicht. Daher bedarf es einer unionsrechtlichen Auslegung des Arbeitnehmerbegriffs im Zusammenhang mit dem Schutz vor Diskriminierungen.

Der Begriff des Arbeitnehmers wird zudem an verschiedenen Stellen im AUEV verwendet, ohne dass im AEUV eine Legaldefinition des Arbeitnehmerbegriffs erfolgt. Unter anderem wird in Art. 157 AEUV bei der Gleichstellung von Männern und Frauen im Zusammenhang mit der Berufsausübung und der Vergütung beziehungsweise dem daraus folgenden Verbot der Diskriminierung wegen des Geschlechts auf die Arbeitnehmer als vom Schutzbereich umfasste Personen abgestellt. Wie der EuGH bereits zu Ex-Art. 141 EG, der nahezu identischen Vorgängerreglung des Art. 157 AEUV, ausführte, gibt es keinen einheitlichen europarechtlichen Arbeitnehmerbegriff. Vielmehr ist die Bedeutung des Begriffs vom jeweiligen Anwendungsbereich abhängig.[98] Seine Bedeutung muss deshalb unter Rückgriff auf die allgemein anerkannten Auslegungsgrundsätze ermittelt werden, wobei insbesondere der Zusammenhang, in dem er steht, und die Ziele des Vertrages zu berücksichtigen sind.[99] Art. 157 AEUV ist eine spezifische Ausprägung des europäischen Grundrechts zur Gleichbehandlung von Männern und Frauen. Der Arbeitnehmerbegriff kann daher nicht einer Begriffsbestimmung durch innerstaatliches Recht der Mitgliedsstaaten überlassen werden. Vielmehr bedarf es zur Gewähr des europäischen Grundrechts einer unionsrechtlichen Begriffsbestimmung.[100] Die Bedeutung des Arbeitnehmerbegriffs ist dabei weit auszulegen.[101] Im Sinne des Art. 157 AEUV ist als Arbeitnehmer anzusehen, wer während einer bestimmten Zeit für einen anderen nach dessen Weisung Leistungen erbringt, für die er als Gegenleistung eine Vergütung erhält.[102] Der EuGH legt diese Definition auch in anderem Zusammenhang bei der Auslegung zu Grunde.[103]

---

96 Exemplarisch *Preis/Sagan*, ZGR 2013, 26 (46) m.w.N; *Wank*, EuZA 2008, 172 (182 ff.).
97 So auch *Preis/Sagan*, ZGR 2013, 26 (46) m.w.N.
98 EuGH v. 13.01.2004 – C-256/01 (*Allonby*), NZA 2004, 201 (204) m.w.N.
99 EuGH v. 13.01.2004 – C-256/01 (*Allonby*), NZA 2004, 201 (204).
100 EuGH v. 13.01.2004 – C-256/01 (*Allonby*), NZA 2004, 201 (204).
101 EuGH v. 13.01.2004 – C-256/01 (*Allonby*), NZA 2004, 201 (204); EuGH v. 06.11.2003 – C-413/01 (*Ninni-Orasche*), EuZW 2004, 117 (119).
102 EuGH v. 13.01.2004 – C-256/01 (*Allonby*), NZA 2004, 201 (204).
103 EuGH v. 17.07.2008 – C-94/07 (*Ranccanelli*), NZA 2008, 995 (996) m.w.N.; EuGH v. 06.11.2003 – C-413/01 (*Ninni-Orasche*), EuZW 2004, 117 (119) m.w.N.

Ausgehend von diesem Arbeitnehmerbegriff zur Definition des persönlichen Schutzbereichs im Zusammenhang mit der Gleichstellung von Männern und Frauen und dem daraus resultierenden Verbot der Diskriminierung wegen des Geschlechts drängt sich auf, dass im Zusammenhang mit der Diskriminierung wegen eines anderen verpönten Merkmals kein anderer Maßstab gilt. Ein Grund zur Differenzierung zwischen dem Geschlecht und zum Beispiel der Rasse, dem Alter, der Religion oder der sexuellen Orientierung ist nicht ersichtlich. Der durch das Unionsrecht gewährte Schutz ist vielmehr deckungsgleich, wie ein Abgleich der einschlägigen Richtlinien zeigt. Somit gilt in allen Fällen der unzulässigen Benachteiligung derselbe, oben genannte Arbeitnehmerbegriff.

Die Richtlinien RL 2006/54/EG, RL 2000/43/EG und RL 2000/78/EG konkretisieren den europarechtlichen Grundrechtsschutz vor Diskriminierung.[104] Dies hat zur Folge, dass die genannte unionsrechtliche Bedeutung des Arbeitnehmerbegriffs auch im Zusammenhang mit der Anwendung und Umsetzung der Richtlinien zu Grunde zu legen ist.[105] Das AGG dient der Umsetzung der europäischen Antidiskriminierungsrichtlinien. Folglich ist der Maßstab des europarechtlich geprägten Arbeitnehmerbegriffs anzuwenden.[106] Nach der obigen Definition des Arbeitnehmers ist das wesentliche Merkmal, dass jemand während einer bestimmten Zeit für einen anderen nach dessen Weisung Leistungen erbringt, für die er als Gegenleistung eine Vergütung erhält.[107] Nicht zwingende Voraussetzung ist demnach ein Abhängigkeitsverhältnis des Arbeitnehmers zum Arbeitgeber. Dies spricht dafür, dass zum Beispiel der Fremdgeschäftsführer einer GmbH Arbeitnehmer in diesem Sinne ist.[108] Er übt seine Geschäftsführertätigkeit gegen Entgelt aus und unterliegt den Vorgaben der Gesellschafterversammlung. Diese Vorgaben stehen Weisungen gleich. Der Geschäftsführer untersteht der Aufsicht der Gesellschafterversammlung. Dies hat der EuGH zumindest zur Arbeitnehmerstellung von Organmitgliedern im Zusammenhang mit der Mutterschutzrichtlinie (Richtlinie 92/85/EWG des Rates vom 19. Oktober 1992 über die Durchführung von Maßnahmen zur Verbesserung der Sicherheit und des Gesundheitsschutzes von schwangeren Arbeitnehmerinnen, Wöchnerinnen und stillenden Arbeitnehmerinnen am Arbeitsplatz (zehnte Einzelrichtlinie im Sinne des Artikels 16 Absatz 1 der Richtlinie 89/391/EWG)) entschieden.[109] Der EuGH bestätigte, dass auch Mitglieder der Unternehmensleitung

---

104 EuGH v. 19.01.2010 – C-555/07 (*Kücükdeveci*), NZA 2010, 85, (89). Hierzu ausführlich unter Kapitel III. B. I. 1. c. ee.

105 Ähnlich *Preis/Sagan*, ZGR 2013, 26 (48).

106 Ähnlich MüArbR – *Richardi*, § 16 Rn. 7.

107 EuGH v. 13.01.2004 – C-256/01 (*Allonby*), NZA 2004, 201 (204); EuGH v. 17.07.2008 – C-94/07 (*Ranccanelli*), NZA 2008, 995 (996) m.w.N.; EuGH v. 06.11.2003 – C-413/01 (*Ninni-Orasche*), EuZW 2004, 117 (119) m.w.N.

108 *Preis/Sagan*, ZGR, 2013, 26 (57, 60 f.); *Reufers/Molle*, NZA-RR 2011, 281 (283), *Obert-hür*, NZA 2011, 253 (254); *Fischer*, NJW 2011, 2329 (2330), *Bauer/Arnold*, NZG 2012, 921 (923); *Junker*, NJW 2011, 950 (951).

109 EuGH v. 11.11.2010 - C-232/09 (*Danosa*), NZA 2011, 143 ff.

Arbeitnehmer nach den Maßstäben des Europarechts sein können. Im Anwendungsbereich der Mutterschutzrichtlinie bejahte der EuGH die Arbeitnehmereigenschaft eines Organmitglieds, das gegenüber der Gesellschaft Leistungen erbringt und in sie eingegliedert ist, wenn es seine Tätigkeit für eine bestimmte Zeit nach der Weisung oder unter der Aufsicht eines anderen Organs dieser Gesellschaft ausübt und als Gegenleistung für die Tätigkeit ein Entgelt erhält.[110] Die schwangerschaftsbedingte Abberufung einer Geschäftsführerin ist zugleich eine geschlechtsbezogene Benachteiligung. Der EuGH zog für die Begründung seiner Entscheidung insbesondere den Schutz der Richtlinien RL 76/207/EWG und RL 2002/73/EG, die durch die RL 2006/54/EG neu gefasst wurden, heran.[111] Der Mutterschutz soll unter anderem eine Schlechterstellung der Frau wegen einer Schwangerschaft verhindern. Eine Schlechterstellung wegen des Geschlechts will auch der Schutz vor Diskriminierungen verhindern. Dies zeigt, dass ein Schutzzusammenhang und eine vergleichbare Zielsetzung bestehen. Im Zusammenhang mit der Geschlechtsdiskriminierung findet daher die Auslegung des Arbeitnehmerbegriffs der Danosa-Entscheidung Anwendung. Wie bereits aufgezeigt, besteht kein Grund für eine Differenzierung zwischen dem Diskriminierungsgrund Geschlecht und den anderen Diskriminierungsgründen. Folglich ist der Grundgedanke der Danosa-Entscheidung des EuGH auch beim unionsrechtlichen Schutz vor Diskriminierungen anzuwenden. Insoweit hat der Fremdgeschäftsführer einer GmbH eine Arbeitnehmerstellung inne.[112]

Einen ähnlichen Ansatz vertreten auch das BAG und Teile der arbeitsrechtlichen Literatur. Danach kann sogar nach dem nationalen Recht unter bestimmten Voraussetzungen der Geschäftsführer einer GmbH, der nicht an der Gesellschaft beteiligt ist, Arbeitnehmer sein, obwohl er Organ der Gesellschaft ist.[113] Dies soll unter anderem der Fall sein, wenn ein Fremdgeschäftsführer nur formal die Geschäftsführerstellung begleitet, jedoch aufgrund der erheblichen Einschränkungen der Geschäftsführerkompetenzen im Innenverhältnis lediglich eine Strohmannstellung einnimmt.[114]

Dahingegen sind Mitglieder des Vorstandes einer Aktiengesellschaft in ihrer Funktion als Vorstand kein Arbeitnehmer.[115] Nach § 76 I AktG leitet der Vorstand

110 EuGH v. 11.11.2010 - C-232/09 (*Danosa*), NZA 2011, 143 (146).

111 EuGH v. 11.11.2010 - C-232/09 (*Danosa*), NZA 2011, 143 (146).

112 *Preis/Sagan*, ZGR, 2013, 26 (57, 60 f.); *Reufers/Molle*, NZA-RR 2011, 281 (283), *Oberthür*, NZA 2011, 253 (254); *Fischer*, NJW 2011, 2329 (2330), *Bauer/Arnold*, NZG 2012, 921 (923); *Junker*, NJW 2011, 950 (951); offen gelassen BGH v. 23.04.2012 – II ZR 163/10, NZA 2012, 797 (798).

113 BAG v. 26.05.1999 – 5 AZR 664/98, NZA 1999, 987; MüKo – *Thüsing*, BGB, § 6 AGG Rn. 11; Däubler/Bertzbach – *Schrader/Schubert*, AGG, § 6 Rn 10q, f.; MüArbR – *Oetker*, § 14 Rn. 21; *Krause*, AG 2007, 392 (394); a. A. *Bauer/Krieger*, AGG, § 6 Rn. 35a.

114 BAG v. 15.04.1982 – 2 AZR 1101/79, NJW 1983, 2405 (2406 f.).

115 *Bauer/Krieger*, AGG, § 6 Rn. 35b m.w.N.; *Reufers/Molle*, NZA-RR 2011, 281 (283); *Oberthür*, NZA 2011, 253 (254); *Junker*, NJW 2011, 950 (951); *Bauer/Arnold*, ZIP 2012, 597 (599).

unter eigener Verantwortung die Gesellschaft. Diese Eigenverantwortlichkeit steht einem weisungsgebundenen Abhängigkeitsverhältnis entgegen. Auch die Mitglieder des Aufsichtsrates sind in ihrer Funktion als Organmitglieder keine Beschäftigten. Dies wird einerseits durch die Regelungen über Verträge der Aufsichtsratsmitglieder in § 114 I AktG deutlich. Nach § 114 I AktG bedürfen Verträge eines Aufsichtsratsmitglieds mit der Gesellschaft über eine Tätigkeit für die Gesellschaft außerhalb der Tätigkeit für den Aufsichtsrat, die keine Arbeitsverhältnisse begründen, der Zustimmung des Aufsichtsrates. Dies zeigt zugleich, dass die Aufsichtsratstätigkeit kein Arbeitsverhältnis ist, sondern zusätzlich daneben eines bestehen oder begründet werden kann. Zudem kann auch aus § 96 I AktG der Rückschluss gezogen werden, dass Aufsichtsratsmitglieder in ihrer Organfunktion keine Beschäftigten sind. Danach setzt sich der Aufsichtsrat aus Aktionären, Arbeitnehmern und gegebenenfalls weiteren Mitgliedern zusammen. Folglich umfasst die Organtätigkeit nicht die Tätigkeiten und Pflichten des Arbeitsverhältnisses, sondern kann lediglich daraus resultieren. Die Regelung des § 113 I 1 AktG verdeutlicht ebenfalls, dass Mitglieder des Aufsichtsrates in dieser Funktion nicht unter den europarechtlichen Arbeitnehmerbegriff subsumiert werden können. Aus § 113 I 1 AktG ergibt sich, dass Aufsichtsratsmitglieder für ihre Tätigkeit im Aufsichtsrat nicht zwingend eine Vergütung erhalten. Eine solche wird nur gewährt, wenn dies durch Satzung festgelegt oder durch die Hauptversammlung bestimmt ist. Nach der gängigen Definition des Arbeitnehmers durch den EuGH ist die Vergütung als Gegenleistung für die ausgeübte Tätigkeit ein wesentliches Merkmal des Arbeitnehmerbegriffs.

Legt man einen unionsrechtlich geprägten, diskriminierungsspezifischen Arbeitnehmerbegriff und die anwendbare Wertung der Danosa-Entscheidung zu Grunde, sind auch nach dieser Definition des Arbeitnehmerbegriffs weder Vorstands- noch Aufsichtsratsmitglieder Arbeitnehmer.[116] Sie üben in ihrer Funktion als Organmitglied, wie aufgezeigt, keine weisungsabhängige Tätigkeit aus. Vielmehr handeln sie gerade eigenverantwortlich. In absoluten Ausnahmefällen sollen auch Vorstandsmitglieder eines Konzernunternehmens unter den unionsrechtlichen Arbeitnehmerbegriff fallen, wenn sie nach § 308 I AktG den Weisungen des herrschenden Unternehmens unterliegen.[117]

Zusammenfassend ist festzustellen, dass Organe soweit sie nicht unter den Begriff des Arbeitnehmers subsumiert werden können, keine Beschäftigten sind. Geht es jedoch um Bedingungen für den Zugang zur Erwerbstätigkeit oder den beruflichen Aufstieg, werden Organe und Organmitglieder nach § 6 III AGG in den persönlichen Schutzbereich des AGG mit einbezogen.

Dies gilt für die Definition des Beschäftigten nur in Bezug auf die Einbeziehung in den Schutzbereich. Eine ausdrückliche gesetzgeberische Regelung zur Einordnung

---

116 *Reufers/Molle*, NZA-RR 2011, 281 (283); *Oberthür*, NZA 2011, 253 (254); *Junker*, NJW 2011, 950 (951); *Bauer/Arnold*, ZIP 2012, 597 (599); kritisch *Fischer*, NJW 2011, 2329 (2331).

117 *Oberthür*, NZA 2011, 253 (254); a.A. *Bauer/Arnold*, ZIP 2012, 597 (599).

von Organen als Beschäftigte bezüglich der Haftung aufgrund einer Benachteiligung durch die Organe oder Organmitglieder erfolgte nicht. Ob sie haftungsrechtlich als Beschäftigte zu behandeln sind, wird bei der Problematik der Organhaftung ausführlich erörtert werden.

2. Sonstiger Dritter

In § 12 IV AGG ist der sonstige Dritte ausdrücklich erwähnt. Aus diesem Grund bietet sich an, sich an den Begriff des Dritten im Sinne des § 12 IV AGG zu orientieren. Danach sind sonstige Dritte betriebsfremde Personen zu denen geschäftliche Beziehungen bestehen.[118] Im Rahmen der Untersuchung werden Personen als nicht beschäftigte sonstige Dritte definiert, die nicht Beschäftigte, Organe oder Organmitglieder des Arbeitgebers sind, aber dennoch in einer rechtlichen Beziehung zu diesem stehen und einen Bezug zum Tätigkeitsfeld im weitesten Sinne haben, ohne zugleich ein eigenes Arbeits- oder anderweitiges Dienstverhältnis mit dem Arbeitgeber begründet zu haben. Dritte sind folglich alle Personen, die außerhalb der Belegschaft eines Arbeitgebers stehen.[119] Hierunter fallen z.B. Kunden und Lieferanten des Arbeitgebers[120], Geschäftspartner, andere Arbeitgeber, bei denen die Beschäftigten eingesetzt sind, ohne dass ein Leiharbeitsverhältnis besteht.

Der gleichgestellte Arbeitskollege, der gegenüber dem Benachteiligten nicht mit Arbeitgeberbefugnissen ausgestattet ist, ist nicht Dritter im Sinne des § 12 IV AGG.[121] Dies wird durch die Unterscheidung in den Regelungen der Absätze II 1 und III des § 12 AGG deutlich.

Ebenso sind Organe oder Organmitglieder nicht sonstige Dritte in diesem Sinne. Als gesetzliche Vertreter des Arbeitgebers personifizieren sie geradezu den Arbeitgeber. Zudem bestimmen sie zumeist durch ihr Handeln die Geschicke des Arbeitgebers. Des Weiteren sind Organe oder Organmitglieder nicht betriebsfremd und stehen in einer sonstigen geschäftlichen Beziehung zum Arbeitgeber. Sie sind vielmehr Teil des Arbeitgebers.

II. Unterscheidungserfordernis

Eine Unterscheidung zwischen Beschäftigten und sonstigen Dritten hat auch der Gesetzgeber im Rahmen der Normierung des Diskriminierungsschutzes vorgenommen.

---

118 ErfK – *Schlachter* AGG § 12 Rn. 4; PWW – *Lingemann* § 12 AGG Rn. 16; Rust/Falke – *Falke*, AGG § 12 Rn. 51. Wendeling-Schröder/Stein – *Stein*, AGG § 12 Rn. 46; *Bauer/Krieger*, AGG, § 12 Rn. 39.

119 Schleusener/Suckow/Voigt – *Suckow*, AGG § 12 Rn. 32; ähnlich *Bauer/Krieger*, AGG § 12 Rn. 39.

120 So *Schütt/Wolf* AGG, S. 61 zum Personenkreis der Dritten i. S. d. § 12 IV AGG; *Meinel/Heyn/Herms*, AGG § 12 Rn. 27; ebenso Wendeling-Schröder/Stein – *Stein* AGG § 12 Rn. 46.

121 Anders noch zum Gesetzentwurf des AGG *Kamanabrou*, ZfA 2006, 327 (340).

Der Gesetzgeber unterscheidet ebenfalls zwischen eigenen Beschäftigten des Arbeitgebers und Dritten durch gesonderte Regelungen. § 12 IV AGG beinhaltet eine gesonderte Regelung für Benachteiligung durch Dritte. Hingegen sind in § 12 II, III AGG ausdrücklich die Beschäftigten separat benannt. Diese Unterscheidung spiegelt die unterschiedliche Einflussmöglichkeit des Arbeitgebers auf seine eigenen Beschäftigten und sonstige Dritte wider. Dies wird besonders in § 12 III AGG deutlich. Danach umfasst die Pflicht des Arbeitgebers zum Schutz seiner Beschäftigten, gegebenenfalls arbeitsrechtliche Maßnahmen gegenüber dem Handelnden zu ergreifen. Auch durch § 12 II 1 AGG wird deutlich, dass der Arbeitgeber auf seine Beschäftigten deutlich mehr Einfluss nehmen kann, als auf außenstehende Dritte. Nach § 12 II 1 AGG soll der Arbeitgeber zur Vermeidung von unzulässigen Benachteiligungen durch gezielte Schulungen in geeigneter Weise auf seine Beschäftigten einwirken.[122]

Wesentliches Differenzierungsmerkmal zwischen Beschäftigten und sonstigen Dritten ist die unterschiedliche Einflussmöglichkeit des Arbeitgebers. Der Arbeitgeber hat deutlich mehr Möglichkeiten auf das Handeln seiner Beschäftigten einzuwirken. Das Beschäftigungsverhältnis als Dauerschuldverhältnis, insbesondere das Arbeitsverhältnis ist dadurch gekennzeichnet, dass ein Über-Unter-Ordnungsverhältnis und seitens des Beschäftigten eine wirtschaftliche Abhängigkeit zum Arbeitgeber besteht. Der Arbeitgeber beeinflusst im Wesentlichen das Arbeits- bzw. Beschäftigungsverhältnis durch Ausgestaltung des Arbeitsplatzes und durch Ausübung der dem Arbeitsverhältnis innewohnenden Weisungsbefugnis nach § 106 S. 1 GewO. Daneben stehen dem Arbeitgeber weitere rechtliche Mittel zur Verfügung, mittels derer er auf das Verhalten seiner Beschäftigten einwirken kann. Insbesondere die Möglichkeiten der Abmahnung, Beendigung des Beschäftigungsverhältnisses durch Kündigung oder eine Versetzung sind in diesem Zusammenhang hervorzuheben.

Im Gegensatz dazu bestehen kaum rechtliche Möglichkeiten des Arbeitgebers auf das Verhalten nicht beschäftigter Dritter Einfluss zu nehmen.[123] Es besteht zwischen Arbeitgeber und dem nicht beschäftigten Dritten kein solch enges rechtliches Verhältnis wie zwischen Arbeitgeber und Beschäftigtem, das beachtliche rechtliche Einflussmöglichkeiten bietet.

Die Einwirkungsmöglichkeiten des Arbeitgebers auf sonstige Dritte sind vorrangig wirtschaftlicher oder tatsächlicher Natur. Die Möglichkeiten reichen vom höflichen Hinweis oder Gespräch[124] bis hin zum Abbruch der Geschäftsbeziehung.[125] Diese Maßnahmen sind wegen der unterschiedlichen eigenen wirtschaftlichen Abhängigkeit des Arbeitgebers vom sonstigen Dritten teilweise schwierig.[126]

---

122 Exemplarisch Däubler/Bertzbach – *Buschmann*, AGG, § 12, Rn. 18; ErfK – *Schlachter*, § 12 AGG Rn. 2; kritisch zum gesetzgeberischen Auftrag an den Arbeitgeber *Bauer/Krieger*, AGG, § 12 Rn. 11.

123 Ähnlich Wendeling-Schröder/Stein – *Stein*, AGG § 12 Rn. 44.

124 MüKo – *Thüsing*, AGG § 12 Rn. 11.

125 *Adomeit/Mohr*, AGG § 12 Rn. 48; insgesamt Schleusener/Suckow/Voigt – *Suckow*, AGG § 12 Rn. 35.

126 Als heikel bezeichnend *Adomeit/Mohr*, AGG § 12 Rn. 48.

In rechtlicher Hinsicht kann der Arbeitgeber das Verhalten sonstiger Dritter im Wesentlichen durch Einwirken auf die vertragliche Beziehung zum Dritten beeinflussen. Neben der Beendigung von Verträgen, zum Beispiel durch Kündigung, soweit diese rechtlich möglich ist, kommt auch der Abbruch von Vertragsverhandlungen oder die Beendigung einer Vertragsanbahnung in Betracht. Darüber hinaus kann auch im Rahmen der Vertragsgestaltung Einfluss genommen werden. So kann ein benachteiligungsfreies Verhalten des Dritten gegenüber den Beschäftigten in den Vertrag aufgenommen werden.[127] Ein Verstoß kann zum Beispiel in Form eines Rücktrittsrechts oder gegebenenfalls durch eine Vertragsstrafe sanktioniert werden. Die Wirkung dieser Möglichkeiten ist jedoch stark abhängig vom wirtschaftlichen Verhältnis des Arbeitgebers zum Dritten. Im Gegensatz zu den Möglichkeiten, auf die eigenen Beschäftigten unmittelbar einzuwirken, stehen dem Arbeitgeber keine speziellen rechtlichen Mittel zu Verfügung. Des Weiteren besteht kein Über-Unter-Ordnungsverhältnis zu Gunsten des Arbeitgebers mit dem Dritten, welches ihm ein Weisungsrecht einräumt oder eine aus dem vertraglichen Verhältnis resultierende Rechenschaftspflicht des Dritten.

Neben dem Eingriff in die Geschäfts- oder Vertragsbeziehung zum Dritten steht dem Arbeitgeber unter Umständen die Ausübung des Hausrechts zu, soweit es um ein Verhalten gegenüber den Beschäftigten auf dem Gelände des Arbeitgebers geht. Ein präventiver Schutz vor Benachteiligung durch Dritte kann hierdurch meist nur zur Verhinderung von Wiederholungsfällen bestehen. Daneben stellt dies auch eine repressive Einwirkungsmöglichkeit in Bezug auf das Verhalten Dritter dar. Die Möglichkeit auf Dritte einzuwirken, um erstmalige Benachteiligungen von Beschäftigten durch Dritte mittels des Hausrechts zu verhindern, ist jedoch kaum von praktischer Bedeutung.

Da das Hausrecht gegenüber jedermann und somit auch gegenüber eigenen Beschäftigten ausgeübt werden kann, stellt diese Einflussmöglichkeit kein hinreichendes Differenzierungskriterium dar.

Angesichts dessen ist es im Rahmen der Betrachtung der Haftung des Arbeitgebers für Beschäftigte und Dritte erforderlich, eine Differenzierung zwischen Beschäftigten und sonstigen Dritten vorzunehmen. Wie aufgezeigt, ist diese Differenzierung der unterschiedlichen Einflussmöglichkeiten und rechtlichen Verhältnisse geschuldet. Diese vom Gesetzgeber kodifizierte Wertung ist auch auf alle anderen Haftungstatbestände im Zusammenhang mit einer unzulässigen Benachteiligung zu übertragen. Nur so kann eine einheitliche Beurteilung und Rechtsanwendung der Haftung für Benachteiligung gewährleistet werden. Die Unterscheidung zwischen Beschäftigten und nicht beschäftigten Dritten ist aus diesen Gründen auch im Rahmen des Diskriminierungsschutzes außerhalb des AGG beizubehalten.

127 So auch *Wisskirchen*, DB 2006, 1491 (1496); *Adomeit/Mohr*, AGG, § 12 Rn. 48.

Kapitel III – Haftung für das Verhalten von Beschäftigten

A. Vorüberlegungen

Im Vordergrund steht zunächst die Haftung des Arbeitgebers infolge unzulässiger Benachteiligungen durch eigene Beschäftigte, insbesondere Vorgesetzte. Die Benachteiligung innerhalb der Belegschaft unter Kollegen ist ebenfalls Gegenstand der Untersuchung. Dabei soll umfassend aufgezeigt werden, welche Möglichkeiten der Haftung des Arbeitgebers bei Benachteiligung durch andere Beschäftigte in Betracht kommen und wie diese ausgestaltet sein könnten.

Die Benachteiligungen von Beschäftigten durch andere Beschäftigte oder Funktionsträger des Arbeitgebers und nicht durch den Arbeitgeber selbst ist keine ungewöhnliche Fallkonstellation. Gerade in den Fällen, in denen der Arbeitgeber eine juristische Person und keine natürliche Person ist, handelt nicht der Arbeitgeber selbst, sondern andere Personen für ihn. Aber auch die Größe des Arbeitgebers, damit gemeint ist seine Betriebs- und Verwaltungsstruktur, die Mitarbeiteranzahl, die Betriebsstättengröße usw., ist ein wesentlicher Faktor dafür, dass oft nicht der Arbeitgeber als Person handelt, sondern Mitarbeiter des Arbeitgebers.

Ausgangspunkt ist, dass im deutschen Recht grundsätzlich jede Person nur für ihr eigenes Verhalten haftet. Jeder ist nur für das eigene Handeln verantwortlich.[128] In bestimmten Fällen haftet eine Person auch für das Verhalten Dritter. Eine Haftung für das Verhalten Dritter besteht einerseits aufgrund einer Verantwortlichkeit für das Handeln Dritter[129], zumeist angeordnet durch so genannte Zurechnungsnormen. Daneben kann eine Haftung für Dritte aufgrund einer Einstandspflicht bestehen, der so genannten Gefährdungshaftung[130]. Eine solche ergibt sich, wenn eine Person für das Risiko, dass sich sachlich eingegrenzte Gefahren verwirklichen, einstehen muss.

Die Haftung aufgrund Zurechnung des Handelns Dritter oder infolge der Gefährdungshaftung ist von wesentlicher Bedeutung für die Untersuchung der Haftung des Arbeitgebers bei Benachteiligung der Beschäftigten durch andere Beschäftigte oder Dritte. So hat sich der deutsche Gesetzgeber entschieden, die unzulässige Benachteiligung von Beschäftigten nicht durch beispielsweise Ordnungswidrigkeiten[131], sondern ausschließlich durch zivilrechtliche Regelungen, nunmehr nach § 15 I, II AGG durch Schadensersatz- und Entschädigungsansprüche des betroffenen

---

128 *Medicus/Petersen*, BürglR, Rn. 778.

129 Hierzu ausführlich nachfolgend unter Kapitel III B.

130 Hierzu ausführlich nachfolgend unter Kapitel III D.

131 Für die Einführung von Ordnungswidrigkeiten plädierend *Kamanabrou*, ZfA 2006, 337 f.; *Wank* in Festschrift Richardi S. 454; *ders.* in Festschrift Wissmann 599 (616 f.); *Benecke/Kern*, EuZW 2005, 363; *Brüggemeier*, ZeuP 1998, 752 (765).

Beschäftigten zu sanktionieren.[132] Infolge dieser Ausgestaltung bilden die zivilrechtlichen Zurechnungsregeln die Grundlage für die nachfolgende Betrachtung der Haftung des Arbeitgebers infolge benachteiligenden Handelns durch Beschäftigte und sonstige Dritte.

I. Haftung aufgrund eines Sonderverhältnisses

Eine Haftung infolge der Verantwortlichkeit für das Verhalten Dritter erfolgt in der Regel durch ausdrückliche gesetzliche Bestimmungen. Zu den bedeutenden Zurechnungstatbeständen des BGB zählen die Organhaftung nach § 31 BGB, die Zurechnung der Willenserklärung und des Wissens des Stellvertreters nach § 164 bzw. § 166 BGB, die Zurechnung des Verschuldens des Erfüllungsgehilfen nach § 278 BGB und die Zurechnung des deliktischen Verhaltens Dritter aufgrund eigener Aufsichtspflichten zum Beispiel nach § 831 BGB.

1. Organhaftung

Im Rahmen der Organhaftung haftet jede juristische Person nach § 31 BGB gegebenenfalls in Verbindung mit § 89 BGB für das Handeln ihrer Organe. § 31 BGB ordnet im persönlichen Anwendungsbereich die Verantwortlichkeit der juristischen Person an, für die in Ausführung der zustehenden Verrichtungen begangenen, zum Schadensersatz verpflichtenden Handlungen des Vorstandes, eines Mitglied des Vorstandes oder eines anderen verfassungsgemäß berufenen Vertreters der juristischen Person.

2. Zurechnung des Handelns des Stellvertreters

Eine gesetzliche Zurechnung fremden Handelns erfolgt auch im Rahmen der Stellvertretung. Nach § 164 BGB muss sich der Vertretene die Willenserklärung seines Vertreters zurechnen lassen. Daneben wird nach § 166 BGB im Rahmen der Stellvertretung nicht auf das Wissen des Vertretenen abgestellt, sondern das Wissen des Stellvertreters zugerechnet. Hierdurch erfolgt eine Zurechnung nicht nur des Handelns eines Dritten, sondern auch dessen Wissens.[133]

3. Haftung für den Erfüllungsgehilfen

Für fremdes Verhalten muss eine Person daneben nach § 278 BGB einstehen. Danach wird das Verschulden eines Dritten zugerechnet, wenn der Dritte Erfüllungsgehilfe ist. § 278 BGB ist wie auch §§ 164, 166 BGB keine eigenständige Anspruchsnorm,

---

132 Exemplarisch KR – *Treber*, § 15 AGG Rn. 2; *Wagner*, AcP 206, 352 (393).

133 Exemplarisch Palandt – *Ellenberger*, BGB, § 166, Rn. 1; PWW – *Frensch*, BGB, § 166 Rn. 1.

sondern dient dazu, Tatbestandsmerkmale von Ansprüchen durch Zurechnung fremden Verhaltens auszufüllen.[134]

4. *Deliktische Haftung für Dritte*

Dagegen ist eine der wichtigsten Zurechnungsnormen der deliktischen Haftung eine eigenständige Grundlage für den Anspruch gegen den Geschäftsherrn aufgrund des Verhaltens eines Dritten.[135] Nach § 831 I BGB haftet der Geschäftsherr jedoch nicht aufgrund unmittelbarer Zurechnung des Verhaltens des Dritten. Die Haftung erfolgt aufgrund eines vermuteten eigenen Verschuldens des Geschäftsherrn bei der Auswahl, Ausstattung oder Überwachung des Dritten und stellt insoweit auf einen eigenen Fehler des Geschäftsherrn ab. Dieser Fehler wiederum begründet die Haftung für das widerrechtliche Handeln des Dritten.[136]

II. Gefährdungshaftung

Neben der Haftung für Dritte infolge einer Sonderverbindung mit dem Dritten kommt eine Haftung für Dritte aus Gefährdung in Betracht. Im Rahmen der Gefährdungshaftung hat der Haftende für die Gefahr der Realisierung eines bestimmten, sachlich eingegrenzten Risikos einzustehen.[137] Die Haftung erfolgt unabhängig von einem Verschulden oder der Rechtmäßigkeit der Verwirklichung des Gefährdungsrisikos.[138] Wer im Rahmen der Gefährdungshaftung die Gefahr verwirklicht, ist nicht relevant. Gerade wegen der Einstandspflicht aufgrund des zu tragenden Risikos besteht eine Haftung für jede Verwirklichung der Gefahr unabhängig vom Handelnden.[139] Folglich besteht auch eine Haftung für das Verhalten Dritter. Die Fälle der Gefährdungshaftung sind spezialgesetzlich geregelt. Wichtige gesetzlich geregelte Fälle der zivilrechtlichen Gefährdungshaftung sind zum Beispiel die Halterhaftung nach § 7 I StVG oder die Tierhalterhaftung nach § 833 S. 1 BGB.

---

134 Ähnlich Palandt – *Grüneberg*, BGB, § 278 Rn. 1.

135 Exemplarisch PWW – *Schaub*, BGB, § 831 Rn. 1; Palandt – *Sprau*, BGB, § 831 Rn. 1.

136 PWW – *Schaub*, BGB, § 831 Rn. 1 f.; Palandt – *Sprau*, BGB, § 831 Rn. 1.

137 Exemplarisch Staudinger – *Hager*, BGB, Vorbem zu §§ 823 Rn. 28. MüKo – *Wagner*, BGB, Vor § 823 Rn. 17 m.w.N.; Palandt – *Sprau*, BGB, Einf v § 823 Rn. 6.

138 *Fuchs/Pauker*, Delikts- und SchadensR, S. 255; *Kötz/Wagner*, DeliktsR, Rn. 492; Staudinger – *Hager*, BGB, Vorbem zu §§ 823 Rn. 30 m.w.N.; differenzierend MüKo – *Wagner*, BGB, Vor § 823 Rn. 18 ff. Siehe auch BGH v. 25.01.1971 – III ZR 208/68, NJW 1971, 607 (608).

139 *Kötz/Wagner*, DeliktsR, Rn. 492; *Fuchs/Pauker*, Delikts- und SchadensR, S. 255; *Larenz/Canaris*, SchldR BT, S. 605 f.; MüKo – *Wagner*, BGB, Vor § 823 Rn. 17; ähnlich Staudinger – *Hager*, BGB, Vorbem zu §§ 823 ff Rn. 28; Palandt – *Sprau*, BGB, Einf v § 823 Rn. 6.

B. Zurechnung des Verhaltens der Beschäftigten

Im Rahmen der Haftung für das Verhalten anderer Personen ist entsprechend der genannten Grundsätze zu unterscheiden zwischen einer Haftung infolge der Zurechnung des Verhaltens oder eines eigenständigen Vorwurfs gegen den Haftenden wegen des Verhaltens der dritten Person. Ersteres zeichnet sich dadurch aus, dass aufgrund der Zurechnung der Schuldner so gestellt wird, als ob er selbst gehandelt hätte. Dahingegen erfolgt eine Zurechnung fremden Verhaltens im zweiten Fall infolge eigenen fehlerhaften Verhaltens des Schuldners in Bezug auf das Handeln des Dritten. Unproblematisch ist die Haftung des Arbeitgebers bei Benachteiligung durch Beschäftigte, wenn der Arbeitgeber den Benachteiligenden zur Benachteiligung angewiesen hat. Ein Rückgriff auf die Zurechnung des benachteiligenden Verhaltens ist dann nicht erforderlich. Der Verstoß gegen das Verbot der unzulässigen Benachteiligung nach § 7 I AGG wird vom Arbeitgeber selbst begangen. Nach § 3 V 1 AGG gilt bereits die Anweisung zur Benachteiligung als Benachteiligung. Relevant wird die Problematik der Zurechnung bei Anweisung der Benachteiligung, wenn das Gericht die Anweisung zur Benachteiligung nicht feststellen kann.

Zunächst ist der Fokus auf die Haftung des Arbeitgebers infolge der Zurechnung ohne einen zusätzlichen Vorwurf eigenen Fehlverhaltens gerichtet.

I. Zurechnung nach § 278 BGB

Die zentrale zivilrechtliche Zurechnungsnorm im Sonderschuldverhältnis ist § 278 BGB. Ein Schuldverhältnis ist eine Sonderverbindung zwischen mindestens zwei Personen, in der die eine Person berechtigt ist, von der anderen Person eine Leistung zu fordern.[140] Schuldverhältnisse entstehen durch Verträge, Rechtsgeschäfte oder kraft Gesetzes.[141] Das Schuldverhältnis beinhaltet nicht nur zumeist eine Pflicht zur Leistung, sondern nach § 241 II BGB auch Nebenpflichten in Form von Schutz- und Verhaltenspflichten.[142] Eine wesentliche vertragliche Nebenpflicht des Arbeitgebers aus dem Arbeitsverhältnis ist die Pflicht, den Arbeitnehmer vor einer physischen Verletzung oder Gesundheitsbeeinträchtigung sowie der Verletzung seines Persönlichkeitsrechts zu schützen.[143] Eine der wesentlichen Schutzpflichten ist zudem die Beachtung des Benachteiligungsverbots aus § 7 I AGG. § 7 III AGG regelt ausdrücklich, dass der Verstoß gegen das Benachteiligungsverbot eine Verletzung vertraglicher Pflichten ist. Diese vertragliche Pflicht wirkt nach Beendigung des

140 Palandt – *Grüneberg*, BGB, Einl v § 241 Rn. 3; MüKo – *Kramer*, BGB, Band 2 Einl. Rn. 13.

141 MüKo – *Kramer*, BGB, Band 2 Einl Rn. 53 ff.; Palandt – *Grüneberg*, BGB, Einl v § 241 Rn. 3.

142 Palandt – *Grüneberg*, BGB, Einl v § 241 Rn. 3; MüKo – *Kramer*, BGB, Band 2 Einl. Rn. 80 ff.

143 Schaub – *Linck*, ArbR-Hdb, § 36 Rn. 43d m.w.N.

Arbeitsverhältnisses noch fort.[144] Die Fortwirkung wird durch die Definition des Anwendungsbereichs in § 2 I Nr. 2 AGG und des persönlichen Anwendungsbereichs in § 6 I 2 AGG angeordnet.[145] Erforderlich ist jedoch, dass ein Zusammenhang mit dem nunmehr beendeten Beschäftigungsverhältnis besteht. Dies wird zum Beispiel durch den Wortlaut von § 2 I Nr. 2 AGG deutlich. Danach sind unter anderem Entlassungsbedingungen, insbesondere Vereinbarungen und Maßnahmen bei der Durchführung und Beendigung von Beschäftigungsverhältnissen vom Anwendungsbereich des Diskriminierungsschutzes erfasst.

Die Begründung einer Leistungspflicht ist nicht zwingende Voraussetzung für ein Schuldverhältnis mit gegenseitigen Schutzpflichten.[146] Erforderlich ist eine Sonderverbindung, zum Beispiel die Anbahnung eines Vertragsverhältnisses.[147] Die Haftung aus culpa in contrahendo, seit der Schuldrechtsreform 2001 in § 311 II, III BGB normiert, ist eine der bekanntesten Formen eines Schuldverhältnisses mit Schutzpflichten ohne das eine Primärleistungspflicht besteht.

Zwischen dem Arbeitgeber und seinen Beschäftigten besteht ein Schuldverhältnis mit Schutzpflichten nicht nur während des Bestands und im Nachgang eines Beschäftigungsverhältnisses, sondern auch im Rahmen des Bewerbungsverfahrens. Ein Sonderschuldverhältnis besteht durch die Anbahnung von Vertragsverhandlungen zum Abschluss eines Arbeitsvertrages auch schon zum Bewerber. Ein vorvertragliches Schuldverhältnis zum Bewerber mit der Schutzpflicht des Benachteiligungsverbotes aus § 241 II BGB ergibt sich aus § 32 AGG i.V.m. § 311 II BGB, soweit die Voraussetzungen des § 311 II BGB vorliegen.[148] Dass bereits das Bewerbungsverhältnis eine Sonderverbindung zwischen Arbeitgeber und dem Bewerber darstellt, ergibt sich auch aus dem Anwendungsbereich des Diskriminierungsschutzes. So ist nach § 6 I 2 AGG auch der Bewerber Beschäftigter im Sinne des AGG. Zudem umfasst der Schutzbereich des Benachteiligungsschutzes nach § 2 I Nr. 1 auch die Bedingungen für den Zugang zur Erwerbstätigkeit. Das Bewerbungsverfahren ist gerade darauf ausgerichtet, den möglichen Abschluss eines Arbeitsvertrages mit den Bewerbern anzubahnen und eine Auswahl unter den Bewerbern vorzunehmen. Hierdurch entsteht eine Sonderverbindung zwischen Arbeitgeber und Bewerbern.

---

144 Exemplarisch Schleusener/Suckow/Voigt – *Schleusener*, AGG, § 7 Rn. 81; *Bauer/Krieger*, AGG, § 6 Rn. 14, ErfK – *Schlachter*, § 6 AGG Rn. 3; *Annuß*, BB 2006, 1629 (1630).

145 Wendeling-Schröder/Stein – *Wendeling-Schröder*, AGG, § 7 Rn. 35; ErfK – *Schlachter*, § 6 AGG Rn. 3; *Annuß*, BB 2006, 1629 (1630).

146 MüKo – *Kramer*, BGB, Band 2 Einl. Rn. 81; Palandt – *Grüneberg*, BGB, Einl v § 241 Rn. 3.

147 MüKo – *Kramer*, BGB, Band 2 Einl. Rn. 81.

148 *Thüsing*, Arbeitsrechtlicher Diskriminierungsschutz, Rn. 505; Däubler/Bertzbach – *Däubler*, AGG, § 7 Rn. 293; im Erg. auch Schleusener/Suckow/Voigt – *Schleusener*, AGG, § 7 Rn. 81; *Bauer/Krieger*, AGG, § 7 Rn. 34; ähnlich Schiek – *Schmidt*, AGG, § 7 Rn. 6; Wendeling-Schröder/Stein – *Wendeling-Schröder*, AGG, § 7 Rn. 34.

Diese beinhaltet noch keine Primärleistungspflicht der Parteien, gleichwohl aber Schutzpflichten, speziell das Verbot der unzulässigen Benachteiligung.

Eine Ausnahme stellt das Verhältnis zwischen Arbeitgeber und Bewerber bei sofortiger Ablehnung einer unaufgeforderten Initiativbewerbung dar. In diesem Fall besteht zwischen Arbeitgeber und Bewerber kein Sonderschuldverhältnis mit Schutzpflichten.[149] Der Bewerber kann sich bei einer negativen Einstellungsentscheidung nicht darauf berufen, dass bei einem Verstoß gegen das Diskriminierungsverbot ihm gegenüber vertragliche Pflichten verletzt wurden. Bei einer unaufgeforderten Bewerbung handelt es sich gerade nicht um die Aufnahme von Vertragsverhandlungen im Sinne des § 311 II Nr. 1 BGB. Auch wenn die Bewerbung gerade die Aufnahme solcher Verhandlungen bezweckt, kann nicht von einer Aufnahme von Verhandlungen ausgegangen werden, wenn das Bemühen darum einseitig bleibt.[150] Bereits der Begriff der Vertragsverhandlung macht deutlich, dass es sich um eine beiderseitige Maßnahme handeln muss.[151] Nach § 311 II Nr. 2 BGB entsteht ein Schuldverhältnis mit Pflichten nach § 241 II BGB mit der Anbahnung eines Vertrages, bei welcher der eine Teil dem anderen Teil im Hinblick auf einen möglichen Vertragsschluss die Möglichkeit zur Einwirkung auf Rechtsgüter und Interessen einräumt. Durch das Zusenden einer umfangreichen Bewerbung mit dem Zweck ein Arbeitsverhältnis zu begründen, wird dem Arbeitgeber angesichts der umfangreichen persönlichen Daten durchaus die Möglichkeit eingeräumt unter anderem auf das Persönlichkeitsrecht des Bewerbers einzuwirken. Jedoch ist zu berücksichtigen, dass die Bewerbung unaufgefordert erfolgte. Der Arbeitgeber hat in einem solchem Fall nicht, wie in den typischen „Kaufhausfällen" einen Verkehrsbereich und seine Einflusssphäre für andere geöffnet. Anders als bei für Kunden offenen Geschäftsräumen zielt der Arbeitgeber im Falle einer unaufgeforderten Bewerbung nicht auf eine Vertragsanbahnung ab. Der Gedanke, dass der Kunde gerade dazu aufgefordert wird, sich zur Vertragsanbahnung in den Verkehrsbereich des potenziellen Vertragspartners zu begeben, kann den typischen Fällen des Schuldverhältnisses aufgrund von Vertragsanbahnungen zugrunde gelegt werden. Im Falle der unaufgeforderten Bewerbung begibt sich der Bewerber unaufgefordert in den Verkehrsbereich des Arbeitgebers, den dieser nicht einmal eröffnet hat. Folglich würden bei Annahme eines Schuldverhältnisses mit entsprechenden Pflichten nach § 241 II BGB diese Pflichten dem Arbeitgeber faktisch durch den Bewerber aufgedrängt. Obwohl offensichtlich die Voraussetzungen des § 241a BGB nicht vorliegen, so kann doch der dahinterstehende Rechtsgedanke herangezogen werden. Das unaufgeforderte Anbieten einer Leistung kann keine rechtliche Pflicht begründen. Die Bewerbung stellt kein Angebot im Sinne des § 145 BGB gerichtet auf Abschluss eines Arbeitsvertrages dar. Dennoch stellt der Bewerber durch seine

149 *Thüsing*, Arbeitsrechtlicher Diskriminierungsschutz, Rn. 505; Däubler/Bertzbach – *Däubler*, AGG, § 7 Rn. 293; MüKo – *Thüsing*, BGB, § 7 AGG Rn. 23.

150 Palandt – *Grüneberg*, BGB, § 311 Rn. 22; MüKo – *Emmerich*, BGB, § 311 Rn. 70.

151 MüKo – *Emmerich*, BGB, § 311 Rn. 70.

Bewerbung dem Arbeitgeber in Aussicht, dass er seine Arbeitskraft grundsätzlich zur Verfügung stellen würde. Wenn schon das Anbieten einer Leistung keine Pflichten begründen kann, dann erst recht nicht das einseitige unaufgeforderte Bestreben einer Vertragsanbahnung.

Folglich besteht grundsätzlich auch zwischen dem Arbeitgeber und dem Bewerber eine schuldrechtliche Sonderverbindung mit Schutzpflichten, außer die Bewerbung erfolgte unaufgefordert und wurde direkt abgewiesen.

Das Bestehen eines Sonderschuldverhältnisses zwischen Arbeitgeber und Beschäftigten mit zumindest Neben-, insbesondere Schutzpflichten, führt dazu, dass sich der Arbeitgeber das Handeln eines Dritten, dessen sich der Arbeitgeber zur Erfüllung seiner Pflichten bedient, zurechnen lassen muss. Dies ist im Zusammenhang mit einer unzulässigen Benachteiligung insbesondere dann relevant, wenn die vom Arbeitgeber mit der Erfüllung seiner Pflichten betraute Person gegen Pflichten des Arbeitgebers im Zusammenhang mit dem Schutz vor Benachteiligungen verstößt.

1. Schadensersatz nach § 15 I AGG

Die zentrale schuldrechtliche Haftungsnorm im Diskriminierungsrecht ist § 15 AGG. Diese Norm dient der Umsetzung der europäischen Vorgaben, insbesondere dem Erfordernis der effektiven Sanktionierung der unzulässigen Benachteiligung.[152]

a. Anspruchsgegner

Nach § 15 I 1 AGG ist der Arbeitgeber verpflichtet, den durch einen Verstoß gegen das Benachteiligungsverbot entstanden Schaden zu ersetzen.

aa. Begriff des Arbeitgebers

Der Begriff des Arbeitgebers ist anders als der Begriff des Arbeitnehmers im deutschen Arbeitsrecht vom Gesetzgeber nicht deutlich bestimmt, obwohl er des Öfteren in verschiedenen Gesetzen gebraucht wird.[153] So wird der Arbeitgeber zum Beispiel ausdrücklich in § 2 I Nr. 3 ArbGG, § 612a BGB, § 613a II 1 BGB oder § 74 I 1 BetrVG genannt, ohne dass er in diesen für das Arbeitsrecht sehr bedeutsamen Gesetzen oder Normen definiert wird.

Nach dem klassischen Verständnis kann der Begriff des Arbeitgebers nicht losgelöst vom Begriff des Arbeitnehmers bestimmt werden, sondern ist im Arbeitsrecht ein Korrelatbegiff zu dem des Arbeitnehmers.[154] Der Arbeitgeber wird als

---

152 Exemplarisch *Bauer/Krieger*, AGG, § 15 Rn. 4 ff.; KR – *Treber*, § 15 AGG Rn. 2; Schleusener/Suckow/Voigt – *Voigt*, AGG, § 15 Rn. 1.

153 Schaub – *Linck*, ArbR-Hdb, § 16 Rn. 1; Kittner/Zwanziger/Deinert – *Deinert*, ArbR, § 4 Rn. 2.

154 Staudinger – *Richardi/Fischinger*, BGB, § 611 Rn. 114; Kittner/Zwanziger/Deinert – *Deinert*, ArbR, § 4 Rn. 2.

Vertragspartner des Arbeitnehmers definiert.[155] Die vertragliche Grundlage für ein Arbeitsverhältnis ist der Arbeitsvertrag als Sonderform des Dienstvertrags nach § 611 I BGB.[156] Der Arbeitgeber zeichnet sich dadurch aus, dass er die vertraglich geschuldete Dienst-/Arbeitsleistung des Arbeitnehmers in Anspruch nimmt und die vereinbarte Vergütung als Gegenleistung gewährt.

In § 6 II AGG hat der Gesetzgeber nunmehr den Begriff des Arbeitgebers für den Bereich der Diskriminierung von Beschäftigten legal definiert. Danach ist Arbeitgeber im Sinne des AGG, wer Personen nach § 6 I AGG beschäftigt. In § 6 I AGG wird bestimmt, wer Beschäftigter im Sinne des AGG ist. Somit wird deutlich, dass auch der Arbeitgeberbegriff des AGG nicht losgelöst vom Begriff des Beschäftigten bestimmt werden kann, sondern der Arbeitgeber gerade der Gegenpart des Beschäftigten ist.[157] Die Inanspruchnahme einer Dienstleistung des Beschäftigten durch den Arbeitgeber ist das wesentliche Merkmal des Arbeitgeberbegriffs.[158] Das Bestehen eines wirksamen zugrunde liegenden Vertrages oder der Vertragstyp sind nicht entscheidend.[159] Dies ergibt sich aus der Formulierung „beschäftigen".[160] Daneben gilt nach § 6 II 2 AGG der Entleiher von Leiharbeitnehmern im Sinne des zweiten Abschnitts des AGG ebenfalls als Arbeitgeber der Leiharbeitnehmer. Angesichts der Einbeziehung des Bewerbers und von Personen, deren Beschäftigungsverhältnis bereits beendet ist, ist auch Arbeitgeber, wer andere beschäftigt hat oder es sich anbahnt, dass er jemanden beschäftigt.[161] Obwohl der Gesetzgeber im AGG für die Begriffsbestimmung nicht allein den Arbeitnehmer zum Gegenpart des Arbeitgebers bestimmt hat, sondern den Personenkreis der Beschäftigten im Verhältnis zu dem der Arbeitnehmer erweitert hat, besteht auch weiterhin ein wesentlicher Bezug zur Inanspruchnahme von Dienstleistungen. Davon ausgehend, dass der Arbeitgeberbegriff den Gegenpart zum Begriff des Beschäftigten darstellt, sind weiterhin neben der Inanspruchnahme der Arbeitsleistung, ein wirtschaftliches Abhängigkeitsverhältnis und Kontrolle des Beschäftigten durch den Arbeitgeber, für die Definition prägend. Dies verdeutlicht sich unter anderem durch die Regelung des § 6 III AGG. Hierdurch werden auch Organmitglieder, wie Geschäftsführer und Vorstände unter

---

155 BAG v. 09.09.1982 – 2 AZR 253/80, BAGE 40, 145 (149); Staudinger – *Richardi/Fischinger*, BGB, § 611 Rn. 114; Schaub – Linck, ArbR-Hdb, § 16 Rn. 1, *Hromadka/Maschmann* § 3 Rn. 45.

156 Exemplarisch ErfK – *Preis*, § 611 BGB Rn. 1; MünchArbR – *Richardi/Buchner*, § 33 Rn. 1.

157 Ähnlich Schleusener/Suckow/Voigt – *Schleusener*, AGG, § 6 Rn. 17; *Bauer/Krieger*, AGG, § 6 Rn. 16.

158 ErfK – *Schlachter*, § 6 AGG Rn. 4; *Bauer/Krieger*, AGG, § 6 Rn. 16; zum allgemeinen Arbeitgeberbegriff MünchArbR – *Richardi*, § 21 Rn. 1; Schaub – *Linck*, ArbR-HdB, § 16 Rn. 1 m.w.N.

159 *Bauer/Krieger*, AGG, § 6 Rn. 16; Wendeling-Schröder/Stein – *Stein*, AGG, § 6 Rn. 14; ähnlich ErfK – *Schlachter*, § 6 AGG Rn. 4.

160 *Bauer/Krieger*, AGG, § 6 Rn. 16.

161 ArbG Berlin v. 11.02.2009 – 55 Ca 16952/08, NZA-RR 2010, 16 (17).

bestimmten Bedingungen durch entsprechende Anwendung der Vorschriften zum Schutz von Beschäftigten vor Benachteiligungen in den Personenkreis der Beschäftigten einbezogen. Diese können nicht unter den Begriff des Arbeitnehmers subsumiert werden. Jedoch besteht auch hier ein vergleichbares Verhältnis im Bezug zur Kontrolle durch die gesellschaftsrechtlichen Aufsichtsgremien, wie zum Beispiel dem Aufsichtsrat einer Aktiengesellschaft. Somit wird deutlich, dass keine Loslösung vom traditionellen Verständnis des Arbeitgeberbegriffs gewollt ist, sondern lediglich der Schutzbereich des AGG auf einen größeren Personenkreis ausgedehnt werden soll.

Der Begriff des Arbeitgebers nach § 6 II AGG als spezifischer und legal definierter Arbeitgeberbegriff ist im Zusammenhang mit dem Diskriminierungsschutz auch außerhalb des AGG in Bezug auf andere Ansprüche aus anderen Normen anzuwenden.[162] Nur so kann eine einheitliche Beurteilung unzulässiger Benachteiligungen gewährleistet werden.

bb. Passivlegitimierung des Arbeitgebers

Angesichts der Tatsache, dass ein anderer Beschäftigter die Benachteiligung begangen hat, stellt sich die Frage, wer für Ansprüche nach § 15 AGG passiv legitimiert ist. Zur Vermeidung unnötiger Wiederholungen wird an dieser Stelle sowohl auf die Passivlegitimierung für Ansprüche nach § 15 I 1 AGG wie auch nach § 15 II 1 AGG eingegangen.

(1) Arbeitgeber als einziger Anspruchsgegner

Nach der von der vorherrschenden Meinung vertretenen Ansicht richtet sich der Anspruch des Beschäftigten auf Schadensersatz oder Entschädigung nach § 15 I, II AGG gegen den Arbeitgeber.[163] Dafür spricht, dass in den Vorschriften des AGG bezüglich der Rechtsfolgen bei einer unzulässigen Benachteiligung eines Beschäftigten als Anspruchsgegner nur der Arbeitgeber genannt wird. Dies trifft ohne Einschränkungen auch auf den Schadensersatzanspruch des Beschäftigten zu. Nach dem Wortlaut von § 15 I 1 AGG können Schadensersatzansprüche ausschließlich gegen den Arbeitgeber gerichtet werden. Andere Anspruchsgegner kommen demnach

---

162 Von einem spezifischen Begriffsbestimmung ausschließlich für das AGG ausgehend *Bauer/Krieger*, AGG § 6 Rn. 16; KR – *Treber*, § 6 Rn. 10 AGG; auf die anbahnenden, bestehende oder bereits beendete vertragliche Beziehung abstellend *Meinel/Heyn/Herms*, AGG § 6 Rn. 15.

163 Exemplarisch BAG v. 13.11.2011 – 8 AZR 608/10, EzA § 15 AGG Nr. 16; *Koch*, VersR 2007, 288 (290); *Wagner/Potsch*, JZ 2006, 1085 (1089); *Nollert-Borasio/Perreng*, AGG, § 15 Rn. 5; *Mohr*, SAE 2008, 106 (107) m.w.N.; Däubler/Bertzbach – *Deinert*, AGG, § 15 Rn. 45, 87 m.w.N.; BAG v. 21.06.2012 – 188/11, NZA 2012, 1211 (1212).

nicht in Betracht.[164] Ebenso ist der Arbeitgeber nach weit verbreiteter Ansicht alleiniger Anspruchsgegner für einen Entschädigungsanspruch nach § 15 II 1 AGG.[165]

(2) Passivlegitimierung des tatsächlich Handelnden

Vereinzelte Stimmen in der Literatur diskutieren jedoch, ob außer dem Arbeitgeber auch andere Personen passiv legitimiert sind.[166]

So stellen *Diller* wie auch *Lützler/Bissels* Überlegungen an, ob nicht ein mit der Personalrekrutierung beauftragter Personalvermittler unter bestimmten Voraussetzungen unmittelbar für eine entsprechende Benachteiligung nach § 15 II 1 AGG haftet.[167] Nach dieser Ansicht bietet der Wortlaut des Gesetzes keinen Ansatz für die Frage, wer der Schuldner der Entschädigung ist.[168] Vielmehr soll entsprechend des Normzwecks von § 15 II 1 AGG derjenige Schuldner sein, welcher Herr des benachteiligenden Geschehens ist.[169] Funktion des Anspruchs nach § 15 II 1 AGG sei insbesondere die Überbrückung von Beweisschwierigkeiten bei der haftungsbegründenden Kausalität im Schadensersatzrecht.[170] Gerade im Bewerbungsverfahren soll der Personalberater selbst Anspruchsgegner sein, wenn er der Herr des Vorauswahlverfahrens ist und eigenständig alle anstehenden Schritte bis hin zur Vorauswahl übernimmt und dem potentiellen Arbeitgeber letztlich nur zwei bis drei der besten Kandidaten vorschlägt und dieser nur die endgültige Entscheidung trifft.[171] Hieraus ziehen *Diller* und *Lützeler/Bissels* den Schluss, dass derjenige unmittelbar haftet, der die Vorauswahl getroffen hat.

164 ArbG Düsseldorf, SAE 2008, 112 (114 f.); Däubler/Bertzbach – *Deinert*, AGG, § 15 Rn. 45, 87; *Meinel/Heyn/Herms*, AGG, Rn. 31; Palandt – *Weidenkaff*, BGB, § 15 AGG Rn. 2; MüKo-*Thüsing*, BGB, § 15 AGG Rn. 22; *Mohr*, SAE 2008, 106 (107) m.w.N.; *Simon/Greßlin*, BB 2007, 1782; *Deinert*, RdA 2007, 275 (280); Wendeling-Schröder/Stein – *Stein*, AGG, § 15 Rn. 36; *Annuß*, BB 2006, 1629 (1634); *Walker*, NZA 2009, 5 (6); a. A. zu § 15 II AGG *Diller*, NZA 2007, 649 (650 ff.), ebenso zur Rechtslage vor Inkrafttreten des AGG *Berger-Delhey*, ZTR 1993, 267 (268).

165 *Schwab*, NZA 2007, 178 (179); Wendeling-Schröder/Stein – *Stein*, AGG, § 15 Rn. 36; *Annuß*, BB 2006, 1629 (1634); Däubler/Bertzbach-*Deinert*, AGG, § 15 Rn. 87 m.w.N; *Mohr*, SAE 2008, 106; *Waltermann*, JuS 2009, 193 (200).

166 *Diller*, NZA 2007, 649 (650 ff.), *Lützeler/Bissels*, Branchenführer Personalberater, S. 69 f.; *v. Roetteken*, AGG, § 15 Rn. 57 ff.; ErfK – *Schlachter*, § 15 AGG Rn. 5; *Kamanabrou*; ZfA 2006, 327 (343); Hey/Forst – *Forst*, AGG, § 15 Rn. 59; *ebenso* zur Rechtslage vor Inkrafttreten des AGG *Berger-Delhey*, ZTR 1993, 267 (268).

167 *Diller*, NZA 2007, 649 (651); *Lützeler/Bissels*, Branchenführer Personalberater, S. 69 f.

168 *Diller*, NZA 2007, 649 (650); *Lützeler/Bissels*, Branchenführer Personalberater, S. 69 f.; ähnlich *v. Roetteken*, AGG, § 15 Rn. 57.

169 *Diller*, NZA 2007, 649 (651).

170 *Diller*, NZA 2007, 649 (651).

171 *Lützler/Bissels*, Branchenführer Personalberater, S. 69.

Eine ähnliche Argumentation führt auch *Berger-Delhey* zur Frage an, wer Anspruchsgegner des Anspruchs bei Einschaltung eines Personalberatungsunternehmens nach § 611a II BGB a. F. ist, der bisherigen zentralen Norm für Schadensersatz wegen geschlechtsbezogener Benachteiligung.[172] Die Regelung des § 15 AGG ist, auch wenn sie bezüglich ihres Regelungsgehalts weitergeht, an ihre Vorgängerregelung § 611a II BGB a. F. angelehnt.[173] Diese Anlehnung erfolgte auch hinsichtlich der Passivlegitimation. Nach der Ansicht von *Berger-Delhey*, kann folgerichtig nur derjenige nach § 611a II BGB a. F. anspruchsverpflichtet sein, der unmittelbar gehandelt hat.[174] Begründet wird dies damit, dass nur der unmittelbar Benachteiligende in der Lage sei „alle betreffenden Vorgänge dezidiert beurteilen, darlegen und ggf. auch unter Beweis" stellen zu können.[175]

Von Roetteken differenziert bei der Person des Verpflichteten zwischen dem Schadensersatzanspruch nach § 15 I 1 AGG und dem Anspruch auf Entschädigung nach § 15 II AGG. Anspruchsgegner des Schadensersatzanspruchs ist auch nach der Ansicht *von Roettekens* einzig der Arbeitgeber.[176] Jedoch sollen beim Entschädigungsanspruch nach § 15 II AGG nach Ansicht von *von Roetteken* auch andere Personen verpflichtet sein.[177] Er schlussfolgert dies daraus, dass eine ausdrückliche Nennung des Anspruchsgegners wie in § 15 I oder III bis IV AGG nicht erfolgt und somit die Haftung anderer Personen nicht ausgeschlossen ist.[178] Das weitgefasste Verbot der Benachteiligung nach § 7 I AGG in Verbindung mit dem eigenständigen Anspruch nach § 15 II AGG würde die Einbeziehung Dritter in die Haftung erfordern.[179] Zudem sei es europarechtlich geboten, den Kreis der Anspruchsgegner nicht auf den Arbeitgeber zu reduzieren, da ansonsten in Fällen fehlender Zurechnung zu Lasten des Arbeitgebers die Benachteiligung europarechtswidrig sanktionslos bliebe.[180] *Von Roetteken* charakterisiert § 15 II AGG im Verhältnis zum Arbeitgeber als vertraglichen Anspruch. Gegenüber allen anderen soll § 15 II AGG jedoch einen

---

172 § 611a BGB a. F. war vor Inkrafttreten des AGG die zentrale Anspruchsnorm bei geschlechtsbezogener Benachteiligung. Nach § 611a II BGB a. F. hatte ein benachteiligter Bewerber bei einem Verstoß gegen § 611a I BGB a. F. einen Anspruch auf eine angemessene Entschädigung in Geld. Adressat des Benachteiligungsverbotes nach § 611a I BGB a. F. war der Arbeitgeber; siehe Staudinger-*Annuß*, BGB, § 611a Rn. 22 (Bearbeitung 2005). In § 611a II BGB a. F. war der Arbeitgeber nicht explizit als Anspruchsgegner genannt, jedoch war Voraussetzung des Anspruchs ein Verstoß des Arbeitgebers gegen das Benachteiligungsverbot.

173 BT-Drs. 16/1780 S. 38; LAG Niedersachsen v. 15.09.2008 – 14 Sa 1769/07, NZA-RR 2009, 126 (127); RGKU-*Roloff*, AGG § 15 Überblick; *Schlachter*, ZESAR 2006, 391 (397), *Deinert*, DB 2007, 398; Schiek – *Kocher*, AGG § 15 Rn. 6.

174 *Berger-Delhey*, ZTR 1993, 267 (268).

175 *Berger-Delhey*, ZTR 1993, 267 (268).

176 *V. Roetteken*, AGG, § 15 Rn. 28.

177 *V. Roetteken*, AGG, § 15 Rn. 57.

178 *V. Roetteken*, AGG, § 15 Rn. 57 f.

179 *V. Roetteken*, AGG, § 15 Rn. 57a f.

180 *V. Roetteken*, AGG, § 15 Rn. 57b.

deliktischen Anspruch begründen.[181] Letzteres wäre eine wirkliche Besonderheit im deutschen Recht.

Forst stellt für die Haftung nicht auf den „Arbeitgeber" ab, sondern auf einen „Beschäftigten" im Sinne des § 6 AGG.[182] Das Abstellen auf den Beschäftigenden soll nach der Ansicht von Forst zu einer wirksameren Sanktionierung führen und eingesetzte Dritte könnten nicht als „Schutzschild" genutzt werden.[183]

(3) Eigener Standpunkt – keine Anspruchsgegner neben dem Arbeitgeber

Die Regelung des § 15 I 1 AGG hinsichtlich des Schuldners des Schadensersatzes ist eindeutig. Der Wortlaut der Norm bestimmt einzig und allein den Arbeitgeber ausdrücklich zum Schuldner des Schadensersatzes.[184]

Der Wortlaut des § 15 II 1 AGG ist diesbezüglich nicht eindeutig.[185] Ein Anspruchsgegner wird in diesem Absatz nicht ausdrücklich benannt. Soweit man § 15 II 1 AGG nicht als eigenständigen Anspruch ansieht, sondern nur als Rechtsfolgenverweisung im Verhältnis zu § 15 I 1 AGG[186], ist einzig der Arbeitgeber passiv legitimiert. Schließlich ist der Anspruch auf Entschädigung danach an die Voraussetzungen des § 15 I AGG geknüpft.

Nach anderer, überzeugender Ansicht ist der Anspruch auf Entschädigung nach § 15 II 1 AGG ein eigenständiger Anspruch neben dem Anspruch auf Schadensersatz.[187] Obwohl der Wortlaut und die damit verbundene Tatbestandsanknüpfung an § 15 I AGG etwas Anderes vermuten lassen, ist die gesetzgeberische Intension eindeutig. Gewollt ist ein eigenständiger verschuldensunabhängiger Anspruch auf Entschädigung, um den europarechtlichen Vorgaben gerecht zu werden.[188] § 15 II 1 AGG enthält keine eigene Regelung zum Anspruchsgegner oder zu den sonstigen Tatbestandsvoraussetzungen. Lediglich die Voraussetzung eines Nichtvermögensschadens ist gefordert. Dies spricht für eine partielle Rechtsgrundverweisung.[189] § 15 II 1 AGG bezieht sich bei dem erforderlichen Schaden gerade auf einen Schaden

181 *V. Roetteken*, AGG, § 15 Rn. 57a.
182 Hey/Forst – *Forst*, AGG, § 15 Rn. 59.
183 Hey/Forst – *Forst*, AGG, § 15 Rn. 59.
184 *Waltermann*, JuS 2009, 193 (200); so auch *Diller*, NZA 2007, 649 (650).
185 *Walker*, NZA 2009, 5 (6); ErfK – *Schlachter*, § 15 AGG Rn. 5; *v. Roetteken*, AGG, § 15 Rn. 57.
186 LAG Niedersachsen v. 15.09.2008 – 14 Sa 1769/07, NZA-RR 2009, 126 (127, 130), *Reinhard*, NJW 2009, 3533, Anmerkung zu BAG v. 22.01.2009 – 8 AZR 906/07.
187 So auch BAG v. 22.01.2009 – 8 AZR 906/07, NZA 2009, 945 (951); BAG v. 18.03.2010 – 8 AZR 1044/08, NZA 2010, 1129 (1131); *Nollert-Borasio/Perreng*, AGG, § 15 Rn. 19; *Jacobs*, RdA 2009, 193 (196).
188 BT – Drs. 16/1780 S. 38; *Willemsen/Schweibert*, NJW 2006, 2583 (2589).
189 A.A. wohl vgl. BAG v. 14.11.2013 – 8 AZR 997/12, NZA 2014, 489 (491); BAG v. 16.02.2012 – 8 AZR 697/10, NZA 2012, 667 (669). Das BAG geht zwar von einem eigenständigen Anspruch aus, aber bezeichnet § 15 II 1 AGG gleichwohl als Rechtsfolgenregelung.

unter den Voraussetzungen des § 15 I 1 AGG. Dies spricht dafür, dass der Entschädigungsanspruch einzig gegen den Arbeitgeber gerichtet werden kann.[190]

Losgelöst von der Rechtsnatur des § 15 II 1 AGG wird durch § 15 III AGG deutlich, dass Schuldner des Entschädigungsanspruchs einzig der Arbeitgeber ist.[191] Nach § 15 III AGG wird die Pflicht des Arbeitgebers zur Entschädigung bei Anwendung kollektivrechtlicher Vereinbarungen, es handelt sich um Tarifverträge sowie Betriebs- und Dienstvereinbarungen, auf vorsätzliche oder grob fahrlässige Handlungen des Arbeitgebers begrenzt.[192] Unabhängig von der Vereinbarkeit dieser Beschränkung mit dem Europarecht erfolgt die Einschränkung unter expliziter Nennung des Arbeitgebers als Schuldner.[193] Angesichts des § 15 III AGG ist davon auszugehen, dass der Gesetzgeber einzig den Arbeitgeber als Schuldner der Ansprüche nach § 15 I, II AGG ansieht. Eine andere Bedeutung kann dieser Nennung nicht beigemessen werden. Anderenfalls stellt sich die Frage, wer außer den Partnern entsprechender Vereinbarungen – auf der einen Seite der Arbeitgeber und auf der anderen Seite die Gewerkschaften als Tarifparteien, der Betriebsrat und im Öffentlichen Dienst der Personalrat – soll Anwender von kollektivrechtlichen Vereinbarungen sein. Die Passivlegitimierung von Arbeitnehmern sowie Gewerkschaften oder Betriebsräten entspricht nicht der Systematik des AGG. Dies wird durch die Regelungen in §§ 17, 18 AGG deutlich, die ansonsten nicht erforderlich wären. Im Umkehrschluss kann logischerweise nur der Arbeitgeber als weiterer Anwender von kollektivrechtlichen Vereinbarungen Schuldner von Entschädigung und Schadensersatz sein.

Ebenso geht aus § 15 V AGG hervor, dass für sämtliche Ansprüche nach § 15 AGG einzig der Arbeitgeber passiv legitimiert ist.[194] Nach § 15 V AGG bleiben Ansprüche gegen den Arbeitgeber, die sich aus anderen Rechtsvorschriften ergeben, im Übrigen unberührt. Der Regelungsgehalt der Norm wäre fraglich, wenn außer dem Arbeitgeber auch andere mögliche Anspruchsgegner der Ansprüche nach § 15 AGG wären. Im Umkehrschluss zu § 15 V AGG würde dies ansonsten bedeuten, dass Ansprüche von Benachteiligten gegen andere als den Arbeitgeber, zum Beispiel aus § 823 I BGB gegen Kollegen oder Kunden, ausgeschlossen wären, weil diese nicht von § 15 V AGG benannt werden. Hier würde sich die Frage nach dem Sinn einer

---

190 So auch Schleusener/Suckow/Voigt – *Voigt*, AGG, § 15 Rn. 28.

191 *Waltermann*, JuS 2009, 193 (200).

192 Exemplarisch *Bauer/Krieger*, AGG, § 15 Rn. 39; Schleusener/Suckow/Voigt – *Voigt*, AGG, § 15 Rn. 59; kritisch Däubler/Bertzbach – *Deinert*, AGG, § 15 Rn. 87; *Jacobs*, RdA 2009, 193, (197).

193 Wegen der Exkulpationsmöglichkeit des Arbeitgebers bei Handeln ohne Vorsatz oder grober Fahrlässigkeit besteht Streit darüber, ob die Norm europarechtswidrig ist. Wegen der Einschränkung wird die Norm zum Teil als europarechtswidrig angesehen, so *Meinel/Heyn/Herms*, AGG, § 15 Rn. 59 f. m.w.N.; Däubler/Bertzbach – *Deinert*, AGG, § 15 Rn. 93 m.w.N.; *Jacobs*, RdA 2009, 193, (197) m.w.N.; a. A. *Bauer/Krieger*, AGG, § 15 Rn. 39; ebenso wohl *Schütt/Wolf*, AGG, § 15 S. 70; Schleusener/Suckow/Voigt – *Voigt*, AGG, § 15 Rn. 59.

194 So auch *Schwab*, NZA 2007, 178 (179); *Kittel*, SGB IX, §15 AGG Rn. 16.

solchen Regelung stellen. Folglich kann die Nennung des Arbeitgebers in § 15 V AGG nur deklaratorischen Charakter haben, weil ausschließlich der Arbeitgeber passiv legitimiert ist.

Das Haftungskonzept des § 15 AGG bietet keine Möglichkeit einer Sonderstellung des Entschädigungsanspruchs nach § 15 II AGG hinsichtlich der Passivlegitimierung.[195] § 15 II AGG begründet keine Ansprüche gegen andere Personen, weder vertraglicher noch deliktischer Natur. Dies ist europarechtlich nicht zwingend erforderlich und entspricht nicht der gesetzgeberischen Intention. § 15 II AGG beinhaltet eine wirksame und verschuldensunabhängig ausgestaltete Sanktion bei Verletzung des Benachteiligungsverbotes durch den Arbeitgeber.[196] Somit wird deutlich, dass nicht von der Systematik, dass allein der Arbeitgeber passiv legitimiert ist, abgewichen werden soll. Der Gesetzgeber hat sich ausdrücklich für eine vertragliche Haftung im Rahmen der Sanktionierung in Anlehnung an die Regelungen des § 280 BGB entschieden.[197] Dies mag nicht gelungen sein und eine deliktische Ausgestaltung eine denkbare Alternative darstellen.[198] Dennoch begründet § 15 II AGG nur vertragliche Ansprüche gegen den Arbeitgeber. Es ist dem deutschen Recht fremd, dass ein und dieselbe Norm sowohl Anspruchsgrundlage für vertragliche und zugleich auch deliktische Ansprüche ist. Eine ähnliche Norm mit einem vergleichbaren Zwittercharakter lässt sich nicht finden. Eine europarechtskonforme Auslegung, wie sie *von Roetteken* vorschlägt, ist aus diesem Grund ausgeschlossen.[199]

Zutreffend ist, dass nach den europäischen Vorgaben nicht zwingend der Arbeitgeber haften muss, sondern der Urheber der Benachteiligung.[200] Dem nationalen Gesetzgeber obliegt aber die Ausgestaltung der Schadensersatzregelungen. Der deutsche Gesetzgeber hat sich bewusst für eine schuldrechtliche Haftung des Arbeitgebers und nicht für eine deliktische des unmittelbar Handelnden entschieden. Die oben beschriebene Systematik des Gesetzes bietet nur schwerlich eine Möglichkeit zu einer anderweitigen Auslegung. Die behauptete Passivlegitimierung anderer ist nicht zwingend erforderlich, um den Schutz vor Belästigung oder sexueller Belästigung zu gewährleisten. Gerade in diesen Fällen ist es nicht vorstellbar, dass eine solche Benachteiligung nicht vorsätzlich oder zumindest fahrlässig erfolgt. Bereits die Tatbestände der Belästigung nach § 3 III, IV AGG indizieren faktisch zumindest

195 So aber *v. Roetteken*, AGG, § 15 Rn. 57 ff.

196 BT-Drs. 16/1780 S. 38.

197 BT-Drs. 16/1780 S. 38.

198 Eine deliktisch ausgestaltete Haftung angelehnt an den §§ 823 ff. BGB würde eine mindestens gleichwertige Alternative darstellen. Im Fordergrund des Diskriminierungsschutzes steht der Persönlichkeitsschutz und somit der Schutz des Integritätsinteresses. Dem wird eine deliktische Haftung eher gerecht, als eine vertragliche Haftung, die vorrangig dem Schutz des Äquivalenzinteresses dient. Ausführlich wird diese Problematik im Rahmen der deliktischen Haftung erörtert.

199 Zur Auslegung des § 15 I AGG als vertraglichen Anspruch und des § 15 II AGG als deliktischen Anspruch *v. Roetteken*, AGG, § 15 Rn. 57a f.

200 Ausführlich hierzu siehe Kapitel I. C. II.

einen bedingten Vorsatz hinsichtlich der Benachteiligung. Die Ansprüche gegen Dritte richten sich nach den generellen Ansprüchen des Zivilrechts. Bezüglich des grundsätzlich erforderlichen Verschuldens ist vor dem Hintergrund des effektiven Schutzes vor Benachteiligungen gegebenenfalls eine europarechtskonforme Auslegung oder Rechtsfortbildung erforderlich. Praktisch relevant sind diesbezüglich § 823 I BGB wegen der Verletzung des allgemeinen Persönlichkeitsrechts[201] und § 823 II BGB in Verbindung mit § 7 I AGG.[202] Zudem kommt ein vertraglicher Schadensersatzanspruch gegen benachteiligende Beschäftigte des Arbeitgebers nach § 280 I BGB in Betracht. Der Arbeitsvertrag ist hinsichtlich des Benachteiligungsverbotes ein Vertrag mit Schutzwirkung zugunsten Dritter. Dies wird durch die deklaratorische Regelung des § 7 III AGG deutlich. Danach stellt der Verstoß gegen das Benachteiligungsverbot durch einen Beschäftigten eine Pflichtverletzung gegenüber dem Arbeitgeber dar.[203]

Bezüglich einer Passivlegitimierung des Personalberaters für einen Anspruch auf Entschädigung ist anzumerken, dass Adressat der Pflicht zur benachteiligungsfreien Stellenausschreibung allein der Arbeitgeber ist.[204] Der Wortlaut von § 11 AGG allein lässt zwar diesen Schluss nicht zu. Vielmehr ist der Wortlaut sehr offen gestaltet. So heißt es in § 11 AGG, dass „ein Arbeitsplatz (...) nicht unter Verstoß gegen § 7 Abs. 1 ausgeschrieben werden“ darf. Jedoch wird durch die Stellung der Vorschrift im Gesetz, „Unterabschnitt 2. Organisationspflichten des Arbeitgebers“ deutlich, dass der Arbeitgeber Normadressat der Pflicht zur benachteiligungsfreien Stellenausschreibung ist. In diesem Abschnitt des AGG sind die Organisationspflichten des Arbeitgebers gesondert aufgeführt.

Daneben spricht der Wille des Gesetzgebers gegen eine Ausweitung der Pflicht zur benachteiligungsfreien Stellenausschreibung auf andere Personen als den Arbeitgeber. Der Gesetzgeber wollte keine inhaltliche Änderung zu den vergleichbaren Regelungen des § 611b BGB a. F. und § 7 I TzBfG, sondern bezweckte mit dem knappen Wortlaut des § 11 AGG eine straffere sprachliche Formulierung, ohne den Regelungsgehalt ändern zu wollen.[205] Sowohl in § 7 I TzBfG wie auch in § 611b BGB

201 Ebenso Däubler/Bertzbach – *Deinert*, AGG, § 15 Rn. 124; *Knittel*, SGB IX, § 7 AGG, Rn. 36; Wendeling-Schröder/Stein – *Stein*, AGG, § 15 Rn. 102; *Nollert-Borasio/Perreng*, AGG, § 7 Rn. 51; MüKo – *Thüsing*, BGB, § 15 AGG Rn. 51.

202 *Schwab*, NZA 2007, 178 (179); *Knittel*, SGB IX, § 7 AGG, Rn. 36; *Nollert-Borasio/Perreng*, AGG, § 7 Rn. 51; ablehnend *Adomeit/Mohr*, AGG, § 15 Rn. 146; MüKo – *Thüsing*, BGB, § 15 AGG Rn. 53; HWK – *Rupp*, § 7 AGG Rn. 1; *Bauer/Krieger*, AGG, § 7 Rn. 7, Hey/Forst – *Hey*, AGG, § 7 Rn. 5.

203 ErfK – *Schlachter*, § 7 AGG Rn. 6; Schleusener/Suckow/Voigt – *Voigt*, AGG, § 7 Rn. 81; HWK – *Rupp*, § 7 AGG Rn. 6; *Wagner/Potsch*, JZ 2006, 1085 (1094); *Stoffels*, RdA 2009, 204 (209).

204 *Nollert-Borasio/Perreng* AGG, § 11 Rn. 2; Schiek – *Kocher*, AGG, § 15 Rn. 22; Schleusener/Suckow/Voigt – *Suckow*, AGG, § 11 Rn. 7 f.; *Walker*, NZA 2009, 5 (6).

205 Vgl. die Gesetzesbegründung BT-DR 16/1780, S. 36.

a. F. ist ausdrücklich der Arbeitgeber der Adressat der Pflicht, Stellenausschreibungen unter bestimmten Maßgaben zu gestalten.[206]

Eine Möglichkeit die zum Teil in der Literatur geforderte Haftung des unmittelbar eigenverantwortlich Handelnden zu begründen,[207] könnte die Definition des Arbeitgeberbegriffs bieten, wenn man den Dritten unter bestimmten Umständen unter den Begriff des Arbeitgebers subsumieren kann. Hierzu erforderlich ist jedoch, dass man den Begriff des Arbeitgebers nicht im klassischen Sinne definiert, sondern von einem sehr weiten Arbeitgeberbegriff ausgeht. Zudem müsste der Dritte gerade Arbeitgeberfunktionen übernommen und als Ersatzarbeitgeber gehandelt haben. Letzteres ist in bestimmten Konstellationen gut vorstellbar. Dennoch sprechen mehrere schwerwiegende Gründe gegen eine Ausdehnung des Arbeitgeberbegriffs, soweit jemand einzelne Arbeitgeberfunktionen übernimmt. Zum einen würde dies in letzter Konsequenz zu einer unmittelbaren Haftung von handelnden Vorgesetzten und Organen und einer Entlastung des Arbeitgebers führen, für den diese handeln. Dagegen spricht aber vor allem, dass der Gesetzgeber in § 6 II AGG den Begriff des Arbeitgebers genau definiert hat und der klare Wortlaut des Gesetzes keinen Spielraum für eine Ausdehnung des Arbeitgeberbegriffes im Sinne des AGG bietet. Nach § 6 II 1 AGG sind Arbeitgeber im Sinne des Abschnitts 2 des AGG natürliche oder juristische Personen sowie rechtsfähige Personengesellschaften, die Beschäftigte im Sinne des AGG beschäftigen. Wie bereits ausgeführt, ist der Begriff des Arbeitgebers durch die Inanspruchnahme von Arbeits- und Dienstleistungen, sowie einem wirtschaftlichen Abhängigkeitsverhältnis des Beschäftigten vom Arbeitgeber geprägt. Dieser Begriff wird durch den Gesetzgeber in § 6 II 2 und 3 AGG bereits auf eine kleine Anzahl von Dritten ausgedehnt. Mit dieser Ausdehnung wollte der Gesetzgeber den Besonderheiten von Leiharbeit und Heimarbeitsverhältnissen gerecht werden.[208] Das spricht dafür, dass eine Erweiterung des Arbeitgeberbegriffs losgelöst von der Inanspruchnahme von Dienstleistungen hin zu einem reinem funktionalen Begriff nicht gewollt ist. Vielmehr ist gerade die tatsächliche Beschäftigung das wesentliche Merkmal des Arbeitgeberbegriffs im Sinne des AGG.[209] Der Beschäftigung muss für den Arbeitgeberbegriff und die Anwendbarkeit des 2. Abschnitts des AGG keine wirksame vertragliche Vereinbarung zugrunde liegen.[210]

Der Anwendungsbereich des § 6 II AGG ist daher für Dritte, insbesondere für Personalvermittler, nicht eröffnet.[211] Das Verhältnis des Personalvermittlers ist

---

206 Zu § 611b BGB a.F. siehe auch Staudinger – *Annuß*, BGB. § 611b Rn. 3 (Bearbeitung 2005); zu § 7 TzBfG HWK – *Schmalenberg*, § 7 TzBfG Rn. 1.

207 So im Ergebnis *Diller*, NZA 2007, 649 (651), *Berger-Delhey*, ZTR 1993, 267 (268).

208 BT-Drs. 16/1780 S. 34.

209 So *Bauer/Krieger*, AGG, § 6 Rn. 16; ähnlich Schleusener/Suckow/Voigt – *Schleusener*, AGG, § 6 Rn. 17.

210 *Bauer/Krieger*, AGG, § 6 Rn. 16; ähnlich BAG v. 19.08.2010 – 8 AZR 466/09, NZA 2011, 203 (204), wonach derjenige bereits Arbeit ist, der um Bewerbungen für ein von ihm angestrebtes Beschäftigungsverhältnis bittet.

211 *Oberwetter*, BB 2007, 1109 (1111).

gerade nicht dadurch geprägt, dass er später die Arbeitsleistung der Bewerber in Anspruch nehmen wird. Der Personalvermittler nimmt mit der Personalsuche nur eine von vielen Funktionen des Arbeitgebers war. Jedoch nicht die angestrebte spätere tatsächliche Beschäftigung des Bewerbers. Dies ist jedoch die zentrale und prägende Funktion des Arbeits- beziehungsweise des Beschäftigungsverhältnisses. Somit bleibt einzig der Arbeitgeber im Sinne des § 6 II AGG passiv legitimiert.

cc. Auswirkung der Passivlegitimierung auf die Haftungszurechnung

Der Arbeitgeber ist alleiniger Anspruchsgegner des Schadensersatzanspruches nach § 15 I 1 AGG im Falle einer unzulässigen Benachteiligung. Hieraus könnte der Rückschluss gezogen werden, dass der Arbeitgeber aufgrund der alleinigen Passivlegitimierung stets für eine unzulässige Benachteiligung zu Lasten seiner Beschäftigten haftet. Schließlich ist er allein zum Ersatz des Schadens verpflichtet. Dem betroffenen Beschäftigten steht für einen Anspruch auf Schadensersatz nach § 15 I 1 AGG oder auf Entschädigung nach § 15 II AGG kein anderweitiger Anspruchsadressat zur Verfügung.[212] Allein die Passivlegitimation des Arbeitgebers würde folglich stets zu einer Zurechnung der verbotenen Benachteiligung zu Lasten des Arbeitgebers führen, unabhängig von der Beziehung des Arbeitgebers zum unmittelbar Handelnden. Dadurch würde der Arbeitgeber unmittelbar zu einem Ersatzhaftendem werden, ohne dass ihn ein vorwerfbares Handeln trifft.

Das sehr umstrittene Erfordernis des Verschuldens in § 15 I 2 AGG steht der Indizwirkung der Passivlegitimation des Arbeitgebers nicht entgegen.[213] Das Verschuldenserfordernis schränkt die Haftungsübernahme, soweit man von einer europarechtskonformen Regelung ausgeht, lediglich ein. Dem betroffenen Beschäftigten würde bei mangelndem Verschulden des Arbeitgebers kein anderer Anspruchsgegner zur Verfügung stehen. Zudem stellt sich die Problematik beim verschuldensunabhängigen Anspruch auf Entschädigung nach § 15 II AGG. Dieser Anspruch setzt kein Verschulden voraus.[214]

---

212 *Wagner/Potsch*, MDR JZ 2006, 1085 (1090); *Koch*, VersR 2007, 288 (290); *Wagner/Potsch*, JZ 2006, 1085 (1089); *Nollert-Borasio/Perreng*, AGG, § 15 Rn. 5; *Mohr*, SAE 2008, 106 (107) m.w.N.; Däubler/Bertzbach – *Deinert*, AGG, § 15 Rn. 45, 87 m.w.N.; BAG v. 21.06.2012 – 188/11, NZA 2012, 1211 (1212); BAG v. 13.11.2011 – 8 AZR 608/10, EzA § 15 AGG Nr. 16.

213 Zum Verschuldenserfordernis des 15 I 2 AGG besteht Streit, ob dieses europarechtskonform ist; vgl. zum Streitstand vgl. *Bauer/Krieger*, AGG, § 15 Rn. 15 m.w.N.; ausführlich Däubler/Bertzbach – *Deinert*, AGG, § 15 Rn. 30 m.w.N. Nach gefestigter Rechtsprechung des BAG setzt ein Anspruch auf Entschädigung nach § 15 II 1 AGG kein Verschulden des Arbeitgebers voraus; vgl. BAG v. 22.01.2009 – 8 AZR 906/07, NZA 2009, 945 (951); BAG v. 18.03.2010 – 8 AZR 1044/08, NZA 2010, 1129 (1131).

214 Siehe eindeutige Gesetzbegründung BT-Drucks. 16/1780 S. 38; BGH v. 22.01.2009 – 8 AZR 906/07, NZA 2009, 945; LAG Niedersachsen v. 15.09.2008 – 14 Sa 1769/07, NZA-RR 2009, 126; *Bauer/Krieger*, AGG, § 15 Rn. 32; Däubler/Bertzbach – *Deinert*,

Die Passivlegitimierung des Arbeitgebers lässt den Rückschluss einer zwingenden Zurechnung fremden Handelns und Haftung des Arbeitgebers im Sinne einer Gefährdungshaftung nicht zu.[215] Dies hätte ansonsten eine weit reichende Gefährdungshaftung des Arbeitgebers zum Ergebnis, ohne dass ein Vorwurf zu Lasten des Arbeitgebers oder eine Verantwortlichkeit beziehungsweise Verursachung des Arbeitgebers erforderlich wäre. Dieser Rückschluss wird teilweise gezogen.[216] Eine solch weitreichende Gefährdungshaftung wäre mit dem europarechtlichen Schadensersatz- und Sanktionskonzept im Rahmen des Schutzes vor Benachteiligung nicht vereinbar. Nach der wegweisenden Rechtsprechung des EuGH wird die volle Haftung des Urhebers der Diskriminierung ausgelöst, wenn ein Verstoß gegen das Diskriminierungsverbot vorliegt.[217] Die Urheberschaft setzt in Bezug auf die Haftung des Arbeitgebers voraus, dass er entweder selbst handelte oder ihm hinsichtlich der Diskriminierung ein Vorwurf zu machen ist.[218] Dies bedeutet, der Arbeitgeber haftet, wenn er die Benachteiligung verursacht hat, beziehungsweise ihn eine Verantwortlichkeit bezüglich der Benachteiligung trifft. Eine weiter reichende Gefährdungshaftung verlangt das Erfordernis der Urheberschaft nicht.

Daneben stellt das Sanktionskonzept der europarechtlichen Vorgaben nicht auf eine reine Bestrafung des Diskriminierenden, sondern vordergründig gerade auf Prävention durch eine ausgleichende Kompensation der Diskriminierung ab.[219] Das europäische Konzept des Antidiskriminierungsschutzes sieht weder einen vom erlittenen Schaden losgelösten Strafschadensersatz, noch eine Sanktionierung durch eine weit reichende Gefährdungshaftung vor. Das Erfordernis des Schadensersatzes der Gender-Richtlinie zur Sicherstellung der Gleichbehandlung von Männern und Frauen soll, ebenso wie die in allen Diskriminierungsschutzrichtlinien vorgesehene Sanktionierung diskriminierenden Verhaltens, zukünftiges Handeln beeinflussen.[220] Im Vordergrund steht nicht allein die Bestrafung für bereits vergangenes Handeln,

---

AGG, § 15 Rn. 58 m.w.N.; Schleusener/Suckow/Voigt – *Voigt*, AGG, § 15 Rn. 40; Wendeling-Schröder/Stein – *Stein*, AGG, § 15 Rn. 30; *Deinert*, DB 2007, 398 (401); *Simon/Greßlin*, BB 2007, 1782 (1783); *Jacobs* RdA 2009, 193 (196); *Bauer/Evers*, NZA 2006, 893 (896); kritisch *Thüsing*, Arbeitsrechtlicher Diskriminierungsschutz, Rn. 516, 536, 544 f.; ebenso MüKo – *Thüsing*, BGB, § 15 AGG Rn. 5; ebenfalls kritisch bezüglich der Gesetzesumsetzung *Willemsen/Schweibert*, NJW 2006, 2583 (2588); a. A. *Adomeit/Mohr*, AGG, § 15 Rn. 50; *Mohr*, SAE 2008, 106 f.

215 *Walker*, NZA 2009, 5 (6); *Simon/Greßlin*, BB 2007, 1782; Däubler/Bertzbach – *Deinert*, AGG, § 15 Rn. 12.

216 *Picker*, ZfA 2005, 167 (170); im Ergebnis auch LAG Niedersachsen v. 15.09.2008 – 14 Sa 1769/07, NZA-RR 2009, 126 (128).

217 Grundlegend EuGH v. 22.04.1997 – C-180/95 (*Draehmpaehl*), NJW 1997, 1839 (1840). Siehe zur nicht zwingenden Urheberschaft des Arbeitgebers auch EuGH v. 25.04.2013 – C-81/12 (*Asociatia ACCEPT*), EuZW 2013, 469 (471 f.).

218 Vgl. EuGH v. 25.04.2013 – C-81/12 (*Asociatia ACCEPT*), EuZW 2013, 469 (471 f.).

219 KR – *Treber*, § 15 AGG Rn. 7; *Deinert*, DB 2007, 398; *Wagner/Potsch*, JZ 2006, 1085 (1088); *v. Medem*, S. 380 f.

220 HWK – *Rupp*, § 15 AGG Rn. 8; *Deinert*, DB 2007, 398 (399); *v. Medem*, S. 382.

sondern die Prävention.[221] Neben der Sanktionierung ist der Präventionsgedanke einer weiterer wesentlicher Eckpfeiler des Schadensersatzrechts. Das Konzept des Schadensersatzes ist in seiner Funktion als Sanktion auch auf individuelle und generelle Prävention ausgerichtet.[222] Insbesondere die europarechtlich erforderliche abschreckende Wirkung des Schadensersatzes und der Entschädigung sprechen für den Präventionsgedanken.[223] Gerade die Abschreckung durch die Ersatzansprüche kann das zukünftige Verhalten des Haftenden beeinflussen. Somit können zukünftige Benachteiligungen von Beschäftigten durch den Haftenden verhindert werden, weil dieser sich anderenfalls erheblichen Schadensersatzforderungen ausgesetzt sieht. Bei einer reinen Gefährdungshaftung des Arbeitgebers würde dieser unabhängig von seinem Verhalten oder seiner Beeinflussung des handelnden Dritten haften. Es besteht die Gefahr, dass die Sanktion ihre abschreckende Wirkung verliert. Der Arbeitgeber könnte durch sein Handeln oder Unterlassen die Haftung nicht beeinflussen, da er stets haften würde. Folglich könnte durch die Sanktion und deren abschreckende Wirkung das zukünftige Verhalten des Haftenden nicht mehr gelenkt werden. Für den Arbeitgeber gibt es keinen Anreiz weitere als seine bisherigen Maßnahmen zum Schutz vor Diskriminierung zu ergreifen. Er würde letztlich dennoch haften, auch wenn er überhaupt nicht in der Lage ist, das Verhalten Dritter zu beeinflussen. Der Gedanke der Prävention würde dadurch unterlaufen.

Einen interessanten, ebenfalls auf Prävention ausgerichteten Gedanken verfolgt *Frenzel*. Um eine unter ökonomischen Gesichtspunkten effektive Prävention zu erreichen, hält er eine verschuldensunabhängige Schadensersatzhaftung nach § 15 I 1 AGG für erforderlich.[224] Der verschuldensunabhängige Schadensersatzanspruch stellt nach seiner Ansicht eine Gefährdungshaftung dar.[225] Dennoch stellt auch *Frenzel* darauf ab, dass der Arbeitgeber eine Einflussmöglichkeit auf die schädigende Handlung haben muss.[226]

Im Ergebnis ist festzustellen, dass eine benachteiligende Handlung des Arbeitgebers für dessen Haftung nicht zwingend erforderlich ist. Erforderlich ist vielmehr, dass er die Benachteiligungshandlung gegebenenfalls durch Zurechnung zu vertreten hat.[227] Die Zurechnung ist, wenn der Arbeitgeber nicht selbst handelt, für die Haftung zwingende Voraussetzung, obwohl der Arbeitgeber alleiniger Passivlegitimierter der Ansprüche nach § 15 I 1 und § 15 II 1 AGG ist.

---

221 *Stoffels*, RdA 2009, 204 (206); *Simon/Greßlin*, BB 2007, 1782; Wendeling-Schröder/Stein – *Stein*, AGG, § 15 Rn. 1; Däubler/Bertzbach – *Deinert*, AGG, § 15 Rn. 13.

222 Kritisch zur Wirkung des Präventionsgedankens *Adomeit/Mohr*, AGG, § 15 Rn. 72 ff., ebenso *Annuß*, NZA 1999, 738 (741).

223 Ähnlich *v. Medem*, S. 382; *Wagner*, AcP 2006, 355 (402).

224 *Frenzel*, ZESAR 2010, 62 (65).

225 *Frenzel*, ZESAR 2010, 62 (65).

226 *Frenzel*, ZESAR 2010, 62 (65).

227 *Kamanabrou*, RdA 2006, 321 (336); Däubler/Bertzbach – *Deinert*, AGG, § 15 Rn. 12.

b. Beschäftigter als Erfüllungsgehilfe im Rahmen einer Benachteiligung

Wesentliche Voraussetzung der Zurechnung des benachteiligenden Verhaltens eines Beschäftigten zu Lasten des Arbeitgebers nach § 278 S. 1 BGB ist, dass der handelnde Beschäftigte Erfüllungsgehilfe des Arbeitgebers ist. Nach der allgemeinen Definition ist Erfüllungsgehilfe, wer nach den tatsächlichen Verhältnissen des gegebenen Falles mit dem Willen des Schuldners bei der Erfüllung der diesem obliegenden Verbindlichkeit als seine Hilfsperson tätig wird.[228] Aus welchem Grunde er sich veranlasst sieht, tätig zu werden, ist unerheblich. Auch kommt es nicht darauf an, ob er weiß, dass er eine Verbindlichkeit des anderen erfüllt.[229] Nicht erforderlich ist, dass der Erfüllungsgehilfe gegenüber dem Schuldner streng weisungsgebunden ist.[230]

Einen speziellen arbeitsrechtlichen Begriff des Erfüllungsgehilfen gibt es nicht. Vielmehr gelten die allgemeinen zivilrechtlichen Maßstäbe. Die Regelung des § 32 AGG verdeutlicht dies in Bezug auf unzulässige Benachteiligungen. Nach § 32 AGG finden die allgemeinen Bestimmungen Anwendung, soweit im AGG nichts Abweichendes geregelt ist. Eine Zurechnungsnorm ist im AGG gerade nicht vorgesehen. Der Gesetzgeber hat vielmehr bewusst mit dem Verweis auf § 278 BGB auf eine Zurechnungsnorm für das Verhalten Dritter bereits im Gesetzgebungsverfahren zum ADG verzichtet.[231] Diesen Grundgedanken hat der Gesetzgeber auch beim AGG übernommen.[232]

Das BAG hat in einigen Entscheidungen zum Mobbing die Anforderungen an die Zurechnung des Verschuldens des Erfüllungsgehilfen zu Lasten des Arbeitgebers konkretisiert.[233] In diesem Zusammenhang wird als Erfüllungsgehilfe des Arbeitgebers nach § 278 BGB angesehen, wer gegenüber dem Beschäftigten mit dem Willen des Arbeitgebers dessen Pflichten aus dem Arbeitsvertrag ausübt.[234]

---

228 BGH v. 21.04.1954 - VI ZR 55/53, NJW 1954, 1193; BGH v. 24.11.1995 – V ZR 40/94, NJW 1996, 451; Palandt – *Grüneberg*, BGB, § 278 Rn. 7; MüKo – *Grundmann*, BGB, § 278 Rn. 20.

229 BGH v. 21.04.1954 - VI ZR 55/53, NJW 1954.

230 BGH v. 08.02.1974 – V ZR 21/72, NJW 1974, 692 (693); BGH v. 24.11.1995 – V ZR 40/94, NJW 1996, 451 (452); Palandt – *Grüneberg*, BGB, § 278 Rn. 7; *Medicus/Petersen*, BürglR, Rn. 803.

231 Eine entsprechende Norm in § 16 ADG-Entwurf ist mit dem Verweis auf die allgemeinen Bestimmungen ersatzlos gestrichen worden BT-Drs. 15/5717 S. 11, 37; *Simon/Greßlin*, BB 2007, 1782 (1784); *Reichold*, ZESAR 2006, 386 (388).

232 Däubler/Bertzbach – *Deinert*, AGG, § 15 Rn. 12. Zur Anwendung des § 278 BGB bei Ansprüchen nach dem AGG BT-DRS. 16/1780 S. 38; BR-Dr. 329/06 S. 40; ähnlich Schiek – *Kocher*, AGG, § 15 Rn. 6. zur Übernahme des Konzepts des ADG im Allgemeinen *Reichold*, ZESAR 2006, 386 (390 f.).

233 BAG v. 25.10.2007 – 8 AZR 593/06, NZA 2008, 223; BAG v. 16.05.2007 – 8 AZR 709/06, NZA 2007, 1155.

234 BAG v. 25.10.2007 – 8 AZR 593/06, NZA 2008, 223 (227); ähnlich zum Mobbing BAG v. 16.05.2007 – 8 AZR 709/06, NZA 2007, 1155 (1162); *Bauer/Krieger* AGG,

Diese Definition kann auch für die Zurechnung im Zusammenhang mit Benachteiligungen herangezogen werden, wenn das umgangssprachliche Mobbing mit der Situation einer Benachteiligung vergleichbar ist. Der umgangssprachliche Begriff des Mobbings bezeichnet ein systematisches Anfeinden, Schikanieren oder Diskriminieren von Beschäftigten durch Kollegen, Vorgesetzte oder Untergebene.[235] Die Instanzrechtsprechung einzelner Landesarbeitsgerichte verwendet eine ähnliche Definition. Danach sind Mobbing fortgesetzte, aufeinander aufbauende oder ineinander übergreifende, der Anfeindung, Schikane oder Diskriminierung dienende Verhaltensweisen, die nach ihrer Art und ihrem Ablauf im Regelfall einer übergeordneten, von der Rechtsordnung nicht gedeckten Zielsetzung förderlich sind und jedenfalls in ihrer Gesamtheit das allgemeine Persönlichkeitsrecht, die Ehre oder die Gesundheit des Betroffenen verletzen.[236] Mobbing und die unzulässige Benachteiligung gehen in einer Vielzahl von Fällen einher. Dies wird durch die Definition der Belästigung als Benachteiligung in § 3 III AGG deutlich.[237] Mobbing und die unzulässige Benachteiligung durch Belästigung nach § 3 III AGG sind jedoch nicht identisch. Nicht jeder Fall des Mobbings stellt eine unzulässige Benachteiligung dar und nicht jede Benachteiligung ist ein Fall des Mobbings.[238] Gerade in Fällen, in denen die Anfeindung und Schikanen nicht aufgrund der in § 1 AGG genannten Merkmale erfolgen, ist das Mobbing keine Benachteiligung im Sinne des § 3 III AGG. Dies kann der Fall sein, wenn das Mobbing zum Beispiel auf schlechter Arbeitsleistung, dem äußeren Erscheinungsbild, Charaktereigenschaften oder einfach mangelnder Sympathie gegenüber dem Betroffenen basiert.

Es besteht hinsichtlich des Schutzes des Betroffenen und der Zurechnung bei Mobbing und bei unzulässiger Benachteiligung eine vergleichbare Interessenlage. Gerade den Schutz von Rechten der Betroffenen, insbesondere den Schutz des Persönlichkeitsrechts und den Schutz vor Diskriminierung haben beide gemeinsam. Folglich bietet sich eine Anlehnung bezüglich der Zurechnung nach § 278 BGB im Rahmen des Diskriminierungsschutzes an die Rechtsprechung zum Mobbing an.

---

§ 15 Rn. 20; RGKU – *Hesse*, § 619a BGB Rn. 45 m. w. N.; *Simon/Greßlin*, BB 2007, 1782 (1783).

235 BAG v. 15.01.1997 – 7 ABR 14/96, NZA 1997, 781; BAG v. 16.05.2007 – 8 AZR 709/06, NZA 2007, 1154 (1159); Schaub – *Linck*, ArbR-HdB, § 36 Rn. 43a.

236 LAG Thüringen v. 15.02.2001 – 5 Sa 102/00, NZA-RR 2001, 577 (579 f.); LAG Thüringen v. 10.04.2001 – 5 Sa 403/200, NZA-RR 2001, 347 f.; LAG Hamm v. 25.06.2002 – 18 (11) Sa 1295/01, NZA-RR 2003, 8; LAG Bremen v. 17.10.2002–3 Sa 78/02, NZA-RR 2003, 234 (235); LAG Rheinland-Pfalz v. 16.08.2001- 6 Sa 415/01, NZA-RR 2002, 121 (122); so auch Schleusener/Suckow/Voigt – *Voigt*, AGG, § 15 Rn. 25.

237 BAG v. 25.10.2007 – 8 AZR 593/06, NZA 2008, 223 (225); BAG v. 24.09.2009 – 8 AZR 705/08, NZA 2010, 387 (390); BAG v. 28.10.2010 – 8 AZR 546/09, NZA-RR 2011, 378 (379); *Oberthür*, Anmerkung zu BAG v. 25.10.2007 in BB 2008, 675; *Bauer/Krieger*, AGG, § 3 Rn. 46; Schaub – *Linck*, ArbR-HdB, § 36 Rn. 43a.

238 Däubler/Bertzbach – *Schrader/Schubert*, AGG, § 3 Rn. 13; Schaub – *Linck*, ArbR-HdB, § 36 Rn. 43a; *Benecke*, RdA 2008, 357 (364).

Als Erfüllungsgehilfe des Arbeitgebers gegenüber dem Benachteiligten nach § 278 BGB ist demnach anzusehen, wer gegenüber dem Beschäftigten mit dem Willen des Arbeitgebers dessen Pflichten aus dem Arbeitsvertrag ausübt.[239] Eine arbeitsvertragliche Pflicht des Arbeitgebers ist der Schutz des Arbeitnehmers vor unzulässigen Benachteiligungen durch andere, welche aus der Fürsorgepflicht als vertragliche Nebenpflicht resultiert.[240] Diese Fürsorgepflicht ist ausdrücklich in § 12 AGG normiert. Zudem besteht die Pflicht eines jeden Arbeitgebers, seine Beschäftigten nicht in unzulässiger Weise zu benachteiligen. Dies ergibt sich aus § 7 III AGG, wonach eine unzulässige Benachteiligung nach § 7 I AGG eine Verletzung der vertraglichen Pflichten darstellt. Erfüllungsgehilfen sind zumeist Personen, die gegenüber dem benachteiligten Beschäftigten ein Weisungsrecht haben oder in sonstiger Weise vertragliche Aufgaben für den Arbeitgeber wahrnehmen.[241] Insbesondere Vorgesetzte sind Erfüllungsgehilfen des Arbeitgebers.[242] Dies können aber auch andere Beschäftigte sein, die ohne eine Vorgesetzteneigenschaft bestimmte Aufgaben gegenüber anderen Beschäftigten für den Arbeitgeber wahrnehmen. In Betracht kommen beispielsweise Lagerarbeiter, die Beschäftigten wegen ihrer sexuellen Orientierung schlechteres Material zu Verfügung stellen[243] oder zum Beispiel die Mitarbeiter der Personalabteilung im Rahmen von Einstellung oder Kündigung[244]. Voraussetzung ist jedoch, dass der handelnde Mitarbeiter gleichwohl in diesem Zusammenhang mit der Erfüllung der dem Arbeitgeber obliegenden Pflicht zum Schutz seiner Beschäftigten vor Benachteiligungen betraut ist und diese in diesem Zusammenhang auch wahrzunehmen hat.[245] So nehmen Mitarbeiter bei der Ausgabe von Arbeitsmaterialien oder bei der Entscheidungsfindung über Einstellungen oder Kündigungen unabhängig von einer Vorgesetztenstellung Aufgaben des Arbeitgebers wahr. Das Bereitstellen von Arbeitsmaterialien oder die Entscheidung

239 BAG v. 25.10.2007 – 8 AZR 593/06, NZA 2008, 223 (227); ähnlich zum Mobbing BAG v. 16.05.2007 – 8 AZR 709/06, NZA 2007, 1155 (1162); *Bauer/Krieger* AGG, § 15 Rn. 20; RGKU – *Hesse*, § 619a BGB Rn. 45 m. w. N.; *Simon/Greßlin*, BB 2007, 1782 (1783).

240 Im Bezug auf den Schutz des Persönlichkeitsrechts BAG v. 16.05.2007 – 8 AZR 709/06, NZA 2007, 1155 (1160).

241 BAG v. 25.10.2007 – 8 AZR 593/06, NZA 2008, 223 (227); ähnlich zum Mobbing BAG v. 16.05.2007 – 8 AZR 709/06, NZA 2007, 1155 (1162); *Bauer/Krieger*, AGG, § 15 Rn. 20; Palandt – *Grüneberg*, BGB, § 278 Rn. 16; *Bauer/Evers*, NZA 2006, 893 (894); *Simon/Greßlin*, BB 2007, 1782 (1783); *Seel*, MDR 2006, 1321 (1324); *Nollert-Borasio/Perreng*, AGG, § 15 Rn. 7.

242 *Seel*, MDR 2006, 1321 (1324), *Bauer/Evers*, NZA 2006, 893 (894), *Annuß*, BB 2006, 1629 (1634); *Kamanabrou*, RdA 2006, 321 (336); Jauernig – *Stadler*, BGB, § 278 Rn. 16; HWK – *Rupp*, § 15 AGG Rn. 4.

243 HWK – *Rupp*, § 15 AGG Rn. 4.

244 *Bauer/Krieger*, AGG, § 7 Rn. 37; Däubler/Bertzbach – *Däubler*, AGG, § 7 Rn. 294; *Koch*, VersR 2007, 288 (290); ähnlich *Spamer*, S. 154.

245 Exemplarisch Däubler/Bertzbach – *Deinert*, AGG, § 15 Rn. 140 m.w.N.; *Schäfer*, S. 157 ff.

über die Begründung beziehungsweise die Beendigung eines Arbeitsverhältnisses sind originäre Aufgaben des Arbeitgebers. In diesem Fall nehmen die handelnden Beschäftigten für den Arbeitgeber auch die diesem obliegenden Pflichten war. In der Regel ist jedoch der gleichrangige oder untergeordnete Kollege des Benachteiligten mangels Weisungsbefugnis kein Erfüllungsgehilfe des Arbeitgebers.[246] Die eigene Pflicht des Mitarbeiters aus § 7 III AGG, andere Beschäftigte nicht zu benachteiligen, führt dahingegen nicht dazu, dass der Mitarbeiter Erfüllungsgehilfe des Arbeitgebers ist.[247] Die Pflicht des Beschäftigten ist eine ihm obliegende Pflicht gegenüber dem Arbeitgeber zu Gunsten anderer Beschäftigter.[248]

Daneben muss die verbotene Benachteiligung in einem inneren sachlichen Zusammenhang mit der Erfüllung von Arbeitgeberaufgaben stehen und darf nicht nur bei „Gelegenheit" erfolgen.[249] Ein Handeln, dass lediglich bei Gelegenheit der Erfüllung der Verbindlichkeit erfolgt, ist dem Schuldner, hier dem Arbeitgeber, nicht zuzurechnen.[250] Vielmehr bedarf es eines unmittelbaren Zusammenhangs zwischen der Erfüllung der Pflichten des Schuldners und der zurechenbaren Handlung.

Nach einer anderen Ansicht soll eine Abgrenzung nach dem Kriterium der Gefährdung der Rechtsgüter des Gläubigers erfolgen[251] Danach sei eine Handlung seines Gehilfen dem Schuldner zurechenbar, wenn der Einsatz des Dritten bei der Pflichterfüllung die Gefährdung des Gläubigers erhöht.[252] Es bestehen Zweifel, ob das Merkmal der Erhöhung der Gefährdung des Gläubigers als weiteres Kriterium für die Zurechnung sinnvoll ist. Die Erhöhung der Gefahr einer Schädigung des Gläubigers ist bei der Einbeziehung einer dritten Person durch den Schuldner zur Erfüllung seiner Verbindlichkeit immanent. Aus diesem Grund bedarf es gerade

---

246 BAG v. 16.05.2007 – 8 AZR 709/06, NZA 2007, 1155 (1162); *Benecke*, RdA 2008, 357 (360); HWK – *Rupp*, § 15 AGG Rn. 4 ; so auch noch Hey, AGG, § 15 Rn. 38 in der Vorauflage (1. Auflage 2009); *Nollert-Borasio/Perreng*, AGG, § 15 Rn. 7; *Simon/Greßlin*, BB 2007, 1782 (1783).

247 Exemplarisch Däubler/Bertzbach – *Deinert*, AGG, § 15 Rn. 140.

248 *Bauer/Krieger*, AGG, § 7 Rn. 41.

249 BAG v. 25.10.2007 – 8 AZR 593/06, NZA 2008, 223 (227); BAG v. 16.05.2007 – 8 AZR 709/06 NZA 2007, 1154 (1162); BGH v. 7.5.1965 - I b ZR 108/63 NJW 1965, 1709 f.; *Bauer/Krieger*, AGG, § 15 Rn. 20; Palandt – *Grüneberg*, BGB, § 278 Rn. 20; *Bauer/Evers*, NZA 2006, 893 (894); *Hanau*, ZIP 2006, 2189 (2201); kritisch MüKo – *Grundmann*, BGB, § 278 Rn. 46; a. A. *Seel*, MDR 2006, 1321 (1324), der den Sphärengedanken heranzieht, soweit das Verhalten des handelnden Mitarbeiters einen dienstlichen Bezug hat oder die Benachteiligung am Arbeitsplatz erfolgt.

250 BGH v. 7.5.1965 - I b ZR 108/63 NJW 1965, 1709 f.; Palandt – *Grüneberg*, BGB, § 278 Rn. 20; im Ergebnis auch HWK – *Rupp*, § 15 AGG Rn. 4; *Spamer*, S. 155; *Hanau*, ZIP 2006, 2189 (2201).

251 MüKo – *Grundmann*, BGB, § 278 Rn. 46; HK-BGB – *Schulze*, § 278 Rn. 11; die Meinung darstellend *Stoffels*, RdA 2009, 204 (209) m. w. N.

252 MüKo – *Grundmann*, BGB, § 278 Rn. 46; HK-BGB – *Schulze*, § 278 Rn. 11.

einer Zurechnung des Handelns dieses Erfüllungsgehilfen.[253] Die erhöhte Gefährdung von Rechten oder Rechtsgütern des Gläubigers ist daher der Anlass für die Ausgestaltung des § 278 BGB und kein weiteres Kriterium der Voraussetzungen. Der Gesetzgeber hat sich für eine Verhaltenszurechnung aufgrund der erhöhten Gefahrenlage entschieden.

Nach § 278 BGB soll gerade das Verhalten des eingesetzten Dritten im Rahmen der Verbindlichkeit zugerechnet werden. Im deutschen Zivilrecht gilt in Bezug auf Haftungsansprüche mit einigen Ausnahmen das Verschuldensprinzip.[254] Der Schuldner haftet danach nur, wenn er die haftungsauslösenden Umstände zu vertreten hat. Zu vertreten hat der Schuldner grundsätzlich nach § 276 I 1 BGB Vorsatz und Fahrlässigkeit, außer es besteht eine mildere oder strengere Haftung. Bei der Zurechnung nach § 278 BGB wird durch die Zurechnung des Verhaltens des Gehilfen auf dessen Verschulden abgestellt. Der Grad des Verschuldens und der Maßstab der erforderlichen Sorgfalt richten sich jedoch nach dem Grad des Verschuldens und dem Sorgfaltsmaßstab, die beim Schuldner zugrunde zu legen sind. Ein eigenes Verschulden des Schuldners selbst ist für die Zurechnung nicht relevant. Dies wird durch den Wortlaut des § 278 S. 1 BGB deutlich. Danach hat der Schuldner ein Verschulden des eingesetzten Dritten, *„in gleichem Umfang zu vertreten wie eigenes Verschulden.“*

Insoweit erfolgt bereits durch die Zurechnung eine Durchbrechung des Verschuldensprinzips hin zur Risikohaftung.[255] Das Abstellen auf die Gefahrerhöhung ist dem entgegen keine Verschuldenszurechnung. Letztendlich würde dadurch die schuldrechtliche Bindung des Schuldners über den Zusammenhang mit der Pflichterfüllung hinaus erweitert.[256] Dies entspricht jedoch nicht dem Sinn und Zweck des § 278 BGB.

Daneben wird die Haftung für den Verrichtungsgehilfen nach § 831 I 1 BGB der Gefahrerhöhung durch den Einsatz Dritter eher gerecht. Gerade die Haftung mangels gewissenhafter Auswahl oder Überwachung der bestellten Person spiegelt die erhöhte Gefahr der Schädigung anderer Personen bei der Bestellung anderer zur Verrichtung wider. Die Möglichkeit der Exkulpation nach § 831 I 2 BGB findet zudem einen gerechten Interessenausgleich bei der Gefahrtragung für das Handeln des Dritten. Erfolgte die Auswahl oder Überwachung nicht sorgfältig, trägt der Schuldner die Last der Gefahrerhöhung. In sonstigen Fällen haftet der Handelnde selbst. Demnach kann dem Arbeitgeber eine Benachteiligung durch gleich geordnete Kollegen, Untergebene oder Vorgesetze, soweit sie ohne Bezug zu ihrem

253 BGH v. 23.11.1995 – 9 ZR 213/94, NJW 1996, 464 (465); PWW – *Schmidt-Kessel*, BGB, § 278 Rn. 1; MüKo – *Grundmann*, BGB, § 278 Rn. 3; HK-BGB – *Schulze*, § 278 Rn. 1; Jauernig – *Stadler*, BGB, § 278 Rn. 2.

254 MüKo – *Ernst*, BGB, Vor § 323 Rn. 3.

255 HK-BGB – *Schulze*, § 278 Rn. 1.

256 Ähnlich PWW – *Schmidt-Kessel*, BGB, § 278 Rn. 12.

Aufgabenfeld lediglich bei Gelegenheit handeln, nicht nach § 278 BGB zugerechnet werden.[257]

c. *Analoge Anwendung des § 278 BGB mangels erforderlichen Verschuldens entgegen dem Wortlaut des § 15 I 2 AGG*

Nach § 278 S. 1 BGB wird das Verschulden des Erfüllungsgehilfen dem Verschulden des Schuldners gleichgesetzt.[258] Es erfolgt somit nach § 278 BGB eine Zurechnung des Verschuldens des Erfüllungsgehilfen. Demnach müsste sich der Arbeitgeber im Rahmen des Schadensersatzanspruchs nach § 15 I 1 AGG das Verschulden seiner Beschäftigten zurechnen lassen. Eine Haftung des Arbeitgebers wäre nach § 15 I 2 AGG dann ausgeschlossen, wenn der Beschäftigte schuldlos einen anderen Beschäftigten unzulässig benachteiligt hat. *Bayreuther* merkt zu Recht an, dass eine schuldlose Benachteiligung durch den Arbeitgeber oder durch einen Personalverantwortlichen hinsichtlich vertragsrechtlicher Entscheidungen kaum vorstellbar ist.[259] Auszuschließen ist es jedoch nicht, dass der hinsichtlich des Diskriminierungsschutzes sensibilisierte Handelnde dennoch andere Beschäftigte unzulässig benachteiligt. Insbesondere bei der mittelbaren Benachteiligung oder einen (unvermeidbaren) Irrtum über Rechtfertigungsgründe kann dies nicht ausgeschlossen werden. Ein pauschaler Schuldvorwurf kann dann nicht gemacht werden.

Das Verschuldenserfordernis in § 15 I 2 AGG ist unter europarechtlichen Aspekten sehr umstritten. Gerade in Bezug auf die europäischen Vorgaben der Richtlinien zum Schutz vor Diskriminierung stellt sich die Frage, wie die Regelung des § 15 I 2 AGG in diesem Punkt zu bewerten ist.[260] Nach der Vorgabe des Gesetzgebers soll es sich bei dem Schadensersatzanspruch nach § 15 I 1 AGG um einen verschuldensabhängigen Anspruch handeln.[261] Im Gegensatz dazu soll nach dem Willen des Gesetzgebers der Anspruch auf Entschädigung nach § 15 II AGG verschuldensunabhängig ausgestaltet sein.[262] Soweit ein Vertretenmüssen aufgrund der europarechtlichen Vorgaben nicht erforderlich ist, stellt sich die Frage, ob dem Arbeitgeber anstelle des Verschuldens, das Handeln des Erfüllungsgehilfen nach § 278 BGB in entsprechender Anwendung zugerechnet werden kann.

---

257 BAG v. 16.05.2007 – 8 AZR 709/06, NZA 2007, 1155 (1162); *Annuß*, BB 2006, 1629 (1634); *Kamanabrou*, RdA 2006, 321 (336).

258 Palandt – *Grüneberg*, BGB, § 278 Rn. 1.

259 *Bayreuther*, NZA 2011 Beilage 1, 27 (34).

260 Der EuGH verlangt, dass eine Haftung des Urhebers bereits bei Verwirklichung des Benachteiligungstatbestandes begründet ist und nicht noch von einem Verschulden abhängen darf; vgl. EuGH v. 22.04.1997 – C-180/95 (*Draehmpaehl*), NJW 1997, 1839 (1840).

261 BT-Drs. 16/1780 S. 38.

262 BT-Drs. 16/1780 S. 38.

aa. Meinungsstand

(1) Verschuldensabhängiger Anspruch

Nach einer Ansicht setzen sowohl der Anspruch auf Schadensersatz nach § 15 I 1 AGG wie auch der Anspruch nach § 15 II 1 AGG auf Ersatz des Nichtvermögensschadens ein „Vertreten müssen" des Arbeitgebers voraus.[263] Unabhängig davon, ob § 15 I und § 15 II AGG jeweils eigenständige Anspruchsgrundlagen darstellen[264] oder § 15 II AGG als Rechtsfolgenverweisung angesehen wird[265], soll der Arbeitgeber nur zum Ersatz des Vermögens- und Nichtvermögensschadens verpflichtet sein, wenn er die unzulässige Benachteiligung des Beschäftigten zu vertreten hat.[266] Angesichts der vom Gesetzgeber in § 15 I 2 AGG gewählten Formulierung, die mit der Formulierung des § 280 I 2 BGB fast identisch ist, hat der Arbeitgeber die Benachteiligung gemäß § 276 I 1 BGB grundsätzlich bei Vorsatz oder Fahrlässigkeit zu vertreten. Zudem wird ihm das Verhalten seiner Erfüllungsgehilfen nach § 278 BGB zugerechnet. Folglich würde der Arbeitgeber nur verschuldensabhängig haften.

Zur Begründung für einen verschuldensabhängigen Schadensersatz- und Entschädigungsanspruch wird gerade die gesetzgeberische Ausgestaltung von § 15 I, II AGG angeführt. So sei gerade der Wortlaut des § 15 I 2 AGG eindeutig, auch wenn die Gesetzesbegründung[267] dem nicht entspricht.[268] Der Entschädigungsanspruch sei ebenfalls verschuldensabhängig, weil nach dem Wortlaut des § 15 II 1 AGG alle Voraussetzungen des § 15 I AGG, außer die eines Vermögensschadens, vorliegen müssen.[269]

---

263 *Adomeit/Mohr*, AGG, § 15 Rn. 29 f., Rn. 50.

264 So zum Beispiel BAG v. 22.01.2009 – 8 AZR 906/07, NZA 2009, 945 (951); *Deinert*, DB 2007, 398 (400); *Willemsen/Schweibert*, NJW 2006, 2583 (2588 f.); *Meinel/Heyn/Herms*, AGG, § 15 Rn. 57; Schiek – *Kocher*, AGG, § 15 Rn. 26 f.; *Jacobs*, RdA 2009, 193 (196); *Ring* 2008, 1 (5).

265 *Adomeit/Mohr*, AGG, § 15 Rn. 49, *Thüsing*, Arbeitsrechtlicher Diskriminierungsschutz, Rn. 516; *Bauer/Evers*, NZA 2006, 893 (896); MüKo – *Thüsing*, BGB, § 15 AGG Rn. 5; LAG Niedersachen v. 15.09.2008 – 14 Sa 1769/07, NZA-RR 2009, 126 (127).

266 *Adomeit/Mohr*, AGG, § 15 Rn. 29 f., Rn. 50.

267 BT-Drs. 16/1780.

268 So *Adomeit/Mohr*, AGG § 15 Rn. 50 mit Verweis auf *Thüsing*, Arbeitsrechtlicher Diskriminierungsschutz, Rn. 516, wobei *Thüsing* Zweifel an einem vom Gesetzgeber verschuldensunabhängigen ausgestalteten Anspruch angesichts des Wortlautes aufzeigt, jedoch selbst davon ausgeht, dass das Verschuldenserfordernis europarechtswidrig ist; vgl. *Thüsing*, Arbeitsrechtlicher Diskriminierungsschutz, Rn. 536, 544 f.

269 *Adomeit/Mohr*, AGG § 15 Rn. 49.

(2) Lediglich Anspruch auf Schadensersatz verschuldensabhängig

Zum Teil wird zwischen dem Anspruch auf Schadensersatz nach § 15 I 1 AGG und dem Anspruch auf Entschädigung nach § 15 II 1 AGG differenziert.[270] Nach dieser Ansicht ist der Anspruch auf Schadensersatz nach dem eindeutigen Wortlaut und dem in der Gesetzesbegründung manifestierten Willen des Gesetzgebers verschuldensabhängig ausgestaltet.[271] Dahingegen soll der Anspruch auf Entschädigung nicht vom Verschulden des Arbeitgebers abhängig sein. Dies wird damit begründet, dass § 15 II AGG gerade der Umsetzung der europäischen Richtlinien diene.[272] Allein die verschuldensunabhängige Entschädigung sei die zivilrechtliche Sanktionierung im Sinne der Richtlinien.[273]

(3) Verschuldensunabhängiger Anspruch

Nach anderer Ansicht sind der Schadensersatzanspruch nach § 15 I 1 AGG gerichtet auf Ersatz des materiellen Schadens und der Anspruch nach § 15 II 1 AGG gerichtet auf Ersatz des immateriellen Schadens zwei eigenständige Ansprüche.[274] Ein „Vertreten müssen“ soll für beide Ansprüche nicht erforderlich sein.[275] Nicht nur der Anspruch auf Entschädigung nach § 15 II 1 AGG, sondern auch der Anspruch auf Ersatz des materiellen Schadens nach § 15 I 1 AGG sei unabhängig vom Verschulden des Arbeitgebers. Begründet wird dies damit, dass ein Verschuldenserfordernis nicht den europarechtlichen Voraussetzungen entspricht und europarechtswidrig sei.[276] Die Richtlinien, wie auch die Rechtsprechung des EuGH erfordern, dass der Arbeitgeber als Benachteiligender keine Möglichkeit haben darf, sich zu exkulpieren.[277] Obwohl nach dem Wortlaut des § 15 I 2 AGG eine Verpflichtung des Arbeitgebers ausgeschlossen sein soll, wenn er die Benachteiligung nicht zu vertreten hat, soll

---

270 Exemplarisch *Bauer/Krieger*, AGG, § 15 Rn. 15; *Ring*, JA 2008, 1 (5); *Seel*, JA 2007, 792 (796).

271 Exemplarisch *Bauer/Krieger*, AGG, § 15 Rn. 15; *Ring*, JA 2008, 1 (5); *Seel*, JA 2007, 792 (796). So unter Hinweis auf die Einstellung der Vertragsverletzungsverfahren der Europäischen Kommission gegen die Bundesrepublik Deutschland auch *Bauer*, S. 178 f.

272 Exemplarisch *Bauer/Krieger*, AGG, § 15 Rn. 15; *Ring*, JA 2008, 1 (5); *Seel*, JA 2007, 792 (796).

273 Exemplarisch *Bauer/Krieger*, AGG, § 15 Rn. 15; im Ergebnis auch *Bauer*, S. 178.

274 BAG v. 22.01.2009 – 8 AZR 906/07, NZA 2009, 945 (951); BAG v. 18.03.2010 – 8 AZR 1044/08, NZA 2010, 1129 (1131); *Nollert-Borasio/Perreng*, AGG, § 15 Rn. 19.

275 Exemplarisch Däubler/Bertzbach – *Deinert*, AGG, § 15 Rn. 30 m.w.N.; *Bauer/Thüsing/Schunder*, NZA 2006, 774 (776).

276 *Stoffels*, RdA 2009, 204 (210); *Bauer/Thüsing/Schunder*, NZA 2006, 774 (776); Deinert/Neumann – *Deinert*, § 17 Rn. 109 m.w.N; *Wagner/Potsch*, JZ 2006, 1085 (1091).

277 *Stoffels*, RdA 2009, 204 (210); zum Streitstand *Nollert-Borassio*, AuR 2008, 332 (337).

der Anspruch auf Schadensersatz nach § 15 I 1 AGG kein Verschulden des Arbeitgebers voraussetzen.[278]

Uneinigkeit besteht darüber, welche Rechtsfolge der Verstoß gegen die Richtlinien haben soll.[279] So wird unter anderem vertreten, dass die Frage dem EuGH vorzulegen ist.[280] Nach anderer Ansicht soll beispielsweise das Verschuldenserfordernis unter Verweis auf die Rechtsprechung des EuGH entgegen dem Wortlaut europarechtskonform nicht angewandt werden.[281] Andere differenzieren zwischen öffentlich-rechtlichen und privaten Arbeitgebern mit der Folge, dass nur gegenüber dem privaten Arbeitgeber das Verschuldenserfordernis Anwendung findet und der geschädigte Beschäftigte wegen fehlerhafter Umsetzung der Richtlinien zum Diskriminierungsschutz gegen die Bundesrepublik Deutschland einen Amtshaftungsanspruch geltend machen kann.[282]

bb. Verschulden nach dem Wortlaut des § 15 I 2 AGG

Gemäß § 15 I 1 AGG ist der Arbeitgeber bei einem Verstoß gegen das Benachteiligungsverbot zum Schadensersatz verpflichtet. Nach dem Wortlaut des § 15 I 2 AGG gilt dies nicht, wenn der Arbeitgeber die Pflichtverletzung nicht zu vertreten hat. Der Wortlaut ist diesbezüglich eindeutig und setzt ausdrücklich das Verschulden des Arbeitgebers als Tatbestandsmerkmal für den Schadensersatzanspruch voraus. Der Arbeitgeber soll nur nach § 15 I AGG haften, wenn er die unzulässige Benachteiligung zu vertreten hat. Durch die negative Formulierung wird das Verschulden des Arbeitgebers vermutet. Es handelt sich ebenso wie bei § 280 I 2 BGB um eine Beweislastregelung.[283] Gemäß § 276 I 1 BGB hat der Schuldner Vorsatz und Fahrlässigkeit zu vertreten, wenn eine strengere oder mildere Haftung weder bestimmt noch aus dem sonstigen Inhalt des Schuldverhältnisses, insbesondere aus der Übernahme einer Garantie oder eines Beschaffungsrisikos, zu entnehmen ist. Demnach ist die Haftung des Arbeitgebers nach § 15 I 1 BGB grundsätzlich davon abhängig, dass die unzulässige Benachteiligung vorsätzlich oder zumindest fahrlässig erfolgte. Dies wird nach § 15 I 2 AGG vermutet und dem Arbeitgeber obliegt es dann, das Gegenteil zu beweisen.

---

278 Exemplarisch *Bauer/Thüsing/Schunder*, NZA 774 (776); Däubler/Bertzbach – *Deinert*, AGG, § 15 Rn. 30 m.w.N.

279 Ausführlich zu den verschiedenen Lösungsansätzen unter Kapitel III B. I. 1. c. *ee.*

280 Rust/Falke – *Bücker*, AGG § 15 Rn. 13.

281 Däubler/Bertzbach – *Deinert*, AGG, § 15 Rn. 30; *Bauer/Thüsing/Schunder*, NZA 2006, 774 (776).

282 *Stoffels*, RdA 2009, 204 (210), *Thüsing*, Arbeitsrechtlicher Diskriminierungsschutz Rn. 536; MüKo – *Thüsing*, AGG § 15 Rn. 25.

283 *Bauer/Krieger*, AGG, § 15 Rn. 22; *Boemke/Danko*, AGG im ArbR, § 9 Rn. 41; *Düwell*, BB 2006, 1741 (1744); a.A. zur Bedeutung des § 280 I 2 BGB Staudinger – *Otto*, BGB, § 280 Rn. D 2 f.

Zudem wird angeführt, dass die verschuldensunabhängige Haftung dem deutschen Zivilrecht fremd sei und es außer der Gefährdungshaftung keinen verschuldensunabhängigen Schadensersatz gibt.[284] Der Vorwurf besteht darin, dass bei der Diskussion der Europarechtswidrigkeit wesentliche Grundgedanken des deutschen Schadensrechts nicht beachtet werden. Letzterer Auffassung fehlt es jedoch an der Überzeugungskraft. Das Europarecht orientiert sich nicht an den nationalen Rechtsordnungen. Vielmehr sollen gerade die europäischen Vorgaben im Rahmen der Umsetzung in das nationale Rechtssystem eingebettet werden. Dies wird im Diskriminierungsschutz zum Beispiel durch die Freiheit der Mitgliedsstaaten bei der Wahl des Sanktionsmittels deutlich. Die europäischen Vorgaben finden ihre Grenzen nicht in den Prinzipien des nationalen Rechts. Gerade das Gegenteil ist der Fall. Die gesetzgeberische Gestaltungsfreiheit der Mitgliedsstaaten wird durch die Richtlinienvorgaben begrenzt. Der Maßstab für das nationale Recht sind die europäischen Vorgaben. Sollten die Vorgaben mit den geltenden Rechtsprinzipien eines Mitgliedsstaates in einigen Belangen nicht kompatibel sein, so sind konsequenterweise das nationale Recht anzupassen und auch rechtshistorisch gewachsene nationale Prinzipien, soweit dies erforderlich ist, notfalls anzupassen. Dies entspricht letztlich dem gesellschaftlichen Wandel und der europäischen Entwicklung.

cc. Gesetzgeberische Intension – Sinn und Zweck der Norm

§ 15 AGG dient nach dem Willen des Gesetzgebers ausdrücklich der Umsetzung des Sanktionserfordernisses der Art. 15 RL 2000/43/EG, Art. 6, 8d RL 76/207/EWG[285] und Art. 17 RL 2000/78/EG.[286] Bis zu Inkrafttreten des AGG erfolgte der Schutz vor geschlechtsspezifischer Benachteiligung nach § 611a BGB a. F. Eine strikte Trennung zwischen Schadensersatz und Entschädigung für eine geschlechtsbezogene Benachteiligung sah § 611a BGB a. F. nicht vor. Dies wollte der Gesetzgeber ändern und eine klare Unterscheidung zwischen dem Ersatz materieller und immaterieller Schäden herbeiführen.[287] Die zentrale Sanktionsnorm soll demnach der Entschädigungsanspruch nach § 15 II 1 AGG sein. Durch § 15 II 1 AGG sollen gerade die Anforderungen an eine verschuldensunabhängige Sanktionierung der Benachteiligung entsprechend den Vorgaben des EuGH umgesetzt werden.[288] Währenddessen wurde für den Schadensersatzanspruch nach § 15 I AGG bewusst die Formulierung des § 280 I BGB übernommen.[289] Nach dem Willen des Gesetzgebers soll der Schadensersatz ausdrücklich vom Vertretenmüssen des Arbeitgebers

---

284 Exemplarisch *Bauer/Krieger*, AGG, § 15 Rn. 15; *Adomeit/Mohr*, AGG, § 15 Rn. 50.
285 Die Richtlinie wurde nunmehr durch RL 2006/54/EG aufgehoben. Die Vorgaben der Art. 6, 8d RL 76/207/EWG sind in Art. 18, 25 RL 2006/54/EG neu gefasst.
286 BT-Drs. 16/1780 S. 38.
287 BT-Drs. 16/1780 S. 38.
288 BT-Drs. 16/1780 S. 38.
289 BT-Drs. 16/1780 S. 38.

abhängig sein.[290] Entsprechend des Sinn und Zwecks ist § 15 I AGG daher keine verschuldensunabhängige Sanktion der Benachteiligung, sondern eine spezialgesetzliche Schadensersatzanspruchsgrundlage für die Benachteiligung als spezielle Verletzung der vertraglichen oder vorvertraglichen Pflichten des Arbeitgebers. Dies ist im Zusammenhang mit § 7 III AGG eine logische Konsequenz. § 7 III AGG stellt klar, dass ein Verstoß gegen das Benachteiligungsverbot eine Verletzung vertraglicher Pflichten ist. Entsprechend dem Sinn und Zweck der Norm und dem Willen des Gesetzgebers ist es dann auch konsequent, dass der Schadensersatzanspruch verschuldensabhängig ausgestaltet ist. Eine verschuldensabhängige Schadensersatzhaftung ist dem deutschen Recht bis auf wenige Ausnahmen immanent.[291] Demnach entspricht es dem Sinn und Zweck der Norm, dass der Schadensersatzanspruch nach § 15 I 1 AGG vom Vertretenmüssen des Arbeitgebers abhängig ist. Folglich würde der Arbeitgeber für das Verhalten eines Beschäftigten nach § 278 BGB nur haften, wenn dieser schuldhaft handelte.

dd. Verschuldenserfordernis europarechtskonform?

Die Regelung des § 15 I AGG muss sich jedoch an europäischen Maßstäben messen lassen. Schließlich wollte der Gesetzgeber mit dem AGG und insbesondere § 15 AGG die Richtlinien zum Schutz vor Diskriminierung umsetzen. Hinsichtlich des Verschuldenserfordernisses nach § 15 I 2 AGG bestehen erhebliche Zweifel, ob dies dem deutschen Gesetzgeber gelungen ist.[292] Zweifel an der Vereinbarkeit des Verschuldenserfordernisses mit dem europäischen Recht bestehen wegen der Möglichkeit des Arbeitgebers, den Anspruch des Beschäftigten auf Schadensersatz durch den Nachweis eines schuldlosen Handelns abzuwehren.

(1) Europarechtliche Anforderungen

Der EuGH konnte bereits zu der Voraussetzung des Verschuldens für einen Anspruch auf Schadensersatz wegen einer unzulässigen Benachteiligung ausführlich Stellung nehmen.[293] Gegenstand der Entscheidung des EuGH war die Regelung des § 611a BGB a. F., die Vorgängerregelung des § 15 AGG in Bezug auf die Benachteiligung wegen des Geschlechts.[294] Ein an ein Verschulden gekoppelter zivilrechtlicher Anspruch des Benachteiligungsopfers ist nicht mit dem der Richtlinien immanenten

---

290 BT-Drs. 16/1780 S. 38.

291 *Bauer/Krieger*, AGG, § 15 Rn. 15.

292 So zum Beispiel Schiek – *Kocher*, AGG, § 15 Rn. 19 f.; Däubler/Bertzbach – *Deinert*, AGG, § 15 Rn. 30; *Deinert*, DB 2007, 398 (399); *Deinert*, AiB 2006, 741 (742); MüKo – *Thüsing*, BGB, § 15 AGG Rn. 24; *Thüsing*, Arbeitsrechtlicher Diskriminierungsschutz, Rn. 536, 544 f.; *v. Roetteken*, AGG, § 15 Rn. 50 ff.; a. A. *Adomeit/Mohr*, AGG, § 15 Rn. 30; *Bauer/Krieger*, AGG § 15 Rn. 15; *Walker*, NZA 2009, 5 (6).

293 EuGH v. 22.04.1997 – C-180/95 (*Draehmpaehl*), NJW 1997, 1839; EuGH v. 8.11.1990 – C 177/88 (*Dekker*) NZA 1991, 171.

294 EuGH v. 22.04.1997 – C-180/95 (*Draehmpaehl*), NJW 1997, 1839.

effektiven Schutz vor Benachteiligungen vereinbar.[295] Der EuGH hat die Anforderungen an die zivilrechtliche Ausgestaltung der Sanktionierung diskriminierenden Verhaltens in Form eines Schadensersatzanspruchs an das Opfer bezüglich eines Verschuldens konkretisiert. Der Anspruch auf Schadensersatz entspricht nur dann den Anforderungen einer effektiven Sanktionierung, wenn allein der Verstoß gegen das Diskriminierungsverbot für sich genommen ausreicht, um die volle Haftung des Urhebers auszulösen.[296] Nicht mit den Richtlinien zum Schutz vor Diskriminierung vereinbar ist es, wenn die Haftung des Urhebers der Diskriminierung vom Nachweis eines Verschuldens oder vom Fehlen eines Rechtfertigungsgrundes abhängig gemacht wird.[297] Das bedeutet, bereits die Verwirklichung des Benachteiligungstatbestands muss den Anspruch auf Schadensersatz begründen, ohne dass noch weitere Voraussetzungen erfüllt werden müssen.

Das Verschuldenserfordernis des § 15 I 2 AGG könnte den Anforderungen des EuGH an eine effektive Sanktion durch Schadensersatz- und Entschädigungsansprüche gerecht werden, wenn man die Regelung des § 15 I 2 AGG mit § 611a BGB in der Fassung vergleicht, über die der EuGH in der Sache *Draehmpaehl* zu entscheiden hatte.[298] Die damalige Regelung erforderte für den Anspruch auf Schadensersatz ein vom Arbeitnehmer zu beweisendes Verschulden des Arbeitgebers. Zudem beinhaltete § 611a BGB in der für den EuGH entscheidungserheblichen Fassung keinen zusätzlichen verschuldensunabhängigen Entschädigungsanspruch, sondern war auf den Ersatz des Vermögensschadens beschränkt. Nach einer Ansicht soll durch den verschuldensunabhängigen Entschädigungsanspruch nach § 15 II AGG als zentrale Sanktionierungsnorm den europarechtlichen Anforderungen an eine effektive Sanktionierung ausreichend Rechnung getragen werden.[299] § 15 I AGG sei dahingegen keine Sanktionsnorm und könne angesichts des verschuldensunabhängigen Anspruchs nach § 15 II AGG verschuldensabhängig ausgestaltet werden.[300] Letzteres ist aber kein Argument dafür, dass zugleich das Verschuldenserfordernis beim Ersatz des Vermögensschadens europarechtskonform ist. Die Entschädigung für den immateriellen Schaden kann den Vermögensschaden nicht aufwiegen. Der materielle wie auch der immaterielle Schaden sind jeweils einzelne Bestandteile des zu ersetzenden Gesamtschadens bezüglich einer unzulässigen Benachteiligung.

295 EuGH v. 22.04.1997 – C-180/95 (*Draehmpaehl*), NJW 1997, 1839 (1840).
296 EuGH v. 22.04.1997 – C-180/95 (*Draehmpaehl*), NJW 1997, 1839 (1840).
297 EuGH v. 22.04.1997 – C-180/95 (*Draehmpaehl*), NJW 1997, 1839; EuGH v. 8.11.1990 – C 177/88 (*Dekker*) NZA 1991, 171 (172).
298 Wendeling-Schröder/Stein – *Stein*, AGG, § 15 Rn. 16.
299 *Bauer/Krieger*, AGG, § 15 Rn. 15; Wendeling-Schröder/Stein – *Stein*, AGG, § 15 Rn. 16; *Boemke/Danko*, AGG im ArbR, § 9 Rn. 40 mit Ausnahme bei der Geschlechtsdiskriminierung; a.A. Däubler/Bertzbach – *Deinert*, AGG, § 15 Rn. 30 m.w.N.
300 Vgl. *Bauer/Krieger*, AGG, § 15 Rn. 15; Wendeling-Schröder/Stein – *Stein*, AGG, § 15 Rn. 16; *Boemke/Danko*, AGG im ArbR, § 9 Rn. 40 mit Ausnahme bei der Geschlechtsdiskriminierung.

Daneben wird als Begründung für die Vereinbarkeit mit dem Europarecht angeführt, dass § 15 I 2 AGG ebenso wie § 280 I 2 BGB negativ formuliert ist und dadurch das Verschulden widerlegbar vermutet wird.[301] Der Arbeitgeber hätte somit nunmehr den Gegenbeweis zu führen, dass ihn kein Verschulden trifft. Insoweit unterscheidet sich § 15 I 2 AGG erheblich von § 611a BGB a.F., über den der EuGH zu entscheiden hatte. Somit sei fraglich, ob der EuGH eine solche Regelung nicht für richtlinienkonform gehalten hätte. Hierzu ist anzumerken, dass der EuGH den leichten Nachweis des Verschuldens bei der Beurteilung des § 611a BGB a. F. nicht als Gegenargument hat gelten lassen.[302] Der EuGH hat zudem sehr klar formuliert, welcher Maßstab für eine effektive Sanktion in Form des Schadensersatzes anzusetzen ist. Danach muss eine entsprechende Norm so ausgestaltet sein, dass der Verstoß gegen das Verbot der Ungleichbehandlung für sich genommen ausreicht, um die volle Haftung seines Urhebers auszulösen, ohne dass die im nationalen Recht vorgesehenen Rechtfertigungsgründe berücksichtigt werden können.[303] Obwohl bezüglich des Vertretenmüssens die Beweislast umgekehrt ist und ein Verschulden des Arbeitgebers widerleglich vermutet wird, besteht die Möglichkeit der Exkulpation seitens des Arbeitgebers. Es ist gerade keine gesetzliche Fiktion des Verschuldens, denn der Arbeitgeber hat die Möglichkeit, zu beweisen, dass er die Benachteiligung nicht zu vertreten hat. Die widerlegbare Vermutung des Vertretenmüssen ist eine deutlich weitreichendere Verbesserung gegenüber dem, wenn auch unter Umständen leichten Nachweis des Verschuldens. Dennoch fehlt es dem entsprechenden Argument an Überzeugungskraft. Letztlich ist die Vermutungsregelung nur eine Beweislastregelung, die die Darlegungs- und Beweislast auf den Arbeitgeber überträgt. Die Voraussetzung des Vertretenmüssen entfällt dadurch nicht und wird auch nicht quasi fingiert. Ob die Widerlegung des vermuteten Verschuldens angesichts der Tatbestandsverwirklichung hinsichtlich der unzulässigen Benachteiligung in der rechtlichen Praxis gelingen kann, ist nicht entscheidend. Es besteht rechtlich die abstrakte Möglichkeit der Exkulpation. Dies steht jedoch einer effektiven Sanktionierung durch Schadensersatzansprüche an das Opfer entgegen.[304]

Dem Maßstab des EuGH zur Urheberhaftung wird das Verschuldenserfordernis nach § 15 I 2 AGG letztlich nicht gerecht.

(2) Europarechtliches Verschlechterungsverbot

Neben den besonderen Anforderungen an die Sanktion bestehen Bedenken dahingehend, dass durch die Normierung des Verschuldenserfordernisses für den Schadensersatzanspruch das Schutzniveau im Verhältnis zur vorherigen Rechtslage

301 Exemplarisch *Ring*, JA 2008, 1 (5); *Seel*, JA 2007, 792 (796) m.w.N.; ähnlich jedoch mit begründeten Zweifeln an der Europarechtskonformität ErfK – *Schlachter*, § 15 AGG Rn. 5.

302 EuGH v. 22.04.1997 – C-180/95 (*Draehmpaehl*), NJW 1997, 1839 (1840).

303 EuGH v. 22.04.1997 – C-180/95 (*Draehmpaehl*), NJW 1997, 1839.

304 EuGH v. 22.04.1997 – C-180/95 (*Draehmpaehl*), NJW 1997, 1839.

abgesenkt wurde und somit eine unzulässige Verschlechterung eingetreten ist. Europarechtlich problematisch ist, dass nach den Richtlinienvorgaben gemäß Art. 6 II RL 2000/43/EG, Art. 8 II RL 2000/78/EG, Art. 27 II RL 2006/54/EG keine Herabsetzung des bisherigen nationalen Schutzniveaus im Rahmen der Richtlinienumsetzung erfolgen darf. Nach diesem Verschlechterungsverbot darf der betroffene Beschäftigte durch die Umsetzung der Richtlinien insgesamt nicht schlechter stehen als er vor der Gesetzgebung zum Schutz vor Diskriminierung stand. Dabei kommt es nicht auf einzelne Regelungen an, sondern auf die Gesamtheit des Schutzes.[305] Bis zum Inkrafttreten des AGG war § 611a BGB die zentrale Regelung für Schadensersatz und Entschädigungsansprüche bei Benachteiligung wegen des Geschlechts. Nach § 1 AGG sind nach dem nationale Recht zur Umsetzung europäische Vorgaben die Merkmale, die unter den Schutzbereich des Diskriminierungsschutzes fallen, im Gegensatz zu § 611a BGB a. F. deutlich erweitert worden. Nicht mehr allein das Geschlecht soll ein Merkmal sein, wegen dessen unzulässig benachteiligt werden kann. Nunmehr bezieht sich der materielle Schutz auch auf Merkmale wie zum Beispiel das Alter, die sexuelle Orientierung, die Religion oder die Weltanschauung.

Im Rahmen der Umsetzung sind jetzt zwar mehr Merkmale vom Schutzbereich umfasst, dafür ist nunmehr nach dem Wortlaut des § 15 I AGG ein verschuldensunabhängiger Schadensersatzanspruch nicht mehr vorgesehen. Ein solcher stand dem Betroffenen nach § 611a BGB in der zuletzt gültigen Fassung im Falle einer geschlechtsbezogenen Benachteiligung zu. Durch den Wegfall des verschuldensunabhängigen Schadensersatzanspruchs wird trotz der nach den europäischen Vorgaben erforderlichen weiteren in den Schutzbereich einbezogenen Merkmale das Schutzniveau um den verschuldensunabhängigen Schadensersatzanspruch reduziert. Der Anspruch auf Entschädigung nach § 15 II AGG ist kein alternativer Ausgleich für den Wegfall des verschuldensunabhängigen Schadensersatzanspruchs. Hierfür spricht, dass § 611a BGB a. F. und § 81 II 2 Nr. 2 SGB IX a. F. vor der Einführung des AGG einen verschuldensunabhängigen Anspruch auf Ersatz aller materiellen und immateriellen Schäden vorsahen.[306] Der ersatzlose Wegfall des verschuldensunabhängigen Schadensersatzanspruchs wegen einer unzulässigen Benachteiligung aufgrund des Geschlechts oder einer Behinderung senkt das Schutzniveau bezüglich einer geschlechts- oder behinderungsbezogenen Benachteiligung gegenüber der vorherigen Rechtslage ab.[307] Die Rechtsänderung erfolgte im Rahmen der Umsetzung der Richtlinienvorgaben. Gerade das AGG dient nach der Intension des Gesetzgebers der Umsetzung der Richtlinien zum Schutz vor

305 EuGH v. 08.07.2010 – C-246/09 (*Bulicke*), NZA 2010, 869 (871 f.).

306 BAG v. 12.09.2006 – 9 AZR 807/05, DB 2007, 747 (748).

307 Rust/Falke – *Bücker*, AGG § 15 Rn. 11 ff.; *v. Roetteken*, AGG, § 15 Rn. 53; ausführlich auch noch *Hey*, AGG, § 15 Rn. 28 in der Vorauflage (1. Auflage 2009); *Boemke/Danko* § 9 Rn. 40, wobei *Boemke/Danko* jedoch nur bezüglich des Geschlechtsdiskriminierung einen Verstoß erkennen wollen und § 15 I 2 AGG bezüglich der anderen Merkmale als europarechtskonform erachten.

Diskriminierung.[308] Dies stellt somit einen Verstoß gegen die Art. 8 II RL 2000/78/EG und Art. 27 II RL 2006/54/EG dar. Folglich ist das Verschuldenserfordernis in § 15 I 2 AGG nicht mit dem Verschlechterungsverbot vereinbar und ist auch aus diesem Grund europarechtswidrig.[309]

(3) Europarechtskonforme Auslegung des § 15 I 2 AGG

Nach dem Wortlaut des § 15 I 2 AGG und dem Sinn und Zweck der Norm ist ein Verschulden des Arbeitgebers für den Anspruch auf Schadensersatz erforderlich.[310] Danach wird die Regelung des § 15 I 2 AGG den europarechtlichen Anforderungen nicht gerecht. Es stellt sich die Frage, ob § 15 I 2 AGG in europarechtskonformer Weise ausgelegt werden kann. Die Grenze der Auslegung wird durch den Wortlaut der Norm festgelegt. Eine europarechtskonforme Auslegung entgegen dem ausdrücklichen Wortlaut des Gesetzes und dem damit dokumentierten Willen des Gesetzgebers ist nicht möglich. Eine europarechtskonforme Auslegung könnte möglich sein, wenn man unter diesem Gesichtspunkt allein den Entschädigungsanspruch als ausreichende Sanktion ansehen würde.[311]

Dem Gesetzgeber steht es nach den Richtlinien zum Antidiskriminierungsrecht grundsätzlich frei, für welche Art der Sanktion er sich entscheidet. Entschließt er sich, wie der deutsche Gesetzgeber, für eine zivilrechtliche Sanktionierung in Form von Schadensersatz an das Opfer, muss dieser wirksam, verhältnismäßig und abschreckend ausgestaltet sein. Ein wirksamer, verhältnismäßiger und abschreckender Schadensersatz umfasst jedoch nicht nur den Ersatz des immateriellen Schadens, sondern auch den Ersatz des Vermögensschadens. Eine entsprechende Differenzierung beziehungsweise Reduzierung der Sanktion auf den Nichtvermögensschaden ist weder in den Richtlinien vorgesehen, noch wird sie durch den EuGH vorgenommen. Obwohl in Art. 18 der Richtlinie 2006/54/EG zur Verwirklichung des Grundsatzes der Gleichheit und Gleichbehandlung von Männern und Frauen in Arbeits- und Beschäftigungsfragen neben der Sanktion ein Schadensausgleich oder eine Entschädigung vorgesehen ist, kann auch daraus nicht geschlossen werden, dass eine Differenzierung zwischen Ersatz des Vermögensschadens und der Entschädigung für den Nichtvermögensschaden als einzige Sanktion erfolgen soll. Zum einen ist nach Art. 18 RL 2006/54/EG ein Ausgleich des Schadens gefordert,

---

308 BT-Drs. 16/1780, S. 20, S. 30.

309 Rust/Falke – *Bücker*, AGG, § 15 Rn. 11 ff.; ebenso aber nur bezogen auf Benachteiligungen wegen einer Behinderung oder des Geschlechts *v. Roetteken*, AGG, § 15 Rn. 53. Nur bezogen auf das Geschlecht Hey/Forts – Forst, AGG, § 15 Rn. 160; einen Verstoß gegen das Europarecht noch annehmend in der Vorauflage (1. Auflage 2009) *Hey*, AGG, § 15 Rn. 28.

310 Hierzu ausführlich vorgehend unter Kapitel III B. I. 1. c. *bb.* und *cc.*

311 So unter anderem *Bauer/Krieger*, AGG, § 15 Rn. 15; Schleusener/Suckow/Voigt – *Voigt*, AGG, § 15 Rn. 13, 20; *Nollert-Borasio/Perreng*, AGG, § 15 Rn. 10 ff.; *Annuß* BB 2006, 1629 (1635); *Willemsen/Schweibert*, NJW 2006, 2581 (2589).

ohne dass eine entsprechende Differenzierung zwischen materiellem und immateriellem Schaden erfolgt. Daneben ist auch nach Art. 25 RL 2006/54/EG zusätzlich die Benachteiligung zu sanktionieren. Die Sanktion kann auch in diesem Fall in Form von Schadensersatzleistungen an das Opfer erfolgen. Auch diesbezüglich ist eine Differenzierung nicht vorgesehen.

Zusammengefasst ist festzuhalten, dass eine Unterscheidung zwischen Vermögens- und Nichtvermögensschaden als einzige Sanktion nicht zulässig ist. Das Sanktionserfordernis würde ansonsten verkannt. Der gesamte Schaden ist im Rahmen der Sanktionierung zu ersetzen. Nur so wird die Schadensersatzregelung der europäischen Anforderungen gerecht. Eine entsprechende Reduzierung der Sanktion auf den verschuldensunabhängigen Entschädigungsanspruch nach § 15 II 1 AGG ist daher mit dem Europarecht nicht vereinbar. Eine anderweitige europarechtskonforme Auslegung des § 15 I 2 AGG ist wegen des eindeutigen Wortlauts nicht möglich.

ee. Lösungsansätze

Das Vertretenserfordernis nach § 15 I 2 AGG wird den vom EuGH präzisierten Anforderungen an eine wirksame Sanktionierung benachteiligenden Verhaltens nicht gerecht. Dieser europarechtswidrige Zustand kann jedoch nicht beibehalten werden. Soweit der nationale Gesetzgeber keine Gesetzesänderung vornimmt, stehen insbesondere die Gerichte vor dem Problem, wie zu entscheiden ist, wenn der Arbeitgeber nachweisen kann, dass er die Benachteiligung nicht zu vertreten hat. Dabei ist zu beachten, dass nach Art. 20 III GG die Rechtsprechung an Gesetz und Recht gebunden ist. Soweit in Bezug auf § 15 I 2 AGG ein Umsetzungsdefizit problematisiert wird, werden in der Literatur verschiedene Ansätze zur Klärung des Problems vertreten. Die Rechtsprechung hatte bisher noch nicht die Gelegenheit zum Vertretenmüssen nach § 15 I 2 AGG umfangreich Stellung zu nehmen. Die Frage nach einem Schadensersatzanspruch wegen einer unzulässigen Benachteiligung ohne ein zu vertretenes Verschulden des Arbeitgebers war bisher noch nicht entscheidungserheblicher Gegenstand eines Verfahrens vor dem BAG. In den Fällen des BAG stand zumeist der Anspruch auf Entschädigung nach § 15 II 1 AGG im Vordergrund.

(1) Vorlage zum EuGH

Nach einer Ansicht sollte die Frage, ob § 15 I 2 AGG mit den Vorgaben der Richtlinien vereinbar ist, gemäß Art. 267 AEUV dem EuGH vorgelegt werden.[312] Fraglich ist jedoch, welche Auswirkungen eine entsprechende Vorlage zu EuGH hätte und ob die dann folgende Entscheidung bei der Problemlösung weiterhelfen würde. Das Verschuldenserfordernis ist nach der sehr eindeutigen Rechtsprechung des EuGH in den Rechtssachen „*Dekker*“ und „*Draempaehl*“ nicht mit den Vorgaben

312 Rust/Falke – *Bücker*, AGG § 15 Rn. 13.

der Richtlinien zum Schutz vor Diskriminierung vereinbar.[313] Es bestehen daher keine Zweifel über die Vereinbarkeit mit dem Recht der Europäischen Union. Das Verschuldenserfordernis ist nicht mit den europarechtlichen Vorgaben vereinbar.[314] Folglich würde bei einer entsprechenden Vorlage der EuGH in seiner Entscheidung dies nur bestätigen und feststellen, dass das Erfordernis eines Verschuldens nicht mit den Anforderungen an einen effektiven Schutz vor Diskriminierung vereinbar ist.

Eine Vorlagepflicht in einem Rechtsstreit zwischen Privaten besteht nach Ansicht des EuGH unter diesen Voraussetzungen nicht.[315] Voraussetzung für ein Absehen von einer Vorlage ist, dass die Bestimmung nicht europarechtskonform ausgelegt werden kann.[316] Das nationale Gericht kann dann selbst entscheiden, ob es eine nationale Rechtsvorschrift, weil es sie für unionsrechtswidrig hält, nicht anwendet oder zuvor den EuGH um Vorabentscheidung ersucht.[317] Eine Pflicht zur Vorlage besteht auch dann nicht, wenn das Gericht nach dem nationalen Recht eine geltende Bestimmung nur dann unangewendet lassen darf, wenn diese Bestimmung durch das BVerfG für verfassungswidrig erklärt wurde.[318]

Dies bedeutet übertragen auf das europarechtswidrige Verschuldenserfordernis nach § 15 I 2 AGG, dass keine Pflicht zur Vorlage an den EuGH zur Überprüfung der Norm im Rahmen eines Vorabentscheidungsverfahrens zwingend erforderlich ist. Die vom EuGH in der Rechtssache „*Kücükdeveci*" genannten Voraussetzungen liegen vor. Eine Vorlagepflicht besteht nicht, weil § 15 I 2 AGG aufgrund des eindeutigen Wortlauts nicht europarechtskonform ausgelegt werden kann.[319]

(2) Anwendung des Verschuldenserfordernisses gegenüber privaten Arbeitgebern und Amtshaftungsanspruch

Nach anderer Ansicht kann nur gegenüber dem staatlichen Arbeitgeber ein verschuldensunabhängiger Anspruch geltend gemacht werden, weil sich dieser nicht auf das Verschuldenserfordernis berufen könne.[320] Im Übrigen begründe das Umsetzungsdefizit keinen Wegfall des Verschuldenserfordernisses, sondern führe zur Verpflichtung des Gesetzgebers eine europarechtskonforme Regelung zur Umsetzung

---

313 EuGH 08.11.1990 – C-177/88 (*Dekker*), NZA 1991, 171 (172 f.); EuGH v. 22.4.1997 – C-180/95 (*Draehmpaehl*), NJW 1997, 1839 (1840).

314 Exemplarisch Däubler/Bertzbach – *Deinert*, AGG, § 15 Rn. 30 m.w.N.; *Bauer/Thüsing/Schunder*, NZA 2006, 774 (776).

315 EuGH v. 19.01.2010 – C-555/07 (*Kücükdeveci*), NZA 2010, 85 (88 f.); EuGH v. 22.11.2005 – C-144/04 (*Mangold*), NZA 2005, 1345 (1348).

316 EuGH v. 19.01.2010 – C-555/07 (*Kücükdeveci*), NZA 2010, 85 (88 f.); EuGH v. 22.11.2005 – C-144/04 (*Mangold*), NZA 2005, 1345 (1348).

317 EuGH v. 19.01.2010 – C-555/07 (Kücükdeveci), NZA 2010, 85 (88).

318 EuGH v. 19.01.2010 – C-555/07 (Kücükdeveci), NZA 2010, 85 (88).

319 Hierzu ausführlich unter Kapitel III B. I. 1. c. *dd.*

320 *Stoffels*, RdA 2009, 204 (210 f.); MüKo – *Thüsing*, BGB, § 15 AGG Rn. 25; *Liebhäuser*, S. 129.

der Richtlinien zu gestalten.[321] Dies würde in letzter Konsequenz bedeuten, dass Amtshaftungsansprüche des Betroffenen gegen die Bundesrepublik Deutschland wegen nicht vollständiger Umsetzung der Richtlinien innerhalb des Umsetzungszeitraums bestehen könnten, wenn Arbeitsgerichte Schadensersatzansprüche mangels Verschuldens des Arbeitgebers abweisen. Die Fristen zur Umsetzung für die Richtlinien zum Schutz vor Diskriminierungen sind bereits abgelaufen. Die Richtlinie 54/2006/EG war nach Art. 33 der Richtlinie bis zum 14.12.2008 umzusetzen. Die Umsetzungen der anderen einschlägigen Richtlinien sollten nach Art. 16 RL 43/2000/EG bis zum 19.07.2003 beziehungsweise nach Art. 18 RL 78/2000/EG bis spätestens zum 02.12.2003 umgesetzt werden. Somit wäre die Bundesrepublik Deutschland aufgrund des Umsetzungsdefizits in jedem Fall zum Schadensersatz verpflichtet, wenn aufgrund fehlenden Verschuldens des Arbeitgebers der Schadensersatzanspruch abgewiesen würde.

Dies führt jedoch zum einen zu erheblichen Problemen in der Rechtspraxis, da die Gerichte wider besseren Wissens ein Gesetz anwenden müssten, dass offensichtlich nicht den europäischen Anforderungen entspricht. Daneben sind die Gerichte nach Art. 20 III GG gerade an Gesetz und Recht gebunden. Dies bedeutet, dass die Gerichte nicht nur Parlamentsgesetze, sondern auch anderes Recht beachten müssen. Die Richtlinien binden die einzelnen Mitgliedsstaaten und somit auch die Gerichte als Teil der staatlichen Gewalt.[322] Jedoch besteht keine unmittelbare Bindung privater Dritter. Die Richtlinien verpflichten den Mitgliedsstaat zu Umsetzung der Vorgaben. Andererseits kann die Bindungswirkung der Gerichte bei Richtlinien soweit gehen, dass die Gerichte europarechtswidriges nationales Recht nicht anwenden müssen, wenn sie von der Unvereinbarkeit des nationalen Rechts mit den europäischen Vorgaben ausgehen. Dies ist zumindest der Fall, wenn die Richtlinien, wie beim Schutz vor Diskriminierungen, den Schutz des Primärrechts lediglich konkretisieren.[323] In diesem Fall ist der Verstoß gegen die Vorgaben einer Richtlinie zugleich ein Verstoß gegen das in der Richtlinie konkretisierte Primärrecht. Eine Pflicht zur Vorlage beim EuGH besteht in solchen Fällen selbst nach der Auffassung des EuGH nicht.[324] Der Fall des Verschuldenserfordernisses bedarf aus diesem Grund nicht der Vorlage zum EuGH, wenn die deutschen Gerichte eine europarechtskonforme Rechtsanwendung gewähren können.

(3) Entsprechende Auslegung des § 276 I 1 BGB

Fraglich ist, ob das Verschuldenserfordernis § 15 I 2 AGG dennoch angewandt werden kann und ein Vertretenmüssen weiterhin erforderlich ist, wenn der Maßstab

321 *Stoffels*, RdA 2009, 204 (210), *Thüsing*, Arbeitsrechtlicher Diskriminierungsschutz Rn. 536; MüKo – *Thüsing*, AGG § 15 Rn. 25.

322 EuGH v. 19.01.2010 – C-555/07 (*Kücükdeveci*), NZA 2010, 85 (88).

323 EuGH v. 19.01.2010 – C-555/07 (*Kücükdeveci*), NZA 2010, 85 (89).

324 EuGH v. 19.01.2010 – C-555/07 (*Kücükdeveci*), NZA 2010, 85 (88), EuGH v. 22.11.2005 – C-144/05 (*Mangold*), NZA 2005, 1345 (1348).

an das Vertretenmüssen europarechtskonform ausgestaltet werden kann.[325] Der Maßstab für das Vertretenmüssen richtet sich nach § 276 I 1 BGB. Unter Berücksichtigung der Bedenken, dass das Verschuldenserfordernis nicht europarechtskonform ist, wird der Ansatz vertreten, dass als Maßstab des Verschuldens nicht zwingend Vorsatz und Fahrlässigkeit zugrunde gelegt werden müssen.[326] Vielmehr sei das Verschuldenserfordernis dadurch europarechtskonform auszulegen, dass das Vertretenmüssen mit der Zurechnung gleichzusetzen ist.[327] Nach § 276 I 1 BGB setzt die Verantwortlichkeit des Schuldners Vorsatz oder Fahrlässigkeit voraus, außer aus den Besonderheiten des Schuldverhältnisses ergibt sich etwas anderes. Die europarechtliche Vorgabe, dass Ansprüche des Benachteiligten nicht von einem Verschulden des Benachteiligenden abhängig sein dürfen, soll eine solche Besonderheit sein. Im Ergebnis soll die Verantwortlichkeit des Arbeitgebers aufgrund dieser Besonderheit des Beschäftigungsverhältnisses nicht auf Vorsatz oder Fahrlässigkeit begrenzt sein. Vielmehr hafte der Arbeitgeber für jegliches Handeln. Ein Unterschied zur Annahme, dass der Anspruch nach § 15 I 1 AGG kein Verschulden voraussetzt, besteht dadurch faktisch nicht. Für diese Auslegung spricht, dass zu dem Zeitpunkt als der EuGH über das Verschuldenserfordernis zu entscheiden hatte, § 276 I 1 BGB enger gefasst war. Nach § 276 I BGB a. F. hatte der Schuldner Vorsatz und Fahrlässigkeit zu vertreten, außer etwas Anderes war bestimmt. Der Zusatz, dass sich ein anderer Haftungsmaßstab auch aus den Besonderheiten des Schuldverhältnisses ergeben kann, wurde erst mit der Schuldrechtsreform 2001 eingefügt. Dadurch wollte der Gesetzgeber vor allem eine Anpassung der Vertragshaftung zwischen dem angloamerikanischen Recht und dem kontinentalen Recht in Bezug auf das Kaufrecht ermöglichen.[328] Das angloamerikanische Recht legt der Vertragshaftung die Garantiehaftung des Versprechenden zu Grunde. Währenddessen im kontinentalen europäischen Recht, so auch im deutschen Recht, das Verschuldensprinzip vorherrscht. Mit der Einbeziehung der Besonderheiten des Schuldverhältnisses wollte der Gesetzgeber letztlich nur deutlich machen, dass unter Umständen im Einzelfall auch ein anderer Haftungsmaßstab gelten kann. Vom bewährten Verschuldensprinzip wollte der Gesetzgeber jedoch nicht abweichen.[329] Die Natur der Schuld ist auch weiter durch den Gesetzgeber gewollt.[330]

Zu bedenken ist jedoch, dass der Wortlaut des § 15 I 2 AGG rein abstrakt die Möglichkeit der Exkulpation bietet. Auch bei § 276 I 1 BGB trifft dies zu. Letztlich ändert sich durch eine entsprechende Auslegung des § 276 I 1 BGB nur der Verschuldensmaßstab. Ein Vertretenmüssen ist jedoch auch weiterhin erforderlich. Rein faktisch führt dies zu einer verschuldensunabhängigen Haftung, soweit das

325 Dies unter Verweis auf den klaren Wortlaut ablehnend *Bauer*, S. 179.
326 *Meinel/Heyn/Herms*, AGG, § 15 Rn. 9.
327 *Meinel/Heyn/Herms*, AGG, § 15 Rn. 9.
328 BT-Drs. 14/6040, 131.
329 BT-Drs. 14/6040, 131.
330 BT-Drs. 14/6040, 131.

Verschulden nicht auf Vorsatz und grobe Fahrlässigkeit beschränkt ist. Insoweit würde nach dem nationalen Recht eine verschuldensunabhängige Haftung erfolgen. Der EuGH fordert jedoch, dass dem Urheber der Benachteiligung keine Möglichkeit zur Exkulpation gegeben werden darf. Dies ist jedoch abstrakt möglich, wenn man unabhängig vom Haftungsmaßstab ein Vertretenmüssen fordert. Bei einer entsprechenden Auslegung des § 276 I 1 BGB wird zudem verkannt, dass sich der Verschuldensmaßstab innerhalb eines Schuldverhältnisses unter entsprechenden Voraussetzungen verschieben kann. Als abstraktes Beispiel sei hier nur § 300 I BGB genannt.

Zudem bestehen Zweifel, ob im Rahmen dieser Auslegung das Verschlechterungsverbot ausreichend Berücksichtigung findet. Auch nach der Schuldrechtsreform und der damit verbundenen Änderung des § 276 I 1 BGB war weder in § 611a BGB a. F. noch in § 81 SGB IX a. F. eine mit § 15 I 2 AGG vergleichbare Formulierung enthalten.

Eine entsprechende europarechtskonforme Auslegung des § 276 I 1 BGB bietet somit einen praktischen Ansatz den Anforderungen des EuGH und den Richtlinienvorgaben gerecht zu werden. Es bestehen jedoch angesichts der Möglichkeit der Exkulpation dogmatische Bedenken, wenn auch nur theoretischer Natur. Zudem zielt die Abweichung vom Verschuldensprinzip in § 276 I 1 BGB eher auf die Verletzung vertraglicher Hauptleistungspflichten, insbesondere verschuldensunabhängig zugesicherter Erfüllung, ab. Dies wird durch die Regelbeispiele und ansatzweise auch durch die Gesetzesbegründung deutlich. Dort nennt der Gesetzgeber zum Beispiel das UN-Kaufrecht als einen Grund für die Formulierung.[331] Die Pflicht des Arbeitgebers, seine Beschäftigten nicht unzulässig zu benachteiligen, ist jedoch keine Hauptleistungspflicht des Arbeitgebers. Diese Pflicht ist als Fürsorge- und Schutzpflicht eine vertragliche Nebenpflicht.[332]

Eine europarechtskonforme Auslegung des § 276 I 1 BGB stellt einen tauglichen Ansatz für eine praktische Lösungsmöglichkeit dar. Die wesentlichen Fälle können damit einer sachgerechten Lösung in der Rechtspraxis zugeführt werden. Jedoch bestehen wie aufgezeigt nicht unbeachtliche Bedenken grundsätzlicher Natur.

(4) Europarechtskonforme Rechtsfortbildung durch Nichtanwendung

Eine europarechtskonforme Auslegung des § 15 I 2 AGG ist wie aufgezeigt nicht möglich. Denkbar wäre jedoch eine europarechtskonforme Rechtsfortbildung in Form einer europarechtskonformen teleologischen Reduktion.[333] § 15 I 2 AGG wäre im Lichte des Europarechts nicht anzuwenden. Dies würde zum einen die

---

331 BT-Drs. 14/6040, 131.

332 So beispielsweise auch ErfK – *Schlachter*, § 7 AGG Rn. 9; Däubler/Bertzbach – *Däubler*, AGG, § 7 Rn. 293.

333 Das BAG hat bereits im Zusammenhang mit Regelungen zum BUrlG eine europarechtskonforme Reduktion vorgenommen, vgl. BAG v. 24.3.2009 – 9 AZR 983, NZA 2009, 538 (544).

Möglichkeit der Exkulpation mangels des Vertretenserfordernis ausschließen und eine höhere Rechtssicherheit und Klarheit gewähren.

Eine richtlinienkonforme Rechtsfortbildung im Wege der teleologischen Reduktion setzt eine verdeckte Regelungslücke im Sinne einer planwidrigen Unvollständigkeit des Gesetzes voraus; eine solche planwidrige Unvollständigkeit kann sich daraus ergeben, dass der Gesetzgeber in der Gesetzesbegründung ausdrücklich seine Absicht bekundet hat, eine richtlinienkonforme Regelung zu schaffen, die Annahme des Gesetzgebers, die Regelung sei richtlinienkonform, aber fehlerhaft ist.[334] Nach der Gesetzesbegründung sollte mit § 15 AGG die Sanktionsvorgaben der europäischen Richtlinien zum Schutz vor Diskriminierungen umgesetzt werden. Die Umsetzung ist dem Gesetzgeber entgegen seiner ausdrücklichen Absicht nicht gelungen. Wie aufgezeigt, ist das Verschuldenserfordernis in § 15 I 2 AGG nicht richtlinienkonform. Die Voraussetzungen für eine europarechtskonforme Rechtsfortbildung liegen somit vor.

§ 15 I 2 AGG findet unter Berufung auf die EuGH-Rechtsprechung im Fall *Mangold*[335] und *Kücükdeveci*[336] im Rahmen der europarechtskonformen Rechtsanwendung keine Berücksichtigung.[337] Der Anspruch auf Schadensersatz nach § 15 I 1 AGG erfordert demnach kein Verschulden, weil die Regelung des § 15 I 2 AGG nicht angewendet wird.[338]

Soweit kritisiert wird, dass eine Nichtanwendung lediglich bei Verstößen gegen Primärrecht, nicht jedoch bei Verstößen gegen Richtlinien in Betracht komme[339], sind dem zwei Punkte entgegen zu halten. Der effektive Schutz vor Diskriminierungen ist als Primärrecht in Art. 21 und in Art. 23 der Charta der Grundrechte der EU verankert. Daneben ist das Erfordernis eines zwingenden Verstoßes gegen das Primärrecht als Voraussetzung für die Nichtanwendung den Entscheidungen des EuGH nicht zu entnehmen.[340] Vielmehr hat der EuGH ausdrücklich einen Verstoß gegen die Richtlinien als ausreichend erachtet, weil das Verbot der Diskriminierung durch die Richtlinien konkretisiert wird.[341] Danach obliege es dem nationalen Gericht, in einem Rechtsstreit zwischen Privaten die Beachtung des Verbots der Diskriminierung in seiner Konkretisierung durch die einschlägigen Richtlinien zu

334 BGH v. 26.11.2008 – VIII ZR 200/05, NJW 2009, 427, BAG v. 24.3.2009 – 9 AZR 983, NZA 2009, 538 (544).

335 EuGH v. 22.11.2005 – C-144/04 (*Mangold*), NZA 2005, 1345.

336 EuGH v. 19.01.2010 – C-555/07 (*Kücükdeveci*), NZA 2010, 85 (88 f.).

337 So auch *Bauer/Thüsing/Schunder*, NZA 2006, 774 (776); Däubler/Bertzbach – *Deinert*, AGG § 15 Rn. 30 m.w.N.; Deinert/Neumann – *Deinert*, § 17 Rn. 109; *v. Roetteken*, AGG § 15 Rn. 52; a.A. *Bauer*, S. 179.

338 Däubler/Bertzbach – *Deinert*, AGG § 15 Rn. 30 m.w.N.; Deinert/Neumann – *Deinert*, § 17 Rn. 109.

339 So etwa HWK – *Rupp*, § 15 AGG Rn. 3; KR – *Treber*, § 15 AGG Rn. 47; *Jacobs*, RdA 2009, 193 (198); *Liebhäuser*, S. 130 f.

340 EuGH v. 19.01.2010 – C-555/07 (*Kücükdeveci*), NZA 2010, 85 (88 f.).

341 EuGH v. 19.01.2010 – C-555/07 (*Kücükdeveci*), NZA 2010, 85 (89).

gewährleisten, indem es erforderlichenfalls entgegenstehende Vorschriften des innerstaatlichen Rechts unangewendet lässt, unabhängig davon, ob es von seiner Befugnis Gebrauch macht, in den Fällen des Art. 267 II AEUV den EuGH um eine Vorabentscheidung über die Auslegung dieses Verbots zu ersuchen.[342]

(5) Zusammenfassung

Der Anspruch auf Schadensersatz nach § 15 I 1 AGG ist entgegen dem Wortlaut des § 15 I 2 AGG nicht von einem Verschulden des Arbeitgebers abhängig. Eine entsprechende Anwendung des Verschuldenserfordernisses ist europarechtswidrig. Für die Zurechnung des Handelns des Erfüllungsgehilfen zu Lasten des Arbeitgebers kann es daher nicht darauf ankommen, ob der Erfüllungsgehilfe schuldhaft handelt. Da jedoch eine Zurechnung nach § 278 BGB durch das Abstellen auf das Verschulden erfolgt, ist eine Zurechnung nach § 278 BGB in direkter Anwendung ausgeschlossen. In Betracht könnte aber eine analoge Anwendung des § 278 BGB kommen.

ff. Analogiemöglichkeit

Soweit der benachteiligende Beschäftigte vorsätzlich oder fahrlässig handelte, kann eine Zurechnung ohne weiteres gemäß § 278 BGB erfolgen. Nicht umfasst von der Zurechnung nach § 278 BGB wären die Fälle, in denen der Erfüllungsgehilfe ohne ein Verschulden benachteiligte. Nach § 278 BGB erfolgt eine Zurechnung gerade des Verschuldens des Erfüllungsgehilfen. Der Gesetzgeber hat sich gerade mit dem Verweis auf die Zurechnungsmöglichkeit nach § 278 BGB für die entsprechende Ausgestaltung des Schadensersatzanspruchs entschieden.[343] Die noch im Entwurf zum ADG vorgesehene Zurechnungsregelung wurde mit Verweis auf die allgemeinen zivilrechtlichen Regelungen als entbehrlich eingeordnet und ersatzlos gestrichen.[344] Der Gesetzgeber wollte ausweislich der Gesetzesbegründung eine europarechtskonforme Schadensersatz- und Entschädigungsregelung schaffen, die den Sanktionsanforderungen gerecht wird.[345] Dies ist ihm jedoch nicht gänzlich geglückt. Der Gesetzgeber hat verkannt, dass nicht allein eine verschuldensunabhängige Entschädigungsregelung ausreicht, um den Richtlinienanforderungen gerecht zu werden. Dies wird insbesondere durch den ersatzlosen Wegfall der Zurechnungsregelung nach § 16 ADG-Entwurf deutlich. § 16 ADG-Entwurf sah in seiner ursprünglichen Fassung eine Haftungsregelung bezüglich des Arbeitgebers vor, wenn eine Benachteiligung durch andere Beschäftigte oder Dritte erfolgte.[346] Diese Regelung wurde ersatzlos gestrichen. Der Gesetzgeber sah für eine

---

342 EuGH v. 19.01.2010 – C-555/07 (*Kücükdeveci*), NZA 2010, 85 (89).
343 BT-Drs. 16/1780 S. 38.
344 BT-Drs. 15/5717 S. 37.
345 BT-Drs. 16/1780 S. 38.
346 BT-Drs. 15/4538, S. 7
„Der Arbeitgeber ist auch zur Zahlung einer Entschädigung nach § 15 verpflichtet, wenn die Benachteiligung wegen eines in § 1 genannten Grundes

entsprechende Regelung mit Hinweis auf die konkretisierten Fürsorgepflichten des Arbeitgebers und einer Haftung bei einem Pflichtenverstoß nach den allgemeinen Bestimmungen keinen Bedarf. Nach der Vorstellung des Gesetzgebers ist für die Haftung des Arbeitgebers nach dem AGG ebenfalls die Zurechnung nach § 278 BGB ausreichend.[347] Dem ist nicht so. Vielmehr besteht eine Regelungslücke, wenn der Erfüllungsgehilfe ohne zurechenbares Verschulden handelte. Diese Regelungslücke hat der Gesetzgeber nicht erkannt. Anders lässt es sich nicht erklären, warum eine explizite Zurechnungsnorm, wie sie noch der ADG-Entwurf beinhaltete, nicht Inhalt des AGG wurde. Es ist davon auszugehen, dass der Gesetzgeber, wenn er die Schadensersatzproblematik erkannt hätte, in seinem Streben eine europarechtskonforme Ausgestaltung der Sanktions- und Entschädigungsregelungen zu schaffen, eine entsprechende Regelung aufgenommen beziehungsweise nicht ersatzlos gestrichen hätte. Somit besteht eine unbewusste Regelungslücke.

Im Rahmen der Haftung des Arbeitgebers infolge der Zurechnung einer Benachteiligung eines Beschäftigten ohne Verschulden ist hinsichtlich des Schadensersatzanspruchs nach § 15 I 1 AGG eine vergleichbare Interessenlage mit einem schuldhaften Handeln anzunehmen. Der Handelnde ist Erfüllungsgehilfe des Arbeitgebers bezüglich der Pflichten zum Schutz vor Benachteiligungen. Eine Zurechnung scheidet nur dann aus, wenn die Benachteiligung ohne Verschulden begangen wird. Dies steht jedoch im Widerspruch zur Haftung nach § 15 I AGG. Diese ist entgegen des Wortlauts nach § 15 I 2 AGG nicht von einem Vertretenmüssen des Arbeitgebers abhängig. Der Arbeitgeber würde somit besser stehen, wenn er sich Dritter bei der Erfüllung seiner Pflichten bedient. Dies soll durch die Zurechnung nach § 278 BGB jedoch gerade verhindert werden. Sachgerecht ist es daher im Rahmen der Zurechnung in entsprechend analoger Anwendung des § 278 BGB nicht auf das Verschulden des Erfüllungsgehilfen abzustellen, sondern auf sein Verhalten. Dem Arbeitgeber wird dann die benachteiligende Handlung als solche zugerechnet.

gg. Ergebnis

Nach dem Wortlaut ist der Anspruch auf Schadensersatz nach § 15 I AGG vom Vertretenmüssen des Arbeitgebers abhängig. Dies ist jedoch mit den europäischen Vorgaben der Richtlinien zum Schutz vor Diskriminierung nicht vereinbar. Aus diesem Grund findet die Regelung im Sinne einer europarechtskonformen Rechtsfortbildung in Form einer teleologischen Reduktion keine Anwendung. Der Anspruch auf Schadensersatz nach § 15 I 1 AGG setzt daher kein Vertretenmüssen des Arbeitgebers voraus.

---

1. *durch Beschäftigte, die im Namen des Arbeitgebers gegenüber anderen Beschäftigten Weisungen erteilen dürfe, in Ausübung dieser Befugnisse erfolgte, oder*
2. *durch sonstige Beschäftigte oder Dritte erfolgte und der Arbeitgeber seine Verpflichtung aus § 12 Abs. 1 bis 3 schuldhaft verletzt hat."*

347 BT-Drs. 16/1780, S. 38.

Soweit der benachteiligende Beschäftigte Erfüllungsgehilfe des Arbeitgebers ist, wird dessen Verhalten dem Arbeitgeber nach § 278 BGB analog zugerechnet. Dem Arbeitgeber wird dabei nicht ein Verschulden, sondern die benachteiligende Handlung seines Beschäftigten zugerechnet. Er wird so gestellt, als hätte er selbst gehandelt. Ein schuldhaftes Handeln des Beschäftigten ist nicht erforderlich.

2. *Entschädigungsanspruch nach § 15 II AGG*

Die Haftung des Arbeitgebers beschränkt sich nicht allein auf den Ersatz des durch die Benachteiligung erlittenen Vermögensschadens. Nach § 15 II AGG kann der betroffene Beschäftigte wegen eines Nichtvermögensschaden eine angemessene Entschädigung in Geld verlangen. Der einzige Anspruchsgegner ist der Arbeitgeber.[348] Die Voraussetzungen für die Entschädigung können dem Wortlaut des § 15 II 1 AGG nicht unmittelbar entnommen werden. Aus diesem Grund kann auch nicht unmittelbar auf die Haftung des Arbeitgebers nach § 15 II 1 AGG für Benachteiligungen durch seine Beschäftigten, insbesondere durch Zurechnung des Handelns des Erfüllungsgehilfen nach § 278 BGB, geschlossen werden.

a. Rechtsnatur

Die Rechtsnatur des § 15 II 1 AGG ist umstritten. Die Entschädigungsregelung des § 15 II 1 BGB wird zum Teil als Rechtsfolgenweisung eingeordnet.[349] Andere gehen von einem eigenständigen Anspruch aus.[350] Daran gekoppelt ist die Frage des Verschuldenserfordernisses. Entscheidend ist, ob es sich bei der Entschädigungsregelung nach § 15 II 1 AGG um einen eigenständigen Anspruch oder eine Rechtsfolgenregelung handelt, wenn der Arbeitgeber von dem betroffenen Beschäftigten nicht nur auf Schadensersatz, sondern auch wegen einer Entschädigung aufgrund einer unzulässigen Benachteiligung durch einen anderen Beschäftigten in Anspruch genommen wird. Soweit man von einer Rechtsfolgenregelung ausgeht, richtet sich die Haftung des Arbeitgebers für fremdes Verhalten nach den Voraussetzungen des § 15 I AGG. Die Haftung des Arbeitgebers würde dann begründet, soweit eine Zurechnung nach § 278 BGB, gegebenenfalls in analoger Anwendung, erfolgt. Ein Verschulden wie in § 15 I 2 AGG ist im Wortlaut des § 15 II BGB nicht enthalten. Es würde sich dann lediglich die Frage stellen, ob der Entschädigungsanspruch von

---

348 Hierzu siehe obigen Ausführungen zur Passivlegitimierung für die Ansprüche nach § 15 AGG.

349 Exemplarisch LAG Niedersachsen v. 15.09.2008 – 14 Sa 1769/07, NZA-RR 2009, 126 (127); *Adomeit/Mohr*, AGG § 15 Rn. 49 m.w.N; MüKo – *Thüsing*, BGB, § 15 AGG Rn. 5.

350 So zum Beispiel BAG v. 22.01.2009 – 8 AZR 906/07, NZA 2009, 945 (951); *Deinert*, DB 2007, 398 (400); *Willemsen/Schweibert*, NJW 2006, 2583 (2588 f.); *Meinel/Heyn/Herms*, AGG, § 15 Rn. 57; Schiek – *Kocher*, AGG, § 15 Rn. 26 f.; wohl auch *Jacobs*, RdA 2009, 193 (196).

einem Verschulden des Arbeitgebers abhängig ist und wie sich die Antwort auf diese Frage auf die Haftung des Arbeitgebers auswirkt.

Stellt dahingegen die Entschädigungsreglung nach § 15 II AGG einen eigenständigen Anspruch dar, stellt sich nicht nur die Frage nach dem Erfordernis des Vertretenmüssens. Vielmehr ist dann zu untersuchen, unter welchen Voraussetzungen der Arbeitgeber für das benachteiligende Verhalten seiner Beschäftigten zu einer Entschädigung des Betroffenen verpflichtet ist.

aa. Rechtsfolgenregelung

In der Instanzrechtsprechung und Teilen der Literatur wird der Entschädigungsanspruch nicht als eigenständiger Anspruch, sondern lediglich als Rechtsfolgenregelung zum Anspruch nach § 15 I 1 AGG angesehen.[351] Dafür spricht, dass § 15 II 1 AGG bis auf den Nichtvermögensschaden keine eigenständigen Tatbestandsvoraussetzungen beinhaltet, sondern auch für den Entschädigungsanspruch auf die Voraussetzungen des § 15 I AGG zurückgegriffen werden muss.[352] Die Wortlautformulierung entspricht einer typischen Rechtsfolgenregelung, wie sie zum Beispiel auch die Entschädigungsregelung des § 253 BGB beinhaltet. Bei dieser Norm handelt es sich unstreitig um eine Rechtsfolgenregelung.[353]

bb. Eigenständiger Anspruch

Nach anderer Ansicht ist der Anspruch auf Entschädigung nach § 15 II 1 AGG ein eigenständiger Anspruch und keine Rechtsfolgenregelung.[354] Obwohl der Wortlaut und die damit verbundene Tatbestandsanknüpfung an § 15 I AGG etwas Anderes vermuten lassen, ist die gesetzgeberische Intension eindeutig. Gewollt ist ein eigenständiger verschuldensunabhängiger Anspruch auf Entschädigung, um den

---

351 LAG Niedersachsen v. 15.09.2008 – 14 Sa 1769/07, NZA-RR 2009, 126 (127); *Bauer/Evers*, NZA 2006, 893 (896); *Bauer/Krieger*, AGG § 15 Rn. 31; *Adomeit/Mohr*, AGG § 15 Rn. 49 m.w.N.; *Thüsing*, Arbeitsrechtlicher Diskriminierungsschutz, Rn. 516; MüKo – *Thüsing*, BGB § 15 AGG Rn. 5; nicht eindeutig LAG Niedersachsen v. 12.03.2010 – 10 Sa. 583/09, juris Rn. 28.

352 *Bauer/Krieger*, AGG § 15 Rn. 31; *Adomeit/Mohr*, AGG § 15 Rn. 49; LAG Niedersachsen v. 15.09.2008 – 14 Sa 1769/07, NZA-RR 2009, 126 (127); *Bauer/Evers*, NZA 2006, 893 (896).

353 Die §§ 249 ff. sind keine eigenständigen Anspruchsgrundlagen, sondern ergänzende Normen zur Haftungsausfüllung. Siehe Palandt – *Grünberg*, BGB Vorb v. § 249 Rn. 1; MüKo – *Oetker*, BGB, § 249 Rn. 1; PWW – *Luckey*, BGB, Vor §§ 249 bis 255 Rn. 1; Staudinger – *Schiemann*, BGB, Vorbem zu §§ 249 ff. Rn. 4.

354 BAG v. 22.01.2009 – 8 AZR 906/07, NZA 2009, 945 (951); *Deinert*, DB 2007, 398 (400); *Willemsen/Schweibert*, NJW 2006, 2583 (2589); wohl auch *Jacobs*, RdA 2009, 193 (196); ErfK – *Schlachter*, § 15 AGG Rn. 5; Wendeling-Schröder/Stein – *Stein*, AGG, § 15 Rn. 30; HWK – *Rupp*, § 15 AGG Rn. 7; *Meinel/Heyn/Herms*, AGG, § 15 Rn. 35; *Bauer*, S. 182.

europarechtlichen Vorgaben gerecht zu werden.[355] Damit einher geht die unterschiedliche Schutzrichtung des Schadensersatz- und des Entschädigungsanspruchs. § 15 I AGG ist darauf gerichtet, durch die Benachteiligung verursachte materielle Nachteile des Betroffenen zu kompensieren.[356] Dahingegen dient § 15 II AGG dem Ausgleich des immateriellen Schadens, zum Beispiel der mit der Benachteiligung einhergehenden Persönlichkeitsrechtsverletzung.[357] Die Verletzung des Persönlichkeitsrechts ist jedoch keine ungeschriebene Voraussetzung für den Anspruch auf Entschädigung nach § 15 II 1 AGG.[358] Die unterschiedlichen Schutzinteressen sprechen ebenfalls für den Charakter einer eigenständigen Anspruchsgrundlage.

cc. Ergebnis

Die Entschädigungsregelung des § 15 II AGG beinhaltet einen eigenständigen Anspruch auf Ersatz des immateriellen Schadens aufgrund der Persönlichkeitsrechtsverletzung durch die unzulässige Benachteiligung. Sie ist keine Rechtsfolgenbestimmung.

b. Verschuldenserfordernis

Auch wenn die gesetzgeberische Gestaltung auf Kritik gestoßen ist,[359] muss man aufgrund der teilweisen Anleihe an den Tatbestandsvoraussetzungen des § 15 I AGG von einer Teilrechtsgrundverweisung ausgehen. Der Verweis zielt jedoch nur auf die Voraussetzungen des § 15 I 1 AGG ab.[360] Nicht umfasst ist das Verschuldenserfordernis des § 15 I 2 AGG. Für den Anspruch auf Entschädigung nach § 15 II 1 AGG ist ein Verschulden des Arbeitgebers nicht erforderlich.[361]

Ein Indiz dafür, dass ein Verschulden für den Entschädigungsanspruch nicht erforderlich ist, bietet die Gesamtschau des § 15 AGG. Der Entschädigungsanspruch nach § 15 II AGG soll die Richtlinienvorgaben einer effektiven Sanktion unter Berücksichtigung der Anforderungen des EuGH umsetzen. Nach der Rechtsauffassung

---

355 BT – Drs. 16/1780 S. 38; *Willemsen/Schweibert*, NJW 2006, 2583 (2589).

356 Däubler/Bertzbach – *Deinert*, AGG, § 15 Rn. 18; *Bauer/Krieger*, AGG, § 15 Rn. 23.

357 Vgl. Däubler/Bertzbach – *Deinert*, AGG, § 15 Rn. 47; *Deinert*, AiB 2006, 741 f.; ähnlich *Nollert-Borasio/Perreng*, AGG, § 15 Rn. 19; Wendeling-Schröder/Stein – *Stein*, AGG, § 15 Rn. 31; im Ergebnis auch Rust/Falke – *Bücker*, AGG, § 15 Rn. 32.

358 BAG v. 22.01.2009 – 8 AZR 906/07, NZA 2009, 945 (951).

359 *Adomeit/Mohr*, AGG, § 15 Rn. 49; kritisch bezüglich der gesetzgeberischen Umsetzung auch *Thüsing*, Diskriminierungsschutz, Rn. 516; MüKo – *Thüsing*, BGB, § 15 AGG Rn. 5.

360 *Nollert-Borasio/Perreng*, AGG § 15 Rn. 19; a.A. *Adomeit/Mohr*, AGG, § 15 Rn. 49, MüKo – *Thüsing*, BGB, § 15 AGG Rn. 5; *Thüsing*, Arbeitsrechtlicher Diskriminierungsschutz, Rn. 516.

361 BAG v. 22.01.2009 – 8 AZR 906/07, NZA 2009, 945 (951); BAG v. 18.03.2010 – 8 AZR 1044/08, NZA 2010, 1129 (1031); LAG Hamm v. 03.11.2011 – 15 Sa 869/11, juris, Rn. 75. *Wenckebach*, AuR 2010, 499 (500).

des EuGH darf eine als Schadensersatz ausgestaltete Sanktionierung der Diskriminierung nicht von einem Verschulden des Urhebers abhängig sein.[362] Genau dies wollte der Gesetzgeber mit der Regelung des § 15 II AGG erreichen.[363] Der Wortlaut des § 15 II AGG bietet für eine Auslegung entsprechend des Willen des Gesetzgebers einen Ansatzpunkt.[364] Die Gesetzesbegründung kann für die Auslegung nur herangezogen werden, wenn sich der Wille des Gesetzgebers zumindest im Ansatz im Wortlaut der Norm wiederfindet. So beinhaltet § 15 II AGG kein Wort zum Verschulden. Daraus ist der Rückschluss zu ziehen, dass der Gesetzgeber das Verschulden nicht erwähnt hat, weil ein solches gerade nicht erforderlich sein soll. Soll die Haftung nach dem Willen des Gesetzgebers von einem Verschulden abhängig sein, hat dies der Gesetzgeber stets in den Wortlaut der Norm aufgenommen. Dies wird bereits im Wortlaut des § 15 I 2 AGG deutlich. Aber auch § 280 II BGB oder § 823 BGG als wohl wichtigste schuldrechtliche Schadensersatzanspruchsgrundlagen führen ausdrücklich das Verschulden als Voraussetzung an.

Zudem ist nach europarechtskonformer Auslegung der Anspruch nach § 15 II AGG zwingend verschuldensunabhängig.[365] Die Anforderungen des EuGH an eine zivilrechtliche Sanktionierung bieten keine andere Möglichkeit. Ein Verschuldenserfordernis wäre mit den europarechtlichen Vorgaben nicht vereinbar. Der Wortlaut des § 15 II AGG steht einer europarechtskonformen Auslegung mangels ausdrücklicher Nennung eines Verschuldenserfordernisses nicht entgegen.

Zusammenfassend ist nach europarechtskonformer Auslegung und dem Willen des Gesetzgebers nur von einem verschuldensunabhängigen Anspruch auf Entschädigung auszugehen.

c. *Auswirkung der verschuldensunabhängigen Haftung auf die Zurechnung fremden Handelns*

Ein verschuldensunabhängiger Entschädigungsanspruch ist für das deutsche Recht untypisch. Jedoch ist eine verschuldensunabhängige Haftung dem nationalen Recht auch nicht gänzlich fremd. So ist die Haftung des Fahrzeughalters oder -führers nach dem StVG ebenfalls nicht von einem Verschulden abhängig. Auch die deliktische Haftung des Tierhalters nach § 833 S. 1 BGB für Schäden, die das Tier verursacht, ist ähnlich ausgestaltet. Jedoch unterscheidet sich diese Haftung von der Haftung des Arbeitgebers für Benachteiligungen durch Beschäftigte. Sowohl die Gefährdungshaftung im Straßenverkehr wie auch die des Tierhalters beruhen darauf, dass der

---

362 EuGH 08.11.1990 – C-177/88 (*Dekker*), NZA 1991, 171 (172 f.); EuGH v. 22.04.1997 – C-180/95 (*Draehmpaehl*), NJW 1997, 1839 (1840).

363 BT – Drs. 16/1780 S. 38; LAG Hamm v. 03.11.2011 – 15 Sa 869/11, juris, Rn. 75.

364 MüKo – *Thüsing*, BGB, § 15 AGG Rn. 5; *Thüsing*, Arbeitsrechtlicher Diskriminierungsschutz, Rn. 516; *Meinel/Heyn/Herms*, AGG, § 15 Rn. 33; *Bauer*, S. 183.

365 BAG v. 22.01.2009 – 8 AZR 906/07, NZA 2009, 945 (951); BAG v. 18.03.2010 – 8 AZR 1044/08, NZA 2010, 1129 (1031); *Meinel/Heyn/Herms*, AGG, § 15 Rn. 35; LAG Hamm v. 03.11.2011 – 15 Sa 869/11, juris, Rn. 75.

Halter durch eine Sache oder ein Tier, das nach § 90a BGB Sachen gleichgestellt wird, allein durch den Betrieb oder die Haltung eine nicht durch die übliche Sorgfalt kontrollierbare Gefahrenquelle für andere schafft.[366] Die Gefahr einer unzulässigen Benachteiligung geht nicht von einer Sache oder einer sachenähnlichen Gefahrenquelle an sich aus, sondern beruht auf menschlichem Verhalten.

Es bieten sich daher unterschiedliche Ansätze, wie sich der verschuldensunabhängige Entschädigungsanspruch auf die Haftung des Arbeitgebers für Benachteiligungen durch Beschäftigte auswirkt.

aa. Gefährdungshaftung

Teilweise wird in dem verschuldensunabhängigen Anspruch auf Entschädigung gegen den Arbeitgeber eine Gefährdungshaftung des Arbeitgebers gesehen.[367] Einer gesonderten Zurechnung fremden Handelns zum Beispiel nach § 278 BGB bedürfte es dann nicht.

Entgegen des ausdrücklichen gesetzgeberischen Willens konstruiert das LAG Niedersachsen im Ergebnis eine Gefährdungshaftung des Arbeitgebers bei der Haftung für das Verhalten Dritter.[368] Das LAG Niedersachsen hatte über einen Fall der Altersdiskriminierung bei der Bewerberauswahl zu entscheiden. Der klagenden Beschäftigten wurde im Bewerbungsgespräch von einem Mitarbeiter der beklagten Arbeitgeberin die Beschäftigung in der zunächst vorgesehenen Tätigkeit mit dem Hinweis auf das Alter der Klägerin versagt. Der von der Beklagten eingesetzte Mitarbeiter bot der Klägerin aber eine geringer vergütete Beschäftigung an. Das LAG Niedersachsen ging davon aus, dass das Verhalten des Mitarbeiters im Vorstellungsgespräch der Arbeitgeberin zuzurechnen ist. Zur Begründung der Zurechnung führte das LAG einerseits § 278 BGB an. Daneben begründet das LAG die Haftung des Arbeitgebers bei Benachteiligungen durch Mitarbeiter des Arbeitgebers durch Zurechnung dieses Verhaltens mit dem Sinn und Zweck des § 15 II AGG, eine wirksame Sanktion unzulässiger Benachteiligungen zu gewähren.[369] Nach dem LAG Niedersachen beinhalte das AGG gesonderte Zurechnungsstrukturen, die eine Zurechnung zu Lasten des Arbeitgebers begründen sollen. Eine Zurechnung des benachteiligenden Handelns sei nach dem Sinn und Zweck des § 15 II AGG erforderlich, eine wirksame Sanktion bereit zu stellen.[370] Es soll ausgeschlossenen sein, dass sich der Arbeitgeber durch arbeitsteilige Aufteilung seiner Arbeitgeberfunktionen

---

366 Zur Tierhalterhaftung siehe BGH v. 06.07.1976 – VI ZR 177/75, NJW 1976, 2130; BGH 20.12.2005 – VI ZR 225/04, NJW-RR 2006, 813 (814); Palandt – *Sprau*, BGB § 833 Rn. 7; MüKo – *Wagner*, BGB, § 833 Rn. 2.

367 Schleusener/Suckow/Voigt – *Voigt*, AGG, § 15 Rn. 42, *Seel*, MDR 2006, 1321 (1324).

368 LAG Niedersachsen v. 15.09.2008 – 14 Sa 1769/07, NZA-RR 2009, 126 (128).

369 LAG Niedersachsen v. 15.09.2008 – 14 Sa 1769/07, NZA-RR 2009, 126 (128).

370 LAG Niedersachsen v. 15.09.2008 – 14 Sa 1769/07, NZA-RR 2009, 126 (128).

der Haftung entziehen kann.[371] Dadurch würde der Zweck des Anspruchs unterlaufen. Letztlich begründet das LAG Niedersachsen eine Gefährdungshaftung des Arbeitgebers für das benachteiligende Verhalten von Mitarbeitern mit diskriminierungspolitischen Argumenten.

Dies steht jedoch dem Sinn und Zweck und damit dem gesetzgeberischen Willen, wie er im Gesetzgebungsverfahren und der -begründung dokumentiert ist[372], deutlich entgegen. Der Gesetzgeber verweist gerade auf die Regelung des § 278 BGB für die Zurechnung des Handelns Dritter und hat bewusst auf eine eigenständige Zurechnungsnorm im AGG verzichtet.[373] Dadurch wird besonders deutlich, dass im AGG keine spezifischen Zurechnungsstrukturen enthalten sind. Hinzu kommt, dass im deutschen Zivilrecht grundsätzlich jeder nur für sein eigenes Verhalten haftet. Nur in Ausnahmefällen erfolgt eine Haftung auch für das Verhalten Dritter.

Das BAG hat in seiner höchstrichterlichen Entscheidung in diesem Fall die Frage der Zurechnung nur kurz angesprochen, ohne auf die Erläuterungen des LAG Niedersachsen einzugehen.[374] Nach Ansicht des BAG trifft den Arbeitgeber, der sich bei Anbahnung eines Arbeitsverhältnisses eigener Mitarbeiter oder Dritter bedient, die volle Verantwortlichkeit für deren Verhalten.[375] Dabei bezieht sich das BAG auf seine grundlegende Entscheidung zur Haftung des Arbeitgebers bei Übertragung von Arbeitgeberpflichten bezüglich des Schutzes vor Diskriminierungen auf Dritte vom 05.02.2004.[376] Diese Grundsatzentscheidung präzisiert jedoch nicht, ob die Haftung des Arbeitgebers auf einer eigenen pflichtwidrigen Handlung des Arbeitgebers oder auf der Zurechnung fremden Handelns beruht.[377] Die Entscheidung bietet Ansatzpunkte für eine Interpretation in beide Richtungen. Auf § 278 BGB geht das BAG nicht explizit ein. In seinen weiteren Entscheidungen nimmt das BAG hinsichtlich der Haftung für Dritte auf diese Entscheidung Bezug.[378]

Europarechtlich ist eine Gefährdungshaftung ebenfalls nicht zwingend vorgegeben. Weder nach den Richtlinien noch der Rechtsprechung des EuGH haftet der

---

371 LAG Niedersachsen v. 15.09.2008 – 14 Sa 1769/07, NZA-RR 2009, 126 (128), Schleusener/Suckow/Voigt – *Voigt*, AGG, § 15 Rn. 45.

372 BT – Drs. 16/1780 S. 38.

373 Die in § 16 ADG-Entwurf enthaltene Zurechnungsregelung wurde ausdrücklich durch den Gesetzgeber ersatzlos gestrichen; BT – Drs. 15/5717 S. 37.

374 BAG v. 18.03.2010 – 8 AZR 1044/08, NZA 2010, 1129 (1131).

375 BAG v. 05.02.2004 – 8 AZR 112/03, NZA 2004, 540 (544) noch zu § 611a BGB a.F.; BAG v. 18.03.2010 – 8 AZR 1044/08, NZA 2010, 1129 (1131); BAG v. 17.12.2009 – 8 AZR 670/08, NZA 2010, 383 (385).

376 Ebenfalls offen gelassen BAG v. 17.12.2009 – 8 AZR 670/08, NZA 2010, 383 (385).

377 BAG v. 05.02.2004 – 8 AZR 112/03, NZA 2004, 540 (544). Einerseits sollen der Arbeitgeber aufgrund eigener Überwachungspflichten haften und anderseits ihm zugleich das Verhalten des Dritten, dessen er sich bedient, zugerechnet werden.

378 BAG v. 18.03.2010 – 8 AZR 1044/08, NZA 2010, 1129 (1131); BAG v. 17.12.2009 – 8 AZR 670/08, NZA 2010, 383 (385).

Arbeitgeber zwingend bei jeder Benachteiligung eines Beschäftigten.[379] Vielmehr stellt gerade der EuGH auf die Haftung des Urhebers der Benachteiligung ab.[380] Daraus ist der Rückschluss zu ziehen, dass der Arbeitgeber nur haftet, wenn er Urheber der Benachteiligung ist und nicht allein deshalb, weil einer seiner Beschäftigten benachteiligt wurde. Dies kann eine verschuldensunabhängige Haftung des Arbeitgebers in der Form begründen, dass er für Benachteiligungen durch andere haftet, weil diese in seinem von ihm verantworteten Bereich erfolgten. Dies würde jedoch eine Haftung wegen eigenen Fehlverhalten des Arbeitgebers begründen, nicht jedoch eine Haftung infolge Zurechnung. Der Präventionszweck der Haftung würde durch eine Zurechnung durch Gefährdungshaftung nicht erreicht werden. Die abschreckende Wirkung des Entschädigungsanspruchs kann nur erreicht werden, wenn dadurch das Verhalten des Arbeitgebers beeinflusst werden kann.[381] Durch eine Gefährdungshaftung für Gefahren durch Gegenstände oder Tiere werden die Gefahrvermeidungsaktivitäten und das Aktivitätsniveau über das Maß der üblichen Sorgfalt erhöht.[382] Bei einer Benachteiligung geht die erhöhte Gefahr der Rechtsgutsverletzung jedoch nicht von einer Sache aus, sondern von Menschen. Das menschliche Handeln ist jedoch nicht mit der spezifischen Gefahr von Sachen oder dem Instinktverhalten von Tieren vergleichbar. Sobald dem Arbeitgeber im Wege einer Gefährdungshaftung jedes Verhalten Dritter zugerechnet wird, ohne dass er Einfluss nehmen kann, ob diese benachteiligen oder nicht, haftet er unabhängig von seiner Urheberschaft und seinem Verhalten. Dies hätte zur Folge, dass die Entschädigungspflicht keinen Einfluss auf das steuerbare Verhalten des Arbeitgebers hat. Eine Zurechnung fremden Handelns allein wegen der Arbeitgebereigenschaft ist daher ausgeschlossen.

bb. Analoge Anwendung des § 278 BGB

Soweit der handelnde Beschäftigte Erfüllungsgehilfe des Arbeitgebers in Bezug auf den Antidiskriminierungsschutz ist, ist es interessengerecht, das benachteiligende Verhalten des Erfüllungsgehilfen dem Arbeitgeber in entsprechender Anwendung des § 278 BGB zuzurechnen. Eine unmittelbare Anwendung des § 278 BGB erfolgt nur, wenn der Beschäftigte vorsätzlich oder fahrlässig handelte. Ein vorsätzliches oder fahrlässiges Handeln ist für einen Anspruch nach § 15 II 1 AGG jedoch gerade nicht erforderlich. Eine Analogie kommt stets dann in Betracht, wenn eine rechtliche Problematik planwidrig nicht regelt ist und die Interessenlage mit einer geregelten Rechtsproblematik vergleichbar ist.[383]

---

379 Ausführlich hierzu den Europäischen Vorgaben unter Kapitel I C. II.

380 EuGH v. 22.04.1997 – C-180/95 (*Draehmpaehl*), NJW 1997, 1839 (1840).

381 *Simon/Greßlin*, BB 2007, 1782 (1783).

382 MüKo – *Wagner*, BGB, § 833 Rn. 2; *Kötz/Wagner*, DeliktsR, Rn. 504.

383 Exemplarisch BGH v. 5.2.1981 – III ZR 66/80, NJW 1981, 1726 (1727); BGH v. 4.5.1988 VIII ZR 196/87, NJW 1988, 2109 (2110); BGH v. 13.3.2003 – I ZR 290/00, NJW 2003, 1932 (1933) m.w.N.

Eine analoge Anwendung des § 278 BGB bei der Haftung nach § 15 II 1 AGG ist unter diesen Gesichtspunkten geboten. Die Zurechnung des Verhaltens bei einer schuldrechtlichen Haftung wie § 15 II AGG ist mit der Interessenlage der allgemeinen schuldrechtlichen Verschuldenszurechnung nach § 278 BGB vergleichbar. Eine Zurechnung nach § 278 BGB entspricht dem Willen des Gesetzgebers. Dieser wollte im Rahmen des § 15 AGG eine Zurechnung nach § 278 BGB für das Verhalten Dritter. Dies ergibt sich aus der Gesetzesbegründung zum AGG.[384] Mit Verweis auf die allgemeinen zivilrechtlichen Regeln und die vorgenommenen Änderungen im Gesetzesentwurf zum ADG[385] wurde bereits die im Entwurf zum ADG noch vorgesehene Zurechnungsregel als entbehrlich gestrichen.[386] Daraus ist der Schluss zu ziehen, dass der Gesetzgeber bei Kenntnis der Problematik diese auch entsprechend geregelt hätte. Bei der Gestaltung des § 15 II AGG wollte des Gesetzgeber die Vorgaben der Richtlinien zur Sanktionierung von Benachteiligung unter Beachtung der Rechtsauffassung des EuGH umsetzen.[387] Dabei standen vorrangig die vom EuGH aufgestellten Grundsätze im Mittelpunkt. Es wurde im Wesentlichen darauf Wert gelegt, dass der Anspruch nicht von einem Verschulden abhängig ist und keine unzulässigen Entschädigungsobergrenzen aufgenommen wurden.[388] Die Problematik der Zurechnung nach § 278 BGB mangels Verschuldenserfordernis wurde dabei übersehen.

d. Ergebnis

Das benachteiligende Verhalten des handelnden Beschäftigten wird dem Arbeitgeber nach § 278 BGB analog zugerechnet, wenn der Beschäftigte bei der Benachteiligung als Erfüllungsgehilfe handelte. Dabei kommt es auf ein Verschulden des Erfüllungsgehilfen nicht an. Es erfolgt eine reine Verhaltenszurechnung. Der Arbeitgeber ist dann bei einer Benachteiligung durch einen Beschäftigten als sein Erfüllungsgehilfe nach § 15 II 1 AGG verpflichtet, an den benachteiligten Beschäftigten eine angemessene Entschädigung zu zahlen.

3. Schadensersatz nach § 280 BGB

Neben den speziellen Regelungen des § 15 AGG als vertragliche Sekundäransprüche kommt auch § 280 BGB als Anspruchsgrundlage für Ansprüche gegen den Arbeitgeber in Betracht, in deren Zusammenhang das Handeln Dritter dem Arbeitgeber nach § 278 BGB zugerechnet werden kann. Nach § 15 V AGG bleiben Ansprüche

---

384 BT-Drs. 16/1780 S. 38.

385 § 15 ADG-Entwurf in der Fassung der Beschlussempfehlung und Bericht des Ausschusses für Familie, Senioren, Frauen und Jugend ist weitestgehend identisch mit § 15 AGG; siehe BT-Drs. 15/5717 S. 10 f.

386 BT-Drs. 15/5717 S. 37.

387 BT-Drs. 16/1780 S. 38.

388 BT-Drs. 16/1780 S. 38.

gegen den Arbeitgeber, die sich aus anderen Rechtsvorschriften ergeben, unberührt. Dass heißt, auch anderweitige Ansprüche können gegen den Arbeitgeber geltend gemacht werden.[389] § 280 BGB ist eine der typischen Anspruchsgrundlagen, bei der dem Schuldner nach § 278 BGB das Verschulden eines Erfüllungsgehilfen zugerechnet wird.

a. Unzulässige Benachteiligung als Pflichtverletzung, § 7 III AGG

Nach § 7 III AGG ist der Verstoß gegen das Benachteiligungsverbot durch den Arbeitgeber eine Verletzung der Pflichten aus dem Arbeitsvertrag. § 7 III AGG hat einen deklaratorischen Charakter.[390] Eine unzulässige Benachteiligung durch den Arbeitgeber ist somit eine Verletzung der aus § 241 BGB resultierenden Nebenpflichten. Soweit der handelnde Beschäftigte als Erfüllungsgehilfe des Arbeitgebers agierte, muss sich dieser nach § 278 BGB analog das Verhalten des handelnden Beschäftigten zurechnen lassen. Jedoch ist nicht jeder handelnde Beschäftigte zugleich Erfüllungsgehilfe des Arbeitgebers. Dieser ist nur dann Erfüllungsgehilfe, wenn er vom Arbeitgeber zur Erfüllung der arbeitgeberseitigen Pflichten im Zusammenhang mit den Pflichten zum Schutz vor Benachteiligungen eingesetzt wurde.[391] Folglich kann eine unzulässige Benachteiligung unter Umständen auch einen Anspruch auf Schadensersatz nach § 280 BGB begründen.

b. Verschuldenserfordernis

Soweit dem Arbeitgeber das Verschulden des handelnden Beschäftigten nach § 278 BGB zugerechnet wird, ist er nach § 280 BGB zum Ersatz des dadurch entstandenen Schadens verpflichtet. Der Anspruch nach § 280 BGB setzt nach § 280 I 2 BGB ein Verschulden des Schuldners voraus. Fraglich ist, ob bezüglich des Verschuldens die gleichen Überlegungen wie beim Verschuldenserfordernis nach § 15 I 2 AGG anzustellen sind. Die Überprüfung auf Konformität mit dem Inhalt von Richtlinien ist nicht beschränkt auf die speziellen Umsetzungsnormen. Vielmehr ist das gesamte nationale Recht daran zu messen, ob es mit den Vorgaben der Richtlinien übereinstimmt.[392] Folglich ist auch der Schadensersatzanspruch nach § 280 BGB an den Maßstäben des Europarechts zu messen. Hinsichtlich des Erfordernis des Vertretenmüssen nach § 280 I 2 BGB bestehen die identischen Bedenken wie beim Anspruch auf Schadensersatz nach § 15 I 1 AGG.[393] Um den Anforderungen der europäischen

---

389 Hierzu siehe exemplarisch *Meinel/Heyn/Herms*, AGG, § 15 Rn. 72; Rust/Falke – *Bücker*, AGG, § 15 Rn. 56; *Nollert-Borasio/Perreng*, AGG, § 15 Rn. 41 f.; *Bauer/Krieger*, AGG, § 15 Rn. 65, Däubler/Bertzbach – *Deinert*, AGG, § 15 Rn. 24.

390 *Bauer/Krieger*, AGG, § 7 Rn. 33; *Nollert-Borasio/Perreng*, AGG, § 7 Rn. 48; MüKo – *Thüsing*, BGB, § 15 AGG Rn. 22.

391 Exemplarisch Däubler/Bertzbach – *Deinert*, AGG, § 15 Rn. 140 m.w.N.

392 A.A. *v. Roetteken*, AGG, § 15 AGG Rn. 113a.

393 Ausführlich zum Verschuldenserfordernis nach § 15 I 2 AGG siehe unter Kapitel III B. I. 1. c.

Vorgaben für einen effektiven Schutz vor Diskriminierung gerecht zu werden, ist das Erfordernis des Verschuldens bei Schadensersatz wegen einer unzulässigen Benachteiligung im Sinne des § 3 AGG entgegen dem Wortlaut nicht anzuwenden.

c. *Rechtsfolge*

Für den Umfang des Schadensersatzes nach § 280 BGB sind die Rechtsfolgenregelungen nach § 249 ff BGB heranzuziehen.[394] Ersetzt wird in der Regel nur der Vermögensschaden. Grundsätzlich nicht umfasst ist eine mit § 15 II 1 AGG vergleichbare Entschädigung für den Nichtvermögensschaden. Nach § 253 BGB kann eine Entschädigung in Geld für einen Nichtvermögensschaden nur in gesetzlich bestimmten Fällen verlangt werden. Neben spezialgesetzlichen Bestimmungen regelt § 253 II BGB die Fälle, in denen eine billige Entschädigung in Geld gefordert werden kann. Dies ist dann der Fall, wenn bestimmte Rechtsgüter wie der Körper, die Gesundheit, die Freiheit oder die sexuelle Selbstbestimmung verletzt werden. Somit wird dem betroffenen Beschäftigten bei einem Anspruch nach § 280 BGB nur eine Entschädigung gewährt, wenn die Pflichtverletzung durch die Benachteiligung zu einer Verletzung der genannten Rechtsgüter führte. Nicht umfasst ist ein Schmerzensgeld aufgrund einer Persönlichkeitsrechtsverletzung infolge der unzulässigen Benachteiligung.[395] Nach der Rechtsprechung steht dem Opfer einer Persönlichkeitsrechtsverletzung unter bestimmten Umständen gleichwohl eine angemessene Geldentschädigung zu.[396] Der Anspruch wird unmittelbar aus § 823 I BGB i.V.m. Art. 1 I, 2 I GG hergeleitet.[397] Aus diesem Grund ist § 253 II BGB bei der Verletzung des Persönlichkeitsrechts nicht einschlägig.[398] Die unzulässige Benachteiligung ist nicht nur eine Verletzung schuldrechtlicher Pflichten, sondern zugleich eine Verletzung des allgemeinen Persönlichkeitsrechts.[399] Anspruchsgrundlage ist jedoch im Fall einer Persönlichkeitsrechtsverletzung in Form einer unzulässigen Benachteiligung nur § 823 I BGB i.V.m. Art. 1 I, 2 I GG. Ein Anspruch auf Entschädigung aufgrund einer unzulässigen Benachteiligung nach § 280 I BGB i.V.m. § 253 II BGB ist mangels Nennung des Persönlichkeitsrechts in § 253 II BGB ausgeschlossen. Die Regelung des § 253 II BGB ist ein gesetzlicher Ausnahmetatbestand zum Grundsatz, dass im

394 PWW – *Schmidt-Kessel*, BGB, § 280 Rn. 8; Palandt – *Grüneberg*, BGB, Vorb v § 249 Rn. 2.

395 Däubler/Bertzbach – *Deinert*, AGG, § 15 Rn. 136; *Willemsen/Schweibert*, NJW 2006, 2583 (2590); a.A. Wendeling-Schröder/Stein – *Stein*, AGG, § 15 Rn. 90.

396 BVerfG v. 14.02.1973 – 1 BvR 112/65, NJW 1973, 1221 (1225 f.); BGH v. 14.02.1958 – I ZR 151/56, NJW 1958, 827 (829 f.) zu § 847 BGB a.F.; BGH v. 05.12.1995 – VI ZR 332/94, NJW 1996, 984 (985); BGH v. 05.10.2004 – VI ZR 255/03, NJW 2005, 215 (216).

397 BGH v. 05.10.2004 – VI ZR 255/03, NJW 2005, 215 (216).

398 BT-Drs. 14/7752, S. 25; Palandt – *Grüneberg*, BGB, § 253 Rn. 10 m.w.N.

399 BAG v. 15.02.2005 – 9 AZR 635/03, NZA 2005, 870 (871).

Fall einer Schädigung lediglich der materielle Schaden ersetzt wird. Eine analoge Anwendung des § 253 II BGB kommt daher nicht in Betracht.

d. Verhältnis zu § 15 AGG

Bereits nach § 15 I 1, II 1 AGG, § 278 BGB analog hat der Arbeitgeber im Fall einer unzulässigen Benachteiligung durch einen Beschäftigten an den Betroffenen Schadensersatz und eine Entschädigung zu leisten. Die unzulässige Benachteiligung ist nach § 7 III AGG zugleich eine Verletzung vertraglicher Pflichten des Arbeitgebers gegenüber seinen Beschäftigten. Nach §§ 280 I, 278 BGB steht dem betroffenen Beschäftigten somit grundsätzlich ebenfalls ein Schadensersatzanspruch zu.[400]

§ 15 I, II AGG regeln gerade den Schadensersatz und die Entschädigung für den speziellen Fall der Pflichtverletzung in Form des Verstoßes gegen das Benachteiligungsverbot. Folglich ist § 15 AGG eine Spezialnorm zu § 280 BGB.[401] Aufgrund der Spezialität verdrängt § 15 AGG die generellere Regelung des § 280 BGB und geht dieser Norm vor, soweit der Anwendungsbereich deckungsgleich ist.[402] Dies hat zur Folge, dass hinsichtlich der Pflichtverletzung in Form der unzulässigen Benachteiligung lediglich ein Anspruch aus § 15 AGG hergeleitet werden kann und § 280 BGB im Wege der Spezialität zurücktritt. Dem steht nicht entgegen, dass die Ausschlussfrist des § 15 IV AGG nach dem ausdrücklichen Wortlaut nur für Ansprüche nach § 15 I, II AGG gilt. Ansprüche nach § 280 BGB könnten dann auch noch später geltend gemacht werden. Dies soll nach Teilen der Literatur gegen die Verdrängung des § 280 BGB durch § 15 AGG sprechen.[403] Letzteres ist jedoch kein überzeugendes Argument. Sinn und Zweck der Ausschlussfrist nach § 15 IV AGG ist eine zeitnahe Rechtssicherheit zwischen Arbeitgeber und Beschäftigten zu schaffen.[404] Wie auch bei anderen Ausschlussfristen im Arbeitsrecht, zum Beispiel bei Fristen zur Geltendmachung von Zahlungsansprüchen, soll durch die zeitnahe Rechtssicherheit das Verhältnis zwischen Arbeitgeber und Beschäftigten nicht durch spätere Auseinandersetzungen über Ansprüche belastet werden. Zudem ist es dem

---

400 Hey/Forst – *Hey*, AGG, § 7 Rn. 143; *Bauer/Krieger*, AGG, § 7 Rn. 34; *v. Roetteken*, AGG, § 15 Rn. 113.

401 Däubler/Bertzbach – *Deinert*, AGG, § 15 Rn. 24; Wendeling-Schröder/Stein – *Stein*, AGG, § 15 Rn. 88; ErfK – *Schlachter*, § 15 AGG Rn. 15; HWK – *Rupp*, § 15 AGG Rn. 14; *Walker*, NZA 2009, 5 (10); *Stoffels*, RdA 2009, 204 (214); a.A. *Bauer/Krieger*, AGG, § 15 Rn. 65; MüKo – *Thüsing*, BGB, § 15 AGG Rn. 24.

402 BAG v. 21.06.2012 – 188/11, NZA 2012, 1211 (1214); Däubler/Bertzbach – *Deinert*, AGG, § 15 Rn. 24; Wendeling-Schröder/Stein – *Stein*, AGG, § 15 Rn. 88; Schiek – *Kocher*, AGG, § 15 Rn. 66; *Stoffels*, RdA 2009, 204 (214); *Richardi*, NZA 2006, 881 (886); *Walker*, NZA 2009, 5 (10 f.); a.A. *Bauer/Krieger*, AGG, § 15 Rn. 65; MüKo – *Thüsing*, BGB, § 15 AGG Rn. 23; *v. Roetteken*, AGG, § 15 Rn. 113; Hey/Forst – *Forst*, AGG, § 15 Rn. 159 f.

403 Rust/Falke – *Bücker*, AGG, § 15 Rn. 57; *v. Roetteken*, AGG, § 15 Rn. 113a; KR – *Treber*, § 15 AGG Rn. 8.

404 Wendeling-Schröder/Stein – *Stein*, AGG, § 15 Rn. 66.

Arbeitgeber insbesondere im Zusammenhang mit Bewerbungsverfahren angesichts der Beweislastumkehr nach § 22 AGG nicht zumutbar, aufwendige Dokumentationen bis zum Ablauf der allgemeinen Verjährungsfrist aufzubewahren.[405] Durch eine Anwendung des § 280 BGB neben § 15 AGG würde wegen der Begrenzung der Ausschlussfrist auf § 15 I, II AGG der Sinn und Zweck der Ausschlussfrist unterlaufen.[406]

Ansprüche nach § 280 I BGB sind jedoch nicht ausgeschlossen, wenn die Pflichtverletzung nicht die unzulässige Benachteiligung ist, sondern eine anderweitige Pflicht im Zusammenhang mit dem Diskriminierungsschutz verletzt wurde.[407] In Betracht kommt zum Beispiel eine Verletzung der Pflichten nach § 12 AGG.[408] Wird diese Pflichtverletzung durch einen Erfüllungsgehilfen begangen, erfolgt eine Zurechnung zu Lasten des Arbeitgebers durch entsprechende Anwendung des § 278 BGB.

Bei sämtlichen Pflichtverletzungen, die nicht zugleich eine unzulässige Benachteiligung darstellen, wird ein etwaiger Anspruch aus § 280 I BGB nicht im Wege des Spezialitätsgrundsatzes verdrängt. Dies gilt auch für Ansprüche aus § 280 I BGB beim sogenannten Mobbing, das nicht im Zusammenhang mit einem in § 1 AGG genannten Merkmal steht und daher keine Benachteiligung im Sinne des AGG ist.

Soweit die schadensersatzbegründende Pflichtverletzung nicht die Benachteiligung, sondern eine andere Pflichtverletzung ist und § 280 I BGB nicht durch die speziellere Norm des § 15 I AGG verdrängt wird, stellt sich die Frage, ob der Anspruch aus § 280 I BGB ebenso wie der Anspruch auf Schadensersatz nach § 15 I AGG aufgrund europarechtlicher Vorgaben nicht von einem Verschulden abhängig sein darf. Nach § 280 I 2 BGB setzt der Anspruch auf Schadensersatz nach § 280 I 1 BGB ein Vertretenmüssen des Schuldners voraus, welches in diesem Fall widerleglich vermutet wird. Nach der Rechtsprechung des EuGH darf der Anspruch auf Schadensersatz des Opfers gegen den Verantwortlichen wegen eines Verstoßes gegen das Diskriminierungsverbot nicht von einem Verschulden abhängen.[409] Ist die schadensersatzbegründende Pflichtverletzung jedoch nicht der Verstoß gegen das Benachteiligungsverbot, handelt es sich nicht um die unmittelbare Haftung wegen einer Benachteiligung, sondern wegen der Verletzung einer anderweitigen Pflicht. Die europarechtlichen Vorgaben zum Schutz vor Diskriminierungen sehen hierzu keine Regelungen vor. Die Haftung des Urhebers der Benachteiligung, wie sie der EuGH in seiner Rechtsprechung näher konkretisiert, ist ebenso wenig betroffen. Folglich ist eine Nichtanwendung des § 280 I 2 BGB europarechtlich nicht geboten. Die Haftung nach § 280 I 1 BGB wegen einer Pflichtverletzung auch im

---

405 BT-Drs. 16/1780, 38.

406 BAG v. 21.06.2012 – 188/11, NZA 2012, 1211 (1215); Wendeling-Schröder/Stein – *Stein*, AGG, § 15 Rn. 88.

407 So unter anderem auch Däubler/Bertzbach – *Deinert*, AGG, § 15 Rn. 24.

408 Zum Schadensersatz wegen der Verletzung der Pflichten nach § 12 AGG vgl. Däubler/Bertzbach – *Deinert*, AGG, § 15 Rn. 139; Schleusener/Suckow/Voigt – *Suckow*, AGG, § 12 Rn. 55.

409 EuGH v. 22.04.1997 – C-180/95 (*Draehmpaehl*), NJW 1997, 1839 (1840).

Zusammenhang mit einer Benachteiligung, die nicht die Benachteiligung selbst ist, ist nach § 280 I 2 BGB von einem Vertretenmüssen des Schuldners abhängig.

e. Zusammenfassung

Die Haftung des Arbeitgebers für eine unzulässige Benachteiligung durch einen Beschäftigten nach §§ 280, 278 analog BGB kommt nur in Betracht, wenn die erforderliche Pflichtverletzung nicht mit der unzulässigen Benachteiligung identisch ist. Die Pflichtverletzung muss einen anderen Vorwurf enthalten als die Benachteiligung an sich. Dies kann zum Beispiel der Fall sein, wenn sich der Arbeitgeber eines Beschäftigten bedient, um seinen neben dem Benachteiligungsverbot bestehenden zusätzlichen Fürsorge- und Organisationspflichten nachzukommen und der Erfüllungsgehilfe diese Pflichten verletzt, wodurch eine unzulässige Benachteiligung ermöglicht wird.

4. Arbeitsrechtliche Haftungsprivilegierung und Auswirkung auf die Arbeitgeberhaftung für Benachteiligungen durch andere Beschäftigte

Ein weiterer Problempunkt der Haftung des Arbeitgebers für seine Beschäftigten aufgrund Zurechnung fremden Verhaltens nach § 278 BGB ist die Haftungsprivilegierung im Arbeitsrecht nach dem Grundsatz des innerbetrieblichen Schadensausgleichs oder dem Haftungsausschluss bei Schädigung von Betriebsangehörigen nach den Regelungen der §§ 104 ff. SGB VII.

Die Problematik ergibt sich zum einen daraus, dass bei der Zurechnung nach § 278 BGB auf das Verschulden des Erfüllungsgehilfen, also auf den Beschäftigten abgestellt wird. Soweit diesen angesichts der Haftungsprivilegierung gerade kein vorwerfbares Verschulden trifft, könnte sich gegebenenfalls der Arbeitgeber darauf berufen, wenn er vom betroffenen Beschäftigten in Anspruch genommen wird.

Daneben ist die Haftung des Arbeitgebers nach §§ 104 ff. SGB VII bei Personenschäden des versicherten Arbeitnehmers beschränkt. So stellt sich zusätzlich die Frage, ob sich der Arbeitgeber beim Schadensersatz nach § 15 I 1 AGG infolge einer unzulässigen Benachteiligung auf diese Haftungsbeschränkung berufen kann.

a. Haftungsprivilegierung im Verhältnis zum betroffenen Beschäftigten

Im Verhältnis zum betroffenen Beschäftigten können sich die Haftungsprivilegierung nach dem Grundsatz des innerbetrieblichen Schadensausgleichs und die Haftungsbeschränkung nach dem SGB VII aufgrund unterschiedlicher Tatbestandsvoraussetzungen und Rechtfolgen bei einer Benachteiligung durch einen Beschäftigten des Arbeitgebers unterschiedlich auf den Anspruch des Betroffenen auswirken. Die Haftungsregelungen des innerbetrieblichen Schadensausgleichs könnten dazu führen, dass kein nach § 278 BGB dem Arbeitgeber zurechenbares Verschulden des Handelnden vorliegt und folglich mangels Zurechnung kein Anspruch gegen den Arbeitgeber besteht. Im Zusammenhang mit der Haftung für Mobbing lehnt das BAG eine Haftungsprivilegierung zu Gunsten eines handelnden

Vorgesetzten, dessen Verhalten nach § 278 BGB dem Arbeitgeber zugerechnet wird, ab.[410] Aufgrund der im Fall einer unzulässigen Benachteiligung im Sinne des AGG vergleichbaren Interessenslage, liegt es nahe, dass auch im Fall einer unzulässigen Benachteiligung eine Haftungsprivilegierung nach dem Grundsatz des innerbetrieblichen Schadensausgleichs nicht in Betracht kommt.

Die Haftungsbeschränkung nach dem SGB VII führt nicht dazu, dass der Betroffene möglicherweise keinen Schadensersatzanspruch mehr hat. Jedoch wird der Schaden bei Vorliegen der Tatbestandsvoraussetzungen der Haftungsbeschränkung nicht vom Arbeitgeber ersetzt, sondern würde vom Versicherungsträger getragen. Ersetzt würde dann aber nur der abstrakte Schaden, nicht jedoch der immaterielle Schaden wie Schmerzensgeld.[411]

aa. Auswirkung der Haftungsprivilegierung im Arbeitsrecht auf die Arbeitgeberhaftung

Neben der Frage, ob die Regelungen der Haftungsprivilegierung im Fall der unzulässigen Benachteiligung eines Beschäftigten überhaupt zur Anwendung kommen, ist zunächst die Frage zu klären, ob sich der Arbeitgeber gegenüber seinem benachteiligten Beschäftigten darauf berufen kann.

(1) Europarechtliche Bedenken

Durch die Berufung auf die Haftungsprivilegierung des handelnden Arbeitnehmers nach dem Gedanken des innerbetrieblichen Schadensausgleichs würde der effektive Diskriminierungsschutz, wie er in den entsprechenden Richtlinien vorgesehen ist, unterlaufen werden. Nach der Rechtsprechung des EuGH muss der Verstoß gegen das Benachteiligungsverbot allein genügen, um die volle Haftung des Urhebers auszulösen, wenn sich der Mitgliedsstaat dafür entschieden hat, die Sanktionierung durch zivilrechtliche Haftungsregelungen auszugestalten.[412] Die Haftung des Urhebers darf nicht von einem Verschulden abhängig sein. Letzteres ist nach Ansicht des EuGH europarechtswidrig. Könnte sich der Arbeitgeber auf die Haftungsprivilegierung des handelnden Arbeitnehmers berufen und damit eine Zurechnung nach § 278 BGB unter Umständen ausgeschlossen sein, würde die Haftung entsprechend der Grundsätze des innerbetrieblichen Schadensausgleichs von einem mindestens fahrlässigen Verhalten des Arbeitnehmers abhängen. Dies wäre nach der Rechtsprechung des EuGH nicht europarechtskonform. Die Berufung auf die Haftungsprivilegierung zu Gunsten des Arbeitnehmers käme einer Exkulpation gleich. Die Möglichkeit zur Exkulpation ist nicht mit den Vorgaben der Richtlinien

---

410 BAG v. 25.10.2007 – 8 AZR 593/06, NZA 2008, 223 (227 f.).

411 Vgl. ErfK – *Rolfs*, § 104 SGB VII Rn. 2; HWK – *Giesen*, Vor §§ 104–113 SGB VII Rn. 4; Palandt – *Grüneberg*, BGB, § 253 Rn. 9.

412 EuGH v. 08.11.1990 – C 177/88 (*Dekker*), NZA 1991, 171 (172); EuGH v. 22.04.1997 – C-180/95 (*Draehmpaehl*), NJW 1997, 1839 (1840).

zum Schutz vor Diskriminierung vereinbar.[413] Zudem ist zu beachten, dass beim Schadensersatz wegen einer unzulässigen Benachteiligung keine Zurechnung des Verschuldens nach § 278 BGB, sondern eine Zurechnung fremden verschuldensunabhängigen Verhaltens in analoger Anwendung des § 278 BGB erfolgt.[414] Somit ist die Haftungsprivilegierung im Arbeitsrecht nicht relevant im Verhältnis des Arbeitgebers zum benachteiligten Beschäftigten.

(2) Grundgedanke des innerbetrieblichen Schadensausgleichs

Daneben ergibt sich auch aus dem Grundgedanken des innerbetrieblichen Schadensausgleichs, dass sich der Arbeitgeber im Verhältnis zum benachteiligten Beschäftigten nicht auf diese Haftungsprivilegierung berufen kann. Bereits die begriffliche Bezeichnung der Haftungsbeschränkung im Arbeitsrecht als innerbetrieblichen Schadensausgleich zeigt auf, dass sich im Verhältnis zum schadensersatzberechtigten Dritten nicht darauf berufen werden kann. Die Grundsätze des innerbetrieblichen Schadensausgleichs regeln das Innenverhältnis zwischen dem Arbeitgeber und dem handelnden Arbeitnehmer.[415] Soweit der Arbeitnehmer einen Dritten schädigt, entfällt oder mindert sich der Schadensersatzanspruch in der Regel nicht, auch wenn die Voraussetzungen einer Haftungsprivilegierung vorliegen.[416] Vielmehr steht dem Arbeitnehmer gegebenenfalls ein Freistellungs- beziehungsweise Ausgleichsanspruch zu.[417] Unter Umständen muss sich der Geschädigte zum Teil gesetzliche oder vertragliche Haftungsprivilegierungen entgegenhalten lassen.[418] Dies kann zum Beispiel der Fall sein, wenn der geschädigte Dritte auf ihn übergegangene Ansprüche des Arbeitgebers geltend macht.[419] Allein die Zurechnung der Benachteiligung durch den Arbeitnehmer zu Lasten des Arbeitgebers kann es nicht rechtfertigen, dass der benachteiligte Beschäftigte sich die Privilegierung des Handelnden gegenüber dem Arbeitgeber bezüglich seines Anspruchs wegen der Benachteiligung anrechnen lassen muss.

Das BAG hat zu dieser Problematik in einem Fall des Mobbings im Zusammenhang der Haftung des Arbeitgebers für das Verhalten eines Vorgesetzten Stellung genommen.[420] Wie bereits aufgezeigt, sind die Tatbestände der unzulässigen

---

413 EuGH v. 22.04.1997 –C-180/95 (*Draehmpaehl*), NJW 1997, 1839 (1840).

414 Zum Verschuldenserfordernis und der daraus resultierenden analogen Anwendung des § 278 BGB ausführlich unter Kapitel III B. I. 1. c.

415 BGH v. 11.11.2003 – VI 13/03, NJW 2004, 951 (953) m.w.N.; Schaub – *Linck*, § 59 Rn. 55; Kittner/Zwanziger – *Lakies*, § 62 Rn. 67.

416 BGH v. 19.09.1989 – VI ZR 349/88, NZA 1990, 100; BGH v. 21.12.1993 – VI ZR 103/93, NJW 1994, 852; RGKU – *Hesse*, § 619a BGB Rn. 38; Schaub – *Linck*, § 59 Rn. 55; ErfK – Preis, § 619a BGB Rn. 23.

417 Schaub – *Linck*, § 59 Rn. 56; ErfK – *Preis*, § 619a BGB Rn. 26; Kittner/Zwanziger/Deinert – *Lakies*, § 62 Rn. 67.

418 HWK – *Krause*, § 619a BGB Rn. 59 m.w.N.; ErfK – *Preis*, § 619a BGB Rn. 27.

419 RGKU – *Hesse*, § 619a BGB Rn. 38; ErfK – *Preis*, § 619a Rn. 27.

420 BAG v. 25.10.2007 – 8 AZR 593/06, NZA 2008, 223 (227 f.).

Benachteiligung und die des Mobbings nicht identisch, jedoch stellt ein Großteil der Mobbingfälle auch eine unzulässige Benachteiligung dar.[421] Der Schutzzweck und die Interessenlage sind vergleichbar. Die Rechtsprechung zum Mobbing ist daher bei der Beurteilung der Haftung für Benachteiligungen mit einzubeziehen. Das BAG lehnt im Fall des Mobbings eine Haftungsprivilegierung zu Gunsten des handelnden Vorgesetzten, dessen Verhalten nach 278 BGB zugerechnet wurde, ab.[422] Zur Begründung führt das BAG an, dass letztlich der Arbeitgeber von der Haftungsprivilegierung zu Gunsten der Arbeitnehmer profitieren würde. Dieses Ergebnis sei widersinnig.[423] Dem ist zuzustimmen. Die Haftungsprivilegierung dient dazu, dass dem Arbeitnehmer nicht das Betriebsrisiko des Arbeitgebers aufgebürdet wird.[424] Der Arbeitgeber soll jedoch nicht dadurch profitieren, dass das Betriebsrisiko auf den Geschädigten übertragen wird. Dies wäre das Ergebnis, wenn der Arbeitgeber sich in Bezug auf geschädigte Dritte auf das Haftungsprivileg des handelnden Arbeitnehmers berufen könnte, dessen Verschulden beziehungsweise in Bezug auf eine unzulässige Benachteiligung dessen Verhalten zugerechnet wird.

bb. Haftungsbeschränkung nach §§ 104 ff. SGB VII

Neben der Haftungsprivilegierung nach den Grundsätzen des innerbetrieblichen Schadensausgleichs stellt sich die Frage, ob im Fall einer unzulässigen Benachteiligung der Anspruch des benachteiligten Beschäftigten nach § 15 I 1 AGG gemäß der §§ 104 ff. SGB VII kraft Gesetztes ausgeschlossen sein kann.

(1) Personenschaden durch eine unzulässige Benachteiligung

Eine Haftungsbeschränkung nach § 104 SGB VII kommt nicht in Betracht. Zum einen gilt die Haftungsbeschränkung nach § 104 ff. SGB VII nur für Personenschäden. In den meisten Fällen ist die unzulässige Benachteiligung jedoch keine Schädigung der Person.[425] Zwingend abzulehnen ist dies jedoch gerade in Fällen sexueller Belästigung oder schwerwiegenden Fällen, die eine psychische Beeinträchtigung nach sich ziehen, nicht. In seltenen Fällen ist daher nicht auszuschließen, dass eine unzulässige Benachteiligung durch einen beschäftigten Dritten zugleich ein Versicherungsfall nach dem SGB VII ist.[426] Hinsichtlich einer sexuellen Belästigung kann man in den meisten Fällen zumindest von bedingtem Vorsatz ausgehen. Die Tatbestandsvoraussetzungen der sexuellen Belästigung indizieren faktisch den Vorsatz hinsichtlich der Belästigung. Dies wird durch den Wortlaut von § 3 IV AGG

---

421 Siehe Ausführungen zum Begriff des Erfüllungsgehilfen unter Kapitel III B I. 1. b.

422 BAG v. 25.10.2007 – 8 AZR 593/06, NZA 2008, 223 (227 f.).

423 BAG v. 25.10.2007 – 8 AZR 593/06, NZA 2008, 223 (228).

424 BAG v. 25.10.2007 – 8 AZR 593/06, NZA 2008, 223 (227); Kittner/Zwanziger/Deinert – Lakies, § 62 Rn. 31; HWK – *Krause*, § 619a BGB Rn. 12.

425 *Walker*, NZA 2009, 5 (9); *Meinel/Heyn/Herms*, AGG, § 15 Rn. 79.

426 Däubler/Bertzbach – *Deinert*, AGG, § 15 Rn. 57, 143; ähnlich *Nollert-Borasio/Perreng*, AGG, § 15 Rn. 17.

„... bezweckt oder bewirkt ...“ deutlich. In Bezug auf die Rechtfertigung könnte es möglicherweise am Vorsatz fehlen, wenn der Handelnde irrig davon ausgeht, dass sein Verhalten gerechtfertigt ist.[427] Somit ist in vielen Fällen davon auszugehen, dass aufgrund eines vorsätzlichen Handelns die Haftungsbeschränkung des § 104 SGB VII nicht eingreift.

(2) Benachteiligung als Versicherungsfall im Sinne des SGB VII

Eine weitere Voraussetzung der Haftungsbeschränkung nach §§ 104 ff. SGB VII ist, dass der Personenschaden durch einen Versicherungsfall verursacht wurde. Versicherungsfälle sind nach § 7 I SGB VII Arbeitsunfälle und Berufskrankheiten. Das BAG hat das Vorliegen eines Versicherungsfalles bei Mobbing durch einen Vorgesetzten abgelehnt.[428] In dem der Entscheidung zugrundeliegenden Fall hatte ein vorgesetzter Chefarzt über einen längeren Zeitraum die Persönlichkeitsrechte eines Oberarztes erheblich missachtet. Dies hatte eine langwierige psychische Erkrankung des klagenden Oberarztes zur Folge. Das BAG hat hierin weder einen Arbeitsunfall, noch eine Berufskrankheit gesehen.[429] Dies überzeugt im Zusammenhang mit Mobbing. Ein Versicherungsfall liegt nur dann vor, wenn die Handlung mit der nach § 2 SGB VII versicherten betrieblichen Tätigkeit in einem engen inneren Zusammenhang steht und ihr wesentlich dient.[430] Letztlich ist ein enger Bezug zur betrieblichen Tätigkeit erforderlich.

Die Gesundheitsschädigung ist die Folge vieler verschiedener im Zusammenhang stehender Handlungen. Bei den einzelnen Handlungen liegen die Tatbestandsvoraussetzungen des § 104 SGB VII gegebenenfalls vor. Diese sind jedoch keine unmittelbare Gesundheitsschädigung. Folglich ist Mobbing keine Gesundheitsschädigung durch einen Versicherungsfall.[431]

Unzulässige Benachteiligungen können in Extremfällen auch zu Krankheiten, wie zum Beispiel Depressionen beim Betroffenen führen. Diese Erkrankung wird jedoch nicht durch die spezifische ausgeübte Tätigkeit verursacht, sondern durch das Verhalten anderer. Die unzulässige Benachteiligung ist daher kein Versicherungsfall durch eine Berufserkrankung.

---

427 So im Allgemeinen *Adomeit/Mohr*, AGG, 1. Auflage, § 15 AGG Rn. 22, die bei jeder unmittelbaren Benachteiligung stets von einem vorsätzlichen Handeln ausgehen und nur hinsichtlich der Zulässigkeit der Benachteiligung beziehungsweise der Rechtfertigungsgründe die Möglichkeit sehen, dass keine Verschulden vorliegt.

428 BAG v. 25.10.2007 – 8 AZR 593/06, NZA 2008, 223 (227).

429 BAG v. 25.10.2007 – 8 AZR 593/06, NZA 2008, 223 (227).

430 BSG v. 30.7.1958 – 2 RU 177/55, NJW 1958, 1558 (1559 f.); BSG v. 28.2.1962 – 2 RU 110/59, BSGE 16, 236 (237); BSG v. 27.3.2012 – B 2 U 5/11 R, NZS 2012, 826 (828); *Schmitt*, SGB VII, § 8 Rn. 11; LPK-SGB VII – *Ziegler*, § 3 Rn. 9; Schlegel/Voelzke – *Wagner*, SGB VII, § 8 Rn. 23.

431 Zwanziger/Kittner/Deinert – *Becker*, § 54 Rn. 93 m. w. N.

Arbeitsunfälle sind nach § 8 I 1 SGB VII Unfälle von Versicherten infolge einer den Versicherungsschutz begründenden Tätigkeit. Gemäß § 8 I 2 SGB VII sind Unfälle zeitlich begrenzte, von außen auf den Körper einwirkende Ereignisse, die zum Tod oder einer Gesundheitsschädigung führen. Soweit die Benachteiligung in Form einer Belästigung erfolgt, ist ein Versicherungsfall durch einen Arbeitsunfall ausgeschlossen. Die Belästigung setzt voraus, dass ein feindliches Umfeld geschaffen wird. Dies kann nicht durch ein kurzfristiges Ereignis erfolgen.[432] Eine Belästigung nach § 3 III AGG ist kein Versicherungsfall. Anders stellt sich dies im Fall der sexuellen Belästigung nach § 3 IV AGG dar. Die Schaffung eines feindlichen Umfeldes ist nicht zwingend erforderlich.[433] Der Wortlaut des § 3 IV AGG ist insoweit eindeutig. Danach liegt eine sexuelle Belästigung vor, wenn durch das tatbestandliche Verhalten „insbesondere" ein feindliches Umfeld geschaffen wird. Dadurch wird deutlich, dass dies keine zwingende Voraussetzung ist. Jedoch fehlt es bei einer sexuellen Belästigung meist am unmittelbaren Zusammenhang zwischen dem sexuell motivierten Verhalten und der ausgeübten Tätigkeit.[434] Allein das Ausnutzen der Stellung im Betrieb begründet keinen inneren Zusammenhang.[435] Folglich stellt auch dies in den meisten Fällen keinen Versicherungsfall dar.

Zusammenfassend spricht auch dies gegen eine Beschränkung der Haftung des Arbeitgebers bei Benachteiligung durch einen anderen Beschäftigten, dessen Verhalten dem Arbeitgeber zugerechnet wird.

(3) Haftungsbeschränkung nach §§ 104 ff. SGB VII im Verhältnis zum Europarecht

Die Anwendung der Haftungsbeschränkung nach § 104 ff. SGB VII im Falle einer unzulässigen Benachteiligung würde den europäischen Vorgaben zum Antidiskriminierungsschutz nicht entsprechen. Die Haftungsbeschränkung würde die Möglichkeit zur Exkulpation bieten und verhindern, dass der Schadensersatzanspruch gegen den Urheber der Benachteiligung allein durch die Verwirklichung

---

432 *Simon/Greßlin*, BB 2007, 1782 (1786); MüKo – *Thüsing*, BGB, § 3 AGG Rn. 59; *Kamanabrou*, RdA 2006, 321 (326); *Kock*, MDR 2006, 1088 (1089); *Bauer/Krieger*, AGG, § 3 Rn. 45; kritisch *Bauer/Thüsing/Schunder*, NZA 2005, 32 (33); a. A. Hey/Forst – *Hey*, AGG, § 3 Rn. 78; mit Verweis auf die Gesetzesbegründung Däubler/Bertzbach – *Schrader/Schubert*, AGG, § 3 Rn. 71.

433 Hey/Forst – *Hey*, AGG, § 3 Rn. 86; *Kamanabrou*, RdA 2006, 321 (326); *Kock*, MDR 2006, 1088 (1089); *Bauer/Krieger*, AGG, § 3 Rn. 60.

434 BSG v. 26.06.2001 – B 2 U 25/00, NJW 2001, 388 (389) noch zur RVO; *Simon/Greßlin*, BB 2007, 1782 (1786); *Schäfer*, S. 292; ähnlich zum Mobbing *Spamer*, S. 125 f.
Das BSG hat sogar bei einer Vergewaltigung durch einen Ausbilder, der seine betriebliche Stellung zu einem privaten Treffen ausnutzte, einen Versicherungsfall mangels inneren Zusammenhangs abgelehnt BSG v. 26.06.2001 – B 2 U 25/00 R, NJW 2002, 388 f.

435 BSG v. 26.06.2001 – B 2 U 25/00 R, NJW 2002, 388 (389).

des Benachteiligungstatbestands ausgelöst wird.[436] Zum einen wäre die Haftung des Urhebers von einem vorsätzlichen Verhalten abhängig. In allen anderen Fällen würde bei Verwirklichung der Tatbestandsvoraussetzungen der §§ 104 ff. SGB VII der materielle Schaden durch den Versicherungsträger ersetzt werden. Dies würde jedoch dazu führen, dass der Urheber nicht mehr haftet und der Sanktionscharakter der Schadensersatzregelung leerlaufen würde. Die Haftung wegen einer unzulässigen Benachteiligung ist zwar ein versicherbares Risiko.[437] Jedoch schließt eine privatrechtliche Versicherung den Anspruch gegen den Schädiger nicht kraft Gesetzes aus, wie es im Fall der gesetzlichen Unfallversicherung nach SGB VII erfolgt.

Mit Blick auf den Entschädigungsanspruch nach § 15 II AGG wäre die Anwendung des § 104 SGB VII ebenfalls europarechtswidrig. Ein Anspruch auf Entschädigung des immateriellen Schadens wird durch § 104 SGB VII mit dem Zweck den Betriebsfrieden zu wahren, ausgeschlossen.[438] Dies hätte zur Folge, dass der Anspruch des § 15 II AGG unter Umständen ausgeschlossen ist. Dadurch würde die europarechtlich zwingende Sanktionierung des benachteiligenden Verhaltens im Wesentlichen entfallen. Nach Art. 15 RL 2000/43/EG, Art. 17 RL 2000/78/EG und Art. 25 RL 2006/54/EG ist jeder Verstoß gegen das Verbot der Diskriminierung zu sanktionieren. Die Mitgliedsstaaten sind in der Ausgestaltung weitestgehend frei.[439] Deutschland hat sich im Einklang mit den Richtlinien für eine rein zivilrechtliche Lösung in Form von Schadensersatz- und Entschädigungsansprüchen entschieden. Im Fall einer unzulässigen Benachteiligung, die zu einem Personenschaden führt, liegt der Unrechtsgehalt nicht nur in der Gesundheitsschädigung, sondern auch wie bei jeder Benachteiligung in der Verletzung des Persönlichkeitsrechts.[440] Somit ist auch ein immaterieller Schaden entstanden. Zu beachten ist zudem die Schutzintention des Antidiskriminierungsrechts. Geschützt werden soll der freie Zugang zum Beruf unabhängig von bestimmten persönlichen Merkmalen und nicht zwingend die körperliche Unversehrtheit. Letztere bildet den Mittelpunkt der Haftungsbeschränkung nach § 104 SGB VII. Unabhängig vom Personenschaden bleibt

---

436 Dies ist nach EuGH v. 08.11.1990 – C 177/88 (*Dekker*), NZA 1991, 171 (172); EuGH v. 22.04.1997 – C-180/95 (*Draehmpaehl*), NJW 1997, 1839 (1840) jedoch zwingend erforderlich.

437 Ausführlich zu den Haftungsrisiken und unterschiedlichen Deckungskonzepten der Versicherer im Zusammenhang mit Benachteiligungen *Koch*, VersR 2007, 288 (295 ff.).

438 ErfK- *Rolfs*, § 104 SGB VII Rn. 2; HWK – *Giesen*, Vor §§ 104–113 SGB VII Rn. 4; Palandt – *Grüneberg*, BGB, § 253 Rn. 9.

439 Siehe Ausführungen zu den Europäischen Sanktionsvorgaben mit entsprechenden Nachweisen, Kapitel II. B. I.

440 Im Ergebnis stellt jede unzulässige Benachteiligung eine Verletzung des Persönlichkeitsrechts des Betroffenen dar. So auch *Deinert*, AiB 2006, 741 (742); *ders.* DB 2007, 398 (400). Explizit bei Benachteiligung aufgrund einer Behinderung BAG v. 15.02.2005 – 9 AZR 635/03, NZA 2005, 870 (71).

die zu sanktionierende unzulässige Benachteiligung bestehen.[441] Dieser immaterielle Schaden wegen der Benachteiligung darf daher nicht unberücksichtigt bleiben. Der immaterielle Schaden überwiegt in den meisten Fällen der Benachteiligung den materiellen Schaden. Ohne eine angemessene Entschädigung würde die Sanktion in den meisten Fällen erheblich an Wirkung verlieren. Die zivilrechtlich ausgestaltete Sanktionierung wäre zumeist nicht mehr verhältnismäßig oder abschreckend. Die Anwendbarkeit der §§ 104 ff. SGB VII auf Fälle der unzulässigen Benachteiligung würde dazu führen, dass der Urheber einer Benachteiligung nicht unmittelbar und selbst von der gebotenen Sanktion betroffen wäre. Die gesetzliche Unfallversicherung hat den funktionalen Charakter einer Haftpflichtversicherung.[442] Bei einer Haftungsfreistellung nach den §§ 104 ff. SGB VII würde den verantwortlichen Verursacher der Benachteiligung die gebotene Sanktionierung tatsächlich nicht treffen. Es ist einerseits nicht Sinn und Zweck der gesetzlichen Unfallversicherung die Sanktion unzulässigen Verhaltens der durch die Versicherung geschützten Personen zu bezwecken.[443] Der Zweck der Sanktion – Schadensersatz- und Entschädigungspflicht – würde zudem fehlgehen. Die durch die Sanktion einer unzulässigen Benachteiligung verfolgte Beeinflussung von Verhaltensweisen kann nicht erreicht werden, wenn eine Haftungsfreistellung erfolgt und die Sanktionslast auf die Unfallversicherung abgewälzt würde.

Ungeachtet dessen wäre die Anwendung der §§ 104 ff. SGB VII auch nicht mit dem Grundgedanken des Friedens im Betrieb vereinbar. Es kann keinesfalls zum Betriebsfrieden zwischen Arbeitgeber und Beschäftigten und den Beschäftigten untereinander beitragen, dass in einigen Fällen Benachteiligungen sanktionsfrei blieben oder nur teilweise durch Schadensersatz in Fällen vorsätzlichen Handelns sanktioniert würden. Besonders widersprüchlich ist dabei, dass gerade die besonders schwerwiegenden Benachteiligungen, die sogar zu Personenschäden führen, privilegiert sein sollen. Bei weniger folgenschweren Benachteiligungen erfolgt hingegen keine Haftungsbeschränkung.

Folglich ist eine Haftungsprivilegierung nach den §§ 104 ff. SGB VII bei Haftung infolge einer unzulässigen Benachteiligung abzulehnen. Die europäischen Vorgaben zur Sanktionierung von Verstößen gegen das Benachteiligungsverbot, insbesondere der Zweck der Sanktionierung, erfordern eine europarechtskonforme Einschränkung des Anwendungsbereichs der §§ 104 ff. SGB VII.

cc. Zwischenergebnis

Der Arbeitgeber kann gegen die Ansprüche auf Schadensersatz und Entschädigung keine Haftungsbeschränkung anführen.

---

441 Däubler/Bertzbach – *Deinert*, AGG, § 15 Rn. 57.

442 Vgl. *Deinert*, S. 267 f.

443 Zu den Gründen der Haftungsprivilegierung ausführlich *Deinert*, S. 265 ff.

b. *Anwendbarkeit der Haftungsprivilegierung im Regressfall*

Eine Haftungsprivilegierung beziehungsweise eine Beschränkung der Haftung nach den Grundsätzen des innerbetrieblichen Schadensausgleichs oder den Regelungen der §§ 104 ff. SGB VII gegenüber dem benachteiligten Beschäftigten erfolgt nicht. Der Arbeitgeber ist, soweit ihm das Verhalten des beschäftigten Dritten zugerechnet wird, im vollen Umfang nach § 15 I, II AGG zum Schadensersatz und zu einer Entschädigung verpflichtet. Aus wirtschaftlicher Sicht würde sich jedoch diese Haftung auf das Insolvenzrisiko bezüglich des benachteiligenden Beschäftigten beschränken, wenn der Arbeitgeber bei dem handelnden Beschäftigten Regress nehmen kann.

aa. Schadensersatzanspruch des Arbeitgebers gegen den handelnden Beschäftigten

Nach § 7 III AGG stellt eine unzulässige Benachteiligung nach § 7 I AGG durch einen Beschäftigten eine Verletzung vertraglicher Pflichten dar. Benachteiligt ein Beschäftigter einen anderen Beschäftigten, verletzt er seine Pflichten aus dem Arbeitsvertrag gegenüber dem Arbeitgeber.[444] In § 7 III AGG wird unabhängig vom konkreten Vertragsinhalt festgelegt, dass eine der vertraglichen Pflichten des Beschäftigten gegenüber dem Arbeitgeber die Pflicht ist, andere Beschäftigte nicht zu benachteiligen.[445] Sobald ein Beschäftigter einen anderen benachteiligt, ist er wegen dieser Pflichtverletzung gegenüber dem Arbeitgeber zum Ersatz des daraus resultierenden Schadens nach § 280 BGB verpflichtet.[446] Der Schaden des Arbeitgebers besteht darin, dass er dem Benachteiligten zum Schadensersatz und zu einer Entschädigung verpflichtet ist und gegebenenfalls schon geleistet hat. Es stellt sich die Frage, ob sich der handelnde Beschäftigte gegenüber dem Arbeitgeber auf die Grundsätze des innerbetrieblichen Schadensausgleichs berufen kann und die daraus resultierende Haftungsprivilegierung eingreift[447] oder sich der Arbeitgeber unter Umständen ein Mitverschulden nach § 254 I BGB anrechnen lassen muss.

---

444 HWK – *Rupp*, § 7 AGG Rn. 6; ErfK – *Schlachter*, § 7 AGG Rn. 6; *Wagner/Potsch*, JZ 2006, 1085 (1090); *Meinel/Heyn/Herms*, AGG § 7 Rn. 64; *Nollert-Borasio/Perreng*, AGG, § 7 Rn. 49.

445 ErfK – *Schlachter*, § 7 AGG Rn. 6; Schleusener/Suckow/Voigt – *Voigt*, AGG, § 7 Rn. 81; HWK – *Rupp*, § 7 AGG Rn. 6; *Wagner/Potsch*, JZ 2006, 1085 (1090); *Stoffels*, RdA 2009, 204 (209).

446 Schleusener/Suckow/Voigt – *Voigt*, AGG, § 7 Rn. 81; ErfK – *Schlachter*, § 7 AGG Rn. 6; Hey/Forst – *Hey*, AGG, § 7 Rn. 143; *Simon/Greßlin*, BB 2007, 1782 (1789); *Stoffels*, RdA 2009, 204 (209).

447 Bejahend Wendeling-Schröder/Stein – *Stein*, AGG, § 15 Rn. 103; *Adomeit/Mohr*, AGG, § 7 Rn. 27; *Simon/Greßlin*, BB 1782 (1789); *Benecke*, RdA 2008, 357 (360); *Bauer/Evers*, NZA 2006, 893, (897); *Meinel/Heyn/Herms*, AGG, § 15 Rn. 78; MüKo – *Thüsing*, BGB, § 7 AGG Rn. 26; ablehnend *Bauer/Krieger*, AGG, § 7 Rn. 44; Wendeling-Schröder/Stein – *Wendeling-Schröder*, AGG, § 7 Rn. 44; ebenso mit Verweis auf das Fehlen des betriebsbezogenen Charakters Däubler/Bertbach – *Deinert*,

Neben dem Anspruch des Arbeitgebers aus § 280 I 1 BGB gegen den benachteiligenden Beschäftigten kommt auch ein Anspruch aus § 426 I 2 BGB in Betracht, wenn Arbeitgeber und unmittelbar Benachteiligender Gesamtschuldner sind. Eine Haftung des unmittelbar Handelnden gegenüber dem Benachteiligten aus § 15 AGG erfolgt nicht, da nur der Arbeitgeber nach § 15 I, II AGG passiv legitimiert ist. Ein Anspruch aus § 280 I BGB ist ebenfalls ausgeschlossen. Zwischen dem betroffenen und dem benachteiligenden Beschäftigten besteht in der Regel kein Schuldverhältnis im Sinne des § 280 I 1 BGB. Zudem ist der Verstoß gegen das Benachteiligungsverbot aus § 7 I AGG keine Verletzung einer Pflicht des handelnden Beschäftigten gegenüber dem Betroffenen. Die Missachtung des Benachteiligungsverbots durch einen Beschäftigten ist die Verletzung einer Pflicht gegenüber dem Arbeitgeber.[448] Eine Haftung des unmittelbar Handelnden kann sich jedoch aus § 823 I BGB, 826 BGB oder § 823 II BGB i.V.m. der Verletzung eines Schutzgesetzes ergeben.[449] Insoweit sind der Arbeitgeber und der Benachteiligende Gesamtschuldner und der Arbeitgeber kann im Innenverhältnis zum benachteiligenden Beschäftigten einen Ausgleichsanspruch nach § 426 II 1 BGB geltend machen. Auch in diesem Zusammenhang stellt sich die Frage nach dem Anteil, den Arbeitgeber und Benachteiligender jeweils zu tragen haben. Im Grundsatz ist dabei zu beachten, dass die Benachteiligung eines anderen Beschäftigten eine Verletzung der Pflichten gegenüber dem Arbeitgeber ist und daher der benachteiligende Beschäftigte grundsätzlich im Innenverhältnis allein haftet.[450] Es stellt sich somit auch in diesem Zusammenhang die Frage, ob der handelnde Beschäftigte unter Umständen in seiner Haftung privilegiert ist und dem im Außenverhältnis haftende Arbeitgeber kein Regressanspruch im Innenverhältnis zusteht.

bb. Regressausschluss bei Anweisung zur Benachteiligung

Ausgeschlossen ist der Regress im Fall der Anweisung nach § 3 V AGG.[451] Zum einen stellt bereits die Anweisung eine Benachteiligung seitens des Arbeitgebers dar. Unabhängig ob der Angewiesene dem nachkommt, ist der Arbeitgeber allein wegen der Anweisung zu Schadensersatz und Entschädigung verpflichtet. Daneben ist es treuwidrig und rechtsmissbräuchlich, den Angewiesenen in Regress zu nehmen.[452]

AGG, § 15 Rn. 144; ablehnend bei Mobbing BAG v. 25.10.2007 – 8 AZR 593/06, NZA 2008, 223 (227 f.).

448 Exemplarisch *Bauer/Krieger*, AGG, § 7 Rn. 41; ErfK – *Schlachter*, § 7 AGG Rn. 9.

449 Däubler/Bertzbach – *Deinert*, AGG, § 15 Rn. 146; Wendeling-Schröder/Stein – *Stein*, AGG, § 15 Rn. 107; PWW – *Lingemann*, BGB, § 15 AGG Rn. 22.

450 Exemplarisch Däubler/Bertzbach – *Deinert*, AGG, § 15 Rn. 149.

451 MüKo – *Thüsing*, BGB, § 7 AGG Rn. 26; ErfK – *Schlachter*, § 7 AGG Rn. 6; *Bauer/Krieger*, AGG, § 7 Rn. 42; *Knittel*, SGB IX, § 7 AGG Rn. 31; Wendeling-Schröder/Stein – *Wendeling-Schröder*, AGG, § 7 Rn. 41.

452 MüKo – *Thüsing*, BGB, § 7 AGG Rn. 27; *Bauer/Krieger*, AGG, § 7 Rn. 42; *Knittel*, SGB IX, § 7 AGG Rn. 31.

Obwohl die Anweisung wegen des Verstoßes gegen das Benachteiligungsverbot nach § 7 I AGG gemäß § 134 BGB nichtig ist[453], ist der Schaden nicht dem angewiesenen Beschäftigten aufzuerlegen. Schließlich veranlasst der Arbeitgeber, dass der Beschäftigte für den Arbeitgeber rechtswidrig handelt. Die Inanspruchnahme des angewiesenen Beschäftigten durch den Arbeitgeber für den dadurch entstandenen Schaden ist unbillig.

cc. Haftungsbeschränkung nach den Grundsätzen des innerbetrieblichen Schadensausgleichs

(1) Grundsatz des Gedankens des innerbetrieblichen Schadensausgleichs

Arbeitsrechtlich ist allgemein anerkannt, dass die Arbeitnehmerhaftung nach den Grundsätzen des innerbetrieblichen Schadensausgleichs gegenüber dem Arbeitgeber eingeschränkt ist. Die Haftungsbeschränkung gilt für Arbeitnehmer gegenüber ihren Arbeitgebern, wenn der Arbeitnehmer den Schaden durch eine betrieblich veranlasste Tätigkeit verursacht hat.[454] Dem liegt die Überlegung zugrunde, dass der Arbeitnehmer seine Leistung in einem vom Arbeitgeber fremdbestimmten Organisationsbereich erbringt und das Schadens- und Betriebsrisiko der Arbeitgeber trägt.[455] Rechtsfolge ist, dass der Arbeitnehmer bei Vorliegen der Voraussetzungen im Umfang seiner Haftung beschränkt ist. Die Beschränkung erfolgt abgestuft nach dem Grad des Verschuldens.[456] Bei leichter Fahrlässigkeit haftet der Arbeitnehmer gar nicht, denn ein leichtes Versehen bei Ausübung der Arbeit fällt im Verhältnis zum Betriebsrisiko nicht ins Gewicht.[457] Bei normaler Fahrlässigkeit erfolgt eine Quotelung entsprechend des Verschuldensgrades.[458] Dahingegen hat der Arbeitnehmer bei grober Fahrlässigkeit und Vorsatz grundsätzlich den Schaden im vollen Umfang zu tragen.[459] Nach dem BAG erfolgt in Ausnahmefällen auch bei „gröbster

---

453 Wendeling-Schröder/Stein – *Wendeling-Schröder*, AGG, § 7 Rn. 41.

454 BAG v. 27.09.1994 – GS 1/89, NZA 1994, 1083; ErfK – *Preis*, § 619a Rn. 12; Kittner/Zwanziger/Deinert – *Lakies*, § 62 Rn. 32; *Krause*, NZA 2003, 577 (582); *Waltermann*, JuS 2009, 193 (196).

455 BAG v. 27.09.1994 – GS 1/89, NZA 1994, 1083 (1084 f); Kittner/Zwanziger/Deinert – *Lakies*, § 62 Rn. 31; *Krause*, NZA 2003, 577 (579); *Waltermann*, JuS 2009, 193 (195); HWK – Krause, § 619a BGB Rn. 13.

456 Kittner/Zwanziger/Deinert – *Lakies*, § 62 Rn. 34; *Krause*, NZA 2003, 577 (582 f.); *Waltermann*, JuS 2009, 193 (196 f.); ErfK – *Preis*, § 619a BGB Rn. 13; MüArbR – *Reichold*, § 51 Rn. 35; HWK – *Krause*, § 619a BGB Rn. 27.

457 Kittner/Zwanziger/Deinert – *Lakies*, § 62 Rn. 34 f.; MüArbR – *Reichold*, § 51 Rn. 41; kritisch zu dieser Einteilung HWK – *Krause*, § 619a BGB Rn. 37.

458 Kittner/Zwanziger/Deinert – *Lakies*, § 62 Rn. 36; MüArbR – *Reichold*, § 51 Rn. 40; HWK – Krause, § 619a BGB Rn. 34.

459 HWK – *Krause*, § 619a BGB Rn. 29 f.; Kittner/Zwanziger/Deinert – *Lakies*, § 62 Rn. 34, 38, 47; MüArbR – *Reichold*, § 51 Rn. 36 f.

Fahrlässigkeit" eine nur anteilige Haftung des Arbeitnehmers.[460] In Fällen einer vorsätzlichen und grundsätzlich auch bei einer grob fahrlässigen unzulässigen Benachteiligung eines anderen Beschäftigten stellt sich die Frage der generellen Anwendbarkeit der Grundsätze des innerbetrieblichen Schadensausgleichs daher nicht.[461]

(2) Haftungsprivilegierter Personenkreis

Der Personenkreis der Beschäftigten im Sinne des § 6 AGG ist umfangreicher als der des gängigen Definitionsbereichs des Arbeitnehmerbegriffs. Dies wird durch § 6 AGG deutlich, wonach Arbeitnehmer nur eine von mehreren Gruppen von Beschäftigten sind. Folglich kommt die Haftungsprivilegierung nur für Beschäftigte in Betracht, die zugleich den geschützten Personenkreis der Arbeitnehmer oder arbeitnehmerähnlichen Personen zugehören. Hierzu zählen zum Beispiel Auszubildende[462] und auch leitende Angestellte.[463]

(3) Benachteiligung als betrieblich veranlasste Tätigkeit

Der wesentliche Problempunkt der Haftungsprivilegierung nach den Grundsätzen des innerbetrieblichen Schadensausgleichs bei unzulässigen Benachteiligungen ist die Frage, ob die Benachteiligung infolge einer betrieblich veranlassten Tätigkeit erfolgte.[464] Mit Blick auf die möglichen Folgen bestehen ernsthafte Bedenken, ob sich ein Arbeitnehmer bei sexueller Belästigung auf die Haftungsprivilegierung berufen kann. Dies ist mit dem Sinn und Zweck des innerbetrieblichen Schadensausgleichs nicht vereinbar.[465] Andererseits ist es aber nur schwer verständlich, dass sich ein Personalverantwortlicher nicht auf das Haftungsprivileg berufen könnte, wenn er leicht unachtsam eine diskriminierende Stellenausschreibung erstellt.[466] An diesen beiden Beispielen wird deutlich, dass eine undifferenzierte Beurteilung losgelöst vom Einzelfall nicht möglich ist. Die Anwendung des Haftungsprivilegs

---

460 BAG v. 28.10.2010 – 8 AZR 418/09, NZA 2011, 345 (348).

461 Dies soll nach *Koch*, VersR 2007, 288 (293); der Regelfall sein. Dem ist mit Blick auf den Benachteiligungsbegriff des § 3 AGG allein zu zustimmen. Jedoch muss der Vorsatz oder die grobe Fahrlässigkeit auch die fehlende Rechtfertigung umfassen. Hierdurch bestehen Zweifel, ob in der Regel der innerbetriebliche Schadensausgleich wegen Vorsatz oder grober Fahrlässigkeit ausgeschlossen ist.

462 BAG v. 18.04.2002 – 8 AZR 348/01, NZA 2003, 37 (38 f.); HWK – *Krause* § 619a BGB Rn. 20; Kittner/Zwanziger/Deinert – *Lakies*, § 62 Rn. 28, § 115 Rn. 139.

463 Ausführlich HWK – *Krause* § 619a BGB Rn. 20 m.w.N.

464 *Bauer/Evers*, NZA 2006, 893 (897).

465 Wendeling-Schröder/Stein – *Stein*, AGG, § 15 Rn. 104; *Simon/Greßlin*, BB 2007, 1782 (1789); *Stoffels*, RdA 2009, 204 (209).

466 *Adomeit/Mohr*, AGG, 1. Auflage, § 15 Rn. 119; *Simon/Greßlin*, BB 2007, 1782 (1789); *Stoffels*, RdA 2009, 204 (209); *Bauer/Evers*, NZA 2006, 893 (897); *Meinel/Heyn/Herms*, AGG, § 15 Rn. 78.

nach den Grundsätzen des innerbetrieblichen Schadensausgleichs kann im Fall einer unzulässigen Benachteiligung weder pauschal abgelehnt noch bedenkenlos bejaht werden. Vielmehr ist darauf abzustellen, ob die unzulässige Benachteiligung im Rahmen einer betrieblich veranlassten Tätigkeit erfolgte. Betrieblich veranlasste Tätigkeiten sind solche, die dem Arbeitnehmer arbeitsvertraglich übertragen worden sind oder die er für den Betrieb im Interesse des Arbeitgebers ausführt.[467] Die Tätigkeit muss in nahem Zusammenhang mit dem Betrieb und seinem betrieblichen Wirkungskreis stehen.[468]

Dies wird zum Teil generell verneint, weil die Begehung benachteiligender Handlungen in keinem Zusammenhang mit einer vertraglich geschuldeten betrieblichen Tätigkeit stehen soll. Die Benachteiligung anderer Beschäftigter ist keine vertraglich geschuldete Tätigkeit.[469] Dem ist grundsätzlich nicht zu widersprechen. Jedoch ist es eine vertragliche Pflicht, nicht gegen das Benachteiligungsverbot des § 7 I AGG zu verstoßen. Dies stellt § 7 III AGG klar. Eine betrieblich veranlasste Tätigkeit ist auch dann noch anzunehmen, wenn die Tätigkeit im Interesse des Betriebs übernommen wurde und bei der Durchführung Verhaltensvorschriften verletzt wurden.[470] Eine betrieblich veranlasste Tätigkeit ist daher in den Fällen nicht ausgeschlossen, in denen sich der Arbeitgeber zur Wahrnehmung seiner Schutz- und Fürsorgepflichten hinsichtlich des Diskriminierungsschutzes des handelnden Beschäftigten bedient.

Nach anderer Ansicht ist die Annahme einer betrieblich veranlassten Tätigkeit zwingend, weil ansonsten eine Zurechnung nach § 278 BGB nicht möglich sei. Soweit das Verhalten eines Beschäftigten dem Arbeitgeber nach § 278 BGB zugerechnet wird, müsse zwingend eine betrieblich veranlasste Tätigkeit angenommen werden. Anderenfalls wäre es widersprüchlich, davon auszugehen, dass der handelnde Beschäftigte Erfüllungsgehilfe des Arbeitgebers ist.[471] Schließlich ist der Beschäftigte Erfüllungsgehilfe, weil er mit dem Willen des Arbeitgebers dessen Pflichten aus dem Arbeitsvertrag ausübt.[472]

Ein entsprechender Wertungswiderspruch liegt bei differenzierter Betrachtung nicht vor. Dies ergibt sich bereits daraus, dass die Voraussetzungen nicht identisch sind. Der Arbeitnehmer muss nicht zwingend Erfüllungsgehilfe des Arbeitgebers sein, damit er in seiner Haftung nach den Grundsätzen des innerbetrieblichen Schadensausgleichs privilegiert ist. Insbesondere die unterschiedliche Wirkung und Intention sprechen dafür. Zwischen der konkreten Benachteiligungshandlung und der generellen Risikoverteilung bei Inanspruchnahme eines Dritten durch den

---

467 BAG v. 27.09.1994 – GS 1/89, NZA 1994, 1083 (1086) m. w. N.; BAG v. 18.04.2002 – 8 AZR 348/01, NZA 2003, 37 (38) m. w. N; *Meinel/Heyn/Herms*, AGG, § 15 Rn. 78.

468 BAG v. 18.04.2002 – 8 AZR 348/01, NZA 2003, 37 (38) m. w. N.

469 *Bauer/Krieger*, AGG § 7 Rn. 44; Däubler/Bertzbach – *Deinert*, AGG, § 15 Rn. 144; HWK – *Rupp*, § 15 AGG Rn. 5.

470 BAG v. 18.04.2002 – 8 AZR 348/01, NZA 2003, 37 (38); *Krause*, NZA 2003, 577 (582).

471 *Stoffels*, RdA 2009, 204 (209); *Meinel/Heyn/Herms*, AGG, § 15 Rn. 78.

472 Zur Definition des Erfüllungsgehilfen siehe unter Kapitel IV A. I. 1. a.

Schuldner ist zu unterscheiden.[473] Der innerbetriebliche Schadensausgleich regelt gerade das Innenverhältnis zwischen Arbeitgeber und Arbeitnehmer. Dahingegen wird durch § 278 BGB das Verhalten eines Dritten dem Schuldner im Verhältnis zum Gläubiger zugerechnet. Somit wird durch § 278 BGB das Außenverhältnis zwischen dem Arbeitgeber und dem benachteiligten Beschäftigten geregelt. Aufgrund dieser Differenzierung besteht auch kein Wertungswiderspruch, wenn einerseits eine Zurechnung nach § 278 BGB erfolgt und zugleich die Voraussetzungen einer betrieblich veranlassten Tätigkeit zu verneinen sind. Ein anderes Ergebnis kann man auch nicht aus dem Umkehrschluss ziehen, dass bei fehlender Zurechnung nach § 278 BGB keine betrieblich veranlasste Tätigkeit vorliege. Mangels Zurechnung entsteht dem Arbeitgeber kein Schaden und die Frage des innerbetrieblichen Schadensausgleichs im Rahmen des Arbeitgeberregresses stellt sich nicht.

Die vom BAG im Zusammenhang mit der Haftung für sogenanntes Mobbing durch einen Vorgesetzten aufgezeigte Problematik einer Privilegierung des Arbeitgebers, wenn man dem Erfüllungsgehilfen eine Haftungsprivilegierung gewähren würde[474], stellt sich ungeachtet der Überzeugungskraft der Argumentation des BAG im Zusammenhang mit der Haftung für eine Benachteiligung durch einen Erfüllungsgehilfen nicht. Die Haftung für Benachteiligungen ist verschuldensunabhängig und die Haftungsprivilegierung hat keinen Einfluss auf die Haftung des Arbeitgebers.

(4) Zwischenergebnis

Zusammenfassend ist festzuhalten, dass die Voraussetzungen einer betrieblich veranlassten Tätigkeit bei einer unzulässigen Benachteiligung durch einen Beschäftigten weder generell abgelehnt noch pauschal angenommen werden können. Vielmehr ist in jedem Einzelfall zu prüfen, ob die Benachteiligung im Rahmen einer betrieblich veranlassten Tätigkeit erfolgte. Der Grundgedanke des innerbetrieblichen Schadensausgleichs findet auch im Fall einer unzulässigen Benachteiligung Anwendung. Dies führt zu einem insgesamt gerechten Interessenausgleich und der entsprechenden Risikoverteilung. Eine betrieblich veranlasste Tätigkeit ist beispielsweise anzunehmen, wenn der Benachteiligende gerade die Pflichten des Arbeitgebers gegenüber seinen Beschäftigten in Bezug auf den Antidiskriminierungsschutz übernimmt. Dies ist aber anzunehmen, wenn der Benachteiligende dienstliche Anweisungen oder sonstige Vorgaben zur Ausführung seiner Tätigkeit umsetzt.

Die Besorgnis, dass der Handelnde auch bei einer (sexuellen) Belästigung in den Genuss der Haftungsprivilegierung kommt, ist unbegründet. Soweit der Arbeitgeber für eine entsprechende Belästigung durch einen Beschäftigten haftet, ist dies keine

473 *Benecke*, RdA 2008, 357 (360).

474 BAG v. 25.10.2007 – 8 AZR 593/06, NZA 2008, 223 (228).

betrieblich veranlasste Tätigkeit.[475] Die Zurechenbarkeit des Verhaltens nach § 278 BGB hat darauf keinen Einfluss und ist unabhängig davon zu beurteilen.

Daneben ist zu beachten, dass eine beidseitige Risikominimierung durch den Arbeitgeber herbeigeführt werden kann. Durch entsprechende Schulungen der Beschäftigten kann der Arbeitgeber darauf hinwirken, dass Beschäftigte hinsichtlich möglicher Benachteiligungen aufmerksamer sind. Dies hat zudem die Folge, dass die Beschäftigten durch entsprechende Kenntnisse zumindest fahrlässig handeln. In vielen Fällen kann von einem grob fahrlässigen Verhalten auszugehen sein. Lediglich Flüchtigkeitsfehler und Fälle der zum Teil schwer erkennbaren mittelbaren Benachteiligung verbleiben dann als Anwendungsfälle des innerbetrieblichen Schadensausgleichs.

dd. Haftungsbeschränkung wegen Mitverschuldens nach § 254 I BGB

Daneben könnte eine Haftungsreduzierung nach § 254 I BGB wegen Mitverschuldens des Arbeitgebers in Betracht kommen, wenn dieser seinen Pflichten zur Verhinderung unzulässiger Benachteiligungen nicht hinreichend nachgekommen ist. Die Anwendung der Haftungsprivilegierung nach den Grundsätzen des innerbetrieblichen Schadensausgleichs schließt eine Haftungsreduzierung wegen eines konkreten Mitverschuldens des Arbeitgebers nach § 254 BGB nicht aus.[476] Insbesondere ein Organisationsverschulden durch Verletzung von Organisations- und Überwachungspflichten begründet unter Umständen ein Mitverschulden des Arbeitgebers.[477] Dies gilt nicht, wenn für das Betriebsrisiko die Organisationshoheit des Arbeitgebers beim innerbetrieblichen Schadensausgleich bereits berücksichtigt wurde.

Dies gilt grundsätzlich auch im speziellen Fall der unzulässigen Benachteiligung.[478] Die Benachteiligung eines anderen Beschäftigten ist schließlich eine von vielen unterschiedlichen Pflichtverletzungen gegenüber dem Arbeitgeber. Dem Arbeitgeber obliegen nach § 12 AGG verschieden Organisationspflichten, die unzulässige Benachteiligungen verhindern sollen. Insbesondere die Präventionspflichten des Arbeitgebers nach § 12 I 2, II AGG beinhalten die Pflicht, vorbeugende Maßnahmen zu ergreifen und den Betrieb entsprechend zu organisieren. Hierdurch kann der Schadenseintritt möglicherweise verhindert werden. Die in § 12 AGG

---

475 Wendeling-Schröder/Stein – *Stein*, AGG § 15 Rn. 104; *Simon/Greßlin*, BB 2007, 1782 (1789); *Stoffels*, RdA 2009, 204 (209).

476 BAG v. 18.01.2007 – 8 AZR 250/06, NZA 2007, 1230 (1232 f.); BAG v. 16.02.1995 – 8 AZR 493/93, NZA 1995, 565 (566); BAG v. 03.02.1970 – 1 AZR 188/69, DB 1970, 736 (737); HWK – *Krause*, § 619a BGB Rn. 41 f. BGB; Schaub – *Linck*, ArbR-HdB, § 59 Rn. 43; *Krause*, NZA 2003, 577 (584).

477 BAG v. 18.01.2007 – 8 AZR 250/06, NZA 2007, 1230 (1232); BAG v. 16.02.1995 – 8 AZR 493/93, NZA 1995, 565 (566).

478 *Simon/Greßlin*, BB 2007, 1782 (1789); *Adomeit/Mohr*, AGG § 7 Rn. 28, kritisch aber § 15 Rn. 120; *Stoffels*, RdA 2009, 204, (209 f.); *Bauer/Krieger*, AGG § 7 Rn. 44; *Bauer/Evers*, NZA 2006, 893 (897).

enthaltenen Organisationspflichten des Arbeitgebers zeigen so ausdrücklich eine Schadensminderungsmöglichkeit des Arbeitgebers auf. Durch entsprechende Schulungen kann der Arbeitgeber bereits im Vorfeld sein Mitverschulden reduzieren beziehungsweise ausschließen.[479] Beim Grad des Mitverschuldens ist zudem zu beachten, dass mit Ausnahme von Anweisungsfällen der handelnde Beschäftigte die Hauptverantwortung trägt.[480]

ee. Ergebnis

Ist der Arbeitgeber aufgrund einer unzulässigen Benachteiligung durch einen beschäftigten Dritten einem anderen Beschäftigten zu Schadensersatz und Entschädigung verpflichtet, hat der Arbeitgeber gegen den handelnden Beschäftigten einen Anspruch auf Ausgleich des dadurch entstandenen Schadens. Dieser Anspruch kann unter Umständen beschränkt oder ausgeschlossen sein. Der Arbeitgeber muss sich möglicherweise ein Mitverschulden nach § 254 I BGB anrechnen lassen. Der handelnde Beschäftigte kann sich je nach Einzelfall gegenüber dem Arbeitgeber auf die Haftungsprivilegierung nach dem Grundsatz des innerbetrieblichen Schadensausgleichs berufen. Ob die Voraussetzungen für eine solche Haftungsprivilegierung im Fall einer unzulässigen Benachteiligung vorliegen, bedarf einer differenzierten Beurteilung im Einzelfall.

II. Organhaftung

Eine weitere wesentliche Form der Zurechnung fremden Verhaltens ist die Organhaftung nach § 31 BGB. Im Zusammenhang mit einer unzulässigen Benachteiligung durch andere Beschäftigte stellt sich daher die Frage, ob und unter welchen Voraussetzungen dem Arbeitgeber eine Benachteiligung durch andere Beschäftigte nach § 31 BGB zugerechnet werden kann.

1. Haftungsrechtliche Gleichstellung von Organen mit Beschäftigten

Im Rahmen der Untersuchung der Haftung des Arbeitgebers für Benachteiligungen durch andere Beschäftigte und sonstige Dritte stellt sich zwangsläufig die Frage nach der Haftung des Arbeitgebers über die Zurechnungsnorm des § 31 BGB. Aufgrund des Untersuchungsgegenstandes ist dieser beschränkt auf die Haftung für Organe, die zugleich als Beschäftigte des Arbeitgebers oder sonstige Dritte anzusehen sind.

Aufgrund der Differenzierung zwischen Beschäftigten und sonstigen Dritten, wie sie auch der Gesetzgeber in § 12 III und IV AGG vornimmt, ist vorab zu klären, ob Organe oder Organmitglieder im haftungsrechtlichen Sinne Beschäftigte des

---

479 Im Ergebnis *Stoffels*, RdA 2009, 204 (209 f.); *Bauer/Evers*, NZA 2006, 893 (898); MüKo – *Thüsing*, BGB, § 7 AGG Rn. 27.

480 *Stoffels*, RdA 2009, 204, (210); ähnlich auch *Bauer/Evers*, NZA 2006 893 (898); *Adomeit/Mohr*, AGG § 15 Rn. 159.

Arbeitgebers oder sonstige Dritte sind oder gar eine Sonderstellung einnehmen. Dies kann sich unter Umständen auf die rechtlichen Einflussmöglichkeiten des Arbeitgebers und die daraus resultierende Haftung auswirken.

Organe oder Organmitglieder sind geradezu die Personifizierung des Arbeitgebers und somit keinesfalls außenstehende Dritte. Insbesondere Organe wie die Gesellschafter einer Gesellschaft bürgerlichen Rechts, einer OHG oder die Gesellschafterversammlung einer GmbH oder die Aktionärsversammlung einer Aktiengesellschaft sind keinesfalls außenstehende Dritte. Sie sind gerade die Inhaber der Gesellschaft, die der Arbeitgeber ist. Die Organe sind die für den Arbeitgeber Handelnden und verkörpern ihn.[481] Für die Haftung des Arbeitgebers für diese Organe steht zweifelsohne ebenfalls § 31 BGB im Mittelpunkt. Die Untersuchung beschränkt sich jedoch auf die Haftung für Beschäftigte, die zugleich eine Organstellung innehaben, oder Organe und Organmitglieder, die einem Beschäftigten in haftungsrechtlicher Sicht gleichzustellen sind. Hier kommen vorrangig Organe in Betracht, die die Arbeitgeberaufgaben gegenüber den Beschäftigten wahrnehmen. Zu denken ist da insbesondere an Geschäftsführer einer GmbH, an Vorstände einer Aktiengesellschaft oder unter Umständen an Aufsichtsratsmitglieder.

Wie bereits erwähnt, sind Organe keine außenstehenden Dritten. Organe oder Organmitglieder, soweit sie nicht unter den Begriff des Arbeitnehmers subsumiert werden können, sind nach der Begriffsbestimmung des § 6 AGG grundsätzlich auch keine Beschäftigten. Nach § 6 III AGG werden Organmitglieder hinsichtlich des Zugangs zum Beruf oder dem beruflichen Aufstieg wie Beschäftigte behandelt. Eine ausdrückliche gesetzliche Regelung zur Einordnung von Organen als Beschäftigte bezüglich der Haftung aufgrund einer Benachteiligung durch die Organe oder Organmitglieder erfolgte nicht. Es stellt sich daher die Frage, ob Organe oder Organmitglieder unter Haftungsgesichtspunkten den Beschäftigten gleichzustellen sind. Entscheidend ist dabei die Einflussmöglichkeit auf das Organ, das die Arbeitgeberaufgaben gegenüber den Beschäftigten wahrnimmt. Organe und Organmitglieder sind im Sinne einer Haftung für benachteiligendes Verhalten einem Beschäftigten dann gleichzustellen, wenn der Arbeitgeber in vergleichbarer Weise wie auf Beschäftigte Einfluss nehmen kann. Dies ist dann der Fall, wenn der Arbeitgeber soweit auf seine Organe oder ihre Mitglieder einwirken kann, dass er präventive Maßnahmen wie Schulungen ergreifen kann und er vergleichbar mit den Maßnahmen nach § 12 III AGG auf die Organe einwirken kann, wenn diese eine Benachteiligung begehen. Dies kann man zum Beispiel bei einem Geschäftsführer oder einem Vorstand annehmen, auch wenn letzterer nach § 76 I AktG nicht weisungsabhängig handelt. Angesichts des Doppelverhältnisses von Organstellung einerseits und dem schuldrechtlichen Dienstverhältnis anderseits bestehen ausreichende Möglichkeiten.[482] Eine präventive Schulung kann zum Beispiel zur

481 *Liebhäuser*, S. 120.

482 Neben der Bestellung als Organ wird zumeist ein Anstellungsvertrag nach Maßgabe des § 611 BGB als Grundlage für die schuldrechtliche Verpflichtung geschlossen.

Bedingung des Dienstverhältnisses gemacht werden. Vergleichbar mit den möglichen Maßnahmen gegen benachteiligende Beschäftigte nach § 12 III AGG kann der Arbeitgeber gegenüber Organen oder Organmitgliedern, wie Geschäftsführern und Vorständen, entsprechende Maßnahmen ergreifen. Zur Abwehr eines Verstoßes gegen das Benachteiligungsverbot durch ein Organ oder eines seiner Mitglieder kann der Arbeitgeber auch im Dienstverhältnis nach § 314 II 1 BGB eine Abmahnung erteilen. Auch die Kündigung des Dienstverhältnisses und eine Abberufung sind als Maßnahmen möglich. Der Verstoß gegen das Benachteiligungsverbot stellt in diesem Zusammenhang unweigerlich einen wichtigen Grund dar, soweit ein solcher nach den gesetzlichen Vorgaben für die Abberufung des jeweiligen Organs erforderlich sein sollte. Aus diesem Grund stehen Organe und Organmitglieder haftungsrechtlich einem Beschäftigten gleich, wenn der Arbeitgeber entsprechend Einfluss auf das Organ oder die Organmitglieder ausüben kann und diese nicht zugleich Anteilseigner des Arbeitgebers sind.

2. Voraussetzungen und Anwendbarkeit des § 31 BGB

Nach § 31 BGB ist ein Verein für den Schaden verantwortlich, den der Vorstand, ein Mitglied des Vorstandes oder ein anderer verfassungsmäßig berufener Vertreter durch eine in Ausführung der ihm zustehenden Verrichtungen begangene, zum Schadensersatz verpflichtende Handlung einem Dritten zufügt. Durch § 31 BGB wird dem Verein das Handeln seines Organes oder seines Organmitglieds als eigene Handlung zugerechnet.[483] Setzt die Anspruchsgrundlage der Haftung ein Verschulden voraus, ist auf das Verschulden des Organes abzustellen.[484] § 31 BGB begründet keine eigenständige verschuldensunabhängige Haftung des Vereines. Erfordert die Anspruchsgrundlage kein Verschulden, kommt es auf ein Verschulden des handelnden Organs nicht an.[485] § 31 BGB ist über seinen Wortlaut hinaus nicht nur auf den Verein anzuwenden, sondern auf alle juristischen Personen des bürgerlichen oder öffentlichen Rechts und auf Personengesellschaften wie die OHG oder die GbR anwendbar.[486] Damit hätte der Arbeitgeber unter den Voraussetzungen des § 31 BGB für eine Benachteiligung eines seiner Organe oder eines Organmitglieds wie für eine eigene Benachteiligung einzustehen.[487]

---

483 Exemplarisch BGH v. 08.07.1986 – VI ZR 47/85, NJW 1986, 2941 f.; Palandt – *Ellenberger*, BGB, § 31 Rn. 1; PWW – *Schöpflin*, BGB, § 31 Rn. 1; Erman – *Westermann*, BGB, § 31 Rn. 1; Soergel – *Hadding*, BGB, § 31 Rn. 1. Zum Streitstand zwischen der Organ- und der Vertretertheorie vgl. Staudinger – *Weick*, § 31 Rn. 2.

484 Hk-BGB – Dörner, § 31 Rn. 7; ähnlich PWW – *Schöpflin*, BGB, § 31 Rn. 6; Palandt – *Ellenberger*, BGB, § 31 Rn. 2.

485 Ebenso PWW – *Schöpflin*, BGB, § 31 Rn. 6; Palandt – *Ellenberger*, BGB, § 31 Rn. 2.

486 Exemplarisch Palandt – *Ellenberger*, BGB, § 31 Rn. 3 m.w.N.; PWW – *Schöpflin*, BGB, § 31 Rn. 2 m.w.N.; Erman – *Westermann*, BGB, § 31 Rn. 3 m.w.N.; Soergel – *Hadding*, BGB, § 31 Rn. 6 f.

487 *Liebhäuser*, S. 120.

3. *Organstellung des Handelnden*

a. *Organeigenschaft des Beschäftigten*

§ 31 BGB ist dann anzuwenden, wenn der handelnde Beschäftigte Organ oder Mitglied eines Organes ist. Organe im Sinne des § 31 BGB sind zum einen die in § 31 BGB ausdrücklich genannten Organe, die durch Satzung festgelegten Organe und die gesetzlich bestimmten Organe der verschiedenen Gesellschaften. Organmitglieder sind Personen, die für ein Unternehmen tätig werden und ihre Tätigkeit in ihrer gesellschaftsrechtlichen Funktion als Organ der Gesellschaft ausüben.[488] § 31 BGB ist demnach für die Haftung des Arbeitgebers wegen der Benachteiligung durch einen Beschäftigten anzuwenden, wenn das Organ oder das Organmitglied ein Beschäftigter ist, weil es unter den europäischen Arbeitnehmerbegriff subsumiert werden kann. Wie bereits ausgeführt, ist zum Beispiel ein Fremdgeschäftsführer Beschäftigter im Sinne des § 6 I AGG und zugleich Organ des Arbeitgebers.[489]

b. *Organisationsmängel*

Zur Anwendung kommt § 31 BGB bei Vorliegen eines Organisationsmangels bei Handlungen von Personen, die keine Organe sind. Ein Organisationsmangel liegt vor, wenn der Arbeitgeber sich nicht so organisiert, dass wichtige Aufgaben wegen ihrer Bedeutung nicht von einem satzungsmäßig berufenen Organ wahrgenommen werden.[490] Zieht er zur Erfüllung dieser Aufgaben gleichwohl eigene Mitarbeiter ohne eine solche Organstellung oder außenstehende Dritte hinzu, so kann er sich dadurch haftungsrechtlich von deren Verschulden nicht freizeichnen, sondern muss sich so behandeln lassen, als habe er dem Beauftragten eine Organstellung eingeräumt.[491] Dies bedeutet, dass vom Arbeitgeber eingesetzte Personen, die die wesentlichen Arbeitgeberaufgaben für diesen wahrnehmen, haftungsrechtlich als Organe anzusehen sind und deren benachteiligendes Handeln dem Arbeitgeber nach § 31 BGB als eigenes Handeln zugerechnet wird.[492] Dies wird am ehesten auf leitende Angestellte im Sinne des § 5 BetrVG zutreffen.[493]

Hiervon abzugrenzen ist ein Organisationsverschulden im Sinne einer mangelnden Organisation hinsichtlich bestehender Verkehrssicherungspflichten. Dies begründet keine Zurechnung nach § 31 BGB, sondern eine eigene Haftung nach

488 Hey/Forst – *Hey*, AGG, § 6 Rn. 21; *Redenius-Hövermann*, ZIP 2010, 660 (663).

489 Ausführlich bereits unter Kapitel II B. I. 1. b.

490 Palandt – *Ellenberger*, BGB, § 31 Rn. 7; Soergel – *Hadding*, BGB, § 31 Rn. 15; für eine analoge Anwendung des § 31 BGB Staudinger – *Weick*, BGB, § 31 Rn. 34 f.

491 BGH v. 08.07.1980 – VI ZR 158/78, NJW 1980, 2810 (2811).

492 So auch Bauer/Krieger, AGG, § 15 Rn. 19.

493 Im Erg. auch MüKo – *Reuter*, BGB, § 31 Rn. 20 m.w.N.; Soergel – *Hadding*, BGB, § 31 Rn. 10 m.w.N., die eine Organstellung dieser Personen bereist als verfassungsmäßig berufener Vertreter im Sinne des § 31 BGB annehmen.

§ 823 I BGB.[494] Hierunter fallen zum Beispiel die Verletzung der Organisations- und Fürsorgepflichten nach § 12 AGG.

Fraglich ist, ob angesichts der Handlungszurechnung nach § 278 BGB analog im Zusammenhang mit Benachteiligungen gegenüber anderen Beschäftigten durch Personen, die Aufgaben des Arbeitgebers in Bezug auf das Benachteiligungsverbot wahrnehmen, eine Haftung nach § 31 BGB infolge Organisationsverschulden zwingend erforderlich ist und die Organhaftung eine Anwendung des § 278 BGB gegebenenfalls ausschließt. Die Anwendbarkeit von § 278 BGB neben § 31 BGB ist umstritten.[495] Die gegen eine Anwendbarkeit des § 278 BGB sprechende Möglichkeit zum Ausschluss der Haftung wegen vorsätzlichen Handelns nach § 278 S. 2 BGB besteht im Zusammenhang mit der Haftung für Benachteiligungen nicht. Die Haftung für einen Verstoß gegen das Benachteiligungsverbot nach § 15 I, II AGG ist verschuldensunabhängig.[496] Angesichts dessen ist im Zusammenhang mit der Haftung nach § 15 AGG bei bestimmten Personen, die die Aufgaben des Arbeitgeber gegenüber anderen Beschäftigten wahrnehmen, eine Zurechnung alternativ nach § 278 BGB analog oder auch nach § 31 BGB möglich.

4. *Zum Schadensersatz verpflichtende Handlung in Ausführung der zustehenden Verrichtungen*

a. *Verstoß gegen das Benachteiligungsverbot*

Der Arbeitgeber muss sich das Handeln seiner Organe im Fall einer unzulässigen Benachteiligung durch das Organ oder ein Organmitglied nach § 31 BGB zurechnen lassen.[497] Dies gilt auch bei einem Verstoß gegen das Benachteiligungsverbot durch eine vom Arbeitgeber eingesetzte Person, die aufgrund eines Organisationsmangels als Organ im Sinne des § 31 BGB anzusehen ist.

Durch einen Verstoß gegen das Benachteiligungsverbot können neben Ansprüchen aus § 15 AGG auch Ansprüche aus deliktischer Handlung entstehen. Ansprüche aus §§ 823 ff. BGB sind ebenfalls von der Zurechnung nach § 31 BGB umfasst.[498] In diesem Zusammenhang stellt sich dann vorrangig die Frage, ob ein Verstoß gegen das Benachteiligungsverbot zugleich eine Verletzung eines geschützten Rechtsgutes ist. Insbesondere eine Verletzung des Persönlichkeitsrechts durch eine Benachteiligung liegt auf den ersten Blick nahe.[499]

---

494 Ausführlich hierzu *Hassold*, JuS 1982, 583 (584 ff.).

495 Zum Meinungsstand siehe Soergel – *Hadding*, BGB, § 31 Rn. 4; vgl. auch Hk-BGB – *Dörner*, § 31 Rn. 1.

496 Exemplarisch Däubler/Bertzbach – *Deinert*, AGG, § 15 Rn. 30 m.w.N., Rn. 58 m.w.N. Ausführlich hierzu unter Kapitel III B. I. 1. b. und Kapitel III B. 2. b.

497 BGH v. 23.04.2012 –II ZR 163/10, NZA 2012, 797 (801).

498 MüKo – *Reuter*, BGB, § 31 Rn. 30; PWW – *Schöpflin*, BGB, § 31 Rn. 6; nur nach §§ 823 ff BGB Hk-BGB – *Dörner*, § 31 Rn. 1 f.

499 Ausführlich zur deliktischen Haftung wegen einer unzulässigen Benachteiligung durch einen anderen Beschäftigten siehe unter Kapitel III C. III. und IV.

b. Verletzung von Fürsorge- und Schutzpflichten

Verletzen die Organe oder Organmitglieder die Organisationspflichten im Zusammenhang mit dem Schutz vor Benachteiligungen nach § 12 AGG oder hat der Arbeitgeber seine Struktur nicht ausreichend organisiert hat und kann er dadurch nicht oder nicht ausreichend seinen Fürsorge- und Schutzpflichten nach § 12 AGG nachkommen und führt dies zu einer Benachteiligung durch andere Beschäftigte, stellt sich die Frage, ob dem Arbeitgeber diese Benachteiligung ebenfalls nach § 31 BGB zugerechnet wird.

Der Mangel der Organisation als Organisationsverschulden bezüglich einer Verkehrssicherungspflicht begründet grundsätzlich eine Haftung wegen der Verletzung dieser Pflicht nach § 823 I BGB oder § 823 II 1 BGB. Bei den Pflichten des Arbeitgebers aus § 12 AGG handelt es sich um Verkehrssicherungspflichten, die gesetzlich ausgestaltet sind. Dem liegt die Überlegung zugrunde, dass der Arbeitgeber die betriebliche Struktur und die konkreten Arbeitsplätze eigenverantwortlich gestaltet. Der Arbeitgeber schafft somit das Umfeld, in dem eine Benachteiligung beim Zugang zum Beruf oder bei der Berufsausübung überhaupt möglich ist. § 12 AGG dient dem Schutz der Beschäftigten vor Benachteiligungen durch Verpflichtung des Arbeitgebers, präventive und repressive Maßnahmen zu ergreifen. Der Arbeitgeber ist nach § 12 AGG verpflichtet, geeignete Maßnahmen zum Schutz der Beschäftigten vor Benachteiligungen in dem von ihm geschaffenen Umfeld zu ergreifen. Eine Benachteiligung von Beschäftigten erfolgt in der Regel gerade im Bereich der beruflichen Betätigung und somit im vom Arbeitgeber geschaffenen Umfeld. Folglich besteht eine Gefahrenquelle in einem vom Arbeitgeber geschaffenen Umfeld. Dass der Arbeitgeber diese Gefahr abwehren muss, ergibt sich aus seiner Fürsorge- und Loyalitätsverpflichtung gegenüber seinen Beschäftigten. § 12 AGG normiert diese Pflicht zur Gefahrenabwehr. Haben der Arbeitgeber oder seine verantwortlichen Organe überhaupt keine Person zur Wahrnehmung einer Verkehrssicherungspflicht bestimmt, begründet dies eine Haftung nach § 823 I BGB oder § 823 II BGB.[500] Folglich ist die Missachtung von Verkehrssicherungspflichten grundsätzlich keine Frage der Zurechnung nach § 31 BGB, sondern eine Frage einer eigenverantwortlichen Pflichtverletzung im Zusammenhang mit einem Organisationsverschulden.

Eine Benachteiligung durch einen anderen Beschäftigten wird demnach dem Arbeitgeber nicht nach § 31 BGB zugerechnet, wenn das zuständige Organ die Fürsorge- und Schutzpflichten nach § 12 AGG verletzt hat oder der Arbeitgeber es gänzlich versäumte, seine eigene Struktur so zu gestalten, dass überhaupt eine Person zur Wahrnehmung dieser Aufgabe eingesetzt wurde. Die Personen, die Arbeitgeberaufgaben wahrnehmen, haben zwar die Pflicht zum Ergreifen von Schutzmaßnahmen gegen Benachteiligungen missachtet, jedoch nicht zugleich auch das Benachteiligungsverbot. Dies sind zwei unterschiedliche Pflichtverletzungen. Die Verletzung der Organisations- und Fürsorgepflichten nach § 12 AGG

---

500 Soergel – *Hadding*, BGB, § 31 Rn. 19; PWW – *Schöpflin*, BGB, § 31 Rn. 7; LG Ravensburg v. 15.08.1996 – 3 S 145/96, NJW 1997, 402 (403).

als Verkehrssicherungspflichten begründet daher grundsätzlich keinen Verstoß gegen das Benachteiligungsverbot.[501] Ein entsprechendes Versäumnis der zuständigen Organe des Arbeitgebers ist keine Benachteiligungshandlung, die eine Haftung des Arbeitgebers nach § 31 BGB, § 15 AGG auslöst. Dem Arbeitgeber wird vielmehr das Versäumnis der Wahrnehmung der Pflichten nach § 12 AGG oder das Versäumnis der zuständigen Organe, eine entsprechende Struktur zu schaffen und verantwortliche Personen zur Wahrnehmung der Fürsorgepflichten einzusetzen, nach § 31 BGB zugerechnet. Es ist zu differenzieren zwischen der Pflicht zur Beachtung des Benachteiligungsverbots und der Pflicht zur Ergreifung geeigneter Maßnahmen zum Schutz vor Benachteiligungen. Verletzt der Arbeitgeber seine Schutzpflichten bedeutete dies nicht, dass er zugleich gegen das Benachteiligungsverbot verstößt. Gerade wenn andere Beschäftigte oder Dritte benachteiligen, handelt der Arbeitgeber nicht selbst. In diesem Fall ist er nur der Urheber der Benachteiligung, wenn ihm diese zugerechnet werden kann. Im Übrigen benachteiligt der Arbeitgeber nicht, sondern gerade ein anderer. § 15 AGG normiert als Anspruchsvoraussetzung aber gerade einen Verstoß gegen das Benachteiligungsverbot und nicht einen Verstoß gegen die Pflicht zur Ergreifung von Schutzmaßnahmen. Der Arbeitgeber haftet dann bei einer Benachteiligung durch andere Beschäftigte nach § 280 I BGB[502] oder aus unerlaubter Handlung nach § 823 I oder § 823 II BGB[503] gegenüber dem Betroffenen. Die Rechtsfolgen orientieren sich dann jedoch daran, dass der Arbeitgeber seiner Schutzpflicht nicht nachgekommen ist, und nicht daran, dass der betroffene Beschäftigte benachteiligt wurde.

Eine Ausnahme könnte im Zusammenhang mit einer Benachteiligung wegen einer Behinderung bestehen. Nach Art. 5 RL 2000/78/EG sind zur Gewährleistung des Gleichbehandlungsgrundsatzes auf Menschen mit Behinderung angemessene Vorkehrungen zu treffen. Das bedeutet gemäß Art. 5 S. 2 RL 2000/78/EG, dass der

---

501 MüKo – *Thüsing*, BGB, § 12 AGG Rn. 13; *Annuß*, BB 2006, 1629 (1635); Schleusener/Suckow/Voigt – *Suckow*, AGG, § 12 Rn. 56; *Adomeit/Mohr*, AGG, § 12 Rn. 56 ff.; *Nollert-Borasio/Perreng*, AGG, 15 Rn. 43; HWK – *Rupp*, § 12 AGG Rn. 1; *Liebhäuser*, S. 122 f.; *Kamanabrou*, RdA 2006, 321 (336); *Kock*, MDR 2006, 1088 (1091), *Willemsen/Schweibert*, NJW 2006, 2583 (2590); *Gehlhaar*, NZA 2009, 825 (826), *Grobys*, NJW 2006, 2950 f.; Erman – *Belling*, BGB, § 12 AGG Rn. 10.; ErfK – *Schlachter*, § 12 AGG, Rn. 1, 7; kritisch auch Hey/Forst – *Forst*, AGG, § 15 Rn. 41 f.; a.A. *Bauer/Krieger*, AGG, § 12 Rn. 5, § 15 Rn. 17; *Meinel/Heyn/Herms*, AGG, § 15 Rn. 23 f.; *Bauer/Evers*, NZA 2006, 893 f.; *Seel*, MDR 2006, 1321 (1323 f.); *Stoffels*, RdA 2009, 204 (207); *Göpfert/Siegrist*, NZA 2007, 473 (476 f.); *Göpfert/Siegrist*, ZIP 2006, 1710 (1711); *Koch*, VersR 2007, 288 (290); *v. Roetteken*, AGG, § 15 Rn. 26e; PWW – *Lingemann*, BGB, § 12 AGG Rn. 18; Palandt – *Weidenkaff*, BGB, § 15 AGG Rn. 3; Wendeling-Schröder/Stein – *Stein*, AGG, § 12 Rn. 11; *Hoch*, BB 2007, 1732 (1733); im Erg. auch *Hanau*, ZIP 2006, 2189 (2201).

502 Hierzu ausführlich siehe unter Kapitel III C. II.

503 Zur Haftung aus unerlaubter Handlung ausführlich siehe unter Kapitel III C. III. und IV.

Arbeitgeber die geeigneten und im konkreten Fall erforderlichen Maßnahmen ergreifen muss, um den Menschen mit Behinderung den Zugang zur Beschäftigung, die Ausübung eines Berufes, den beruflichen Aufstieg und die Teilnahme an Aus- und Weiterbildungsmaßnahmen zu ermöglichen, es sei denn, diese Maßnahmen würden den Arbeitgeber unverhältnismäßig belasten. Nach dem EuGH kann das Unterlassen einer angemessenen Vorkehrung ein Verstoß gegen die Richtlinie 2000/78/EG darstellen.[504] Die Entscheidung des EuGH ist im Ergebnis so zu verstehen, dass ein Arbeitgeber, der keine angemessenen Vorkehrungen ergreift, um behinderten Menschen den Zugang zur Beschäftigung, die Ausübung eines Berufs, den beruflichen Aufstieg und die Teilnahme an Bildungsmaßnahmen zu ermöglichen, ergreift eine Benachteiligung wegen einer Behinderung begeht. Dies ist jedoch eine Ausnahme und nicht auf die anderen geschützten Merkmale übertragbar.[505] Dem Merkmal Behinderung ist anders als bei den sonstigen Diskriminierungsmerkmalen eine Schlechterstellung der Betroffenen immanent, die durch geeignete Maßnahmen beseitigt werden muss. Erst durch die Ergreifung von Maßnahmen werden behinderte Beschäftigte je nach Art und Grad der Behinderung entsprechend dem Maßstab des Art. 5 RL 2000/78/EG gleichgestellt. Bezüglich aller anderen geschützten Merkmale besteht im Ausgangspunkt zwischen den Beschäftigten kein Unterschied, der ausgeglichen werden muss. Bei einer Benachteiligung wegen eines anderen geschützten Merkmals führt erst die Heranziehung der Merkmale zur Differenzierung zu einer unterschiedlichen Behandlung. Aus dieser Sonderstellung des Merkmals der Behinderung und dem bestehenden und zur Gleichbehandlung auszugleichenden Unterschied zu nicht behinderten Beschäftigten ergibt sich, dass die unterlassene Gleichstellung und damit auch das Unterlassen angemessener Vorkehrungen eine Benachteiligung wegen einer Behinderung sind.[506] Dies zeigt die Ausnahmestellung dieses geschützten Merkmals. Diese Ausnahmestellung spiegelt sich in den Vorgaben des § 5 RL 2000/78/EG wieder. Eine vergleichbare Regelung besteht für die sonstigen geschützten Merkmale nicht. Daraus ist der Rückschluss zu ziehen, dass nur im Zusammenhang mit einer Behinderung die unterlassenen Vorkehrungen eine Benachteiligung darstellen kann. Wegen des Sonderregelungscharakters des Art. 5 RL 2000/78/EG kann dies auf Benachteiligungen wegen eines anderen geschützten Merkmals nicht übertragen werden. Dies hat zur Folge, dass abweichend vom oben genannten Grundsatz, die Verletzung der Pflichten nach § 12 AGG im Zusammenhang mit einer Behinderung ausnahmsweise eine Benachteiligung des Arbeitgebers durch Unterlassen darstellt. Der Arbeitgeber haftete in diesem Fall bei Verletzung seiner Organisationspflichten nach § 31 BGB i.V.m. § 15 AGG.

---

504 EuGH vom 11.04.2013 – C-335/11, C-337/11 (*Ring, Skouboe Werge*), NZA 2013, 553 (557).

505 Die Pflicht zur Ergreifung angemessener Vorkehrungen auf alle Diskriminierungsmerkmales ausdehnend *Kocher/Wenckebach*, SR 2013, 17 (26 f.).

506 Ähnlich *Kocher/Wenckebach*, SR 2013, 17 (22) m.w.N.

5. *Ergebnis*

Werden Beschäftigte durch andere Beschäftigte benachteiligt, wird dem Arbeitgeber der Verstoß gegen das Benachteiligungsverbot nach § 31 BGB zugerechnet, wenn der Handelnde ein Organ oder ein Organmitglied ist oder aufgrund eines Organisationsmangels als Organ zu behandeln ist. Gleiches gilt für Organe oder Organmitglieder, die haftungsrechtlich einem Beschäftigten gleichgestellt sind.

Allein eine fehlerhafte Organstruktur des Arbeitgebers, die zu einer Verletzung von Fürsorge- und Schutzpflichten und dadurch eine Benachteiligung durch andere Beschäftigte begünstigt oder nicht verhindert, begründet in der Regel keine Haftung nach § 31 BGB, § 15 AGG. Das Organisationsverschulden des Arbeitgebers kann jedoch eine Haftung wegen der Verletzung der Fürsorgepflichten nach § 280 I BGB oder aus unerlaubter Handlung begründen. Eine Ausnahme besteht im Zusammenhang mit der Benachteiligung wegen einer Behinderung. In diesem Fall haftet der Arbeitgeber nach § 31 BGB, 15 AGG wegen Unterlassen angemessener Vorkehrungen.

III. Zurechnung von Willenserklärungen

Über die gesetzlichen Regelungen der Stellvertretung nach §§ 164 ff. BGB erfolgt ebenfalls eine Zurechnung fremden Handelns. Der Inhalt der Willenserklärung und das Wissen des Stellvertreters hinsichtlich der Umstände der Willenserklärung wirken unmittelbar für und gegen den vertretenen Arbeitgeber. Im Rahmen der Stellvertretung werden dem Vertretenen nach § 164 I 1 BGB die Willenserklärungen des Vertreters zugerechnet, die dieser im Namen des Vertretenen entsprechend seiner Vertretungsmacht abgegeben hat. Bezüglich der Folgen einer Willenserklärung wird nach § 166 I BGB auf das Wissen des Vertretenen abgestellt. Es erfolgt diesbezüglich eine Zurechnung des Wissens hinsichtlich von Willensmängeln oder gewisser Umstände, die auf die Willenserklärung Einfluss haben. Eine unmittelbare Anwendung der Stellvertreterregeln bei der Haftung des Arbeitgebers für Benachteiligungen durch Beschäftigte kommt daher nur im Zusammenhang mit Willenserklärungen in Betracht. Dies ist dann der Fall, wenn durch eine Willenserklärung gegen das Verbot der unzulässigen Benachteiligung verstoßen wird.

Nach § 164 I 1 BGB wirkt eine Willenserklärung, die jemand innerhalb seiner Vertretungsmacht im Namen des Vertretenen abgibt, unmittelbar für und gegen den Vertretenen. Damit ist der Vertretene auch Schuldner möglicher Schadensersatzansprüche des Empfängers der Willenserklärung.[507] Soweit dem Arbeitgeber eine benachteiligende Willenserklärung eines seiner Beschäftigten nach § 164 I BGB zugerechnet werden kann, wäre er so zu stellen, als ob er die Willenserklärung selbst abgeben hätte. Neben den allgemeinen Schadensersatzansprüchen

507 Im Erg. MüKo – *Schramm*, BGB, § 164 Rn. 130; Erman – *Maier-Reimer*, BGB, § 164 Rn. 21; PWW – *Frensch*, BGB, § 164 Rn. 74; Staudinger – *Schilken*, BGB, § 164 Rn. 9, 11.

fände dann insbesondere auch die verschuldensunabhängige Haftung nach § 15 I, II AGG Anwendung. Hätte der Arbeitgeber selbst eine Willenserklärung abgegeben, müsste er auch nach § 15 I, II AGG haften.

Fraglich ist daher, ob der Arbeitgeber nach § 15 I, II AGG haftet, wenn ihm eine benachteiligende Willenserklärung zugerechnet werden könnte und er dann so zu behandeln wäre, als hätte er die benachteiligende Willenserklärung selbst abgegeben.

Eine Zurechnung benachteiligenden Handelns nach § 164 BGB kommt nur in Betracht, wenn der Handelnde als Stellvertreter im Rahmen seiner Vertretungsmacht im Namen des Arbeitgebers gehandelt hat. Wesentlich ist zudem, dass die Benachteiligung durch eine Willenserklärung erfolgte.

1. Benachteiligung durch Willenserklärung

Die Zurechnung nach § 164 I BGB setzt eine Willenserklärung des Handelnden im Namen des Arbeitgebers voraus.[508] Daher stellt sich die Frage, ob eine Benachteiligung durch eine Willenserklärung begangen werden kann.

Eine Willenserklärung im Sinne des BGB ist die Äußerung eines Willens, der unmittelbar auf die Herbeiführung einer Rechtswirkung gerichtet ist.[509] Sie bringt einen Rechtsfolgewillen zum Ausdruck, dass heißt einen Willen, der auf die Begründung, inhaltliche Änderung oder Beendigung eines privaten Rechtsverhältnisses abzielt.[510] Kurz gesagt ist eine Willenserklärung eine Äußerung, die auf die Herbeiführung eines rechtlichen Erfolgs gerichtet ist.[511] Aus dieser Definition ergeben sich zwei Voraussetzungen für das Vorliegen einer Willenserklärung. Zum einen bedarf es eines Willens, der auf einen rechtlichen Erfolg gerichtet ist. Und zweitens ist eine Äußerung dieses Willens erforderlich. Eine Willenserklärung liegt nicht vor, wenn der Wille zu einer rechtlichen Bindung fehlt.[512]

Nach dieser Definition ist die Kündigungserklärung eine Willenserklärung. Die Kündigung eines Beschäftigten aufgrund eines der in § 1 AGG genannten Merkmale ist eine Benachteiligung in Form einer Willenserklärung.[513] Fraglich ist, ob

---

508 Staudinger – *Schilken*, BGB, Vorbem zu §§ 164 ff. Rn. 16; MüKo – *Schramm*, BGB, § 164 Rn. 4; Soergel – *Leptien*, BGB, § 164 Rn. 3, Palandt – *Ellenberger*, BGB, § 164 Rn. 1.

509 BGH v. 17.10.2000 – X ZR 97/99, NJW 2001, 289 (290); Staudinger – *Singer*, BGB, Vorbem zu §§ 116 – 144 Rn. 1.

510 BGH v. 17.10.2000 – X ZR 97/99, NJW 2001, 289 (290).

511 BGH v. 7.11.2001 – VIII ZR 13/01, NJW 2002, 363 (364); BGH v. 03.11.2004 – VIII ZR 375/03, NJW 2005, 53 (54); Jauernig – *Mansel*, BGB, Vor § 104 Rn. 1; Erman – *Müller/Arnold*, BGB, vor § 116 Rn. 1.

512 Staudinger – *Singer*, BGB, Vorbem zu §§ 116 – 144 Rn. 29.

513 EuGH v. 11.07.2006 – C-13/05 (*Chacón Navas*), NZA 2006, 839 (841) im Zusammenhang mit einer Kündigung wegen einer Behinderung; Däubler/Bertzbach – *Däubler*, AGG § 7 Rn. 198. Nach dem BAG ist das Benachteiligungsverbot auch

auch andere Tatbestände, die die Begründung, Änderung oder Beendigung eines Arbeitsverhältnisses beeinflussen können, eine benachteiligende Willenserklärung darstellen können.

Entsprechend der Definition der Willenserklärung bedarf es des Willens zu einer rechtlichen Bindung. Demnach ist die Absage auf eine Bewerbung oder ein Beförderungsbegehren keine Willenserklärung. Der Arbeitgeber will damit zum Ausdruck bringen, dass er keine vertragliche Bindung eingehen oder eine bestehende Bindung ändern will. Es soll keine unmittelbare Rechtswirkung durch die Erklärung herbeigeführt werden. Ebenso sind Stellenausschreibungen keine Willenserklärungen. Diese sind in der Regel eine Aufforderung des Beschäftigten zur Abgabe eines entsprechenden Vertragsangebots.[514] Dem Arbeitgeber fehlt es bei Stellenausschreibungen in der Regel am Rechtsbindungswillen.[515] Er will zunächst alle Bewerbungen für eine Stelle prüfen und im Anschluss trifft der Arbeitgeber zunächst die Entscheidung, ob überhaupt einer Einstellung oder Beförderung eines der Bewerber erfolgt und danach gegebenenfalls welcher.[516] Das BAG hat am Rande einer Entscheidung zu Aufhebungsverträgen und dem allgemeinen Gleichbehandlungsgrundsatz, soweit es ihm wegen § 559 I ZPO möglich war, Stellung genommen. Nach Ansicht des BAG bestehen Zweifel, ob dass Unterlassen eines Angebots zum Abschluss eines Aufhebungsvertrages eine unzulässige Benachteiligung darstellt.[517] Somit kommt diesbezüglich auch keine Benachteiligung durch eine Willenserklärung in Betracht.

Neben der Kündigung können jedoch auch andere Willenserklärungen eine Benachteiligung darstellen. Dies ist dann zum Beispiel der Fall, wenn ein im Verhältnis zum Angebot an Nichtmerkmalsträger abgeändertes Angebot erfolgt, selbst wenn zur Wiedergutmachung später die begehrte Stelle angeboten wurde.[518] Auch durch eine Abmahnung kann gegen das Benachteiligungsverbot des § 7 I AGG verstoßen werden.[519] Die Abmahnung ist mangels unmittelbarer Rechtsfolgen hinsichtlich

---

bei Kündigungen zu beachten. Bei einem Verstoß gegen das Benachteiligungsverbot kann die Kündigung sozialwidrig im Sinne des § 1 KSchG sein; vgl. BAG v. 06.11.2008 – 2 AZR 523/07, NZA 2009, 361.

514 So auch *Thüsing*, Arbeitsrechtlicher Diskriminierungsschutz, Rn. 659; *Slupik/Holpner*, RdA 1990, 24 (25); eine noch geringere Verbindung annehmend Schleusener/Suckow/Voigt – *Suckow*, AGG, § 11 Rn. 51.

515 Schleusener/Suckow/Voigt – *Suckow*, AGG, § 11 Rn. 51. Allgemein zum fehlenden Rechtsbindungswillen bei einer invitatio ad offerendum Staudinger – *Singer*, BGB, Vorbem zu §§ 116–144, Rn. 29.

516 Schleusener/Suckow/Voigt – *Suckow*, AGG, § 11 Rn. 51.

517 BAG v. 17.12.2009 – 6 AZR 242/09, NZA 2010, 273 (276 f.).

518 BAG v. 18.03.2010 – 8 AZR 1044/08, NZA 2010, 1129.

519 HWK – *Quecke*, § 1 KSchG Rn. 193; KR – *Treber*, § 2 AGG Rn. 28; Wendeling-Schröder/Stein – *Stein*, AGG, § 2 Rn. 67.

des Bestands oder des Inhalts des Arbeitsverhältnisses keine Willenserklärung.[520] Jedoch ist die Abmahnung als rechtsgeschäftsähnliche Handlung einzuordnen.[521] Die Regelungen zu Willenserklärungen sind auf die Abmahnung entsprechend anwendbar.[522] Folglich kann auch die benachteiligende Abmahnung Gegenstand der Zurechnung nach § 164 I BGB sein.

2. *Stellvertretereigenschaft / Vertretungsmacht*

Die Zurechnung einer fremden, diskriminierenden Willenserklärung zulasten des Arbeitsgebers nach § 164 I BGB erfolgt zudem nur, wenn der Handelnde Vertreter des Arbeitgebers ist und er im Rahmen seiner Vertretungsmacht handelte.

a. Beschäftigter als Vertreter des Arbeitgebers

Die Vertretungsmacht kann kraft Gesetz bestehen oder durch Rechtsgeschäft zum Beispiel nach § 167 I BGB oder im Fall der Prokura nach § 48 I HGB eingeräumt werden.[523] Ob der Handelnde Vertreter des Arbeitgebers ist, ist im jeweiligen Einzelfall zu beurteilen. Nicht jeder Beschäftigte des Arbeitgebers ist auch ein Stellvertreter des Arbeitgebers. Auch ist nicht zwingend erforderlich, dass der Handelnde Arbeitnehmer des Arbeitgebers ist. Der Begriff des Beschäftigten ist ausweislich des § 6 I AGG weitergehend als der des Arbeitnehmers. In der Regel wird der benachteiligende Beschäftigte, dem zugleich eine Vertretungsmacht eingeräumt wurde, Arbeitnehmer des Arbeitgebers sein. Allgemein ist der nach außen handelnde Arbeitnehmer, der am Rechtsverkehr für den Arbeitgeber teilnimmt, zumindest aufgrund einer Anscheinsvollmacht, auch dessen Vertreter im Sinne des § 164 I BGB.[524] Eine Stellvertreterstellung des Beschäftigten in Bezug auf andere Beschäftigte liegt dann vor, wenn der Beschäftigte gegenüber anderen Beschäftigten des Arbeitgebers zur Annahme oder Abgabe von Willenserklärungen berechtigt ist. Ausgehend von der Willenserklärung als Benachteiligung ist vor allem das Recht zur Abgabe von Willenserklärungen relevant. Ein typisches Beispiel ist zum Beispiel der Personalarbeiter oder der zur Einstellung und Entlassung berechtigte Angestellte. Zudem

---

520 KDZ – *Deinert*, § 314 BGB Rn. 5; a.A. mit der Begründung, es liege ein Verzicht auf eine Kündigung vor KR – *Fischermeier*, § 626 BGB Rn. 269; so nunmehr auch BAG v. 06.03.2003 – 2 AZR 128/02, NZA 2003, 1388 (1390); anders noch BAG v. 13.03.1991 – 5 AZR 133/90, NZA 1991, 768 (769); BAG v. 15.01.1986 – 5 AZR 70/84, NZA 1986, 421.

521 KDZ – *Deinert*, § 314 BGB Rn. 5 m.w.N.; ErfK – *Müller-Glöge*, § 626 BGB Rn. 31.

522 KDZ – *Deinert*, § 314 BGB Rn. 5; ErfK – *Müller-Glöge*, § 626 BGB Rn. 31; KR - *Fischermeier*, § 626 BGB Rn. 283 m.w.N; anders noch BAG v. 13.03.1991 – 5 AZR 133/90, NZA 1991, 768 (769), das ausdrücklich die Anwendung der §§ 139, 140 BGB ablehnte.

523 Palandt – *Grüneberg*, BGB, Einf. v § 164 Rn. 5.

524 Ausführlich hierzu Palandt – *Ellenberger*, BGB, § 172 Rn. 20 m.w.N.

kann sich aufgrund einer ihm übertragenen Stellung eine Vertretungsmacht des Beschäftigten aus dem Anschein ergeben.[525]

b. Wirksamkeit der Willenserklärung

Neben der Frage, ob die diskriminierende Willenserklärung von der rechtsgeschäftlichen Vertretungsmacht umfasst ist, könnte ein zweites Hindernis einer Zurechnung nach § 164 I BGB entgegenzustehen. Aufgrund der Benachteiligung ist die Willenserklärung nicht wirksam. Gemäß § 7 II AGG sind Bestimmungen in Vereinbarungen, die gegen das Benachteiligungsverbot des § 7 I AGG verstoßen, unwirksam. Daraus könnte man schließen, dass die gesamte Willenserklärung unwirksam ist. Dies mag bei einseitigen Gestaltungsrechten, wie der Anfechtung oder der Kündigung der Fall sein. Dies ist jedoch nicht die Rechtsfolge bei anderen Willenserklärungen, wie zum Beispiel Vertragsangeboten. § 7 II AGG dient der Umsetzung der Art. 14 RL 2000/43/EG, Art. 16 RL 2000/78/EG und Art. 3 II 76/207/EWG[526], wonach ein Verstoß gegen das Benachteiligungsverbot die Nichtigkeit der entsprechenden Klausel in Individual- oder Kollektivverträgen zur Folge hat. Die Nichtigkeit ergibt sich bereits aus § 134 BGB i. V. m. § 7 I AGG.[527] Die Regelung hat daher einen deklaratorischen Charakter.[528] Soweit eine einzelne Vertragsklausel nichtig ist, bleibt der restliche Vertrag in der Regel wirksam.[529] Dem steht § 139 BGB nicht entgegen.[530] So ist zum Beispiel das Angebot eines befristeten Arbeitsvertrags gegenüber einer Frau benachteiligend, wenn Männer mit vergleichbarer Qualifikation stets unbefristete Verträge angeboten bekommen.[531] Folge ist dann nicht die Unwirksamkeit des gesamten Angebotes, sondern nur die der Befristungsabrede.[532]

Eine Ausnahme von der feststehenden Unwirksamkeit bildet die benachteiligende Kündigung. Die diskriminierende Kündigung ist unwirksam.[533] Ist das KSchG nicht anwendbar, ist die diskriminierende Kündigung gemäß § 134 BGB i.V.m. § 7

---

525 Exemplarisch Palandt – *Ellenberger*, BGB, § 172 Rn. 19 f. m.w.N.

526 RL 76/207/EWG wurde aufgehoben durch Art. 34 I RL 54/2006/EG. In der nunmehr geltenden RL 54/2006/EG ist eine entsprechend vergleichbare Regelung nicht mehr enthalten.

527 *Bauer/Krieger*, AGG, § 7 Rn. 20; *Bauer/Thüsing/Schunder*, NZA 2006, 774 (775), einen Rückgriff auf § 134 BGB für entbehrlich haltend HWK – *Rupp*, § 7 AGG Rn. 4.

528 BT-Drs. 16/1780 S. 34; *Bauer/ Krieger*, AGG, § 7 Rn. 20; Palandt – *Weidenkaff*, BGB, § 7 AGG Rn. 5.

529 *Wiedemann*, NZA 2007, 950 im Bezug auf Individualverträge als Verbraucherverträge, differenzierenden und kritisch hingegen bei Kollektivvereinbarungen.

530 ErfK – *Schlachter*, § 7 AGG Rn. 3; HWK – *Rupp*, § 7 AGG Rn. 5; kritisch aber nicht ausschließend *Bauer/ Krieger*, AGG, § 7 Rn. 23.

531 Däubler/Bertzbach – *Däubler*, AGG, § 7 Rn. 277; so schon zu § 611a BGB a.F. LAG Köln 26.05.1994 – 10 Sa 244/94, NZA 1995, 1105 (1106).

532 Däubler/Bertzbach – *Däubler*, AGG, § 7 Rn. 277.

533 Ausführlich Kittner/Däubler/Zwanziger – *Deinert*, KSchR, § 1 KSchG Rn. 69 f; Kittner/Däubler/Zwanziger – *Däubler*, KSchR, § 134 BGB Rn. 20.

I AGG unwirksam.[534] Wegen § 2 IV AGG muss die Unwirksamkeit der Kündigung gerichtlich geltend gemacht werden. Der Kündigung fehlt es wegen des Verstoßes gegen § 7 I AGG an der sozialen Rechtfertigung.[535] Daraus folgt, dass die Unwirksamkeit der benachteiligenden Kündigung gemäß §§ 7, 4, 13 I 2, III KSchG binnen drei Wochen nach Zugang der Erklärung vor dem Arbeitsgericht geltend gemacht werden muss. Wird die Wirksamkeit der Kündigung nicht binnen der materiellen Ausschlussfrist angegriffen, ist die Kündigung trotzt der Diskriminierung weiterhin wirksam.[536]

Die Nichtigkeit der Willenserklärung steht der Zurechnung nach § 164 I 1 BGB nicht zwingend entgegen. Zum einen ist nach dem Wortlaut des § 164 I 1 BGB für die Zurechnung des Vertreterhandelns eine Willenserklärung erforderlich.[537] Die Wirksamkeit der Willenserklärung wird vom Gesetzgeber jedoch nicht ausdrücklich als Voraussetzung genannt. Nach dem Sinn und Zweck des § 164 I 1 BGB sollen die Rechtsfolgen rechtsgeschäftlichen Handelns unmittelbar gegenüber dem Vertretenen eintreten.[538] Sollen den Vertretenen die Rechtsfolgen der abgegebenen Willenserklärung treffen, so können davon nicht nur die Rechtsfolgen einer wirksamen Willenserklärung, sondern müssen auch die Folgen einer unwirksamen Willenserklärung umfasst sein. Dies gilt auch für von Anfang an nichtige Willenserklärungen. Deutlich wird dies im Fall der Anfechtung. Die wirksame Anfechtung kann Schadensersatzansprüche wegen der von Anfang an nichtigen Willenserklärung begründen. Die angefochtene Willenserklärung ist nach § 142 I BGB von Anfang an als nichtig anzusehen. In diesem Fall haftet jedoch nicht der Vertreter, wenn die Voraussetzungen der Stellvertretung vorlagen, sondern der Vertretene. Letztlich stellt auch § 166 I BGB klar, dass die Willenserklärung des Stellvertreters unwirksam sein kann. Einen Einfluss auf die Haftung des Vertretenen hat dies jedoch nicht. Etwas Anderes kann auch nicht für Willenserklärungen gelten, die aus anderen Gründen von Anfang an unwirksam sind, wie die benachteiligende Willenserklärung eines Vertreters des Arbeitgebers. Wie aufgezeigt muss darauf bei der Kündigung nicht zurückgegriffen werden, da die Unwirksamkeit der benachteiligenden Kündigung durch das Arbeitsgericht gemäß § 2 IV AGG i.V.m. §§ 7, 4 AGG festgestellt werden muss.

Folglich ist die Unwirksamkeit kein zwingendes Hindernis der Zurechnung fremder Benachteiligungen zu Lasten des Arbeitgebers.

Dazu näher nachfolgend im Zusammenhang mit der diskriminierenden Druckkündigung.

534 BAG v. 19.12.2013 – 6 AZR 190/12, NZA 2014, 372 (374).

535 BAG v. 6.11.2008 – 2 AZR 523/07, NZA 2009, 361 (363).

536 KR – *Treber*, § 2 AGG Rn. 27; Kittner/Däubler/Zwanziger – *Zwanziger*, KSchR, AGG Rn. 66, ähnlich BAG v. 01.09.2010 – 5 AZR 700/09, NZA 2010, 1409 (1411).

537 PWW – *Frensch*, BGB, § 164 Rn. 28; Erman – *Maier-Reimer*, BGB, § 164 Rn. 1.

538 Palandt – *Ellenberger*, BGB, Einf v § 164 Rn. 1, § 164 Rn. 15; PWW – *Frensch*, BGB, § 164 Rn. 1; MüKo – *Schramm*, BGB, Vor § 164 Rn. 67.

c. *Benachteiligung von Vertretungsmacht umfasst*

Soweit der handelnde Beschäftigte Stellvertreter des Arbeitgebers ist, stellt sich die Frage, ob die unzulässige Benachteiligung von der Vertretungsmacht umfasst ist. Handelt ein Vertreter ohne Vertretungsmacht, ist dem Vertretenen die Willenserklärung nur zuzurechnen, wenn der Vertretene die Erklärung genehmigt. Dies ergibt sich aus §§ 177, 179 BGB. Es stellt sich jedoch die Frage, ob die Abgabe einer benachteiligenden Willenserklärung von der Vertretungsmacht umfasst ist oder ob in diesem Fall der handelnde Beschäftigte Vertreter ohne Vertretungsmacht ist. Die Vertretungsmacht kann entweder vom Vertretenen durch Rechtsgeschäft zum Beispiel nach § 167 I BGB erteilt werden oder beim sogenannten gesetzlichen Vertreter durch den Gesetzgeber bestimmt werden.[539] Die durch Rechtsgeschäft erteilte Vertretungsmacht (Vollmacht) bietet dem Arbeitgeber einen großen Spielraum, in welchem Umfang er einem Beschäftigten eine Vertretungsmacht einräumt. Dahingegen ist der Umfang der gesetzlichen Vertretungsmacht zum größten Teil gesetzlich bestimmt und der Arbeitgeber hat nur wenig Gestaltungsspielraum. Diese unterschiedlichen Gestaltungsmöglichkeiten erfordern eine differenzierte Betrachtung zwischen rechtsgeschäftlich erteilter Vollmacht und der Bestimmung der Vertretungsmacht, insbesondere mit Blick auf die haftungsrechtlichen Konsequenzen für den Arbeitgeber.

aa. Rechtsgeschäftliche Vertretungsmacht

Der Umfang der rechtsgeschäftlichen Vertretungsmacht ist bis auf Ausnahmen im Handelsrecht nicht gesetzlich vorgegeben.[540] Grundsätzlich bestimmt der Vollmachtgeber den Umfang der durch ihn gewährten rechtsgeschäftlichen Vertretungsmacht.[541] Eine Beschränkung erfolgt lediglich durch die allgemeinen Regelungen des BGB, wie zum Beispiel die §§ 134, 138 oder 307 ff. BGB.[542] Zu differenzieren ist jedoch zwischen der ausdrücklichen Einbeziehung auch diskriminierenden Handelns in den Umfang der Vollmacht oder einer weitreichenden Vollmacht ohne Benennung einer Benachteiligung und eigenem Entscheidungsfreiraum des Vertreters. Ob der Arbeitgeber die Benachteiligung anderer Beschäftigter ausdrücklich in den Umfang der Vollmacht einbeziehen wollte oder die Vollmacht gerade darauf abzielt, ergibt sich durch Auslegung der erteilten Vollmacht. Die Vollmacht ist als empfangsbedürftige Willenserklärung gemäß §§ 133, 157 BGB auszulegen.[543] Die Unterscheidung

---

539 Palandt – *Ellenberger*, BGB, Einf v § 164 Rn. 5 f.; Staudinger – *Schilken*, BGB, § 167 Rn. 1; *Wolf/Neuner*, BGB AT, § 49 Rn. 28; *Mock*, JuS 2008, 391 f.

540 Staudinger – *Schilken*, BGB, § 167 Rn. 83; PWW – *Frensch*, BGB, § 167 Rn. 26.

541 *Wolf/Neuner*, BGB AT, § 50 Rn. 39; Staudinger – *Schilken*, BGB, § 167 Rn. 84; Palandt – *Ellenberger*, BGB, § 167 Rn. 5.

542 *Wolf/Neuner*, BGB, AT § 50 Rn. 31; zum Umfang der Vertretungsmacht in AGB vgl. auch BGH v. 10.02.1999 – IV ZR 324/97, NJW 1999, 1633 (1635 f.).

543 Exemplarisch Staudinger – *Schilken*, BGB, § 167 Rn. 84 m.w.N.; Palandt – *Ellenberger*, BGB, § 167 Rn. 5; *Mock*, JuS 2008, 391 (394).

hat keinen Einfluss auf die Wirksamkeit der eingeräumten Vertretungsmacht, beeinflusst jedoch die Haftung des Arbeitgebers.

Die Willenserklärung zur Einräumung der rechtsgeschäftlichen Vertretungsmacht ist nach § 134 BGB i.V.m. § 7 I AGG nichtig, soweit die Vertretungsmacht auch die Benachteiligung von Beschäftigten umfassen soll. Ist die Willenserklärung in ihrem Regelungsgehalt teilbar und anzunehmen, dass die Vertretungsmacht auch ohne die Bevollmächtigung zur Benachteiligung erteilt worden wäre, ist sie nach § 139 BGB nur zum Teil nichtig und der übrige Teil bleibt wirksam. Dies hat zur Folge, dass dem Beschäftigten Vertretungsmacht eingeräumt werden kann. Keinesfalls ist jedoch die unzulässige Benachteiligung anderer Beschäftigter von dieser Vertretungsmacht umfasst. Sollte die Vollmacht im Wesentlichen die Benachteiligung von Beschäftigten umfassen, ist nicht von einer Teilnichtigkeit auszugehen. Die Vollmachtserklärung ist dann in ihrer Gesamtheit nichtig. Somit handelt der jeweilige Beschäftigte stets als Vertreter ohne Vertretungsmacht. Die Zurechnung einer benachteiligenden Willenserklärung zu Lasten des Arbeitgebers als Vertretenen gemäß § 164 I BGB ist somit ausgeschlossen.

Die ausdrückliche Einbeziehung der Benachteiligung anderer Beschäftigter in den Umfang der Vertretungsmacht durch den Arbeitgeber ist eine Anweisung zur Benachteiligung. Die Anweisung zur Benachteiligung ist nach § 3 V AGG selbst eine Benachteiligung. In diesem Fall haftet der Arbeitgeber nach § 15 I, II AGG bereits selbst aufgrund einer durch ihn vorgenommen Benachteiligung. Ein Rückgriff auf die Regelungen der Stellvertretung ist dann nicht erforderlich.

Umfasst die Vollmacht nach entsprechender Auslegung nicht die Benachteiligung von Beschäftigten, ist die Abgabe einer benachteiligenden Willenserklärung ebenfalls nicht von der Vertretungsmacht des handelnden Beschäftigten umfasst. Eine Zurechnung der Willenserklärung kommt demnach unabhängig, ob die Benachteiligung von der Vollmacht umfasst sein soll oder nicht, nicht in Betracht.

bb. Gesetzlicher Vertreter und gesetzliche bestimmter Umfang der Vertretungsmacht

Neben der rechtsgeschäftlichen Vollmacht können Beschäftigte auch auf Grund gesetzlicher Bestimmungen oder Organstellung Vertreter des Arbeitgebers sein. Ein typisches Beispiel dafür ist der GmbH-Geschäftsführer. Er ist nach § 35 I GmbHG kraft Gesetz Vertreter der GmbH. Im Fall des gesetzlichen Vertreters ist der Umfang der Vertretungsmacht gesetzlich vorbestimmt.[544] Eine Beschränkung der Vertretungsmacht nach außen ist in der Regel nicht möglich. Gleiches gilt im Handelsrecht auch für andere Vertreter.[545] So wird die Prokura nach § 48 I HGB zwar durch Rechtsgeschäft eingeräumt, jedoch ist der Umfang der Prokura gemäß §§ 49 ff HGB kraft Gesetzes vorgegeben und nach außen nicht beschränkbar.

---

544 Vgl. *Wolf/Neuner*, BGB AT, § 49 Rn. 36.

545 So zum Beispiel Palandt – *Ellenberger*, BGB, § 167 Rn. 5.

Der Umfang der gesetzlichen Vertretungsmacht ist jedoch begrenzt. Keinesfalls ist von der gesetzlichen Vertretungsmacht die Benachteiligung von Beschäftigten umfasst. Es wäre widersprüchlich, wenn der Gesetzgeber kraft Gesetz die Befugnis, andere Beschäftigten zu benachteiligen, gewähren würde und andererseits nach § 7 I AGG ein Benachteiligungsverbot normiert. Vielmehr stellt § 7 I AGG eine gesetzliche Grenze der gesetzlichen Vertretungsmacht beziehungsweise des gesetzlich bestimmten Umfangs der Vertretungsmacht dar. So handelt der gesetzliche Vertreter oder der Vertreter mit gesetzlich bestimmtem Umfang der Vertretungsmacht im Fall einer benachteiligenden Willenserklärung außerhalb seiner Vertretungsmacht.

cc. Zulässige Berufung auf die fehlende Vertretungsmacht

Fraglich ist in diesem Zusammenhang, ob es mit den europäischen Vorgaben an einen effektiven Schutz vor Diskriminierung vereinbar wäre, wenn sich der Arbeitgeber in einem Prozess vor dem Arbeitsgericht auf die fehlende Vertretungsmacht berufen könnte. Der effektive Schutz der Beschäftigten erfordert, dass sich der für die Benachteiligung ursächliche Arbeitgeber nicht exkulpieren kann. Die Möglichkeit der Exkulpation des Urhebers der Diskriminierung ist nicht mit den Anforderungen der Richtlinien zum Schutz vor Diskriminierung vereinbar.[546] Durch die Berufung auf die fehlende Vertretungsmacht könnte sich der Arbeitgeber als Vertretener unzulässig exkulpieren. Dem steht jedoch entgegen, dass der Arbeitgeber nicht selbst handelte, sondern einer seiner Beschäftigten. Erst durch die Zurechnung wird der Arbeitgeber zum Urheber der Benachteiligung. Die Vertretungsmacht ist eine der Voraussetzungen dafür, dass der Arbeitgeber überhaupt Urheber der benachteiligenden Willenserklärung ist. Fehlt diese, ist der Arbeitgeber auch nicht Urheber der Benachteiligung. Die Exkulpation des Urhebers folgt dann erst als zweiter Schritt, wenn der Arbeitgeber als Urheber feststeht. Folglich führt die fehlende Vertretungsmacht nicht zur Exkulpation des Urhebers der Benachteiligung, sondern dazu, dass der vertretene Arbeitgeber mangels Vertretungsmacht des Vertreters schon gar nicht Urheber der benachteiligenden Willenserklärung ist.

Anders stellt sich dies dar, wenn der Arbeitgeber die Benachteiligung seiner Beschäftigten explizit in die Vertretungsmacht einbeziehen wollte und damit bereits wegen der Aufforderung zur Benachteiligung seine Beschäftigten gemäß § 3 V AGG benachteiligte. In diesem Fall ist er der Urheber der Benachteiligung in Form der Aufforderung. Die fehlende Vertretungsmacht für die benachteiligende Willenserklärung führt dann nicht zur Exkulpation, denn die Vertretungsmacht ist keine Voraussetzung für die Urheberschaft der Benachteiligung in Form der Aufforderung.

Des Weiteren führt die fehlende Vertretungsmacht nicht zum Ausschluss der Haftung des Arbeitgebers. Lediglich die Zurechnung der benachteiligenden Willenserklärung nach § 164 I BGB ist ausgeschlossen. Der handelnde Vertreter des Arbeitgebers ohne Vertretungsmacht ist zweifelsohne zugleich Erfüllungsgehilfe

---

546 EuGH v. 22.04.1997 – C-180/95 (*Draehmpaehl*), NJW 1997, 1839 (1840); EuGH v. 08.11.1990 – Rs. C-177/88 (*Dekker*), NJW 1991, 628 (629).

des Arbeitgebers nach § 278 BGB analog bei der Erfüllung seiner Pflicht, die Beschäftigten nicht wegen eines in § 1 AGG genannten Merkmals zu benachteiligen. Der vertretende Beschäftigte soll gerade im Namen des Arbeitgebers gegenüber anderen Beschäftigten Willenserklärungen abgeben.

dd. Fazit

Ist ein Beschäftigter Vertreter des Arbeitgebers und benachteiligt in dieser Funktion einen anderen Beschäftigten durch Abgabe einer Willenserklärung, handelt er als Vertreter ohne Vertretungsmacht. Die unzulässige Benachteiligung ist stets vom Umfang der Vertretungsmacht ausgeschlossen. Dies gilt unabhängig davon, ob der Handelnde gesetzlicher Vertreter des Arbeitgebers ist oder eine Vertretungsmacht durch Rechtsgeschäft eingeräumt wurde.

d. Analoge Anwendung des § 164 I BGB bei Fehlen der Tatbestandsvoraussetzungen

Um einen effektiven Schutz vor Diskriminierungen sicherzustellen, könnte eine analoge Anwendung des § 164 I BGB auch beim Vertreter ohne Vertretungsmacht erforderlich sein. Ein Ansatzpunkt hierfür könnte neben dem effektiven Diskriminierungsschutz sein, dass sich der Arbeitgeber nicht den Rechtsfolgen einer Benachteiligung durch seine Beauftragten durch den Verweis auf die fehlende Vertretungsmacht entziehen kann. Die Regelung zur Zurechnung einer Willenserklärung nach § 164 I 1 BGB könnte zum Schutz der Beschäftigten darüber hinaus entsprechend angewandt werden, wenn die Benachteiligung nicht durch eine Willenserklärung erfolgt.

aa. Vertreter ohne Vertretungsmacht

Bei einer Benachteiligung durch eine Willenserklärung fehlt es stets an der Vertretungsmacht. Aus diesem Grund erfolgt keine Zurechnung nach § 164 I BGB. Den Fall, dass der Vertreter ohne Vertretungsmacht handelte, hat der Gesetzgeber in den §§ 177 ff. BGB regelt. Es fehlt somit an einer planwidrigen Regelungslücke. Daneben fehlt es auch an einer vergleichbaren Interessenlage in dem Sinne, dass es zum Schutz des betroffenen Beschäftigten nicht notwendig ist, dass der Vertreter ihm gegenüber haftet. Soweit der Arbeitgeber einen Dritten beauftragt und ihm Vertretungsmacht gegenüber seinen Beschäftigten einräumen will, ist der Vertreter hinsichtlich der Pflichten des Arbeitgebers aus dem Schutz vor Benachteiligungen stets Erfüllungsgehilfe nach § 278 BGB. Der betroffene Beschäftigte hat dann gegen den Arbeitgeber Ansprüche auf Schadensersatz und Entschädigung nach § 15 I, II AGG und ist nicht schutzlos gestellt.[547] Der Arbeitgeber kann sich durch den Verweis auf die fehlende Vertretungsmacht somit auch nicht der Inanspruchnahme durch den benachteiligten Beschäftigten entziehen.

---

547 LAG Schleswig-Holstein v. 22.11.2012 – 4 Sa 246/12, juris, Rn. 79.

Eine analoge Anwendung des § 164 I BGB bei fehlender Vertretungsmacht scheidet daher aus. Eine Analogie ist auch nicht auf Grund der europäischen Vorgaben zum Diskriminierungsschutz erforderlich. Wie bereits ausgeführt, ist nach dem EuGH erforderlich, dass der Urheber der Benachteiligung ohne Möglichkeit zur Exkulpation haftet.[548] Erst die Zurechnung macht den Arbeitgeber zum Urheber. Eine Schutzlücke ergibt sich dadurch nicht, denn im Fall der Anweisung des Vertreters zur Benachteiligung kann sich der Arbeitgeber als Urheber gemäß § 3 V AGG seiner Verantwortung nicht entziehen.

bb. Benachteiligung keine Willenserklärung

Ob § 164 I BGB analog angewandt werden kann, wenn die Benachteiligung nicht durch eine Willenserklärung selbst erfolgte, ist fraglich. Anlass hierzu könnte die Rechtsprechung des EuGH bieten. Der EuGH geht von einer benachteiligenden Einstellungspolitik eines Arbeitgebers aufgrund einer öffentlichen Äußerung einer in der Öffentlichkeit als Hauptgeschäftsführer wahrgenommenen Person aus.[549] In dem der Entscheidung zugrundeliegenden Fall hatte der Mäzen eines rumänischen Fußballvereins in der Öffentlichkeit zur möglichen Verpflichtung eines Spielers, über dessen mutmaßliche Homosexualität spekuliert wird, mit deutlichen Worten die Verpflichtung auch nur eines homosexuellen Spielers durch den Verein abgelehnt.[550] Die Asociatia ACCEPT leitete daraufhin ein Beschwerdeverfahren nach rumänischem Recht ein. Im Rahmen dieses Verfahrens wurde dem EuGH der Fall zur Vorabentscheidung vorgelegt. Der EuGH sah in den öffentlichen Äußerungen ein Indiz für die Annahme einer benachteiligenden Einstellungspolitik des Vereins, das der Verein zu widerlegen hätte. Die Besonderheit des Falles lag darin, dass der Vereinsmäzen im Zeitpunkt der Äußerungen kein offizielles Amt oder irgendeine Funktion im Verein mehr ausübte und kein Vertreter des Vereins war.[551] Der EuGH rechnete dem Verein die entsprechenden Äußerungen dennoch zu, weil der Mäzen in der Öffentlichkeit als Vertreter des Vereins wahrgenommen wurde.[552] Dies ähnelt dem Instrument der Anscheinsvollmacht.

Gleichwohl stellt die öffentliche Äußerung zu Einstellungskriterien nach deutschem Recht keine benachteiligende Willenserklärung dar, die dem Arbeitgeber zugerechnet werden kann. Die Voraussetzungen für eine Willenserklärung liegen mangels Rechtsbindungswillen im Fall der öffentlichen Äußerung zur Einstellungskriterien nicht vor.

Voraussetzung für die analoge Anwendung einer Norm ist, dass für einen Tatbestand eine planwidrige gesetzliche Regelungslücke besteht und ein vergleichbarer

548 EuGH v. 22.04.1997 – C-180/95 (*Draehmpaehl*), NJW 1997, 1839 (1840).
549 EuGH v. 25.04.2013 – C-81/12 (*Asociatia ACCEPT*), EuZW 2013, 469 (470 ff.).
550 EuGH v. 25.04.2013 – C-81/12 (*Asociatia ACCEPT*), EuZW 2013, 469 (470).
551 EuGH v. 25.04.2013 – C-81/12 (*Asociatia ACCEPT*), EuZW 2013, 469 (470).
552 EuGH v. 25.04.2013 – C-81/12 (*Asociatia ACCEPT*), EuZW 2013, 469 (472).

Tatbestand gesetzlich geregelt ist.[553] Ist die Benachteiligungshandlung keine Willenserklärung, erfolgt auch keine Zurechnung nach § 164 I BGB. Eine Analogie ist aus zwei Gründen ausgeschlossen. Erstens ist zweifelhaft, ob die Voraussetzungen für eine Analogie vorliegen. Entscheidender ist jedoch, dass es einer analogen Anwendung des § 164 I BGB für den effektiven Schutz des Beschäftigten nicht bedarf. Sollte § 164 I BGB mangels einer Willenserklärung des Vertreters fehlen, ist der Beschäftigte im Fall einer Benachteiligung durch den Vertreter nicht schutzlos gestellt. Soweit sich die Vertretung aus einer Organstellung ergibt, erfolgt eine Zurechnung und Haftung des Arbeitgebers aus § 31 BGB. In den anderen Fällen der rechtsgeschäftlich eingeräumten Vertretungsmacht, drängt es sich auf, dass der Vertreter zugleich Erfüllungsgehilfe des Arbeitgebers ist. Schließlich wird dem Vertreter eine Vertretungsmacht hinsichtlich Willenserklärungen gegenüber anderen Beschäftigten im Namen des Arbeitsgebers eingeräumt. Somit nimmt er die Pflichten des Arbeitgebers gegenüber den Beschäftigten war. Diese umfassen insbesondere die Pflichten des Arbeitgebers zum Schutz seiner Beschäftigten vor Benachteiligungen und das Benachteiligungsverbot. Soweit der Vertreter nicht Erfüllungshilfe des Arbeitgebers ist, begründet dies keine analoge Anwendung. Nach den europäischen Vorgaben haftet der Arbeitgeber für eine unzulässige Benachteiligung seiner Beschäftigten, wenn er der Urheber der Benachteiligung ist. Handelt der Arbeitgeber nicht selbst, bedarf es der Zurechnung des fremden Verhaltens. Kann dem Arbeitgeber das Verhalten nicht zugerechnet werden, haftet er auch nicht, obwohl einer seiner Beschäftigten benachteiligt wurde. Folglich bedarf es keiner Analogie um die Zurechnung zu begründen. Dies ist dann ein solcher Fall, in dem eine Zurechnung gegebenenfalls nicht erfolgt.

e. Ergebnis

Die Benachteiligung eines Beschäftigten durch einen anderen Beschäftigten kann auch in Form einer Willenserklärung erfolgen. Diese Willenserklärung ist nicht zwingend unwirksam. Die Zurechnung gemäß § 164 I BGB zu Lasten des Arbeitgebers ist jedoch begrenzt. Eine Zurechnung der Willenserklärung erfolgt nur, wenn der handelnde Beschäftigte Vertreter des Arbeitgebers ist und mit entsprechender Vertretungsmacht handelte. An letzter Voraussetzung wird es in der Regel fehlen, denn die Vertretungsmacht umfasst nicht die unzulässige Benachteiligung anderer Beschäftigter. Eine entsprechende Gewährung ist nach §§ 134, 139 BGB i. V. m. § 7 II AGG nichtig. Der Arbeitgeber ist jedoch nach § 15 I, II AGG zu Schadensersatz und Entschädigung verpflichtet, wenn er die Benachteiligung in den Umfang der Vollmacht aufgenommen hat. Dies ist wegen der Anweisung zur Benachteiligung nach § 3 V 1 AGG selbst eine Benachteiligung. Ohne eine entsprechende Anweisung

553 BAG v. 13.02.2003 – 8 AZR 654/01 NJW 2003, 2473 (2475); BGH v. 13.3.2003 – I ZR 290/00, NJW 2003, 1932 (1933); BGH v. 14.12.2006 - IX ZR 92/05, NJW 2007, 992 (993).

ist die Benachteiligung nicht von der Vertretungsmacht umfasst. Eine analoge Anwendung kommt nicht in Betracht.

IV. Wissenszurechnung nach § 166 BGB

1. Unmittelbare Wissenszurechnung nach § 166 I BGB

Neben der Zurechnung einer Willenserklärung an sich kommt im Zusammenhang mit der Stellvertretung auch eine Zurechnung des Wissens des Stellvertreters in Betracht. Dies setzt jedoch ebenfalls die Stellvertretereigenschaft des Handelnden voraus. Mangels Vertretungsmacht des Handelnden ist dieser in Bezug auf eine unzulässige Benachteiligung kein Vertreter des Arbeitgebers im Sinne des § 166 BGB. Folglich scheidet § 166 BGB in direkter Anwendung als taugliches Instrument der Zurechnung benachteiligenden Handelns von Beschäftigten durch eine Willenserklärung aus.

2. Zurechnung des Wissens eines Wissensvertreters und Wissenszusammenrechnung nach § 166 I BGB in entsprechender Anwendung

In Betracht kommt die Zurechnung des Wissens hinsichtlich einer Benachteiligung durch eine analoge Anwendung des Rechtsgedankens des § 166 BGB. Ob der Arbeitgeber sich das Wissen eines Vertreters ohne Vertretungsmacht nach § 166 I BGB in analoger Anwendung zurechnen lassen muss, ist davon abhängig, ob die Voraussetzungen einer Analogie vorliegen. Eine analoge Anwendung des § 166 BGB drängt sich dann auf, wenn dies unter dem Gesichtspunkt des effektiven Schutzes vor Benachteiligungen zwingend erforderlich ist.

a. Allgemeine Grundsätze der entsprechenden Anwendung des § 166 I BGB

Die Zurechnung fremden Wissens nach § 166 I BGB entsprechend ist dem deutschen Zivilrecht nicht fremd. Weitestgehend anerkannt sind die Zurechnung des Wissens eines sogenannten Wissensvertreters und die Wissenszusammenrechnung.[554] So wird beispielsweise auch das Wissen des Besitzdieners dem Besitzer nach § 166 BGB analog zugerechnet.[555]

---

554 Exemplarisch Palandt – *Ellenberger*, BGB, § 166 Rn. 6 ff; Erman – *Maier-Reimer*, BGB, § 166 Rn. 17 ff.; MüKo – *Schramm*, BGB, § 166 Rn. 40 ff.; PWW – *Frensch*, BGB, § 166 Rn. 13 ff.

555 Vgl. BGH v. 09.02.1955 –IV ZR 188/54, NJW 1955, 866 (867); BGH v. 09.02.1960 – VIII ZR 51/59, NJW 1960, 860; MüKo – *Schramm*, BGB, § 166 Rn. 51 m.w.N.

aa. Wissensvertreter

Der BGH wendet in ständiger Rechtsprechung bei einem der Interessenlage zwischen Vertreter und Vertretenem vergleichbaren Sachverhalt § 166 I BGB entsprechend an.[556] Aufgrund des dieser Vorschrift zu entnehmenden allgemeinen Rechtsgedankens muss sich nach dem BGH derjenige, der einen anderen mit der Erledigung bestimmter Angelegenheiten in eigener Verantwortung betraut, das in diesem Rahmen erlangte Wissen des anderen zurechnen lassen.[557]

Die Anwendung der Vorschrift ist nach herrschender Ansicht nicht auf die rechtsgeschäftliche Vertretung beschränkt, sondern erstreckt sich analog auch auf den vergleichbaren Tatbestand der Wissensvertretung.[558] "Wissensvertreter" ist jeder, der nach der Arbeitsorganisation des Geschäftsherrn dazu berufen ist, im Rechtsverkehr als dessen Repräsentant bestimmte Aufgaben in eigener Verantwortung zu erledigen und die dabei angefallenen Informationen zur Kenntnis zu nehmen sowie gegebenenfalls weiterzuleiten.[559] Er braucht weder zum rechtsgeschäftlichen Vertreter noch zum "Wissensvertreter" ausdrücklich bestellt zu sein. Der Geschäftsherr muss sich seiner aber im rechtsgeschäftlichen Verkehr wie eines Vertreters bedienen. Hat der Wissensträger den Geschäftsherrn nur intern beraten, scheidet eine sinngemäße Anwendung von § 166 I BGB aus.[560]

bb. Wissenszurechnung aufgrund Organisationpflichten des Arbeitgebers

Neben der Zurechnung des Wissens von Wissensvertretern wird im rechtsgeschäftlichen Verkehr nach der Rechtsprechung des BGH entsprechend § 166 BGB einer juristischen Person aus Gründen des Verkehrsschutzes in weiterem Umfang das Wissen von Mitarbeitern hinsichtlich solcher Vorgänge zugerechnet, deren Relevanz für spätere Geschäftsvorgänge innerhalb des Organisationsbereichs dem Wissenden erkennbar ist und die deshalb dokumentiert und verfügbar gehalten oder an andere Personen innerhalb des Organisationsbereichs weitergegeben werden müssen.[561] Die organisatorische Aufspaltung von Zuständigkeiten der Mitarbeiter einer juristischen Person und ihrer Organe kann dazu führen, dass der Vertragspartner einer juristischen Person schlechter als der Vertragspartner einer natürlichen Person gestellt ist. Dieser Nachteil ist nach der Rechtsprechung des BGH dadurch ausgeglichen, dass der juristischen Person das Wissen auch derjenigen Organwalter

---

556 Exemplarisch BGH v. 25.03.1982 – VII ZR 60/81, NJW 1982, 1585 (1586) m.w.N.; BGH v. 24.01.1992 - V ZR 262/90, NJW 1992, 1099 (1100).

557 BGH v. 25.03.1982 – VII ZR 60/81, NJW 1982, 1585 (1586) m.w.N.; BGH v. 24.01.1992 - V ZR 262/90, NJW 1992, 1099 (1100).

558 Exemplarisch BGH v. 24.01.1992 - V ZR 262/90, NJW 1992, 1099 (1100); Palandt - *Ellenberger*, BGB; § 166 Rn. 6 ff.; PWW – *French*, BGB, § 166 Rn. 13 ff; MüKo – *Schramm*, BGB, § 166 Rn. 40 ff.

559 BGH v. 24.01.1992 - V ZR 262/90, NJW 1992, 1099 (1100).

560 BGH v. 24.01.1992 - V ZR 262/90, NJW 1992, 1099 (1100).

561 BAG v. 27.03.2001 – VI ZR 12/00, NJW 2001, 2535 (2536) m.w.N.

und Mitarbeiter zuzurechnen ist, die am Abschluss eines Vertrages selbst nicht beteiligt sind, sofern dieses Wissen bei ordnungsgerechter Organisation aktenmäßig festzuhalten, weiterzugeben und vor Vertragsabschluss abzufragen ist.[562] Auf die Organisationsform oder Rechtsfähigkeit der am Rechtsverkehr teilnehmenden Struktureinheit kommt es dabei nicht an.[563]

b. Besonderheiten bei Verstoß gegen das Benachteiligungsverbot

Fraglich ist, ob der Arbeitgeber sich das Wissen seiner Beschäftigten nach § 166 BGB analog zurechnen lassen muss, wenn diese von einer Benachteiligung Kenntnis erlangt haben oder selbst diskriminierend motiviert gehandelt haben[564], insbesondere eine benachteiligende Willenserklärung abgegeben haben. Dies hängt letztlich davon ab, ob die Voraussetzungen einer Analogie gegeben sind.

Es bestehen Zweifel an der Erforderlichkeit und der vergleichbaren Interessenlage. Das BAG hatte bisher nur selten zur analogen Anwendung des § 166 I BGB Stellung genommen. Dabei hat es eine entsprechende Anwendung des § 166 I BGB in der Regel abgelehnt.[565] So hat das BAG das Vorliegen einer betrieblichen Übung verneint, obwohl die Mitarbeiter der Lohnbuchhaltung über einen längeren Zeitraum bewusst eine höhere Vergütung abgerechnet und ausgezahlt haben. Nach dem BAG sind die Arbeitnehmer der Lohnbuchhaltung zwar Erfüllungsgehilfen, jedoch keine Stellvertreter und auch nicht in einer Art und Weise tätig, die eine analoge Anwendung des § 166 I BGB rechtfertigen würde.[566] Damit hat das BAG im Zusammenhang mit Zahlungsansprüchen der Zurechnung des Wissens von Arbeitnehmern als Wissensvertreter oder der Wissenszusammenfügung eine Absage erteilt. Dies scheint angesichts der vom BGH aufgestellten Kriterien zur analogen Anwendung auch konsequent. Der Arbeitnehmer wird nicht in eigener Verantwortung tätig, sondern handelt weisungsabhängig. Dies hat zur Folge, dass er kein Wissensvertreter ist.[567] Eine Wissenszurechnung aufgrund einer entsprechenden Organisationsstruktur erfolgt ebenfalls nicht. Die Organisationspflichten des Arbeitgebers in Bezug auf den Schutz vor Benachteiligungen sind in § 12 AGG ausdrücklich geregelt. Eine Zurechnung des Wissens einer Benachteiligung ist in diesem Zusammenhang nicht erforderlich. Die Unkenntnis des Arbeitgebers oder die der für ihn handelnden Beschäftigten führt in der Regel zu einer Verletzung der Pflichten nach § 12 AGG und damit verbunden zu einem Schadensersatzanspruch

---

562 BAG v. 13.10.2000 – V ZR 349/99, NJW 2001, 359 (360) m.w.N.

563 BAG v. 13.10.2000 – V ZR 349/99, NJW 2001, 359 (360).

564 Dies bejahend *Hanau*, ZIP 2006, 2189 (2195).

565 BAG v. 26.08.1987 – 4 AZR 155/87, AP § 1 TVG Tarifverträge: Brotindustrie Nr. 1; BAG v. 13.10.2010 – 5 AZR 648/09, NZA 2011, 219 (220).

566 BAG v. 26.08.1987 – 4 AZR 155/87, AP § 1 TVG Tarifverträge: Brotindustrie Nr. 1; BAG v. 13.10.2010 – 5 AZR 648/09, NZA 2011, 219 (220).

567 Zu den Anforderungen an einen Wissensvertreter vgl. BGH v. 24.01.1992 - V ZR 262/90, NJW 1992, 1099 (1100).

nach § 280 I BGB. Eine Zurechnung des Wissens nach § 166 I BGB ist daher nicht erforderlich.

Daneben fehlt es an einer für eine analoge Anwendung erforderliche Regelungslücke, die der Gesetzgeber, wenn er sie gesehen hätte, mit geregelt hätte. Der Entwurf zum ADG sah in § 16 des Entwurfes eine klare Regelung zur Haftung des Arbeitgebers vor, wenn Beschäftigte oder Dritte an der Benachteiligung beteiligt waren.[568] Diese Regelung wurde unter Hinweis auf die zusätzlich normierten Fürsorgepflichten und die allgemeine Haftung des Arbeitgebers bei einem Verstoß bereits aus dem Entwurf zum ADG bewusst ersatzlos gestrichen.[569] Der ADG-Entwurf diente nach der Bundestagswahl 2005 als Grundlage für das AGG. In der Begründung zum AGG nimmt der Gesetzgeber diesen Gedanken auf und verweist für die Zurechnung auf die § 278 BGB.[570] Mangels einer Regelungslücke besteht daher kein Raum für eine Analogie.

Aus europarechtlichen Gesichtspunkten ist eine entsprechende Anwendung nicht erforderlich. Nach dem EuGH darf eine Haftung des Arbeitgebers für eine unzulässige Diskriminierung nicht von weiteren Tatbestandsvoraussetzungen neben dem Verstoß gegen das Diskriminierungsverbot abhängig gemacht werden, wenn er Urheber der Benachteiligung ist.[571] Die Kenntnis einer bereits begangenen Benachteiligung macht den Arbeitgeber nicht zum Urheber gerade dieser Benachteiligung. Im Hinblick auf die Fürsorgepflichten nach § 12 AGG ist das unterlassene Einschreiten bei Kenntnis von einer vorangegangenen Benachteiligung eine schadensersatzbegründende Pflichtverletzung des Arbeitgebers, aber keine Benachteiligung durch den Arbeitgeber.[572] Eine Haftungslücke mangels Zurechnung des Wissens besteht insoweit nicht, da sich der Arbeitgeber das unterlassene Handeln des Beschäftigten mit Kenntnis nach § 278 BGB zurechnen lassen muss, wenn dieser Erfüllungsgehilfe des Arbeitgebers ist. Alternativ können gegen den Arbeitgeber selbst, insbesondere nach § 280 I BGB wegen Verletzung seiner Fürsorgepflichten Schadensersatzansprüche bestehen, weil er sich nicht so organisiert hat, dass er hätte Kenntnis erlangen können oder gar die Benachteiligung verhindern hätte können.

---

568 BT-Drs. 15/5717, S. 37.

569 BT-Drs. 15/5717, S. 37.

570 BT-Drs. 16/1780, S. 38.

571 EuGH v. 22.04.1997 – C-180/95 (*Draehmpaehl*), NJW 1997, 1839 (1840).

572 Dies ist umstritten. So wie hier auch Müko – *Thüsing*, BGB, § 12 AGG Rn. 13; *Annuß*, BB 2006, 1629 (1635); Schleusener/Suckow/Voigt – *Suckow*, AGG, § 12 Rn. 56; *Adomeit/Mohr*, AGG, § 12 Rn. 56 ff.; *Nollert-Borasio/Perreng*, AGG, 15 Rn. 43; HWK – *Rupp*, § 12 AGG Rn. 1; *Liebhäuser*, S. 122 f.; *Kamanabrou*, RdA 2006, 321 (336); *Kock*, MDR 2006, 1088 (1091), *Willemsen/Schweibert*, NJW 2006, 2583 (2590); *Gehlhaar*, NZA 2009, 825 (826), *Grobys*, NJW 2006, 2950 f.; Erman – *Belling*, BGB, § 12 AGG Rn. 10; ErfK – *Schlachter*, § 12 AGG, Rn. 1, 7; kritisch auch Hey/Forst – *Forst*, AGG, § 15 Rn. 41 f.

Eine entsprechende Anwendung des § 166 I BGB im Zusammenhang mit der Zurechnung des Wissens eines Beschäftigten um eine Benachteiligung erfolgt nicht. Die Voraussetzungen einer Analogie sind im Ergebnis nicht gegeben.

3. Ergebnis

Zurechnung des Wissens von Beschäftigten von einer Benachteiligung wird dem Arbeitgeber weder nach § 166 BGB noch in entsprechender Anwendung des § 166 BGB zugerechnet. Dies gilt unabhängig davon, ob der Beschäftigte Stellvertreter des Arbeitgebers ist oder nicht ist oder die Benachteiligung durch eine Willenserklärung erfolgte oder nicht erfolgte.

C. Haftung aufgrund eigener Verantwortlichkeit des Arbeitgebers

I. Anspruch auf Schadensersatz und Entschädigung nach § 15 AGG

Neben der Haftung des Arbeitgebers nach § 15 I oder § 15 II AGG aufgrund der Zurechnung des fremden Verhaltens infolge einer der bereits beschriebenen Zurechnungsnormen könnte auch eine Haftung des Arbeitgebers aufgrund eigenen Handelns beziehungsweise Unterlassens des Arbeitgebers in Betracht kommen. Dem Arbeitgeber würde nicht das Verhalten des Dritten zugerechnet, sondern er würde für die unzulässige Benachteiligung wegen einer eigenen Pflichtverletzung haften.

1. Anweisung zur Benachteiligung

Soweit ein beschäftigter Dritter handelte, kommt eine eigene Haftung des Arbeitgebers wegen aktiven Handelns grundsätzlich nur in Betracht, wenn er sich an der unzulässigen Benachteiligung selbst beteiligte[573] oder zu dieser aufgefordert hat. In beiden Fällen bedarf es keiner zusätzlichen Zurechnung des fremden Verhaltens.[574] Im ersten Fall benachteiligt der Arbeitgeber selbst und ist daher Mittäter.

Hiervon abzugrenzen ist der zweite Fall, die Anweisung des Arbeitgebers zur Benachteiligung. Auch in diesem Fall würde der Arbeitgeber ebenfalls nach § 15 AGG zu Schadensersatz und Entschädigung verpflichtet sein. Die vom Arbeitgeber selbst vorgenommene Anweisung zur Benachteiligung stellt nach § 3 V 1 AGG bereits eine eigenständige Benachteiligung durch den Arbeitgeber dar. Ob die angewiesene Person tatsächlich den betroffenen Beschäftigten unzulässig benachteiligte, ist für die Haftungsbegründung nicht relevant.[575] Sollte der Angewiesene die geforderte

---

573 So auch *Koch*, VersR 2007, 288 (290).

574 Däubler/Bertzbach – *Deinert*, AGG, § 3 Rn. 79 m.w.N.

575 Schleusener/Suckow/Voigt – *Schleusener*, AGG, § 3 Rn. 163; *Meinel/Heyn/Herms*, AGG, § 3 Rn. 53; *Bauer/Krieger*, AGG, § 3 Rn. 68; *Thüsing*, Arbeitsrechtlicher Diskriminierungsschutz, Rn. 300, 307; a. A. *Adomeit/Mohr*, AGG, § 3 Rn. 265.

Benachteiligung nicht ausgeführt haben, ist die Benachteiligung als „versuchte Anstiftung“ anzusehen und dies auf der Rechtsfolgenseite bei der Festsetzung der angemessenen Entschädigung zu berücksichtigen. Die Entschädigung kann dann wegen des geringeren Unrechtsgehalts aufgrund der fehlenden tatsächlichen Handlung mit Auswirkung gegenüber dem betroffenen Beschäftigten deutlich geringer ausfallen.[576] Letzteres wird der Intention der Einordnung der Anweisung zur Benachteiligung als Benachteiligung gerecht. Bereits in den Richtlinien zum Diskriminierungsschutz – Art. 2 II a RL 2006/54/EU; Art 2 IV RL 2000/43/EG; Art. 2 IV RL 2000/78/EG; Art. 4 IV RL 2004/113/EG – wird die Anweisung zu Benachteiligung als Benachteiligung angesehen. Durch diese Einordnung wird deutlich, dass ein entsprechendes Handeln zu sanktionieren ist. Durch diese Sanktionsbewährung soll eine unzulässige Benachteiligung bereits im Vorfeld in ihrer Entwicklungsphase verhindert[577] und die Schutzmöglichkeiten des Beschäftigten effektiv ausgestaltet werden.[578] Dadurch wird deutlich, dass eine tatsächliche Benachteiligung und der damit verbundene Eingriff in die Persönlichkeitsrechte eines Beschäftigten noch nicht erfolgten. Vielmehr ist dieser in Vorbereitung, beziehungsweise steht unmittelbar bevor. Die Sanktionierung ist gerechtfertigt, weil der Arbeitgeber mit der Anweisung an einen Dritten das eigentliche Geschehen bereits aus der Hand gegeben hat und eine Tatbestandsverwirklichung nicht mehr von seinem Zutun abhängig ist. Mangels eines tatsächlichen Eingriffs ist es jedoch gerechtfertigt, die Entschädigungssumme gegenüber Fällen tatsächlicher Diskriminierung deutlich zu reduzieren.[579]

Kommt es infolge der Anweisung tatsächlich zu einer unzulässigen Benachteiligung, ist es nicht mehr erforderlich, auf die Anweisung als Benachteiligung abzustellen. Dem Arbeitgeber ist die Benachteiligung durch den Angewiesenen nach § 278 BGB analog zuzurechnen. Schließlich bedient es sich durch die Anweisung des Angewiesenen bei der Erfüllung seiner Pflichten im Rahmen des Diskriminierungsschutzes gegenüber dem betroffenen Beschäftigten.

---

576 *Bauer/Krieger*, AGG, § 3 Rn. 68; Schleusener/Suckow/Voigt – *Schleusener*, AGG, § 3 Rn. 163; Däubler/Bertzbach – *Deinert*, AGG, § 3 Rn. 90. Vorgeschlagen wurde, die Entschädigung auf die Hälfte der Entschädigung zu bemessen, zur der der Arbeitgeber verpflichtete wäre, wenn es zu einer tatsächlichen Benachteiligung gekommen wäre; so MüKo – *Thüsing*, BGB, § 3 AGG Rn. 83; *Thüsing*, NZA Sonderbeilage Heft 22/2004, 3 (8); *Thüsing*, Arbeitsrechtlicher Diskriminierungsschutz, Rn. 307.

577 *Wank*, in Festschrift Wissmann 599 (603).

578 Däubler/Bertzbach – *Deinert*, AGG, § 3 Rn. 79; Schleusener/Suckow/Voigt – *Schleusener*, AGG, § 3 Rn. 162; *Thüsing*, NZA Sonderbeilage Heft 22/2004, 3 (8); *Thüsing*, Arbeitsrechtlicher Diskriminierungsschutz, Rn. 301.

579 So auch Däubler/Bertzbach – *Deinert*, AGG, § 3 Rn. 90; *Bauer/Krieger*, AGG, § 3 Rn. 68.

2. *Haftung durch Verletzung der Fürsorgepflichten beziehungsweise pflichtwidriges Unterlassen*

Neben einer Haftung des Arbeitgebers wegen einer eigenen Verantwortlichkeit aufgrund der Anweisung zur unzulässigen Benachteiligung drängt sich die Frage auf, ob der Arbeitgeber für das benachteiligende Verhalten seiner Beschäftigung aufgrund einer Benachteiligung durch Unterlassen nach § 15 I, II AGG haftet. Eine unmittelbare Benachteiligung kann auch in einem Unterlassen liegen.[580] Eine unmittelbare Benachteiligung durch Unterlassen soll insbesondere gegeben sein, wenn ein Arbeitgeber einer seiner gesetzlich auferlegten Handlungspflichten nicht nachkommt, durch die im Sinne des § 5 AGG eine bisher in Beschäftigung und Beruf benachteiligte Gruppe gezielt gefördert werden soll.[581] Fraglich ist, ob dies auch bei durch andere Beschäftigte begangenen Benachteiligungen gilt, die durch eine Verletzung der Pflichten nach § 12 AGG durch den Arbeitgeber begünstigt wurden oder der Arbeitgeber durch seine Einflussnahme möglicherweise hätte verhindern können.

a. Meinungsstand

In der Literatur wird teilweise vertreten, dass der Arbeitgeber nach § 15 AGG zu Schadensersatz und Entschädigung verpflichtet ist, wenn ein Dritter einen Beschäftigten unzulässig benachteiligt. Für das Verhalten des Dritten soll der Arbeitgeber infolge des Vorwurfs einer eigenen Pflichtverletzung unter dem Stichpunkt „Benachteiligung durch Unterlassen" nach § 15 AGG haften. Der Arbeitgeber soll selbst nach § 15 AGG haften, wenn er seinen eigenen Schutzpflichten insbesondere aus § 12 AGG gegenüber dem Beschäftigten nicht nachgekommen ist.[582] Diese Pflichtverletzung sei kausal für die Benachteiligung durch einen Beschäftigten oder Dritten. Hierdurch soll ein eigener Anspruch gegen den Arbeitgeber nach § 15 AGG begründet werden.[583] Der Vorwurf ist damit nicht unmittelbar die Benachteiligung,

---

580 BT-Drs. 16/1780, S. 32; BVerwG v. 03.03.2011 – 5 C 16/10, NZA 2011, 977 (978); *Stoffels*, RdA 2009, 204 (207); *Meinel/Heyn/Herms*, AGG, § 15 Rn. 11; *Bauer/Krieger*, AGG, § 15 Rn. 17; *v. Roetteken*, AGG, § 15 Rn. 26e.

581 BVerwG v. 03.03.2011 – 5 C 16/10, NZA 2011, 977 (978); ähnlich *Stoffels*, RdA 2009, 204 (207).

582 *Meinel/Heyn/Herms*, AGG, § 15 Rn. 23 f.; *Bauer/Evers*, NZA 2006, 893 f.; *Seel*, MDR 2006, 1321 (1323 f.); *Stoffels*, RdA 2009, 204 (207); *Göpfert/Siegrist*, NZA 2007, 473 (476 f.); *Göpfert/Siegrist*, ZIP 2006, 1710 (1711); *Koch*, VersR 2007, 288 (290); *v. Roetteken*, AGG, § 15 Rn. 26e; PWW – *Lingemann*, BGB, § 12 AGG Rn. 18; Palandt – *Weidenkaff*, BGB, § 12 AGG Rn. 3: Wendeling-Schröder/Stein – *Stein*, AGG, § 12 Rn. 11; *Hoch*, BB 2007, 1732 (1733).

583 *Bauer//Krieger*, AGG, § 12 Rn. 5, § 15 Rn. 17; *Meinel/Heyn/Herms*, AGG, § 15 Rn. 23 f.; *Bauer/Evers*, NZA 2006, 893 f.; *Seel*, MDR 2006, 1321 (1323 f.); *Stoffels*, RdA 2009, 204 (207); *Göpfert/Siegrist*, NZA 2007, 473 (476 f.); *Göpfert/Siegrist*, ZIP 2006, 1710 (1711); *Koch*, VersR 2007, 288 (290); *v. Roetteken*, AGG, § 15 Rn. 26e;

sondern dass der Arbeitgeber nicht gehandelt hat, obwohl er zum Beispiel nach § 12 AGG dazu verpflichtet ist und dies zur Benachteiligung durch den anderen Beschäftigten führte. Ein entsprechendes pflichtwidriges Unterlassen kann nach dieser Ansicht zum einen in dem Nichtergreifen geeigneter Maßnahmen oder auch in einer mangelhaften oder nicht durchgeführten Personalauswahl, -schulung oder -überwachung gesehen werden.

Von Roetteken geht diesbezüglich soweit, dass nicht nur die Verletzung der Fürsorgepflicht als Pflichtverletzung wegen der nachfolgenden Benachteiligung von § 15 AGG umfasst sein soll, sondern bereits die Verletzung der Fürsorgepflichten gegenüber den Beschäftigten durch Unterlassen der erforderlichen Maßnahmen eine eigene Benachteiligung darstellen soll.[584] Dies soll sich aus Art. 9 RL 2000/43/EG, Art. 11 RL 2000/78/EG und Art. 26 RL 2006/54/EG ergeben.[585]

Nach anderer Ansicht begründet die Verletzung der Fürsorgepflichten aus §§ 11, 12 AGG durch Unterlassen gerade keinen Anspruch auf Schadensersatz nach § 15 I AGG, sondern vielmehr nach § 280 I BGB.[586] Das Unterlassen der gebotenen Handlungs- und Organisationspflichten sei gerade kein Verstoß gegen das Benachteiligungsverbot, wie nach § 15 I 1 AGG ausdrücklich gefordert.[587] Nach dieser Ansicht wird zwischen den verschiedenen Pflichtverletzungen, der Pflicht nicht zu benachteiligen und den Organisations- und Fürsorgepflichten, strikt unterschieden und nur an den Pflichtverstoß gegen das Benachteiligungsverbot die Rechtsfolgen des § 15 AGG geknüpft.[588] In diesem Zusammenhang ist anzumerken, dass der Große Senat des BAG bereits im Jahr 1961 in Bezug auf Sachschäden des Arbeitnehmers, die bei gefährlicher Arbeit entstanden, eine verschuldensunabhängige Haftung wegen der Verletzung von Fürsorgepflichten, in dem Fall aus § 618 BGB, ausdrücklich ablehnte.[589]

PWW – *Lingemann*, BGB, § 12 AGG Rn. 18; Palandt – *Weidenkaff*, BGB, § 15 AGG Rn. 3: Wendeling-Schröder/Stein – *Stein*, AGG, § 12 Rn. 11; *Hoch*, BB 2007, 1732 (1733); im Erg. auch *Hanau*, ZIP 2006, 2189 (2201).

584 *V. Roetteken*, AGG § 15 Rn. 26e.

585 *V. Roetteken*, AGG § 15 Rn. 26e.

586 Müko – *Thüsing*, BGB, § 12 AGG Rn. 13; *Annuß*, BB 2006, 1629 (1635); Schleusener/Suckow/Voigt – *Suckow*, AGG, § 12 Rn. 56; *Adomeit/Mohr*, AGG, § 12 Rn. 56 ff.; *Nollert-Borasio/Perreng*, AGG, 15 Rn. 43; HWK – *Rupp*, § 12 AGG Rn. 1; *Liebhäuser*, S. 122 f.; *Kamanabrou*, RdA 2006, 321 (336); *Kock*, MDR 2006, 1088 (1091), *Willemsen/Schweibert*, NJW 2006, 2583 (2590); *Gehlhaar*, NZA 2009, 825 (826), *Grobys*, NJW 2006, 2950 f.; Erman – *Belling*, BGB, § 12 AGG Rn. 10; ErfK – *Schlachter*, § 12 AGG, Rn. 1, 7; *Schäfer*, S. 279 f.

587 Müko – *Thüsing*, BGB, § 12 AGG Rn. 13; *Annuß*, BB 2006, 1629 (1635); Schleusener/Suckow/Voigt – *Suckow*, AGG, § 12 Rn. 56; *Adomeit/Mohr*, AGG, § 12 Rn. 57; *Schäfer*, S. 280 ff; ebenfalls kritisch aber mit einem eigenen Haftungsansatz Hey/Forst –*Forst*, AGG, § 15 Rn. 41 f.

588 Müko – *Thüsing*, BGB, § 12 AGG Rn. 13; *Annuß*, BB 2006, 1629 (1635); Schleusener/Suckow/Voigt – *Suckow*, AGG, § 12 Rn. 56; *Adomeit/Mohr*, AGG, § 12 Rn. 57.

589 BAG GS v. 10.11.1961 – GS 1/60, NJW 1962, 411 (412 f).

b. Europarechtliche Vorgaben

Die Frage, ob eine Haftung für eine Benachteiligung durch Unterlassen wegen einer die Benachteiligung durch andere Beschäftigte begünstigenden Verletzung der dem Arbeitgeber obliegenden Fürsorge- und Schutzpflichten erforderlich ist, ließe sich dann einfach beantworten, wenn dies nach den Vorgaben des Europarechts geboten wäre.

Aus den europäischen Vorgaben geht nicht eindeutig hervor, dass der Arbeitgeber bei Benachteiligungen durch andere Beschäftigte bei Verletzung seiner Fürsorge- und Organisationspflichten für diese Benachteiligung aufgrund Unterlassens haften muss.[590] Eine Sanktion allein wegen eines Verstoßes gegen eine Pflicht zur Ergreifung von Vorbeugemaßnahmen ist nirgendwo erwähnt. Nach den Richtlinien zum Schutz vor Diskriminierungen bzw. zur Gleichstellung von Männern und Frauen ist eine Sanktion stets bei einem Verstoß gegen die einzelstaatlichen Vorschriften zur Umsetzung der einschlägigen Richtlinien vorgesehen.[591] Dies allein schließt eine Sanktionierung von Verstößen gegen die dem Arbeitgeber nach dem nationalen Recht obliegenden Pflichten nicht aus. Ein zwingendes Erfordernis stellt dies jedoch auch nicht dar. Das Sanktionserfordernis nach den Richtlinien bezieht sich auf einen Verstoß gegen die Vorschriften zur Umsetzung der Richtlinien. Dies kann auf den ersten Blick auch ein Verstoß gegen die im nationalen Recht normierten Fürsorgepflichten umfassen. Ungeachtet der von *v. Roetteken* angeführten Artikel zur Viktimisierung wird aus der Systematik der Richtlinien deutlich, dass sich die Sanktion auf einen Verstoß gegen das Diskriminierungsverbot als solche bezieht. Dies ergibt sich aus den Regelungen zum Sanktionserfordernis selbst. Nach Art. 15 RL 2000/43/EG, Art. 17 RL 2000/78/EG, Art. 25 RL 2006/54/EG obliegt es den Mitgliedsstaaten, die Sanktion so auszugestalten, dass sie auch Schadensersatzleistungen an die Opfer umfassen. Bereits diese Sprachregelung macht deutlich, dass der Verstoß gegen das Diskriminierungsverbot sanktioniert werden soll. Im Zusammenhang mit dem Schutz vor Diskriminierungen ist Opfer, wer unzulässig diskriminiert wird und nicht bereits der, zu dessen Lasten eine Fürsorgepflicht verletzt wurde. Dies ergibt sich letztlich auch aus Grundschutzrichtung, dem Verbot von Diskriminierungen und der Vorbeugung zukünftiger Diskriminierungen. Dieser präventive Gedanke ist Bestandteil der Sanktion.[592] Eine Sanktionierung von Fürsorgepflichten ist demnach auch nicht erforderlich, da bereits die verbotene Diskriminierung allein die auf Prävention ausgerichtete Sanktion auslöst. Nach dem EuGH muss allein der Verstoß gegen das Benachteiligungsverbot die Sanktion auslösen.[593] Aus dieser Rechtsprechung des EuGH ist darauf zuschließen, dass sich das Sanktionserfordernis auf das Benachteiligungsverbot bezieht.

---

590 So aber *v. Roetteken*, AGG, § 15 Rn. 26e.

591 Vgl. Art. 15 RL 2000/43/EG, Art. 17 RL 2000/78/EG, Art. 25 RL 2006/54/EG.

592 Exemplarisch *Bauer/Krieger*, AGG, § 15 Rn. 36.

593 EuGH v. 08.11.1990 – C-177/88 (*Dekker*), NZA 1991, 171 (172 f.); EuGH v. 22.04.1997 – C-180/95 (*Draehmpaehl*), NJW 1997, 1839 (1840).

Die Ausnahmeregelung des Art. 5 RL 2000/78/EG verdeutlicht, dass in der Regel eine Verletzung der Fürsorgepflichten des Arbeitgebers zugleich eine Benachteiligung durch Unterlassen darstellt. Das Unterlassen angemessener Vorkehrungen zur Gleichstellung behinderter Beschäftigter ist zugleich eine Benachteiligung durch Unterlassen.[594] Im Vergleich zu den sonstigen geschützten Merkmalen besteht ein Unterschied zwischen behinderten und nicht behinderten Beschäftigten, der durch aktives Ergreifen geeigneter Maßnahmen beseitigt werden muss. Das Unterlassen entsprechender Vorkehrungen führt folglich dazu, dass die bestehende Ungleichbehandlung aufrechterhalten wird. Bei allen anderen Merkmalen sind die Beschäftigten im Ausgangspunkt gleich und erst die Heranziehung eines der genannten Merkmale führt zu einer Differenzierung zwischen den Beschäftigten und letztlich zur Benachteiligung aus diesem Grund.[595]

Bei der Annahme, dass die europäischen Vorgaben grundsätzlich auch eine Sanktion erfordern, wenn ein Verstoß gegen die Fürsorge- und Organisationspflichten insbesondere zur Prävention vorliegt[596], wird dies im Ergebnis verkannt. Die Vorgaben der einschlägigen Richtlinien erfordern grundsätzlich keine zwingende verschuldensunabhängige Sanktion von Verletzungen der Fürsorge- und Schutzpflichten wie bei einem Verstoß gegen das Diskriminierungsverbot. Einzig bei einer Benachteiligung wegen einer Behinderung kann das Unterlassen angemessener Vorkehrungen zugleich ein Verstoß gegen das Benachteiligungsverbot darstellen.

c. *Verletzung von Fürsorgepflichten als vertragliche Pflichtverletzung*

Der deutsche Gesetzgeber hat sich bei der Ausgestaltung der Sanktionierung unzulässiger Benachteiligungen für zivilrechtliche Schadensersatz- und Entschädigungsansprüche des Betroffenen gegen den Arbeitgeber festgelegt. Dabei hat er sich für eine vertraglich ausgestaltete[597], an der Regelung des § 280 BGB orientierte Haftung entschieden.[598] Folglich sind die Grundsätze der schuldrechtlichen Haftung als Maßstab heranzuziehen.

Aus einem Schuldverhältnis entstehen dem Schuldner verschiedene Pflichten. Art und Umfang der schuldrechtlichen Pflichten ergeben sich aus dem jeweiligen spezifischen Schuldverhältnis. Die Pflichten können Haupt- und Nebenleistungspflichten und nach § 241 BGB auch nichtleistungsbezogene Nebenpflichten beinhalten.[599] Die Pflichten müssen nicht zwingend in einem Synallagma stehen. Die

594 EuGH v. 11.04.2013 – C-335/11, C-337/11 (*Ring, Skouboe Werge*), NZA 2013, 553 (557).

595 Hierzu bereits ausführlich unter B.II.4.b.

596 Dies annehmend *v. Roetteken*, AGG, § 15 Rn. 26e.

597 *Bauer/Krieger*, AGG, § 15 Rn. 13.

598 BT-Drs. 16/1780, 38; Schleusener/Suckow/Voigt – *Voigt*, AGG, § 15 Rn. 11; *v. Roetteken*, AGG, § 15 Rn. 2; HWK –*Rupp*, § 15 AGG Rn. 5.

599 BAG v. 25.10.2007 – 8 AZR 593/06, NZA 2008, 223 (227); *Medicus/Petersen*, BürglR, Rn. 206 ff.; PWW – *Schmidt-Kessel*, BGB, § 280 Rn. 10 ff.; Palandt – *Grüneberg*, BGB, § 280 Rn. 12.

nichtleistungsbezogenen Pflichten zeichnen sich gerade dadurch aus, dass sie nach ihrem Sinn und Zweck nicht synallagmatisch sind. Eine der wesentlichen Nebenpflichten aus einem Schuldverhältnis ist nach § 241 II BGB die Pflicht, Rücksicht auf die Rechte, Rechtsgüter und Interessen des anderen Teils zu nehmen. Hieraus resultieren je nach Schuldverhältnis Rücksichtnahme-, Schutz- und Fürsorgepflichten.[600] Art und Umfang der Schutz- und Fürsorgepflichten ergibt sich jeweils aus dem zugrundeliegenden Schuldverhältnis.[601] Das Bestehen einer Hauptleistungspflicht ist ebenso wie das Bestehen eines Vertrages nicht zwingende Voraussetzung für das Bestehen von Schutz- und Fürsorgepflichten.[602] Dies wird durch die Reglungen des § 311 II, III BGB deutlich. Danach genügt für die Begründung eines rechtsgeschäftlichen Schuldverhältnisses mit Pflichten nach § 241 II BGB zum Beispiel die Aufnahme von Vertragsverhandlungen. Nach § 311 II Nr. 2 BGB besteht ein solches Schuldverhältnis auch bereits bei der Anbahnung eines Vertragsverhältnisses, bei der die eine Partei im Hinblick auf die rechtsgeschäftliche Beziehung dem anderen Teil die Einwirkung auf seine Rechte, seine Rechtsgüter und so weiter ermöglicht. Nach § 311 III BGB ist es für die Begründung eines Schuldverhältnisses mit entsprechenden Schutzpflichten nicht einmal erforderlich, dass der Schuldner dieser Pflichten selbst später Vertragspartner werden soll.

Den Arbeitgeber treffen als nichtleistungsbezogene Nebenpflichten grundsätzlich Schutz-, Fürsorge- und Loyalitätspflichten gegenüber seinen Arbeitnehmern.[603] Einer gesonderten Erörterung, inwieweit den Arbeitgeber Verkehrssicherungspflichten zum Schutz seiner Beschäftigten vor unzulässigen Diskriminierungen treffen, bedarf es nicht.[604] Im Zusammenhang mit dem Schutz vor Diskriminierungen hat der Gesetzgeber in § 12 AGG die Schutz- und Fürsorgepflichten des Arbeitgebers gegenüber seinen Beschäftigten in Bezug auf den Schutz vor Benachteiligungen konkret normiert.[605] Wird ein Beschäftigter durch einen anderen Beschäftigten benachteiligt und hätte dies der Arbeitgeber bei Befolgen seiner in § 12 AGG genannten Pflichten verhindern können, stellt das Unterlassen der nach § 12 AGG erforderlichen Maßnahmen eine kausale Verletzung vertraglicher Nebenpflichten

600 BAG v. 16.05.2007 – 8 AZR 709/06, NZA 2007, 1154 (1160); BAG v. 25.10.2007 – 8 AZR 593/06, NZA 2008, 223 (227).

601 Ähnlich Palandt – *Grüneberg*, BGB, § 241 Rn. 6.

602 Ausführlich hierzu PWW – *Stürner*, BGB, § 311 BGB, Rn. 33 ff.; Palandt – *Grüneberg*, BGB, § 311 Rn. 11.

603 Vgl. hierzu exemplarisch BAG v. 25.10.2007 – 8 AZR 593/06, NZA 2008, 223 (227); BAG v. 16.05.2007 – 8 AZR 709/06, NZA 2007, 1154 (1160); ErfK – *Preis*, § 611 BGB Rn. 610 ff.; Schaub – *Koch*, ArbR-Hdb, § 106 Rn. 1.

604 Däubler/Bertzbach – *Deinert*, AGG, § 15 Rn. 137.

605 BAG v. 25.10.2007 – 8 AZR 593/06, NZA 2008, 223 (226); Däubler/Bertzbach – *Deinert*, AGG, § 15 Rn. 137 m.w.N. Ähnlich *Ladiges*, SR 2013, 29 (32) der aus strafrechtlicher Sicht die Garantenpflicht des Vorgesetzten näher untersucht und feststellt, dass § 12 III AGG eine strafrechtlich relevante Garantenpflicht des Vorgesetzten begründet.

durch den Arbeitgeber gegenüber dem betroffenen Beschäftigten dar. Daraus ergibt sich jedoch nicht zwingend, dass diese Pflichtverletzung zugleich eine Benachteiligung durch den Arbeitgeber ist.

d. Erfordernis einer Benachteiligung als spezielle Pflichtverletzung

Eine Haftung des Arbeitgebers für eine Benachteiligung durch Unterlassen ist nicht grundsätzlich ausgeschlossen. Nach dem Willen des Gesetzgebers kann eine unmittelbare Benachteiligung auch in einem Unterlassen liegen.[606] So kann beispielsweise in Anweisungsfällen eine Benachteiligung des Arbeitgebers durch Unterlassen erfolgen.[607] Hier ist jedoch zu bedenken, dass der Arbeitgeber in diesem Fall nicht für ein fremdes benachteiligendes Verhalten einzustehen hat, sondern die Anweisung gemäß § 3 V AGG als solche eine eigene Benachteiligungshandlung des Arbeitgebers ist. Der Arbeitgeber haftet dann nicht für eine fremde Benachteiligung, sondern für eine durch ihn selbst begangene Benachteiligung.

Eine unmittelbare Benachteiligung durch Unterlassen soll insbesondere gegeben sein, wenn ein Arbeitgeber einer seiner gesetzlich auferlegten Handlungspflichten nicht nachkommt, durch die im Sinne des § 5 AGG eine bisher in Beschäftigung und Beruf benachteiligte Gruppe gezielt gefördert werden soll.[608] Dies scheint einleuchtend, wenn unmittelbar das Nichthandeln eine Benachteiligung darstellt, wie zum Beispiel bei Nichteinladung eines schwerbehinderten Bewerbers, obwohl der Arbeitgeber gemäß § 82 SGB IX ausdrücklich dazu verpflichtet ist.[609] Die Benachteiligung ist dann die Verweigerung der gesetzlich bestimmten Chance des Bewerbers zum persönlichen Vorstellen.[610] Dies entspricht den europäischen Vorgaben aus Art. 5 RL 2000/78/EG. Anders ist dies jedoch im Fall von Benachteiligungen durch andere Beschäftigte. In diesen Fällen mündet das Unterlassen des Arbeitgebers nicht ohne weitere Handlungen in einer Benachteiligung. Vielmehr muss grundsätzlich noch das benachteiligende Handeln anderer Beschäftigter hinzutreten.

Im Fall des Schadensersatzes und der Entschädigungspflicht nach § 15 I, II AGG ist fraglich, ob die Verletzung der Fürsorgepflichten des Arbeitgebers gegenüber seinen Beschäftigten zur Verwirklichung der Tatbestandsvoraussetzungen genügt. Ausgehend vom Wortlaut der Norm setzt ein Anspruch auf Schadensersatz nach § 15 I 1 AGG ausdrücklich einen Verstoß gegen das Benachteiligungsverbot als anspruchsbegründendes Tatbestandsmerkmal voraus. Die Pflichtverletzung ist einzig der Verstoß gegen das Benachteiligungsverbot nach § 7 I AGG und folglich

606 BT-Drs. 16/1780, S. 32.

607 So soll auch eine unterlassene Richtigstellung durch den Arbeitgeber bei einer missverstandenen Anweisung eine unzulässige Benachteiligung darstellen; Däubler/Bertzbach – *Deinert*, AGG § 3 Rn. 84.

608 BVerwG v. 03.03.2011 – 5 C 16/10, NZA 2011, 977 (978).

609 Vgl. BAG v. 17.08.2010 – 9 AZR 839/08, NZA 2011, 153 (156).

610 BAG v. 17.08.2010 – 9 AZR 839/08, NZA 2011, 153 (156).

die unzulässige Benachteiligung.[611] Die nach § 15 I 1 AGG erforderliche Pflichtverletzung des Arbeitgebers wurde durch den Gesetzgeber genau konkretisiert. Die Verletzung der Fürsorgepflichten nach § 12 AGG ist gerade eine andere Pflichtverletzung als der Verstoß gegen das Benachteiligungsverbot.[612]

Die Missachtung der eigenen Handlungspflichten durch den Arbeitgeber stellt für sich gesehen eine Pflichtverletzung dar, für deren Folgen der Arbeitgeber unstreitig die sich daraus ergebenden Konsequenzen tragen muss. Jedoch ist es systemwidrig, wenn eine Pflichtverletzung zur Begründung einer anderen Pflichtverletzung herangezogen wird. § 15 I AGG ist nach dem Wortlaut der Norm und nach dem Willen des Gesetzgebers der Regelung des § 280 BGB in Bezug auf die spezielle Pflichtverletzung Benachteiligung nachgebildet.[613] Anders als bei § 280 I BGB, wonach die Verletzung irgendeiner Pflicht, jedoch nicht einer konkreten Pflicht, als haftungsbegründend herangezogen wird, stellt § 15 I AGG ausdrücklich auf einen Verstoß gegen das Benachteiligungsverbot ab. Zur Begründung einer konkreten Pflichtverletzung kann schwerlich die Verletzung einer anderen Pflicht als Begründung herangezogen werden.

Es entspricht zudem nicht dem gesetzgeberischen Willen und der Gesetzessystematik, den Arbeitgeber durch ein Unterlassen seiner Fürsorge- und Organisationspflichten für eine Benachteiligung durch andere nach § 15 AGG haften zu lassen. Eine Haftung erfolgt nur dann, wenn das fremde Verhalten dem Arbeitgeber mittels einer entsprechenden Zurechnungsnorm zugerechnet werden kann. Im AGG ist keine Rechtsfolge für den Verstoß gegen die Pflichten nach § 12 AGG vorgesehen. Der Gesetzgeber geht zwar davon aus, dass eine Benachteiligung auch durch ein Unterlassen erfolgen kann,[614] jedoch ergibt sich aus der Gesetzessystematik und der Entstehungsgeschichte, dass eine Haftung des Arbeitgebers aus eigener Verantwortung für eine Benachteiligung durch andere nicht gewollt ist.[615] Ein entsprechender Regelungsentwurf[616] wurde bereits zum geplanten ADG mit dem ausdrücklichen Verweis auf eine Haftung des Arbeitgebers bei Verletzung der Fürsorgepflichten

611 BAG v. 22.01.2009 – 8 AZR 73/08, NZA 2009, 945 (947) m.w.N.; Schleusener/Suckow/Voigt – *Voigt*, AGG, § 15 Rn. 1; MüKo – *Thüsing*, BGB, § 15 AGG Rn. 23; *Bauer/Krieger*, AGG, § 15 Rn. 14; *Mansel*, in Festschrift Canaris, S. 809 (814 f.); Jauernig – *Mansel*, BGB, § 12 AGG Rn. 6 in der 15. Auflage.

612 Ähnlich Schleusener/Suckow/Voigt – *Suckow*, AGG, § 12 Rn. 56. Ebenso zutreffend ablehnend *Adomeit/Mohr*, AGG, § 12 Rn. 56 ff.; *Nollert-Borasio/Perreng*, AGG, 15 Rn. 43; a.A. *Meinel/Heyn/Herms*, AGG, § 15 Rn. 24.

613 BT-Drs. 16/1780, S. 38.

614 BT-Drs. 16/1780, S. 32.

615 A.A. *Eßer/Bulach*, NZG 2007, 321 (331), die zutreffend auf die Änderungen im Gesetzestext verweisen, jedoch die Begründung der Änderungen (BT-Drs. 15/4538, S. 36) unbeachtet lassen.

616 Eine entsprechende Regelung war in § 16 ADG-Entwurf enthalten; vgl. BT-Drs. 15/4538, S. 7, 36.

nach den allgemeinen Bestimmungen als entbehrlich verworfen.[617] In der Begründung zum AGG hat der Gesetzgeber deutlich gemacht, dass eine Haftung nach § 15 AGG eine Verletzung des Benachteiligungsverbotes voraussetzt und sich die Haftung für ein Verhalten Dritter nach § 278 BGB richtet.[618] Dies spricht für den abschließenden Charakter des Haftungssystems nach § 15 AGG. Eine konstruierte Haftung des Arbeitgebers für das benachteiligende Verhalten anderer über eine Zurechnung nach § 278 BGB hinaus durch das Instrument der Benachteiligung durch Unterlassen ist daher eine systemwidrige Umgehung des gewollten und entsprechend normierten Haftungssystems.[619] Gerade die nach § 15 I 1 AGG erforderliche spezielle Pflichtverletzung Benachteiligung durch den Arbeitgeber kann nicht mit einer durch andere begangenen Benachteiligung begründet werden, wenn dem Arbeitgeber die Benachteiligungshandlung nicht über die vorgesehenen Normen zugerechnet werden kann.

Die Wirkung und der Umfang der Fürsorgepflichten nach § 12 AGG würden bei Annahme einer Benachteiligung durch Unterlassen zudem zu weit gefasst. § 12 I AGG verpflichtet als Generalklausel den Arbeitgeber, erforderliche und geeignete, präventive und repressive Maßnahmen zum Schutz seiner Beschäftigten zu ergreifen.[620] In § 12 III und IV AGG werden die repressiven Maßnahmen näher konkretisiert. Ein Erfolg im Sinne einer Verhinderung der Benachteiligung ist insgesamt nicht geschuldet.[621] Es besteht nur eine Handlungsverpflichtung zum Ergreifen einer aus objektiver Sicht geeigneten Maßnahme.[622] Ist kein Handlungserfolg geschuldet, können die Folgen einer Verletzung der Handlungspflicht nicht weiterreichen, als bei einem erfolglosen Handeln.[623] Dabei ist zu bedenken, dass eine Vorwerfbarkeit im Sinne eines Verschuldens in Bezug auf die Benachteiligung keine Haftungsvoraussetzung ist. In Bezug auf die Verletzung von Fürsorge- und Schutzpflichten als vertragliche Nebenpflichten ist diese persönliche Vorwerfbarkeit eine Haftungsvoraussetzung. Dies würde durch die Begründung einer verschuldensunabhängigen Haftung durch Unterlassen infolge der Verletzung der Fürsorge- und Schutzpflichten systemwidrig unterlaufen. Das Haftungskonzept des AGG sieht daher eine Haftung des Arbeitgebers nach § 15 AGG bei Benachteiligungen durch andere Beschäftigte in Form eines Unterlassens wegen Verletzung der Fürsorge- und Organisationspflichten aus § 12 AGG nicht vor.

---

617 BT-Drs. 15/5717, S. 37.

618 BT-Drs-16/1780, S. 38.

619 *Liebhäuser*, S. 130 f.

620 *Hoch*, BB 2007, 1732 (1733); PWW – *Lingemann*, BGB, § 12 AGG Rn. 2, 10; *Schneider/Sittard*, NZA 2007, 654.

621 *Schneider/Sittard*, NZA 2007, 654 (655); *Barth*, BB 2009, 2646 (2650); Erman – *Belling*, BGB, § 12 AGG Rn. 10.

622 BT-Drs. 16/1780, S. 37.

623 So im Erg. auch Erman – *Belling*, BGB, § 12 AGG Rn. 10; *Schneider/Sittard*, NZA 2007, 654 (655).

Anders als die konkrete Rechtsfolgennorm des § 15 AGG für Benachteiligungen ist die Anwendung des allgemeinen Leistungsstörungsrechts mit der zentralen Rechtsfolgennorm des § 280 BGB geradezu prädestiniert bei der Verletzung nichtleistungsbezogener Nebenpflichten, wie den Pflichten nach § 12 AGG. Bei den Organisations- und Fürsorgepflichten des § 12 AGG handelt es sich gerade um nichtleistungsbezogene Pflichten des Arbeitgebers aus dem mit dem Beschäftigten bestehenden Schuldverhältnis. Dieses Schuldverhältnis ist in der Regel ein Arbeitsverhältnis, kann sich jedoch auch aus einem vorvertraglichen Schuldverhältnis im Sinne des § 311 II BGB oder aus der Nachwirkung eines beendeten Beschäftigungsverhältnisses ergeben.[624]

Durch die Konkretisierung der Pflichtverletzung entsteht zudem keine Haftungslücke im Falle einer Benachteiligung durch andere Beschäftigte, die eine Haftung des Arbeitgebers nach § 15 AGG erforderlich machen würde. Dies ist weder nach den Vorgaben des Europarechts mit Ausnahme des Unterlassens angemessener Vorkehrungen im Zusammenhang mit der Gleichstellung behinderter Beschäftigter noch nach dem Haftungssystem des deutschen Rechts erforderlich. Nach dem Europarecht ist eine Haftung des Urhebers erforderlich.[625] Davon ausgehend, dass der Arbeitgeber nicht selbst benachteiligt, sondern gerade andere Beschäftigte, ist eine Haftung nach § 15 AGG als Urheber der Benachteiligung dann gerechtfertigt, wenn die Benachteiligungshandlung dem Arbeitgeber zugerechnet werden kann. Vordergründig erfolgt dies nach § 278 BGB analog oder § 31 BGB. § 278 BGB und § 31 BGB haben eine haftungszuweisende Funktion und stellen nicht auf das eigene Fehlverhalten des Haftenden ab.[626] Erfolgt keine Zurechnung und hat der Arbeitgeber den handelnden Beschäftigten auch nicht zur Benachteiligung angewiesen, ist der Arbeitgeber selbst nicht der Urheber der Benachteiligung und eine verschuldensunabhängige Haftung nicht gerechtfertigt. Die Verletzung der Fürsorgepflichten durch den Arbeitgeber begründet gerade keine Verletzung der Pflicht zur Beachtung des Benachteiligungsverbotes. Diese hat der Arbeitgeber beachtet, da er, seine Organe oder seine zurechenbaren Gehilfen nicht gehandelt haben.

Abweichend von diesem Grundsatz kommt eine Benachteiligung durch Unterlassen durch den Arbeitgeber im Zusammenhang wegen einer Behinderung in Betracht. Dies kann der Fall sein, wenn die Benachteiligung eines behinderten Beschäftigten durch einen anderen Beschäftigten darauf beruht, dass der Arbeitgeber keine Maßnahmen zur Verhinderung einer solchen Benachteiligung ergriffen hat. Dies beruht auf der Besonderheit des Diskriminierungsmerkmals der Behinderung

---

624 Der Beschäftigtenbegriff des § 6 I AGG macht deutlich, dass ein Beschäftigungsverhältnis im Sinne des Antidiskriminierungsrechts bereits mit der Bewerbung besteht und auch noch fortwirkt nach der Beendigung des eigentlichen Vertragsverhältnisses.

625 EuGH v. 22.04.1997 – C-180/95 (*Draehmpaehl*), NJW 1997, 1839 (1840).

626 Dem entgegen *Koch*, VersR 2007, 288 (294).

und der daraus resultierenden und in Art. 5 RL 2000/78/EG vorgegebenen konkreten Handlungspflicht des Arbeitgebers.[627]

e. *Zusammenfassung*

Die Begründung einer Haftung des Arbeitgebers durch Unterlassen bei fremden Handeln nach § 15 AGG vermag aus den oben dargestellten Gründen nicht zu überzeugen. So ist zum einem zwischen den unterschiedlichen Pflichtverletzungen genau zu differenzieren. Daneben ist eine solche Haftung, wie aufgezeigt, nicht zwingend erforderlich und würde die Haftung des Arbeitgebers im Rahmen des Diskriminierungsschutzes ausufern lassen.

Die Konstruktion einer weitreichenden Haftung des Arbeitgebers für jegliche Benachteiligung seiner Beschäftigten kann nicht allein damit gerechtfertigt werden, dass eine solche Haftung aus antidiskriminierungspolitischen Gründen gewünscht sein könnte.

Die Verpflichtung zu Schadensersatz oder Entschädigung des Arbeitgebers nach § 15 AGG wegen des benachteiligenden Handelns Dritter ohne eine Zurechnung dieses Handelns allein beruhend in dem eigenständigen Vorwurf des Unterlassens infolge der Verletzung seiner Fürsorgepflichten besteht grundsätzlich nicht. Von diesem Grundsatz abweichend kann im Zusammenhang mit der Benachteiligung wegen einer Behinderung eine Verletzung der Fürsorgepflichten zugleich eine Benachteiligung durch Unterlassen sein.

II. Anspruch aus § 280 BGB

Von wesentlicher Bedeutung ist die Haftung des Arbeitgebers aufgrund einer Benachteiligung durch einen Beschäftigten nach § 280 BGB. Neben der Zurechnung des fremden Verhaltens nach § 278 BGB kommt eine Haftung aufgrund eigenen vorwerfbaren Verhaltens des Arbeitgebers in Betracht. Abzustellen ist nicht auf die Zurechnung der eigentlichen Benachteiligung, sondern auf den Vorwurf, dass der Arbeitgeber seine Pflichten zum Schutz seiner Beschäftigten verletzt hat.

1. *Verhältnis zu § 15 AGG*

a. *Anwendbarkeit des § 280 BGB neben § 15 AGG*

§ 15 AGG ist lex specialis zu § 280 BGB, soweit die Pflichtverletzung in der unzulässigen Benachteiligung zu sehen ist.[628] Der Verstoß gegen das Benachteiligungsverbot ist eine spezielle vertragliche Pflichtverletzung. Dies wir durch die Regelung des § 7 III AGG verdeutlicht. Für andere Pflichtverletzungen, die nicht vom Tatbestand des § 15 AGG umfasst sind wie zum Beispiel die Verletzung der Fürsorgepflichten nach § 12 AGG, sind die allgemeinen Regelungen nach § 280 ff. BGB einschlägig.

627 Ausführlich hierzu unter B.II.4.b.
628 Ausführlich hierzu unter B.I.3.d.

Daher haftet der Arbeitgeber nach § 280 BGB wegen Verletzung seiner eigenen Schutz- und Fürsorgepflichten, wenn dies zu einer Benachteiligung eines seiner Beschäftigten durch andere Beschäftigte führt. Eine entsprechende Haftung ist dann konsequenterweise nicht ausgeschlossen, wenn dem Arbeitgeber zugleich nach § 278 BGB analog die Benachteiligungshandlung zugerechnet wird und er nach § 15 I, II AGG zu Schadensersatz und Entschädigung verpflichtet ist.

Der Arbeitgeber hat im Innenverhältnis gegen den unmittelbar handelnden Beschäftigten grundsätzlich einen Anspruch auf Ausgleich des durch die Benachteiligung entstandenen Schadens. Dieser Anspruch kann unter bestimmten Voraussetzungen gemindert oder gar ausgeschlossen sein.[629]

b. Anwendung der Geltendmachungsfrist des § 15 IV AGG

Neben der Anwendbarkeit des § 280 I BGB ist zu hinterfragen, ob die Regelungen des § 15 AGG auch Einfluss auf die Rechtsfolgen und die Rechtsverfolgung anderweitiger Ansprüche haben. Zum einen stellt sich die Frage, ob die Fristenregelung des § 15 IV AGG auch für Ansprüche aus anderen Rechtsgrundlagen gilt. Diese stellt sich, da Ansprüche aus anderen Anspruchsgrundlagen gerade nicht ausgeschlossen sind und so die Gefahr besteht, dass die Frist des § 15 IV AGG umgangen werden könnte.[630] Nach dem Wortlaut des § 15 IV 1 AGG unterliegen nur Ansprüche aus § 15 I, II AGG der Fristenregelung des § 15 IV 1 AGG. Dies spricht gegen die Anwendung der Frist auf andere Ansprüche.[631] Für eine Anwendung spricht der Sinn und Zweck der Norm, wonach binnen einer relativ kurzen Frist zeitnah Rechtssicherheit in Bezug auf Ansprüche aufgrund einer Benachteiligung herrschen soll.[632] Dies spiegelt sich jedoch nicht im Wortlaut der Norm wieder, dafür aber in der systematischen Stellung im Gesetz. Die Geltendmachungsfrist ist in § 15 IV AGG geregelt. In § 15 V AGG heißt es wörtlich: „*Im Übrigen bleiben Ansprüche ...*" Die Worte „im Übrigen" sprechen dafür, dass alle Ansprüche umfasst sind.[633] Das BAG begründet die Anwendung des § 15 IV AGG bei Ansprüchen aus unerlaubter Handlung ebenfalls mit dem Sinn und Zweck der Norm.[634] Dabei stellt das BAG aber darauf ab, dass die deliktischen Ansprüche mit denen aus § 15 AGG konkurrieren, da sie ebenfalls auf eine Benachteiligung wegen eines in § 1 AGG genannten Grundes gestützt

---

629 Ausführlich zum Regress des Arbeitgebers im Innenverhältnis unter B. I. 4. b.

630 So etwa BAG v. 21.06.2012 – 8 AZR 188/11, NZA 2012, 1211 (1215 f.) im Bezug auf deliktische Ansprüche; allgemein *Bauer/Krieger*, § 15 AGG Rn. 67; *Adomeit/Mohr*, AGG, § 15 Rn. 105; Schleusener/Suckow/Voigt – *Voigt*, AGG, § 15 Rn. 70; *Bauer/Evers*, NZA 2006, 893 (897); *Simon/Greßlin*, BB 2007, 1782 (1786); *Bauer/Thüsing/Schunder, NZA 2006, 774 (775).*

631 MüKo – *Thüsing*, BGB, § 15 AGG Rn. 48, Däubler/Bertzbach – *Deinert*, AGG, § 15 Rn. 97 m.w.N.; *Thüsing*, Arbeitsrechtlicher Diskriminierungsschutz, Rn. 563.

632 BT-Drs. 16/1780, S. 38; BAG v. 21.06.2012 – 8 AZR 188/11, NZA 2012, 1211 (1215).

633 *Bauer/Krieger*, AGG, § 15 Rn. 67.

634 BAG v. 21.06.2012 – 8 AZR 188/11, NZA 2012, 1211 (1215).

werden.[635] Dies soll auch für die Verletzung von Schutzgesetzen im Sinne des § 823 II BGB gelten.[636] Dies überzeugt im Zusammenhang mit deliktischen Ansprüchen insbesondere bei Ansprüchen aus § 823 I BGB und § 823 II BGB i.V.m. § 7 I AGG, da der deliktische Haftungsgrund und der Verstoß gegen das Benachteiligungsverbot identisch oder zumindest teilweise identisch sind. Dadurch würde tatsächlich eine systemwidrige Gefahr der Umgehung drohen. Es bedarf daher einer differenzierten Betrachtung, ob der anderweitige Anspruch mit den Ansprüchen aus § 15 I, II AGG konkurriert. Ist dem nicht so, spricht nichts für eine Anwendung des § 15 IV AGG.

In Bezug auf § 280 I BGB ist § 15 AGG lex specialis, soweit die Pflichtverletzung der Verstoß gegen das Benachteiligungsverbot ist.[637] Daraus ergibt sich, dass anderweitige Ansprüche aus § 280 BGB im Zusammenhang mit einer Benachteiligung auf einer anderen Pflichtverletzung beruhen müssen. Die Ansprüche aus § 15 I AGG und § 280 I BGB konkurrieren daher nicht. § 15 IV AGG ist daher bei Ansprüchen nach § 280 I BGB nicht anwendbar. Etwas Anderes mag bei konkurrierenden deliktischen Ansprüchen gelten.

c. *Ausschluss eines Kontrahierungszwangs*

Eine andere Einschränkung könnte sich § 15 VI AGG ergeben. Danach sind die Rechtsfolgen im Zusammenhang mit einer Benachteiligung in der Weise beschränkt, dass ein Verstoß gegen das Benachteiligungsverbot im Rahmen des Schadensersatzes und der Naturalrestitution keinen Anspruch auf Begründung eines Arbeitsverhältnisses, Berufsausbildungsverhältnisses oder einen beruflichen Aufstieg begründet. § 15 VI AGG schließt einen dahingehenden Kontrahierungszwang aus.[638] Daraus ergibt sich die Frage, ob bei anderweitigen Ansprüchen im Zusammenhang mit einer Benachteiligung der Schadensersatz zum Beispiel einen Anspruch auf Abschluss eines Arbeitsvertrages im Wege der Naturalrestitution begründen kann. Sinn und Zweck des § 15 IV ist der Ausschluss eines Kontrahierungszwanges im Zusammenhang mit dem Schadensersatz für Benachteiligungen. § 15 VI AGG enthält eine allgemeine Wertung, die auf sämtliche Ansprüche im Zusammenhang mit einer Benachteiligung anzuwenden ist.[639] Dies wird durch die systematische Stellung im Gesetz nach § 15 V AGG und den Verweis auf anderweitige Ansprüche deutlich.[640] § 15 VI AGG ist als einschränkende lex specialis im Verhältnis zu §§ 249

---

635 BAG v. 21.06.2012 – 8 AZR 188/11, NZA 2012, 1211 (1215).

636 BAG v. 21.06.2012 – 8 AZR 188/11, NZA 2012, 1211 (1215).

637 Ebenso Däubler/Bertzbach – *Deinert*, AGG, § 15 Rn. 24; *Adomeit/Mohr*, AGG, § 15 Rn. 137; a:A. MüKo – *Thüsing*, BGB, § 15 AGG Rn. 24.

638 Däubler/Bertzbach – *Deinert*, AGG, § 15 Rn. 127; MüKo – *Thüsing*, BGB, § 15 AGG Rn. 43.

639 MüKo – *Thüsing*, BGB, § 15 AGG Rn. 52; Däubler/Bertzbach – *Deinert*, AGG, § 15 Rn. 131.

640 Däubler/Bertzbach – *Deinert*, AGG, § 15 Rn. 131; *Meinel/Heyn/Herms*, AGG, § 15 Rn. 97; a.A. Schiek – *Kocher*, § 15 Rn. 71.

ff. BGB anzusehen.[641] Dies hat zur Folge, dass § 280 I BGB in der Rechtsfolge soweit eingeschränkt ist, dass ein Anspruch auf Einstellung oder Beförderung im Rahmen der Naturalrestitution ausgeschlossen ist.

2. *Pflichtverletzung*

Es stellt sich zunächst die Frage, auf welche eigene Pflichtverletzung des Arbeitgebers abgestellt werden kann.

a. *Unzulässige Benachteiligung durch den Beschäftigten als Pflichtverletzung des Arbeitgebers gegenüber dem Benachteiligten, § 7 III AGG?*

Auf den ersten Blick könnte auf die Verletzung des Verbotes der unzulässigen Benachteiligung abgestellt werden. Nach § 7 III AGG stellt eine Benachteiligung stets eine Verletzung der arbeitsvertraglichen Pflichten dar. Die unzulässige Benachteiligung durch einen Beschäftigten ist nach § 7 III AGG eine Verletzung der arbeitsvertraglichen Pflichten durch den handelnden Beschäftigten. Die Benachteiligung ist jedoch keine Pflichtverletzung des Arbeitgebers gegenüber dem benachteiligten Beschäftigten, sondern lediglich die Verletzung einer arbeitsvertraglichen Pflicht des handelnden Beschäftigten gegenüber dem Arbeitgeber.[642] Etwas Anderes ergibt sich auch nicht aus § 7 III AGG. Diese gesetzgeberische Fiktion des § 7 III hat lediglich deklaratorischen Charakter.[643] Sie begründet keine arbeitsvertraglichen Pflichten zwischen den Beschäftigten. Zwischen diesen besteht kein vertragliches Schuldverhältnis mit gegenseitigen Pflichten. Benachteiligt ein Beschäftigter einen anderen Beschäftigten, verletzt er keine ihm obliegende Pflicht gegenüber dem anderen Beschäftigten. Da jedoch der Arbeitgeber nicht selbst handelte, ist die fremde Pflichtverletzung keine eigene Pflichtverletzung des Arbeitgebers gegenüber dem betroffenen Beschäftigten. Etwas Anderes kann sich ergeben, wenn dem Arbeitgeber das Verhalten des Beschäftigten nach § 278 BGB zugerechnet werden kann. Ein Anspruch auf Schadensersatz nach § 280 I BGB kommt bei einer Zurechnung des fremden benachteiligenden Verhaltens nach § 278 BGB analog dennoch nicht Betracht. In diesem Fall ist die Pflichtverletzung gerade die Benachteiligung. Diesbezüglich ist § 15 I AGG die Spezialnorm und verdrängt nach dem Grundsatz der Spezialität § 280 I BGB.[644]

---

641 MüKo – *Thüsing*, BGB, § 15 AGG Rn. 52.

642 *Mansel*, in Festschrift Canaris, S. 809 (813); Jauernig – *Mansel*, BGB, § 7 AGG Rn. 7 in der 15. Auflage; *Hanau*, ZIP 2006, 2006, 2189 (2201).

643 ErfK – *Schlachter*, § 7 AGG Rn. 6, HWK – *Rupp*, § 7 AGG Rn 6; *Schlachter*, ZESAR 2006, 391 (397), *Meinel/Hein/Herms*, AGG, § 7 Rn. 61; *Bauer/Krieger*, AGG, § 7 Rn. 33; Däubler/Bertzbach – *Däubler*, AGG, § 7 Rn. 1.

644 Däubler/Bertzbach – *Deinert*, AGG, § 15 Rn. 24, 126; *Meinel/Hein/Herms*, AGG, § 15 Rn. 72; Wendeling-Schröder/Stein – *Stein*, AGG, § 15 Rn. 88; Schiek – *Kocher*, AGG, § 15 Rn. 66; *Richardi*, NZA 2006, 881 (886); a.A. *Bauer/Krieger*, AGG, § 15

b. Verletzung der Pflichten aus § 12 AGG

Der Arbeitgeber ist nach § 12 I AGG verpflichtet, die erforderlichen Maßnahmen zum Schutz vor Benachteiligungen wegen eines in § 1 AGG genannten Grundes zu treffen. Davon umfasst sind nach § 12 I 2 AGG auch vorbeugende Maßnahmen. § 12 I AGG gilt als Generalklausel.[645] Der Gesetzgeber hat die Pflichten des Arbeitgebers in den nachfolgenden Absätzen näher konkretisiert. In § 12 II 1 AGG ist näher geregelt, dass der Arbeitgeber durch Hinweise und Aufklärung präventiv tätig sein kann und gemäß § 12 II 2 AGG seinen präventiven Pflichten durch entsprechende Schulungen seiner Beschäftigten ausreichend nachkommt. Die Vorschriften des § 12 III, IV AGG regeln die Fälle, in denen es im Zusammenhang mit einer Benachteiligung bereits zu einer konkreten Störung des Beschäftigungsverhältnisses gekommen ist.

Eine Rechtsfolgenregelung bei Verstößen gegen die Pflichten nach § 12 AGG besteht nicht. Die Verletzung der Pflichten aus § 12 AGG begründet keinen Anspruch auf Schadensersatz oder Entschädigung nach § 15 AGG.[646] § 15 AGG setzt als Pflichtverletzung nach dem eindeutigen Wortlaut einen Verstoß gegen das Benachteiligungsverbot des § 7 I AGG voraus. Nicht umfasst ist ein Verstoß gegen die Pflichten aus § 12 AGG.[647]

aa. Verletzung der Pflichten nach § 12 II AGG

(1) Umfang der Pflichten nach § 12 II AGG

Die Regelung des § 12 II AGG hat einen rein präventiven Charakter.[648] Der Arbeitgeber soll nach § 12 II 1 AGG in geeigneter Art und Weise, insbesondere im Rahmen der beruflichen Aus- und Fortbildung, auf die Unzulässigkeit von Benachteiligungen wegen eines in § 1 AGG genannten Grundes hinweisen und darauf hinwirken, dass diese unterbleiben. Benachteiligt ein Beschäftigter einen anderen Beschäftigten, ohne dass der Arbeitgeber seine Beschäftigten hinreichend geschult hat, so kann der Anschein entstehen, dass die Benachteiligung nicht erfolgt wäre, wenn der Arbeitgeber entsprechende Schulungsmaßnahmen ergriffen hätte. Der Arbeitgeber hat dann eine seiner schuldrechtlichen Fürsorgepflichten verletzt.

Rn. 65; MüKo – *Thüsing*, BGB, § 15 AGG Rn. 24; *Bauer/Evers*, NZA 2006, 893 (897); *Simon/Greßlin*, BB 2007, 1782 (1787); *Ring*, JA2008, 1 (6).

645 *Hoch*, BB 2007, 1732 (1733); MüKo – *Thüsing*, BGB, § 12 AGG Rn. 1.

646 MüKo – *Thüsing*, BGB, § 12 AGG Rn. 13; *Mansel*, in Festschrift Canaris, S. 809 (814); Jauernig – *Mansel*, BGB, § 12 AGG Rn. 6 m.w.N in der 15. Auflage; unter Verweis auf die verschiedenen Reaktionsmöglichkeiten bei einer Pflichtverletzung im Erg. auch Däubler/Bertzbach – *Buschmann*, AGG, § 12, Rn. 32. Einen wegen Verletzung der Pflichten nach § 12 AGG auf Unterlassen gestützten Schadensersatzanspruch nach § 15 AGG bejahend *Bauer/Evers*, NZA 2006, 893 (839 f.); *Bauer/Krieger*, AGG § 15 Rn. 17; *v. Roetteken*, AGG, § 15 Rn. 26e.

647 So insgesamt auch *Mansel*, in Festschrift Canaris, S. 809 (814 f.); Jauernig – *Mansel*, BGB, § 12 AGG Rn. 6 in der 15. Auflage.

648 So auch Erman – *Belling*, BGB, § 12 AGG Rn. 5; *Hoch* BB 2007, 1732 (1734).

(2) Benachteiligung trotz Schulung der Beschäftigten – Möglichkeit der Exkulpation, § 12 II 2 AGG

Der Arbeitgeber ist gemäß § 12 II 2 AGG seinen Pflichten nach § 12 I 2 AGG zur Prävention nachgekommen, wenn er seine Beschäftigten hinreichend geschult hat. Kann der Arbeitgeber nachweisen, dass er entsprechende präventive Maßnahmen zum Schutz vor Diskriminierungen ergriffen hat, ist der Arbeitgeber insoweit bei einer abgeschlossenen, ersten Benachteiligungshandlung exkulpiert. Greift der Arbeitgeber bei Kenntnis einer Benachteiligung entgegen seiner Pflichten aus § 12 III, IV AGG nicht ein und ergreift keine geeigneten Maßnahmen zum Schutz des betroffenen Beschäftigten, so kann sich der Arbeitgeber dahingegen nicht auf die Exkulpationsmöglichkeit des § 12 II 2 AGG berufen.[649]

Auch in diesem Zusammenhang stellt sich die Frage, ob diese Möglichkeit der Exkulpation mit dem Europarecht vereinbar ist. Dazu müsste sie mit der Rechtsprechung des EuGH zu den Anforderungen an einen effektiven Schutz vor Diskriminierung und der effektiven Ausgestaltung einer zivilrechtlichen Sanktionierung vereinbar sein und den Anforderungen der Richtlinienvorgaben entsprechen. Nach der Rechtsprechung des EuGH darf sich der Urheber der Benachteiligung nicht exkulpieren können, wenn die Voraussetzungen einer Diskriminierung vorliegen.[650] Ausdrücklich entschieden hat der EuGH, dass der Anspruch auf Schadensersatz nicht von einem Verschulden abhängig sein darf.[651] Die Möglichkeit des Nachweises der Schulung nach § 12 II 2 AGG ist von diesen Anforderungen des EuGH nicht betroffen. Zum einen haftet der Arbeitgeber gerade nicht aufgrund der Benachteiligung, sondern wegen der Verletzung seiner Fürsorgepflichten zur Verhinderung von Benachteiligungen. Zudem ist er nicht der Urheber der Benachteiligung. Daneben erfolgt die Exkulpation nicht lediglich, wenn den Arbeitgeber kein Verschulden trifft, sondern wenn er nachweisen kann, dass er im Rahmen der gesetzlichen Vorgaben Maßnahmen zur Verhinderung von Benachteiligungen getroffen hat. Er hat sich bei erfolgreicher Exkulpation gerade entsprechend der Intention der Richtlinien und entsprechend des Präventionsgedanken der Sanktion durch Schadensersatz verhalten. Logische Konsequenz ist, dass der Arbeitgeber in einem solchen Fall für die Benachteiligung durch einen Dritten nicht aufgrund eines eigenen Fehlverhalten haftet. Folglich ist die Exkulpationsmöglichkeit des § 12 II 2 AGG europarechtskonform.

---

649 Jauernig – *Mansel*, BGB, § 12 AGG Rn. 2 in der 15. Auflage; *Mansel*, in Festschrift Canaris, S. 809 (814); *Meinel/Heyn/Herms*, AGG, § 12 Rn. 11; *Adomeit/Mohr*, AGG § 12 Rn. 15; Schleusener/Suckow/Voigt – *Suckow*, AGG, § 12 Rn. 17; *Willemsen/Schweibert*, NJW 2006, 2583 (2590); *Göpfert/Sigrist*, ZIP 2006, 1710 (1715).

650 EuGH v. 22.04.1997 – C-180/95 (*Draehmpaehl*), NJW 1997, 1839 (1840).

651 EuGH v. 22.04.1997 – C-180/95 (*Draehmpaehl*), NJW 1997, 1839 (1840).

bb. Verletzung der Pflichten aus § 12 III AGG

Nach § 12 III AGG ist der Arbeitgeber verpflichtet, geeignete, erforderliche und angemessene Maßnahmen zur Unterbindung einer Benachteiligung zu ergreifen, wenn ein andere Beschäftigter gegen das Benachteiligungsverbot des § 7 I AGG verstößt. Hierbei handelt es sich um eine nichtleistungsbezogene Nebenpflicht des Arbeitgebers.[652] Geschuldet ist das Ergreifen einer entsprechenden Maßnahme, nicht jedoch deren Erfolg.[653] Das Gesetz nennt dabei Beispiele der Maßnahmen, die der Arbeitgeber gegenüber den handelnden Beschäftigten ergreifen kann. Hierzu zählen die Abmahnung, die Umsetzung, die Versetzung oder gar die Kündigung des Arbeitsverhältnisses als besonders weitreichende Maßnahme zum Beispiel im Fall einer sexuellen Belästigung.[654] Ergreift der Arbeitgeber keine oder keine aus objektiver Sicht geeignete, erforderliche und angemessene Maßnahme, verletzt er seine Schutzpflicht gegenüber dem betroffenen Beschäftigten. Diese Pflichtverletzung begründet einen Anspruch auf den dadurch entstandenen Schaden nach § 280 I 1 BGB.

Der Arbeitgeber als Schuldner der Pflichten nach § 12 AGG haftet für das Verhalten seines Beschäftigten nach § 278 BGB wie für eigenes, soweit sich der Arbeitgeber Dritter bei der Erfüllung seiner Organisations- und Fürsorgepflichten bedient. Deren Unterlassen muss sich der Arbeitgeber zurechnen lassen. Gleiches gilt für ein entsprechendes Handeln oder Unterlassen der mit dem Schutz der Beschäftigten vor Benachteiligungen betrauten Organe. Deren Handeln oder Unterlassen wird dem Arbeitgeber nach § 31 BGB zugerechnet.

c. *Pflichtverletzung in Form der Benachteiligung durch Unterlassen*

Eine Pflichtverletzung in Form einer Benachteiligung durch Unterlassen, die eine Haftung des Arbeitgebers nach § 280 I BGB begründen könnte, kommt dahingegen nicht in Betracht. Die Benachteiligung eines Beschäftigten ist nach § 7 III AGG eine Verletzung der arbeitsvertraglichen Pflichten. Dennoch liegt keine haftungsbegründende Pflichtverletzung vor. Zwischen der Pflichtverletzung in Form der Benachteiligung und der Verletzung der Fürsorge- und Schutzpflichten ist zu differenzieren.[655] Es handelt sich gerade um unterschiedliche Pflichtverletzungen. Zudem ist § 15 I AGG die Spezialnorm zu § 280 I BGB im Fall der Pflichtverletzung nach § 7 III AGG

---

652 Fürsorgepflichten, wie sie auch in § 12 III AGG normiert sind, sind nebenvertragliche Pflichten; vgl. Däubler/Bertzbach – Deinert, AGG, § 15 Rn. 139 m.w.N.; ErfK – *Schlachter*, § 12 AGG Rn. 7.

653 *Barth*, BB 2009, 2646 (2650); *Schneider/Sittard*, NZA 2007, 654 (655).

654 Zur außerordentlichen Kündigung wegen einer sexuellen Belästigung vgl. BAG v. 09.06.2011 – II AZR 232/10, NZA 2011, 1342.

655 Ausführlich zur Differenzierung zwischen dem Verstoß gegen das Benachteiligungsverbot und der Verletzung der Fürsorgepflichten siehe unter Kapitel III C. I. 2. a. bis d.

und verdrängt § 280 I BGB.[656] Selbst bei Annahme einer Pflichtverletzung in Form einer Benachteiligung ist ein Anspruch nach § 280 I BGB ausgeschlossen.

3. *Verschuldenserfordernis im Lichte der europäischen Vorgaben*

Nach § 280 I 2 BGB ist ein Anspruch auf Schadensersatz nur begründet, wenn der Schuldner die Pflichtverletzung zu vertreten hat. Ein Vertreten des Schuldners wird dabei gemäß § 280 I 2 BGB widerleglich vermutet.[657] Die vom Gesetzgeber in § 280 I 2 AGG vorgegebene Beweislastverteilung findet im Arbeitsrecht grundsätzlich auch für die Haftung des Arbeitgebers Anwendung.[658] Dies bedeutet grundsätzlich, dass sich der Arbeitgeber exkulpieren kann und nicht haftet, wenn er nachweisen kann, dass er die Verletzung seiner Fürsorge- und Schutzpflichten nicht zu vertreten hat. Maßstab dafür ist § 276 I 1 BGB, wonach der Schuldner Vorsatz und Fahrlässigkeit zu vertreten hat, außer die Besonderheiten des Schuldverhältnisses ergeben einen anderen Verschuldensmaßstab.

Wie bereits ausführlich im Zusammenhang mit der Haftung des Arbeitgebers nach § 15 I AGG ausgeführt, ist das Verschuldenserfordernis bei der Haftung des Arbeitgebers für eine Benachteiligung nicht mit dem Europarecht vereinbar. Nach der Rechtsprechung des EuGH darf die Haftung des Urhebers einer Benachteiligung nicht von einem Verschulden abhängen.[659] Dies gilt auch bei einem vermuteten Verschulden[660] und nicht nur im Zusammenhang mit der Umsetzungsnorm des § 15 AGG, sondern für alle Anspruchsgrundlagen für Schadensersatz oder Entschädigung wegen einer unzulässigen Benachteiligung. Dies bedeutet, dass ein Anspruch aus § 280 I BGB wegen der Verletzung des Benachteiligungsverbotes als Pflichtverletzung ebenfalls verschuldensunabhängig wäre. Es ist jedoch fraglich, ob auch die Haftung des Arbeitgebers bei einer Benachteiligung durch andere Beschäftigte wegen der Verletzung seiner Fürsorgepflichten nach § 12 AGG im Lichte des Europarechts verschuldensunabhängig ist. Bei genauerer Betrachtung ist dies jedoch nicht zwingend erforderlich und eine Abweichung vom Verschuldenserfordernis des § 280 I 2 BGB nicht geboten. Der Arbeitgeber haftet bei der Verletzung seiner Fürsorgepflichten nicht wegen eines Verstoßes gegen das Benachteiligungsverbot als Pflichtverletzung. Er ist nicht der Urheber der Benachteiligung. Seine Haftung ist begründet, weil er seinen Pflichten nicht oder hinreichend nachkam und dadurch eine Benachteiligung durch andere Beschäftigte begünstigt oder nicht verhindert wurde. Dies ist grundsätzlich ein anderer Pflichtverstoß als die unzulässige

---

656 Hierzu bereits ausführlich unter Kapitel III B. I.3.d. Ebenso Däubler/Bertzbach – *Deinert*, AGG § 15 Rn. 24; a.A. *Bauer/Krieger*, AGG § 15 Rn. 65.

657 Exemplarisch Palandt – *Grüneberg*, BGB, § 280 Rn. 40; MüKo – *Ernst*, BGB, § 280 Rn. 31.

658 Zum Bsp. BAG v. 16.12.2008 – 9 AZR 164/08, NZA 2009, 689 (692).

659 EuGH v. 22.04.1997 – C-180/95 (*Draehmpaehl*), NJW 1997, 1839 (1840); ähnlich bereits EuGH v. 08.11.1990 – C-177/88 (*Dekker*), NZA 1991, 171 (172 f.).

660 *Schlachter*, ZESAR 2006, 391 (398).

Benachteiligung selbst. Daher ist eine verschuldensabhängige Haftung des Arbeitgebers bei Verletzung seiner Fürsorgepflichten ohne weiteres mit dem Europarecht vereinbar. Eine Ausnahme stellt das Unterlassen von angemessenen Vorkehrungen zur Gleichstellung von behinderten Beschäftigten dar. In diesem Fall begründet die Verletzung der Fürsorgepflicht im Fall der Benachteiligung durch andere Beschäftigte eine eigene Benachteiligung des Arbeitgebers durch Unterlassen. In diesem Fall ist aufgrund der europäischen Vorgaben eine verschuldensunabhängige Haftung auch bei der Verletzung der Fürsorgepflichten geboten.

4. Rechtsfolgen

Rechtsfolge des § 280 I BGB ist der Ersatz des durch die Pflichtverletzung entstandenen Schadens. Die Bemessung des Schadensersatzes richtet sich nach den §§ 249 ff. BGB. Nach § 249 I BGB gilt der Grundsatz der Naturalrestitution.[661] Dies bedeutet, der Schuldner hat den Gläubiger so zu stellen, wie er ohne die Pflichtverletzung stehen würde. In Bezug auf die Verletzung der Fürsorgepflichten nach § 12 AGG ist der benachteiligte Beschäftigte so zu stellen, wie wenn der Arbeitgeber seinen Pflichten nachgekommen wäre. In diesem Zusammenhang ist dann die Frage, was dies bedeutet.

Der Beschäftigte hat einen Anspruch auf Unterlassen der Pflichtverletzung. Vertragsverletzungen begründen nicht nur Schadensersatzpflichten des Verletzers. Solange eine Verletzungshandlung noch andauert beziehungsweise der daraus resultierende Schaden noch nicht irreparabel ist, können Vertragspflichtverletzungen auch Unterlassungsansprüche des Vertragspartners auslösen.[662] Mit dem Anspruch auf Schadensersatz kann ein Abwehranspruch gegen (weitere) Handlungen des Verletzers einhergehen, die den Schaden des Verletzten verfestigen oder vergrößern. Andernfalls bestünde eine unerträgliche Rechtsschutzlücke.[663] Daher kann der Beschäftigte im Rahmen des Schadensersatzes verlangen, dass der Arbeitgeber Maßnahmen zum Schutz gegen eine noch andauernde Benachteiligung durch Dritte ergreift. Insbesondere dann, wenn der Arbeitgeber bereits schuldhaft untaugliche Maßnahmen ergriffen hat. Diese allgemeine Wertung hat der Gesetzgeber in Bezug auf die Pflichten zum Schutz vor Benachteiligungen ausdrücklich in § 12 AGG normiert.

Ausgeschlossen ist dahingegen ein Anspruch auf Begründung eines Arbeitsverhältnisses oder auf einen beruflichen Aufstieg, außer dies ergibt sich explizit aus einer anderen Anspruchsgrundlage. § 15 VI AGG beinhaltet eine allgemeine Wertung, die auch bei einem Anspruch nach § 280 I BGB anzuwenden ist.[664]

---

661 Exemplarisch PWW – *Luckey*, BGB, § 249 Rn. 3 f.; Palandt – *Grüneberg*, BGB, § 249 Rn. 2.

662 BGH v. 12.01.1995 – III ZR 136/93, NJW 1995, 1284 (1285).

663 BGH v. 12.01.1995 – III ZR 136/93, NJW 1995, 1284 (1285).

664 Ebenso Däubler/Bertzbach – *Deinert*, AGG, § 15 Rn. 131; MüKo – *Thüsing*, BGB, § 15 AGG Rn. 52.

Ob daneben noch weitere Posten vom Schadensersatz umfasst sind, ist fraglich. Nach der Differenzhypothese verbleibt kaum eine Vermögensdifferenz zwischen der Vermögenslage des Benachteiligten bei Verletzung der Fürsorgepflicht durch den Arbeitgeber und der hypothetischen Vermögenslage bei ausreichender Beachtung der Fürsorgepflichten. Selbst wenn man auf die Folgen der Benachteiligung und nicht auf die Folgen der Fürsorgepflichtverletzung abstellen würde, ist fraglich, worin eine Vermögensdifferenz zu sehen wäre. Die Frage des zu ersetzenden kausalen Schadens muss letztendlich im Einzelfall beantwortet werden.

Eine Entschädigungsleistung ist vom Schadensersatzanspruch des § 280 I BGB nicht umfasst. Grundsätzlich wird im Rahmen des Schadensersatzanspruchs ein Geldersatz nur für materielle Schäden gewährt. Ausnahmsweise ist nach § 253 BGB vom Schuldner auch eine billige Entschädigung in Geld für erlittene immaterielle Schäden zu leisten. Dies gilt jedoch nur, wenn dies ausdrücklich gesetzlich bestimmt ist. § 15 II AGG kann dafür nicht als Rechtsgrundlage herangezogen werden. Dies ist eine eigene Grundlage für Entschädigungen, die ausschließlich einen Verstoß gegen das Benachteiligungsverbot voraussetzt, den der Arbeitgeber selbst begangen hat oder der dem Arbeitgeber zugerechnet werden kann. Mangels anderweitiger gesetzlicher Grundlagen kann der Beschäftigte vom Arbeitgeber bei Verletzung seiner Fürsorgepflichten nach § 12 AGG nur eine Entschädigung verlangen, wenn die Voraussetzungen des § 253 II BGB vorliegen. Dies setzt voraus, dass durch die Fürsorgepflichtverletzung des Arbeitgebers eine Verletzung des Körpers, der Gesundheit, der Freiheit oder der sexuellen Selbstbestimmung erfolgt. In den meisten Fällen wird daher eine Entschädigung vom Anspruch auf Schadensersatz nach § 280 I BGB nicht umfasst sein. Lediglich in besonderen Fällen diskriminierend motivierter, körperlicher Übergriffe oder in Fällen der sexuellen Belästigung ist auch eine Entschädigung nach § 253 I, II BGB denkbar.

Offen bleibt dann immer noch, ob die Verletzung der Fürsorgepflicht als Pflichtverletzung ursächlich für eine entsprechende Schädigung war. Insbesondere stellt sich diese Frage, wenn der Arbeitgeber als Schuldner einwendet, dass die Benachteiligung auch bei hinreichender Beachtung der Fürsorgepflicht begangen worden wäre. Der Arbeitgeber ist nach § 12 AGG verpflichtet, geeignete Maßnahmen zu ergreifen. Stand dem Arbeitgeber keine geeignete, erforderliche und angemessene Maßnahme zur Verfügung, fehlt es bereits an einer Pflichtverletzung. Der Arbeitgeber ist nach § 12 AGG zum Ergreifen geeigneter, erforderlicher und angemessener Maßnahmen verpflichtet. Er schuldet jedoch nicht den Erfolg der Maßnahmen, sondern lediglich das Ergreifen entsprechender Maßnahmen als solches. Wenn eine entsprechende Maßnahme, die an sich erforderlich und geeignet war, im konkreten Einzelfall eine Behinderung nicht verhindert, begründet dies keine Pflichtverletzung des Arbeitgebers.

Ergriff der Arbeitgeber entgegen seinen Pflichten aus § 12 AGG keine erforderliche, objektiv geeignete und angemessene Maßnahme, kann er sich nicht darauf berufen, dass die Maßnahme im konkreten Einzelfall die Benachteiligung nicht verhindert hätte. Da gerade kein Erfolg, sondern lediglich ein Tätigwerden durch den Arbeitgeber geschuldet ist, kann sich der Arbeitgeber nicht darauf berufen, dass eine erforderliche und geeignete Maßnahme im konkreten Fall die Benachteiligung möglicherweise nicht hätte verhindern können, ohne zumindest den Versuch unternommen zu haben. Es ist daher allein auf das nicht erfolgte Ergreifen der Maßnahme als Pflichtverletzung abzustellen. Die Verletzung der Fürsorgepflichten ist dann auch kausal, denn es kann nicht ausgeschlossen werden, dass eine zu ergreifende, an sich geeignete Maßnahme die Benachteiligung verhindert hätte.[665]

5. *Zusammenfassung*

Der Arbeitgeber haftet nach § 280 I BGB, wenn ein Beschäftigter durch einen anderen Beschäftigten benachteiligt wird, weil der Arbeitgeber seinen Fürsorge- und Schutzpflichten gegenüber dem betroffenen Beschäftigten nicht oder nicht ausreichend nachgekommen ist. Dies begründet jedoch keine Haftung wegen der Benachteiligung an sich, sondern wegen der Verletzung der vertraglichen Nebenpflichten.

III. Haftung nach § 823 I BGB

Gegenstand der Untersuchung ist die Haftung des Arbeitgebers für Benachteiligungen durch Beschäftigte und Dritte. Dem liegen nur Fälle zugrunde, in denen gerade andere die Benachteiligungshandlung vorgenommen haben. Neben der vertraglichen Haftung des Arbeitgebers für das Verhalten seiner Beschäftigten kommt auch eine Haftung wegen einer deliktischen Verletzung eines geschützten Rechtsgutes des betroffenen Beschäftigten in Betracht. Insbesondere die Verletzung des Allgemeinen Persönlichkeitsrechts durch die unzulässige Benachteiligung drängt sich auf. Passiv legitimiert ist grundsätzlich der Schädiger.[666] Die Schädigereigenschaft des Arbeitgebers könnte sich daraus ergeben, dass ihm in Bezug auf den Schutz vor Benachteiligungen spezielle Verkehrsicherungs- und Organisationspflichten obliegen. Die Missachtung dieser Pflichten kann kausal für die Verletzung eines geschützten Rechtsgutes des betroffenen Beschäftigten und der Arbeitgeber kann somit auch Schädiger sein, obwohl die Benachteiligung tatsächlich von einem anderen begangen wurde.

1. *Verhältnis zu den Vorschriften des AGG*

a. *Deliktische Haftung neben dem AGG*

Zunächst stellt sich die Frage der Anwendbarkeit der deliktischen Haftung nach § 823 I BGB neben § 15 AGG als Spezialvorschrift für die Haftung bei Benachteiligungen. Nach § 15 V AGG bleiben Ansprüche gegen den Arbeitgeber, die sich aus

---

665 Einen strengeren Maßstab anwendend *Bauer*, S. 142, wonach die Verletzung der Fürsorgepflicht nur ursächlich für den Schaden sein soll, *„wenn bei einer entsprechenden Vornahme der geforderten Handlung der Eintritt des Schadens „mit Sicherheit“ verhindert worden wäre“.*

666 So etwa Palandt – *Sprau*, BGB, Einf v § 823 Rn. 22.

anderen Rechtsvorschriften als § 15 I, II AGG ergeben, unberührt. Dies bedeutet, dass § 823 I BGB grundsätzlich neben § 15 AGG anwendbar ist.[667] Eine Verdrängung nach den Spezialitätsgrundsatz, wie bei Ansprüchen aus § 280 BGB, erfolgt nicht.[668] Dies ergibt sich bereits aus dem unterschiedlichen Rechtscharakter der Anspruchsgrundlagen. Während § 15 I und § 15 II AGG orientiert an § 280 BGB als vertragliche Ansprüche ausgestaltet sind, handelt es sich bei § 823 I BGB um einen Anspruch aus unerlaubter Handlung. Es stellt sich jedoch die Frage, ob dies zu einer Haftung des Arbeitgebers führen kann, obwohl Ansprüche nach § 15 I oder § 15 II AGG ausgeschlossen sind, weil die Frist des § 15 IV AGG nicht gewahrt wurden ist.

Ob die Fristen des § 15 IV AGG überhaupt mit den Vorgaben des Europarechts vereinbar sind, war lange umstritten. Der EuGH nahm in der Rechtssache *Bulicke* zu dieser Frage Stellung. Nach dem EuGH ist eine nationale Vorschrift, nach der Schadensersatz- und Entschädigungsansprüche wegen einer Benachteiligung innerhalb von zwei Monaten geltend gemacht werden müssen mit Europarecht vereinbar ist, sofern zum einen diese Frist nicht weniger günstig ist als die für vergleichbare innerstaatliche Rechtsbehelfe im Bereich des Arbeitsrechts und zum anderen die Festlegung des Zeitpunkts, mit dem der Lauf dieser Frist beginnt, die Ausübung der von der Richtlinie verliehenen Rechte nichtunmöglich macht oder übermäßig erschwert.[669] Der EuGH führte zudem aus, dass § 15 AGG nicht gegen das Verschlechterungsverbot verstößt.[670] Die Frist des § 15 IV AGG wird in der Rechtspraxis von den Gerichten unter Beachtung der Rechtsprechung des EuGH als europarechtskonform angesehen und in entsprechender Auslegung angewandt.[671]

Umstritten ist, ob entgegen dem Wortlaut der Norm die Ausschlussfrist des § 15 IV AGG auch auf Ansprüche aus Delikt anzuwenden ist. Nach einer Ansicht fallen deliktische Ansprüche, die auf denselben Lebenssachverhalt wie Ansprüche aus § 15 AGG gestützt werden, unter die Ausschlussfrist des § 15 IV AGG.[672] Die

---

667 Die Anwendbarkeit von § 823 I BGB neben Ansprüchen aus § 15 AGG ist allgemein anerkannt. Exemplarisch BAG v. 21.06.2012 – 8 AZR 188/11, NZA 2012, 1211 (1215); Däubler/Bertzbach – *Deinert*, AGG § 15 Rn. 124, *Stoffels*, RdA 2009, 204 (214); kritisch im Bezug auf Persönlichkeitsrechtsverletzungen Bamberger/Roth – *Fuchs*, BGB, § 15 AGG Rn. 11.

668 Exemplarisch BAG *Meinel/Heyn/Herms*, AGG, § 15 Rn. 97; Rust/Falke – *Bücker*, AGG, § 15 Rn. 59; Däubler/Bertzbach – *Deinert*, AGG, § 15 Rn. 124. Ebenso BAG v. 21.06.2012 – 8 AZR 188/11, NZA 2012, 2011 (2015). A.A. im Bezug auf Persönlichkeitsrechtsverletzungen Bamberger/Roth – *Fuchs*, BGB, § 15 AGG Rn. 11.

669 EuGH v. 08.07.2010 – C-246/09 (*Bulicke*), NZA 2010, 869 (871 f.).

670 EuGH v. 08.07.2010 – C-246/09 (*Bulicke*), NZA 2010, 869 (872).

671 Exemplarisch BAG vom 21.06.2012 – 8 AZR 188/11, NZA 2012, 1211 (1212 f.) m.w.N.

672 So ausdrücklich das BAG zu Schadensersatzansprüchen nach § 823 II BGB im Verhältnis zu Lebenssachverhalten, die einen Anspruch nach § 15 I AGG begründen; vgl. BAG v. 21.06.2012 – 8 AZR188/11, NZA 2012, 1211 (1215). Ebenso *Bauer/Krieger*, AGG, § 15 Rn. 67; *Bauer/Evers*, NZA 2006, 893 (897); *Adomeit/Mohr*, AGG, § 15 Rn. 105;

Rechtssicherheit gebiete eine entsprechende Übertragung der Ausschlussfrist auf konkurrierende Ansprüche aus unerlaubter Handlung, die auf einer Benachteiligung beruhen.[673] Anderenfalls bestünde die Gefahr der Umgehung der Ausschlussfrist.[674] Nach anderer Ansicht ist die Ausschlussfrist des § 15 IV AGG nicht auf Ansprüche aus Delikt anzuwenden.[675]

Unterschiedliche Fristen zur Geltendmachung von Ansprüchen aus Vertrag und aus Delikt, die auf einem einheitlichen Lebenssachverhalt beruhen, sind im BGB bereits angelegt. So gelten zum Beispiel für Ansprüche aus Mängelgewährleistung im Kaufrecht die Verjährungsfristen des § 438 BGB. Während dessen deliktische Ansprüche aus demselben Sachverhalt den Verjährungsvorschriften nach §§ 194 BGB unterliegen. Dies führt bei einer Eigentumsverletzung in Folge eines Sachmangels an einer beweglichen Sache zu einer unterschiedlichen Verjährungsfrist. Die unterschiedliche Schutzintension der Haftung des Schuldners rechtfertigt in diesem Zusammenhang auch eine unterschiedliche Verjährungsfrist. Die vertragliche Haftung schützt das Äquivalenzinteresse und die deliktische Haftung das Integritätsinteresse. Ein solcher Unterschied im Schutzinteresse der Haftung besteht im Zusammenhang mit einer unzulässigen Benachteiligung im Ergebnis nicht. Der Schutzzweck ist gleich. Vorrangig soll das Persönlichkeitsrecht der Beschäftigten und damit deren Integrität geschützt werden. Eine Differenzierung zwischen den Anspruchsgrundlagen ist daher nicht geboten. Würde man § 15 IV AGG nicht auf deliktische Ansprüche anwenden, würde die Wertung des Gesetzgebers, eine kurze Frist für Ansprüche aus unzulässige Benachteiligung vorzusehen, die vom EuGH für zulässig erachtet wurde, umgangen. Es bestünden dann die grundsätzliche Möglichkeit auch nach Ablauf der Frist des § 15 IV AGG über den Umweg der deliktischen Haftung einen Anspruch auf Schadensersatz und Entschädigung geltend zu machen, obwohl ein Anspruch aus § 15 I, II AGG nicht mehr geltend gemacht werden könnte. Folglich ist § 15 IV AGG auch auf Ansprüche aus Delikt anzuwenden.

b. Auswirkungen des AGG auf die Rechtsfolgen

Neben der grundsätzlichen Anwendbarkeit der deliktischen Haftung neben dem AGG stellt sich die Frage, ob die spezialgesetzlichen Regelungen des AGG, insbesondere des § 15 AGG, sich nicht nur im Zusammenhang mit der Geltendmachungsfrist auf die Folgen der deliktischen Haftung auswirken.

Der Umfang des Schadensersatzes richtet sich nach §§ 249 ff. BGB. Dies umfasst nach § 249 I 1 BGB auch die Naturalrestitution. Im Fall der Nichteinstellung eines

---

673 BAG v. 21.06.2012 – 8 AZR 188/11, NZA 2012, 1211 (1215).

674 BAG v. 21.06.2012 – 8 AZR 188/11, NZA 2012, 1211 (1215 f.); *Meinel/Heyn/Herms*, AGG, § 15 Rn. 88; *Walker*, NZA 2009, 5 (11); kritisch Däubler/Bertzbach – *Deinert*, AGG, § 15 Rn. 97; a.A. MüKo – *Thüsing*, BGB, § 15 Rn. 48; Erman – *Belling*, BGB, § 15 AGG Rn. 12; weitere.

675 Däubler/Bertzbach – *Deinert*, AGG, § 15 Rn. 97 m.w.N.; KR – *Treber*, § 15 AGG Rn. 52; *Stoffels*, RdA 2009, 204 (214).

Bewerbers aufgrund eines Merkmals würde dies zu dem Ergebnis führen, dass der benachteiligte Bewerber auf Schadensersatz in Form der Einstellung klagen könnte. Dies würde jedoch in einem klaren Widerspruch zu § 15 VI AGG stehen, wonach bei Benachteiligungen ein Anspruch auf Einstellung ausgeschlossen ist. Etwas Anderes mag dann gelten, wenn der Einstellungsanspruch ausdrücklich, zum Beispiel ein einem Tarifvertrag, geregelt ist.[676] § 15 VI AGG stellt jedoch eine allgemeine Wertung dar und ist auch auf andere Anspruchsgrundlagen als § 15 AGG anzuwenden.[677] Dies entspricht dem mutmaßlichen Willen des Gesetzgebers. Aus der systematischen Stellung des § 15 VI AGG ergibt sich, dass die Regelung für sämtliche in Betracht kommenden Anspruchsgrundlagen gilt. Der Ausschluss des Einstellungs- oder Beförderungsanspruchs ist erst im Anschluss an § 15 V AGG regelt. Dieser enthält gerade die Bestimmung zum Verhältnis zwischen den Ansprüchen aus § 15 AGG zu anderen Ansprüchen. Der Ausschluss des Einstellungsanspruchs regelt daher nicht nur die Rechtsfolge für Ansprüche aus § 15 AGG.[678] Würde man dahingegen im Rahmen des § 823 I BGB die Naturalrestitution zulassen, würde man die spezialgesetzliche Regelung des § 15 VI AGG umgehen. Dies würde jedoch einen erheblichen Wertungswiderspruch darstellen. Ausgeschlossen ist jedoch nur die Naturalrestitution gerichtet auf Einstellung oder Beförderung, nicht jedoch sonstiger Schadensersatz in Form der Naturalrestitution[679], zum Beispiel die Entfernung einer Abmahnung aus der Personalakte.[680]

2. Verletzung eines geschützten Rechtsgutes durch eine unzulässige Benachteiligung

a. Verletzung eines in § 823 I BGB genannten Rechtsgutes

Eine wesentliche Voraussetzung für die Haftung nach § 823 I BGB ist die Verletzung eines geschützten Rechtsgutes. Soll der Arbeitgeber für die Benachteiligung durch einen Beschäftigten haften, muss daher die unzulässige Benachteiligung die Verletzung eines nach § 823 I BGB geschützten Rechts darstellen. Soweit die Benachteiligung in Form einer Belästigung verbunden mit körperlichen Übergriffen erfolgt

676 *Bauer/Krieger*, AGG, § 15 Rn. 68; Däubler/Bertzbach – *Deinert*, AGG, § 15 Rn. 130 ff.; Schleusener/Suckow/Voigt – *Voigt*, AGG, § 15 Rn. 86.

677 Däubler/Bertzbach – *Deinert*, AGG, § 15 Rn. 131; *Stoffels*, RdA 2009, 204 (214); *Meinel/Heyn/Herms*, AGG, § 15 Rn. 97 m.w.N.; *Bauer/Krieger*, AGG, § 15 Rn. 67; a.A. Schiek – *Kocher*, AGG, § 15 Rn. 71.

678 Exemplarisch Däubler/Bertzbach – *Deinert*, AGG, § 15 Rn. 131; *Stoffels*, RdA 2009, 204 (214).

679 ErfK – *Schlachter*, § 15 AGG Rn. 15; Däubler/Bertzbach – *Deinert*, AGG, § 15 Rn. 133a; PWW – *Lingemann*, BGB, § 15 AGG Rn. 25; a.A. wohl MüKo – *Thüsing*, BGB, § 15 AGG Rn. 44.

680 Däubler/Bertzbach – *Deinert*, AGG, § 15 Rn. 133a; Palandt – *Weidenkaff*, BGB, § 15 Rn. 4.

oder so extreme Formen annimmt, dass der Betroffene aufgrund der Benachteiligung erkrankt, sind die Rechtgüter Gesundheit und körperliche Integrität verletzt.

Nach der Rechtsprechung des BGH kann sich aus der Stellung als Betriebsinhaber oder Vorgesetzter je nach den Umständen des Einzelfalls eine Garantenpflicht zur Verhinderung von Straftaten nachgeordneter Mitarbeiter ergeben.[681] Grundsätzlich ist nach dem BGH die Garantenhaftung des Betriebsinhabers oder des Vorgesetzten auf betriebsbezogene Taten beschränkt. Weder mit einem auf dem Arbeitsverhältnis beruhenden Weisungsrecht gegenüber Mitarbeitern noch mit der Herrschaft über die „Gefahrenquelle Betrieb" oder unter einem anderen Gesichtspunkt lässt sich eine über die allgemeine Handlungspflicht hinausgehende, besondere Verpflichtung des Betriebsinhabers begründen, die nicht Ausfluss seinem Betrieb oder dem Tätigkeitsfeld seiner Mitarbeiter spezifisch anhaftender Gefahren sind, sondern sich außerhalb seines Betriebes genauso ereignen könnten.[682] Eine strafrechtliche Garantenstellung, die zu einer Strafbarkeit durch Unterlassen führt, kommt demnach im Grundsatz nur bei betriebsbezogenen Straftaten in Betracht. Dies ist dann der Fall, wenn die Straftat in einem inneren Zusammenhang mit der im Arbeitsverhältnis zu erbringenden Tätigkeit erfolgt oder sich eine dem Betrieb spezifisch anhaftenden Gefahr verwirklicht.[683] Eine Garantenpflicht besteht danach zum Beispiel dann, wenn die Schikanierung eines Mitarbeiters Teil der „Firmenpolitik" ist.[684]

Im Zusammenhang mit der Haftung für Benachteiligungen durch andere Beschäftigte bedeutet dies, dass eine deliktische Haftung durch Unterlassen bestehen kann, wenn der Arbeitgeber eine Garantenstellung gegenüber dem betroffenen Arbeitnehmer innehat. Zum Teil wird vertreten, dass sich eine entsprechende Garantenstellung aus den Pflichten des § 12 III AGG ergibt.[685] Die in § 12 III AGG normierte Pflicht des Arbeitgebers zum Ergreifen geeigneter Maßnahmen könnte für eine Garantenstellung sprechen.[686] Die Gefahr einer Benachteiligung durch andere Beschäftigte ist jedoch keine Gefahr, die sich aus der speziellen Art eines Betriebs ergibt.[687] Dies ist nach dem BGH jedoch eine Voraussetzung für die deliktische Garantenstellung. Die Gefahr einer Benachteiligung ist der „Gefahrenquelle Betrieb" immanent. Dies spricht gegen eine allgemeine deliktische Garantenpflicht aus § 12 III AGG.

---

681 BGH v. 20.10.2011 – 4 StR 71/11, NJW 2012, 1237 (1238) m.w.N.
682 BGH v. 20.10.2011 – 4 StR 71/11, NJW 2012, 1237 m.w.N.
683 BGH v. 20.10.2011 – 4 StR 71/11, NJW 2012, 1237 (1238) m.w.N.
684 BGH v. 20.10.2011 – 4 StR 71/11, NJW 2012, 1237 (1238) m.w.N.
685 So zum Beispiel *Ladiges*, SR 2013, 29 (32).
686 *Ladiges*, SR 2013, 29 (32).
687 Zu den Anforderungen des BGH kritisch *Ladiges*, SR 2013, 29, (31).

b. Verletzung des Allgemeinen Persönlichkeitsrechts

aa. Herleitung des deliktischen Schutzes des Persönlichkeitsrechts

Das Allgemeine Persönlichkeitsrecht ist ein durch Art. 1 und 2 GG verfassungsmäßig garantiertes Grundrecht und zugleich als zivilrechtlich nach § 823 I BGB geschütztes sonstiges Recht anerkannt.[688] Dieses Recht gewährleistet gegenüber Jedermann den Schutz der Menschenwürde und das Recht auf Entfaltung der Persönlichkeit.[689] Vorrangig dient das allgemeine Persönlichkeitsrecht dem Schutz individueller Interessen, insbesondere dem Schutz des Wert- und Achtungsanspruchs der Persönlichkeit. Dieser Schutz wird dadurch verwirklicht, dass bei einer Verletzung des Persönlichkeitsrechts neben Abwehransprüchen auch Schadensersatzansprüche in Betracht kommen, die, wenn es sich um einen schwerwiegenden Eingriff handelt und die Beeinträchtigung nicht anderweitig befriedigend ausgeglichen werden kann, auch auf den Ausgleich immaterieller Schäden gerichtet sind.[690] Der Entschädigungsanspruch beruht nicht auf einen Schmerzensgeldanspruch nach § 253 BGB, sondern ergibt sich unmittelbar aus dem Schutzauftrag der Art. 1 und 2 GG.[691] Die Zubilligung einer Entschädigung für immaterielle Schäden beruht auf dem Gedanken, dass ohne einen solchen Anspruch Ehr- und Würdeverletzungen häufig ohne Sanktion blieben und der Persönlichkeitsrechtsschutz unzureichend wäre.[692]

Im Zusammenhang mit einem Verstoß gegen das Benachteiligungsverbot bedeutet dies, dass soweit eine unzulässige Benachteiligung unter die Voraussetzungen einer Persönlichkeitsrechtsverletzung subsumiert werden kann, auch eine Entschädigungsansprüche begründende Haftung aus Delikt in Betracht kommt.

bb. Schwerwiegende Persönlichkeitsrechtsverletzung

Voraussetzung eines Anspruchs aus § 823 I BGB i.V. mit Art. 1 GG, Art. 2 GG ist, dass der Arbeitgeber das Allgemeine Persönlichkeitsrecht schwerwiegend verletzt hat oder dem Arbeitgeber ein schwerwiegender Verschuldensvorwurf zu machen ist und der Eingriff nicht auf andere Weise ausgeglichen werden kann.[693] Geringfügige Eingriffe

---

688 Exemplarisch BGH v. 25.05.1954 – I ZR 211/53, NJW 1954, 1404 (1405); BGH v. 01.12.1999 – I 49/97, NJW 2000, 2195 (2197) m.w.N; BVerfG v. 14.02.1973 – I BvR 112/65, NJW 1973, 1221 (1223).

689 BGH v. 25.05.1954 – I ZR 211/53, NJW 1954, 1404 (1405); BGH v. 01.12.1999 – I 49/97, NJW 2000, 2195 (2197).

690 BGH v. 01.12.1999 – I 49/97, NJW 2000, 2195 (2197).

691 BGH v. 01.12.1999 – I 49/97, NJW 2000, 2195 (2197); ausführlich auch Götting/Schertz/Seitz – *Müller*, Handbuch des Persönlichkeitsrechts, § 51 Rn. 4 ff.

692 BGH v. 01.12.1999 – I 49/97, NJW 2000, 2195 (2197); BVerfG v. 14.02.1973 – I BvR 112/65, NJW 1973, 1221 (1223); Götting/Schertz/Seitz – *Müller*, Handbuch des Persönlichkeitsrechts, § 51 Rn. 3, Rn. 24; *Kötz/Wagner*, DeliktsR, Rn. 422.

693 BGH v. 14.02.1958 – I ZR 151/56, NJW 1958, 827 (829 f.); BGH v. 01.12.1999 – I 49/97, NJW 2000, 2195 (2197); BGH v. 15.11.1994 – VI ZR 56/94, NJW 1995, 861 (864); BGH v. 30.01.1996 – VI ZR 386/94, NJW 1996, 1131 (1134); BAG v. 21.06.2012 – 8

lösen keine Entschädigungsansprüche aus.[694] In diesem Fall fehlt es bereits an einer haftungsbegründenden Rechtsgutsverletzung. Ob eine schwerwiegende Verletzung vorliegt, hängt von Art, Bedeutung und Tragweite des Eingriffs, Anlass und Beweggrund des Handelnden sowie dem Grad seines Verschuldens ab, wobei zu berücksichtigen ist, in welche geschützten Bereiche eingegriffen wurde.[695] Unter konsequenter Anwendung dieser Kriterien stellt jede unzulässige Benachteiligung eine schwerwiegende Verletzung des Allgemeinen Persönlichkeitsrechts dar, die durch eine angemessene Entschädigung auszugleichen ist. Dies ergibt sich aus mehreren Gründen.

Es ist die Wertung aus § 15 II AGG heranzuziehen, wonach der Beschäftigte gegen den Arbeitgeber bei jedem Verstoß gegen das Benachteiligungsverbot einen Anspruch auf eine angemessene Entschädigung hat. Der Gesetzgeber macht dies nicht davon abhängig, wie schwer die Benachteiligung wiegt. Der Gesetzgeber verdeutlicht dadurch, dass jede Benachteiligung so schwer wiegt, dass sie einen Entschädigungsanspruch des Betroffenen begründet.

Die besondere Schwere ergibt sich aus der Art des Eingriffs in das Allgemeine Persönlichkeitsrecht. Ein Beschäftigter wird bezüglich des Zugangs zum Beruf oder der Ausübung seines Berufs wegen eines in § 1 AGG genannten Merkmals ungünstiger behandelt als ein Beschäftigter ohne dieses Merkmal. Betrachtet man sich diese Merkmale näher, so hat der Merkmalsträger in der Regel kaum oder keinen Einfluss darauf, ob er Merkmalsträger ist oder nicht. Man kann weder seine ethnische Herkunft, noch sein Geschlecht oder sein Alter selbst bestimmen. Die Religion und Weltanschauung, wie auch die sexuelle Identität werden in der Regel durch Faktoren geprägt, die man selbst nicht beeinflussen kann. Gleiches gilt für körperliche Einschränkungen, insbesondere wenn sie bereits seit Geburt bestehen.

Es handelt sich sämtlich um Merkmale, die identitätsstiftend und persönlichkeitsbildend sind. Gerade die in § 1 AGG genannten Merkmale prägen einen Menschen wie kaum ein anderes Merkmal. So stellt sich die Frage, was schwerwiegender und ehrverletzender sein soll, als gerade wegen eines dieser Merkmale im Zugang oder bei der Ausübung des Berufs, der in der Regel für eine wesentliche Zeit eines Lebens den Lebensweg bestimmt, gegenüber Nichtmerkmalsträgern nachteilig behandelt zu werden. Die Benachteiligung wegen eines der in § 1 AGG genannten Merkmale ist stets eine schwerwiegende Verletzung des Allgemeinen Persönlichkeitsrechts.[696]

AZR 188/11, NZA 2012, 1211 (1213) m. w. N.; BAG v. 16.05.2007 – 8 AZR 709/06, NZA 2007, 1155 (1164); PWW – *Prütting*, BGB, § 12 Rn. 43; Schleusener/Suckow/Voigt – *Voigt*, AGG, § 15 Rn. 23.

694 BAG v. 24.09.2009 – 8 AZR 636/08, NZA 2010, 159 (163); BAG v. 21.06.2012 – 8 AZR 188/11, NZA 2012, 1211 (1213) m. w. N.

695 BAG v. 21.06.2012 – 188/11, NZA 2012, 1211 (1213); BAG v. 24.09.2009 – 8 AZR 636/08, NZA 2010, 159 (163); ausführlich Götting/Schertz/Seitz – *Müller*, Handbuch des Persönlichkeitsrechts, § 51 Rn. 12 ff.

696 Nach anderer Ansicht bedarf es entsprechend den Grundsätzen zur Verletzung des Allgemeinen Persönlichkeitsrechts stets einer Gesamtabwägung; exemplarisch *Bauer*, S. 164.

Dies führt konsequenter Weise dazu, dass ein Verstoß gegen das Benachteiligungsverbot einen Anspruch nach § 823 I BGB auf eine Entschädigung in Geld begründet, soweit die Persönlichkeitsrechtsverletzung nicht anderweitig kompensiert werden kann. In welcher Höhe dies zu erfolgen hat, richtet sich nach der Intensität des Eingriffs in das Persönlichkeitsrecht. Ein Orientierungsansatz für die Bemessung der Entschädigung bieten dabei sicher die Bemessungskriterien und die Entschädigungssummen im Zusammenhang mit § 15 II AGG.

cc. Subsidiarität

Eine weitere wesentliche Voraussetzung für einen Entschädigungsanspruch wegen der Verletzung des Persönlichkeitsrechts ist, dass die Beeinträchtigung nicht in anderer Weise befriedigend ausgeglichen werden kann.[697] Als anderweitige Ausgleichsmöglichkeit bei einer Persönlichkeitsrechtsverletzung gelten grundsätzlich der Widerruf, die Gegendarstellung, die Richtigstellung oder auch ein Anspruch auf Unterlassen oder Beseitigung.[698] Im Zusammenhang mit einer Benachteiligung ist fraglich, ob diese klassischen Maßnahmen die erfolgte Persönlichkeitsrechtsverletzung vollständig kompensieren können.[699] Bereits die mit § 15 II 1 AGG durch den Gesetzgeber vorgenommene Wertung steht der Annahme einer ausreichenden Kompensation durch klassische Maßnahmen entgegen.

Zugleich ist § 15 II 1 AGG Grund zur Ablehnung eines entsprechenden Anspruchs aus § 823 I AGG. Soweit dem Arbeitgeber die Benachteiligung durch einen anderen Beschäftigten nach § 278 BGB analog oder nach § 31 BGB zugerechnet werden kann, haftet der Arbeitgeber bereits nach § 15 AGG und ist nach § 15 II 1 AGG zur Zahlung einer Entschädigung verpflichtet. Diese wiederum kompensiert auch die Verletzung des Persönlichkeitsrechts.[700] Ein Anspruch aus § 823 I BGB

---

697 BGH v. 14.02.1958 – I ZR 151/56, NJW 1958, 827 (829 f.); BGH v. 01.12.1999 – I 49/97, NJW 2000, 2195 (2197); BGH v. 15.11.1994 – VI ZR 56/94, NJW 1995, 861 (864); BGH v. 30.01.1996 – VI ZR 386/94, NJW 1996, 1131 (1134); BAG v. 21.06.2012 – 8 AZR 188/11, NZA 2012, 1211 (1213) m. w. N.; BAG v. 16.05.2007 – 8 AZR 709/06, NZA 2007, 1155 (1164); ebenso *Stoffels*, RdA 2009, 204 (205); Götting/Schertz/Seitz – *Müller*, Handbuch des Persönlichkeitsrechts, § 51 Rn. 24 m.w.N; Palandt – *Sprau*, BGB, § 823 Rn. 124 m.w.N.

698 Götting/Schertz/Seitz – *Müller*, Handbuch des Persönlichkeitsrechts, § 51 Rn. 24 ff.; Palandt – *Sprau*, BGB, § 823 Rn. 124; *Kötz/Wagner*, DeliktsR, Rn. 426 m.w.N., ausführlich zu entsprechenden Ansprüchen Rn. 409 ff.; *Fuchs/Pauker*, Delikts- und SchadensersatzR, S. 55 m.w.N.

699 Dies kritisch nach Zweck und Funktion der Geldentschädigung betrachtend *Bauer*, S. 164 f.

700 So im Erg. auch *Meinel/Heyn/Herms*, AGG, § 15 Rn. 99; *Walker*, NZA 2009, 5 (11). Vgl. zum Sinn und Zweck des Entschädigungsanspruchs nach § 15 II AGG Däubler/Bertzbach – *Deinert*, AGG, § 15 Rn. 47. Dahingegen setzt nach der Rechtsprechung § 15 II AGG keine zu kompensierende Verletzung des Persönlichkeitsrechts voraus, vgl. u.a. BAG v. 18.03.2010 – 8 AZR 1044/08, NZA 2010, 1129 (1131).

gegen den Arbeitgeber wegen einer Verletzung des Persönlichkeitsrechts ist daher in den meisten Fällen aufgrund der Subsidiarität des Anspruchs ausgeschlossen.[701]

Eine weitere, den Anspruch ausschließende Kompensation erfolgt unter den Vorsetzungen der §§ 280 I, 253 BGB im Fall der Benachteiligung in Form einer sexuellen Belästigung, wenn der Arbeitgeber in vorwerfbarer Weise seinen Fürsorgepflichten nicht nachgekommen ist, sogenanntes Organisationsverschulden, und der betroffene Beschäftigte dadurch sexuell belästigt wurde. Nach § 253 II BGB umfasst ein Schadensersatzanspruch im Fall der Verletzung der sexuellen Selbstbestimmung auch eine billige Entschädigung in Geld. Die sexuelle Selbstbestimmung ist Bestandteil des Persönlichkeitsrechts.[702] Sind bei einer sexuellen Belästigung auch andere Rechtsgüter des Betroffenen, insbesondere die Gesundheit oder die körperliche Integrität, verletzt worden, bleibt ein Entschädigungsanspruch nach §§ 823 I, 253 II BGB wegen Verletzung dieser Rechtsgüter selbstredend unberührt. In bestimmten Ausnahmensituation hat der Handelnde auch die Voraussetzungen des § 825 BGB erfüllt und schuldet selbst nach §§ 825, 253 II BGB eine Entschädigung.

Selbst wenn die Verletzung des Persönlichkeitsrechts nicht durch einen anderweitigen Anspruch des Betroffenen gegen den Arbeitgeber auf eine Entschädigung kompensiert werden kann, bedeutet dies nicht, dass die Persönlichkeitsrechtsverletzung die Haftung des Arbeitgebers begründet. Erfolgt die Benachteiligung durch einen anderen Beschäftigten, verletzt dieser ebenfalls das Persönlichkeitsrecht des Betroffenen. Kann dem Arbeitgeber die Benachteiligung nicht anderweitig zugerechnet werden, ist es nicht unbillig, dass der unmittelbar Handelnde ebenso nach § 823 I BGB haftet. Dadurch kann die Persönlichkeitsrechtsverletzung anderweitig kompensiert werden.

Dem steht die Regelung des § 830 BGB nicht entgegen. In der beschriebenen Fallkonstellation haben Arbeitgeber und handelnder Beschäftigter die unerlaubte Handlung zwar gemeinschaftlich begangen. Die unmittelbare Verletzung des Persönlichkeitsrechts erfolgt durch den handelnden Beschäftigten. Die Verletzung der Fürsorgepflichten als Verletzung der Verkehrssicherungspflichten hat dahingegen nur mittelbare Wirkung. In Bezug auf die Haftung wegen Persönlichkeitsverletzung in Form einer Benachteiligung durch einen anderen Beschäftigten ist der Beitrag des Arbeitgebers subsidiär. Nach dem unionsrechtlichen Grundgedanken der Sanktion einer Benachteiligung haftet vorrangig der Urheber der Benachteiligung.[703] Kann dem Arbeitgeber die Benachteiligung nicht zugerechnet werden, ist der Arbeitgeber auch nicht der Urheber. Die Benachteiligung geht eigenverantwortlich vom handelnden Beschäftigten aus. Die Verletzungshandlung durch Verletzung der Verkehrssicherungspflichten in Form der Fürsorgepflichten des § 12 AGG steht hinter dem Handeln des Benachteiligenden als mittelbare Handlung zurück. Eine anderweitige Wertung der Bedeutung der Fürsorgepflichten würde zu weit reichen. Die vordergründige Norm zur Haftung wegen einer unerlaubten Handlung durch

701 So im Ergebnis auch *Bauer*, S. 217.

702 Ähnlich Palandt – *Sprau*, BGB, § 823 Rn. 116.

703 EuGH v. 22.04.1997 – C-180/95 (*Draehmpaehl*), NJW 1997, 1839 (1840).

andere Personen ist § 831 I BGB. Dies rechtfertigt im Ergebnis die Subsidiarität eines Anspruchs gegen den Arbeitgeber. Die Verletzung der Fürsorgepflichten stellt auch keine Beihilfe des Arbeitgebers zur Verletzungshandlung durch den Beschäftigten im Sinne des § 830 II BGB dar. Die Beihilfe setzt einen vorsätzlichen Unterstützungsbeitrag voraus.[704] Allein die Verletzung der Fürsorgepflichten ist noch keine vorsätzliche Unterstützung der fremden Benachteiligung. Handelt der Arbeitgeber dahingegen vorsätzlich, ist dies eine eigene Benachteiligung durch den Arbeitgeber. In diesem Fall würde die Persönlichkeitsrechtsverletzung nach § 15 II AGG bereits kompensiert und die Subsidiarität würde eingreifen.

c. *Zwischenergebnis*

Ein Verstoß gegen das Benachteiligungsverbot stellt zugleich eine schwerwiegende Verletzung des allgemeinen Persönlichkeitsrechts dar. Eine die Haftung des Arbeitgebers begründende Verletzung des Persönlichkeitsrechts im Fall einer Benachteiligung durch andere Beschäftigte wird dennoch nicht vorliegen, weil die Verletzung anderweitig befriedigend und vollständig kompensiert werden kann. Ein Anspruch aus unerlaubter Handlung wegen der Verletzung des Persönlichkeitsrechts ist dann subsidiär.

3. *Ursächliche rechtswidrige Verletzung von Verkehrssicherungspflichten als Verletzungshandlung*

a. *Verletzungshandlung des Arbeitgebers*

Eine Haftung des Arbeitgebers ist bei einer Verletzung des Körpers oder der Gesundheit dahingegen nicht ausgeschlossen. Die Verletzung eines genannten Rechtsgutes erfolgt bei einer Benachteiligung durch einen anderen Beschäftigten, nicht durch eine unmittelbare Handlung des Arbeitgebers. Sie erfolgt auch nicht in einem Unterlassen im eigentlichen Sinn. Das Verhalten oder die Untätigkeit des Arbeitgebers führt nicht unmittelbar zur Verletzung eines geschützten Rechtsgutes. Die Rechtsgutsverletzung beruht auf einer unmittelbaren Handlung eines beschäftigten Dritten.

Ein geschütztes Rechtsgut kann jedoch auch durch eine mittelbare Handlung, zum Beispiel durch unzureichende Beachtung von Verkehrssicherungspflichten, verletzt werden.[705] Im Zusammenhang mit der Benachteiligung durch einen anderen Beschäftigten kommt die Verletzung der dem Arbeitgeber obliegenden Fürsorgepflichten als relevante Verletzung einer Verkehrssicherungspflicht in Betracht.[706]

---

704 So beispielsweise BGH v. 31.01.1978 – VI ZR 32/77, NJW 1978 (816 (819).

705 PWW – *Schaub*, BGB, § 823 Rn. 6; ausführlich zur Verletzung von Verkehrssicherungspflichten MüKo – *Wagner*, BGB, § 823 Rn. 232 ff.; *Kötz/Wagner*, DeliktsR, Rn. 168 ff.

706 Zur Begründung einer Verkehrssicherungspflicht durch Fürsorgepflichten allgemein vgl. *Kötz/Wagner*, DeliktsR, Rn. 181.

Dem Arbeitgeber obliegen bestimmte Fürsorge- und Schutzpflichten gegenüber seinen Beschäftigten.[707] Der Arbeitgeber hat im Rahmen seiner Fürsorgepflicht auf das Wohl und die berechtigten Interessen des Arbeitnehmers Rücksicht zu nehmen. Die Fürsorge- und Schutzpflichten des Arbeitgebers umfassen auch, dass der Arbeitgeber die Pflicht hat, seine Arbeitnehmer vor Belästigungen durch Vorgesetzte, Mitarbeiter oder Dritte, auf die er Einfluss hat, zu schützen und ihnen einen menschengerechten Arbeitsplatz zur Verfügung zu stellen.[708] Diese allgemeine, letztlich aus § 242 BGB hergeleitete Verpflichtung des Arbeitgebers hat der Gesetzgeber für den Fall der Benachteiligung eines Arbeitnehmers aus den in § 1 AGG genannten Gründen in § 12 AGG weiter konkretisiert.[709] § 12 I AGG beinhaltet eine Generalklausel zu den Fürsorge- und Schutzpflichten im Zusammenhang mit dem Schutz vor Benachteiligungen.[710] Die Pflichten des Arbeitgebers werden bei einer Benachteiligung durch andere Beschäftigte in § 12 III AGG nochmals näher bestimmt. § 12 III AGG verlangt vom Arbeitgeber, dass dann, wenn Beschäftigte gegen das Benachteiligungsverbot verstoßen, der Arbeitgeber die im Einzelfall geeigneten, erforderlichen und angemessenen Maßnahmen zur Unterbindung der Benachteiligung wie Abmahnung, Umsetzung, Versetzung oder Kündigung ergreift.[711] Die Missachtung der Pflichten aus § 12 AGG stellt im Zusammenhang mit einer Benachteiligung einer deliktisch relevanten Verletzung der Verkehrssicherungspflichten dar.[712]

Ob die Rechtsgutsverletzung rechtswidrig war oder durch bestimmte Gründe gerechtfertigt ist, ist einzelfallabhängig. Da bei einer Benachteiligung durch andere Beschäftigte die Haftung des Arbeitgebers auf einer Verkehrspflichtverletzung beruht, ist die Rechtswidrigkeit positiv festzustellen.[713]

b. Zurechnung durch haftungsbegründende Kausalität

Die Verletzungshandlung des Arbeitgebers begründet dann eine Haftung des Arbeitgebers, wenn die Handlung ursächlich für die Verletzung eines geschützten Rechtsgutes ist. Ob eine Verletzungshandlung für eine Rechtsgutsverletzung kausal ist,

---

707 BAG v. 25.10.2007 – 8 AZR 593/06, NZA 2008, 223 (227); BAG v. 16.05.2007 – 8 AZR 709/06, NZA 2007, 1154 (1160); ErfK – *Preis*, § 611 BGB Rn. 610 ff.; Schaub – *Koch*, ArbR-Hdb, § 106 Rn. 1.

708 BAG v. 25.10.2007 – 8 AZR 593/06, NZA 2008, 223 (227); BAG v. 16.05.2007 – 8 AZR 709/06, NZA 2007, 1154 (1161); HWK – *Thüsing*, § 611 BGB Rn. 256; Schaub – *Koch*, ArbR-Hdb, § 106 Rn. 1.

709 BAG v. 25.10.2007 – 8 AZR 593/06, NZA 2008, 223 (226); Däubler/Bertzbach – *Deinert*, AGG, § 15 Rn. 137 m.w.N.; PWW – *Lingemann*, BGB, § 611 Rn. 100; ähnlich HWK – *Rupp*, § 12 AGG, Rn. 3.

710 Exemplarisch *Hoch*, BB 2007, 1732 (1733); PWW – *Lingemann*, § 12 AGG Rn. 1.

711 BAG v. 25.10.2007 – 8 AZR 593/06, NZA 2008, 223 (226).

712 Ähnlich Däubler/Bertzbach – *Deinert*, AGG, § 15 Rn. 137 m.w.N.

713 Zum Erfordernis der positiven Feststellung bei Verkehrspflichtverletzungen allgemein PWW – *Schaub*, BGB, § 823 Rn. 13; Palandt – *Sprau*, BGB, § 823 Rn. 26.

wird kumulativ nach der Äquivalenz-[714] und nach der Adäquanztheorie[715] und nach der Lehre vom Schutzzweck der Norm bestimmt.[716] Die Ursächlichkeit der Verletzung der Fürsorgepflicht für die Rechtsgutsverletzung infolge einer Benachteiligung ist im Einzelfall zu prüfen. Insbesondere die Zurechnung nach der Äquivalenz- und der Adäquanztheorie sind im Zusammenhang mit Benachteiligungen durch andere Beschäftigte einzelfallabhängig. So kann nicht pauschal für jede Benachteiligung angenommen werden, dass die möglichen Maßnahmen des Arbeitgebers eine fortgesetzte Benachteiligung verhindert hätten. Gleiches gilt für die Wirkung einer präventiven Schulung. Der Arbeitgeber ist verpflichtet, dass er geeignete Maßnahmen ergreift. Ein Erfolg der Maßnahme nach § 12 AGG ist nicht geschuldet.[717] Eine abstrakte Aussage, dass eine Schulung nach § 12 II AGG eine konkrete Benachteiligung verhindert hätte, kann nicht getroffen werden. Die entsprechende Wertung bleibt im Streitfall den Gerichten überlassen. Es drängt sich jedoch die Annahme auf, dass eine Kausalität entsprechend vorliegt, wenn der Arbeitgeber weder seine Beschäftigten im Sinne des § 12 II 1 AGG geschult und zugleich in Kenntnis einer Benachteiligung keine Maßnahmen ergriffen hat.

Daneben ist die Missachtung der Fürsorgepflichten durch den Arbeitgeber zudem nur haftungsbegründend ursächlich, wenn sie auch nach der Schutzzwecklehre relevant ist. Danach ist Voraussetzung für eine Haftung, dass die geltend gemachte Rechtsgutverletzung vom Schutzzweck der Norm umfasst ist. Anders ausgedrückt, muss es sich um Folgen handeln, die in den Bereich der Gefahren fallen, um derentwillen die Rechtsnorm erlassen wurde.[718] Dies gilt auch für Schadensersatzansprüche, die aus § 823 I BGB hergeleitet werden.[719] Die Verletzung der Verkehrssicherungspflichten, der Fürsorgepflichten nach § 12 AGG, im Zusammenhang mit einer Benachteiligung durch andere Beschäftigte entspricht diesen Voraussetzungen für eine Haftungszurechnung im Rahmen des § 823 I BGB. Sinn und Zweck der Regelungen des § 12 I, II und III AGG ist der Schutz der Beschäftigten vor Benachteiligungen durch andere Beschäftigte.[720] Der Arbeitgeber soll gerade

714 Nach der Äquivalenztheorie ist eine Handlung kausal, wenn sie nicht hinweggedacht werden kann, ohne dass der Verletzungserfolg entfiele; exemplarisch PWW – Schaub, BGB, § 823 Rn. 7 m.w.N; PWW – *Luckey*, BGB, § 249 Rn. 48 m.w.N.

715 Nach der Adäquanztheorie ist eine Handlung kausal, wenn die Handlung im allgemeinen und nicht nur unter besonders eigenartigen, ganz unwahrscheinlichen und nach regelmäßigen Verlauf der Dinge außer Betracht zu lassenden Umständen zu Herbeiführung eines Erfolges geeignet ist, vgl. BGH v. 09.10.1997 – III ZR 4/97, NJW 1998, 138 (140).

716 Vgl. PWW – *Schaub*, BGB, § 823 Rn. 7; PWW – *Luckey*, BGB, § 249 Rn. 48 ff.

717 Ebenso *Schneider/Sittard*, NZA 2007, 654 (655); *Barth*, BB 2009, 2646 (2650); Erman – *Belling*, BGB, § 12 AGG Rn. 10.

718 BGH v. 22.04.1958 – VI ZR 65/57, NJW 1958/ 1041 (1042); MüKo – *Wagner*, BGB § 823 Rn. 311; PWW – *Schaub*, BGB, § 823 Rn. 7.

719 BGH v. 22.04.1958 – VI ZR 65/57, NJW 1958/ 1041 (1042).

720 *Hoch*, BB 2007, 1732 (1733).

präventive und repressive Maßnahmen zur Verhinderung und zur Beseitigung von Benachteiligungen ergreifen.[721] Damit dienen die Fürsorge- und Schutzpflichten des § 12 AGG gerade dem Schutz der Beschäftigten vor Benachteiligungen, die in Form einer Belästigung oder einer sexuellen Belästigung zugleich auch eine Körperverletzung oder eine Gesundheitsschädigung sein können. Somit ist die Verletzung der Fürsorge- und Schutzpflichten des Arbeitgebers für Körperverletzung und auch die Gesundheitsschädigung in Form einer Benachteiligung auch nach der Lehre vom Schutzzweck der Norm haftungsrelevant.

4. *Vereinbarkeit der Verschuldenserfordernis in § 823 I BGB mit den europäischen Vorgaben*

Eine Haftung nach § 823 I BGB wegen der Verletzung des allgemeinen Persönlichkeitsrechts kommt nach Ansicht des BAG auch bei einer unerlaubten Handlung in Form einer unzulässigen Benachteiligung nur bei einem Verschulden im Sinne des § 276 BGB in Betracht.[722] Dies ist zweifelhaft, soweit der Arbeitgeber selbst die Benachteiligung und damit die Verletzung des Persönlichkeitsrechts des betroffenen Beschäftigten begeht. In diesem Fall ist das Erfordernis des Verschuldens als Exkulpationsmöglichkeit nicht mit dem Europarecht vereinbar. Die Haftung des Arbeitgebers für eine Benachteiligung würde ansonsten entgegen der Rechtsprechung des EuGH in Sachen *Dekker* und *Draehmpaehl* nicht allein von einem Verstoß gegen das Benachteiligungsverbot abhängen.[723]

Im Zusammenhang mit der Verletzung der Fürsorgepflichten ist der Anspruch gegen den Arbeitgeber dahingegen zutreffend von einem Verschulden abhängig. Eine europarechtskonforme Rechtsfortbildung durch Nichtanwendung des Verschuldenserfordernisses ist nicht geboten. Der die Haftung nach § 823 I BGB begründende Vorwurf liegt nicht in einer unzulässigen Benachteiligung durch den Arbeitgeber, sondern in der Verletzung eines geschützten Rechtsguts durch eine Benachteiligung durch andere Beschäftigte infolge der unterlassenen Verhinderung der Benachteiligung. Der Vorwurf ist die kausale Verletzung der Handlungspflichten des Arbeitgebers, die zu einer Verletzung der Verkehrssicherungspflichten führen. Dennoch ist der handelnde Beschäftigte der eigentliche Urheber der Benachteiligung und dessen Handeln ist die eigentliche kausale haftungsbegründende Verletzungshandlung. Die Verletzung der Verkehrssicherungspflichten ist nur ein mittelbarer Beitrag zur Benachteiligung durch einen anderen als den Arbeitgeber. Damit ist der Arbeitgeber aber nicht der Urheber der Benachteiligung, dessen Haftung nicht von einem Verschulden abhängen darf.

---

721 *Hoch*, BB 2007, 1732 (1733); PWW – *Lingemann*, BGB, § 12 AGG Rn. 2, 10; *Schneider/Sittard*, NZA 2007, 654.

722 BAG v. 21.06.2012 – 8 AZR 188/11, NZA 2012, 1211 (1213).

723 Nach dem EuGH darf die Haftung des Urhebers bei einer Benachteiligung nicht von einem Verschulden abhängen; vgl. EuGH v. 22.04.1997 – C-180/95 (*Draehmpaehl*), NJW 1997, 1839 (1849).

5. *Rechtsfolgenbemessung*

Die Verletzung eines geschützten Rechtsguts hat zur Folge, dass der Schädiger dem Geschädigten den entstandenen Schaden zu ersetzen hat. Bei einer Benachteiligung durch andere Beschäftigte ist wie bereits aufgezeigt, eine Entschädigung in Geld durch den Arbeitgeber wegen einer Verletzung des Persönlichkeitsrechts des betroffenen Beschäftigten ausgeschlossen. Ein auf den Ersatz materieller Schäden gerichteter Schadensersatzanspruch wegen der Verletzung des allgemeinen Persönlichkeitsrechts kommt nach dem BAG nur dann in Betracht, wenn in dessen vermögenwerte Bestandteile eingegriffen wird.[724] Das BAG lehnt einen solchen Eingriff in den vermögenwerten Bestandteil des Persönlichkeitsrechts im Zusammenhang mit sogenanntem Mobbing, das mit einem Verstoß gegen des Benachteiligungsverbot in Form einer Belästigung vergleichbar ist[725], zutreffend ab.[726] Zum Schutzbereich des Persönlichkeitsrechts gehört der so genannte Ehrschutz, der gegen herabsetzende, entwürdigende Äußerungen und Verhaltensweisen und die Wahrung des sozialen Geltungsanspruchs der Person gerichtet ist. Solche Persönlichkeitsrechtsverletzungen betreffen aber keinen Bereich des Persönlichkeitsrechts, der Schutz vor materiellen Schäden bieten soll[727], wie zum Beispiel das Recht am Bild oder Namensrechte.[728] So fallen Schäden wegen des Verlustes des Arbeitsplatzes oder einer Erwerbsminderung nicht in den Schutzbereich eines Ehrschutzdelikts, das letztlich den Schutz des allgemeinen Persönlichkeitsrechts konkretisiert.[729]

Daher besteht nur ein Schadensersatzanspruch für eine Verletzung von Körper und Gesundheit. Der Anspruch des Geschädigten umfasst dann nicht nur den Ersatz des materiellen Schadens, sondern bei einer Verletzung des Körpers oder der Gesundheit nach § 253 I, II BGB auch eine Entschädigung in Geld. Deren Höhe ist jeweils vom Einzelfall abhängig.

6. *Ergebnis*

Eine Benachteiligung durch andere Beschäftigte kann bei einer kausalen Verletzung der Fürsorgepflichten nach § 12 AGG einen Anspruch des Beschäftigten gegen den Arbeitgeber begründen. Dies gilt jedoch nur bei Verletzung eines geschützten Rechtsgutes. Vorrangig werden dies in der Praxis die körperliche Unversehrtheit und die Gesundheit sein, wenn der Beschäftigte in entsprechender Weise belästigt wurde. Obwohl die Benachteiligung zugleich eine schwerwiegende Verletzung des

---

724 BAG v. 16.05.2007 – 8 AZR 709/06, NZA 2007, 1154 (1164); BGH v. 01.12.1999 – I ZR 49/97, NJW 2000, 2195 (2197).

725 Zur Vergleichbarkeit des „Mobbing" mit einem Verstoß gegen das Benachteiligungsverbot siehe unter Kapitel III B. I. 1. b.

726 BAG v. 16.05.2007 – 8 AZR 709/06, NZA 2007, 1154 (1164).

727 BAG v. 16.05.2007 – 8 AZR 709/06, NZA 2007, 1154 (1164).

728 Vgl. BGH v. 01.12.1999 – I ZR 49/97, NJW 2000, 2195 ff.

729 In st. Rspr. BAG v. 16.05.2007 – 8 AZR 709/06, NZA 2007, 1154 (1164) m.w.N.

allgemeinen Persönlichkeitsrechts des betroffenen Beschäftigten ist, besteht ein Anspruch gegen den Arbeitgeber nach § 823 I BGB wegen des Grundsatzes der Subsidiarität nicht.

IV. Haftung nach § 823 II BGB

Eine deliktische Haftung des Arbeitgebers für das benachteiligende Verhalten seiner Beschäftigten könnte sich möglicherweise auch aus § 823 II BGB ergeben. Voraussetzung wäre die Verletzung eines Schutzgesetzes im Sinne des § 823 II BGB durch die Benachteiligung durch ein Handeln oder Unterlassen des Arbeitgebers.

1. Verhältnis zu § 15 AGG

Auch Ansprüche nach § 823 II BGB können neben § 15 AGG geltend gemacht werden. Ein Anspruch auf Einstellung oder Beförderung ist nach der Wertung des § 15 IV AGG auch bei Ansprüchen nach § 823 II BGB ausgeschlossen. Fraglich ist, ob die Geltendmachungsfrist des § 15 IV 1 AGG anzuwenden ist. Wie bereits dargestellt, ist dies umstritten.[730] Es bedarf einer differenzierten Betrachtung, ob der Anspruch mit § 15 AGG konkurriert oder nicht konkurriert.[731] Dem BAG ist zu folgen, dass jede Verwirklichung des Tatbestandes des § 15 I AGG regelmäßig zugleich eine Verwirklichung des § 823 II BGB ist, sofern eine Bestimmung des AGG ein Schutzgesetz ist.[732] Jedoch ist nicht jede Schutzgesetzverletzung im Zusammenhang mit einer Benachteiligung identisch mit einem Verstoß gegen das Benachteiligungsverbot des § 7 I AGG. Nicht jede Verwirklichung des § 823 II BGB in Verbindung mit der Verletzung einer Norm des AGG mit Schutzgesetzcharakter begründet einen Schadensersatzanspruch nach § 15 I AGG. Hinsichtlich der Schutzgesetzverletzung ist genau zu differenzieren. So beinhaltet ein Anspruch nach § 823 II BGB i.V.m. § 7 I AGG eine identische Rechtsverletzung und Anspruchsbegründung wie § 15 I 1 AGG. Anders ist dies jedoch bei einer Verletzung der Fürsorgepflichten nach § 12 AGG. Sieht man diese als Schutzgesetz an, so ist eine Verletzung dieser Pflichten und der daraus resultierende Anspruch aus § 823 II BGB nicht identisch mit dem des § 15 I 1 AGG. Die Verletzung der Fürsorgepflichten setzt keinen Verstoß des Arbeitgebers als Schuldner gegen das Benachteiligungsverbot voraus. Insbesondere die Pflicht zur Prävention setzt nach dem Wortlaut der Norm und dem Sinn und Zweck keine Benachteiligung durch irgendjemanden voraus. Bei einer Verletzung der Fürsorgepflichten des § 12 AGG würden die Ansprüche nicht konkurrieren. Somit wäre § 15 IV AGG nicht anwendbar. Entsprechend dieser Differenzierung kann ein Anspruch nach § 823 II BGB unter Umständen nur innerhalb der Frist des § 15 IV AGG geltend gemacht werden.

730 Siehe hierzu unter Kapitel III C. II. 1. b.
731 Ausführlich hierzu unter Kapitel III C. II. 1. b.
732 So aber BAG v. 21.06.2012 – 8 AZR 188/11, NZA 2012, 1211 (1215 f.).

2. *Verletzung eines Schutzgesetzes im Sinne des § 823 II BGB*

Nach § 823 II 1 BGB besteht die Pflicht zum Ersatz des Schadens, wenn gegen ein den Schutz eines anderen bezweckenden Gesetzes verstoßen wurde. Ein Gesetz im Sinne des BGB ist nach Art. 2 EGBGB jede Rechtsnorm.[733] Ein Schutzgesetz im Sinne des § 823 II 1 BGB ist eine Rechtsnorm, die nicht nur dem Schutz der Allgemeinheit, sondern auch dem Individualschutz dient. Dies ist der Fall, wenn durch die Norm zumindest auch die individuellen Interessen Einzelner gezielt geschützt werden sollen.[734]

a. § 7 I AGG

Erfolgt eine Benachteiligung, stellt dies einen Verstoß gegen das Benachteiligungsverbot des § 7 I AGG dar. In der Literatur umstritten ist die Frage, ob es sich bei § 7 I AGG und dem Verbot der unzulässigen Benachteiligung um ein Schutzgesetz im Sinne des § 823 II BGB handelt. Das BAG hat bisher noch nicht zu dieser Frage Stellung genommen.[735]

Eine Ansicht bejaht den Schutzgesetzcharakter des § 7 I AGG und gewährt bei einem Verstoß gegen das Benachteiligungsverbot aus § 7 I AGG einen Schadensersatzanspruch nach § 823 II AGG.[736] Nach anderer Ansicht besteht kein Anspruch auf Schadensersatz nach § 823 II BGB i.V.m. § 7 I AGG, denn § 7 I AGG sei kein Schutzgesetz im Sinne des § 823 II BGB.[737] Der Streit bestand schon im Zusammenhang mit § 611a BGB a.F. Auch bei § 611a BGB a.F. wurde umfassend diskutiert, ob es sich bei der Regelung um ein Schutzgesetz im Sinne des § 823 II BGB handelt.[738]

Nach der oben genannten Definition eines Schutzgesetzes ist § 7 I AGG ein Schutzgesetz im Sinne des § 823 II 1 BGB. § 7 I AGG soll gezielt die Benachteiligung von Beschäftigten aufgrund eines in § 1 AGG genannten Merkmals verhindern. Damit dient die Norm dem Schutz individueller Interessen, nämlich dem Interesse

---

733 Exemplarisch Palandt – *Sprau*, BGB, § 823 Rn. 56a; PWW – *Schaub*, BGB, § 823 Rn. 225.

734 BGH v. 11.01.2005 – VI ZR 34/04, VersR 2005, 515 f.; PWW – *Schaub*, BGB, § 823 Rn. 227; Palandt – *Sprau*, BGB, § 823 Rn. 57.

735 Das BAG hat die Frage bisher offen gelassen, da sie noch nicht entscheidungsrelevant war; vgl. BAG v. 21.06.2012 – 188/11, NZA 2012, 1211 (1215).

736 Wendeling-Schröder/Stein – *Stein*, AGG, § 15 Rn. 91; Schleusener/Suckow/Voigt – *Voigt*, AGG, § 15 Rn. 26; Däubler/Bertzbach – *Deinert*, AGG, § 15, Rn. 124; *v. Roetteken*, AGG, § 15 Rn. 114 m.w.N.; Palandt – *Weidenkaff*, BGB, § 7 AGG Rn. 7; Schiek – *Kocher*, AGG, § 15 Rn. 67, § 7 Rn. 1; Rust/Falke – *Bücker*, AGG, § 15 Rn. 59.

737 MüKo – *Thüsing*, BGB, § 15 AGG Rn. 53; *Thüsing*, Arbeitsrechtlicher Diskriminierungsschutz, Rn. 562; PWW – *Schaub*, BGB, § 823 Rn. 238; *Bauer/Krieger*, AGG, § 7 Rn. 7; im Erg. auch *Stoffels*, RdA 2009, 204 (215).

738 Zum Meinungsstand siehe MüKo – *Thüsing*, BGB, § 15 AGG Rn. 53; Wendeling-Schröder/Stein – *Stein*, AGG, § 15 Rn. 91.

jedes einzelnen Beschäftigten nicht wegen eines in § 1 genannten Merkmals benachteiligt zu werden.

Die Kritik gegen die Annahme der Schutzgesetzeigenschaft des § 7 I AGG richtet sich vor allem gegen die Rechtsfolge. Während nach § 15 I, II AGG lediglich der Arbeitgeber passiv legitimiert ist, führt die Einordnung des § 7 I AGG als Schutzgesetz im Sinne des § 823 II BGB dazu, dass alle Normadressaten des § 7 I AGG zum Schadensersatz nach § 823 II BGB verpflichtet sind. Dies wird als systemwidrig angesehen.[739] Dies ist mit Blick auf die Haftung des Arbeitgebers keinesfalls überzeugend. Der Arbeitgeber ist bei einer von ihm begangenen Benachteiligung bereits nach § 15 AGG zu Schadensersatz und Entschädigung verpflichtet. Eine systemwidrige Umgehung ist hinsichtlich des Arbeitgebers ausgeschlossen. Ob dies auch hinsichtlich anderer potenzieller Anspruchsgegner gilt, kann mit Blick auf die Haftung des Arbeitgebers für die Benachteiligung durch andere Beschäftigte offenbleiben. Der Verstoß gegen das Benachteiligungsverbot des § 7 I AGG wurde nicht vom Arbeitgeber selbst begangen, sondern von einem Dritten. Eine Zurechnung des Verhaltens des Dritten erfolgt im Rahmen der deliktischen Haftung nach § 823 II BGB nicht, außer das verletzte Schutzgesetz verpflichtet gerade den Haftenden, das Opfer vor der Schädigung durch Dritte zu schützen. Eine solche Verpflichtung des Arbeitgebers beinhaltet § 7 I AGG nicht.

Als weiteres Argument gegen den Charakter als Schutzgesetz wird angeführt, dass die Schadensersatzansprüche nach § 15 I, II AGG spezielle und abschließende Sanktion der Verletzung des Diskriminierungsverbotes wie schon § 611a BGB a.F. seien.[740] Letzteres Argument geht gänzlich fehl. Nach § 15 V AGG blieben im Übrigen Ansprüche gegen den Arbeitgeber, die sich aus anderen Rechtsvorschriften ergeben, von den Regelungen des § 15 I – IV AGG unberührt. Die Annahme eines abschließenden Charakters des § 15 AGG ist damit keinesfalls vereinbar.[741] Zudem kann die Wertung des § 611a BGB a.F. in diesem Zusammenhang nicht herangezogen werden. § 611a BGB a.F. beinhaltete gerade keine mit § 15 V AGG vergleichbare Öffnungsregelung.

Fraglich ist jedoch, ob der Arbeitgeber gegen das Benachteiligungsverbot verstoßen hat, wenn ein anderer Beschäftigter die Benachteiligung begeht. Bereits diese Formulierung zeigt, dass die Frage grundsätzlich zu verneinen ist. Der Arbeitgeber benachteiligt selbst nicht, wenn ein anderer Beschäftigter den Verstoß begeht. Eine Ausnahme besteht im Fall der Organhaftung nach § 31 BGB. Ist der handelnde Beschäftigte zugleich Organ oder aufgrund eines Organisationsmangels als Organ anzusehen, so wird dessen Handlung dem Arbeitgeber nach § 31 BGB dem Arbeitgeber

---

739 *Bauer/Krieger*, AGG, § 7 Rn. 7, *Adomeit/Mohr*, AGG, § 15 Rn. 146; PWW – *Schaub*, BGB, § 823 Rn. 238; MüKo – *Thüsing*, BGB, § 15 AGG Rn. 53; *Stoffels*, RdA 2009, 204 (215).

740 *Adomeit/Mohr*, AGG, § 15 Rn. 146 m.w.N.; Bamberger/Roth – *Fuchs*, BGB, § 15 AGG Rn. 11.

741 Rust/Falke – *Bücker*, AGG, § 15 Rn. 59; ähnlich MüKo – *Thüsing*, BGB, § 15 AGG Rn. 24.

als eigene Handlung zugerechnet. Folglich hat dann der Arbeitgeber durch sein Organ gegen das Benachteiligungsverbot des § 7 I AGG verstoßen. In diesem Ausnahmefall ist daher eine Verletzung des Schutzgesetzes § 7 I AGG anzunehmen.

Die Haftung des § 823 II BGB setzt den Verstoß gegen ein Schutzgesetz durch den Anspruchsgegner voraus. Nach dem eindeutigen Wortlaut des § 823 II 1 BGB trifft die Verpflichtung zum Schadensersatz nur denjenigen, der gegen ein den Schutz eines anderen bezweckenden Gesetzes verstößt.[742] Die deliktische Haftung kennt keine Zurechnung fremden Verhaltens, sondern stellt stets auf das eigene Verhalten des Schädigers ab. Dies gilt selbst dann, wenn die eigentliche Verletzungshandlung durch eine andere Person oder gar ein Tier begangen wurde. Verdeutlicht wird dies beispielsweise durch die Regelungen der §§ 831, 832, 833 BGB. Daraus ergibt sich im Umkehrschluss, dass keine deliktische Haftung für fremdes Verhalten nach § 823 II BGB erfolgt.

b. Organisationspflichten § 11 f. AGG

Als Schutzgesetz im Sinne des § 823 II BGB kommen die Organisationspflichten des Arbeitgebers nach § 11 f. AGG in Betracht. Die Arbeitsgerichte haben zu dieser Frage, so weit ersichtlich, bisher noch nicht Stellung genommen. Dies ist der Tatsache geschuldet, dass die Gerichte in Fällen der unzulässigen Benachteiligung ihre Entscheidung hauptsächlich auf die Normen des AGG stützten und anderweitige Anspruchsgrundlagen außen vorlassen.[743]

Die Verletzung der Abwendungspflichten nach § 12 III, IV AGG stellt beispielsweise die Verletzung eines Schutzgesetzes dar.[744] Diese Vorschriften dienen gerade dazu, den Beschäftigten vor der Benachteiligung durch andere Beschäftigte und andere Dritte zu schützen. Dabei ist der Arbeitgeber verpflichtet, geeignete Maßnahmen zu ergreifen. Aus diesem Grund stellt die Benachteiligungshandlung des beschäftigten Dritten die Verletzung eines Schutzgesetztes durch den Arbeitgeber dar.

---

742 Staudinger – *Hager*, BGB, § 823 Rn. G 32; Palandt – *Sprau*, BGB, § 823 Rn. 78.

743 Exemplarisch die Entscheidung des ArbG Stuttgart v. 15.04.2010 – 8 Sa 31/10, NZA-RR 2010, 344 zur Frage der Benachteiligung wegen der Bezeichnung „Ossi". Das Gericht hat lediglich geprüft, ob eine Benachteiligung im Sinne des AGG vorliegt und dies abgelehnt. Auf einen Schadensersatzanspruch neben § 15 AGG, zum Beispiel aus § 823 I BGB wegen einer möglichen Verletzung des APR, ist das Gericht mit keinem Wort eingegangen. Das BAG ließ die Frage offen, da die Geltendmachung eines Anspruchs nach Ansicht des BAG bereits verfristet war; vgl. BAG v. 21.06.2012 – 8 AZR 188/11, NZA 2012, 1211 (1215).

744 *Annuß*, BB 2006, 1629 (1635); *Simon/Greßlin*, BB 2007, 1782 (1785); Schleusener/Suckow/Voigt – *Suckow*, AGG, § 12 Rn. 56; Däubler/Bertzbach – *Deinert*, AGG, § 15 Rn. 138; *Ring*, JA 2008, 1 (5); bejahend für § 12 III AGG *v. Roetteken*, AGG, § 12 Rn. 85 m.w.N.; ablehnend wohl *Bauer/Krieger*, AGG § 12 Rn. 5, wonach ein Verletzung der Schutzpflichten des Arbeitgebers einen Schadensersatzanspruch nach § 15 AGG begründen soll.

Abgelehnt wird dahingegen die Charakteristik als Schutzgesetz von § 11 AGG.[745] Dies überzeugt, denn § 11 AGG soll den Arbeitgeber dazu veranlassen § 7 I AGG bei der Ausschreibung einer Stelle zu beachten. Das Schutzgesetz ist dabei § 7 I AGG und § 11 AGG hat diesbezüglich lediglich hinweisende Funktion.

c. *Sonstige Schutzgesetze*

Soweit durch die Benachteiligung Straftatbestände verwirklicht werden, stellt dies eine Verletzung eines Schutzgesetzes dar, wenn die strafrechtlichen Regelungen gerade dem Schutz des Einzelnen dienen. Dies kann zum Beispiel bei einer Beleidigung nach § 185 StGB[746] oder der Belästigung und der damit möglicherweise verbundenen Verwirklichung eines Tatbestands nach §§ 177 ff. StGB oder § 223 StGB[747] der Fall sein. Auch in diesen Fällen wird nicht durch den Arbeitgeber gegen ein Schutzgesetz verstoßen, sondern durch einen beschäftigten oder sonstigen Dritten. Eine Haftung des Arbeitgebers nach § 823 II 1 BGB in Verbindung mit einem Verstoß gegen eine einschlägige Strafvorschrift scheidet daher aus.

3. *Verschuldenserfordernis*

Soweit der Arbeitgeber gegen ein Schutzgesetz zum Beispiel § 12 II, IV AGG verstößt, das gerade dem Zweck dient, dass der Arbeitgeber eine Benachteiligung seiner Beschäftigten durch andere Beschäftigte oder sonstige Dritte, verstößt, kommt eine Haftung nach § 823 II BGB in Betracht. Nach § 823 II 2 BGB tritt die Ersatzpflicht nur im Falle des Verschuldens ein, auch wenn ein Verstoß gegen das Schutzgesetz nach dessen Inhalt ohne Verschulden möglich ist. Das Verschulden bezieht sich dabei allein auf die Verletzung des Schutzgesetzes, nicht aber auch auf die daraus resultierende deliktische Schädigung.[748] Dies bedeute nach dem Wortlaut des § 823 II 2 BGB, dass der Arbeitgeber bei einem Verstoß gegen § 12 III, IV AGG im Zusammenhang mit einer unzulässigen Benachteiligung durch eine Beschäftigten nur haften würde, wenn er den Verstoß gegen die Pflichten aus § 12 AGG schuldhaft begangen hat.

Auch an diesem Punkt stellt sich die Frage, ob das Verschuldenserfordernis des § 823 II 2 BGB im Zusammenhang mit einer unzulässigen Benachteiligung mit dem Europarecht vereinbar ist. Nach der Rechtsprechung des EuGH ist eine Regelung mit den Vorgaben des europäischen Diskriminierungsschutzes nicht vereinbar, wenn sich der Urheber der Diskriminierung exkulpieren kann und die Haftung des

---

745 Schleusener/Suckow/Voigt – *Suckow*, AGG, § 11 Rn. 53; Wendeling-Schröder/Stein – *Stein*, AGG, § 11 Rn. 27; Schiek – *Schmidt*, AGG, § 11 Rn. 8; *Adomeit/Mohr*, AGG, § 15 Rn. 146; *Diller*, NZA 2007, 649 (650); offen gelassen BAG v. 21.06.2012 – 188/11, NZA 2012, 1211 (1215).

746 *Koch*, VersR 2007, 288 (294).

747 Zur Gesundheitsverletzung Schleusener/Suckow/Voigt – *Voigt*, AGG; § 15 Rn. 24. *Ladiges*, SR 2013, 29 (32).

748 Exemplarisch Palandt – *Sprau*, BGB, § 823 Rn. 60; Staudinger – *Hager*, BGB, § 823 Rn. G 34 f. m.w.N.; MüKo – *Wagner*, BGB, § 823 Rn. 358 m.w.N.

Urhebers nicht allein von der Verwirklichung des Diskriminierungstatbestandes abhängig ist.[749] Die Haftung für eine Diskriminierung darf danach nicht von einem Verschulden abhängen.[750] Das Verschulden nach § 823 II 2 BGB bezieht sich jedoch nicht auf die Benachteiligung, sondern auf die Verletzung des Schutzgesetzes. Somit kommt es für die Haftung des Arbeitgebers für eine Benachteiligung durch Dritte auf das Verschulden hinsichtlich der Verletzung der Pflichten aus § 12 AGG an. Dies ist gerade nicht das Verschulden hinsichtlich der Benachteiligung. Das Erfordernis des Verschuldens nach § 823 II 2 BGB ist keine europarechtlich unzulässige Exkulpation des Urhebers der Benachteiligung. Ob die Benachteiligung durch den Urheber mit oder ohne Verschulden begangen wurde, ist nicht relevant. Das Kriterium des Verschuldens ist einzig relevant in Bezug auf die Verletzung des Schutzgesetzes, der Organisations- und Fürsorgepflichten nach § 12 AGG.

Als Ergebnis bleibt festzuhalten, dass der Arbeitgeber wegen Verletzung seiner Pflichten aus § 12 III, IV AGG nach § 823 II 1 BGB bei einer Benachteiligung durch einen Beschäftigten oder sonstigen Dritten nur bei einem schuldhaften Verstoß gegen § 12 III, IV AGG haftet. Ein Verschulden des Benachteiligenden ist dahingegen nicht erforderlich.

4. *Rechtsfolge*

Hat der Arbeitgeber seine Pflichten nach § 12 I, III AGG schuldhaft verletzt und benachteiligt infolgedessen ein Beschäftigter einen anderen Beschäftigten, ist der Arbeitgeber seinem benachteiligtem Beschäftigten nach § 823 II BGB i.V.m. § 12 I, III AGG zum Ersatz des entstandenen Schadens verpflichtet. Die Rechtsfolgen des Schadensersatzanspruchs richten sich nach den Vorschriften der §§ 249 ff. BGB.

Die Schadensersatzpflicht nach § 823 II BGB umfasst den Ersatz des entstandenen materiellen Schadens. Nicht von der Schadensersatzpflicht des § 823 II BGB umfasst sind in der Regel immaterielle Schäden des Geschädigten.[751] Ein Nichtvermögensschaden kann gemäß § 253 I BGB nur unter den Voraussetzungen des § 253 II BGB oder anderen durch Gesetz bestimmten Fällen gefordert werden. Dies bedeutet, dass ein Anspruch auf eine Entschädigungszahlung nur in Betracht kommt, wenn eines der in § 253 II BGB genannten Rechtsgüter verletzt wurde. Nicht umfasst sind Ansprüche wegen einer Persönlichkeitsrechtsverletzung. Ungeachtet der Subsidiarität der Entschädigung wegen der Verletzung des Allgemeinen Persönlichkeitsrechts kann ein entsprechender Anspruch nicht auf § 253 II BGB gestützt werden, weil der Entschädigungsanspruch für Persönlichkeitsrechtsverletzungen ein eigenständiger Anspruch ist.[752] Dieser findet jedoch keine Anwendung im Zusammenhang mit der Schadensersatzpflicht nach § 823 II BGB. § 823 II BGB stellt gerade auf den Verstoß

749 EuGH v. 22.04.1997 – C-180/95 (*Draehmpaehl*), NJW 1997, 1839 (1840).
750 EuGH v. 22.04.1997 – C-180/95 (*Draehmpaehl*), NJW 1997, 1839 (1840).
751 *Willemsen/Schweibert*, NJW 2006, 2583 (2590); a.A. *v. Roetteken*, AGG, § 15 Rn. 114.
752 Götting/Schertz/Seitz – *Müller*, Handbuch des Persönlichkeitsrechts, § 51 Rn. 6 m.w.N.

gegen ein Schutzgesetz ab und nicht auf die Verletzung eines geschützten Rechtsgutes.[753] Die Verletzung des Allgemeinen Persönlichkeitsrechts stellt keine Schutzgesetzverletzung im Sinne des § 823 II BGB dar. Daher begründet die Verletzung einer AGG-Norm keinen Anspruch auf einer Entschädigung wegen Verletzung des Allgemeinen Persönlichkeitsrechts, obwohl jede unzulässige Benachteiligung und damit verbunden Verstoß gegen das Benachteiligungsverbot auch einer Verletzung des Allgemeinen Persönlichkeitsrechts beinhaltet. Der betroffene Beschäftigte ist angesichts des § 15 II 1 AGG nicht schutzlos gestellt. Somit ist es hinnehmbar, dass § 823 II BGB für eine Benachteiligung allein wegen der damit verbundenen Persönlichkeitsrechtsverletzung keinen Anspruch auf eine Entschädigung für immaterielle Schäden gewährt.

5. Ergebnis

Der Arbeitgeber haftet im Fall der Benachteiligung durch andere Beschäftigte nach § 823 II BGB, wenn er seine Pflichten aus § 12 I, III AGG schuldhaft verletzt hat. Die Haftung beruht nicht auf der Benachteiligung selbst, sondern auf dem Vorwurf dies nicht in erforderlicher Weise verhindert zu haben. Damit ist dies eine mittelbare Haftung für die Benachteiligung durch andere Beschäftigte.

V. Haftung nach § 831 I 1 BGB

Benachteiligt ein Beschäftigter einen anderen Beschäftigten, kommt zudem eine Haftung des Arbeitgebers nach § 831 I 1 BGB in Betracht. Nach § 831 I 1 BGB erfolgt keine Zurechnung fremden Verhaltens. Der Geschäftsherr haftet zwar für die Folgen des deliktischen Handels seines Gehilfen[754], nicht jedoch aufgrund der Zurechnung dieser Handlung, sondern aufgrund eines eigenständigen Vorwurfs gegen den Geschäftsherrn.[755] Im Zusammenhang mit der Haftung des Arbeitgebers bedeutet dies, dass dem Arbeitgeber die Benachteiligung nicht nach § 831 I 1 BGB zugerechnet wird. Der Arbeitgeber könnte wegen der Benachteiligung durch einen seiner Beschäftigten jedoch nach § 831 I 1 BGB haften, weil er die ihm obliegenden Pflichten in Bezug auf seinen Beschäftigten nicht hinreichend beachtet hat und dieser daher eine deliktische Handlung begangen hat. Ob der Arbeitgeber seinem benachteiligten Beschäftigten nach § 831 I 1 BGB zum Ersatz des entstandenen Schadens verpflichtet ist, hängt davon ab, ob durch die Benachteiligung durch einen anderen Beschäftigten der Tatbestand des § 831 I BGB verwirklicht wurde. Wie bereits ausführlich dargestellt, ist die unzulässige Benachteiligung eine rechtswidrige deliktische Handlung. Die unzulässige Benachteiligung ist stets eine Verletzung

---

753 *Fuchs/Pauker*, Delikts- SchadensersatzR, S. 138; *Kötz/Wagner*, DeliktsR, Rn. 223.
754 Soergel – *Krause*, BGB, § 831 Rn. 17; Staudinger – *Belling*, BGB, § 823 Rn. 5.
755 MüKo – *Wagner*, BGB, § 831Rn. 11; Staudinger – *Belling*, BGB, § 831 Rn 2 ff.

des allgemeinen Persönlichkeitsrechts des betroffenen Beschäftigten durch den handelnden Beschäftigten.[756]

Die Haftung des Arbeitgebers ist grundsätzlich zu bejahen, wenn der benachteiligende Beschäftigte Verrichtungsgehilfe des Arbeitgebers ist und die Benachteiligung in Ausführung der Verrichtung erfolgt.

Zudem stellt sich die Frage, ob sich der Arbeitgeber möglicherweise durch einen entsprechenden Nachweis gemäß § 831 I 2 BGB exkulpieren kann. Von besonderer Bedeutung ist dabei, ob die Möglichkeit der Exkulpation mit den Anforderungen der Richtlinien zum Schutz vor Diskriminierung und der Verwirklichung des Grundsatzes der Gleichbehandlung von Männern und Frauen nach dem Verständnis des EuGHs vereinbar ist.

1. Beschäftigter als Verrichtungsgehilfe

Eine Haftung des Arbeitgebers für eine Benachteiligung eines Beschäftigten durch einen anderen Beschäftigten nach § 831 I 1 BGB kommt in Betracht, wenn der handelnde Beschäftigte bei Ausübung der benachteiligenden Handlung Verrichtungsgehilfe des Arbeitgebers ist. Verrichtungsgehilfe ist, wer von einem anderen eine Tätigkeit übertragen bekommen hat, in dessen Einflussbereich er allgemein oder im konkreten Fall steht und dem gegenüber er in gewisser Weise abhängig, insbesondere weisungsgebunden ist.[757] Nach der allgemein vorherrschenden Ansicht in Rechtsprechung und Literatur ist der Arbeitnehmer Verrichtungsgehilfe des Arbeitgebers im Rahmen der Ausführung ihm übertragener Arbeitsaufgaben.[758] Dies gilt auch für Auszubildende.[759] Arbeitskollegen des benachteiligten Beschäftigten, zugleich gemäß § 6 I 1 Nr. 1 AGG Beschäftigte des Arbeitgebers, sind Verrichtungsgehilfen des Arbeitgebers, wenn die unzulässige Benachteiligung in einem engen und qualifizierten Zusammenhang mit der Erfüllung arbeitsvertraglicher Aufgaben erfolgt.[760]

---

756 Ausführlich unter Kapitel III C. III. 2. b. *bb.*

757 BGH v. 10.03.2009 – VI ZR 39/08, NJW 2009, 1740 (1741); BAG v. 25.05.2000 – 8 AZR 518/99, NZA 2000, 1052 (1054); Palandt – *Sprau*, BGB, § 831 Rn. 5; PWW – *Schaub*, BGB, § 831 Rn. 7 m.w.N.; Staudinger – *Belling*, BGB, § 831 Rn. 101; Bamberger/Roth – *Spindler*, BGB, § 831 Rn. 10.

758 Exemplarisch BAG v. 16.05.2007 – 8 AZR 709/06, NZA 2007, 1154 (1165); BGH v. 30.01.1996 – VI ZR 408/94, NJW-RR 1996, 867 (868); MüKo – *Wagner*, BGB, § 831 Rn. 14; explizit zum Arbeitskollegen im Bezug auf Diskriminierungen Staudinger – *Belling*, BGB, § 831 Rn. 108.

759 MüKo – *Wagner*, BGB, § 831 Rn. 14; Palandt – *Sprau*, BGB, § 831 Rn. 6.

760 Staudinger – *Belling*, BGB, § 831 Rn. 108; *Willemsen/Schweibert*, NJW 2006, 2583 (2590); *Simon/Gresslin*, BB 2007, 1782 (1785); Soergel – *Krause*, BGB, § 831 Rn. 34; im Erg. auch Däubler/Bertzbach – *Deinert*, AGG, § 15 Rn. 141.

Dahingegen sind die Organe des Arbeitgebers, soweit sie Beschäftigte sind, keine Verrichtungsgehilfen des Arbeitgebers.[761] Hier fehlt es in der Regel bereits an der weisungsabhängigen Verrichtung einer Tätigkeit durch das Organ.[762] Zudem ist die Organhaftung nach § 31 BGB vorrangig vor der Haftung nach § 831 I 1 BGB.[763]

2. *Deliktische Schädigung in Ausführung der Verrichtung*

Soweit der handelnde Beschäftigte Verrichtungsgehilfe des Arbeitgebers ist, muss er bei Ausführung der Verrichtung nach § 831 I 1 BGB den anderen Beschäftigten widerrechtlich einen Schaden zugefügt haben. Wie bereits ausführlich ausgeführt, kann die unzulässige Benachteiligung zugleich eine Rechtsgutsverletzung durch eine unerlaubte Handlung sein.[764] In diesem Zusammenhang kann auch das Persönlichkeitsrecht verletzt sein. Der Grundsatz der Subsidiarität[765] greift in diesem Zusammenhang nur, wenn der Arbeitgeber bereits nach § 15 II 1 AGG aufgrund einer eigenen Benachteiligungshandlung oder infolge Zurechnung der fremden Handlung zu einer Entschädigung verpflichtet ist.

Die Haftung des Arbeitgebers nach § 831 I 1 BGB setzt voraus, dass die deliktische Schädigung in Form der Benachteiligung durch einen anderen Beschäftigten in einem Zusammenhang mit der Verrichtung der übertragenen Aufgaben steht und nicht nur bei Gelegenheit erfolgte.[766] Der Arbeitgeber haftet dann nicht, wenn die Benachteiligung eines Beschäftigten durch einen anderen Beschäftigten lediglich bei Gelegenheit oder ohne Bezug zu den arbeitsvertraglichen Pflichten in der Freizeit in einem privaten Zusammenhang erfolgte. Dann fehlt der erforderliche Bezug zur Verrichtung. So wird in der Regel eine Benachteiligung in Form der sexuellen Belästigung nicht in Ausführung der Verrichtung, sondern bei Ausnutzung der Gelegenheit erfolgen.[767] Der Arbeitgeber würde in einen solchen Fall nicht nach § 831 I 1 BGB haften. Der Arbeitgeber ist nicht Urheber der Benachteiligung. Seine Haftung ist daher nicht zwingend erforderlich. Der betroffene Beschäftigte ist dadurch jedoch nicht schutzlos gestellt. Er kann seine Rechte gegenüber dem tatsächlich Handelnden geltend machen. Dieser ist der Urheber der Benachteiligung.

---

761 Bamberger/Roth – *Spindler*, BGB, § 831 Rn. 18.

762 Ähnlich MüKo – *Wagner*, BGB, § 831 Rn. 19; Soergel – *Krause*, BGB, § 831 Rn. 27; im Erg. auch Staudinger – *Belling*, BGB, § 831 BGB Rn. 103.

763 PWW – *Schaub*, BGB, § 831 Rn. 3 m.w.N.; Bamberger/Roth – *Spindler*, BGB, § 831 Rn. 6.

764 Hierzu ausführlich unter Kapitel III C. III.

765 Zur Subsidiarität der Haftung wegen einer Persönlichkeitsrechtsverletzung ausführlich unter Kapitel III. C. III. 2. b. cc.

766 BAG v. 16.05.2007 – 8 AZR 709/06, NZA 2007, 1154 (1165); MüKo – *Wagner*, BGB, § 831 Rn. 24; PWW – *Schaub*, BGB, § 831 Rn. 13 m.w.N.

767 *Willemsen/Schweibert*, NJW 2006, 2583 (2590); *Simon/Gresslin*, BB 2007, 1782 (1785 f.); Staudinger – *Belling*, BGB, § 831 Rn. 96.

3. *Einschränkung der Exkulpationsmöglichkeit aufgrund europarechtlicher Anforderungen*

Grundsätzlich kann sich der Geschäftsherr nach § 831 I 2 BGB exkulpieren, wenn er seinen Verrichtungsgehilfen sorgfältig ausgewählt und überwacht hat oder der Schaden auch bei Beachtung der im Verkehr erforderlichen Sorgfalt entstanden wäre. Der Arbeitgeber könnte sich somit stets dadurch exkulpieren und von seiner Haftung befreien, wenn er nachweisen kann, dass er den Beschäftigten sorgfältig ausgewählt und überwacht hat. Dies scheint nicht ausgeschlossen, wenn der Arbeitgeber seine Beschäftigten ausreichend im Sinne des § 12 I, II AGG geschult hat[768] und der Beschäftigte erstmalig benachteiligte.

Es bestehen jedoch Zweifel, ob die Möglichkeit der Exkulpation nach § 831 I 2 BGB mit den europäischen Vorgaben zum Schutz vor Diskriminierungen vereinbar ist. Nach der Rechtsprechung des EuGH ist es nicht mit den Richtlinien zum Schutz vor Diskriminierung vereinbar, wenn sich der Urheber der Diskriminierung exkulpieren kann.[769] Der EuGH hat entschieden, dass die volle Haftung des Urhebers bei Erfüllung des Tatbestands der Diskriminierung erfolgen muss und sich der Urheber nicht exkulpieren können darf.[770] Die Entscheidung des EuGH bezieht sich auf die Möglichkeit der Enthaftung durch Verweis auf ein schuldloses Handeln.[771] Entsprechend des Wortlauts von § 831 I 2 BGB haftet der Arbeitgeber nicht, wenn er den Verrichtungsgehilfen sorgfältig ausgesucht und überwacht hat. Hat er die erforderliche Sorgfalt eingehalten, kann ihm nicht der Vorwurf gemacht werden, schuldhaft gegen seine Pflichten verstoßen zu haben.

a. *Haftungskonzept des § 831 I BGB*

Die Regelung des § 831 I BGB begründet keine Haftung des Geschäftsherrn für fremdes Verhalten, sondern die Haftung für eigenes sorgfaltswidriges Verhalten des Geschäftsherrn bei der Auswahl, Anleitung und Überwachung seines Gehilfen. Dem Geschäftsherrn wird daher nicht das deliktische Verhalten des Gehilfen zugerechnet. Vielmehr haftet der Geschäftsherr wegen eigenen Verschuldens bei der Auswahl, Anleitung und Überwachung der Person, derer er sich bedient. Er haftet nicht für das deliktische Verhalten des Verrichtungsgehilfen.[772] Der Geschäftsherr haftet, wenn er seine besondere Verkehrssicherungspflicht, die durch die Einbeziehung eines Dritten entsteht, nicht beachtet hat. Das Verschulden des Geschäftsherrn wird nach § 831 I 2 BGB vermutet. Er hat jedoch die Möglichkeit, sich zu exkulpieren. Dies setzt voraus, dass der Geschäftsherr nachweisen kann, dass er die im Verkehr erforderliche Sorgfalt hinsichtlich seiner Verkehrssicherungspflichten beachtet hat.

768 So auch Schaub – *Linck*, ArbR-Hdb, § 36 Rn. 75.
769 EuGH v. 22.04.1997 – C-180/95 (*Draehmpaehl*), NJW 1997, 1839 (1840).
770 EuGH v. 22.04.1997 – C-180/95 (*Draehmpaehl*), NJW 1997, 1839 (1840).
771 EuGH v. 22.04.1997 – C-180/95 (*Draehmpaehl*), NJW 1997, 1839 (1840).
772 Staudinger – *Belling*, BGB, § 831 Rn. 5 m.w.N.

Die Haftung des Geschäftsherrn ist zudem ausgeschlossen, wenn der Schaden auch eingetreten wäre, wenn der Geschäftsherr die erforderliche Sorgfalt angewandt hätte. Ein Verschulden des Verrichtungsgehilfen ist dahingegen keine Voraussetzung für die Haftung des Geschäftsherrn nach § 831 I 1 BGB.[773]

b. Vereinbarkeit mit den Anforderungen der Richtlinien an den effektiven Schutz vor Diskriminierung

Wie aufgezeigt, kann sich der Arbeitgeber als Geschäftsherr exkulpieren, wenn er nachweist, dass er die erforderliche Sorgfalt bei der Auswahl, Anleitung und Überwachung beachtet hat oder der Schaden auch bei Anwendung der erforderlichen Sorgfalt eingetreten wäre. Entscheidet sich ein Mitgliedsstaat zu einer zivilrechtlichen Sanktionierung von Diskriminierungen, so reicht nach dem EuGH jeder Verstoß gegen das Diskriminierungsverbot für sich genommen aus, um die volle Haftung seines Urhebers auszulösen, ohne dass die im nationalen Recht vorgesehenen Rechtfertigungsgründe berücksichtigt werden können.[774] Es ist nach der Rechtsprechung des EuGH nicht mit den Vorgaben der Richtlinien zum Schutz vor Diskriminierungen vereinbar, wenn ein Anspruch auf Schadensersatz wegen Diskriminierung von einem Verschulden abhängt.[775] Dies bedeutet, dass der Urheber haftet, wenn der Tatbestand der Diskriminierung erfüllt ist. Nicht zwingend ist, dass der Arbeitgeber der Urheber ist.[776] Der Arbeitgeber haftet stets dann, wenn er Urheber und damit im weitesten Sinne Verantwortlicher ist bzw. die Ursache für die Benachteiligung gesetzt hat. Ist der Arbeitgeber nicht selbst aufgrund seines eigenen Handelns der Urheber der Diskriminierung, haftet er nur, wenn ihm das fremde Verhalten zugerechnet wird oder er für das fremde Handeln in sonstiger Weise verantwortlich ist.

§ 831 I BGB begründet erst die Verantwortlichkeit des Arbeitgebers, wenn die Voraussetzungen des § 831 I BGB erfüllt sind. Erst dann ist der Arbeitgeber verantwortlich im Sinne der Urheberschaft der Diskriminierung. Hierzu gehört auch, dass die vermutete Sorgfaltswidrigkeit des Arbeitgebers durch diesen nicht widerlegt werden kann. Gerade erst durch die Verletzung der erforderlichen Sorgfalt bei der Auswahl, Anleitung oder Überwachung des handelnden Beschäftigten ist der Arbeitgeber verantwortlich für die Folgen des Handelns. Durch § 831 I 1 BGB wird

---

773 BGH v. 04.03.1957 – GSZ 1/56, NJW 1957, 785; Staudinger – *Belling*, BGB, § 831 Rn. 4; sollte der Arbeitgeber jedoch den Nachweis führen können, dass der Beschäftigte mit der im Verkehr erforderlichen Sorgfalt gehandelt hat, kann es am rechtswidrigen Handeln des Beschäftigten fehlen, so MüKo – *Wagner*, BGB, § 831 Rn. 29 m.w.N.

774 EuGH v. 08.11.1990 – C-177/88 (*Dekker*), NJW 1991, 171 (172); EuGH v. 22.04.1997 – C-180/95 (*Draempaehl*), NJW 1997, 1839 (1840).

775 EuGH v. 22.04.1997 – C-180/95 (*Draempaehl*), NJW 1997, 1839 (1840).

776 Vgl. hierzu EuGH v. 25.04.2013 – C-81/12 (*Asociatia ACCEPT*), EuZW 2013, 469 (471 f.).

gerade keine Haftung durch eine Zurechnung fremden Verhaltens, wie zum Beispiel bei der Zurechnung des Verhaltens des Erfüllungsgehilfen nach § 278 BGB, begründet, sondern der Geschäftsherr haftet für die Verletzung der eigenen Sorgfaltspflichten und muss aus diesem Grund die Folgen der deliktischen Schädigung durch seinen Verrichtungsgehilfen tragen. Die deliktische Schädigung ist die unzulässige Benachteiligung. § 831 I 1 BGB setzt kein Verschulden des Verrichtungsgehilfen bei seiner deliktischen Schädigung voraus. Jedoch ist der Arbeitgeber erst für die unzulässige Benachteiligung des Verrichtungsgehilfen verantwortlich, wenn er nicht die erforderliche Sorgfalt bei der Auswahl, Anleitung oder Überwachung angewandt hat. Hat der Arbeitgeber seine Sorgfaltspflicht bei der Auswahl, Anleitung und Überwachung seines benachteiligenden Verrichtungsgehilfen verletzt, kann er sich nicht dadurch exkulpieren, dass die Benachteiligung durch seinen Verrichtungsgehilfen nicht schuldhaft erfolgte. Hat der Arbeitgeber dahingegen die erforderliche Sorgfalt angewandt und kann dies auch nachweisen, fehlt es bereits an seiner Verantwortlichkeit und damit an seiner Urheberschaft für die Benachteiligung. Er ist somit nicht Urheber und beruft sich auch nicht darauf, dass die Benachteiligung ohne vorwerfbares Verschulden erfolgte, sondern hat nachgewiesen, dass er nicht mangels vorwerfbaren Verschuldens schon gar nicht für die Folgen des fremden Handelns verantwortlich ist und daher die Folgen nicht zu tragen hat.

Somit wird § 831 I 2 BGB den Anforderungen des EuGH gerecht. Letztlich hat der EuGH geurteilt, dass der Benachteiligende sich nicht seiner Haftung entziehen kann, indem er sagt, die Benachteiligung habe er nicht in vorwerfbarer Weise begangen und deshalb müsse er auch nicht haften.[777] Der Arbeitgeber kann sich folglich bei einer Benachteiligung durch einen anderen Beschäftigten nach § 831 I 2 BGB exkulpieren.

4. *Ergebnis*

Der Arbeitgeber haftet auch nach § 831 I 1 BGB für die Benachteiligung seiner Beschäftigten, wenn der handelnde Beschäftigte Verrichtungsgehilfe des Arbeitgebers ist. Der Arbeitgeber haftet gemäß § 831 I 2 BGB jedoch nicht, wenn er nachweisen kann, dass er den Handelnden sorgfältig ausgesucht und überwacht hat. Der Anforderungsmaßstab an die Auswahl und Überwachung des handelnden Beschäftigten ergibt sich aus den Vorschriften über die Handlungspflichten des Arbeitgebers nach § 12 I, III AGG. Die Möglichkeit der Exkulpation nach § 831 I 2 BGB steht einem effektiven Schutz vor unzulässigen Benachteiligungen nach den Vorgaben des EuGH nicht entgegen. Die Regelung ist mit den Vorgaben der Richtlinien zum Schutz vor Diskriminierung vereinbar.

---

777 EuGH v. 22.04.1997 – C-180/95 (*Draehmpaehl*), NJW 1997, 1839 (1840).

D. Gefährdungshaftung

I. Möglichkeit der Benachteiligung durch Beschäftigte ohne Zurechnung zu Lasten des Arbeitgebers

Benachteiligen andere Beschäftigte einen Beschäftigten, begründet dies nach den bisherigen Feststellungen nicht zwingend eine Haftung des Arbeitgebers. Hat der Arbeitgeber nicht zur Benachteiligung angewiesen oder ist ihm die benachteiligende Handlung oder das Verhalten des Beschäftigten nicht zurechenbar, scheidet eine Haftung des Arbeitgebers nach § 15 AGG aus. Kam der Arbeitgeber seinen Schutzpflichten gegenüber dem betroffenen Beschäftigten, insbesondere denen aus § 12 AGG, nach, scheidet eine Haftung des Arbeitgebers nach § 280 I BGB ebenfalls aus. In diesem Fall haftet der Arbeitgeber auch nicht aus § 823 I, II AGG für eine Benachteiligung durch einen anderen Beschäftigten. Eine Haftung des Arbeitgebers nach § 831 I 1 BGB kommt nur dann in Betracht, wenn der Handelnde Verrichtungsgehilfe ist und der Arbeitgeber sich durch den Nachweis fehlenden Auswahl- oder Überwachungsverschuldens nicht exkulpieren kann. Eine deliktische Haftung des Arbeitgebers ist anderenfalls insgesamt ausgeschlossen. So ist die Haftung des Arbeitgebers im Fall einer sexuellen Belästigung durch einen anderen Beschäftigten kaum anzunehmen, wenn der Arbeitgeber seiner Schulungspflicht nach § 12 I AGG nachgekommen ist und es sich um einen „Erstverstoß“ handelt.

Dies würde zu dem Ergebnis führen, dass ein Beschäftigter durch andere Beschäftigte benachteiligt werden kann und der Arbeitgeber in diesem Zusammenhang nicht haftet. Fraglich ist, ob dies mit den europäischen Vorgaben zum Schutz vor Diskriminierungen und zur Gleichstellung und dem Haftungskonzept des AGG vereinbar ist oder der Arbeitgeber in diesem Fall im Sinne einer Gefährdungshaftung gegenüber dem betroffenen Beschäftigten haftet. Dem liegt der Gedanke zugrunde, dass ein effektiver Schutz vor Diskriminierungen zu gewährleisten ist. Dies umfasst auch, dass jeder Verstoß gegen das Benachteiligungsverbot sanktioniert wird. Da sich der nationale Gesetzgeber für eine zivilrechtliche Sanktion in Form von Entschädigungsleistungen durch den Arbeitgeber entschieden hat, stellt sich die Frage, ob ein Gefährdungshaftung unter dem Gesichtspunkt eines effektiven Diskriminierungsschutzes geboten ist.

II. Gegenstand der Gefährdungshaftung

1. Grund für die Gefährdungshaftung

Das deutsche Zivilrecht geht von dem Grundsatz der verschuldensabhängigen Haftung für Schadensersatz aus.[778] Abweichungen von diesem Grundsatz lassen sich im

778 BGH v. 25.01.1971 – III ZR 208/68, NJW 1971, 607 (608); *Rinck*, S. 1; *Larenz/Canaris*, SchlR BT, S. 351; ähnlich Palandt – *Sprau*, BGB, Einf v § 823 Rn. 2c; MüKo – *Wagner*, BGB, Vor § 823 Rn. 16; *Fuchs/Pauker*, Delikts- und SchadensersatzR, S. 2.

deutschen Recht zweifelsohne finden. So erweitert sich die Haftung des Schuldners bei Verzug nach § 287 S. 2 BGB auch auf einem zufälligen Eintritt eines Leistungshinderungsgrundes. Nicht zuletzt § 15 II AGG ist ein Beispiel gesetzlich bestimmter, verschuldensunabhängiger Haftung.

Eine weitere Ausnahme zum Verschuldensprinzip ist die Gefährdungshaftung.[779] Die Gefährdungshaftung zeichnet sich durch die verschuldensunabhängige Haftung des Verantwortlichen für die Verwirklichung einer von ihm beherrschten Gefahr aus.[780] Dies beruht darauf, dass eine besondere Gefahrenquelle und ein damit verbundenes erhöhtes Schadensrisiko geschaffen wurden.[781] Eine generelle Regelung oder gar eine allumfassende Generalklausel besteht nicht.[782] Vielmehr sind die einzelnen Fälle der Gefährdungshaftung in Spezialgesetzen geregelt.[783] Problematisch ist in diesem Zusammenhang, dass sämtliche geregelten Tatbestände der Gefährdungshaftung auf die besondere Gefahr risikoreicher technischer Abläufe, dem Betrieb risikobehafteter Anlagen, spezieller Sachen oder der Haltung von Tieren beruhen.[784] Bei einer Gefährdungshaftung für Benachteiligungen würde die spezifische Gefahr einer Benachteiligung im Vergleich dazu nicht von dem durch den Arbeitgeber geführten Unternehmen, Betriebsstätten oder Produktionsanlagen ausgehen, sondern von Menschen. Im Gegensatz zu technischen Anlagen können Menschen nicht zur Vermeidung weiterer Gefahren außer Betrieb gesetzt werden. Das menschliche Verhalten ist durch eigenen Willen, eigenes Bewusstsein und eine eigene vernunftbegabte Verantwortlichkeit geprägt. Aus dem Umkehrschluss der Ausnahmeregelungen der §§ 827, 828 BGB ist zu folgern, dass dies auch dem Gesetzgeber bewusst ist. Der Arbeitgeber hat insbesondere gegenüber seinen Arbeitnehmern mittels des Direktionsrechts eine rechtliche Einflussmöglichkeit. Dies ist jedoch keine Beherrschbarkeit wie bei technischen Anlagen. Diese offensichtliche, deutliche Unterscheidung zu den sonstigen Fällen der Gefährdungshaftung schließt

---

779 BGH v. 25.01.1971 – III ZR 208/68, NJW 1971, 607 (608).

780 MüKo – *Wagner*, BGB, Vor § 823 Rn. 17 m.w.N.; ähnlich Staudinger – *Hager*, BGB, Vorbem zu §§ 823 ff Rn. 28; Palandt – *Sprau*, BGB, Einf v § 823 Rn. 6.

781 *Kötz/Wagner*, DeliktsR, Rn. 492; *v. Caemerer*, S. 15; *Fuchs/Pauker*, Delikts- und SchadensR, S. 255; *Larenz/Canaris*, SchldR BT, S. 605 f.; MüKo – *Wagner*, BGB, Vor § 823 Rn. 17 m.w.N.; ähnlich Staudinger – *Hager*, BGB, Vorbem zu §§ 823 ff Rn. 28; Palandt – *Sprau*, BGB, Einf v § 823 Rn. 6; ähnlich auch BGH v. 06.07.1976 – VI ZR 177/75, NJW 1976, 2130 zur Tierhalterhaftung.

782 *Fikentscher/Heinemann*, SchldR, Rn. 1684; Rinck, S. 6.

783 *Larenz/Canaris*, SchldR BT, S. 601. Eine ausführliche Auflistung der wichtigsten Tatbestände siehe z.B. *Fikentscher/Heinemann*, SchldR, Rn. 1686 ff.; *Larenz/Canaris*, SchldR BT, S. 613 ff.; *Kötz/Wagner*, DeliktsR, Rn. 493 ff.; 516 ff.; Palandt – *Sprau*, BGB, Einf v § 823 Rn. 6.

784 Vgl. § 7 StVG, §§ 1, 2 HaftpflG, § 33 LuftVG, §§ 1, 2 UmwHG oder § 833 S. 1 BGB.

eine entsprechende Anwendung des allgemeinen Gedankens der Gefährdungshaftung aus.[785]

2. *Analogieausschluss*

Fraglich ist, ob eine bestehende spezialgesetzliche Regelung angewandt werden kann und dadurch eine Gefährdungshaftung begründet werden kann. Dagegen könnten grundsätzliche Erwägungen sprechen. Das Fehlen einer Generalklausel und der Ausnahmecharakter der spezialgesetzlichen Regelungen schließen eine analoge Anwendung des Grundgedanken der Gefährdungshaftung auf nicht geregelte Tatbestände grundsätzlich aus.[786] Eine Ausnahme soll nur dann möglich sein, wenn dies der verfassungsrechtlich geschützte Gleichbehandlungsgrundsatz nach Art. 3 GG erfordert.[787] Der BGH führte zu dieser Problematik aus, dass die Gefährdungshaftung, wie sie in unserer Rechtsordnung geregelt ist, sich als Ausnahme von der Verschuldenshaftung entwickelt hat und nur bei im Gesetz geregelten und im einzelnen abgegrenzten Fällen eintritt.[788] Im Blick auf dieses Enumerationsprinzip, das der Gefährdungshaftung heute noch zugrunde liegt, kann daher von einer vom Richter zu schließende Lücke im Wege der Analogie nicht gesprochen werden, wenn für Tatbestände eine Gefährdungshaftung – noch – nicht eingeführt ist, sie vielmehr noch dem das Schadensersatzrecht grundsätzlich beherrschenden Verschuldensprinzip unterworfen bleiben.[789] Eine Erweiterung der Tatbestände der Gefährdungshaftung auf bisher ungeregelte Tatbestände obliegt dem Gesetzgeber.[790]

Das BAG hat in gleicher Weise Stellung genommen. Der Große Senat des BAG lehnte bereits im Jahr 1961 eine Gefährdungshaftung des Arbeitgebers für Sachschäden des Arbeitnehmers ab.[791] Der Arbeitgeber haftet nach dem BAG für Sachschäden, die sein Arbeitnehmer bei der Arbeit ohne eigenes Verschulden erleidet, grundsätzlich nur dann, wenn den Arbeitgeber ein Verschulden trifft.[792] Ausdrücklich im Zusammenhang mit einem Sachschaden kann aus nachvollziehbarer Sicht des BAG aus einer Verletzung der Fürsorgepflicht eine Ersatzpflicht des Arbeitnehmers

---

785 Obwohl keine Generalklausel geregelt ist und lediglich spezialgesetzliche Regelungen bestehen, ist von einem einheitlichen Konzept oder Grundgedanken der Gefährdungshaftung auszugehen; vgl. *Larenz/Canaris*, SchldR BT, S. 602.

786 Mit Verweis auf das Enumerationsprinzip BAG GS v. 10.11.1961 – GS 1/60, NJW 1962, 411 (413); BGH v. 25.01.1971 – III ZR 208/68, NJW 1971, 607 (608 f.); Staudinger – *Hager*, Vorbem zu §§ 823 ff. Rn. 29; *Larenz/Canaris*, SchldR BT, S. 601; MüKo – Wagner, BGB, Vor § 823 Rn. 23 f.

787 BGH v. 25.01.1971 – III ZR 208/68, NJW 1971, 607 (609); Staudinger – *Hager*, Vorbem zu §§ 823 ff. Rn. 29 m.w.N.

788 BGH v. 25.01.1971 – III ZR 208/68, NJW 1971, 607 (608 f.).

789 BGH v. 25.01.1971 – III ZR 208/68, NJW 1971, 607 (608 f.).

790 BGH v. 25.01.1971 – III ZR 208/68, NJW 1971, 607 (609); BAG GS v. 10.11.1961 – GS 1/60, NJW 1962, 411 (413).

791 BAG GS v. 10.11.1961 – GS 1/60, NJW 1962, 411 (413).

792 BAG GS v. 10.11.1961 – GS 1/60, NJW 1962, 411.

dann nicht hergeleitet werden, wenn eine solche Pflicht objektiv in Wahrheit nicht verletzt ist oder wenn den Arbeitgeber kein Verschulden trifft.[793] Unter dem Gesichtspunkt der Gefährdungshaftung kommt der Große Senat des BAG zu keinem anderen Ergebnis. Auch der Große Senat des BAG verweist auf das Enumerationsprinzip.[794] Dabei verdeutlicht er, dass der Gesetzgeber abschließend die Fälle normiert hat, in denen an Stelle der Haftung aus rechtswidrigem und schuldhaftem Handeln die Gefährdungshaftung tritt.[795] Wo eine gesetzliche Sonderregelung fehlt, ist Schadensersatz nur bei rechtswidrigem Handeln und Verschulden zu leisten. Nur der Gesetzgeber kann die in dem Enumerationsprinzip bei der Gefährdungshaftung mit völliger Klarheit zum Ausdruck gekommene Grundkonzeption ändern.[796] Die Existenz eines allgemeinen Prinzips der Gefährdungshaftung, wohl im Sinne einer Generalklausel, verneint auch das BAG.[797]

Eine Gefährdungshaftung für Benachteiligungen ohne eine entsprechende gesetzliche Grundlage ist daher ausgeschlossen. Eine entsprechende Anwendung einer spezialgesetzlichen Regelung verbietet sich ebenso.

III. Haftungsansätze

1. Potentielle Spezialnorm für eine Gefährdungshaftung

Aufgrund der fehlenden Möglichkeit einer analogen Anwendung bestehender Regelungen zur Gefährdungshaftung kommt eine Gefährdungshaftung des Arbeitgebers für Benachteiligungen nur in Betracht, wenn für eine solche Haftung eine gesetzliche Regelung besteht, die Grundlage für eine Gefährdungshaftung sein kann.[798] Gesetzliche Grundlage für eine Gefährdungshaftung des Arbeitgebers könnte nach dem Wortlaut § 15 I 1, II AGG sein. Der Wortlaut des § 15 I 1 AGG bietet einen Ansatzpunkt für die Möglichkeit einer spezialgesetzlichen Normierung. Nach § 15 I 1, II AGG hat der Arbeitgeber bei einem Verstoß gegen das Benachteiligungsverbot verschuldensunabhängig eine Entschädigung an den betroffenen Beschäftigten zu leisten. Der Wortlaut der Norm kann so ausgelegt werden, dass nicht zwingend ein Verstoß des Arbeitgebers vorausgesetzt wird. Ausreichend ist allein ein Verstoß gegen das Benachteiligungsverbot. Zu dem Umstand, wer den Verstoß begangen haben muss, schweigt das Gesetz. Wie bereits ausgeführt, begründet § 15 I 1, II AGG

---

793 BAG GS v. 10.11.1961 – GS 1/60, NJW 1962, 411 (412).
794 BAG GS v. 10.11.1961 – GS 1/60, NJW 1962, 411 (413).
795 BAG GS v. 10.11.1961 – GS 1/60, NJW 1962, 411 (413).
796 BAG GS v. 10.11.1961 – GS 1/60, NJW 1962, 411 (413).
797 BAG GS v. 10.11.1961 – GS 1/60, NJW 1962, 411 (413).
798 Die grundsätzliche Möglichkeit einer Gefährdungshaftung des Arbeitgebers hat das BAG nicht ausgeschlossen. Es hält aber eine gesetzliche Regelung für zwingend erforderlich; vgl. BAG GS v. 10.11.1961 – GS 1/60, NJW 1962, 411 (413).

mit Blick auf die Präventionswirkung grundsätzlich keine Gefährdungshaftung.[799] Gleichwohl soll nachfolgend noch einmal ausführlich darauf eingegangen werden, inwieweit Ansatzpunkte für eine Gefährdungshaftung bestehen und eine solche geboten oder nicht geboten ist. Sofern man annehmen würde, dass eine Gefährdungshaftung geboten sei, bietet zumindest der Wortlaut des § 15 I 1, II AGG eine mögliche spezialgesetzliche Grundlage für eine Gefährdungshaftung.

2. *Haftung des Arbeitgebers für die Verwirklichung der Gefahr der Diskriminierung am Arbeitsplatz*

Eine Gefährdungshaftung des Arbeitgebers könnte sich aus dem Umstand ergeben, dass der Arbeitgeber ein Unternehmen betreibt und einen Betrieb unterhält. Der Arbeitgeber schafft ein betriebliches Umfeld und gestaltet dieses eigenverantwortlich. Dieses betriebliche Umfeld beinhaltet nach der Natur der Sache das Risiko, bei Zugang zum und Ausübung des Berufes benachteiligt zu werden. Anders ausgedrückt, wo anders als im vom Arbeitgeber geschaffenen Umfeld soll sich das Risiko eine Benachteiligung verwirklichen?[800] Diesem Umfeld beziehungsweise dieser Sphäre können sich die Beschäftigten, insbesondere die Arbeitnehmer des Arbeitgebers nur schwerlich entziehen.[801]

Ein solches Sphärendenken zur Verteilung der Haftung oder von Risiken ist dem deutschen Arbeitsrecht, wenn auch in anderen Zusammenhängen nicht fremd. Das BAG begründet in ähnlicher Weise die Haftungsprivilegierung im Arbeitsrecht.[802] Danach organisiert der Arbeitgeber den Betrieb und steuert den Arbeitsprozess. In diese organisatorische Einheit wird der Arbeitnehmer eingegliedert, um allein oder zusammen mit den im Betrieb beschäftigten Arbeitnehmern den arbeitstechnischen Zweck des Betriebs durch weisungsgebundene Tätigkeiten zu verwirklichen.[803] Der Arbeitgeber kann den arbeitstechnischen Zweck des Betriebs eigenverantwortlich bestimmen, die Betriebsorganisation nach seinen Plänen und Bedürfnissen gestalten und auf die Tätigkeit des Arbeitnehmers einwirken. Mit der Eingliederung in die Betriebsorganisation und den faktischen Gegebenheiten des Arbeitsprozesses (z.B. der Art der vorhandenen, oft besonders wertvollen technischen Anlagen, der Ausgestaltung der Arbeitsorganisation und des Produktionsverfahrens mit qualitativen und quantitativen Anforderungen an die Arbeitsprodukte) wird die Berufsausübung des Arbeitnehmers gesteuert.[804] Der Arbeitnehmer kann den vorgegebenen Arbeitsbedingungen in der Regel weder tatsächlich noch rechtlich ausweichen.[805] Aufgrund

---

799 Zur Ablehnung eine Gefährdungshaftung im Zusammenhang mit der Zurechnung fremden Verhaltens siehe unter Kapitel III B. I. 2. c. *aa*.
800 Diesen Sphärengedanken heranziehend *Seel*, MDR 2006, 1321 (1324).
801 Ähnlich *Seel*, MDR 2006, 1321 (1324).
802 BAG GS v. 27.09.1994 – GS 1/89 (A), NZA 1994, 1083 (1085).
803 BAG GS v. 27.09.1994 – GS 1/89 (A), NZA 1994, 1083 (1085).
804 BAG GS v. 27.09.1994 – GS 1/89 (A), NZA 1994, 1083 (1085).
805 BAG GS v. 27.09.1994 – GS 1/89 (A), NZA 1994, 1083 (1085).

des Weisungsrechts bestimmt der Arbeitgeber die arbeitsvertraglich geschuldete Arbeitsleistung. Er kann die Modalitäten der Arbeitsleistung (z.B. durch organisatorische oder technische Maßnahmen) gestalten. Auch den Umfang und die Lage der Arbeitszeit kann er im Rahmen der rechtlichen Grenzen vorgeben.[806] Schließlich kann er auch den Ort der Arbeitsleistung nach Maßgabe der arbeitsvertraglichen Regelung festlegen.[807] Damit prägt die vom Arbeitgeber gesetzte Organisation des Betriebs das Haftungsrisiko für den Arbeitnehmer. Kraft seiner Organisationsbefugnis kann der Arbeitgeber Bedingungen für Schadensrisiken schaffen, beibehalten oder verändern, z.B. Gefahrenmomenten entgegenwirken durch Veränderung der Arbeitsabläufe, durch bessere Überwachung oder durch Sicherheitsvorkehrungen.[808] Durch den Abschluss einer Versicherung kann er sein Risiko häufig absichern. Die Verantwortung für die Organisation des Betriebs und die Gestaltung der Arbeitsbedingungen besteht gleichermaßen bei gefahrgeneigten Arbeiten im Sinne der bisherigen Rechtsprechung und bei nicht gefahrgeneigten Tätigkeiten.[809] Sie ist dem Arbeitgeber deshalb bei allen Arbeiten zuzurechnen, die durch den Betrieb veranlasst sind.[810] Dies führt nach dem BAG im Rahmen des § 254 BGB dazu, dass der Arbeitnehmer einen von ihm bei einer betrieblich veranlassten Tätigkeit verursachten Schaden nicht nach §§ 276, 249 BGB stets in vollem Umfang ersetzen muss, wenn ihn ein Verschulden an der Schadensverursachung trifft.[811] Dies ist im Ergebnis allgemein anerkannt.[812]

Insbesondere die Arbeitnehmer können sich auch im Zusammenhang mit Benachteiligungen nicht ohne weiteres der Sphäre des Arbeitgebers entziehen. Dem Beschäftigten steht zwar nach § 14 S. 1 AGG ein Zurückbehaltungsrecht zu, jedoch setzt dies eine Belästigung oder einer sexuellen Belästigung voraus. § 14 S. 1 AGG umfasst damit nicht sämtliche Arten der Benachteiligung nach § 3 AGG. Zudem kann der Beschäftigte erst ein Zurückbehaltungsrecht geltend machen, wenn der Arbeitgeber keine oder nur offensichtlich ungeeignete Maßnahmen ergreift. Dies setzt zwangsläufig voraus, dass eine Benachteiligung entweder unmittelbar droht oder bereits erfolgt ist.[813] Einem ersten Verstoß gegen das Benachteiligungsverbot

806 BAG GS v. 27.09.1994 – GS 1/89 (A), NZA 1994, 1083 (1085).
807 BAG GS v. 27.09.1994 – GS 1/89 (A), NZA 1994, 1083 (1085).
808 BAG GS v. 27.09.1994 – GS 1/89 (A), NZA 1994, 1083 (1085).
809 BAG GS v. 27.09.1994 – GS 1/89 (A), NZA 1994, 1083 (1085).
810 BAG GS v. 27.09.1994 – GS 1/89 (A), NZA 1994, 1083 (1085).
811 BAG GS v. 27.09.1994 – GS 1/89 (A), NZA 1994, 1083 (1085).
812 Kittner/Zwanziger/Deinert – *Lakies*, § 62 Rn. 31; MüKo – *Henssler*, BGB, § 619a Rn. 11; ErfK – *Preis*, § 619a BGB Rn. 10; Schaub – *Linck*, ArbR-Hdb, § 59 Rn. 33 ff. mit ausführlichen Erläuterungen zur Rechtsprechungsentwicklung; im Ergb. wenn auch kritisch zur dogmatischen Begründung über § 254 BGB auch MünchArbR – *Reichold*, § 51 Rn. 30.
813 Däubler/Bertzbach – *Buschmann*, AGG, § 14 Rn. 5; Wendeling-Schröder/Stein – *Stein*, AGG, § 14 Rn. 2 m.w.N.; Schleusener/Suckow/Voigt – *Suckow*, AGG, § 14

kann sich der Beschäftigte mittels des Zurückbehaltungsrechts daher praktisch nicht entziehen.

3. Haftung des Arbeitgebers zum Schutz des Betroffenen und Regressmöglichkeit beim Handelnden

Als zweiter Ansatzpunkt für eine Gefährdungshaftung des Arbeitgebers bei Benachteiligungen durch andere Beschäftigte kommt der effektive Schutz der Beschäftigten vor unzulässigen Benachteiligungen in Betracht. Nach den Vorgaben der Art. 15 RL 2000/43/EG, Art. 17 RL 2000/78/EG und Art. 25 RL 2006/54/EG müssen Sanktionen, die auch Schadensersatzleistungen an die Opfer umfassen können, wirksam, verhältnismäßig und abschreckend sein. Nach Art. 18 RL 2006/54/EG ist bei einer Geschlechtsdiskriminierung zudem der erlittene Schaden zwingend auszugleichen, wobei dies auf eine abschreckende und dem erlittenen Schaden angemessene Art und Weise erfolgen muss. Dies bedeutet, dass die Richtlinien einen effektiven Schutz vor Diskriminierungen einfordern. Dies bedeutet aber auch, dass jeder Verstoß gegen das Benachteiligungsverbot zu sanktionieren ist. Der deutsche Gesetzgeber hat sich für eine Sanktionierung ausschließlich durch zivilrechtliche Schadensersatz- und Entschädigungsansprüche entschieden.[814] Unter diesem Gesichtspunkt könnte ein effektiver Schutz der betroffenen Beschäftigten nur dann gegeben sein, wenn der betroffene Beschäftigte stets einen finanziellen Ausgleich erhält. Da sich der Gesetzgeber in § 15 AGG als einzige spezialgesetzliche Anspruchsgrundlage dafür entschieden hat, lediglich den Arbeitgeber passiv zu legitimieren, könnte dies dafürsprechen, dass der Arbeitgeber zum Schutz des Betroffenen stets haftet und gegebenenfalls bei tatsächlich Handelnden Regress nimmt.

IV. Notwendigkeit einer Gefährdungshaftung bei Benachteiligungen

1. Europarechtliches Erfordernis des Schadensausgleichs und der wirksamen, verhältnismäßigen und abschreckenden Sanktionierung

Eine Gefährdungshaftung könnte dann auf § 15 I 1, II AGG beruhen, wenn die europäischen Vorgaben zum Schutz vor Benachteiligungen dies erfordern würden. Nach Art. 15 RL 2000/43/EG, Art. 17 RL 2000/78/EG und Art. 25 RL 2006/54/EG müssen Sanktionen, die auch Schadensersatzleistungen an die Opfer umfassen können, wirksam, verhältnismäßig und abschreckend sein. Nach der Konkretisierung durch den EuGH hat Schadensersatzleistung in einem angemessenen Verhältnis

Rn. 7; *Meinel/Heyn/Herms*, AGG, § 14 Rn. 7; *Adomeit/Mohr*, AGG, § 14 Rn. 8; a.A. Hey/Forst – *Lindemann*, AGG, § 14 Rn. 8.

814 BT-Drs. 16/1780, S. 38 wonach § 15 II AGG die erforderlich Sanktion sein soll.

zum erlittenen Schaden zu stehen.[815] Dies bedeutet, dass der Schadensersatz nicht nur rein symbolischen Charakter haben darf, sondern zur wirksamen Umsetzung des Diskriminierungsschutzes eine abschreckende Wirkung erforderlich ist.[816] Die Sanktionierung auch in Form eines Schadensersatzanspruchs des Betroffenen ist daher auf Prävention ausgelegt.[817]

Einer Gefährdungshaftung ist nicht jede Präventionswirkung durch eine entsprechende Abschreckung abzusprechen, jedoch kann der Präventionszweck nicht erreicht werden. Nicht der Schutz vor Benachteiligungen wäre das Ziel von vorbeugenden Maßnahmen, sondern allein die Minimierung des wirtschaftlichen Risikos. Aufgrund des sehr weiten Haftungsrisikos und der fehlenden Vorhersehbarkeit eines jeden Schadenseintritts wird der zur Haftung Verpflichtete bereits aus ökonomischen Gesichtspunkten jede wirtschaftlich vertretbare, präventive Maßnahme zur Vermeidung eines Schadensfalles und zur Risikominimierung vornehmen.[818] Unter diesem Gesichtspunkt würde eine Gefährdungshaftung mit den Anforderungen der Richtlinie konform sein und eine taugliche und gebotene Umsetzung darstellen. Die Schadensersatzzahlung muss jedoch nicht nur abschreckend, sondern auch wirksam und verhältnismäßig sein. Zweifel bestehen an der Wirksamkeit und der Verhältnismäßigkeit, wenn der Arbeitgeber stets bei einer durch andere begangenen Benachteiligung haften würde. Ungeachtet der Erfüllung seiner im AGG konkretisierten Schutzpflichten würde er haften. Im Rahmen einer Gefährdungshaftung würde er im Zweifel den Schutzpflichten nur noch soweit nachkommen, wie dies wirtschaftlich sinnvoll ist und das verbleibende Restrisiko tragbar erscheint.[819] Dies begründet daher erhebliche Zweifel, dass die Sanktion auch im Rahmen einer Gefährdungshaftung wirksam, verhältnismäßig und abschreckend ist. Der Präventionszweck der Haftung würde durch Gefährdungshaftung nicht erreicht werden. Die abschreckende Wirkung des Entschädigungsanspruchs kann letztlich nur erreicht werden, wenn dadurch das Verhalten des Arbeitgebers beeinflusst werden kann.[820] Im Rahmen einer Gefährdungshaftung sieht sich der Arbeitgeber nicht gänzlich zum Handeln gezwungen, da er unabhängig davon, ob er präventive Maßnahmen ergreift oder nicht ergreift, haftet. Der Arbeitgeber wird zwar eine Minimierung des Haftungsrisikos suchen. Diese wird jedoch auf eine wirtschaftliche Abwägung der Kosten vorbeugender Maßnahmen gegenüber den zu erwartenden Haftungskosten hinauslaufen. Konsequenter Weise würden nur die präventiven Maßnahmen ergriffen

---

815 EuGH v. 10.04.1984 – Rs 14/83 (*Colson* und *Kamann*), NZA 1984, 157; EuGH v. 22.04.1997 – C-180/95 (*Draehmpaehl*), NJW 1997, 1839 (1840).

816 EuGH v. 10.04.1984 – Rs 14/83 (*Colson* und *Kamann*), NZA 1984, 157 (158); EuGH v. 22.04.1997 – C-180/95 (*Draehmpaehl*), NJW 1997, 1839 (1840).

817 *Wagner/Potsch*, JZ 2006, 1085 (1088); *Wagner*, AcP 2006, 352 (400).

818 Zur Präventionswirkung der Gefährdungshaftung vgl. *Kötz/Wagner*, DeliktsR, Rn. 499 ff., insbesondere Rn. 504; MüKo – *Wagner*, BGB, § 833 Rn. 2.

819 Ausführlich zum Verhältnis des Aufwandes zur Schadensvermeidung und den kalkulierten Kosten bei einer Gefährdungshaftung *Kötz/Wagner*, DeliktsR, Rn. 500.

820 *Simon/Greßlin*, BB 2007, 1782 (1783).

werden, die wirtschaftlich interessant sind und deren Kosten die kalkulierten Haftungskosten nicht übersteigen werden. Es droht dann die Gefahr, dass ein Restrisiko bewusst eingegangen und eine Benachteiligung billigend in Kauf genommen wird. Während dessen ist bei einem Zurechnungserfordernis das Haftungsrisiko für den Arbeitgeber deutlich eingegrenzter. Die Durchführung präventiver Maßnahmen ist für den Verantwortlichen überschaubar und kalkulierbarer. Durch entsprechende Maßnahmen kann dann ein Haftungsrisiko fast gänzlich ausgeschlossen werden.

Gegen das Erfordernis der Gefährdungshaftung spricht daneben, dass bereits die Geldentschädigung nach § 15 II AGG, die bei einer Gefährdungshaftung auf Basis des § 15 I 1, II AGG erfolgen würde, eine präventive Bewandtnis hat. Die Geldentschädigung dient zweifelsohne auch dem Ausgleich der durch die Benachteiligung erlittenen Persönlichkeitsrechtsverletzung.[821] Die Geldentschädigung für Persönlichkeitsrechtsverletzungen hat jedoch für sich gesehen schon eine Präventionswirkung.[822]

Gegen eine nach dem Europarecht gebotene Gefährdungshaftung spricht zudem die durch den EuGH vorgenommene Konkretisierung der europäischen Anforderungen bei einer Sanktion durch eine zivilrechtliche Haftung.[823] Nach der Rechtsprechung des EuGH soll bei einem Verstoß gegen das Benachteiligungsverbot der Urheber der Benachteiligung haften.[824] Eine Urheberschaft des Arbeitgebers kann nicht allein mit der Eigenschaft als Arbeitgeber und dem Betreiben eines Unternehmens begründet werden. Dies wäre deutlich zu weitgehend und würde die einschränkende Konkretisierung durch den EuGH ad absurdum führen. Dies wäre jedoch das Ergebnis einer Gefährdungshaftung. Der EuGH selbst geht davon aus, dass der Arbeitgeber nicht stets der Urheber der Benachteiligung ist.[825] Dies ist ein weiterer Grund, der gegen die Erforderlichkeit einer Gefährdungshaftung spricht. Im Ergebnis rechnet der EuGH die öffentlichen Äußerungen eines sogenannten Vereinspatrons dem Arbeitgeber zu.[826] Wäre eine Gefährdungshaftung erforderlich, hätte keine Zurechnung erfolgen müssen.

2. Haftungskonzept bei Verstoß gegen das Benachteiligungsverbot

Auch das Haftungskonzept des AGG könnte einer Gefährdungshaftung entgegenstehen. Das Haftungskonzept des AGG sieht grundsätzlich keine Gefährdungshaftung

---

821 Vgl. Däubler/Bertzbach – *Deinert*, AGG, § 15 Rn. 47 m.w.N.; Wendeling-Schröder/Stein – *Stein*, AGG, § 15 Rn. 31; *Deinert*, AiB 2006, 741 f.; ErfK – *Schlachter*, § 15 AGG Rn. 7; so auch BAG v. 15.02.2005 – 9 AZR 635/03, NZA 2005, 870 (871).

822 BVerfG v. 08.03.2000 – 1 BvR 1127/96, NJW 2000, 2187 (2188); Götting/Schertz/Seitz – *Müller*, Handbuch des Persönlichkeitsrechts, § 51 Rn. 10 m.w.N.

823 *Stoffels*, RdA 2009, 204 (207).

824 EuGH v. 22.04.1997 – C-180/95 (*Draehmpaehl*), NJW 1997, 1839 (1840); ebenso *Stoffels*, RdA 2009, 204 (207).

825 EuGH v. 25.04.2013 – C-81/12 (*Asociatia ACCEPT*), EuZW 2013, 469 (471 f.).

826 EuGH v. 25.04.2013 – C-81/12 (*Asociatia ACCEPT*), EuZW 2013, 469 (471 f.).

vor.[827] Der Gesetzgeber hat bewusst auf eine Haftung für das Verhalten Dritter verzichtet und sich auf eine Zurechnung nach den allgemeinen Regelungen, insbesondere nach § 278 BGB, gestützt.[828] Zudem wollte der Gesetzgeber eine schuldrechtliche Haftung orientiert an § 280 BGB, im Fall der Entschädigung nach § 15 II AGG jedoch ohne Verschuldenserfordernis, schaffen.[829] Dieser gesetzgeberische Wille spiegelt sich in der deutlichen Ähnlichkeit von § 280 I BGB im Verhältnis zu § 15 I AGG wieder. Diese Ähnlichkeit wird durch eine entsprechende gesetzgeberische Gestaltung des § 15 I AGG im Wortlaut, dem Ausdruck und der Satzstellung deutlich. Das Haftungskonzept des AGG sieht eine Gefährdungshaftung nicht vor.

Dies führt im Ergebnis dazu, dass es an einer für eine Gefährdungshaftung erforderlichen gesetzlichen Grundlage fehlt. § 15 I 1, II AGG ist letztlich keine solche gesetzliche Grundlage.

3. *Kein Haftungsdefizit*

Ein Haftungsdefizit, das zwingend durch eine Gefährdungshaftung des Arbeitgebers beseitigt werden müsste, besteht nicht. Ein unangemessenes Haftungsdefizit besteht nicht bereits deshalb, weil der betroffene Beschäftigte unter Umständen keinen verschuldensunabhängigen Entschädigungsanspruch gegen den Arbeitgeber geltend machen kann. Der eigentliche Urheber der Benachteiligung, der benachteiligende Beschäftigte, haftet ungeachtet der Haftung des Arbeitgebers gegenüber dem betroffenen Beschäftigten aus Delikt. Anspruchsgrundlagen können sowohl § 823 I BGB wie auch § 826 BGB sein.[830] Der betroffene Geschädigte kann sich so gegebenenfalls beim Benachteiligenden schadlos halten, wenn die Voraussetzungen für einen Anspruch gegen diesen vorliegen. Die fehlende Möglichkeit zur Inanspruchnahme des Arbeitgebers ist hinnehmbar. Letztlich fehlt es an einer Beteiligung des Arbeitgebers, wenn er weder zur Benachteiligung angewiesen hat, noch seine Pflichten aus § 12 AGG verletzt hat oder ihm das benachteiligende Verhalten in irgendeiner Weise zurechenbar ist. Die Benachteiligung liegt dann nicht mehr im Verantwortungsbereich des Arbeitgebers.[831] Es kommt in diesem Zusammenhang daher auch nicht darauf an, ob der benachteiligende Beschäftigte gegenüber dem Benachteiligten verschuldensabhängig oder verschuldensunabhängig haftet. Diese

---

827 *Simon/Greßlin*, BB 2007, 1782 (1783); a.A. LAG Niedersachen v. 15.09.2008 – 14 Sa 1769/07, NZA-RR 1009, 126 /128).

828 BT-Drs. 16/1780, S. 38; ähnlich *Simon/Greßlin*, BB 2007, 1782 zu § 15 I AGG.

829 *Simon/Greßlin*, BB 2007, 1782 (1783).

830 Insbesondere bei Benachteiligungen, die als Mobbing anzusehen sind, kommt auch eine Haftung nach § 826 BGB in Betracht, vgl. BAG v. 22.07.2010 – 1012/08, NZA 2011, 93 (101 f.).

831 Anders *Seel*, MDR 2006, 1321 (1324), wonach sogar eine Benachteiligung bei Gelegenheit, zum Beispiel eine sexuelle Belästigung, stets eine Haftung des Arbeitgebers begründen soll.

Frage ist für die Haftung des Arbeitgebers nicht entscheidend. Dieser haftet nicht, weil er nicht der verantwortliche Verursacher der Benachteiligung ist.

4. *Zwischenergebnis*

Eine Gefährdungshaftung des Arbeitgebers bei Benachteiligungen seiner Beschäftigten kommt nicht in Betracht. Hierfür bestehen keine Grundlage und auch keine Notwendigkeit. Einzig der Wortlaut des § 15 I 1 AGG i.V.m. § 15 II AGG könnte einen Ansatzpunkt für eine Gefährdungshaftung bieten. Dem stehen jedoch nicht nur die Intention des europäischen Richtliniengebers, sondern insbesondere auch der gesetzgeberische Wille, die gesetzgeberische Ausgestaltung und die gesamte Haftungssystematik des AGG entgegen.

Aus Präventionsgesichtspunkten ist eine Gefährdungshaftung ebenfalls nicht erforderlich. Die Haftung nach § 15 I, II AGG ist auch auf Prävention ausgelegt und bewirkt diese, ohne dass es einer Gefährdungshaftung bedarf. Der Anspruch des § 15 II AGG, wie auch der des § 15 I AGG[832], ist verschuldensunabhängig und hat daher bereits auch eine präventive Wirkung. Wie bereits aufgezeigt, bewirkt die Entschädigungsleistung nach § 15 II AGG ebenfalls eine Prävention.[833] Eine Gefährdungshaftung des Arbeitgebers besteht daher nicht.

V. Fazit

Eine die Haftung des Arbeitgebers für Benachteiligungen durch andere Beschäftigte begründende Gefährdungshaftung besteht nicht. Eine entsprechende Haftung ist europarechtlich nicht angezeigt und es besteht keine begründete Notwendigkeit für eine solche Haftung. Eine Gefährdungshaftung ist zudem weder gewollt, noch mit dem bestehenden Haftungssystem vereinbar. Es fehlt bereits an der erforderlichen gesetzlichen Regelung. Der Arbeitgeber haftet daher nicht für jede Benachteiligung seiner Beschäftigten durch andere Beschäftigte.

E. Zusammenfassung

Im Fall der Benachteiligung eines Beschäftigten durch einen anderen Beschäftigten haftet der Arbeitgeber nach § 15 I, II AGG verschuldensunabhängig, wenn der handelnde Beschäftigte Erfüllungsgehilfe des Arbeitgebers ist. Die benachteiligende Handlung wird nach § 278 BGB analog zugerechnet. Zudem ist eine Haftung nach § 15 I, II AGG über § 31 BGB begründet, wenn ein Organ oder ein Organmitglied des Arbeitgebers einen Beschäftigten benachteiligt.

---

832 Zur Europarechtswidrigkeit und der daraus resultierenden Nichtanwendung des Verschuldenserfordernis des § 15 I 2 AGG siehe unter Kapitel III B. I. 1. c. *dd*.

833 So unter anderem auch *Wagner/Potsch*, JZ 2006, 1085 (1088).

Daneben ist der Arbeitgeber zum Schadensersatz nach § 280 I BGB verpflichtet, wenn er seine Fürsorgepflichten nach § 12 I, III AGG verletzt hat und dies zu einer Benachteiligung durch einen anderen Beschäftigten geführt hat.

Eine deliktische Haftung des Arbeitgebers ist grundsätzlich nicht ausgeschlossen. Die Benachteiligung ist stets eine schwerwiegende Verletzung des Persönlichkeitsrechts des Beschäftigten. Der Entschädigungsanspruch wegen einer Persönlichkeitsrechtsverletzung ist subsidiär. In den meisten Fällen ist eine Haftung daher ausgeschlossen. Bei einer Verletzung der Fürsorgepflichten nach § 12 I, III AGG haftet der Arbeitgeber nach § 823 II BGB neben dem Anspruch aus § 280 I BGB.

Kapitel IV – Benachteiligung durch nicht beschäftigte Dritte

Beschäftigte können nicht nur durch den Arbeitgeber oder andere Beschäftigte des Arbeitgebers benachteiligt werden, sondern auch durch sonstige Dritte. Dies können zum Beispiel Kunden oder Geschäftspartner des Arbeitgebers, aber auch im Betrieb des Arbeitgebers tätige Personen, die keine Beschäftigten im Sinne des § 6 AGG sind, sein.[834] Ebenso können es Anbieter von Dienstleistungen oder Waren sein, mit denen der Arbeitgeber Geschäftsbeziehungen pflegt. Leiharbeiternehmer, die im Betrieb des Arbeitgebers tätig sind, sind keine sonstigen Dritten, sondern Beschäftigte des Arbeitgebers, auch wenn dieser nicht der Vertragsarbeitgeber der Leiharbeitnehmer ist.[835] Dies gilt nicht nur bezüglich des Schutzes vor Benachteiligungen, sondern auch bezüglich der Haftung des Arbeitgebers.

A. Verhalten von Dritten als unzulässige Benachteiligung

Das Verhalten von Dritten kann eine unzulässige Benachteiligung darstellen. Das Benachteiligungsverbot nach § 7 I AGG gilt nicht nur für den Arbeitgeber, sondern auch für Dritte, wie etwa Kunden des Arbeitgebers.[836] Davon ging der Gesetzgeber auch in § 12 IV AGG aus und normierte Handlungspflichten des Arbeitgebers bei Benachteiligungen durch Dritte. Die Möglichkeiten der Benachteiligung durch Dritte sind sehr vielfältig. Beispiele für Benachteiligungen durch Dritte, wie sie alltäglich vorkommen können, lassen sich leicht bilden. So stellt die rassistische Anfeindung eines Postzustellers mit Migrationshintergrund wegen seiner ethnischen Herkunft bei jeder Zustellung von Paketen durch den Kommissionär eines Großkunden einen Verstoß gegen das Benachteiligungsverbot dar.[837] Von einer Benachteiligung

---

834 Exemplarisch Schleusener/Suckow/Voigt – *Schleusener*, AGG, § 15 Rn. 4; *Kock*, MDR 2006, 1088 (1089); *Nollert-Borasio/Perreng*, AGG, § 7 Rn. 5. Bereits in der Gesetzesbegründung wird der Kunde als Beispiel für den sonstigen Dritten genannt; vgl. BT-Drs. 16/1870, S. 34.

835 Ausführlich zur Beschäftigteneigenschaft des Leiharbeitnehmers unter Kapitel II B.I.1.b.
Vergleiche auch *Bauer/Krieger*, AGG, § 12 Rn. 39; *von Roetteken*, AGG, § 12 Rn. 58; Rust/Falke – *Falke*, AGG, § 12 Rn. 51; a.A. Schleusener/Suckow/Voigt – *Suckow*, AGG, § 12 Rn. 33.

836 BT-Drs. 16/1870, S. 34; ebenso Schleusener/Suckow/Voigt – *Schleusener*, AGG, § 15 Rn. 4; Erman – *Belling*, BGB, § 7 AGG Rn. 2; *Kock*, MDR 2006, 1088 (1089); Däubler/Bertzbach – *Däubler*, AGG, § 7 Rn. 2b m.w.N.; *v. Roetteken*, AGG, § 7 Rn. 19; *Nollert-Borasio/Perreng*, AGG, § 7 Rn. 5.

837 Beispiel in der Gesetzesbegründung BT-Drs.16/1780, S. 37; Schleusener/Suckow/Voigt – *Suckow*, AGG, § 12 Rn. 34; *Bauer/Krieger*, AGG, § 12 Rn. 39; *Meinl/Heyn/Herms*, AGG, § 12 Rn. 26.

ist ebenso auszugehen, wenn weibliche Mitarbeiter beim täglichen Passieren des Werkstores von einem Mitarbeiter eines beauftragten externen Sicherheitsdienstes sexuell anzüglich angesprochen oder gar belästigt werden.[838] Dem entgegen soll allein das Verlangen von Kunden zum Beispiel nur von einem älteren oder nur von einem männlichen Mitarbeiter bedient zu werden für sich gesehen noch keine Benachteiligung sein. Erst das Nachgeben des Arbeitgebers, ohne dass der Kundenwunsch dies rechtfertigt, ist eine Benachteiligung, für die der Arbeitgeber haftet.[839] Es lässt sich so eine Vielzahl von Beispielen finden, um zu verdeutlichen, dass auch Dritte Beschäftigte unzulässig benachteiligen können und sich in diesem Zusammenhang die Frage stellt, ob der Arbeitgeber für diese Benachteiligung seiner Beschäftigten haftet. Die Richtlinien zum Schutz vor Diskriminierung geben vor, dass Verstöße gegen das Diskriminierungsverbot zu sanktionieren sind.[840] Sollte sich der nationale Gesetzgeber, wie in Deutschland, für zivilrechtliche Sanktionen entschieden haben, so muss konsequenterweise bei jeder Benachteiligung das Opfer zu entschädigen sein.

B. Zurechnung des Verhaltens des Dritten

Benachteiligen Dritte einen Beschäftigten des Arbeitgebers, stellt sich die Frage, ob der Arbeitgeber dafür seinem Beschäftigten zu Schadensersatz und Entschädigung verpflichtet ist. Anlass für die Überlegung der Haftung des Arbeitgebers ist zum einen, dass einzig der Arbeitgeber für die Ansprüche nach § 15 I, II AGG passiv legitimiert.[841] Daneben steht der Gedanke im Vordergrund, dass der Beschäftigte in Bezug auf seine Berufsausübung durch einen Dritten benachteiligt wurde und der Arbeitgeber das Umfeld für die Berufsausübung geschaffen hat.

Auch bei der Haftung des Arbeitgebers für die Benachteiligung durch Dritte bedarf es entweder einer Zurechnung des benachteiligenden Verhaltens des Dritten oder eines eigenständigen vorwerfbaren Verhaltens des Arbeitgebers.

I. Zurechnung nach § 278 BGB

Als Grundlage für einen Anspruch des benachteiligten Beschäftigten gegen seinen Arbeitgeber bei Benachteiligung durch einen Dritten kommt vorrangig § 15 AGG

838 Ähnliche und weitere Beispiele Rust/Falke – *Falke*, AGG, § 12 Rn. 50; Wendeling-Schröder/Stein – *Stein*, AGG, § 12 Rn. 46.

839 MüKo – *Thüsing*, BGB, § 12 AGG Rn. 10; *Thüsing*, Arbeitsrechtlicher Diskriminierungsschutz, Rn. 690.

840 Vgl. Art. 15 RL 2000/43/EG; Art. 17 RL 2000/78/EG, Art. 25 RL 2006/54/EG.

841 Exemplarisch BAG v. 21.06.2012 – 188/11, NZA 2012, 1211 (1212); BAG v. 13.11.2011 – 8 AZR 608/10, EzA § 15 AGG Nr. 16; *Koch*, VersR 2007, 288 (290); *Wagner/Potsch*, JZ 2006, 1085 (1089); *Nollert-Borasio/Perreng*, AGG, § 15 Rn. 5; *Mohr*, SAE 2008, 106 (107) m.w.N.; Däubler/Bertzbach – *Deinert*, AGG, § 15 Rn. 45, 87 m.w.N.

in Betracht.[842] Benachteiligt ein sonstiger Dritter einen Beschäftigten, haftet der Arbeitgeber nach § 15 AGG, wenn der Dritte Erfüllungsgehilfe des Arbeitgebers ist und ihm das benachteiligende Verhalten daher nach § 278 BGB analog[843] zugerechnet werden kann. Grundsätzlich wird der sonstige Dritte nicht Erfüllungsgehilfe des Arbeitgebers im Zusammenhang mit der Wahrnehmung von Arbeitgeberpflichten sein. Der wohl typische Fall der Benachteiligung durch einen Dritten ist die Benachteiligung durch einen Kunden, Zulieferer oder sonstigen Geschäftspartner.[844] Diese nehmen für den Arbeitgeber in der Regel keine Arbeitgeberaufgaben war. Anders kann dies jedoch sein, wenn der Arbeitgeber bei der Besetzung einer offenen Stelle oder der Beendigung eines Arbeitsverhältnisses einen Dritten hinzuzieht. Diese nehmen dann unter Umständen die Aufgaben des Arbeitgebers im Verhältnis zu den Beschäftigten wahr und können daher Erfüllungsgehilfen des Arbeitgebers im Zusammenhang mit dem Benachteiligungsverbot sein.[845] So nimmt ein Rechtsanwalt bei Ausspruch einer benachteiligenden Kündigung soweit die Aufgaben des Arbeitgebers war, dass er der Erfüllungsgehilfe des Arbeitgebers im Zusammenhang mit den Arbeitgeberpflichten ist und davon auch die Pflicht zur Beachtung des Benachteiligungsverbotes umfasst ist. Ein weiteres praxisrelevantes Beispiel ist die externe Personalabteilung eines konzernangehörigen Unternehmens, die die Personalbetreuung für sämtliche Konzernunternehmen wahrnimmt. Die Mitarbeiter der Personalabteilung sind keine Beschäftigten des Arbeitgebers. Sie sind keine Arbeitnehmer des jeweiligen Konzernunternehmens, sondern die eines anderen Unternehmens. Folglich sind sie sonstige Dritte. Dennoch sind sie Erfüllungshilfen des Arbeitgebers bei der Wahrnehmung der Arbeitgeberpflichten.[846] In diesen Fällen begründet das zurechenbare Verhalten des sonstigen Dritten eine Haftung des Arbeitgebers nach § 15 I, II AGG.

---

842 Ein Anspruch auf Schadensersatz nach § 280 BGB scheidet bei einer Pflichtverletzung in Form einer unzulässigen Benachteiligung nach dem Spezialitätsgrundsatz aus; vgl. BAG v. 21.06.2012 – 8 AZR 188/11, NZA 2012, 1211 (1214 f.); Däubler/Bertzbach – *Deinert*, AGG, § 15 Rn. 24; *Walker*, NZA 2009, 5 (10 f.); *Adomeit/Mohr*, AGG, § 15 Rn. 137.

843 Zur Erforderlichkeit einer analogen Anwendung mangels Verschuldenserfordernis vgl. unter Kapitel III. B. I. 1. c. und Kapitel III. B. I. 2. c. bb.

844 So zum Beispiel die Intension des Gesetzgebers in der Begründung zur Pflicht des Arbeitgebers bei Benachteiligungen durch Dritte nach § 12 IV AGG, vgl. BT-Drs. 16/1780, S. 36. Ähnlich auch MüKo – *Thüsing*, BGB, § 12 Rn. 10 f.; Hey/Forst – *Lindemann*, AGG, § 12 Rn. 37; Däubler/Bertzbach – *Deinert*, AGG, § 15 Rn. 142.

845 Die Eigenschaft als Erfüllungshilfe eines externen Personalberaters bejahend Wendeling-Schröder/Stein – *Stein*, AGG, § 11 Rn. 6; *Bauer/Krieger*, AGG, § 11 Rn. 7; § 15 Rn. 33; *Schwab* NZA 2007, 178 (179); *Simon/Greßlin*, BB 2007, 1782 (1788); *Hanau*, ZIP 2006, 2189 (2200 f.); *Bauschke*, AGG, § 11 Rn. 4; HWK – *Rupp*, § 11 AGG Rn. 2.

846 Die Eigenschaft als Erfüllungsgehilfe eines Mitarbeiters der Personalabteilung im Zusammenhang mit de Einstellung und Kündigung bejahend auch *Koch*, VersR 2007, 288 (290); ähnlich *Spamer*, S. 154.

II. Zurechnung nach § 31 BGB

Die Frage der Zurechnung fremden benachteiligenden Handelns als eigenes Handeln des Arbeitgebers stellt sich auch im Zusammenhang mit der Haftung des Arbeitgebers für benachteiligendes Verhalten durch sonstige Dritte.

Organe, kraft Gesetz oder durch Satzung bestimmte Organe, sowie deren Mitglieder sind keine sonstige Dritte. Sie sind gerade die Repräsentanten des Arbeitgebers. Eine Haftung infolge Zurechnung nach § 31 BGB kommt auch bei außenstehenden Dritten im Zusammenhang mit einem Organisationsmangel in Betracht. So kann auch ein außenstehender Dritter als Organ des Arbeitgebers gelten, wenn ihm Aufgaben übertragen werden, die wegen ihrer Wichtigkeit von einem Organ des Arbeitgebers wahrgenommen werden müssen.[847] Die Pflicht zur Beachtung des Benachteiligungsverbotes ist nach § 7 III AGG eine vertragliche Pflicht des Arbeitgebers. Die Pflicht zur Beachtung des Benachteiligungsverbotes ist jedoch keine solche Aufgabe, die ausschließlich durch ein Organ des Arbeitgebers wahrgenommen werden muss. Zur Erfüllung seiner vertraglichen Pflichten kann der Arbeitgeber auch andere Personen heranziehen. Jede Person, die Arbeitgeberaufgaben wahrnimmt, hat dabei das vom Arbeitgeber zu beachtende Benachteiligungsverbot zu achten. Ohne dem Benachteiligungsverbot die nach der Natur der Sache gegebene Wichtigkeit abzusprechen, ist diese Pflicht gerade nicht nur durch ein Organ zu befolgen, sondern von jeder Hilfsperson des Arbeitgebers, zumal das Benachteiligungsverbot nicht nur für den Arbeitgeber gilt, sondern gerade auch für Dritte gilt.[848] Daraus folgt, dass der Arbeitgeber nach § 15 AGG i.V.m. § 31 BGB für eine Benachteiligung durch einen sonstigen Dritten in der Regel nicht haftet. Ausgeschlossen werden kann dies jedoch nicht für sonstige Dritte, die anderweitige, wichtige Arbeitgeberaufgaben übertragen bekommen und daher als Organ des Arbeitgebers gelten. Eine Haftungslücke entsteht dadurch jedoch nicht. Bedient sich der Arbeitgeber zur Erfüllung seiner Arbeitgeberpflichten eines Drittes, so ist dieser Erfüllungsgehilfe im Sinne des § 278 BGB. Dessen benachteiligendes Verhalten wird dem Arbeitgeber nach § 278 BGB analog zugerechnet.

Fraglich ist zudem, ob sich eine Organstellung des nicht beschäftigten Dritten infolge eines Organisationsmangels im Zusammenhang mit der Wahrnehmung der Pflichten nach § 12 AGG ergeben kann und wie sich dies auf die Haftung des Arbeitgebers nach § 15 AGG auswirkt. Die Organisations- und Fürsorgepflichten, insbesondere die Pflicht zur Organisation des Unternehmens in der Weise, dass die erforderlichen Schutzmaßnahmen nach § 12 AGG durchgeführt werden, ist von solcher Wichtigkeit, dass sie vom Arbeitgeber selbst oder ein ihn repräsentierenden

---

847 So in einem anderen Zusammenhang der BGH zur Organhaftung für das Handeln eines externen Rechtsanwalt, vgl. BGH v. 08.07.1980 – VI ZR 158/78, NJW 1980, 2810 (2811).

848 Exemplarisch *Bauer/Krieger*, AGG, § 7 Rn. 6; Schleusener/Suckow/Voigt – *Schleusener*, AGG, § 7 Rn. 4, *Meinel/Heyn/Herms*, AGG, § 7 Rn. 12.

Organ wahrgenommen werden müssen.[849] Beauftragt der Arbeitgeber einen außenstehenden Dritten mit der Wahrnehmung des Schutzes vor Benachteiligungen, so ist dem Arbeitgeber die Verletzung der Fürsorgepflichten nach § 12 AGG nach § 31 BGB zuzurechnen. Der Dritte ist dann wie ein Organ zu behandeln. Die Missachtung der Pflichten begründet keine Haftung nach § 15 AGG durch Unterlassen.[850] Gleichwohl haftet der Arbeitgeber wegen der Pflichtverletzung nach § 280 I BGB, § 31 BGB, wenn der Dritte keine erforderlichen und geeigneten Maßnahmen nach § 12 IV AGG zur Abwehr einer Benachteiligung durch einen sonstigen Dritten ergreift. Daneben kommt eine deliktische Haftung des Arbeitgebers wegen der Verletzung seiner Verkehrssicherungspflichten infolge eines Organisationsverschuldens in Betracht.[851]

III. Sonstige Zurechnungsnormen

Eine anderweitige Zurechnung benachteiligenden Verhaltens durch sonstige Dritte ist nicht gegeben. Insbesondere ist eine Zurechnung nach den Vorschriften der §§ 164, 166 BGB ausgeschlossen.[852] Die Vertretungsmacht, soweit eine solche besteht, umfasst nicht die Benachteiligung durch eine Willenserklärung. Auf die Wirksamkeit der Willenserklärung kommt es dabei nicht an. Ein Unterschied zur Haftung für das benachteiligende Handeln eines Beschäftigten besteht in diesem Zusammenhang nicht.

C. Haftung aufgrund eigener Verantwortlichkeit

I. Vertragliche Haftung

Auch im Zusammenhang mit einer Benachteiligung durch nicht beschäftigte Dritte stellt sich die Frage, ob der Arbeitgeber gegenüber dem betroffenen Beschäftigten nach § 280 I BGB haftet. Eine Haftung nach § 280 I BGB ist nicht durch § 15 I, II AGG ausgeschlossen, soweit die haftungsbegründende Pflichtverletzung nicht der

---

849 BGH v. 08.07.1980 – VI ZR 158/78, NJW 1980, 2810 (2811); Staudinger – *Weick*, BGB, § 31 Rn. 29 a. E.; PWW – *Schöplin*, BGB, § 31 Rn. 7.

850 Müko – *Thüsing*, BGB, § 12 AGG Rn. 13; *Annuß*, BB 2006, 1629 (1635); Schleusener/Suckow/Voigt – *Suckow*, AGG, § 12 Rn. 56; *Adomeit/Mohr*, AGG, § 12 Rn. 56 ff.; *Nollert-Borasio/Perreng*, AGG, 15 Rn. 43; HWK – *Rupp*, § 12 AGG Rn. 1; *Liebhäuser*, S. 122 f.; *Kamanabrou*, RdA 2006, 321 (336); *Kock*, MDR 2006, 1088 (1091), *Willemsen/Schweibert*, NJW 2006, 2583 (2590); *Gehlhaar*, NZA 2009, 825 (826), *Grobys*, NJW 2006, 2950 f.; Erman – *Belling*, BGB, § 12 AGG Rn. 10; ErfK – *Schlachter*, § 12 AGG, Rn. 1, 7.; im Ergebnis auch Hey/Forst – *Forst*, AGG, § 15 Rn. 41 f.

851 Zur deliktischen Haftung wegen der Verletzung von Verkehrssicherungspflichten vgl. Däubler/Bertzbach – *Deinert*, AGG, § 15 Rn. 137 m.w.N.

852 Ausführlich zur Zurechnung nach § 164 BGB und § 166 BGB siehe unter Kapitel III B. III. und IV.

Verstoß gegen das Benachteiligungsverbot nach § 7 I AGG ist.[853] Anderenfalls ist ein Anspruch aus § 280 I BGB ausgeschlossen. § 15 AGG ist lex specialis zu § 280 BGB.[854] Eine Haftung nach § 280 I BGB ist daher nicht ausgeschlossen, wenn der Arbeitgeber im Zusammenhang mit der Benachteiligung durch einen nicht beschäftigten Dritten seine nebenvertraglichen Fürsorgepflichten verletzt hat. Nach § 15 VI AGG ist als Rechtsfolge jedoch ein Anspruch auf Einstellung oder Beförderung ausgeschlossen, soweit sich dies nicht aus einer anderen Regelung ergibt.[855]

1. *Pflichtverletzung*

Eine Haftung des Arbeitgebers infolge der Benachteiligung durch einen nicht beschäftigten Dritten kommt dann in Betracht, wenn der Arbeitgeber eine eigene Pflicht in diesem Zusammenhang verletzt hat. Vergleichbar mit der Haftung für eine Benachteiligung durch andere Beschäftigte kommt hier eine Verletzung der nebenvertraglichen Fürsorge- und Schutzpflichten des Arbeitgebers in Betracht. Diese Pflichten im Zusammenhang mit dem Schutz vor Benachteiligungen sind in § 12 AGG konkretisiert.

a. *Verletzung der Pflichten aus § 12 I AGG*

Ob dem Arbeitgeber eine Verletzung der Pflichten nach § 12 I AGG vorgeworfen werden kann, richtet sich nach dem Umfang der Fürsorge- und Schutzpflichten nach § 12 I AGG. § 12 I AGG beinhaltet eine Generalklausel zu den Fürsorge- und Schutzpflichten des Arbeitgebers.[856] Die Pflichten des Arbeitgebers umfassen das Ergreifen von präventiven Maßnahmen, wie sich aus § 12 I 2 AGG ergibt, und auch von repressiven Maßnahmen.[857] Die Pflichten des Arbeitgebers, wenn ein Beschäftigter durch einen sonstigen Dritten benachteiligt wird, sind in § 12 IV AGG näher konkretisiert.

Ob eine Pflichtverletzung des Arbeitgebers im Mangel präventiver Schutzmaßnahmen gesehen werden kann, erscheint im Vergleich zur Abwehr von Benachteiligungen durch andere Beschäftigte fraglich. Bereits aufgrund der im Vergleich zu den eigenen Beschäftigten deutlich eingeschränkten rechtlichen Möglichkeit zur

---

853 Ebenso Däubler/Bertzbach – *Deinert*, AGG, § 15 Rn. 24; a.A. MüKo – *Thüsing*, BGB, § 15 AGG Rn. 24 für § 15 I AGG.

854 Exemplarisch BAG v. 21.06.2012 – 8 AZR 188/11, NZA 2012, 1211 (1214 f.) m.w.N.; Däubler/Bertzbach – *Deinert*, AGG, § 15 Rn. 24 m.w.N. a.A. *Bauer/Krieger*, AGG, § 15 Rn. 65.

855 Zur generellen Wertung des § 15 VI AGG vgl. Däubler/Bertzbach – *Deinert*, AGG, § 15 Rn. 131; MüKo – *Thüsing*, BGB, § 15 AGG Rn. 52, *Meinel/Heyn/Herms*, AGG, § 15 Rn. 97.

856 Exemplarisch *Hoch*, BB, 2007, 1732 (1733); MüKo – *Thüsing*, BGB, § 12 AGG, Rn. 1; PWW – *Lingemann*, BGB, § 12 AGG Rn. 1.

857 So auch *Hoch*, BB, 2007, 1732 (1733); *Schneider/Sittard*, NZA 2007, 654; PWW – *Lingemann*, BGB, § 12 AGG Rn. 2.

Einflussnahme auf Dritte muss ein geringerer Maßstab für die Anforderungen an vorbeugende Maßnahmen gegen Benachteiligungen durch Dritte gelten. So ist dem Arbeitgeber gegebenenfalls möglich, auch Dritte auf das Benachteiligungsverbot hinzuweisen. Unter Umständen kann der Arbeitgeber seine Geschäftsbedingungen so gestalten, dass sie einen konkreten Hinweis und gar auch Rechtsfolgen bei einem Verstoß beinhalten. Dies hat dann jedoch nur präventive Wirkung in länger angelegten Geschäftsbeziehungen. Fraglich ist jedoch, ob der Arbeitgeber nach § 12 I 2 AGG überhaupt verpflichtet ist, präventive Maßnahmen zu Schutz vor Benachteiligungen durch nicht beschäftigte Dritte zu ergreifen. Eine Einschränkung auf präventive Maßnahmen gegen Benachteiligungen durch andere Beschäftigte sieht § 12 I AGG nicht vor. Eine entsprechende Einschränkung ergibt sich jedoch aus der Systematik des § 12 II AGG. Nach § 12 II 2 AGG gilt die Pflicht des Arbeitgebers zur Ergreifung vorbeugender Maßnahmen nach § 12 I 2 AGG als erfüllt, wenn der Arbeitgeber seine Beschäftigten in geeigneter Weise zum Zweck der Verhinderung von Benachteiligungen geschult hat.[858] Durch eine Schulung der Beschäftigten wird der Arbeitgeber betreffend seiner präventiven Pflichten entlastet, obwohl grundsätzlich auch gegenüber Dritten oder durch anderweitige organisatorische Maßnahmen eine Prävention bewirkt werden kann.[859] Nach dem Willen des Gesetzgebers soll § 12 II 2 AGG dem Arbeitgeber eine konkrete Möglichkeit aufzeigen, wie er seiner Verpflichtung nach § 12 II 1 AGG nachkommen kann.[860] Dies spiegelt sich im deutlichen Wortlaut der Norm wieder. Daraus ist zu schließen, dass auch der Gesetzgeber davon ausgeht, dass gegenüber sonstigen Dritten präventive Maßnahmen erheblich schwieriger zu ergreifen sind als gegenüber eigenen Beschäftigten.[861]

Daraus ist jedoch nicht der Umkehrschluss zu ziehen, dass der Arbeitgeber nicht grundsätzlich auch in Bezug auf den Schutz vor Benachteiligungen durch sonstige Dritte Maßnahmen ergreifen muss. Nach dem eindeutigen Wortlaut des § 12 II 2 AGG ist er jedoch dann nicht zu weiteren präventiven Maßnahmen zum Schutz vor Benachteiligungen verpflichtet, wenn er seine Beschäftigten in geeigneter Weise geschult hat. § 12 II 2 AGG fingiert die Erfüllung der Pflichten des Arbeitgebers nach § 12 I AGG.[862] Dem Schutzzweck des § 12 I AGG wird es jedoch nicht gerecht, wenn in Folge einer Schulung auch die Erfüllung der in § 12 III, IV AGG konkretisierten

858 Ebenso § 12 II 2 AGG auslegend *Meinel/Heyn/Herms*, AGG, § 12 Rn. 11; *Adomeit/Mohr*, AGG § 12 Rn. 15; Schleusener/Suckow/Voigt – *Suckow*, AGG, § 12 Rn. 17; *Willemsen/Schweibert*, NJW 2006, 2583 (2590); *Göpfert/Sigrist*, ZIP 2006, 1710 (1715); noch weiter einschränkend Wendeling-Schröder/Stein – *Stein*, AGG, § 12 Rn. 15.

859 Ähnlich kritisch Wendeling-Schröder/Stein – *Stein*, AGG, § 12 Rn. 15. Allgemeine Bedenken gegen die Fiktionsvorschrift des § 12 II 2 AGG vorbringend Schleusener/Suckow/Voigt – *Suckow*, AGG, § 12 Rn. 13.

860 BT-Drs. 16/1780, S. 37.

861 Die Möglichkeit einer prophylaktischen Einwirkung auf sonstige Dritte gänzlich ausschließend *Bauer/Krieger*, AGG, § 12 Rn. 28.

862 Däubler/Bertzbach – *Buschmann*, AGG, § 12 Rn. 19; Schleusener/Suckow/Voigt – *Suckow*, AGG, § 12 Rn. 13; *Bauer/ Krieger*, AGG, § 12 Rn. 16.

Reaktionspflichten als erfüllt gelten. Durch eine Schulung der Beschäftigten kann kein repressiver Schutz bewirkt werden. § 12 II 2 AGG ist daher eingeschränkt auszulegen. Die Fiktion des § 12 II 2 AGG gilt nur in Bezug auf präventive Maßnahmen des Arbeitgebers.[863] Folglich ist eine Pflichtverletzung in Bezug auf das Unterlassen vorbeugender Maßnahmen bei der Benachteiligung durch einen sonstigen Dritten ausgeschlossen, wenn der Arbeitgeber seine Beschäftigten geschult hat.[864] Gerechtfertigt scheint dies zumindest unter dem Gesichtspunkt, dass vorbeugende Maßnahmen gegenüber sonstigen Dritten kaum ergriffen werden können und die Prophylaxe vor Benachteiligungen durch andere Beschäftigte angesichts der zwangsläufigen Nähe der Beschäftigten untereinander von weitaus höherer Bedeutung ist. Erfolgte keine Schulung der Beschäftigten nach § 12 II 2 AGG in geeigneter Weise, ist der Arbeitgeber verpflichtet, geeignete präventive Maßnahmen zum Schutz seiner Beschäftigten vor Benachteiligungen zu ergreifen. Die gilt auch im Zusammenhang mit Benachteiligen durch Dritte. Ist dann im Einzelfall zu prüfen, ob und wie es dem Arbeitgeber überhaupt möglich war, entsprechende vorbeugende Maßnahmen zu ergreifen. Wie bereits erwähnt kann der Arbeitgeber trotz praktisch eingeschränkter Möglichkeiten grundsätzlich auch gegenüber Dritten präventive Maßnahmen zum Schutz vor Benachteiligungen zu ergreifen.[865] Dies hat zur Folge, dass der Arbeitgeber im Zusammenhang mit der Benachteiligung durch Dritte seine Pflicht zur präventiven Schutzmaßnahmen aus § 12 I AGG verletzten kann, sofern er nicht nach § 12 II 2 AGG exkulpiert ist.

b. Verletzung der konkreten Pflicht aus § 12 IV AGG

Nach § 12 IV AGG ist der Arbeitgeber verpflichtet, die im Einzelfall geeigneten, erforderlichen und angemessenen Maßnahmen zum Schutz der Beschäftigten zu ergreifen, wenn Beschäftigte bei der Ausübung ihrer Tätigkeit durch Dritte nach § 7 I AGG benachteiligt werden. Kommt der Arbeitgeber dieser Pflicht nicht nach, verletzt er seine vertraglichen Nebenpflichten. Dies ist eine Pflichtverletzung im Sinne des § 280 I 1 BGB. Dabei ist zu beachten, dass die rechtlichen und tatsächlichen Möglichkeiten des Arbeitgebers zur Einflussnahme auf Dritte im Vergleich zu einer Benachteiligung durch andere Beschäftigte weitaus geringer sind. So hat der Arbeitgeber die Möglichkeit eines Hausverbotes gegenüber einem Kunden. Er hat aber auch die Möglichkeit die Geschäftsbeziehungen zu beenden.[866] Dies ist im

863 Exemplarisch *Bauer/Krieger*, AGG, § 12 Rn. 16 m.w.N.; Schleusener/Suckow/Voigt – *Suckow*, AGG, § 12 Rn. 17 m.w.N.

864 *Meinel/Heyn/Herms*, AGG, § 12 Rn. 11; *Adomeit/Mohr*, AGG, § 12 Rn. 15; Schleusener/Suckow/Voigt – *Suckow*, AGG, § 12 Rn. 17; *Willemsen/Schweibert*, NJW 2006, 2583 (2590); *Göpfert/Sigrist*, ZIP 2006, 1710 (1715). Dahingehend zu weit einschränkend Wendeling-Schröder/Stein – *Stein*, AGG, § 12 Rn. 15.

865 A.A. *Bauer/Krieger*, AGG, § 12 Rn. 28.

866 *Adomeit/Mohr*, AGG, § 12 Rn. 48; Schleusener/Suckow/Voigt – *Suckow*, AGG § 12 Rn. 35.

Einzelfall eine Frage der Angemessenheit. Die Beendigung langjähriger Geschäftsbeziehungen wegen einer anzüglichen Bemerkung ist nicht angemessen.[867]

2. *Sonstige Voraussetzungen des Anspruchs und Rechtsfolgen*

Wie bereits im Zusammenhang mit der Haftung für Benachteiligungen durch andere Beschäftigte ausgeführt, ist der Anspruch nach § 280 I BGB wegen der Verletzung der Fürsorgepflichten von einem Verschulden abhängig. Dies ist europarechtskonform.[868]

Die Rechtsfolge der Fürsorgepflichtverletzung ist der Ersatz des dadurch entstandenen Schadens. Ein Anspruch auf Einstellung oder Beförderung ist wegen der Wertung des § 15 VI AGG ausgeschlossen.[869]

II. Deliktische Haftung

1. *Verhältnis zu den Vorschriften des AGG*

Ansprüche des benachteiligten Beschäftigten aus Delikt können neben den Ansprüchen nach dem AGG gemäß 15 V AGG geltend gemacht werden. Die gilt auch für deliktische Ansprüche.[870] Das AGG wirkt sich jedoch in der Weise aus, dass die Fristen des § 15 IV 1 AGG zur Geltendmachung anzuwenden sind, wenn der deliktische Anspruch in Konkurrenz mit einem Anspruch aus § 15 I oder § 15 II AGG steht.[871] Zudem sind die Rechtsfolgen nach der Wertung des § 15 VI AGG eingeschränkt.[872] Ein Anspruch auf Einstellung oder Beförderung kann auch nicht aus deliktischer Haftung hergeleitet werden.

---

867 Ebenso *Meinel/Heyn/Herms*, AGG, § 12 Rn. 26; ähnlich *Adomeit/Mohr*, AGG, § 12 Rn. 48.

868 Vgl. Däubler/Bertzbach – *Deinert*, AGG, § 15 Rn. 131; MüKo – *Thüsing*, BGB, § 15 AGG Rn. 52; *Meinel/Heyn/Herms*, AGG, § 15 Rn. 97.

869 Ebenso MüKo – *Thüsing*, BGB, § 15 AGG Rn. 52; Däubler/Bertzbach – *Deinert*, AGG, § 15 Rn. 131.

870 Exemplarisch BAG v. 21.06.2012 – 8 AZR 188/11, NZA 2012, 1211 (1215); Däubler/Bertzbach – *Deinert*, AGG § 15 Rn. 124, *Stoffels*, RdA 2009, 204 (214); kritisch im Bezug auf Persönlichkeitsrechtsverletzungen Bamberger/Roth – *Fuchs*, BGB, § 15 AGG Rn. 11.

871 BAG v. 21.06.2012 – 8 AZR 188/11, NZA 2012, 1211 (1215 f.); *Adomeit/Mohr*, AGG, § 15 Rn. 105; Schleusener/Suckow/Voigt – *Voigt*, AGG, § 15 Rn. 70; *Bauer/Evers*, NZA 2006, 893 (897); *Simon/Greßlin*, BB 2007, 1782 (1786); *Bauer/Thüsing/Schunder, NZA 2006, 774 (775); a.A.* Däubler/Bertzbach – *Deinert*, AGG, § 15 Rn. 97. m.w.N.; MüKo – *Thüsing*, BGB, § 15 AGG Rn. 48.

872 Däubler/Bertzbach – *Deinert*, AGG, § 15 Rn. 131; MüKo – *Thüsing*, BGB, § 15 AGG Rn. 52; *Meinel/Heyn/Herms*, AGG, § 15 Rn. 97.

2. *Haftung nach § 823 I BGB*

Auch bei einer Benachteiligung durch einen sonstigen Dritten könnte der Arbeitgeber wegen einer eigenen, ihm vorwerfbaren schuldhaften Verletzung eines geschützten Rechtsgutes der benachteiligten Beschäftigten nach § 823 I BGB haften. Wie bereits im Zusammenhang mit der Haftung für Benachteiligungen durch andere Beschäftigte ausgeführt, ist ein Verstoß gegen das Benachteiligungsverbot stets zugleich ein schwerwiegender Eingriff in das allgemeine Persönlichkeitsrecht des Beschäftigten.[873] Zudem kommt eine Verletzung des Körpers, der Gesundheit oder der sexuellen Selbstbestimmung in bestimmten Fällen der Benachteiligung in Betracht. Kommt der Arbeitgeber seinen Fürsorgepflichten nach § 12 I, IV AGG gegenüber dem Beschäftigten nicht nach, ist dies eine Verletzung seiner Verkehrssicherungspflichten und somit die haftungsbegründende Verletzungshandlung.

Eine Entschädigung wegen einer Persönlichkeitsrechtsverletzung ist jedoch ausgeschlossen, wenn die Verletzung anderweitig vollständig kompensiert werden kann.[874] Der Anspruch ist auch im Zusammenhang mit der Benachteiligung durch einen Dritten subsidiär, wenn der Arbeitgeber bereits nach § 15 II AGG zur Zahlung einer Entschädigung verpflichtet ist. Zudem haftet der benachteiligende Dritte ebenfalls nach § 823 I BGB wegen der Persönlichkeitsrechtsverletzung. Als eigentlicher Urheber haftet er vordergründig, wenn sein benachteiligendes Handeln dem Arbeitgeber nicht zugerechnet werden kann. Dies hat zur Folge, dass der benachteiligende Dritte, zum Beispiel ein Kunde des Arbeitgebers, nach § 823 I BGB wegen der Persönlichkeitsrechtsverletzung haftet, der Arbeitgeber trotz seiner Verkehrssicherungspflichtverletzung nicht. Anderweitige Rechtsgutsverletzungen sind von der Subsidiarität nicht betroffen.

3. *§ 823 II BGB*

Ist der Arbeitgeber seine Fürsorgepflichten nach § 12 AGG, insbesondere nach § 12 IV AGG gegenüber dem benachteiligten Beschäftigten im Zusammenhang mit der Benachteiligung durch einen nicht beschäftigten Dritten schuldhaft nicht nachgekommen, so ist der Arbeitgeber nach § 823 II BGB zum Ersatz des daraus

---

873 So auch *Fischinger*, NZA 2010, 1048 (1050); *v. Roetteken*, AGG, § 15 Rn. 21a.

874 BGH v. 14.02.1958 – I ZR 151/56, NJW 1958, 827 (829 f.); BGH v. 01.12.1999 – I ZR 49/97, NJW 2000, 2195 (2197); BGH v. 15.11.1994 – VI ZR 56/94, NJW 1995, 861 (864); BGH v. 30.01.1996 – VI ZR 386/94, NJW 1996, 1131 (1134); BAG v. 21.06.2012 – 8 AZR 188/11, NZA 2012, 1211 (1213) m. w. N.; BAG v. 16.05.2007 – 8 AZR 709/06, NZA 2007, 1155 (1164); ebenso *Stoffels*, RdA 2009, 204 (205); Götting/Schertz/Seitz – *Müller*, Handbuch des Persönlichkeitsrechts, § 51 Rn. 24 m.w.N; Palandt – *Sprau*, BGB, § 823 Rn. 124 m.w.N.

entstandenen Schadens verpflichtet. Die Regelungen des § 12 I und IV AGG haben Schutzgesetzcharakter im Sinne des § 823 II BGB.[875]

4. *Haftung nach § 831 I 1 BGB*

Ob der Arbeitgeber nach § 831 I 1 BGB wegen einer Benachteiligung seiner Beschäftigten durch einen nicht beschäftigten Dritten haftet, hängt im Wesentlichen von wenigen bedeutenden Fragen ab. Als erste Frage wäre zu klären, ob der nicht beschäftigte Dritte Verrichtungsgehilfe des Arbeitgebers ist. Daneben ist die Frage zu klären, ob der nicht beschäftigte Dritte einem Beschäftigten durch die Benachteiligung in Ausführung seiner Verrichtung widerrechtlich einen Schaden zugefügt hat.

a. *Nicht beschäftigter Dritter als Verrichtungsgehilfe in Bezug auf das Benachteiligungsverbot*

Fraglich ist, ob ein nicht beschäftigter Dritter Verrichtungsgehilfe des Arbeitgebers sein kann. Dies richtet sich danach, ob ein nicht beschäftigter Dritter unter den Begriff des Verrichtungsgehilfen subsumiert werden kann. Verrichtungsgehilfe ist, wer von einem anderen eine Tätigkeit übertragen bekommen hat, in dessen Einflussbereich er allgemein oder im konkreten Fall steht und dem gegenüber er in gewisser Weise abhängig, insbesondere weisungsgebunden ist.[876]

Der typische Dritte ist der Kunde oder ein Geschäftspartner oder ein sonstiger betriebsfremder Dritter.[877] Der Dritte hat daher in der Regel keine Tätigkeit vom Arbeitgeber übertragen bekommen. Sonstige Dritte sind somit grundsätzlich keine Verrichtungsgehilfen.[878]

Ausnahmsweise könnten Dritte im Zusammenhang mit Benachteiligungen Verrichtungsgehilfen des Arbeitgebers sein. Dies kommt dann in Betracht, wenn der Arbeitgeber Dritten die Erfüllung seiner arbeitsvertraglichen Pflichten überträgt und die Dritten zugleich vom Arbeitgeber in gewisser Weise abhängig sind. Dass der Arbeitgeber einem Dritten Arbeitgeberaufgaben überträgt, ist nicht lebensfremd. In Betracht kommt die Beauftragung eines externen Personalberaters mit der Stellenbesetzung oder eines Rechtsanwalts[879] mit der Beendigung

---

875 *Annuß*, BB 2006, 1629 (1635); *Simon/Greßlin*, BB 2007, 1782 (1785); Schleusener/Suckow/Voigt – *Suckow*, AGG, § 12 Rn. 56; Däubler/Bertzbach – *Deinert*, AGG, § 15 Rn. 138; *Ring*, JA 2008, 1 (5); bejahend für § 12 III AGG *v. Roetteken*, AGG, § 12 Rn. 85 m.w.N.; offengelassen BAG v. 21.06.2012 – 8 AZR 188/11, NZA 2012, 1211 (1215).

876 BGH v. 10.03.2009 – VI ZR 39/08, NJW 2009, 1740 (1741); BAG v. 25.05.2000 – 8 AZR 518/99, NZA 2000, 1052 (1054) m.w.N.; Palandt – *Sprau*, BGB, § 831 Rn. 5; PWW – *Schaub*, BGB, § 831 Rn. 7 m.w.N.; Staudinger – *Belling*, BGB, § 831 Rn. 101; Bamberger/Roth – *Spindler*, BGB, § 831 Rn. 10.

877 Exemplarisch BT-Drs. 16/1780, S. 37; *Bauer/Krieger*, AGG, § 12 Rn. 39.

878 Ähnlich Däubler/Bertzbach – *Deinert*, AGG § 15 Rn. 142.

879 Zur Stellung des Rechtsanwalts als Verrichtungsgehilfen seines Mandanten Palandt – *Sprau*, BGB, § 831 Rn. 6; PWW – *Schaub*, BGB, § 831 Rn. 10 m.w.N.; kritisch

des Arbeitsverhältnisses oder Nutzung einer konzerneigenen Personalabteilung. Ein Dritter ist in der Regel nicht weisungsabhängig für den Arbeitgeber, sondern selbstständig tätig. Die freie Erbringung von Diensten beziehungsweise die weisungsabhängige Erbringung von Arbeitsleistungen ist ein wesentliches Abgrenzungskriterium zwischen dem freien Dienstvertrag und dem speziellen Dienstvertrag in Form eines Arbeitsvertrages.[880] Auch der Werkvertrag nach § 631 BGB ist durch eine grundsätzlich freie Ausführung der Werkleistung gekennzeichnet. Der Werkunternehmer ist nicht gleich einem Arbeitnehmer weisungsabhängig tätig.[881] Dies wird dadurch deutlich, dass nicht die Durchführung einer bestimmten Tätigkeit, sondern ein konkreter Erfolg geschuldet ist. Gleichwohl können auch Dritte infolge Tätigkeit im Zusammenhang mit einem Werk- oder Dienstvertrag verpflichtet sein, Weisungen zu befolgen.[882] Daher können auch Dritte ausnahmsweise Verrichtungsgehilfen des Arbeitgebers sein. Ob Dritte im Zusammenhang mit einer unzulässigen Benachteiligung ausnahmsweise Verrichtungsgehilfen des Arbeitgebers sind, ist dann im Einzelfall davon abhängig, ob und inwieweit sie vom Arbeitgeber weisungsabhängig handeln.

Soweit Dritte vom Arbeitgeber mit der Erfüllung seiner arbeitsvertraglichen Pflichten betraut werden und aufgrund eines Organisationsmangels als Organe des Arbeitgebers anzusehen sind,[883] sind sie keine Verrichtungsgehilfen. Organe sind stets keine Verrichtungsgehilfen.[884] Die Organhaftung nach § 31 BGB ist vorrangig vor der Haftung nach § 831 I 1 BGB.[885] Zudem fehlt es in der Regel bereits an der weisungsabhängigen Verrichtung einer Tätigkeit durch das Organ.[886]

Insgesamt ist jedoch nicht auszuschließen, dass auch ein sonstiger Dritter in Ausnahmefällen Verrichtungsgehilfe des Arbeitgebers ist.

b. Widerrechtliche Schädigung in Ausführung einer Verrichtung

Soweit der handelnde Dritte Verrichtungsgehilfe des Arbeitgebers ist, muss er bei Ausführung der Verrichtung nach § 831 I 1 BGB den anderen Beschäftigten widerrechtlich einen Schaden zugefügt haben. Wie bereits ausführlich ausgeführt, kann die unzulässige Benachteiligung zugleich eine Rechtsgutsverletzung durch

---

Soergel – *Krause*, BGB, § 831 Rn. 24, weil der Rechtsanwalt nach § 1 BRAO zugleich unabhängiges Organ der Rechtspflege ist.

880 Vgl. BAG vom 15.02.2012 – 10 AZR 301/10; NZA 2012, 731 f.; PWW – *Lingemann*, BGB, § 611 Rn. 17; MüKo – *Müller-Glöge*, BGB, § 611 Rn. 174; Palandt – *Weidenkaff*, BGB, Einf v § 611 Rn. 10.

881 Exemplarisch MüKo – *Busche*, BGB, § 631 Rn. 64.

882 MüKo – *Müller-Glöge*, BGB, § 611 Rn. 176;

883 Hierzu ausführlich unter Kapitel III. B. II. 3. b.

884 Bamberger/Roth – *Spindler*, BGB, § 831 Rn. 18.

885 PWW – *Schaub*, BGB, § 831 Rn. 3 m.w.N.; Bamberger/Roth – *Spindler*, BGB, § 831 Rn. 6.

886 ähnlich MüKo – *Wagner*, BGB, § 831 Rn. 19; Soergel – *Krause*, BGB, § 831 Rn. 27; i.E. Staudinger – *Belling*, BGB, § 831 BGB Rn. 103.

eine unerlaubte Handlung sein.[887] In diesem Zusammenhang kann auch das Persönlichkeitsrecht verletzt sein. Der Grundsatz der Subsidiarität[888] greift in diesem Zusammenhang nur, wenn der Arbeitgeber bereits nach § 15 II 1 AGG aufgrund einer eigenen Benachteiligungshandlung oder infolge Zurechnung der fremden Handlung zu einer Entschädigung verpflichtet ist.

Die Haftung nach § 831 I 1 BGB setzt voraus, dass die deliktische Schädigung in einem Zusammenhang mit der Verrichtung der übertragenen Aufgaben steht und nicht nur bei Gelegenheit erfolgte.[889] Der Arbeitgeber haftet dann nicht, wenn die Benachteiligung eines Beschäftigten durch einen sonstigen Dritten lediglich bei Gelegenheit erfolgte. Dann fehlt der erforderliche Bezug zur Verrichtung.

c. *Exkulpationsmöglichkeit*

Die Möglichkeit der Exkulpation nach § 831 I 2 BGB besteht auch im Zusammenhang mit einer Benachteiligung durch einen sonstigen Dritten. Dies ist mit dem Europarecht vereinbar.[890]

d. *Zwischenergebnis*

Der Arbeitgeber haftet nach § 831 I 1 BGB, wenn der handelnde Dritte im Zusammenhang mit seiner Verrichtung als Verrichtungsgehilfe des Arbeitgebers einen Beschäftigten benachteiligt und sich der Arbeitgeber nicht nach § 831 I 2 BGB exkulpieren kann.

III. Zusammenfassung

Auch im Zusammenhang mit der Benachteiligung durch sonstige Dritte haftet der Arbeitgeber unter bestimmten Umständen für diese Benachteiligung aufgrund eigenen Handelns aus Vertrag und aus Delikt. Der haftungsbegründende Vorwurf gegenüber dem Arbeitgeber ist dabei nicht die Benachteiligung durch den sonstigen Dritten, sondern ist die Verletzung der Fürsorge- und Schutzpflichten des Arbeitgebers.

D. Gefährdungshaftung

Eine reine Gefährdungshaftung des Arbeitgebers für Benachteiligungen seiner Beschäftigten ist auch im Zusammenhang mit einer Benachteiligung durch Dritte abzulehnen. Gegen eine Gefährdungshaftung des Arbeitgebers sprechen dieselben

887 Hierzu ausführlich unter Kapitel III C. III. 2. b.

888 Zur Subsidiarität der Haftung wegen einer Persönlichkeitsrechtsverletzung ausführlich unter Kapitel III C. III. 2. b. *cc.*

889 BAG v. 16.05.2007 – 8 AZR 709/06, NZA 2007, 1154 (1165); MüKo – *Wagner*, BGB, § 831 Rn. 24; PWW – *Schaub*, BGB, § 831 Rn. 13 m.w.N.

890 Hierzu ausführlich unter Kapitel III C. V. 3. b.

Gründe wie bei der Ablehnung einer Gefährdungshaftung für Benachteiligungen durch andere Beschäftigte.[891] Gerade in Bezug auf das Verhalten sonstiger Dritter kann die Gefahrtragung des Arbeitgebers nur soweit reichen, wie eine Haftung als Urheber der Benachteiligung auch begründet ist. Kommt der Arbeitgeber seinen Pflichten nach § 12 IV AGG nach und schöpft er sämtliche ihm zur Verfügung stehenden Möglichkeiten zum Schutz der Beschäftigten aus, liegt es im Ergebnis nicht mehr in seiner Risikosphäre, wenn einer seiner Beschäftigten benachteiligt wird. Eine Haftung des Arbeitgebers für ein allgemeines Lebensrisiko eines Beschäftigten, Opfer einer Benachteiligung durch sonstige Dritte zu werden, ist zu weitgehend. Letztlich soll durch die Richtlinien und die Gesetzgebung zum Schutz vor Diskriminierungen und zur Gleichstellung ein gesellschaftliches Umdenken herbeigeführt werden. Dabei ist es jedoch nicht Aufgabe des Arbeitgebers, dieses Umdenken in der Gesellschaft allein und allumfassend umzusetzen. Seine Verantwortung kann nur soweit reichen, wie er auch tatsächlich Einfluss nehmen kann. Die bis dahin reichende gesellschaftliche Verantwortung hat der Arbeitgeber als einflussreichster Faktor im Berufsleben jedoch zu tragen.[892]

E. Zusammenfassung

Der Arbeitgeber haftet für Benachteiligungen seiner Beschäftigten durch sonstige Dritte in der Regel nicht. Die sonstigen Dritten sind regelmäßig keine Erfüllungsgehilfen oder Organe des Arbeitgebers. Eine Zurechnung nach § 278 BGB analog oder nach § 31 BGB scheidet daher in den meisten Fällen aus. In Ausnahmefällen ist der sonstige Dritte aber Erfüllungsgehilfe oder gar ein Organ des Arbeitgebers aufgrund eines Organisationsmangels. In diesen Fällen ist dem Arbeitgeber die benachteiligende Handlung zuzurechnen und er haftet nach § 15 I, II AGG.

Verletzt der Arbeitgeber seine Pflichten nach § 12 IV AGG haftet er wegen dieser Pflichtverletzung gegenüber dem Beschäftigten nach § 280 I BGB oder nach § 823 II BGB. Eine Haftung nach § 831 I 1 BGB kommt in Ausnahmefällen ebenfalls in Betracht.

891 Hierzu ausführlich unter Kapitel III D. IV.

892 Die soziale Verantwortung des Arbeitgebers wird unter anderem im Zusammenhang mit der diskriminierenden Druckkündigung und der Gefahr einer druckbedingten Existenzgefährdung deutlich. Ausführlich hierzu nachfolgend unter Kapitel V B. II. 2. b. *dd*.

Kapitel V – Sonderkonstellationen

Eine bedeutende Fallkonstellation der unzulässigen Benachteiligung stellt angesichts der Anzahl der dazu getroffenen Urteile, das Bewerbungsverfahren dar. Ein Großteil der Diskriminierungsklagen beruht auf ähnlich gelagerten Sachverhalten. Zumeist klagt ein nicht berücksichtigter Bewerber wegen einer unzulässigen Benachteiligung bei der Bewerberauswahl für die freie Stelle. In der Regel stützen sich die Kläger auf entsprechende Aussagen in den Stellenausschreibungen oder auf Bemerkungen von Personen, die mit der Personalauswahl betraut sind. Aufgrund verschiedener Umstände nehmen viele Arbeitgeber vermehrt die Dienstleistungsangebote von privaten Personalvermittlern, Headhuntern usw. für die Gewinnung neuen Personals in Anspruch. Zudem nutzen die Arbeitgeber die Personalvermittlungsangebote und -tätigkeiten der Agenturen für Arbeit. Die Konstellation der Personalrekrutierung durch vom Arbeitgeber eingeschaltete externe Personalvermittler oder die Agenturen für Arbeit ist bezüglich der Haftung bei Diskriminierung im Bewerbungsverfahren umstritten.[893] Zumeist wird gerade diese Fallkonstellation als typisches Beispiel für eine mögliche Haftung des Arbeitgebers für externe Dritte diskutiert.[894]

Ein weiteres Sonderproblem der Haftung des Arbeitgebers für seine Beschäftigten und Dritte stellt die Druckkündigung dar. Problematisch ist hier, dass nach dem Wortlaut des § 2 IV AGG auf Kündigungen ausschließlich die Bestimmungen des allgemeinen und besonderen Kündigungsschutzes Anwendung finden. Das BAG hat zu dieser Problematik bereits Stellung genommen und ausgeführt, dass § 2 IV AGG keinen vollständigen Ausschluss der Anwendung des AGG darstellt, sondern die Regelungen der §§ 1–10 AGG auch auf die Kündigung im Rahmen der Kontrolle der Sozialwidrigkeit der Kündigung Anwendung finden.[895] Durch die beschriebene Anwendung sei dem Sanktionserfordernis nach den europäischen Vorgaben Genüge getan, weil die Kündigungserklärung als schärfste Sanktion im Kündigungsrecht ex tunc unwirksam ist.[896] Nach Ansicht des BAG ist § 2 IV AGG daher

---

893 Überwiegend wird unter Berufung auf das Grundsatzurteil des BAG v. 05.02.2004 – 8 AZR 112/03, NZA 2004, 540 (544). eine Zurechnung nach § 278 BGB oder wegen eines Organisationsverschuldens bejaht. So unter anderem *Meinel/Heyn/Herms*, AGG, § 11 Rn. 7 ff.; *Seel*, MDR 2006, 1321 (1324); *Simon/Greßlin*, BB 2007, 1782 (1788); *Hanau*, ZIP 2006, 2189 (2200 f.); *Bauer/Krieger*, AGG, § 11 Rn. 7; Däubler/Bertzbach – *Buschmann*, AGG, § 11 Rn. 7; ErfK – *Schlachter*, § 11 AGG Rn. 1; Palandt – *Weidenkaff*, BGB, § 11 AGG Rn. 2.

894 *Wendeling-Schröder/Stein*, AGG, § 11 Rn. 6; PWW – *Lingemann*, AGG, § 11 Rn. 4; KR – *Pfeiffer*, § 11 AGG Rn. 148; *Seel*, MDR 2006, 1321 ff.

895 BAG v. 06.11.2008 – 2 AZR 523/07, NZA 2009, 361 (364).

896 So zum Beispiel *Adomeit/Mohr*, NJW 2009, 2255 (2256); *Schmitz-Scholermann/Brune*, RdA 2011, 129 (135); *Hamacher/Ulrich*, NZA 2007, 657 (659).

europarechtskonform.[897] Die Regelungen des AGG zum Schadensersatz und zur Entschädigung werden demnach bei einer Kündigung nicht angewandt. Dies hätte zur Folge, dass bei einer unzulässigen Benachteiligung in Form einer Kündigung dem Betroffenen kein Anspruch auf Schadensersatz oder Entschädigung nach § 15 I, II AGG zustehen würde. Unabhängig von der Frage, wie § 2 IV AGG zu verstehen ist und europarechtlichen Vorgaben entspricht, könnte dem Beschäftigten gleichwohl ein Anspruch auf Entschädigung oder Schadensersatz wegen Benachteiligung aufgrund einer Haftung des Arbeitgebers nach dem AGG oder anderen Anspruchsgrundlagen zustehen. Ein Ansatz könnte hier sein, dass nicht erst die Kündigung die unzulässige Benachteiligung darstellt.[898] Bereits in dem Ausüben von Druck durch andere Beschäftigte oder auch Dritte auf den Arbeitgeber, welches unmittelbar zur Kündigung führt, könnte eine unzulässige Benachteiligung zu sehen sein.[899] Das Druckausüben an sich kann auch einen Anspruch nach § 15 I, II AGG begründen, ohne dass der Arbeitgeber dem Druck nachgibt und die Kündigung erklärt. Hier stellt sich die Frage, ob dieses benachteiligende Verhalten der Druckausübenden dem Arbeitgeber zugerechnet werden kann. Dabei wäre wiederum auf die allgemeinen Zurechnungsregeln zurückzugreifen.

A. Bewerbungsverfahren

Nach § 11 AGG darf ein Arbeitsplatz nicht unter Verstoß gegen § 7 I AGG ausgeschrieben werden. Dies bedeutet, die Stellenausschreibung darf keine Ausschlusskriterien nennen, die bei der Bewerberauswahl einen Bewerber wegen eines in § 1 AGG genannten Grundes benachteiligen könnten. Vielmehr ist die Stellenausschreibung, soweit keine nach den §§ 8 bis 10 AGG unterschiedliche Behandlung zulässig ist, entsprechend der Merkmale in § 1 AGG neutral zu gestalten. Die Vorschrift des § 11 AGG ist damit von zentraler Bedeutung. Sie zeigt, dass der Schutz vor unzulässigen Benachteiligungen im Beruf oder beim Zugang zum Beruf bereits in einem sehr frühen Stadium mit der Anbahnung eines Arbeits- oder Ausbildungsverhältnisses beginnt. Ein effektiver Schutz vor Benachteiligungen muss auch in dieser Phase im Vorfeld eines Anstellungsverhältnisses gewährleistet sein.

Die Pflicht zur neutralen Stellenausschreibung obliegt nur dem Arbeitgeber.[900] Dies wird durch die systematische Stellung des § 11 AGG im Gesetz deutlich. Arbeitgeber bedienen sich in der Anbahnung von Arbeitsverhältnissen gern Dritter, die mit der Suche potenzieller Mitarbeiter, teilweise sogar mit der Personalauswahl durch den Arbeitgeber betraut werden. Dabei handelt es sich häufig um externe Personalberater, Headhunter oder auch die Agenturen für Arbeit. Der Gesetzgeber

897 BAG v. 06.11.2008 – 2 AZR 523/07, NZA 2009, 361 (364).
898 Ausführlich zu diesem Ansatz *Deinert*, RdA 2007, 275 ff.
899 So *Deinert*, RdA 2007, 275 (280).
900 So auch Schiek – *Schmidt*, AGG, § 11 Rn. 4; *Bauer/Krieger*, AGG, § 11 Rn. 7; a.A. Schleusener/Suckow/Voigt – *Suckow*, AGG, § 11 Rn. 12.

hat sich mit § 15 AGG für eine zivilrechtliche Umsetzung des Sanktionserfordernisses entschieden. Diese Haftung ist an § 280 BGB orientiert.[901] Daher stellt sich die Frage der Haftung des Arbeitgebers für Benachteiligungen durch beschäftigte und vor allem nicht beschäftigte Dritte im Bewerbungsverfahren.

I. Vorüberlegungen

Wie bereits erwähnt, werden jedoch gerade die Aufgabe der Einleitung des Bewerbungsverfahrens und die daran anschließenden Schritte der ersten Vorauswahl der Bewerber an Dritte übertragen. Neben eigenen Beschäftigten werden häufig externe Personalvermittler oder die Agenturen für Arbeit damit betraut. Untersucht werden soll, ob und wie der Arbeitgeber bei einem Verstoß des eingeschalteten Dritten gegen das Benachteiligungsverbot aus § 7 I AGG im Rahmen der Personalsuche gegenüber dem betroffenen Bewerber haftet.

Eine solche Konstellation setzt voraus, dass der Arbeitgeber dem Dritten insoweit keine Vorgaben macht, die selbst schon deutlich für eine unzulässige Benachteiligung sprechen. Die Anweisung zur Benachteiligung stellt nach § 3 V 1 AGG bereits selbst eine Benachteiligung dar. Danach haftet der Arbeitgeber in einem solchen Fall bereits aufgrund seines eigenen Handelns nach § 15 I, II AGG, ohne dass es einer Zurechnung des Handelns des Dritten bedarf.[902]

Fraglich ist, ob haftungsrechtlich eine Unterscheidung zwischen der Stellenausschreibung und Bewerberauswahl durch einen Beschäftigten des Arbeitgebers und der Einschaltung eines externen Personalvermittlers besteht. In der Rechtsprechung und der Literatur wird die Problematik der Haftung für benachteiligendes Verhalten anderer häufig am Beispiel externer Personalvermittler oder der Agentur für Arbeit diskutiert.[903] In der Praxis macht es für einen potentiellen Bewerber keinen Unterschied, ob ein Beschäftigter des Arbeitgebers oder ein beauftragter Personalvermittler, unabhängig ob dies ein privater oder die Agentur für Arbeit ist, die offene Stelle ausschreibt, einen bestimmten Personenkreis zur Bewerbung auffordert und anhand bestimmter Kriterien eine Bewerberauswahl vornimmt. Letztendlich sollen ein oder mehrere geeignete Bewerber ein Arbeitsverhältnis mit dem dahinterstehenden

---

901 Hierzu ausführlich unter Kapitel III B.I.1.c.*cc*.

902 Siehe zur Haftung des Arbeitgebers aufgrund eigenen Handelns durch Anweisung unter Kapitel III C.I.

903 Exemplarisch BAG v. 5.2.2004 – 8 AZR 112/03, NZA 2004, 540 (544); BAG v. 17.12.2009 – 8 AZR 670/08, NZA 2010, 383 (385); BAG v- 18.03.2010 – 8 AZR 1044/08, NZA 1129 (1131); *Adomeit/Mohr,* AGG, § 11 Rn. 33, § 22 Rn. 81; *Adomeit/Mohr,* NJW 2007, 2522 (2523f.); *Mohr,* SAE 2008, 106; *Adomeit/Mohr* in Festschrift Kreutz, 3 (8); *Diller* NZA 2007, 649 (650 ff.); *Meinel/Heyn/Herms,* AGG, § 11 Rn. 7 ff.; *Seel,* MDR 2006, 1321 (1324); *Simon/Greßlin,* BB 2007, 1782 (1788); *Hanau,* ZIP 2006, 2189 (2200 f.); *Bauer/Krieger,* AGG, § 11 Rn. 7; Däubler/Bertzbach – *Buschmann,* AGG, § 11 Rn. 7; ErfK – *Schlachter,* § 11 AGG Rn. 1; Palandt – *Weidenkaff,* BGB, § 11 AGG Rn. 2.

Arbeitgeber begründen. Aus diesen Gründen wird die Haftung des Arbeitgebers für Benachteiligungen durch andere im Wesentlichen am Beispiel der Haftung für externe Dritte erfolgen, ohne das die Haftung für Benachteiligungen durch andere Beschäftigte außer Betracht bleibt.

II. Benachteiligungshandlung

Zunächst ist zu überlegen, worin während eines Stellenbesetzungsverfahrens ein Verstoß gegen das Benachteiligungsverbot durch Dritte zu sehen ist, für den der Arbeitgeber gegebenenfalls haftet. Die unzulässige Benachteiligung kann im Rahmen einer Bewerbung in vielerlei Form erfolgen. In der Regel erfolgt eine Benachteiligung in der Form, dass aufgrund eines der Merkmale nach § 1 AGG kein Arbeitsvertrag angeboten wird. Daneben zeigt sich in der Praxis, dass eine Benachteiligung auch dadurch erfolgen kann, dass eine andere Stelle als die gewünschte angeboten wird.[904] Im Umkehrschluss liegt dann grundsätzlich keine Benachteiligung vor, wenn dem Bewerber ungeachtet der in § 1 AGG genannten Gründe ein Arbeitsvertrag für die Stelle, für die er sich beworben hat, zu den gängigen, unveränderten Bedingungen angeboten wird. Die Rechtsprechung hatte jedoch auch die Fallkonstellationen zu klären, in denen aufgrund eines Merkmales keine Besetzung einer Stelle erfolgte, nicht ungeeignete Bewerber wegen eines in § 1 AGG genannten Merkmals aber nicht zu einem Gespräch eingeladen wurden.[905] Zudem wird teilweise die unter Verstoß gegen das Benachteiligungsverbot erfolgte Stellenausschreibung durch einen Dritten für die Begründung einer Haftung des Arbeitgebers herangezogen.[906]

Die Frage, welche Handlung genau die unzulässige Benachteiligung ist, ist daher von wesentlicher Bedeutung und grundlegend für die Beurteilung der Haftung des Arbeitgebers. Nur wenn genau feststeht, welche der vielen Abläufe innerhalb eines Bewerbungsverfahrens eine unzulässige Benachteiligung ist, lässt sich auch differenziert beurteilen, ob der Arbeitgeber für die benachteiligende Handlung des sonstigen Dritten haftet.

1. Begriff der Benachteiligung

Nach § 3 I 1 AGG liegt eine unmittelbare Benachteiligung vor, wenn eine Person wegen eines in § 1 AGG genannten Grundes eine weniger günstige Behandlung erfährt, als eine andere Person in einer vergleichbaren Situation erfährt, erfahren hat oder erfahren würde. Als mittelbare Benachteiligung gilt nach § 3 II AGG, wenn die weniger günstige Behandlung in Anwendung einer dem Anschein nach neutralen

---

904 BAG v. 18.03.2010 – 8 AZR 1044/08, NZA 2010, 1129.

905 BAG v. 23.08.2012 – 8 AZR 285/11, NZA 2013, 37 (38).

906 So unter anderem *Meinel/Heyn/Herms*, AGG, § 11 Rn. 7 ff.; *Seel*, MDR 2006, 1321 (1324); *Simon/Greßlin*, BB 2007, 1782 (1788); *Hanau*, ZIP 2006, 2189 (2200 f.); *Bauer/Krieger*, AGG, § 11 Rn. 7; Däubler/Bertzbach – *Buschmann*, AGG, § 11 Rn. 7; ErfK – *Schlachter*, § 11 AGG Rn. 1; Palandt – *Weidenkaff*, BGB, § 11 AGG Rn. 2.

Vorschrift, Kriterien oder Verfahren erfolgt. Demnach liegt eine Benachteiligung dann vor, wenn eine Person im Stellenbesetzungsverfahren wegen eines in § 1 AGG genannten Grundes weniger günstig behandelt, als andere Bewerber.[907]

2. *Auswahlentscheidung*

Als wesentliche benachteiligende Handlung im Bewerbungsverfahren könnte die Auswahlentscheidung in Betracht kommen.

Einen Ansatz für eine Benachteiligung durch eine ungünstigere Behandlung bei der Bewerberauswahl bietet § 15 II 2 AGG. Danach ist die Entschädigungssumme bei Nichteinstellung auf drei Monatsgehälter begrenzt, außer der Betroffene wäre bei benachteiligungsfreier Auswahl eingestellt worden. Nach dem Wortlaut des § 15 II 2 AGG ist die Benachteiligung die negative Auswahlentscheidung. Eine entsprechende Regelung würde bei anderer Interpretation keinen Sinn ergeben. Eine ungünstigere Behandlung in einer vergleichbaren Situation erfolgt, wenn eine Person, die an sich für die Tätigkeit geeignet wäre, wegen eines in § 1 AGG genannten Merkmals nicht ausgewählt oder schon nicht in Betracht gezogen wurde.[908] Die negative Auswahlentscheidung stellt daher eine ungünstigere Behandlung und somit eine Benachteiligung dar. Im Umkehrschluss aus § 15 II 2 AGG gilt dies nicht nur für den Bestbewerber. Ob der Bewerber ohne ein in § 1 AGG genanntes Merkmal eingestellt worden wäre, ist nicht relevant.[909] Bei mehrstufigen Bewerbungsverfahren konkretisiert sich die Benachteiligung durch die Versagung des Zugangs zum nächsten Auswahlgang.[910] Die Annahme einer Benachteiligung gilt jedoch dann als widerlegt, wenn andere Träger desselben Merkmals im weiteren Verfahren noch berücksichtigt werden und die nächste Auswahlstufe erreichten. Dies spricht letztlich dafür, dass die Entscheidung gegen den Bewerber nicht auf dem Merkmal, sondern seiner Eignung für die Stelle beruht.[911]

Eine Benachteiligung im Sinne des § 3 AGG liegt bereits auch schon dann vor, wenn der Bewerber zunächst nicht mehr für die Stelle berücksichtigt wird und später zur Beseitigung der Diskriminierung doch eingestellt wird.[912] Ähnlich beseitigt die Aufforderung, sich erneut zu bewerben und zu einem Vorstellungsgespräch zu erscheinen nach dem ein auf Grund eines in § 1 AGG genannten Merkmals

907 BAG v. 18.03.2010 – 8 AZR 1044/08, NZA 2010, 1129 (1131); BAG v. 18.3.2010 – 8 AZR 77/09, NZA 2010, 872 (873).

908 Exemplarisch BAG v. 18.03.2010 – 8 AZR 1044/08, NZA 2010, 1129 (1131) m.w.N.; BAG v. 17.08.2010 – 9 AZR 839/08, NZA 2011, 153 (155).

909 Exemplarisch BAG v. 18.03.2010 – 8 AZR 1044/08, NZA 2010, 1129 (1131) m.w.N.

910 LAG Köln v. 13.12.2010 – 2 Sa 924/10, NZA-RR 2011, 175 f.

911 LAG Köln v. 13.12.2010 – 2 Sa 924/10, NZA-RR 2011, 175 f.

912 BAG v. 18.03.2010 – 8 AZR 1044/08, NZA 2010, 1129.

abgelehnter Bewerber gegen den Arbeitgeber einen Schadensersatzanspruch geltend gemacht hat, nicht die zuvor erfolgte unzulässige Benachteiligung.[913]

Erfolgt die Bewerbung eines Merkmalsträgers erst nach Besetzung der ausgeschriebenen Stelle, liegt in der Regel keine Benachteiligung vor.[914] Sobald eine Stelle besetzt ist, werden alle Bewerber, deren Bewerbung nach der Stellenbesetzung eingegangen ist, gleichbehandelt. Es erfolgt eine Ablehnung der Bewerbung, weil die Stelle bereits besetzt ist und nicht wegen eines der in § 1 AGG genannten Merkmale. Somit werden Merkmalsträger nicht weniger günstiger behandelt, als andere Personen in vergleichbaren Situationen. Dies gilt jedoch nicht uneingeschränkt. Das BAG nimmt im Zusammenhang mit dem besonderen Schutz vor Benachteiligungen wegen einer Behinderung auch bei einer Stellenbesetzung vor Eingang einer nicht mehr berücksichtigten Bewerbung eine Benachteiligung an.[915] Eine Benachteiligung nach § 3 I AGG liegt trotz vorheriger Stellenbesetzung vor, wenn die Stelle vor Ablauf der vom Arbeitgeber selbst gesetzten Bewerbungsfrist erfolgt und dadurch die spätere Bewerbung eines Merkmalsträgers nicht in die Auswahlentscheidung einbezogen wurde.[916] Gemäß § 82 S. 2, 3 SGB IX müssen öffentliche Arbeitgeber schwerbehinderte Bewerber zu einem Vorstellungsgespräch einladen, außer diese sind offensichtlich nicht geeignet für die ausgeschriebene Stelle. Die Benachteiligung ist die unzulässige Versagung einer Chance auf Erfolg im Bewerbungsverfahren.[917] Entsprechend dieser Kriterien liegt nach dem BAG eine unzulässige Benachteiligung im Rahmen einer Auswahlentscheidung vor, wenn der Bewerber wegen eines der in § 1 AGG genannten Merkmale nicht in die Auswahl einbezogen wird, sondern vorzeitig aus dem weiteren Auswahlverfahren ausscheidet.[918]

Eine Ausnahme von einer Benachteiligung durch die negative Auswahlentscheidung könnte dann bestehen, wenn der Arbeitgeber von einer Einstellung vollständig absieht und eine ausgeschriebene Stelle unbesetzt bleibt.[919] Dies könnte man auf den ersten Blick annehmen, weil kein Bewerber eingestellt wurde und somit im Ergebnis niemand ungünstiger behandelt wurde. Dagegen spricht jedoch, dass nach § 3 I 1

---

913 LAG Hamm v. 19.05.2011 – Ta 519/10, NZA-RR 399 (401); a.A. LAG Hessen v. 19.12.2011 – 16 Sa 965/11, juris, Rn. 25, LAG HH v. 19.11.2008 – 3 Ta 19/08, juris, Rn. 15 wonach es in einem solchen Fall an der subjektivem Ernsthaftigkeit fehle.

914 BAG v. 19.08.2010 – 8 AZR 370/09, NZA 2011, 200 (201); LAG Köln v. 01.10.2010 – 4 Sa 796/10, NZA-RR 2011, 176 (177); *Bissel* jurisPR-ArbR 32/2009, Anmerkung 4; kritisch aber hierzu BAG v. 17.08.2010 – 9 AZR 839/08, NZA 2011, 153 (156 f.).

915 So im Zusammenhang mit der Bewerbung eines Schwerbehinderten BAG v. 17.08.2010 – 9 AZR 839/08, NZA 2011, 153 (156 f.).

916 BAG v. 17.08.2010 – 9 AZR 839/08, NZA 2011, 153 (156 f.).

917 BAG v. 17.08.2010 – 9 AZR 839/08, NZA 2011, 153 (155) m. w. N.

918 BAG v. 13.10.2011 – 8 AZR 608/10, AP Nr. 9 zu § 15 AGG. Das BAG bejahte bei der Bewerbung eines Schwerbehinderten für eine Stelle in der öffentlichen Verwaltung ebenfalls die Versagung einer Chance, weil dessen Bewerbung bereits vor dem Auswahlverfahren nicht mehr berücksichtigt wurde.

919 So LAG Berlin-Brandenburg v. 10.11.2010 – 17 Sa 1410/10, juris, Rn. 17.

AGG eine Benachteiligung auch vorliegt, wenn ein anderer in einer vergleichbaren Situation eine andere Behandlung erfahren hätte. Also ein geeigneter Bewerber mit ähnlichen Qualifikationen ohne Berücksichtigung eines der in § 1 AGG genannten Merkmale keine entsprechende Absage erhalten hätte. Die Benachteiligungshandlung ist allein die negative Entscheidung, die Bewerbung aufgrund eines in § 1 AGG genannten Merkmals nicht mehr zu berücksichtigen.[920] Daher ist mit dem BAG davon auszugehen, dass eine Benachteiligung nicht bereits deshalb ausgeschlossen ist, weil niemand eingestellt worden ist.[921]

Insgesamt bleibt festzuhalten, dass die negative Auswahlentscheidung die wesentliche Form der Benachteiligungshandlung im Bewerbungsverfahren ist.

3. Stellenausschreibung

Neben der Auswahlentscheidung könnte die Stellenausschreibung als Benachteiligungshandlung in Betracht kommen. Die Stellenausschreibung ist bei der Besetzung eines freien Arbeitsplatzes von besonderer praktischer Relevanz. Diese bietet am ehesten Anlass eine unzulässige Benachteiligung anzunehmen. Zum einen ist sie in einer wiedergabefähigen Form veröffentlicht und kann daher bei Streitigkeiten vor Gericht leicht zu Beweiszwecken genutzt werden. Zudem ist sie meist die einzige Form, die der Arbeitgeber nutzt, um das Anforderungsprofil für eine Stelle zu nennen. Daneben werden sehr viele Bewerber bereits nach der Bewerbung in der ersten Vorauswahl entsprechend des Anforderungsprofils der Stellenausschreibung aussortiert. Fraglich ist daher, welche Wirkung die Stellenausschreibung hat und ob sie bereits selbst eine Benachteiligung ist.

Ein Bewerber wird zumindest dann nicht durch eine Stellenausschreibung benachteiligt, wenn er als Merkmalsträger trotz einer anderweitig gestalteten Stellenausschreibung ohne vorherige Ablehnung eingestellt wird. In diesem Fall wird er trotz der Nennung eines Merkmals als Ausschlusskriteriums nicht anders behandelt, als andere Personen in einer vergleichbaren Lage.[922] Anders als in der Entscheidung des BAG vom 18.03.2010 erfolgte keine negative Behandlung mit anschließender Wiedergutmachung.[923] Die benachteiligende Wirkung der Stellenausschreibung kommt gegenüber dem eingestellten Beschäftigten nicht zur Entfaltung beziehungsweise entfällt rückwirkend. Diese Einschränkung ergibt sich aus dem Schutzzweck des AGG und dem Sinn und Zweck des § 15 II 2 AGG.

---

920 Ähnlich BAG v. 23.08.2012 – 8 AZR 285/11, NZA 2013, 37 (38).

921 Ebenso BAG v. 23.08.2012 – 8 AZR 285/11, NZA 2013, 37 (38); *v. Roetteken*, AGG, § 11 Rn. 45.

922 Ähnlich Wendeling-Schröder/Stein – *Stein*, AGG, § 11 Rn. 27.

923 BAG v. 18.03.2010 – 8 AZR 1044/08, NZA 2010, 1129.

a. *Stellenausschreibung als Benachteiligung*

Die Rechtsprechung des 9. Senats des BAG bietet Argumentationspotential dafür, dass die Stellenausschreibung an sich schon eine Benachteiligung ist. Eine unter Verstoß gegen § 7 I AGG erfolgte Stellenausschreibung ist eine unzulässige Ausgestaltung des Bewerbungsverfahrens. Bestimmte Bewerbergruppen werden durch die Stellenausschreibung von einer Bewerbung abgehalten, weil sie entsprechend des Inhalts der Stellenausschreibung keine reale Chance für den Erfolg einer Bewerbung sehen. Die diskriminierende Gestaltung des Bewerbungsverfahrens, durch die einem schwerbehinderten Bewerber die Chance auf Einstellung oder Beförderung genommen wird, ist eine unzulässige Benachteiligung.[924] Durch die Nennung bestimmter Kriterien, Merkmale oder Beschreibungen suggeriert der Arbeitgeber bereits einen bestimmten Auswahlmaßstab. Dies wiederum mindert erheblich die Chancen entsprechender Bewerber beziehungsweise mindert die Wahrscheinlichkeit, dass sich ein Merkmalsträger bewirbt, obwohl er objektiv geeignet ist. Orientiert an § 3 I 1 AGG genügt es für eine Benachteiligung, dass eine Person wegen eines in § 1 AGG genannten Grundes eine weniger günstige Behandlung erfahren würde. Die Stellenausschreibung allein suggeriert dies bereits.

Die Stellenausschreibung ist eine öffentliche Äußerung.[925] Die Ausschreibung einer freien Stelle ist ein wesentlicher und bedeutsamer Bestandteil des Bewerbungsverfahrens. Sie leitet es letztendlich ein. Durch die Nennung unzulässiger Kriterien in der Stellenausschreibung können potentielle Bewerber, die Träger eines genannten Merkmals sind, von der Bewerbung abgehalten werden. Angesichts der Bedeutung der Stellenausschreibung im ersten Kontakt zwischen Arbeitgeber und potentiellen Beschäftigten und Erfordernis eines effektiven Schutzes vor Benachteiligungen gerade beim Zugang zum Beruf überzeugt die Rechtsprechung des EuGH in der Rechtssache *Feryn*. Die öffentliche Äußerung, die bei der konkreten Stellenbesetzung bestimmte Personen von einer Bewerbung abhalten soll, belegt nach dem EuGH eine diskriminierende Einstellungspraxis.[926] Die fehlende Identifikation der Geschädigten steht einer Diskriminierung nicht entgegen.[927] Soweit nach dem Inhalt der Stellenausschreibung unzulässige Kriterien als Auswahlmaßstab genannt

---

924 BAG v. 17.08.2010 – 9 AZR 839/08, NZA 2011, 153 (156). Das BAG hat entschieden, dass eine unzulässige Benachteiligung wegen einer Behinderung vorliegt, wenn eine Stelle bereits vor Ende der Bewerbungsfrist vergeben wurde und schon allein dadurch die Bewerbung eines Schwerbehinderten keine Chance auf Erfolg hatte. Dies ist jedoch auf andere in § 1 AGG genannte Merkmale nicht übertragbar, denn eine gesonderte Chance für eine Bewerbung ist nach dem SGB IX nur für Schwerbehinderte vorgesehen. Hierbei handelt es sich um eine spezialgesetzliche Regelung, die für die anderen Merkmale nicht besteht und auch nicht übertragbar ist.

925 So auch ErfK – *Schlachter*, § 11 AGG Rn. 1.

926 EuGH v. 10.07.2008 – C-54/07 (*Feryn*), NZA 2008, 929 (931); EuGH v. 25.04.2013 – C-81/12 (*Asociatia ACCEPT*), EuZW 2013, 469 (471).

927 EuGH v. 10.07.2008 – C-54/07 (Feryn), NZA 2008, 929 (931).

werden, wird teilweise hergeleitet, dass die Stellenausschreibung allein schon eine unzulässige Benachteiligung sei.[928]

b. Stellenausschreibung lediglich Indiz für Benachteiligung

Die Stellenausschreibung unter Missachtung des Benachteiligungsverbotes wird in Rechtsprechung und Literatur zum Großteil lediglich als Indiz für eine Benachteiligung bei einer späteren Auswahlentscheidung und nicht als eigenständige Benachteiligung angesehen.[929]

Der Annahme einer Benachteiligung durch eine Stellenausschreibung steht entgegen, dass nach § 7 I AGG Beschäftigte nicht benachteiligt werden dürfen. Bewerber sind nach § 6 I 2 AGG Beschäftigte. Die Adressaten der Stellenausschreibung haben sich jedoch noch nicht beworben und sind daher keine Beschäftigten.[930] Anderseits verweist § 11 AGG bei der Stellenausschreibung gerade auf § 7 I AGG und erweitert das Benachteiligungsverbot auf die Anbahnung eines Beschäftigungsverhältnisses.[931] Dies spricht dafür, dass für die Annahme einer Benachteiligung in diesem Zusammenhang der Beschäftigtenstatus nicht gegeben sein muss. § 11 AGG konkretisiert jedoch nur abstrakt die Pflichten des Arbeitgebers zur Vermeidung von Benachteiligungen, ohne zugleich den Schutzbereich über den Anwendungsbereich des § 6 AGG zu erweitern.

Nach dem EuGH begründet die öffentliche Äußerung eines Arbeitgebers, er werde keine Arbeitnehmer einer bestimmten ethnischen Herkunft oder Rasse einstellen, eine unmittelbare Diskriminierung bei der Einstellung im Sinne des Art. 2 II lit. a RL 2000/ 43/EG, da solche Äußerungen bestimmte Bewerber ernsthaft davon abhalten können, ihre Bewerbungen einzureichen, und damit ihren Zugang zum Arbeitsmarkt behindern.[932] In dem Fall hatte der Direktor eines Unternehmens in einem Interview geäußert, dass sein Unternehmen keine Monteure fremder Herkunft, insbesondere aus Nordafrika einstellen könne, weil die Kunden die Monteure zum Einbau der Türen und Tore nicht ins Haus lassen würden und die Produkte wo anders erwerben würden. Er könne nichts für dieses Problem. Zugleich suchte die

---

928 So auch *v. Roetteken*, AGG, § 11 Rn. 45; ebenso zur Rechtslage vor Einführung des AGG *Slupik/Holpner*, RdA 1990, 24, (25).

929 So unter anderem BAG v. 19.08.2010 – 8 AZR 530/09, NZA 2010, 1412 (1415 f.); BAG v. 19.08.2010 – 8 AZR 370/09, NZA 2011, 200 (202); *Meinel/Heyn/Herms*, AGG, § 11 Rn. 25 f.; *Nollert-Borasio/Perreng*, AGG, § 11 Rn. 4; Wendeling-Schröder/Stein – *Stein*, AGG, § 11 Rn. 6; *Bauer/Krieger*, AGG, § 11 Rn. 8; Hey/Forst – *Lindemann*, AGG, § 11 Rn. 22. Ähnlich auch der BGH bei einer öffentlichen Äußerung bezüglich einer Nichtverlängerung eines Geschäftsführerverhältnisses; vgl. BGH v. 23.04.2012 -II ZR 163/10, NZA 2012, 797.

930 So im Ergebnis auch Schleusener/Suckow/Voigt – *Suckow*, AGG, § 11 Rn. 10; *Meinel/Heyn/Herms*, AGG, § 11 Rn. 9; Wendeling-Schröder/Stein -*Stein*, AGG, § 11 Rn. 26.

931 Däubler/Bertzbach -*Buschmann*, AGG, § 11 Rn. 1.

932 EuGH v. 10.7.2008 – C-54/07 (*Feryn*), NJW 2008, 929 (931).

Firma dringend Monteure und hatte Probleme ausreichend Personal zu finden.[933] Der EuGH ging von einer unzulässigen Einstellungspraxis aus, weil durch die öffentliche Äußerung zu vermuten war, dass unzulässige Auswahlkriterien herangezogen wurden.[934] Der Annahme einer Benachteiligung steht nicht entgegen, dass die beschwerten Personen mangels Bewerbung nicht identifizierbar sind.[935] Dass dies mangels Identifizierung der Benachteiligten zu Problemen der Rechtsfolgen des § 15 AGG führt, hat keinen Einfluss auf diese Einschätzung.[936] Nur weil es an geeigneten Sanktionsmöglichkeiten fehlt[937], schließt dies eine Benachteiligung nicht aus.

c. *Stellungnahme*

Der EuGH stellte in der Rechtssache *Asociatia ACCEPT* klar, dass die öffentliche Äußerung des Arbeitgebers im Ergebnis ein widerlegliches Indiz für einen Verstoß gegen das Diskriminierungsverbot und es dem Arbeitgeber freisteht, nachzuweisen, dass er keine diskriminierenden Kriterien bei der Personalauswahl heranzieht.[938]. Auch in Sachen Feryn äußerte sich der EuGH ähnlich.[939] Demnach ist nicht die Äußerung als solche die Benachteiligung. Sie belegt lediglich widerleglich das dahinterstehende Ziel, das Abhalten von einer Bewerbung aufgrund eines bestimmten Merkmals. Das gezielte Abhalten an sich ist abstrakt eine Benachteiligung. Die Stellenausschreibung begründet die Vermutung, dass der Auswahlprozess unter Missachtung des Benachteiligungsverbotes erfolgen soll.

Bezugnehmend auf die Stellenausschreibung bedeutet dies, dass die Stellenausschreibung als öffentliche Äußerung des Arbeitgebers ein Indiz für eine Benachteiligung durch den Arbeitgeber ist. Die Stellenausschreibung begründet die Vermutung, dass bestimmte Personen von einer Bewerbung abgehalten werden sollen und der Auswahlprozess in benachteiligender Weise erfolgt. Folglich lässt sich aus der Rechtsprechung des EuGH trotz der Ausführungen in Sachen *Feryn*

---

933 Anders das BAG, das die öffentliche Äußerung als abstrakte Benachteiligung ansieht und unter Verwies auf bestehende Sanktionsschwierigkeiten eine konkrete Benachteiligung in der Auswahlentscheidung sieht. Das BAG lehnt damit indirekt eine Benachteiligung durch eine Stellenausschreibung als öffentliche Äußerung ab; vgl. BAG v. 19.08.2010 – 8 AZR 530/09, NZA 2010, 1412 (1415 f.).

934 EuGH v. 10.07.2010 – C-54/07 (*Feryn*), NZA 2008, 929 (931); ähnlich die öffentliche Äußerung als Indiz der Benachteiligung bei altersbedingter Nichtverlängerung eines Dienstvertrages annehmend OLG Köln v. 29.07.2010 – 18 U 196/09, NZA 2011, 211 (212 f.).

935 EuGH v. 10.07.2010 – C-54/07 (*Feryn*), NZA 2008, 929 (931).

936 Abstellend darauf, ob die öffentliche Äußerung eine abstrakte oder eine konkrete Benachteiligung bewirkte und nur letztere die Sanktion des § 15 II AGG auslösen kann BAG v. 19.08.2010 – 8 AZR 370/09, NZA 2011, 200 (202). Ebenso Schleusener/Suckow/Voigt – *Schleusener*, AGG, § 11 Rn. 6.

937 Hierzu vergleiche BAG v. 19.08.2010 – 8 AZR 370/09, NZA 2011, 200 (202).

938 EuGH v. 25.04.2013 – C-81/12 (Asociatia ACCEPT), EuZW 2013, 469 (471).

939 EuGH v. 10.07.2010 – C-54/07 (*Feryn*), NZA 2008, 929 (931).

nicht ableiten, dass bereits eine Stellenausschreibung unter Missachtung des Benachteiligungsverbotes eine konkrete Benachteiligung ist.

Die Stellenausschreibung ist im Ergebnis keine konkrete Benachteiligung eines Beschäftigten.[940]

4. *Fazit*

Im Rahmen eines Stellenbesetzungsverfahrens ist die negative Auswahlentscheidung aufgrund eines in § 1 AGG genannten Merkmals ein Verstoß gegen das Benachteiligungsverbot.

Durch eine Stellenausschreibung unter Verstoß gegen das Benachteiligungsverbot wird deutlich, dass potentielle Bewerber aufgrund eines Merkmals nach § 1 AGG von einer Bewerbung abgehalten werden sollen. Zudem ist das Bewerbungsverfahren unzulässig ausgestaltet. Die Stellenausschreibung selbst ist jedoch keine Benachteiligung. Diese ist in dem gezielten Abhalten von bestimmten Personen von einer Bewerbung zu sehen. Die Stellenausschreibung hat zudem Indizwirkung im Hinblick auf eine benachteiligende Einstellungspraxis. Dies hat zu Folge, dass die Stellenausschreibung als Indiz für eine benachteiligende Bewerberauswahl heranzuziehen ist, wenn sich ein Merkmalsträger trotz der benachteiligenden Stellenausschreibung nicht von einer Bewerbung hat abhalten lassen.

III. Anforderungen an den Beschäftigten im Bewerbungsverfahren

Unter dem Schlagwort „AGG-Hopping“ bekanntgeworden ist die Diskussion um Bewerber, die Bewerbungen nur unter dem Vorsatz absenden, nach einer eingeplanten Ablehnung Schadensersatz- und Entschädigungsanspruche wegen einer unzulässigen Benachteiligung geltend zu machen.[941] Dieses Phänomen gab es bereits vor der Einführung des AGG in Bezug auf Geschlechtsdiskriminierung. Die Rechtsprechung hatte hierauf reagiert und die Anforderungen an eine Bewerbung für nachfolgende Schadensersatz- und Entschädigungsansprüche konkretisiert. Schadensersatz- und Entschädigungsansprüche lehnte die Rechtsprechung dann ab, wenn die Geltendmachung etwaiger Ansprüche rechtsmissbräuchlich war. Der Anspruch nach § 611a BGB sollte nicht zur Nebenverdienstmöglichkeit missbraucht werden.[942]

Bereits vor dem Inkrafttreten des AGG stellte das BAG klar, dass bei abgelehnten Bewerbungen nur Zahlungen auf Schadensersatz und Entschädigung geltend gemacht werden können, wenn der Bewerber objektiv für die ausgeschriebene

---

940 BAG v. 19.08.2010 – 8 AZR 370/09, NZA 2011, 200 (202).

941 Ausführlich zur AGG-Hopper-Diskussion *Diller*, NZA 2007, 1321 ff.; *Diller*, BB 2006, 1968 ff.

942 So zum Beispiel LAG Hamm v. 22.11.1996 – 10 Sa 1069/96, NZA-RR 1997, 203 (206) m.w.N.

Stelle geeignet ist und sich ernsthaft beworben hat.[943] Hat sich der Bewerber nicht ernsthaft beworben, erlangt er nicht den Schutz vor einer unzulässigen Benachteiligung.[944] Fehlt es an einer ernsthaften Bewerbung, scheidet aus diesem Grund auch eine Haftung des Arbeitgebers für ein Handeln durch Dritte aus, unabhängig davon auf welche rechtliche Grundlage eine Haftung des Arbeitgebers für das Verhalten des Dritten gestützt werden kann.

Seit dem Inkrafttreten des AGG stellt die Rechtsprechung darauf ab, ob der Bewerber tatsächlich benachteiligt wurde. Eine Benachteiligung liegt nach der bisherigen Rechtsprechung nicht vor, wenn der Bewerber objektiv nicht für die ausgeschriebene Stelle geeignet ist[945] und sich nicht ernsthaft beworben hat.[946] Allein die Tatsache, dass sich ein zunächst wegen eines in § 1 AGG genannten Merkmals abgelehnter Bewerber trotz Aufforderung des Arbeitgebers nach Geltendmachung eines Schadensersatzanspruches nicht erneut bewirbt und zum Vorstellungsgespräch erscheint, ist dabei kein Indiz für eine nicht ernst gemeinte Bewerbung.[947]

Eine Haftung des Arbeitgebers entfällt demnach, wenn der Bewerber trotz Nichtberücksichtigung aufgrund eines in § 1 AGG genannten Grundes nicht benachteiligt wird. Dies kann nach der bisherigen Rechtsprechung des BAG der Fall sein, wenn der Bewerber objektiv nicht geeignet ist.[948] Maßgeblich für die objektive Eignung sind die Anforderungen, welche an die jeweilige Tätigkeit nach der im Arbeitsleben herrschenden Verkehrsanschauung gestellt werden und nicht das formelle Anforderungsprofil des jeweiligen Arbeitgebers.[949] Ist der Bewerber objektiv nicht für eine ausgeschriebene Stelle geeignet, entfällt damit nicht sein Bewerberstatus.[950] Das

---

943 BAG v. 12.11.1998 – 8 AZR 365/97, NZA 1999, 371 (373). Dem folgenden LAG Berlin v. 14.07.2004 – 15 Sa 417/04, NZA-RR 2005, 124.

944 Exemplarisch *Meinel/Heyn/Herms*, AGG, § 15 Rn. 27 m.w.N.; ähnlich *Deinert*, DB 2007, 398 (400).

945 BAG v. 17.12.2009 – 8 AZR 670/08, NZA 2010, 383 (384); LAG HH v. 29.10.2008 – 3 Sa 15/08, ArbuR 2009, 67 (68) m.w.N.; OLG Karlsruhe v.13.09.2011 – 17 U 99/10, juris, Rn. 40; Schleusener/Suckow/Voigt – *Schleusener*, AGG, § 3 Rn. 7.

946 Exemplarisch BAG v. 17.12.2009 – 8 AZR 670/08, NZA 2010, 383 (384); BAG v. 24.1.2013 – 8 AZR 429/11, NZA 2013, 498 (504); BVerwG v. 03.03.2011 – 5 C 16/10, NZA 2011, 977; OLG Karlsruhe v.13.09.2011 – 17 U 99/10, juris, Rn. 40; LAG Berlin-Brandenburg v. 31.10.2013 – 21 Sa 1380/13, juris, Rn. 49; Schleusener/Suckow/Voigt – *Schleusener*, AGG, § 3 Rn. 7.

947 Grundsätzliche Zweifel anführend LAG Hamm v. 19.05.2011 – 14 Ta 519/10, NZA-RR 2011, 399 (401); a. A. LAG Hessen v. 19.12.2011 – 16 Sa 965/11, juris, Rn. 25, wonach das Nichterscheinen zum Vorstellungsgespräch trotz Aufforderung nachdem zuvor die Bewerbung zunächst abgelehnt wurde, ein Indiz für die fehlende Ernsthaftigkeit der Bewerbung sei; ähnlich LAG Hamburg v. 19.11.2008 – 3 Ta 19/08, juris, Rn. 15.

948 BAG v. 18.03.2010 – 8 AZR 1044/08, NZA 2010, 1129 (1131).

949 BAG v. 18.03.2010 – 8 AZR 1044/08, NZA 2010, 1129 (1131) m.w.N.

950 BAG v. 18.03.2010 – 8 AZR 1044/08, NZA 2010, 1129 (1131); BAG v. 18.3.2010 – 8 AZR 77/09, NZA 2010, 872 (873).

BAG ging bisher davon aus, dass in diesem Fall jedoch keine Benachteiligung im Sinne des § 3 I AGG vorliegt. Der objektiv nicht geeignete Bewerber wurde nach der bisherigen Rechtsprechung des BAG nicht in einer vergleichbaren Situation ungünstiger behandelt als ein objektiv geeigneter Bewerber.[951] Vergleichbar im Sinne des § 3 I 1 AGG ist die Auswahlsituation nur für Arbeitnehmer, die gleichermaßen die objektive Eignung für die zu besetzende Stelle aufweisen.[952] Sinn und Zweck des AGG ist der Schutz vor unzulässigen Benachteiligungen und nicht die Sanktionierung der unredlichen Gesinnung des Arbeitgebers.[953] Daher kann ein objektiv nicht geeigneter Bewerber keinen Schadensersatz oder Entschädigung wegen einer Benachteiligung nach § 15 I, II AGG verlangen. Diese wäre mit Sinn und Zweck des AGG nicht vereinbar.[954] Demnach ist eine Haftung des Arbeitgebers ausgeschlossen, wenn der Bewerber nicht objektiv für eine ausgeschriebene Stelle geeignet ist oder sich nicht ernsthaft beworben hat.

Das BAG hegt nunmehr Zweifel, ob es an dieser Rechtsprechung festhalten kann, weil § 15 II 2 AGG auch einen Entschädigungsanspruch für Personen vorsieht, die auch bei benachteiligungsfreier Auswahl nicht eingestellt worden wären, und ein entsprechender Anspruch lediglich in der Höhe beschränkt ist.[955] Eine unmittelbare Benachteiligung im Sinne des § 3 I 1 AGG setzt eine weniger günstige Behandlung in einer vergleichbaren Situation voraus. Das Erfordernis einer „objektiven Eignung“ im Rahmen einer Vergleichsbetrachtung würde nach dem BAG zwangsläufig eine parallele Überprüfung der „objektiven Eignung“ der berücksichtigten Bewerber und Bewerberinnen nach sich ziehen.[956] Das BAG hegt nunmehr erhebliche Zweifel, dass hierfür weder das AGG noch die europarechtlichen Vorgaben eine hinreichende Grundlage bieten.[957] In seiner Entscheidung vom 22. Oktober 2015 nahm das BAG zu dieser Frage mangels Entscheidungserheblichkeit nicht abschließend Stellung.[958]

Zur Vermeidung unbilliger Folgen durch ein sogenanntes „AGG-Hopping“ beabsichtigt das BAG eine nach dem Sinn und Zweck des Schutzes vor Benachteiligungen eingeschränkte Anwendung des Begriffs des Bewerbers nach § 6 I 2 AGG. Nach dem BAG kann nur Bewerber im Sinne des § 6 I 2 AGG sein, wer sich mit dem Ziel einer Einstellung beworben hat.[959] Allein eine formale Bewerbung, um als „Bewerber“ im Sinne des AGG zu gelten und um Ansprüche nach § 15 AGG geltend machen zu können, ist nach dem BAG nicht ernstlich und daher unbeachtlich.[960]

---

951 BAG v. 18.03.2010 – 8 AZR 1044/08, NZA 2010, 1129 (1131); BAG v. 18.3.2010 – 8 AZR 77/09, NZA 2010, 872 (873).
952 BAG v. 18.03.2010 – 8 AZR 1044/08, NZA 2010, 1129 (1131).
953 BAG v. 18.03.2010 – 8 AZR 1044/08, NZA 2010, 1129 (1131).
954 BAG v. 18.03.2010 – 8 AZR 1044/08, NZA 2010, 1129 (1131).
955 BAG v. 22.10.2015 – 8 AZR 384/14, NZA 2016, 625 (627).
956 BAG v. 22.10.2015 – 8 AZR 384/14, NZA 2016, 625 (627).
957 BAG v. 22.10.2015 – 8 AZR 384/14, NZA 2016, 625 (627).
958 BAG v. 22.10.2015 – 8 AZR 384/14, NZA 2016, 625 (627).
959 BAG v. 18.06.2015 – 8 AZR 848/13 (A), NZA 2015, 1063 (1065).
960 BAG v. 18.06.2015 – 8 AZR 848/13 (A), NZA 2015, 1063 (1065).

Da die unionsrechtlichen Vorgaben den Begriff des „Bewerbers“ nicht enthalten, sondern den diskriminierungsfreien Zugang zur Beschäftigung oder zur abhängigen oder selbstständigen Erwerbstätigkeit schützen, ist die entsprechende Auslegung des Bewerberbegriffs an den europarechtlichen Vorgaben zu messen. Aus diesem Grund hat das BAG die Frage der Vereinbarkeit einer entsprechend eingeschränkten Auslegung des Bewerberbegriffs mit dem europäischen Recht dem EuGH zur Vorabentscheidung vorgelegt.[961] Sollte der EuGH die Vereinbarkeit mit dem Unionsrecht verneinen, hat das BAG zudem nachgefragt, ob eine Scheinbewerbung zum Zweck der späteren Geltendmachung von Entschädigungsansprüchen nach dem Unionsrecht als Rechtsmissbrauch bewertet werden kann.[962]

Für die Vereinbarkeit der mit den europäischen Vorgaben spricht, dass sich eine Person, die mit ihrer Bewerbung allein auf eine Entschädigungszahlung abzielt und tatsächlich keine Beschäftigung anstrebt, darauf abzielt, vom potenziellen Arbeitgeber diskriminiert zu werden. Der Schutz eines diskriminierungsfreien Zugangs zu einer Erwerbstätigkeit kann in diesem Fall nicht verwirklicht werden. Der Gedankengang des BAG ist daher überzeugend.

Das BAG wurde vom EuGH in seinem Gedankengang bestätigt. Nach dem EuGH sind Art. 3 I a RL 2000/78/EG und Art. 14 I a RL 2006/54/EG dahin auszulegen, dass eine Situation, in der eine Person mit ihrer Stellenbewerbung nicht die betreffende Stelle erhalten, sondern nur den formalen Status als Bewerber erlangen möchte, und zwar mit dem alleinigen Ziel, eine Entschädigung geltend zu machen, nicht unter den Begriff „Zugang zur Beschäftigung oder zu abhängiger Erwerbstätigkeit“ im Sinne dieser Bestimmungen fällt und, wenn die nach Unionsrecht erforderlichen Tatbestandsmerkmale vorliegen, als Rechtsmissbrauch bewertet werden kann.[963] Eine Person, die sich offensichtlich formal um eine Stelle bewirbt, die sie gar nicht erhalten will, kann sie sich nicht auf den durch die Richtlinien 2000/78/EG und 2006/54/EG gewährten Schutz berufen. Eine andere Auslegung ist nach dem EuGH unvereinbar mit dem von diesen Richtlinien verfolgten Ziel. Die genannten Richtlinien sollen gewährleisten, dass jeder „in Beschäftigung und Beruf“ bzw. „in Arbeits- und Beschäftigungsfragen“ gleichbehandelt wird, indem dem Betroffenen ein wirksamer Schutz gegen bestimmte Diskriminierungen geboten wird.[964]

Der EuGH zieht eine sich offensichtlich nur zum Zweck einer Entschädigungszahlung bewerbende Person weder als Opfer im Sinne von Art. 17 RL 2000/78/EG und Art. 25 RL 2006/54/EG noch als eine Person, der ein Schaden entstanden ist, im Sinne von Art. 18 RL 2006/54/EG an.[965]

Ungeachtet dessen darf sich nach ständiger Rechtsprechung des EuGH niemand in betrügerischer oder missbräuchlicher Weise auf die Rechtsvorschriften

961 BAG v. 18.06.2015 – 8 AZR 848/13 (A), NZA 2015, 1063.
962 BAG v. 18.06.2015 – 8 AZR 848/13 (A), NZA 2015, 1063.
963 EuGH v. 28.07.2016 – C-423/16 (*Kratzer*), NZA 2106, 1014 (1015).
964 EuGH v. 28.07.2016 – C-423/16 (*Kratzer*), NZA 2106, 1014 (1015).
965 EuGH v. 28.07.2016 – C-423/16 (*Kratzer*), NZA 2106, 1014 (1015).

der Europäischen Union berufen.[966] Dies wird jedoch gerade bezweckt, wenn sich eine Person bewirbt und benachteiligen lässt, um eine Zahlung zu erlangen.

Im Ergebnis ist der sogenannte AGG-Hopper kein Bewerber im Sinne des § 6 I 2 AGG und kann daher auch keinen Schadensersatz nach § 15 I 1 AGG und keine Entschädigung nach § 15 II 1 AGG beanspruchen.

IV. Haftung für benachteiligende Auswahlentscheidungen

1. Haftung nach § 15 AGG

Eine negative Auswahlentscheidung aufgrund eines in § 1 AGG genannten Merkmales ist eine unzulässige Benachteiligung. Wird diese Entscheidung durch einen Dritten getroffen, haftet der Arbeitgeber nach § 15 I und § 15 II AGG, wenn ihm dieses Verhalten zugerechnet werden kann. Eine Zurechnung der benachteiligenden Handlung erfolgt nach § 278 I BGB analog, wenn der handelnde Dritte Erfüllungsgehilfe des Arbeitgebers ist.[967] Erfüllungsgehilfe ist, wer nach den tatsächlichen Verhältnissen des gegebenen Falles mit dem Willen des Schuldners bei der Erfüllung der diesem obliegenden Verbindlichkeit als seine Hilfsperson tätig wird.[968] Jeder, der vom Arbeitgeber berufen ist, die Auswahlentscheidung in einem Bewerbungsverfahren zu treffen, nimmt in diesem Zusammenhang Arbeitgeberaufgaben und dessen Pflicht zur benachteiligungsfreien Auswahl der Bewerber wahr. Somit ist jeder, der eine Auswahlentscheidung treffen darf, diesbezüglich Erfüllungsgehilfe des Arbeitgebers. Folglich wird die benachteiligende Auswahlentscheidung dem Arbeitgeber nach § 278 I BGB analog zugerechnet.

Ist der Handelnde Organ des Arbeitgebers oder aufgrund eines Organisationsmangels als Organ anzusehen, wird dem Arbeitgeber die benachteiligende Auswahlentscheidung nach § 31 BGB zugerechnet.[969]

Beide Zurechnungsnormen greifen, wenn ihre Voraussetzungen vorliegen, sowohl bei einer Auswahlentscheidung durch einen sonstigen Dritten wie auch bei einer Auswahlentscheidung durch Beschäftigte. Der Arbeitgeber haftet dann nach § 15 I, II AGG.

Der Arbeitgeber benachteiligt bei einer Auswahlentscheidung durch Dritte selbst, wenn er die Vorgabe macht, dass wegen eines bestimmten Merkmals Bewerber nicht weiter zu berücksichtigen sind. In diesem Fall hat er den Handelnden zu einer Benachteiligung angewiesen. Dies ist nach § 3 V 1 AGG ebenfalls eine Benachteiligung.

---

966 EuGH v. 28.07.2016 – C-423/16 (*Kratzer*), NZA 2106, 1014 (1015).

967 Ausführlich zur Zurechnung nach § 278 BGB analog unter Kapitel III B. I. 1. c.

968 BGH v. 21.04.1954 - VI ZR 55/53, NJW 1954, 1193; BGH v. 24.11.1995 – V ZR 40/94, NJW 1996, 451; Palandt – *Grüneberg*, BGB, § 278 Rn. 7; MüKo – *Grundmann*, BGB, § 278 Rn. 20.

969 Zur Organhaftung ausführlich unter Kapitel III B. II.

2. *Haftung nach § 280 BGB*

Neben einer Haftung nach § 15 AGG kommt auch eine Haftung nach § 280 I BGB in Betracht. Eine solche Haftung kann sich aus der Verletzung der Fürsorgepflichten des § 12 I, III, IV AGG ergeben, wenn ein Dritter die Auswahlentscheidung trifft. Ein Schuldverhältnis zwischen Arbeitgeber und Bewerber im Sinne des § 280 I BGB besteht aufgrund des Bewerbungsverhältnisses. Dieses ist ein Schuldverhältnis im Sinne des § 311 II Nr. 1 oder Nr. 2 BGB.[970] Nach § 12 I AGG hat der Arbeitgeber die geeigneten und erforderlichen Maßnahmen zum Schutz seiner Beschäftigten zu ergreifen. Beschäftigte sind nach § 6 I 2 AGG auch Bewerber. Somit hat der Arbeitgeber im Rahmen des Bewerbungsverfahrens Maßnahmen zu ergreifen, damit die Bewerber nicht benachteiligt werden. Hat der Arbeitgeber seine Beschäftigten diesbezüglich geschult, ist er seiner Pflicht zur Ergreifung vorbeugender Maßnahmen gemäß § 12 II 2 AGG nachgekommen. Dies gilt auch, wenn die Auswahlentscheidung letztlich durch einen nicht beschäftigten Dritten getroffen wird.[971] Der Arbeitgeber kann jedoch auch verpflichtet sein, repressive Maßnahmen zu ergreifen, wenn die konkrete Gefahr einer benachteiligenden Auswahlentscheidung besteht. Dies ist beispielsweise anzunehmen, wenn der mit der Entscheidung beauftragte Dritte bereits während des laufenden Bewerbungsverfahrens eine benachteiligende Auswahlentscheidung getroffen hat.

Verletzt der Arbeitgeber seine Fürsorgepflichten aus § 12 AGG, haftet er wegen dieser Pflichtverletzung infolge einer benachteiligenden Auswahlentscheidung durch Dritte.

3. *Deliktische Haftung*

Neben der Haftung nach § 15 AGG und §§ 280 I, 311 II Nr. 1, 2 BGB stellt sich die Frage nach einer deliktischen Haftung des Arbeitgebers für eine benachteiligende Auswahlentscheidung durch Dritte.

In Betracht kommt eine Haftung nach § 823 I, § 823 II und § 831 I 1 BGB.[972] Verletzt der Arbeitgeber seine Pflichten nach § 12 I oder IV AGG haftet er unter Umständen nach § 823 I und § 823 II BGB. Eine Haftung nach § 823 I BGB

---

970 *Thüsing*, Arbeitsrechtlicher Diskriminierungsschutz, Rn. 505; Däubler/Bertzbach – *Däubler*, AGG, § 7 Rn. 293; im Erg. auch Schleusener/Suckow/Voigt – *Schleusener*, AGG, § 7 Rn. 81; *Bauer/Krieger*, AGG, § 7 Rn. 33; ähnlich Schiek – *Schmidt*, AGG, § 7 Rn. 6; Wendeling-Schröder/Stein – *Wendeling-Schröder*, AGG, § 7 Rn. 34.

971 Zur Erfüllung der Präventivpflichten durch Schulung der Mitarbeiter vgl. Jauernig – *Mansel*, BGB, § 12 AGG Rn. 2 in der 15. Auflage; *Mansel*, in Festschrift Canaris, S. 809 (814); *Meinel/Heyn/Herms*, AGG, § 12 Rn. 11; *Adomeit/Mohr*, AGG § 12 Rn. 15; Schleusener/Suckow/Voigt – *Suckow*, AGG, § 12 Rn. 17; *Willemsen/Schweibert*, NJW 2006, 2583 (2590); *Göpfert/Sigrist*, ZIP 2006, 1710 (1715).

972 Zur deliktischen Haftung des Arbeitgeber für Benachteiligungen durch Dritte ausführlich unter Kapitel III C.III. Die deliktische Haftung für Benachteiligungen durch andere Beschäftigte ist ausführlich unter Kapitel IV C. II. dargestellt.

kann jedoch nicht darauf gestützt werden, dass die Benachteiligung zugleich eine schwerwiegende Persönlichkeitsrechtsverletzung ist. Diese wird bereits durch die Entschädigungspflicht des Arbeitgebers nach § 15 II AGG kompensiert.[973] Somit ist der Anspruch auf Geldentschädigung nach § 823 I BGB subsidiär.

Die Verletzung der Pflichten nach § 12 AGG ist eine Verletzung eines Schutzgesetzes und begründet bei Verletzung der Fürsorgepflichten einen Anspruch aus § 823 II BGB, wenn ein Dritter infolge dessen eine benachteiligende Auswahlentscheidung trifft.

Der Arbeitgeber haftet in der Regel nach § 831 I 1 BGB, wenn der die Auswahlentscheidung treffende Dritte Verrichtungsgehilfe des Arbeitgebers ist.[974] Der Dritte muss dann weisungsabhängig tätig sein. Ist der Dritte weisungsabhängig drängt sich in diesem Zusammenhang eine Haftung des Arbeitgebers nach § 15 I, II AGG auf, wenn die Weisungsabhängigkeit soweit reicht, dass der Dritte nach den Vorgaben des Arbeitgebers nur eine benachteiligende Entscheidung treffen konnte. In diesem Fall hat der Arbeitgeber zu einer Benachteiligung angewiesen. Dies ist nach § 3 V 1 AGG selbst eine Benachteiligung.

V. Haftung für benachteiligende Stellenausschreibungen

1. Meinungsstand zur Haftung des Arbeitgebers für Stellenausschreibungen durch Personalberater

Die Benachteiligung im Bewerbungsverfahren unter anderem wegen Diskriminierung durch Anforderungsprofile in Stellenausschreibungen sowie die Einschaltung Dritter und die Auswirkung für den Arbeitgeber waren schon des Öfteren Gegenstand gerichtlicher Auseinandersetzungen.[975] In der Rechtsprechung und der Literatur wird die Haftung des Arbeitgebers bei Stellenausschreibungen durch externe Dritte zum Großteil gegebenenfalls mit unterschiedlicher Begründung bejaht oder auch in kritischer Betrachtung verneint.[976]

---

973 Zur Kompensation der Persönlichkeitsrechtsverletzung durch § 15 II AGG vgl. Däubler/Bertzbach – *Deinert*, AGG, § 15 Rn. 47; Wendeling-Schröder/Stein – *Stein*, AGG, § 15 Rn. 31; *Deinert*, AiB 2006, 741 f.; ähnlich *Nollert-Borasio/Perreng*, AGG, § 15 Rn. 19; im Ergebnis auch Rust/Falke – *Bücker*, AGG, § 15 Rn. 32.

974 Zu den Voraussetzungen der Haftung des Arbeitgebers nach § 831 I 1 BGB bei Benachteiligung durch einen anderen Beschäftigten ausführlich unter Kapitel III C. V. und zur Haftung nach § 831 I 1 BGB für sonstige Dritte siehe unter Kapitel IV C. II. 4.

975 Exemplarisch BAG v. 5.2.2004 – 8 AZR 112/03, NZA 2004, 540 (544); BVerfG v. 21.09.2006 – 1 BvR 308/03, NJW 2007, 137 (138); LAG Düsseldorf v. 14.02.2008 – 11 Sa 1939/07, AE 2009, 31; vorgehend ArbG Düsseldorf v. 18.09.2007 – 7 CA 1969/07, SAE 2008, 112 ff. mit Anmerkung *Mohr*; LAG Hamm v. 24.04.2008 – 11 Sa 95/08 AuR 2008, 360 f.

976 Der Meinungsstand ist nachfolgend ausführlich dargestellt.

a. Position des BAG

Das Bundesarbeitsgericht hat zu dieser Problematik bereits eine grundlegende Entscheidung zur Rechtslage vor Inkrafttreten des AGG getroffen.[977] Nach Inkrafttreten des AGG legte das BAG diese Rechtsprechung den nachfolgenden Entscheidungen ohne weitergehende Argumentation, sondern nur mit einem einfachen Verweis, zugrunde.[978]

Das BAG hatte am Anfang des neuen Jahrtausends zu entscheiden, ob einem männlichen Volljuristen, welcher sich auf eine anonymisierte Stellenausschreibung des Arbeitsamtes, jetzt Agentur für Arbeit, als Rechtsanwalt in einer Kanzlei bewarb und abgelehnt wurde, ein Anspruch auf Entschädigung wegen Benachteiligung aufgrund des Geschlechts gemäß § 611a BGB a. F. zustand.[979] Die Stellenanzeige wurde in dem Fall vom Arbeitsamt entworfen und ohne Nennung des Arbeitgebers auf der Plattform des Arbeitsamtes positioniert. Nach Auffassung des BAG ist ausschließlich der Arbeitgeber Adressat der Pflicht zur geschlechtsneutralen Stellenausschreibung nach § 611b BGB a. F.[980] Diese Pflicht ist nunmehr im weitere Kriterien als die Geschlechtsneutralität umfassenden § 11 AGG kodifiziert.[981] Das BAG rechnet die Verletzung der Pflicht zur diskriminierungsfreien Stellenausschreibung durch einen eingeschalteten Dritten dem Arbeitgeber zu. Um der Rechtsprechung des EuGH zu § 611a BGB[982] gerecht zu werden, soll es sich nicht um eine Zurechnung des Verschuldens des Dritten, „sondern allein um die Zurechnung von dessen Handlungsbeitrag im vorvertraglichen Vertrauensverhältnis" handeln.[983] Diese Zurechnung wird durch das BAG vorgenommen, weil den Arbeitgeber bei der Fremdausschreibung eine Sorgfaltspflicht treffen soll, die Ausschreibung in Bezug auf die Ordnungsmäßigkeit zu überwachen.[984] Das BAG lässt aber die Frage offen, ob die Haftung auf dem eigenen pflichtwidrigen Handeln des Arbeitgebers oder aufgrund einer Zurechnung fremden Handelns beruht.[985] Insbesondere nennt das BAG keine Norm, durch welche die Zurechnung erfolgen soll.[986] So soll der Arbeitgeber

---

977 Grundlegende Entscheidung des BAG v. 05.02.2004 – 8 AZR 112/03, NZA 2004, 540 (544).

978 Exemplarisch BAG v. 17.12.2009 – 8 AZR 670/08, NZA 2010, 383 (385); BAG v. 18.03.2010 – 8 AZR 1044/08, NZA 1129 (1131).

979 BAG v. 05.02.2004 – 8 AZR 112/03, NZA 2004, 540

980 BAG v. 05.02.2004 – 8 AZR 112/03, NZA 2004, 540 (544).

981 Däubler/Bertzbach – *Buschmann*, AGG, § 11 Rn. 2; Wendeling-Schröder/Stein – *Stein*, AGG, § 11 Rn. 2; MüKo – *Thüsing*, BGB, § 11 AGG Rn. 1; *Schütt/Wolf*, AGG, § 11 S. 53f.; ErfK – *Schlachter*, § 11 AGG Rn. 1.

982 EuGH v. 22.04.1997 – C-180/95 (*Draempaehl*), NZA 1997, 645 ff.

983 BAG v. 05.02.2005 – 8 AZR 112/03, NZA 2004, 540 (544).

984 BAG v. 05.02.2005 – 8 AZR 112/03, NZA 2004, 540 (544).

985 Auch in späteren Entscheidung wird dies nicht weiter präzisiert, sondern auf die Grundsatzentscheidung vom 05.02.2004 verwiesen; exemplarisch BAG v. 17.12.2009 – 8 AZR 670/08, NZA 2010, 383 (385).

986 *Wisskirchen*, DB 2006, 1491 (1493), *Meinel/Heyn/Herms*, AGG, § 11 Rn. 11.

für das Verhalten eines Dritten im Rahmen der Stellenausschreibung haften, weil ihm nach der Ansicht des BAG das Handeln des Dritten zugerechnet werden soll. Als Begründung führt das BAG an, dass dies erfolgt, weil der Arbeitgeber eigene Pflichten zur Überwachung des Dritten nicht beachtet hat.

Dem entgegen nahm in der Vorinstanz das LAG Hamm noch klar Stellung und rechnete in seiner Entscheidung vom 22.11.1997 das Verhalten eingeschalteter Dritter dem Arbeitgeber ausdrücklich nach § 278 BGB zu.[987]

b. Position des BVerfG

In einem vergleichbaren Fall hat 2006 auch das BVerfG zur Problematik der Fremdausschreibung und der Zurechnung dieser unter verfassungsrechtlichen Aspekten Stellung genommen.[988] Das BVerfG schließt sich der oben genannten Rechtsprechung des BAG zu § 611a BGB a.F. an. Die Entscheidung des BVerfG erging zur Rechtslage vor Einführung des AGG. Um einen effektiven Grundrechtsschutz nach Art. 3 II GG zu gewähren, müsse die Regelung des §§ 611a BGB a.F. nach Auffassung des BVerfG verfassungskonform so angewandt werden, dass zwingend dem Arbeitgeber die Fremdausschreibung zugerechnet wird.[989] Eine fehlende Zurechnung wäre nach Ansicht des BVerfG nicht mit Art. 3 II GG vereinbar, weil sich sonst der Arbeitgeber seiner Pflicht der geschlechtsneutralen Ausschreibung bzw. der Konsequenzen einer Geschlechtsdiskriminierung durch Einschaltung Dritter entziehen könne.[990] Es soll nach dem BVerfG durch Auslegung des § 611 a BGB a.F. im Lichte des Art. 3 II GG verhindert werden, dass es der Arbeitgeber in der Hand hat, durch eine entsprechende Gestaltung des Bewerbungsverfahrens die Chancen von Bewerbern wegen ihres Geschlechts so zu mindern, dass diese Benachteiligung praktisch nicht angreifbar wird.[991]

c. Instanzgerichte nach Inkrafttreten des AGG

aa. LAG Düsseldorf

In der Instanzrechtsprechung sind nach Inkrafttreten des AGG mehrfach Entscheidungen zur Schadensersatz- und Entschädigungspflicht des Arbeitgebers nach den Regelungen des § 15 AGG bei Stellenausschreibung durch einen Dritten ergangen.[992] Jedoch haben weder das LAG noch das ArbG Düsseldorf zur Zurechnung

987 LAG Hamm v. 22.11.1996 - 10 Sa 1069/96, NZA-RR 1997, 203 (205).
988 BVerfG v. 21.09.2006 – 1 BvR 308/03, NJW 2007, 137 ff.
989 BVerfG v. 21.09.2006 – 1 BvR 308/03, NJW 2007, 137 (138).
990 BVerfG v. 21.09.2006 – 1 BvR 308/03, NJW 2007, 137 (138).
991 BVerfG v. 21.09.2006 – 1 BvR 308/03, NJW 2007, 137 (138).
992 LAG Düsseldorf v. 14.02.2008 – 11 Sa 1939/07, AE 2009, 31; vorgehend ArbG Düsseldorf v. 18.09.2007 – 7 CA 1969/07, SAE 2008, 112 ff. mit Anmerkung *Mohr*; LAG Hamm v. 24.04.2008 – 11 Sa 95/08 AuR 2008, 360 f.

explizit Stellung genommen, sondern diese Frage weitestgehend offen gelassen.[993] Eine Auseinandersetzung mit dieser Frage erfolgte nicht, weil bereits die Frist zur Geltendmachung des Anspruchs nach § 15 IV AGG nicht eingehalten wurde. Beide Gerichte wiesen ausdrücklich darauf hin, dass der Anspruchsgegner für einen Anspruch nach § 15 AGG nur der Arbeitgeber sein kann.[994] Aus diesem Grund wurde ein Anspruch gegen die Muttergesellschaft, welche ihre Personalabteilung für die Personalsuche der Tochtergesellschaft zur Verfügung stellte, im vorliegenden Fall abgelehnt.[995]

bb. LAG Hamm

Das LAG Hamm hatte ebenfalls über Schadensersatz- und Entschädigungsansprüche eines Bewerbers gegen einen Arbeitgeber zu entscheiden, welcher mittels einer von der Agentur für Arbeit geschalteten Anzeige eine „Hotelfachfrau (Hotelfachmann / -frau)“ suchte. Das Gericht folgte den Grundsätzen des BAG zur Zurechnung.[996] Eine konkrete Zurechnungsnorm benennt das LAG Hamm ebenso wie das BAG im Gegensatz zu seiner Entscheidung vom 22.11.1996 nicht.[997] Das Gericht nimmt aber eine Eingrenzung der Zurechnung vor. Es verneint die Indizwirkung des § 22 AGG, wenn ein weiterer Außenstehender eine Stellenanzeige ohne Veranlassung oder wissentliche Duldung des Arbeitgebers eine unzulässige Verkürzung der bereits veröffentlichten Stellenanzeige vornimmt.[998]

cc. OLG Karlsruhe

Das OLG Karlsruhe sieht in einer nicht geschlechtsneutralen, gegen § 7 I AGG verstoßenden Stellenausschreibung ein Indiz im Sinne des § 22 AGG, das eine Benachteiligung wegen des Geschlechts vermuten lässt.[999] Im Fall des OLG Karlsruhe wurde nach dem Wortlaut ein „Geschäftsführer“ gesucht. Der typische Hinweis auf beide Geschlechter fehlte. Die Stellenanzeige wurde für den Arbeitgeber durch eine beauftragte Kanzlei erstellt und veröffentlicht. Auch das OLG Karlsruhe geht von

---

993 So ArbG Düsseldorf v. 18.09.2007 – 7 Ca 1969/07, SAE 2008, 112 (115). Das LAG Düsseldorf nahm als Berufungsgericht zu diesem Punkt nicht Stellung.

994 LAG Düsseldorf v. 14.02.2008 – 11 Sa 1939/07, AE 2009, 31; vorgehend ArbG Düsseldorf v. 18.09.2007 – 7 CA 1969/07, SAE 2008, 112.

995 LAG Düsseldorf v. 14.02.2008 – 11 Sa 1939/07, AE 2009, 31; vorgehend ArbG Düsseldorf v. 18.09.2007 – 7 CA 1969/07, SAE 2008, 112.

996 LAG Hamm v. 24.04.2008 – 11 Sa 95/08 AuR 2008, 360 f. Die Revision hat das BAG als unzulässig zurückgewiesen; vgl. BAG v. 22.10.2009 – 8 AZR 520/08, AP Nr. 67 zu § 551 ZPO.

997 Anders noch zur Haftung nach § 611a BGB, bei der es eine Zurechnung des Verhaltens eines Drittens nach § 278 BGG zurechnete; LAG Hamm v. 22.11.1996 – 10 Sa 1069/96, NZA-RR 1997, 203 (205).

998 LAG Hamm v. 24.04.2008 – 11 Sa 95/08 AuR 2008, 360 f.

999 OLG Karlsruhe v. 13.09.2011 – 17 U 99/10, NZA-RR 2011, 632 (634).

einer Zurechnung des Verhaltens des beauftragten Dritten zu Lasten des Arbeitgebers aus.[1000] Bedient sich der Arbeitgeber zur Stellenausschreibung eines Dritten und verletzt dieser die Pflicht zur geschlechtsneutralen Stellenausschreibung, so ist dem Arbeitgeber nach dem OLG Karlsruhe dieses Verhalten in aller Regel zuzurechnen.[1001] Das OLG verweist diesbezüglich auf die bereits ausführlich erläuterte Rechtsprechung des BAG und des BVerfG.[1002] Die Zurechnung und damit verbundene Haftung des Arbeitgebers begründet das OLG Karlsruhe damit, dass den Arbeitgeber im Fall der Fremdausschreibung die Sorgfaltspflicht treffe, die Rechtsmäßigkeit der Ausschreibung zu überwachen.[1003]

d. Schrifttum

Die Haftung des Arbeitgebers für das Verhalten von ihm eingeschalteter Dritter im Bewerbungsverfahren wird in der juristischen Literatur unterschiedlich dargestellt. Zumeist wird im Ergebnis der Auffassung des BAG gefolgt und eine Haftung des Arbeitgebers im Einstellungsverfahren, insbesondere für die Stellenausschreibung unter Verstoß gegen das Benachteiligungsverbot aus § 7 I AGG, wenn auch mit unterschiedlicher Begründung, bejaht.[1004] Ein Teil der Stimmen in der Literatur geht von einer Zurechnung der Stellenausschreibung als Indiz für eine Benachteiligung nach § 278 BGB aus.[1005] Nach anderer Ansicht haftet der Arbeitgeber aufgrund seiner Pflicht zur benachteiligungsfreien Stellenausschreibung aufgrund eigener Verantwortlichkeit nach § 15 AGG.[1006]

Zum Teil wird die Haftungszurechnung zu Lasten des Arbeitgebers oder deren Ausgestaltung und Nebenerscheinungen kritisch gesehen und eine dem Arbeitgeber zurechenbare Benachteiligung oder eigene Haftung des Arbeitgebers ganz oder in bestimmten Konstellationen abgelehnt.[1007] Eine solche Konstellation soll zum Beispiel nach *Diller* vorliegen, wenn der Personalberater für einen nicht genannten

---

1000 OLG Karlsruhe v. 13.09.2011 – 17 U 99/10, NZA-RR 2011, 632 (634).

1001 OLG Karlsruhe v. 13.09.2011 – 17 U 99/10, NZA-RR 2011, 632 (634).

1002 OLG Karlsruhe v. 13.09.2011 – 17 U 99/10, NZA-RR 2011, 632 (634).

1003 OLG Karlsruhe v. 13.09.2011 – 17 U 99/10, NZA-RR 2011, 632 (634).

1004 *Meinel/Heyn/Herms*, AGG, § 11 Rn. 7 ff.; *Seel*, MDR 2006, 1321 (1324); *Simon/Greßlin*, BB 2007, 1782 (1788); *Hanau*, ZIP 2006, 2189 (2200 f.); *Bauer/Krieger*, AGG, § 11 Rn. 7; Däubler/Bertzbach – *Buschmann*, AGG, § 11 Rn. 7; ErfK – *Schlachter*, § 11 AGG Rn. 1; Palandt – *Weidenkaff*, BGB, § 11 AGG Rn. 2.

1005 Wendeling-Schröder/Stein – *Stein*, AGG, § 11 Rn. 6; *Bauer/Krieger*, AGG, § 11 Rn. 7; § 15 Rn. 33; *Schwab* NZA 2007, 178 (179); *Simon/Greßlin*, BB 2007, 1782 (1788); *Hanau*, ZIP 2006, 2189 (2200 f.); *Bauschke*, AGG, § 11 Rn. 4; HWK – *Rupp*, § 11 AGG Rn. 2.

1006 *Meinel/Heyn/Herms*, AGG, § 11 Rn. 12, Schleusener/Suckow/Voigt – *Suckow*, § 11 Rn. 11; *Nollert-Borasio/Perreng* AGG § 11 Rn. 2; Schiek – *Kocher* AGG § 15 Rn. 22.

1007 *Adomeit/Mohr*, AGG, § 11 Rn. 33, § 22 Rn. 81; *Adomeit/Mohr*, NJW 2007, 2522 (2523f.); *Mohr*, SAE 2008, 106; *Adomeit/Mohr* in Festschrift Kreutz, 3 (8); *Diller* NZA 2007, 649 (650 ff.).

Arbeitgeber Personal rekrutiert und einen eigenen Entscheidungsspielraum hat oder selbständig eine Vorauswahl geeigneter Bewerber vornimmt[1008]. Nach dieser Ansicht soll in bestimmten Konstellationen nicht der Arbeitgeber nach § 15 I, II AGG zum Schadensersatz oder einer Entschädigung verpflichtet sein, sondern der Personalvermittler selbst Anspruchsgegner sein.[1009] Eine Zurechnung zu Lasten des Arbeitgebers soll nicht erfolgen.

Kritisch äußert sich auch *Thüsing* in Bezug auf die Indizwirkung im Rahmen der Beweislastumkehr ohne ausdrücklich die Zurechnung des Handelns des Personalberaters in Frage zu stellen.[1010] Einen Anspruch nach § 15 I, II AGG gestützt allein auf die diskriminierende Stellenausschreibung wird größtenteils abgelehnt.[1011]

Gegen die Zurechnung der benachteiligenden Stellenausschreibung durch die Bundesagentur für Arbeit, wie sie auch das BAG und das BVerfG in ihren Entscheidungen ausdrücklich vornehmen, wird angeführt, dass die Arbeitsagentur nicht die Pflicht des Arbeitgebers zur benachteiligungsfreien Stellenausschreibung verletzt, sondern eine eigene, normierte Pflicht verletzt, Stellen diskriminierungsfrei auszuschreiben.[1012]

2. *Europarechtliche Vorgaben*

Zunächst stellt sich die Frage, ob die europäischen Vorgaben zum Schutz vor Benachteiligungen eine Haftung des Arbeitgebers im Stellenbesetzungsverfahren vorsehen. Der gesamte Schutz des AGG vor Benachteiligungen beruht auf der Umsetzung europäischen Rechts.[1013] Weder aus dem Primärrecht der EU noch aus den Richtlinien 2000/43/EG, 2000/78/EG oder 2006/54/EG lassen sich konkrete Vorgaben zur Haftung des Arbeitgebers für Benachteiligungen durch Dritte entnehmen. In seiner Grundsatzentscheidung in der Rechtssache *Draehmpaehl* hat der EuGH die Vorgaben der genannten Richtlinien in der Weise konkretisiert, dass zwingend der Urheber einer Benachteiligung haftet, wenn der Tatbestand der Benachteiligung erfüllt ist.[1014] In der Rechtsache *Feryn* hat der EuGH zwar grundlegend festgestellt, dass jede öffentliche Äußerung, die einen anderen von einer Bewerbung abhält, eine abstrakte Benachteiligung sei, jedoch hat der EuGH nicht zur Haftung des

1008 *Diller,* NZA 2007, 649 (650 ff.).
1009 *Diller,* NZA 2007, 649 (650 ff.).
1010 *Thüsing,* Arbeitsrechtlicher Diskriminierungsschutz, Rn. 667; MüKo – *Thüsing,* BGB, § 11 AGG Rn. 9.
1011 *Thüsing,* Arbeitsrechtlicher Diskriminierungsschutz, Rn. 670; MüKo – *Thüsing,* BGB, § 11 AGG Rn. 12; *Meinel/Heyn/Herms,* AGG, § 11 Rn. 25 f.; *Nollert-Borasio/Perreng,* AGG, § 11 Rn. 4; Wendeling-Schröder/Stein – *Stein,* AGG, § 11 Rn. 6; *Bauer/Krieger,* AGG, § 11 Rn. 8; Hey/Forst – *Lindemann,* AGG, § 11 Rn. 22.
1012 *Adomeit/Mohr,* AGG, § 11 Rn. 33 f.
1013 BT-Drs. 16/1780, S. 1; vgl. auch exemplarisch *Bauer/Krieger,* AGG, Einl Rn. 1.
1014 EuGH v. 22.04.1997 – C-180/95 (*Draehmpaehl*), NJW 1997, 1839 (1840).

Arbeitgebers für Dritte weiter Stellung genommen.[1015] In diesem Fall hatte der Direktor des Unternehmens ein entsprechendes Interview gegeben.[1016] Die Frage der Zurechnung hat der EuGH dabei nicht unmittelbar diskutiert, sondern ist von einer Äußerung seitens des Arbeitgebers ausgegangen. Der EuGH präzisierte die Wirkung einer öffentlichen Äußerung im Namen des Arbeitgebers unter Bezug auf seine Rechtsprechung in Sachen *Feryn* und ging davon aus, dass sich ein Arbeitgeber eine benachteiligende, öffentliche Äußerung einer Person, die nach Außen den Anschein erweckt, der Hauptgeschäftsführer des Arbeitgebers zu sein.[1017] Die tatsächlichen Befugnisse des Handelnden oder das Recht zur Vertretung des Arbeitgebers waren für den EuGH wegen des gegebenen Anscheins nicht relevant.[1018] Für die Haftung des Arbeitgebers ist jedoch von besonderer Bedeutung, dass der EuGH in dieser Entscheidung den tatsächlich Handelnden als Urheber der Benachteiligung bezeichnete.[1019] Dies bedeutet für die Haftung des Arbeitgebers im Zusammenhang mit Stellenausschreibungen, dass erstens der Arbeitgeber bei einer öffentlichen Äußerung, wie der Stellenausschreibung, nicht der Urheber der Benachteiligung ist. Zugleich muss er die benachteiligende öffentliche Äußerung gegen sich gelten lassen, wenn sie ihm zugerechnet werden kann. Dabei genügt nach der Rechtsprechung des EuGH der äußere Schein, wenn der Handelnde als Organ des Arbeitgebers auftritt.

3. Haftung nach § 15 AGG

a. Haftungsvoraussetzungen

§ 15 AGG ist die zentrale Haftungsnorm für Benachteiligungen durch den Arbeitgeber.[1020] Es stellt sich daher die Frage, ob der Arbeitgeber nach § 15 AGG allein bei einer benachteiligenden Stellenausschreibung haftet. Wie bereits ausgeführt, ist die Stellenausschreibung selbst keine Benachteiligung. Sie begründet jedoch die widerlegbare Vermutung, dass Personen wegen eines in § 1 AGG genannten Merkmals von einer Bewerbung abgehalten werden sollen. Dieses Abhalten von einer Bewerbung ist abstrakt eine Benachteiligung. Ungeachtet der Zurechnung der Benachteiligungshandlung ist fraglich, ob die allein durch die Stellenausschreibung benachteiligten Personen nach § 15 I, II AGG anspruchsberechtigt sind.

Nach dem eindeutigen Wortlaut des § 15 II 1 AGG ist nur ein Beschäftigter Anspruchsberechtigter des Entschädigungsanspruchs.[1021] Für den Schadensersatzanspruch sieht der Wortlaut des § 15 I 1 AGG eine entsprechende Konkretisierung der Aktivlegitimation nicht vor. Die Haftung des § 15 AGG ist im AGG im

---

1015 EuGH v. 10.07.2008 – C-54/07 (*Feryn*), NZA 2008, 929 (931).
1016 EuGH v. 10.07.2008 – C-54/07 (*Feryn*), NZA 2008, 929 (929 f.).
1017 EuGH v. 25.04.2013 – C-81/12 (*Asociatia ACCEPT*), EuZW 2013, 649 (471).
1018 EuGH v. 25.04.2013 – C-81/12 (*Asociatia ACCEPT*), EuZW 2013, 649 (471 f.).
1019 EuGH v. 25.04.2013 – C-81/12 (*Asociatia ACCEPT*), EuZW 2013, 649 (471).
1020 Exemplarisch Däubler/Bertzbach – *Deinert*, AGG, § 15 Rn. 1; *Bauer/Krieger*, AGG, § 15 Rn. 1.
1021 Ebenso BAG v. 19.08.2010 – 8 AZR 370/09, NZA 2011, 200 (202).

Unterabschnitt „Rechte der Beschäftigten" geregelt. Die Konkretisierung ergibt sich damit aus der systematischen Stellung im Gesetz.[1022] Daher sind nur Beschäftigte für den Anspruch auf Schadensersatz nach § 15 I 1 AGG aktivlegitimiert.[1023] Bewerber und damit Beschäftigter des Arbeitgebers kann nur der sein, der eine Bewerbung gegenüber dem Arbeitgeber abgegeben hat.[1024] Im Zeitpunkt der Veröffentlichung sind die Adressaten und potentiellen Bewerber jedoch noch keine Bewerber oder Arbeitnehmer des Arbeitgebers und sind somit noch keine Beschäftigten im Sinne des § 6 I AGG.[1025] Eine Auslegung des Bewerberbegriffs über dieses Verständnis hinaus, wäre zu weitgehend. Insbesondere ein Abstellen auf den Willen des Adressaten der Stellenausschreibung oder die Einbeziehung aller potenziellen Bewerber ist abzulehnen. So setzt die Rechtsprechung für die Einbeziehung in den Schutzbereich des AGG nicht nur eine Bewerbung an sich voraus, sondern eine subjektiv ernsthafte Bewerbung.[1026] Nicht erforderlich ist die objektive Eignung des Bewerbers.[1027] Gemessen an diesem Maßstab kann eine Person ohne Abgabe einer subjektiv ernsthaften Bewerbung kein Bewerber nach § 6 I 2 AGG und damit kein Beschäftigter sein.[1028] Die fehlende Beschäftigteneigenschaft der Adressaten der Stellenausschreibung steht auch einem Anspruch § 15 I, II AGG entgegen.

Bezüglich des Schadensersatzanspruchs ist zudem nicht erkennbar, welchen materiellen Schaden eine benachteiligende Stellenausschreibung allein verursacht haben soll. Es ist kein materieller Schaden ersichtlich, der durch den Verstoß gegen § 11 AGG entstehen könnte.[1029] Allein ein Verstoß gegen § 11 AGG begründet somit keinen Anspruch auf Schadensersatz nach § 15 I 1 AGG.

Es stellt sich die Frage, ob dieses Ergebnis europarechtskonform ist. Nach den Vorgaben der Richtlinien muss die Sanktion nicht zwingend einen zivilrechtlichen Anspruch des Benachteiligten vorsehen. Insbesondere gilt dies, wenn die Benachteiligten nicht identifizierbar sind. Bei identifizierbaren betroffenen Personen wird

---

1022 So auch Schiek – *Kocher*, AGG, § 15 Rn. 8.

1023 Exemplarisch Däubler/Bertzbach – *Deinert*, AGG, § 15 Rn. 44, 86; HK-ArbR – *Berg*, § 15 AGG Rn. 4.

1024 BAG v. 19.08.2010 – 8 AZR 370/09, NZA 2011, 200 (201); Schleusener/Suckow/Voigt – *Schleusener*, § 6 Rn. 15.

1025 Ebenfalls auf den Zeitpunkt der Benachteiligung abstellend BAG v. 19.08.2010 – 8 AZR 370/09, NZA 2011, 200 (202).

1026 BAG v. 17.12.2009 – 8 AZR 670/08, NZA 2010, 383 (384); BAG v. 19.08.2010 – 8 AZR 466/09, NZA 2011, 203 (204). In der Literatur wird eine ernsthafte Bewerbung ebenfalls gefordert; exemplarisch *Bauer/Krieger*, AGG, § 6 Rn. 11 ff. m.w.N.; ErfK – *Schlachter*, § 15 AGG Rn. 12.

1027 BAG v. 19.08.2010 – 8 AZR 466/09, NZA 2011, 203 (205); BAG v. 18.03.2010 – 8 AZR 1044/08, NZA 2010, 1129.

1028 So im Ergebnis auch BAG v. 19.08.2010 – 8 AZR 370/09, NZA 2011, 200 (201); Schleusener/Suckow/Voigt – *Schleusener*, § 6 Rn. 15.

1029 MüKo – *Thüsing*, BGB, § 11 AGG Rn. 12; Palandt – *Weidenkaff*, BGB, § 11 AGG Rn. 3; LAG Düsseldorf v. 01.02.2002 – 9 Sa 1451/01, NZA-RR 2002, 345 (346) zu § 611b BGB.

dagegen ein effektiver Schutz durch die Regelung der Beweislastumkehr, wie sie die Richtlinien vorsehen, gewährleistet.[1030] Zudem ist im Zusammenhang mit der Stellenausschreibung eines sonstigen Dritten zu beachten, dass der Arbeitgeber nicht selbst gehandelt hat. Der Arbeitgeber ist im Fall einer benachteiligenden öffentlichen Äußerung nicht der Urheber der Benachteiligung.[1031] Die europäischen Vorgaben erfordern lediglich eine verschuldensunabhängige Haftung des Urhebers.[1032] Dem Benachteiligten steht wegen einer Benachteiligung, die stets zugleich eine schwerwiegende Persönlichkeitsrechtsverletzung ist, grundsätzlich ein Anspruch nach § 823 I BGB gegen den tatsächlich Handelnden zu. Eine Subsidiarität wegen einer Kompensation nach § 15 II AGG würde dem in diesem Zusammenhang nicht entgegenstehen. Die nach dem Europarecht erforderliche Sanktion würde nicht entfallen. Der Anspruch aus § 823 I BGB gegen den Urheber der Benachteiligung wäre in Anbetracht der europäischen Vorgaben verschuldensunabhängig. Aus diesem Grund bedarf es aus europarechtlicher Sicht keiner Erweiterung des Kreises der Anspruchsberechtigten für Ansprüche nach § 15 AGG.

Der Arbeitgeber haftet daher allein bei einer benachteiligenden Stellenausschreibung durch einen sonstigen Dritten nicht nach § 15 I, II AGG.

b. Bewerbung trotz benachteiligender Stellenausschreibung

Bewirbt sich dennoch ein Merkmalsträger, und wird der Bewerber im weiteren Auswahlverfahren wegen eines in § 1 AGG genannten Grundes benachteiligt, haftet der Arbeitgeber nach § 15 I, II AGG i.V.m. § 278 BGB analog. Für die Zurechnung der benachteiligenden Handlung zu Lasten des Arbeitgebers ist dann darauf abzustellen, wer die Auswahlentscheidung trifft. Dies muss nicht zwingend dieselbe Person sein, die die Stellenausschreibung vorgenommen hat. Die Stellenausschreibung hat dann eine entsprechende Indizwirkung für eine eigene Benachteiligung.[1033] Dabei gilt der Anschein, dass die für den Arbeitgeber auftretende Person für den Arbeitgeber handelte. Fraglich ist, auf welche Weise dem Arbeitgeber die Stellenausschreibung als Indiz für die Benachteiligung zugerechnet werden kann.

Dazu müsste der die Stellenausschreibung vornehmende Dritte Erfüllungsgehilfe des Arbeitgebers sein. Erfüllungsgehilfe ist, wer nach den tatsächlichen

---

1030 So auch BAG v. 19.08.2010 – 8 AZR 370/09, NZA 2011, 200 (202).

1031 EuGH v. 25.04.2013 – C-81/12 (*Asociatia ACCEPT*), EuZW 2013, 469 (471).

1032 EuGH v. 22.04.1997 – C-180/95 (*Draehmpaehl*), NJW 1997, 1839 (1840).

1033 So unter anderem BAG v. 19.08.2010 – 8 AZR 530/09, NZA 2010, 1412 (1415 f.); BAG v. 19.08.2010 – 8 AZR 370/09, NZA 2011, 200 (202); *Meinel/Heyn/Herms*, AGG, § 11 Rn. 25 f.; *Nollert-Borasio/Perreng*, AGG, § 11 Rn. 4; Wendeling-Schröder/Stein – *Stein*, AGG, § 11 Rn. 6; *Bauer/Krieger*, AGG, § 11 Rn. 8; Hey/Forst – *Lindemann*, AGG, § 11 Rn. 22. Ähnlich auch der BGH bei einer öffentlichen Äußerung bezüglich einer Nichtverlängerung eines Geschäftsführerverhältnisses; vgl. BGH v. 23.04.2012 -II ZR 163/10, NZA 2012, 797.

Verhältnissen des gegebenen Falles mit dem Willen des Schuldners bei der Erfüllung der diesem obliegenden Verbindlichkeit als seine Hilfsperson tätig wird.[1034]

Zum Teil wird die Eigenschaft des sonstigen Dritten als Erfüllungsgehilfe verneint.[1035] Gegen die Zurechnung der benachteiligenden Stellenausschreibung durch die Bundesagentur für Arbeit wird angeführt, dass die Arbeitsagentur nicht die Pflicht des Arbeitgebers zur benachteiligungsfreien Stellenausschreibung verletzt, sondern eine eigene, normierte Pflicht verletzt, Stellen diskriminierungsfrei auszuschreiben.[1036] Begründet wird dies damit, dass die Arbeitsagentur eine eigenständige Pflicht zur Gleichstellung von Männern und Frauen nach § 1 I 3 SGB III hat.[1037] Zudem darf die Agentur für Arbeit nach § 36 II SGB III entsprechende Einschränkungen, die der Arbeitgeber für die Vermittlung vorgibt, nur berücksichtigen, wenn diese für die Tätigkeitsausübung unerlässlich beziehungsweise nach dem AGG zulässig sind. Gegen die Stellung als Erfüllungshilfe könnte daher sprechen, dass die Arbeitsagentur, soweit sie an der Vermittlung beteiligt ist, eine eigenständige Pflicht trifft, eine Prüfung bezüglich unzulässiger Benachteiligungen im Vermittlungsverfahren durchzuführen.[1038] Gegen diese Argumentation spricht, dass jeder andere Dritte Erfüllungsgehilfe des Arbeitgebers sein kann, obwohl der sonstige Dritte selbst ebenfalls die Pflicht hat, das Benachteiligungsverbot des § 7 I AGG zu beachten. Am Beispiel des Arbeitnehmers wird dies besonders deutlich. Nach § 7 III AGG ist dies gerade eine vertragliche Nebenpflicht eines jeden Arbeitnehmers des Arbeitgebers.[1039] Diese hat also auch eine eigene Pflicht zur Beachtung des Benachteiligungsverbotes und kann zweifelsohne zugleich Erfüllungsgehilfe des Arbeitgebers sein.[1040] Folglich kann die Argumentation, die Agentur für Arbeit von einer Zurechnung nach § 278 BGB auszunehmen, nicht überzeugen.

Dennoch steht in Frage, ob eine Zurechnung der benachteiligenden Stellenausschreibung nach § 278 BGB analog möglich ist. Der Einsatz einer Person als Erfüllungsgehilfe nach § 278 BGB setzt nach der Natur der Sache ein bestehendes Schuldverhältnis voraus, aus der sich die Verbindlichkeit ergibt.[1041] Ein

---

1034 BGH v. 21.04.1954 - VI ZR 55/53, NJW 1954, 1193; BGH v. 24.11.1995 – V ZR 40/94, NJW 1996, 451; Palandt – *Grüneberg*, BGB, § 278 Rn. 7; MüKo – *Grundmann*, BGB, § 278 Rn. 20.

1035 *Diller*, NZA 2007, 649 (651), *Adomeit/Mohr*, AGG, § 11 Rn. 33 f.

1036 *Adomeit/Mohr*, AGG, § 11 Rn. 33 f.

1037 *Adomeit/Mohr*, AGG, § 11 Rn. 33 f.

1038 So *Adomeit/Mohr*, AGG, § 11 Rn. 33 f.

1039 Exemplarisch *Bauer/ Krieger*, AGG, § 7 Rn. 41; *Meinel/Heyn/Herms*, AGG, § 7 Rn. 61; ErfK – *Schlachter*, § 7 AGG Rn. 9.

1040 Zur Eigenschaft von Arbeitnehmer als Erfüllungsgehilfe des Arbeitgebers vgl. BAG v. 25.10.2007 – 8 AZR 593/06, NZA 2008, 223 (227); ähnlich zum „Mobbing" BAG v. 16.05.2007 – 8 AZR 709/06, NZA 2007, 1155 (1162); *Bauer/Krieger* AGG, § 15 Rn. 20; RGKU – *Hesse*, § 619a BGB Rn. 45 m. w. N.; *Simon/Greßlin*, BB 2007, 1782 (1783).

1041 PWW – *Schmidt-Kessel*, BGB, § 278 Rn. 8.

Schuldverhältnis kann nach § 311 II Nr. 1, 2 BGB bereits in einem vorvertraglichen Anbahnungsverhältnis bestehen.

Fraglich ist, ob im Zeitpunkt der Stellenausschreibung bereits ein Schuldverhältnis zu den benachteiligten Personen bestand. Ein Schuldverhältnis besteht zwischen dem Schuldner und seinem Gläubiger.[1042] Die Stellenausschreibung richtet sich an eine Vielzahl unbekannter Personen.[1043] So ist der Schuldner der Pflicht zur benachteiligungsfreien Stellenausschreibung mit dem Arbeitgeber identifizierbar. Die Gläubiger dieser Pflicht sind es nicht. Dies schließt eine Benachteiligung nicht aus.[1044] Mangels Gläubiger der Pflicht besteht jedoch kein Schuldverhältnis. Die Stellenausschreibung begründet noch kein vorvertragliches Anbahnungsverhältnis in der Form, dass ein Schuldverhältnis im Sinne des § 311 II Nr. 1, 3 BGB begründet wird.[1045] Die Voraussetzungen für ein entsprechendes Schuldverhältnis liegen in diesem frühen Stadium des Einstellungsverfahrens noch nicht vor. Soweit *von Roetteken* unter Verweis auf § 7 III AGG von einem Schuldverhältnis ausgeht,[1046] verkennt er, dass § 7 III AGG besagt, dass ein Verstoß gegen das Benachteiligungsverbot durch den Arbeitgeber oder einen Beschäftigten eine Pflichtverletzung ist. Daraus kann nicht der Rückschluss gezogen werden, dass jede Benachteiligung ein Schuldverhältnis begründet.[1047] Dies gilt insbesondere für Benachteiligungen durch sonstige Dritte, deren Benachteiligungen nicht von § 7 III AGG umfasst sind. § 7 III AGG hat im bestehenden Schuldverhältnis deklaratorischen Charakter.

Mit Eingang der Bewerbung wird jedoch nach § 311 II Nr. 1 BGB ein Schuldverhältnis begründet. Hat der Arbeitgeber der öffentlichen Äußerung in der Stellenausschreibung nicht widersprochen, steht diese weiterhin im Raum. Dann ist der Handelnde jedoch Erfüllungsgehilfe des Arbeitgebers und eine Zurechnung erfolgt.[1048] Der Arbeitgeber kann die Indizwirkung dann durch entsprechende Belege entkräften. Dabei kann er zum Beispiel auf die Einstellung eines Merkmalsträgers oder seine allgemeine Personalstruktur verweisen.

1042 Exemplarisch Palandt – *Grüneberg*, BGB, Einl v § 241 Rn. 3; PWW – *Schmidt-Kessel*, BGB, § 241 Rn. 8.

1043 *Meinel/Heyn/Herms*, AGG, § 11 Rn. 8.

1044 EuGH v. 10.07.2008 – C-54/07 (*Feryn*), NZA 2008, 929 (931); BAG v. 19.08.2010 – 8 AZR 370/09, NZA 2011, 200 (202).

1045 So auch Schleusener/Suckow/Voigt – *Suckow*, AGG, § 11 Rn. 10, *Adomeit/Mohr*, NJW 2007, 2522 (2523); *Meinel/Heyn/Herms*, AGG, § 11 Rn. 9; Wendeling-Schröder/Stein -*Stein*, AGG, § 11 Rn. 26. Ebenso zur Rechtslage vor Einführung des AGG *Slupik/Holpner*, RdA 1990, 24 (25).

1046 *V. Roetteken*, AGG, § 11 Rn. 6.

1047 Ähnlich Schleusener/Suckow/Voigt - *Suckow*, AGG, § 11 Rn. 10.

1048 So auch *Meinel/Heyn/Herms*, AGG, § 11 Rn. 9; *Schäfer*, S. 153 f.

Die Stellenausschreibung als Indiz wird somit nach Eingang einer Bewerbung gemäß § 278 BGB analog dem Arbeitgeber zugerechnet.[1049] Bei einer ablehnenden Entscheidung kann dies eine Haftung des Arbeitgebers nach § 15 I, II AGG begründen.

4. Haftung nach § 280 I BGB und Fürsorgepflichtverletzung

Fraglich ist, ob der Arbeitgeber wegen einer Stellenausschreibung unter Verstoß gegen das Benachteiligungsverbot nach § 280 I BGB haftet. Voraussetzung ist ein Verstoß gegen eine Pflicht aus einem Schuldverhältnis, der nicht der Verstoß gegen das Benachteiligungsverbot ist.[1050] Der Verstoß gegen das Benachteiligungsverbot durch die Stellenausschreibung scheidet daher als Pflichtverletzung aus. In Betracht könnte eine Verletzung der Pflichten aus § 11 AGG kommen. Nach § 11 AGG darf ein Arbeitsplatz nicht unter Verstoß gegen das Benachteiligungsverbot gemäß § 7 I AGG ausgeschrieben werden.[1051] Normadressat dieser Pflicht ist allein der Arbeitgeber.[1052] Dies ergibt sich aus der systematischen Stellung im Gesetz. § 11 AGG ist der erste Paragraph im Unterabschnitt 2 des AGG. Dieser Unterabschnitt regelt die Organisationspflichten des Arbeitgebers. Folglich ist es eine Organisationspflicht des Arbeitgebers, darauf zu achten, dass eine Stelle nicht in benachteiligender Weise ausgeschrieben wird. Diese Pflicht trifft den Arbeitgeber unabhängig davon, ob er selbst die Stelle ausschreibt oder ein beauftragter Dritter dies für ihn übernimmt.[1053] Folglich begründet § 11 AGG daher eine Überwachungspflicht des Arbeitgebers.[1054]

Fraglich ist jedoch, ob die Pflicht zur benachteiligungsfreien Stellenausschreibung eine Pflicht aus einem Schuldverhältnis ist. Allein die Stellenausschreibung

1049 So auch *Meinel/Heyn/Herms*, AGG, § 11 Rn. 9; Wendeling-Schröder/Stein – *Stein*, AGG, § 11 Rn. 6; *Bauer/Krieger*, AGG, § 11 Rn. 7; § 15 Rn. 33; *Schwab*, NZA 2007, 178 (179); *Simon/Greßlin*, BB 2007, 1782 (1788); *Hanau*, ZIP, 2006, 2189 (2200 f.); HWK – *Rupp*, § 11 AGG Rn. 2; *Bauschke*, AGG, § 11 Rn. 4; kritisch *Thüsing*, Arbeitsrechtlicher Diskriminierungsschutz, Rn. 671.

1050 Nach § 7 III AGG ist ein Verstoß gegen das Benachteiligungsverbot zugleich eine Verletzung der arbeitsvertraglichen Pflichten. Im Fall dieser Pflichtverletzung ist § 15 AGG lex specialis zu § 280 BGB, so dass § 280 BGB keine Anwendung findet. Ebenso BAG v. 21.06.2012 – 8 AZR 188/11, NZA 2012, 1211 (1214 f.); Däubler/Bertzbach – *Deinert*, AGG § 15 Rn. 24; a.A. *Bauer/Krieger*, AGG, § 15 Rn. 65.

1051 Dies galt bereits vor Einführung des AGG und ergab sich aus § 611a BGB a. F.; vgl. dazu BAG v. 05.02.2004 – 8 AZR 112/03, NZA 2004, 540 (544).

1052 Schiek – *Schmidt*, AGG, § 11 Rn. 4; *Bauer/Krieger*, AGG, § 11 Rn. 7. Weitergehend Schleusener/Suckow/Voigt – *Suckow*, AGG, § 11 Rn. 12 wonach „sämtliche Normgeber des Arbeitslebens, also insbesondere die Tarifvertragsparteien und die Akteure der Mitbestimmung" ebenfalls verpflichtet sein sollen. Ähnlich im Bezug auf Personalvermittler *Diller*, NZA 2007, 649 f.; ErfK – *Schlachter*, § 11 AGG Rn. 1.

1053 Schiek – *Schmidt*, AGG, § 11 Rn. 4.

1054 *Meinel/Heyn/Herms*, AGG, § 11 Rn. 12; Schleusener/Suckow/Voigt – *Suckow*, AGG, § 11 Rn. 11.

begründet noch kein Schuldverhältnis.[1055] Dieses wird erst durch die Bewerbung begründet.[1056] Die Stellenausschreibung ist der ein Schuldverhältnis begründenden Bewerbung vorgeschaltet. Somit kann die Pflicht zur benachteiligungsfreien Stellenausschreibung keine Pflicht aus einem Schuldverhältnis sein.

Folglich haftet der Arbeitgeber für eine benachteiligende Stellenausschreibung nicht nach § 280 I BGB.

5. Deliktische Haftung

a. Haftung nach § 823 I BGB

Im Zusammenhang mit einer benachteiligenden Stellenausschreibung eines Dritten stellt sich die Frage, ob der Arbeitgeber für diese Stellenausschreibung nach § 823 I BGB haftet. Dies setzt eine Rechtsgutsverletzung durch den Arbeitgeber voraus. Die Stellenausschreibung ist eine öffentliche Äußerung. Eine Einwirkung auf Körper oder Gesundheit anderer ist dadurch ausgeschlossen. Auch eine sexuelle Belästigung durch eine Stellenausschreibung ist lebensfremd. Daher steht einzig eine Verletzung des allgemeinen Persönlichkeitsrechts im Raum. Jede Benachteiligung ist zugleich ein schwerwiegender Eingriff in das Persönlichkeitsrecht.[1057] Dies gilt damit auch für die benachteiligende Stellenausschreibung.[1058] Dahin stehen kann, ob die sich aus § 11 AGG ergebende Überwachungspflicht[1059] zugleich eine Verkehrssicherungspflicht ist. Der Anspruch auf eine Geldentschädigung wegen einer Persönlichkeitsrechtsverletzung ist subsidiär.[1060] Es ist nicht erkennbar, wie die Benachteiligung infolge der Stellenausschreibung anderweitig als durch eine Geldentschädigung kompensiert werden kann. Insbesondere die vertane Chance zur Bewerbung kann nicht anderweitig kompensiert werden. Jedoch haftet neben dem Arbeitgeber auch der sonstige Dritte nach § 823 I BGB für die von ihm abgegeben öffentliche Äußerung in Form der Stellenanzeige. Der sonstige Dritte haftet

---

1055 Schleusener/Suckow/Voigt – *Suckow*, AGG, § 11 Rn. 10, *Adomeit/Mohr*, NJW 2007, 2522 (2523); *Meinel/Heyn/Herms*, AGG, § 11 Rn. 9; Wendeling-Schröder/Stein -*Stein*, AGG, § 11 Rn. 26; a.A. *v. Roetteken*, AGG, § 11 Rn. 6.

1056 Ähnlich *Meinel/Heyn/Herms*, AGG, § 11 Rn. 9; Wendeling-Schröder/Stein -*Stein*, AGG, § 11 Rn. 26.

1057 Ausführlich hierzu unter Kapitel III C. III. 2. b. *bb*.

1058 So auch *Slupik/Holpner*, RdA 1990, 24 (25).

1059 Zur Überwachungspflicht nach § 11 AGG *Meinel/Heyn/Herms*, AGG, § 11 Rn. 12; Schleusener/Suckow/Voigt – *Suckow*, AGG, § 11 Rn. 11.

1060 BGH v. 14.02.1958 – I ZR 151/56, NJW 1958, 827 (829 f.); BGH v. 01.12.1999 – I ZR 49/97, NJW 2000, 2195 (2197); BGH v. 15.11.1994 – VI ZR 56/94, NJW 1995, 861 (864); BGH v. 30.01.1996 – VI ZR 386/94, NJW 1996, 1131 (1134); BAG v. 21.06.2012 – 8 AZR 188/11, NZA 2012, 1211 (1213) m. w. N.; BAG v. 16.05.2007 – 8 AZR 709/06, NZA 2007, 1155 (1164); ebenso *Stoffels*, RdA 2009, 204 (205); Götting/Schertz/Seitz – *Müller*, Handbuch des Persönlichkeitsrechts, § 51 Rn. 24 m.w.N; Palandt – *Sprau*, BGB, § 823 Rn. 124 m.w.N.

als Urheber der Äußerung.[1061] Damit wird die Persönlichkeitsrechtsverletzung anderweitig kompensiert. Die Haftung des Arbeitgebers ist somit subsidiär. Dies gilt nur dann nicht, wenn der Handelnde ein Organ des Arbeitgebers ist. Dann wird die Stellenausschreibung nach § 31 BGB als eigene Handlung des Arbeitgebers angesehen.[1062] Dies hätte zur Folge, dass der Arbeitgeber als Urheber gilt und nach § 823 I BGB haftet.

Der sonstige Dritte ist in der Regel kein Organ des Arbeitgebers. Eine Organstellung aufgrund eines Organisationsmangels wird ebenfalls regelmäßig nicht vorliegen. Es besteht keine Pflicht des Arbeitgebers, dass er eine Stelle selbst ausschreibt. Eine solche Pflicht wird auch nicht durch § 11 AGG begründet. Daher ist trotz aller Bedeutung der Stellenausschreibung nicht von einer solch wichtigen Aufgabe des Arbeitgebers auszugehen, dass eine Berufung des Ausschreibenden zum Organ geboten ist. Der Arbeitgeber haftet daher nicht nach § 823 I BGB allein bei einem Verstoß gegen das Benachteiligungsverbot durch die Stellenausschreibung.

b. Haftung nach § 823 II BGB

Der Arbeitgeber ist im Zusammenhang mit einem Bewerbungsverfahren nach § 823 II AGG zum Schadensersatz verpflichtet, wenn er bei der Stellenausschreibung durch einen Dritten gegen ein Schutzgesetz verstößt. Es stellt sich die Frage, gegen welches Schutzgesetz der Arbeitgeber bei einer benachteiligenden Stellenausschreibung durch sonstige Dritte der Arbeitgeber verstoßen haben könnte. Ein Schutzgesetz im Sinne des § 823 II 1 BGB ist jede Rechtsnorm, die nicht nur dem Schutz der Allgemeinheit, sondern auch dem Individualschutz dient. Durch die Norm müssen zumindest auch die individuellen Interessen Einzelner gezielt geschützt werden.[1063] § 11 AGG ist aufgrund des Verweises auf § 7 AGG eine reine deklaratorische Ordnungsvorschrift.[1064] Sie dient dem Schutz der Allgemeinheit und nicht individuellen

1061 Nach dem EuGH ist der die Erklärung Abgebende der Urheber der benachteiligenden Äußerung; vgl. EuGH v. 25.04.2013 – C-81/12 (*Asociatia ACCEPT*), EuZW 2013, 469 (471).

1062 Die Organhaftung nach § 31 BGB bewirkt, dass die Handlung des Organs als eine des Arbeitgebers gilt; vgl. zur Wirkung der Organhaftung BGH v. 08.07.1986 – VI ZR 47/85, NJW 1986, 2941 f.; Palandt – *Ellenberger*, BGB, § 31 Rn. 1; PWW – *Schöpflin*, BGB, § 31 Rn. 1; Erman – *Westermann*, BGB, § 31 Rn. 1; Soergel – *Hadding*, BGB, § 31 Rn. 1.

1063 PWW – *Schaub*, BGB, § 823 Rn. 225; Palandt – *Sprau*, BGB, § 823 Rn. 57, BGH v. 11.01.2005 – VI ZR 34/04, VersR 2005, 515 f.

1064 Schleusener/Suckow/Voigt – *Suckow*, AGG, § 11 Rn. 53; Wendeling-Schröder/Stein – *Stein*, AGG, § 11 Rn. 27; Schiek – *Schmidt*, AGG, § 11 Rn. 8; *Adomeit/Mohr*, AGG, § 15 Rn. 146; *Diller*, NZA 2007, 649 (650); offen gelassen BAG v. 21.06.2012 – 188/11, NZA 2012, 1211 (1215).

Interessen.[1065] Der Schutzgesetzcharakter liegt vielmehr bei § 7 AGG. Die Regelung des § 11 AGG ist kein Schutzgesetz im Sinne des § 823 II BGB.[1066]

Der Arbeitgeber selbst hat die Stellenausschreibung nicht vorgenommen. Aus diesem Grund ist ein eigener Verstoß gegen § 7 I AGG ausgeschlossen.

Die Regelungen des § 12 AGG dienen dem Schutz von Beschäftigen und haben daher Schutzgesetzcharakter.[1067] Der Schutz vor Benachteiligungen durch eine Stellenausschreibung soll jedoch explizit durch § 11 AGG sichergestellt werden. Die Sicherstellung des Schutzes vor Benachteiligungen ist der einzige Regelungsgegenstand des § 11 AGG. Dies geht aus der systematischen Stellung im Gesetz hervor. § 11 AGG ist wie § 12 AGG unter Organisationspflichten des Arbeitgebers geregelt. Anderenfalls bestünde kein Bedarf für diese Regelung. Dadurch wird deutlich, dass diesbezügliche Schutzmaßnahmen nicht von § 12 I, III und IV AGG umfasst sind. Daneben umfasst nach dem Wortlaut § 12 IV AGG nur den Schutz von Beschäftigten. Die Adressaten einer Stellenausschreibung sind jedoch keine Beschäftigten. Ein Verstoß gegen § 12 AGG ist somit insgesamt ausgeschlossen. Der Arbeitgeber haftet daher nicht für benachteiligende Stellenausschreibungen durch Dritte nach § 823 II BGB.

c. Haftung für den Dritten als Verrichtungsgehilfen nach § 831 I 1 BGB

Eine Haftung des Arbeitgebers nach § 831 BGB für das Verhalten von Dritten im Bewerbungsverfahren kommt dann in Betracht, wenn der beauftragte Dritte Verrichtungsgehilfe ist. Verrichtungsgehilfe ist, wer von einem anderen eine Tätigkeit übertragen bekommen hat, in dessen Einflussbereich er allgemein oder im konkreten Fall steht und dem gegenüber er in gewisser Weise abhängig, insbesondere weisungsgebunden ist.[1068] Ob der mit der Personalsuche beauftragte sonstige Dritte Verrichtungsgehilfe des Arbeitgebers ist, hängt vom jeweiligen Einzelfall und dem Verhalten des Arbeitgebers ab. Insbesondere die Weisungsabhängigkeit dürfte bei externen Personalberatern in der Regel zu verneinen sein. Diese sind meist freie Dienstleister, die gerade nicht in einem weisungsabhängigen Verhältnis für den

---

1065 Exemplarisch *Adomeit/Mohr*, AGG, § 15 Rn. 146; *Diller*, NZA 2007, 649 (650).

1066 Palandt – *Weidenkaff*, BGB, § 11 AGG Rn. 3; *Diller*, NZA 2007, 649, (650); ErfK – *Schlachter*, § 3 AGG Rn. 2.

1067 *Annuß*, BB 2006, 1629 (1635); *Simon/Greßlin*, BB 2007, 1782 (1785); Schleusener/Suckow/Voigt – *Suckow*, AGG, § 12 Rn. 56; Däubler/Bertzbach – *Deinert*, AGG, § 15 Rn. 138; *Ring*, JA 2008, 1 (5); bejahend für § 12 III AGG *v. Roetteken*, AGG, § 12 Rn. 85 m.w.N.; ablehnend wohl *Bauer/Krieger*, AGG, § 12 Rn. 5, wonach ein Verletzung der Schutzpflichten des Arbeitgebers einen Schadensersatzanspruch nach § 15 AGG begründen soll.

1068 BGH v. 10.03.2009 – VI ZR 39/08, NJW 2009, 1740 (1741); BAG v. 25.05.2000 – 8 AZR 518/99, NZA 2000, 1052 (1054) m.w.N.; Palandt – *Sprau*, BGB, § 831 Rn. 5; PWW – *Schaub*, BGB, § 831 Rn. 7 m.w.N.; Staudinger – *Belling*, BGB, § 831 Rn. 101.

Arbeitgeber tätig sind.[1069] Die Agenturen für Arbeit sind ebenfalls nicht weisungsabhängig vom Arbeitgeber tätig, sondern handeln entsprechend ihren gesetzlichen Pflichten. Somit verbleibt als praktisch relevanter Anwendungsfall einer Haftung nach § 831 I 1 BGB nur das benachteiligende Handeln eines Arbeitnehmers des Arbeitgebers im Zusammenhang mit einem Bewerbungsverfahren. Der Arbeitnehmer ist Verrichtungsgehilfe des Arbeitgebers.[1070]

Soweit der Handelnde Verrichtungshilfe ist, kann sich der Arbeitgeber exkulpieren, wenn er den Dritten sorgfältig ausgewählt und überwacht hat. Dies kann unter Umständen die Vorlage des Stellenausschreibungsentwurfs erfordern.

6. Ergebnis

Im Fall einer Benachteiligung bei einer Stellenausschreibung eines sonstigen Dritten haftet der Arbeitgeber nicht nach § 15 AGG. Ansprüche aus § 280 I BGB können durch die Benachteiligten ebenfalls nicht geltend gemacht werden. In der Regel haftet der Arbeitgeber für die Stellenausschreibung durch einen sonstigen Dritten ebenfalls nicht aus Delikt. Eine Haftung des Urhebers der Benachteiligung durch die Stellenausschreibung ist jedoch nicht ausgeschlossen. Diese beruht nicht auf § 15 AGG, sondern gegebenenfalls auf § 823 I BGB.[1071]

VI. Zusammenfassung

Die Haftung des Arbeitgebers im Bewerbungsverfahren weicht grundsätzlich nicht von den Grundsätzen der Haftung des Arbeitgebers ab. Im Rahmen des Bewerbungsverfahrens ist dem Arbeitgeber das benachteiligende Verhalten anderer Beschäftigter oder von ihm hinzugezogener Dritter nach § 278 BGB analog zuzurechnen. Dies begründet eine Haftung nach § 15 I, II AGG. Eine diskriminierende Stellenausschreibung kann dazu führen, dass Interessierte von einer Bewerbung absehen. Eine Haftung des Arbeitgebers nach § 15 BGB begründet dies mangels Beschäftigtenstatus der Interessenten jedoch nicht. Die Stellenausschreibung unter Missachtung des Benachteiligungsverbotes ist jedoch ein zurechenbares Indiz für eine benachteiligende Auswahlentscheidung, die wiederum dem Arbeitgeber zugerechnet werden kann, wenn er sie nicht selbst trifft.

1069 Ähnlich mit Verweis auf eine maklerähnliche Stellung *Diller*, NZA 2007, 649 (651 f.).

1070 Exemplarisch BAG v. 16.05.2007 – 8 AZR 709/06, NZA 2007, 1154 (1165); BGH v. 30.01.1996 – VI ZR 408/94, NJW-RR 1996, 867 (868); MüKo – *Wagner*, BGB, § 831 Rn. 14; explizit zum Arbeitskollegen im Bezug auf Diskriminierungen Staudinger – *Belling*, BGB, § 831 Rn. 108.

1071 Eine Haftung des Personalberaters ebenfalls bejahend, aber auf § 15 AGG gestützt *Diller*, NZA 2007, 649 (650 f.).

B. Druckkündigung

Wird auf den Arbeitgeber in der Art Druck ausgeübt, dass sich dieser veranlasst sieht einen Arbeitnehmer zu kündigen, so stellt sich die Problematik einer unzulässigen Benachteiligung durch Dritte und der Haftung des Arbeitgebers, wenn auf den Arbeitgeber aufgrund eines der in § 1 AGG genannten Gründe in Bezug auf den Arbeitnehmer Druck auf den Arbeitgeber ausgeübt wird. Zwangsläufig stellt sich in diesem Zusammenhang die Frage, ob der Arbeitgeber für eine mögliche Benachteiligung im Zusammenhang mit der Problematik der Druckkündigung zur Verantwortung gezogen werden kann und gegenüber dem betroffenen Beschäftigten haftet.

I. Begriff der Druckkündigung

Eine Druckkündigung liegt vor, wenn Dritte unter Androhung von Nachteilen für den Arbeitgeber von diesem die Entlassung eines bestimmten Arbeitnehmers verlangen.[1072] Dabei sind zwei Fallgestaltungen zu unterscheiden. Differenziert wird zwischen der echten und der unechten Druckkündigung. Das Verlangen des Dritten kann gegenüber dem Arbeitgeber durch ein Verhalten des Arbeitnehmers oder einen in dessen Person liegenden Grund objektiv gerechtfertigt sein. Liegt ein Grund vor, der eine Kündigung rechtfertigen würde, und wird aus diesem Grund auf den Arbeitgeber Druck ausgeübt, von seinem Kündigungsrecht Gebrauch zu machen, so handelt es sich um eine unechte Druckkündigung.[1073] In diesem Falle liegt es im Ermessen des Arbeitgebers, ob er eine personen- oder verhaltensbedingte Kündigung ausspricht.[1074]

Bei einer echten Druckkündigung liegt objektiv kein sachlicher Grund vor, der eine Kündigung rechtfertigen kann. Vielmehr bildet erst der auf den Arbeitgeber ausgeübte Druck den Grund für eine Kündigung.[1075] Wird auf den Arbeitgeber durch Beschäftigte oder Dritte, wie zum Beispiel Kunden oder Subunternehmer Druck ausgeübt, dass eine weitere Zusammenarbeit nur erfolgen wird, wenn ein bestimmter Arbeitnehmer gekündigt wird, kann dies in bestimmten Ausnahmesituationen eine arbeitgeberseitige Kündigung rechtfertigen.[1076] In Betracht kommt dann eine Kündigung aus betriebsbedingten Gründen.[1077]

1072 Exemplarisch BAG v. 31.01.1996 – 2 AZR 158/95, NZA 1996, 581 (584).

1073 BAG v. 31.01.1996 – 2 AZR 158/95, NZA 1996, 581 (584). Ausführlich hierzu auch *Wolf*, S. 29 ff.

1074 BAG v. 31.01.1996 – 2 AZR 158/95, NZA 1996, 581 (584).

1075 BAG v. 31.01.1996 – 2 AZR 158/95, NZA 1996, 581 (584); ErfK – *Oetker*, § 1 KSchG Rn. 183 m.w.N.

1076 ErfK – *Oetker*, § 626 BGB Rn. 186; KR – *Fischermeier*, § 626 BGB Rn 208; kritisch *Deinert*, RdA 2007, 275 (277 f., 281 f.); KDZ – *Deinert*, § 1 KSchG Rn. 469.

1077 BAG v. 04.10.1990 – 2 AZR 201/90, NZA 1991, 468; ErfK – *Oetker*, § 1 KSchG § 182 ff.; ErfK – *Müller-Glöge*, § 626 BGB Rn. 185; KR – *Fischermeier*, § 626 BGB Rn. 204 ff.; ablehnend KDZ – *Deinert*, § 1 KSchG Rn. 469, ebenso ablehnend bei Anwendbarkeit des KSchG, *Wolf*, S. 39 ff.

Aus diesem Grund ist die grundsätzliche Zulässigkeit der echten Druckkündigung vielfach kritisiert.[1078]

II. Gegenstand der Benachteiligungshandlung

Es drängt sich auf, dass das Druckausüben durch Beschäftigte oder Dritte auf den Arbeitgeber zwangsläufig zum Verlust des Arbeitsplatzes eines Beschäftigten wegen eines in § 1 AGG genannten Merkmals führen soll, nur schwerlich mit dem Schutz vor Benachteiligung nach dem AGG vereinbar ist. Ob dies zugleich eine Haftung des Arbeitgebers begründet, ist davon abhängig, worin genau eine unzulässige Benachteiligung zu sehen ist. Erst im zweiten Schritt kann dann festgestellt werden, ob der Arbeitgeber für den Verstoß gegen das Benachteiligungsverbot die Verantwortung trägt und daher haften muss.

1. *Ausüben des Drucks durch Beschäftigte und Dritte*

Eine Benachteiligung könnte bereits das diskriminierend motivierte Ausüben des Drucks auf den Arbeitgeber sein. Eine Benachteiligung durch das Druckausüben ergibt sich nicht bereits aus § 3 V 1 AGG. Das Druckausüben ist keine Anweisung zur Benachteiligung im Sinne des § 3 V 1 AGG. Ein anderer kann nur dann zu einer Benachteiligung angewiesen werden, wenn der Anweisende gegenüber dem Angewiesenen rechtlich weisungsbefugt ist.[1079] Die Druckausübenden, andere Beschäftigte, Kunden, Lieferanten oder sonstige Dritte, sind in der Regel nicht in einer rechtlichen Stellung, den Arbeitgeber entsprechend anzuweisen. Eine rechtliche Verpflichtung des Arbeitgebers, einen Beschäftigten auf Verlangen von anderen Beschäftigten, Kunden oder sonstigen Dritten zu entlassen besteht nicht. Dies wird letztlich dadurch deutlich, dass in § 104 BetrVG eine Ausnahme zu diesem Grundsatz bestimmt ist.[1080] Die Druckausübenden weisen letztlich den Arbeitgeber nicht an, das Arbeitsverhältnis mit dem betroffenen Beschäftigten wegen eines in § 1 AGG genannten Merkmals zu kündigen.

Der betroffene Beschäftigte sieht sich wegen eines in § 1 AGG genannten Merkmals einer anderen, benachteiligenden Behandlung ausgesetzt, als ein Beschäftigter,

---

1078 Exemplarisch *Deinert*, RdA 2007, 275 (278) m.w.N.; MünchArbR – *Berkowsky*, § 118 Rn. 10 ff. m.w.N. Die echte Druckkündigung bei Anwendbarkeit des KSchG als nicht gerechtfertigt ablehnend, ausführlich *Wolf*, S. 37 ff.

1079 *Annuß*, BB 2006, 1629 (1632); *Rolfs*, NJW 2007, 1489 (1492); ErfK – *Schlachter*, § 3 AGG Rn. 23; Schleusener/Suckow/Voigt – *Schleusener*, AGG, § 3 Rn. 167; *Bauer/Krieger*, AGG, § 3 Rn. 64 m.w.N. Von einer sehr weitgefassten Weisungsmöglichkeit ausgehend und auch eine faktische Weisungsbefugnis ausreichen lassend *Deinert*, RdA 2007, 275 (280); Däubler/Bertzbach – *Deinert*, AGG, § 3 Rn. 85; ebenso *Wolf*, S. 117 f.; ebenfalls weitgehend Palandt – *Ellenberger*, BGB, § 3 AGG Rn. 7.

1080 Das Kündigungsverlangen des Betriebsrats unter Umständen als eine Benachteiligung im Sinne des § 3 I 1 AGG oder des § 3 II AGG annehmend *Schäfer*, S. 42 f.

der kein Merkmalsträger ist. Das Ausüben des Drucks auf den Arbeitgeber wegen eines in § 1 AGG genannten Merkmals, um die Kündigung eines Arbeitsverhältnisses eines Beschäftigten zu erreichen, ist eine unzulässige Benachteiligung im Sinne des § 3 I, II AGG durch den Handelnden.[1081] Das Druckausüben auf den Arbeitgeber kann daneben auch eine Belästigung im Sinne des § 3 III AGG sein. Durch den Druck auf den Arbeitgeber kann die Würde der betroffenen Person verletzt und ein von Einschüchterungen, Anfeindungen, Erniedrigungen oder Beleidigungen gekennzeichnetes Umfeld geschaffen werden.[1082]

2. Benachteiligung durch Kündigung

Neben dem Druckausüben auf den Arbeitgeber als Benachteiligung steht die Frage im Raum, ob ebenfalls ein Verstoß gegen das Benachteiligungsverbot vorliegt, wenn der Arbeitgeber dem auf ihn ausgeübten und zumindest auch diskriminierend motivierten Druck nachgibt und das Arbeitsverhältnis mit dem betroffenen Beschäftigten kündigt. Zu differenzieren ist dabei zwischen der echten und der unechten Druckkündigung.[1083]

a. Unechte Druckkündigung

Im Fall einer unechten Druckkündigung liegt tatsächlich ein die Kündigung rechtfertigender Grund vor.[1084] Wird auf den Arbeitgeber diskriminierend motivierter Druck ausgeübt[1085], von seinem Kündigungsrecht Gebrauch zu machen, stellt sich die Frage, ob die ausgesprochene Kündigung dann ebenfalls ein Verstoß gegen das Benachteiligungsverbot darstellt. Würde das Unrecht des Druckausübens auf die Kündigung durchschlagen, würde die Kündigung eine zu sanktionierende Benachteiligungshandlung des Arbeitgebers sein. Dies würde im Ergebnis bedeuten, dass dem Arbeitgeber der Ausspruch einer ohne Druck sachlich gerechtfertigten Kündigung allein wegen des rechtswidrigen Verhaltens anderer untersagt wäre. Diese ist im Ergebnis unbillig.[1086] Überzeugend ist daher die von *Deinert* und *Wolf* angeführte Differenzierung zwischen Druck und Kündigung mit dem Ergebnis, dass die Kündigung kein Verstoß gegen das Benachteiligungsverbot darstellt, im Rahmen

---

1081 Ausführlich hierzu *Deinert*, RdA, 2007, 275, (280). Ebenso ausführlich *Wolf*, S. 99 ff.

1082 Ähnlich *Deinert*, RdA, 2007, 275, (280). So auch Wolf, S. 111 ff., S. 114.

1083 BAG v. 31.01.1996 – 2 AZR 158/95, NZA 1996, 581 (584); *Deinert*, RdA 2007, 275 (279 ff.); KDZ – *Deinert*, § 1 KSchG Rn. 468 f.

1084 BAG v. 31.01.1996 – 2 AZR 158/95, NZA 1996, 581 (584); MünchAbR – *Berkowsky*, § 118 Rn. 6.

1085 Die von *Wolf*, S. 156 ff., ausführlich untersuchte Konstellation des AGG-rechtlich einge-färbten Kündigungsgrundes (der bestehende Kündigungsgrund hat bereits einen Diskriminier-ungsbezug) wird im Rahmen der hiesigen Untersuchung entsprechend der überzeugenden Argumentation von Wolf als Fall der echten Druckkündigung behandelt.

1086 *Deinert*, RdA 2007, 275 (280); ausführlich *Wolf*, S. 165 ff.

der Interessenabwägung der Kündigung aber der diskriminierend motivierte Druck nicht berücksichtigt werden darf.[1087] Daher ist die unechte Druckkündigung keine Benachteiligungshandlung, die eine Haftung des Arbeitgebers begründet.

b. Echte Druckkündigung

Im Fall einer echten Druckkündigung lässt sich ein Verstoß gegen das Benachteiligungsverbot in Form der Kündigung nicht ohne weiteres verneinen.[1088] Zu dieser Problematik wird in der Literatur teilweise angeführt, dass eine Kündigung aufgrund des Drucks wegen eines bestimmten in § 1 AGG genannten Grundes in bestimmten Fallkonstellationen zulässig sein soll und so eine Rechtfertigung im Sinne des § 8 AGG vorliege.[1089] Dies ist jedoch mit Blick auf die Komplexität der Kündigung bei diskriminierendem Druck kein tauglicher Lösungsansatz. Gegen eine entsprechende Rechtfertigung der Druckkündigung nach § 8 AGG spricht zudem, dass der benachteiligend motivierte Druck auf den Arbeitgeber keinesfalls im Zusammenhang mit wesentlichen und entscheidenden beruflichen Anforderungen steht, sondern gerade sachfremd ist.[1090] Zur Klärung der Frage nach der Benachteiligung muss sich daher an der gesetzlichen Definition der Benachteiligung orientiert werden.

Nach § 3 I 1 AGG liegt eine unmittelbare Benachteiligung vor, wenn eine Person wegen eines in § 1 AGG genannten Grundes eine weniger günstige Behandlung erfährt, als eine andere Person in einer vergleichbaren Situation erfährt, erfahren hat oder erfahren würde. Eine mittelbare Benachteiligung liegt nach § 3 II AGG vor, wenn nach dem Anschein nach neutrale Kriterien oder Verfahren Personen wegen eines in § 1 AGG genannten Grundes gegenüber anderen Personen in besonderer Weise benachteiligen können. Verschiedene Ansätze sind zur Beurteilung heranzuziehen, ob die echte Druckkündigung eine Benachteiligung in diesem Sinne ist.

aa. Benachteiligung nach dem Sinn und Zweck des Diskriminierungsschutzes

Nach dem Sinn und Zweck des Schutzes vor Benachteiligungen könnte eine Benachteiligung durch eine echte Druckkündigung erfolgen. Für die Annahme einer

---

1087 Ausführlich hierzu Deinert, RdA 2007, 275 (280 f.).

1088 Eine die Haftung des Arbeitgebers nach § 15 AGG begründende Benachteiligung annehmend HK-ArbR – *Griebeling*, § 626 BGB Rn. 103. Die Unwirksamkeit der Kündigung wegen eines Verstoßes gegen das Benachteiligungsverbot annehmend Däubler/Bertzbach – *Däubler*, AGG, § 7 Rn. 261.

1089 Dies andeutend im Bezug auf die ethnische Herkunft *Adomeit/Mohr*, AGG, § 8 Rn. 52. Im Zusammenhang mit der ethnischen Herkunft Bezug auf die Druckkündigung und den damit verbundenen Schutz des Betriebsfriedens nehmend *Thüsing*, Arbeitsrechtlicher Diskriminierungsschutz, Rn. 341, MüKo – *Thüsing*, BGB, § 8 AGG Rn. 24. Bejahend bei Druck wegen der Homosexualität eines Beschäftigten *Nicolai*, AGG, Rn, 413; kritisch ErfK – *Schlachter*, § 12 AGG Rn. 4.

1090 *V. Medem*, S. 293.

Benachteiligung durch den Arbeitgeber spricht, dass der betroffene Beschäftigte allein deshalb gekündigt wird, weil andere auf seinen Arbeitgeber in rechtswidriger und diskriminierender Weise Druck ausüben. Wäre der Betroffene kein Merkmalsträger, wäre er dieser Situation nicht ausgesetzt und der Arbeitgeber würde auch nicht die Kündigung erklären. Der EuGH machte deutlich, dass sich der Arbeitgeber bei seiner Personalpolitik nicht an den diskriminierenden Vorgaben Dritter orientieren darf.[1091] Der Arbeitgeber begründet seine benachteiligende Personalpolitik bei einer Druckkündigung ebenfalls mit dem wirtschaftlichen und gesellschaftlichen Druck Dritter. Würde man den Druck als Rechtfertigung tolerieren, so würde dies den Sinn und Zweck des Schutzes vor Diskriminierungen und die Normsetzungsziele unterlaufen. Weder würden wie in § 1 AGG bestimmt, Benachteiligungen verhindert oder beseitigt, noch würde im Sinne des Europarechts ein Rahmen zur Bekämpfung von Diskriminierungen geschaffen. Der Sinn und Zweck des normierten Verbots von Benachteiligungen kann nur ein Erziehungseffekt sein, der darauf gerichtet ist, dass in Bezug auf den Beruf nicht mehr in nach bestimmten Merkmalen differenzierenden Kategorien gedacht und gehandelt wird, außer dies ist aus arbeitsspezifischen Gründen zwingend geboten.[1092] Wäre eine Druckkündigung wegen eines in § 1 AGG genannten Merkmals kein Verstoß gegen das Benachteiligungsverbot, könnte der Erziehungseffekt unter Umständen unterlaufen werden. Die Beteiligten würden in ihrer Ansicht bestätigt, dass ein Abstellen auf bestimmte Merkmale geduldet würde. Anderseits unterscheidet sich die Druckkündigung in einem Punkt wesentlich von der benachteiligenden öffentlichen Äußerung im Fall des EuGH in der Rechtssache *Feryn*. Bei der Druckkündigung erfolgt zwar auch eine Orientierung am Willen Dritter, jedoch begründet bei der Einstellungspraxis erst das Handeln des Arbeitgebers eine Benachteiligung und wirkt sich auch erst dieses Arbeitgeberverhalten auf die Beschäftigten aus. Bei der Druckkündigung ist das benachteiligende Unrecht bereits im Druck begründet und wirkt sich in dieser Form auch unmittelbar auf den Betroffenen aus, unabhängig davon, ob der Arbeitgeber die Kündigung erklärt oder nicht.

bb. Keine Benachteiligung mangels Urheberschaft des Arbeitgebers

Gegen die Annahme einer Benachteiligung in Form der Kündigung spricht, dass das benachteiligende Unrecht nicht vom Arbeitgeber ausgeht und zwischen Druck und Kündigung zu trennen ist.[1093] Legt man die in § 3 I 1 AGG oder § 3 II AGG genannten Voraussetzungen für eine Benachteiligung zu Grunde, ist die Kündigung durch den Arbeitgeber keine unmittelbare oder mittelbare Benachteiligung. Der

1091 Dies hat der EuGH zumindest im Zusammenhang mit der Äußerung eines Direktors zur Einstellungspraxis seines Unternehmens entschieden. EuGH v. 10.07.2008 – C-54/07 (*Feryn*), NZA 2008, 929 (931).

1092 Ähnlich *Wagner/Potsch*, JZ 2006, 1085 (1088); ähnlich *Wagner*, AcP 2006, 352 (398 f.).

1093 *Deinert*, RdA 2007, 275 (280 ff.); so auch *Wolf*, S. 186 ff., S. 196 f.

Arbeitgeber kündigt das Arbeitsverhältnis nicht wegen eines in § 1 AGG genannten Grundes, sondern wegen des Drucks, der auf ihn ausgeübt wird. Dies erfolgt ungeachtet der Motivlage für den Druck. Im Vergleich zu anderen Personen in vergleichbaren Situationen erfolgt keine weniger günstige Behandlung. Der Arbeitgeber würde auch die Kündigung erklären, wenn der auf ihn ausgeübte Druck nicht diskriminierend, sondern anderweitig motiviert wäre. Dass die Kündigung an sich eine ungünstigere Behandlung ist, muss in diesem Zusammenhang außen vor bleiben, denn diese erfolgt durch den Arbeitgeber gerade ungeachtet eines in § 1 AGG genannten Grundes.[1094] Die Trennung zwischen Druck und Kündigung wird hier besonders deutlich. Auch eine mittelbare Benachteiligung liegt nach den in § 3 II AGG genannten Voraussetzungen allein nach der Definition nicht vor.

cc. Keine Zweckerreichung der Rechtsfolgenwirkung

Zudem ist mit Blick auf die Rechtsfolgen bei Annahme einer Benachteiligung die beabsichtigte Wirkung der Sanktionen zu beachten. Entscheidet sich ein Mitgliedstaat bei einem Verstoß gegen das Diskriminierungsverbot für eine Sanktion, die sich in den Rahmen einer zivilrechtlichen Haftungsregelung einfügt, setzen nach der Auslegung des EuGH die Richtlinien voraus, dass diese Sanktion zur Gewährleistung eines tatsächlichen und wirksamen Rechtsschutzes geeignet ist, eine wirklich abschreckende Wirkung gegenüber dem Arbeitgeber hat und in einem angemessenen Verhältnis zum erlittenen Schaden steht.[1095] Die Sanktion ist auf eine Prävention vor zukünftigen Benachteiligungen mittels Abschreckung und nicht auf eine Bestrafung gerichtet.[1096] Dieser Sanktionszweck wird jedoch kaum erreicht werden, wenn die Kündigung eine zu sanktionierende Benachteiligung darstellt. Die Sanktion gegenüber dem Arbeitgeber kann zwar die Kündigungsbereitschaft des Arbeitgebers in zukünftigen Fällen beeinflussen, jedoch bezweckt dies keine Prävention gegenüber dem eigentlichen diskriminierenden Unrecht, dem Druck auf den Arbeitgeber. Die Sanktion gegenüber dem Arbeitgeber wirkt nicht unmittelbar abschreckend auf die Druckausübenden und kann daher zukünftiges Unrecht nicht verhindern. Das Übel wird nicht sprichwörtlich an der Wurzel gepackt. Anders als bei der Anwendung einer diskriminierenden kollektivrechtlichen Vereinbarung entfaltet das Arbeitgeberhandeln nicht erst die benachteiligende Wirkung des benachteiligenden Handelns anderer. Der Druck selbst ist die Benachteiligung.[1097] Das Arbeitgeberhandeln in Form der Kündigung ist dafür nicht mehr ursächlich und

1094 So auch *Wolf*, S. 196 f.

1095 EuGH v. 22.04.1997 – C-180/95 (*Draehmpaehl*), NJW 1997, 1839 (1840); EuGH v. 08.11.1990 – C-179/88 (*Dekker*); NZA 1991, 171 (172); BAG v. 16.02.2012 – 8 AZR 697/10, NZA 2012, 667 (673); BAG v. 22.01.2009 – 8 AZR 906/07, NZA 2009, 945 (952).

1096 Ähnlich *Wagner*, AcP 2006, 352 (402).

1097 Ebenso *Deinert*, RdA 2007, 275 (280 ff).

kann hinweg gedacht werden, ohne das die benachteiligende Wirkung des Handelns anderen Beschäftigten oder der Dritten entfiele.

dd. Strengerer Maßstab für echte Druckkündigung bei diskriminierendem Druck

Bei der Beurteilung der Druckkündigung als Benachteiligung sind der effektive Schutz vor Benachteiligungen und insbesondere die ausdrücklich in § 12 AGG normierten Fürsorge- und Schutzpflichten des Arbeitgebers besonders zu berücksichtigen.[1098] Stellt sich der Arbeitgeber schützend vor seinen Beschäftigten und unternimmt alle zumutbaren Maßnahmen zum Schutz des Beschäftigten, kann eine Benachteiligung nicht angenommen werden, wenn der Arbeitgeber dem Druck nachgibt, weil sonst seine Existenz gefährdet ist.[1099] Der Arbeitgeber muss aufgrund seiner Pflichten nach § 12 AGG gegen den oder die Benachteiligenden vorgehen und als schärfste Maßnahmen unter Umständen die Arbeitsverhältnisse mit den benachteiligenden Beschäftigen beenden oder gegenüber Kunden die Beendigung der Zusammenarbeit als ernsthafte Option ansehen.[1100] Letztlich trägt der Arbeitgeber das wirtschaftliche Risiko benachteiligender Kundenerwartungen.[1101] Das dies unter Umständen auch eine damit verbundene Existenzgefährdung beinhaltet, wäre jedoch zu weitgehend.[1102] Dem Schutz vor Diskriminierungen wäre im Ergebnis nicht gedient, wenn der Arbeitgeber seinen Beschäftigten uneingeschränkt schützt, jedoch der Arbeitgeber am Ende dadurch nicht mehr besteht und damit auch der vergeblich geschützte Arbeitsplatz des Beschäftigten verloren geht. Nicht nur die Existenzgefährdung des Arbeitgebers bildet daher die Grenze der vom Arbeitgeber zu unternehmenden Schutzbemühungen. Auch die Gefährdung der Arbeitsplätze einer Vielzahl von anderen, unbeteiligten Beschäftigten kann ein Kriterium sein, ab wann der Arbeitgeber dem Druck nachgeben darf, ohne zugleich eine Benachteiligung zu begehen. Es ist nur schwer nachvollziehbar, dass der Arbeitgeber gezwungen sein soll, unter Umständen aufgrund eines Auftragsverlustes betriebsbedingte

---

1098 Ausführlich hierzu *Wolf*, S. 200 ff.

1099 Ähnlich HK-ArbR – *Griebeling*, § 626 BGB Rn. 101; *Thüsing*, Arbeitsrechtlicher Diskriminierungsschutz, Rn. 337, MüKo – *Thüsing*, BGB, § 8 AGG Rn. 20; *Deinert*, RdA 2007, 275 (282); *Wolf*, S. 227; a.A. *v. Medem*, S. 292 f.; wohl auch Däubler/Bertzbach – *Bros*, AGG, § 8 Rn. 4.

1100 Däubler/Bertzbach – *Buschmann*, AGG, § 12 Rn. 30; *Adomeit/Mohr*, AGG § 12 Rn. 48; *Wolf* S. 212 f.; anschaulich auch Schleusener/Suckow/Voigt – *Suckow*, AGG § 12 Rn. 35.

1101 A.A. *v. Medem*, S. 292 f.; wohl auch Däubler/Bertzbach – *Bros*, AGG, § 8 Rn. 4 m.w.N.

1102 *Thüsing*, Arbeitsrechtlicher Diskriminierungsschutz, Rn. 337, MüKo – *Thüsing*, BGB, § 8 AGG Rn. 20; *Deinert*, RdA 2007, 275 (282). Weitergehend eine Existenzgefährdung des Arbeitgebers notfalls hinnehmend um einen uneingeschränkten Diskrimienerungsschutz sicherzustellen *v. Medem*, S. 292 f.; wohl auch Däubler/Bertzbach – *Bros*, AGG, § 8 Rn. 4 m.w.N.

Kündigungen der Arbeitsverhältnisse unbeteiligter Beschäftigter auszusprechen, um den Diskriminierungsschutz eines anderen Beschäftigten weiterhin durchzusetzen.

Es ist jedoch aufgrund der Besonderheit des Antidiskriminierungsrechts eine konkrete Gefährdung zu fordern[1103] und damit ein besonders strenger Maßstab anzusetzen. Allein die Kündigung einer Vielzahl von druckausübenden Beschäftigten in einem großen Unternehmern mit mehreren tausend Mitarbeitern ist daher ebenso wenig ausreichend wie der Verlust eines großen Auftrags, wenn dadurch die nicht zwingend der Bestand des gesamten Unternehmens konkret gefährdet ist.[1104] Der effektive Diskriminierungsschutz erfordert vom Arbeitgeber in diesem Zusammenhang eine besondere „Aufopferungsbereitschaft".[1105] Ansonsten würde der Erziehungseffekt nicht hinreichend beachtet und möglicherweise der Eindruck erweckt, dass mit ein wenig Druck die Kündigung auch wegen eines in § 1 AGG genannten Grundes erreicht werden kann.

Durch die engen Grenzen für eine Druckkündigung wird im Ergebnis auch hinreichend die Rechtsprechung des EuGH beachtet, wonach die Personalpolitik gerade nicht an den benachteiligenden Motiven von anderen orientiert werden kann.[1106]

ee. Fazit

Zusammenfassend ist festzuhalten, dass auch eine echte Druckkündigung nicht zwingend eine unzulässige Benachteiligung durch den Arbeitgeber darstellt. Jedoch sind im Zusammenhang an die Zulässigkeit der Druckkündigung strenge Maßstäbe anzusetzen.[1107] Der Arbeitgeber ist verpflichtet, zunächst alle Möglichkeiten zum Schutz des betroffenen Beschäftigten auszunutzen und sich vor den Beschäftigten zu stellen. Erst bei einer konkreten Existenzgefährdung des Arbeitgebers kommt eine Druckkündigung überhaupt in Betracht. Nur dies wird dem effektiven Schutz vor Benachteiligungen gerecht.

III. Haftung des Arbeitgebers für Benachteiligung durch Druckausüben

1. Zurechnung des fremden Verhaltens nach den allgemeinen Grundsätzen

Der Arbeitgeber haftet für das Druck ausübende Verhalten seiner Beschäftigten oder von Dritten entsprechend der bereits ausführlich dargestellten Grundsätze, soweit

---

1103 *Wolf*, S. 221.

1104 *Wolf*, S. 218 m.w.N.

1105 Davon im Ergebnis ausgehenden wohl *v. Medem*, S. 292 f.; ähnlich Däubler/Bertzbach – *Bros*, AGG, § 8 Rn. 4 m.w.N.

1106 EuGH v. 10.07.2008 – C-54/07 (*Feryn*), NZA 2008 929, (931).

1107 *Wolf*, S. 231.

ihm dieses Verhalten zugerechnet werden kann, insbesondere nach § 15 I, II AGG. Eine Zurechnung des fremden Verhaltens nach § 278 BGB analog ist fraglich. Als Erfüllungsgehilfe des Arbeitgebers gegenüber dem Benachteiligten nach § 278 BGB ist anzusehen, wer gegenüber dem Beschäftigten mit dem Willen des Arbeitgebers dessen Pflichten aus dem Arbeitsvertrag ausübt.[1108] Üben Beschäftigte oder Dritte in diskriminierender Weise Druck auf den Arbeitgeber aus, fehlt es an diesen Voraussetzungen.[1109] Die Handelnden werden nicht mit dem Willen des Arbeitgebers bei der Erfüllung einer ihm obliegenden Pflicht tätig. Sie handeln eigenverantwortlich und nicht für den Arbeitgeber. Schließlich wollen sie den Arbeitgeber gerade zu einem bestimmten Verhalten beeinflussen. Es fehlt letztlich der innere sachliche Zusammenhang zwischen der Erfüllung von Arbeitgeberaufgaben und dem Verstoß gegen das Benachteiligungsverbot. Die druckausübenden Beschäftigten sind in diesem Zusammenhang keine Erfüllungsgehilfen des Arbeitgebers. Dritte sind ebenfalls in der Regel keine Erfüllungsgehilfen des Arbeitgebers. Eine Zurechnung nach § 278 BGB analog erfolgt somit nicht.

Eine Haftung nach § 31 BGB scheidet ebenfalls aus.[1110] Soweit der Druck durch Organe oder Organmitglieder ausgeübt wird, handeln diese nicht in Ausführung der ihn zustehenden Verrichtungen. Nach § 31 BGB wird das Handeln der Organe dem Arbeitgeber als eigenes Handeln zugerechnet. Dies hätte zur Folge, dass der Arbeitgeber auf sich selbst Druck ausüben würde. Dies wäre paradox.

2. Eigene Verantwortlichkeit des Arbeitgebers

Kann das Verhalten der Druckausübenden dem Arbeitgeber nicht zugerechnet werden, stellt sich die Frage, ob dem Arbeitgeber selbst ein Vorwurf gemacht werden kann, aufgrund dessen er gegenüber dem Benachteiligten haftet. Hier kommt zum Beispiel eine Haftung wegen Verletzung der Beistand- und Fürsorgepflichten seitens des Arbeitgebers in Betracht.

a. Fürsorgepflichten des Arbeitgebers

Der Arbeitgeber ist nach § 12 III, IV AGG zum Ergreifen von Schutzmaßnahmen gegenüber den Benachteiligenden verpflichtet. Der Arbeitgeber muss aufgrund seiner Pflichten nach § 12 AGG gegen den oder die Benachteiligenden vorgehen und als schärfste Maßnahmen unter Umständen die Arbeitsverhältnisse mit den benachteiligenden Beschäftigen beenden oder gegenüber Kunden die Beendigung der

1108 BAG v. 25.10.2007 – 8 AZR 593/06, NZA 2008, 223 (227); ähnlich zum „Mobbing" BAG v. 16.05.2007 – 8 AZR 709/06, NZA 2007, 1155 (1162); *Bauer/Krieger*, AGG, § 15 Rn. 20; RGKU – *Hesse*, § 619a BGB Rn. 45 m. w. N.; *Simon/Greßlin*, BB 2007, 1782 (1783).

1109 So auch *Wolf*, S. 255.

1110 So auch *Wolf*, S. 255.

Zusammenarbeit als ernsthafte Option ansehen.[1111] Kommt der Arbeitgeber diesen Pflichten nach, ist es unbillig, dass er haftet. Ergreift der Arbeitgeber keine geeigneten Maßnahmen gegenüber den handelnden Personen zur Unterbindung der unzulässigen Benachteiligung, kommt eine Haftung des Arbeitgebers nach § 280 I BGB wegen der Verletzung seiner Fürsorgepflichten in Betracht.[1112] Ein Anspruch nach § 15 I, II AGG ist dahingegen ausgeschlossen, da die eine Benachteiligung durch andere oder Dritte begünstigende Verletzung der Fürsorgepflichten nach § 12 AGG keinen Schadensersatz- und Entschädigungsanspruch nach § 15 I, II AGG begründet.[1113]

Daneben stellt sich die Frage einer deliktischen Haftung des Arbeitgebers. Das Druckausüben ist eine haftungsrelevante Persönlichkeitsrechtsverletzung, die einen Anspruch nach § 823 I BGB begründet.[1114] Eine Benachteiligung beinhaltet zwangsläufig eine Persönlichkeitsrechtsverletzung.[1115] Eine Haftung nach § 831 BGB erfolgt nicht.

Die auf den Arbeitgeber in diskriminierender Weise Druckausübenden sind keine Verrichtungsgehilfen des Arbeitgebers. In Betracht kommt jedoch eine Haftung des Arbeitgebers nach § § 823 I BGB, wenn der Arbeitgeber seinen Pflichten nach § 12 III, IV AGG nicht nachkommt und die Benachteiligung in Form des Druckausübens weiterhin anhält. Der Arbeitgeber hat eine Pflicht zu Handeln. Kommt er dieser Pflicht nicht nach, haftet er wegen einer Rechtsgutsverletzung durch Unterlassen. Bei Verletzung der Fürsorgepflichten nach § 12 III, IV AGG haftet der Arbeitgeber gegenüber dem benachteiligten Beschäftigten zudem nach § 823 II BGB. § 12 III, IV AGG ist ein Schutzgesetz im Sinne des § 823 II BGB.[1116]

b. Europäische Vorgaben

Nach dem EuGH soll der Arbeitgeber haften, wenn er der Urheber der Benachteiligung ist und somit die Verantwortung dafür trägt.[1117] Der EuGH hat nicht

---

1111 Däubler/Bertzbach – *Buschmann*, AGG, § 12 Rn. 30; *Adomeit/Mohr*, AGG § 12 Rn. 48; anschaulich auch Schleusener/Suckow/Voigt – *Suckow*, AGG § 12 Rn. 35.

1112 Kritisch *Wolf*, S. 265.

1113 Hierzu bereits ausführlich unter Kapitel III C.I.2.d. Im Zusammenhang mit diskriminierenden Druckkündigungen auch *Wolf*, S. 260.

1114 So auch Däubler/Bertzbach – *Deinert*, AGG, § 3 Rn. 96; *Deinert*, RdA 2007, 275 (281); KDZ – *Deinert*, KSchR, § 1 KSchG Rn. 333; *Thüsing*, Arbeitsrechtlicher Diskriminierungsschutz, Rn. 310.

1115 Vgl. *Deinert*, AiB 2006, 741 (742); ebenso bei einer Benachteiligung wegen einer Behinderung BAG v. 15.02.2005 – 9 AZR 635/03, NZA 2005, 870 (871).

1116 *Simon/Greßlin*, BB 2007, 1782 (1785), *Annuß*, BB 2006, 1629 (1635); Däubler/Bertzbach – *Deinert*, AGG, § 15 Rn. 138; Schleusener/Suckow/Voigt – *Suckow*, AGG, § 12 Rn. 56; mit Hinweis auf den fehlenden Verstoß des Arbeitsgebers gegen § 12 III, IV AGG bei einer wirksamen echten Druckkündigung *Wolf*, S. 267 f.; bejahend für § 12 III AGG *v. Roetteken*, AGG, § 12 Rn. 85; ablehnend *Bauer/Krieger*, AGG, § 12 Rn. 5.

1117 EuGH v. 22.04.1997 – C-180/95 (*Draehmpaehl*), NJW 1997, 1839 (1840).

ausgesprochen, dass der Arbeitgeber immer haftet, auch wenn er nicht der Urheber der unzulässigen Benachteiligung ist. Vielmehr kann aus der Rechtsprechung des EuGH der Rückschluss gezogen werden, dass der Arbeitgeber nicht haftet, wenn nicht er der Urheber der Benachteiligung ist und ihm diese auch nicht zugerechnet werden kann.[1118] Das Ausüben des Drucks ist eine unzulässige Benachteiligung. Verantwortlicher Urheber dieser Benachteiligung ist nicht der Arbeitgeber. Erst recht nicht, wenn er dem Druck nicht nachgibt und entsprechend seinen Fürsorgepflichten handelt. Aus diesem Grund ist nach den europäischen Vorgaben bei einer Benachteiligung durch Ausüben des Drucks mit der Absicht eine Kündigung zu erreichen der Arbeitgeber nicht zu einem zivilrechtlichen Schadensersatz verpflichtet und muss auch nicht in anderer Weise sanktioniert werden.

Die Vorgaben des Europarechts erfordern keine Haftung des Arbeitgebers, wenn dieser seinen Fürsorgepflichten gegenüber dem diskriminierten Beschäftigten nachkommt und dem auf ihn ausgeübten Druck nicht nachgibt.

IV. Haftung des Arbeitgebers bei Kündigung

1. Unechte Druckkündigung

Die unechte Druckkündigung ist keine unzulässige Benachteiligung durch den Arbeitgeber. Folglich kann durch sie auch keine Haftung des Arbeitgebers begründet werden. Eine Haftung des Arbeitgebers ergibt sich auch dann nicht, wenn ein Gericht die Unwirksamkeit der Kündigung feststellt, weil im Rahmen der Interessenabwägung der benachteiligende Druck nicht zu berücksichtigen und zugunsten des Arbeitnehmers zu entscheiden war. Dies gilt selbst wenn die Kündigung bei anderweitigen, nicht diskriminierenden Druck gerechtfertigt gewesen wäre. Die Unwirksamkeit der Kündigung ergibt sich nicht aus der Benachteiligung durch die Dritten, sondern aus der Interessenabwägung nach den allgemeinen Grundsätzen des Kündigungsschutzes.

Eine Haftung des Arbeitgebers, wenn er dem Druck nachgibt, kommt letztlich nur dann in Betracht, wenn er seine Fürsorgepflichten nach § 12 AGG verletzt. Da ihm im Fall einer unechten Druckkündigung effektiv ein Kündigungsgrund zusteht, verletzt der Arbeitgeber in der Regel seine Fürsorgepflichten allein durch die Kündigungserklärung nicht.[1119] Eine Haftung aufgrund eigener Verantwortlichkeit scheidet daher auch bei Ausspruch der Kündigung regelmäßig aus.

2. Echte Druckkündigung

Die Druckkündigung ist grundsätzlich zulässig, wenn die entsprechenden Voraussetzungen vorliegen. Sie kann jedoch dann unzulässig sein, wenn im Zusammenhang mit einem Merkmal nach § 1 AGG Druck ausgeübt wird und damit die

---

1118 EuGH v. 25.04.2013 – C-81/12 (*Asociatia ACCEPT*), EuZW 2013, 469 (471 f.)
1119 Ähnlich *Wolf*, S. 171.

Kündigung im Zusammenhang mit einer unzulässigen Benachteiligung steht.[1120] Angesichts des Schutzes vor unzulässigen Benachteiligungen müssen für die Druckkündigung im Zusammenhang mit diskriminierenden Motiven noch strengere Maßstäbe gelten. Nur unter den oben genannten strengen Voraussetzungen ist die echte Druckkündigung keine unzulässige Benachteiligung.

a. Haftung bei unzulässig benachteiligender Druckkündigung

Die Kündigung wegen eines der in § 1 AGG genannten Merkmale ist eine unzulässige Benachteiligung. Somit müsste die benachteiligende Kündigung wegen des Verstoßes gegen das Benachteiligungsverbot grundsätzlich einen Anspruch auf Schadensersatz und Entschädigung nach § 15 I, II AGG begründen. Dem könnte § 2 IV AGG entgegenstehen. Nach dem Wortlaut des § 2 IV AGG gelten für Kündigungen ausschließlich die Bestimmungen zum allgemeinen und besonderen Kündigungsschutz. Allein am Wortlaut orientiert bedeutet dies, dass bei Kündigungen das AGG keine Anwendung findet, sondern der normale Kündigungsschutz des Arbeitsrechts.[1121] Dies hätte zur Folge, dass Kündigungen nicht an den Diskriminierungsverboten gemessen werden müssten. Nach den Vorgaben der Richtlinien zum Schutz vor Diskriminierung und zur Gleichstellung von Männern und Frauen umfasst das Diskriminierungsverbot ausweislich der Art. 3 I c RL 2000/43/EG, Art. 3 I c RL 2000/78/EG und Art. 14 I c RL 2006/54/EG auch die Beendigung von Arbeitsverhältnissen. Es stellt sich daher die Frage, ob eine benachteiligende Kündigung ebenfalls Ansprüche aus § 15 I, II AGG begründet.

aa. Meinungsstand

(1) Rechtsprechung des BAG

Das BAG ist der Ansicht, dass § 2 IV AGG die Anwendung des Diskriminierungsverbotes nicht ausschließt, sondern die Regelung dahingehend zu verstehen ist, dass die Diskriminierungsverbote des AGG in das bisherige System des Kündigungsschutzrechts einzupassen sind.[1122] Das Benachteiligungsverbot ist danach ein Kriterium für die soziale Rechtfertigung der Kündigung. Anzumerken ist, dass dies sehr problematisch ist, wenn das KSchG oder die Normen des Sonderkündigungsschutzes keine Anwendung finden und die Frage des Diskriminierungsschutzes damit offenbleibt.[1123]

1120 Däubler/Bertzbach – *Däubler*, AGG, § 7 Rn. 261; KDZ – *Däubler*, § 626 BGB Rn. 168; kritisch auch ErfK – *Schlachter*, § 12 AGG Rn. 4.

1121 Ähnlich *Adomeit/Mohr*, NJW 2009, 2255.

1122 BAG v. 06.11.2008 – 2 AZR 523/07, NZA 2009, 361 (363 ff.); BAG v. 22.10.2009 – 8 AZR 642/08, NZA 2010, 280 (281 f); offen gelassen noch BAG v. 19.06.2007 – 2 AZR 304/06, NZA 2008, 103 (107).

1123 Schleusener/Suckow/Voigt. – *Schleusener*, AGG, § 2 Rn. 37.

Ob und inwieweit mit der Einpassung der Diskriminierungsverbote in das Kündigungsschutzrecht zugleich andere Rechte von durch Kündigung diskriminierten Beschäftigten, wie die aus §§ 13, 14, 15, 16 AGG, ausgeschlossen sein sollen, hat das BAG in seinen Entscheidungen zunächst ausdrücklich offengelassen.[1124] Da dies lange Zeit nicht Streitgegenstand der Verfahren war, hatte das BAG zunächst auch keine Möglichkeit dazu Stellung zu nehmen. Jedoch ließen die anfänglichen Ausführungen des BAG vermuten, dass es eine Schadensersatz- und Entschädigungshaftung nach § 15 AGG nicht für zwingend erforderlich hält und womöglich ablehnen würde. Das BAG führte aus, dass die Sanktion der Unwirksamkeit einer diskriminierenden Kündigung im Übrigen die schärfste kündigungsrechtliche Reaktion darstelle.[1125] Einen Anspruch auf Entschädigung nach § 15 II 1 AGG hat das BAG in einer Nachfolgeentscheidung nicht gänzlich ausgeschlossen, aber die Frage nach der Anwendung letztlich offen gelassen.[1126] Die Ausführungen des BAG ließen jedoch die Tendenz erkennen, dass das BAG unter bestimmten Umständen einen Anspruch auf Entschädigung im Fall einer benachteiligenden Kündigung zuerkennen würde.[1127] Eine Anwendung des § 15 II AGG erscheint dem BAG jedenfalls nicht systemwidrig; vielmehr waren auch bisher etwa auf § 823 I BGB gestützte Entschädigungen für erlittene immaterielle Schäden bei der Geltendmachung einer Persönlichkeitsrechtsverletzung im Zusammenhang mit dem Ausspruch einer unwirksamen Kündigung nicht ausgeschlossen.[1128]

Das BAG hat im Zusammenhang mit einer wegen des Geschlechts benachteiligenden Kündigung nunmehr dem Beschäftigten neben den Unwirksamkeit der Kündigung einen Anspruch auf Entschädigung zu erkannt und damit bestätigt, dass ungeachtet der Beurteilung der Wirksamkeit einer benachteiligenden Kündigung im Fall einer benachteiligenden Kündigung auch ein Anspruch auf Entschädigung nach § 15 II 1 AGG besteht und dieser neben der Unwirksamkeit der Kündigung geltend gemacht werden kann.[1129] Ungeachtet der Unwirksamkeit einer diskriminierenden Kündigung sperrt § 2 IV AGG weitergehende Ansprüche nach § 15 II AGG nicht.[1130]

(2) Uneingeschränkte Anwendung des § 2 IV AGG

In der Literatur werden unterschiedliche Auffassungen zur Möglichkeit der Haftung des Arbeitgebers nach § 15 AGG bei benachteiligenden Kündigungen vertreten. Nach einer Ansicht ist § 2 IV AGG uneingeschränkt anwendbar, mit der Folge,

1124 BAG v. 06.11.2008 – 2 AZR 523/07, NZA 2009, 361 (363 ff.); BAG v. 22.10.2009 – 8 AZR 642/08, NZA 2010, 280 (281 f).

1125 BAG v. 06.11.2008 – 2 AZR 523/07, NZA 2009, 361 (363 ff.); (363 ff.); BAG v. 22.10.2009 – 8 AZR 642/08, NZA 2010, 280 (281 f).

1126 BAG v. 22.10.2009 – 8 AZR 642/08, NAZ 2010, 280.

1127 So auch LAG Bremen v. 29.06.2010 – 1 Sa 29/10, NZA-RR 2010, 510 (511).

1128 BAG v. 22.10.2009 – 8 AZR 642/08, NZA 2010, 280 (282).

1129 BAG v. 12.12.2013 – 8 AZR 838/12, NZA 2014, 722 (723 f.).

1130 BAG v. 12.12.2013 – 8 AZR 838/12, NZA 2014, 722, /723 f.).

dass eine Haftung nach § 15 I, II AGG ausgeschlossen ist.[1131] Zur Begründung wird angeführt, dass der Gesetzgeber nach dem eindeutigen Wortlaut einzig die Geltung des allgemeinen Kündigungsschutzes gewollt hat und die Unwirksamkeit der Kündigung bereits eine ausreichende Sanktion sei.[1132] Eine europarechtskonforme Auslegung des § 2 IV AGG sei wegen des entgegenstehenden Willen des Gesetzgebers und des eindeutigen Wortlauts nicht möglich.[1133]

Die Vertreter dieser Ansicht verkennen nicht nur die offensichtliche, sich regelrecht aufdrängende Europarechtswidrigkeit des § 2 IV AGG.[1134] Daneben geht diese Ansicht fehl, dass bereits die Unwirksamkeit die Sanktion der benachteiligenden Kündigung sei. Dies ist jedoch wie bei jeder anderen Handlung lediglich die logische Folge.[1135] Die Sanktionierung einer benachteiligenden Handlung erfolgt in Deutschland durch eine zivilrechtliche Ausgestaltung. Der deutsche Gesetzgeber hat genau zu diesem Zweck den Entschädigungsanspruch nach § 15 II AGG konzipiert.[1136]

(3) Eingeschränkte Anwendung des § 2 IV AGG

Nach anderen Ansichten findet § 2 IV AGG durch europarechtskonforme Auslegung eingeschränkt Anwendung.[1137] Weil die Norm bei einer Auslegung allein nach dem Wortlaut und dem dokumentierten Willen des Gesetzgebers offensichtlich europarechtswidrig ist, erfolgt eine Auslegung im Lichte der europäischen Richtlinien zum Schutz vor Diskriminierungen.[1138] Die Ansichten sind jedoch unterschiedlich, wie eine eingeschränkte Anwendung erfolgen soll. Einigkeit besteht dahingegen, dass eine Einschränkung des § 2 IV AGG den europäischen Vorgaben entspreche.[1139]

Nach einer Auffassung bezieht sich die Bereichsausnahme der Kündigung nach europarechtskonformer Auslegung der Norm nur auf die Wirksamkeit, nicht jedoch

---

1131 *Adomeit/Mohr*, NJW 2009, 2255 (2256); *Löwisch*, BB 2006, 2189 (2190); *Willemsen/Schweibert*, NJW 2006, 2583 (2585); *Hamacher/Ulrich*, NZA 2007, 657 (659); ArbG Lörrach v. 23.01.2007 – 1 Ca 426/06, juris, Rn. 19.

1132 *Adomeit/Mohr*, NJW 2009, 2255 (2256); *Schmitz-Scholermann/Brune*, RdA 2011, 129 (135); *Hamacher/Ulrich*, NZA 2007, 657 (659).

1133 ArbG Lörrach v. 23.01.2007 – 1 Ca 426/06, juris Rn. 19; *Hamacher/Ulrich*, NZA 2007, 657 (659 f.); ähnlich *Adomeit/Mohr*, NJW 2009, 2255 (2256).

1134 Ähnlich *Preis/Temming*, NZA 2010, 185 (192). Zur Europarechtswidrigkeit Schleusener/Suckow/Voigt – *Schleusener*, AGG, § 2 Rn. 29 m.w.N.

1135 Die Unwirksamkeit ergibt sich bereits aus § 134 BGB bzw. § 7 AGG.

1136 BT-Drs. 16/1780, 38.

1137 Wendeling-Schröder/Stein – *Stein*, AGG, § 2 Rn. 50; *v. Medem*, S. 422 f.; *Meinel/Heyn/Herms*, AGG, § 2 Rn. 66; KDZ – *Zwanziger*, AGG Rn 64; Hey/Forst – *Hey*, AGG, § 2 Rn. 58; ErfK – *Schlachter*, § 2 AGG Rn. 17.

1138 ErfK – *Schlachter*, § 2 AGG Rn. 17.

1139 KDZ – *Zwanziger*, AGG Rn 64; Hey/Forst – *Hey*, AGG, § 2 Rn. 8; ErfK – *Schlachter*, § 2 AGG Rn. 17.

auf die weiteren Rechtsfolgen.[1140] Die weiteren Rechtsfolgen des AGG sind nicht eingeschränkt. Daraus ergibt sich, dass § 15 AGG auch bei benachteiligenden Kündigungen anzuwenden ist.[1141]

Nach anderer Auffassung ist eine Anwendung der Rechtsfolgenregelungen des AGG, insbesondere § 15 AGG, dahingegen ausgeschlossen.[1142] Dies sei europarechtskonform, da die Unwirksamkeit der Kündigung schon die schärfste Form der Sanktion sei.[1143] Ein Anspruch auf Schadensersatz oder Entschädigung sei nicht zwingende Sanktion nach den Richtlinien.[1144] Zum Teil wird davon ausgegangen, dass § 2 IV AGG als eine besondere Beweislastregelung anzusehen ist und der Arbeitgeber den Vorwurf der Benachteiligung entkräften kann, wenn die Kündigung sozial gerechtfertigt ist.[1145]

Zum Teil wird differenziert zwischen dem Anspruch auf Schadensersatz nach § 15 I 1 AGG und dem Entschädigungsanspruch.[1146] Ein Anspruch auf Entschädigung sei gegeben.[1147] Dahingegen sei § 15 I AGG nicht anwendbar. Der Anspruch auf Schadensersatz sei praktisch nicht relevant, da letztlich bei einer unwirksamen Kündigung kein Schaden entstehen würde.[1148] Zudem wäre die Rechtsfolge im Rahmen der Naturalrestitution die Unwirksamkeit der Kündigung und die Pflicht zu Weiterbeschäftigung, was die Kündigungsschutzregelungen und den Grundsatz der Vertragsfreiheit umgehen würde.[1149] Diese Gefahr besteht jedoch nicht ernsthaft.

1140 *Diller/Krieger/Arnold*, NZA 2006, 887 (890 f.); Wendeling-Schröder/Stein – *Stein*, AGG, § 2 Rn. 49; *v. Medem* S. 422 f.; *Meinel/Heyn/Herms*, AGG, § 2 Rn. 66; *Schrader*, DB 2006, 2571 (2580).

1141 *Diller/Krieger/Arnold*, NZA 2006, 887 (890); Wendeling-Schröder/Stein – *Stein*, AGG, § 2 Rn. 50; *v. Medem*, S. 422 f.; *Meinel/Heyn/Herms*, AGG, § 2 Rn. 66; *Schrader*, DB 2006, 2571 (2580); KR – *Treber*, § 2 AGG Rn. 20, aber differenzierend zwischen § 15 I und II AGG; so wohl auch BAG v. 22.10.2009 – 8 AZR 642/08, NZA 2010, 280 (282).

1142 KDZ – *Zwanziger*, AGG Rn. 66; *Sagan*, NZA 2006, 1257 (1260); *Adomeit/Mohr*, NJW 2009, 2255 (2256 f.); *Bauer/Krieger*, AGG, § 2 Rn. 69 ff. m.w.N.; ErfK – *Schlachter*, § 2 AGG Rn. 17.

1143 *Schmitz-Scholermann/Brune*, RdA 2011, 129 (135); *Adomeit/Mohr*, NJW 2009, 2255 (2256 f.). A.A. ausdrücklich *Kamanabrou*, RdA 2007, 199 (204); ebenfalls der Unwirksamkeit der Kündigung keinen hinreichenden Sanktionscharakter beimessend *Wolf*, S. 255.

1144 *Sagan*, NZA 2006, 1257 (1260); *Schmitz-Scholemann/Brune*, RdA 2011, 129 (135); *Adomeit/Mohr*, NJW 2009, 2255 (2256 f.).

1145 *Adomeit/Mohr*, AGG, § 2 Rn. 221; *Bayreuther*, DB 2006, 1842 (1844).

1146 KR – *Treber*, § 2 AGG Rn. 20; so wohl auch BAG v. 22.10.2009 – 8 AZR 642/08, NZA 2010, 280 (282).

1147 *Bayreuther*, NZA 2011, Beilage 1, 27 (35); *Preis/Temming* NZA 2010, 185 (192); *Kamanabrou*, RdA 2007, 199 (204); *Adomeit/Mohr*, AGG, § 15 Rn. 28; einschränkend nur bei wirksamer Kündigung *Bauer/Krieger*, AGG § 2 Rn. 69 f.; so auch *Freckmann* BB 2007, 1049 (1050 f.).

1148 *Bayreuther*, NZA 2011, Beilage 1, 27 (34).

1149 KR – *Treber*, § 2 AGG Rn. 20.

§ 15 VI AGG schließt die Begründung eines Beschäftigungsverhältnisses aufgrund einer Benachteiligung aus. Dieser Rechtsgedanke ist auch auf die Benachteiligung durch eine Kündigung anzuwenden.

(4) Nichtanwendung des § 2 IV AGG

Eine andere Auffassung in der Literatur sieht in § 2 IV AGG einen offensichtlichen Verstoß gegen die Vorgaben der Art. 14 I c RL 2006/54/EG; Art. 3 I c RL 2000/43/EG; Art. 3 I c RL 2000/78/EG, wonach gerade die Entlassungsbedingungen in den Schutzbereich des Diskriminierungsschutzes einbezogen sind. Der europarechtswidrige § 2 IV AGG sei daher nicht anzuwenden.[1150] Eine europarechtskonforme Auslegung sei angesichts des eindeutigen Wortlauts und dem gesetzgeberischen Willens nicht möglich.[1151] Die vom BAG versuchte Rettung des offensichtlich nicht europarechtskonformen § 2 IV AGG wird aus diesem Grund auch kritisiert.[1152] Nach dieser Ansicht kann der betroffene Beschäftigte sowohl Schadensersatz und Entschädigung nach § 15 I, II AGG und die Unwirksamkeit der Kündigung nach § 7 I, II AGG geltend machen.[1153]

bb. Eigener Standpunkt

Unabhängig von der Wirksamkeit der benachteiligenden Kündigung ist § 15 I, II AGG zwingend anzuwenden.[1154] Dem Gekündigten steht im Fall einer benachteiligenden Kündigung ein Anspruch auf Schadensersatz und Entschädigung nach § 15 I, II AGG zu. Die Nichtanwendung des § 15 AGG wäre evident europarechtswidrig.[1155] Die Gegenmeinung, wonach bei einer benachteiligenden Kündigung schon die Unwirksamkeit die Sanktion darstellt, verkennt, dass die Unwirksamkeit nur eine logische Folge wegen des Verstoßes gegen das Benachteiligungsverbot ist.[1156] Dass das Benachteiligungsverbot auch für Kündigungen gilt, bedarf keiner gesonderten Erwähnung. Jede benachteiligende Arbeitgebermaßnahme ist unwirksam und wird zudem sanktioniert. Ein Grund, dass die Kündigung hiervon auszunehmen ist, ist nicht ersichtlich.[1157] Logische Folge bei einem Verstoß gegen das Benachteiligungsverbot

---

1150 MüKo – *Thüsing*, BGB, § 2 AGG Rn. 26; Däubler/Bertzbach – *Däubler*, AGG, § 2 Rn. 263 m.w.N.; *Bayreuther*, NZA 2011 Beilage 1, 27 (34), *Sagan*, NZA 2006, 1257 (1259).

1151 Ausführlich Schleusener/Suckow/Voigt – *Schleusener*, AGG, § 2 Rn. 32 f. m.w.N.

1152 *Bayreuther*, NZA 2011 Beilage 1, 27 (34); MüKo – *Thüsing*, BGB, § 2 AGG, Rn. 26.

1153 *Deinert*, RdA 2007, 275 (277).

1154 So auch das BAG ausdrücklich zum Entschädigungsanspruch nach § 15 II AGG; vgl. BAG v. 12.12.2013 – 8 AZR 838/12, NZA 2014, 722 (723 f.).

1155 *Meine/Heyn/Herms*, AGG, § 2 Rn. 63; ähnlich *Wenckebach* AuR 2010, 499 (502).

1156 So aber *v. Medem*, S. 383 ff., wonach bereits die Unwirksamkeit eines Rechtsgeschäfts ein weitreichender Eingriff in die Privatautonomie sei und daher auch schwerwiegender als ein Schadensersatz- und Entschädigungsansprüche. Ähnlich auch *Sagan*, NZA 2006, 1257 (1260); *Adomeit/Mohr*, NJW 2009, 2255 (2256 f.).

1157 *Meine/Heyn/Herms*, AGG, § 2 Rn. 63; a.A. *Sagan*, NZA 2006, 1257 (1260); *Adomeit/Mohr*, NJW 2009, 2255 (2256 f.).

ist die Unwirksamkeit der benachteiligenden Handlung. Damit ist die Unwirksamkeit jedoch keine ausreichende Sanktion.[1158] Dies wird dadurch deutlich, dass der Gesetzgeber im AGG die Unwirksamkeit in § 7 I AGG und die Rechtsfolgen, insbesondere die zivilrechtliche Sanktion nach § 15 AGG, jeweils gesondert geregelt hat. Allein durch die Unwirksamkeit der Kündigung wird die Benachteiligung nicht sanktioniert.[1159] Letztlich könnte der Arbeitgeber ansonsten ohne die Gefahr einer ernsthaften Konsequenz einen Beschäftigten in diskriminierender Weise kündigen und müsste nur befürchten, dass die Unwirksamkeit der Kündigung im Kündigungsschutzprozess festgestellt wird. Soweit eingewandt wird, die Unwirksamkeit der Kündigung sei wegen des schwerwiegenden Eingriffs in die Privatautonomie bereits die intensivste Sanktion, die möglich sei[1160], so wird der Präventionsgedanke der Sanktion verkannt. Wie soll der Arbeitgeber abschreckend von einer benachteiligenden Kündigung abgehalten werden, wenn lediglich die Unwirksamkeit droht? Er kehrt bei festgestellter Unwirksamkeit lediglich zum Status quo zurück.[1161] Zudem erfolgt ein Eingriff in die Privatautonomie nicht nur durch das Antidiskriminierungsrecht. Die Wirksamkeit einer Kündigung unterliegt nach dem nationalen Recht bestimmten Anforderungen. Die logische Rechtsfolge einer Kündigung, die gegen geltendes Recht verstößt, ist die Unwirksamkeit. So ist die Kündigung beispielsweise ohne Anhörung des Betriebsrates nach § 102 I 3 BetrVG unwirksam. Ist das KSchG anwendbar, bedarf es zur sozialen Rechtfertigung nach § 1 KSchG eines Grundes. Somit stellte der Gesetzgeber verschiedene Anforderungen auf, denen die Kündigung in Ausübung der Privatautonomie entsprechen muss. Die Unwirksamkeit der Kündigung, wenn diese gesetzlichen Anforderungen nicht erfüllt werden, ist dann ebenfalls keine Sanktion, sondern nur die logische Folge des Rechtsverstoßes. Mit dem Benachteiligungsverbot stellte der Gesetzgeber neue Anforderungen an die Kündigung, deren Missachtung ebenfalls zur Unwirksamkeit führen. Es fehlt jedoch an der zugleich erforderlichen, wirksamen und abschreckenden Sanktion.[1162]

1158 Ähnlich *Kamanabrou*, RdA 2007, 199 (204); *Wenckebach*, AuR 2010, 499 (501); KDZ – *Deinert*, § 1 KschG Rn. 68. So aber *v. Medem*, S. 383 ff., wonach bereits die Unwirksamkeit eines Rechtsgeschäfts ein weitreichender Eingriff in die Privatautonomie sei und daher auch schwerwiegender als ein Schadensersatz- und Entschädigungsansprüche. Ähnlich auch *Sagan*, NZA 2006, 1257 (1260); *Adomeit/Mohr*, NJW 2009, 2255 (2256 f.).

1159 So unter anderem auch *Kamanabrou*, RdA 2007, 199 (204); KDZ – *Deinert*, § 1 KschG Rn. 68 m.w.N.; *Wenckebach*, AuR 2010, 499 (502 f.). Ähnlich auch *Wolf*, S. 255, wonach die Unwirksamkeit einer Kündigung allein nicht die erlittene Persönlichkeitsrechtsverletzung kompensieren kann.

1160 So *v. Medem*, S. 383 ff.; *Sagan*, NZA 2006, 1257 (1260).

1161 Ähnlich *Kamanabrou*, RdA 2007, 199 (204). Ebenfalls von einer unzureichenden Sanktion allein durch die Unwirksamkeit einer Kündigung ausgehend *Wolf*, S. 255.

1162 Ausführlich zum Ganzen KDZ – *Deinert*, § 1 KSchG Rn. 67 ff.

Zudem erfolgt keine Kompensation der unzulässigen Benachteiligung durch die Unwirksamkeit.[1163] Dies ist jedoch nach den Richtlinienvorgaben eine der Wirkungen einer zivilrechtlich ausgestalteten Sanktionierung.[1164] Bei jeder anderen Form der Benachteiligung muss der Arbeitgeber nicht nur befürchten, dass seine Handlung unwirksam ist, sondern dass er auch noch zu Schadensersatz und einer Entschädigung nach § 15 I, II AGG verpflichtet ist. So ist zum Beispiel die diskriminierende Einstellung zunächst auf eine andere Stelle nicht damit bereits beseitigt, wenn der Arbeitgeber die verwehrte Stelle später anbietet und die Lohndifferenz ausgleicht.[1165] Die Benachteiligung wird erst durch die Ansprüche nach § 15 I, II AGG kompensiert.[1166] Letzteres wird besonders deutlich, wenn man sich vor Augen führt, dass jede unzulässige Benachteiligung zugleich eine Verletzung des allgemeinen Persönlichkeitsrechts des betroffenen Beschäftigten darstellt.[1167] Die Persönlichkeitsrechtsverletzung wird keinesfalls allein durch die Unwirksamkeit der Kündigung kompensiert. Folglich ist jenen Ansichten zu folgen, nach denen § 2 IV AGG einer Anwendung des § 15 AGG nicht entgegensteht.

cc. Haftungsrelevanz einer benachteiligenden Kündigung

Der Arbeitgeber haftet in Folge einer benachteiligenden Kündigung nach § 15 I, II AGG. Dies gilt ungeachtet der Herleitung des Kündigungsschutzes im Zusammenhang mit der benachteiligenden Kündigung.

Unter dem Gesichtspunkt der Haftung für Benachteiligungen kann es insgesamt dahinstehen, ob der Kündigungsschutz bei benachteiligenden Kündigungen sich nach dem allgemeinen Kündigungsschutz unter Beachtung des Diskriminierungsschutzes erfolgt oder die Unwirksamkeit der Kündigung sich unmittelbar aus § 7 I AGG ergibt. Für letzteres spricht, dass so auch Kündigungen einbezogen werden, bei denen das KSchG keine Anwendung findet. Das auch solche Kündigungen unwirksam sein

---

1163 *Kamanabrou*, RdA 2007, 199 (204); ähnlich KDZ – *Deinert*, § 1 KSchG Rn. 68 unter Verweis darauf, dass Annahmeverzugslohn nach § 615 BGB keine Kompensation für die Benachteiligung, sondern lediglich Folge der unwirksamen Kündigung ist. Die fehlende Kompensation verkennend *Sagan*, NZA 2006, 1257 (1260); *Adomeit/Mohr*, NJW 2009, 2255 (2256 f.).

1164 Zum Kompensationsgedanken und der abschreckende und angemessene Sanktionierung eines Verstoßes gegen das Diskriminierungsverbot vgl. EuGH v. 22.04.1997 – C-180/95 (*Draehmpaehl*), NJW 1997, 1839 (1840); EuGH v. 08.11.1990 – C-179/88 (*Dekker*); NZA 1991, 171 (172); EuGH v. 10.04.1984 – Rs 14/83 (*Colson* und *Kamann*), NZA 1984, 157 (158); BAG v. 18.03.2010 – 8 AZR 1044/08, NZA 2010, 1129 (1132).

1165 BAG v. 18.03.2010 – 8 AZR 1044/08, NZA 2010, 1129.

1166 BAG v. 18.03.2010 – 8 AZR 1044/08, NZA 2010, 1129.

1167 So auch *v. Roetteken*, AGG, § 15 Rn. 21a; Däubler/Bertzbach – *Deinert*, AGG, § 15 Rn. 46, *Fischinger*, NZA 2010, 1048 (1050); *Wagner/Potsch*, JZ 2006, 1085 (1094); Schiek – *Kocher*, AGG, § 15 Rn. 32; LAG Berlin-Brandenburg v. 26.11.2008 – 15 Sa 517/08, NZA 2009, 43.

müssen, ist nach den Vorgaben der Richtlinien zwingend. Die Bereichsausnahme bezüglich der Wirksamkeit der Kündigung ist hinsichtlich des Systems des Kündigungsschutzes, insbesondere wegen §§ 4, 7 KSchG sinnvoll, soweit bei der Beurteilung der Wirksamkeit der Kündigung der Diskriminierungsschutz beachtet wird. Dies kann neben dem Schutz nach § 1 KSchG auch über § 134 BGB sichergestellt werden, falls das KSchG nicht anwendbar ist.

Der Kündigungsschutz im Zusammenhang mit einer benachteiligenden Kündigung könnte jedoch relevant sein, wenn der benachteiligte Beschäftigte nicht innerhalb der Drei-Wochen-Frist des § 4 KSchG Kündigungsschutzklage erhebt und somit nicht geltend macht, dass die ausgesprochene Kündigung sozial ungerechtfertigt oder aus anderen Gründen rechtsunwirksam ist. Nach § 7 KSchG gilt eine Kündigung als von Anfang an rechtswirksam, wenn die Unwirksamkeit der Kündigung nicht rechtzeitig gerichtlich geltend gemacht wird. Es stellt sich daher die Frage, ob ein benachteiligter Beschäftigter einen Anspruch auf Schadensersatz oder Entschädigung nach § 15 I, II AGG geltend machen kann, wenn er nicht binnen drei Wochen Kündigungsschutzklage gegen eine benachteiligende Kündigung erhebt. Die Fiktion des § 7 KSchG umfasst nur die Wirksamkeit der Kündigung als solche und nicht zugleich auch die Fiktion eines Kündigungsgrundes oder die Fiktion der sozialen Rechtfertigung.[1168] Dies hat zur Folge, dass eine benachteiligende Kündigung gegebenenfalls gemäß §§ 4, 7 KSchG trotz Verstoß gegen § 7 I AGG wirksam ist und das Arbeitsverhältnis beendete. Die Fiktion der Wirksamkeit kann jedoch nicht zum Ausschluss der Ansprüche nach § 15 I oder § 15 II AGG führen. Dies beruht zum einen darauf, dass die Unwirksamkeit einer benachteiligenden Kündigung nur die logische Folge von § 7 I AGG ist und gerade keine Sanktion des Verstoßes gegen das Benachteiligungsverbot. Zudem würde das Erfordernis einer rechtzeitigen Klageerhebung eine faktische Verkürzung der Frist des § 15 IV 1 AGG und im Fall der benachteiligenden Kündigung damit eine zusätzliche Anforderung für die Geltendmachung von Ansprüchen nach § 15 I, II AGG darstellen. Letzterem steht jedoch entgegen, dass nach den europäischen Anforderungen an eine wirksame Sanktionierung die Geltendmachung von Schadensersatz- und Entschädigungsansprüchen nicht von weiteren Voraussetzungen als dem Verstoß gegen das Benachteiligungsverbot abhängen darf.[1169] Zudem würde der betroffene Beschäftigte faktisch zur Erhebung einer Kündigungsschutzklage gezwungen, obwohl er wegen der Benachteiligung gegebenenfalls kein Interesse an einer Fortsetzung seines Arbeitsverhältnisses hat.

Folglich ist die Haftung des Arbeitgebers nach § 15 I, II AGG nicht davon abhängig, ob der benachteiligte Beschäftigte binnen drei Wochen nach Zugang der Kündigungserklärung eine Kündigungsschutzklage gegen die benachteiligende Kündigung erhebt. Allein der Verstoß gegen das Benachteiligungsverbot durch die Kündigung reicht aus, um Ansprüche nach § 15 I, II AGG zu begründen.

1168 Exemplarisch ErfK – *Kiel*, § 7 KSchG Rn. 3; Ascheid/Preis/Schmidt – *Hesse*, KSchG, § 7 Rn. 7 m.w.N.

1169 EuGH v. 22.04.1997 – C-180/95 (*Draehmpaehl*), NJW 1997, 1839 f.

b. Eigene Verantwortung aufgrund Nachgebens

Gibt der Arbeitgeber dem auf ihn ausgeübten Druck nach, ohne dass die Voraussetzungen einer Druckkündigung vorliegen, kommt neben der Haftung nach § 15 I, II AGG auch einer Haftung des Arbeitgebers wegen eigenverantwortlicher Verletzung seiner Fürsorgepflichten gegenüber seinen Beschäftigten in Betracht. Dies gilt insbesondere, wenn der Arbeitgeber ohne eine konkrete Existenzgefährdung dem Druck nachgibt. In diesem Fall hat der Arbeitgeber nicht in hinreichender Art und Weise seinen Beschäftigten gegenüber den Druck ausübenden Beschäftigten oder Dritten geschützt. Insbesondere drängt sich dann auf, dass der Arbeitgeber nicht sämtliche, ihm zur Verfügung stehenden Schutzmöglichkeiten ausgeschöpft hat. Selbst wenn dem Arbeitgeber praktisch keine Möglichkeiten mehr zur Verfügung standen, aber keine Existenzgefahr bestand, darf er dem Druck nicht nachgeben. Wegen der Verletzung seiner Fürsorgepflichten ist er dem betroffenen Beschäftigten nach § 280 I BGB zum Ersatz des entstandenen Schadens verpflichtet. Einen Anspruch nach § 15 I, II AGG begründet die Fürsorgepflichtverletzung dahingegen nicht.[1170] Daneben kommt auch ein Anspruch des Beschäftigten gegen den Arbeitgeber aus Delikt in Betracht. Insbesondere ein Anspruch nach § 823 II BGB ist dann gegeben.[1171]

V. Zusammenfassung

Im Zusammenhang mit einer Druckkündigung ist zu differenzieren, worin genau die Benachteiligung zu sehen ist.[1172] In der Regel ist das Druckausüben die Benachteiligung und nicht die Kündigung. Im Lichte des effektiven Schutzes vor Benachteiligungen sind im Zusammenhang mit einem diskriminierend motivierten Druckausüben auf den Arbeitgeber besonders strenge Anforderungen an die Zulässigkeit der Druckkündigung zu stellen. Eine Haftung des Arbeitgebers wegen des Ausübens des Drucks ist begründet, wenn der Arbeitgeber seinen Pflichten zum Schutz des Beschäftigten nicht nachkommt. Er ist nach § 280 I BGB und aus unerlaubter Handlung zum Ersatz des entstandenen Schadens verpflichtet. Dahingegen kann der Druck dem Arbeitgeber nicht zugerechnet werden.[1173] Der Arbeitgeber haftet nicht nach § 15 I, II AGG. Liegen die strengen Voraussetzungen einer Druckkündigung nicht vor, ist die Kündigung eine Benachteiligung durch den Arbeitgeber. Dies begründet insbesondere eine Haftung des Arbeitgebers nach § 15 I, II AGG.

1170 So auch Müko – *Thüsing*, BGB, § 12 AGG Rn. 13; *Annuß*, BB 2006, 1629 (1635); Schleusener/Suckow/Voigt – *Suckow*, AGG, § 12 Rn. 56; *Adomeit/Mohr*, AGG, § 12 Rn. 56 ff.; *Nollert-Borasio/Perreng*, AGG, 15 Rn. 43; HWK – *Rupp*, § 12 AGG Rn. 1; *Liebhäuser*, S. 122 f.; *Kamanabrou*, RdA 2006, 321 (336); *Kock*, MDR 2006, 1088 (1091), *Willemsen/Schweibert*, NJW 2006, 2583 (2590); *Gehlhaar*, NZA 2009, 825 (826), *Grobys*, NJW 2006, 2950 f.; Erman – *Belling*, BGB, § 12 AGG Rn. 10.

1171 Zur deliktischen Haftung nach § 823 II BGB wegen der Verletzung von Fürsorgepflichten siehe unter Kapitel III C. IV. 2.

1172 Ebenso *Deinert*, RdA 2007, 275 (280); *Wolf*, S. 165.

1173 So auch *Wolf*, S. 256 ff.

Kapitel VI – Haftung für kollektivrechtliche Benachteiligung

Eine weitere Sonderkonstellation der Haftung des Arbeitgebers für Benachteiligungen durch Dritte ist die Frage nach den Folgen der Anwendung von kollektivrechtlichen Vereinbarungen, die zu einer Benachteiligung führen. Die praktische Relevanz des Verstoßes gegen das Benachteiligungsverbot durch Anwendung kollektivrechtlicher Vereinbarungen zeigt sich besonders am Fall des ehemaligen Bundes-Angestelltentarifvertrages (BAT), der nunmehr in allen Bundesländern, dem Bund und den Gemeinden durch den Tarifvertrag des öffentlichen Dienstes (TVöD) und den Tarifvertrag für den öffentlichen Dienst der Länder (TVL) abgelöst wurde. Nach § 27 BAT in Verbindung mit dem Vergütungstarifvertrag Nr. 35 zum BAT erfolgte eine Einstufung der Grundvergütungen innerhalb der unterschiedlichen Entgeltgruppen allein anhand des Lebensalters.[1174] Eine entsprechende Regelung ist im TVöD oder im TVL nicht mehr vorgesehen. Die Einstufung innerhalb der Entgeltstufen orientiert sich jetzt an der Beschäftigungsdauer und nicht am Lebensalter. Problematisch ist jedoch die Überleitung der Arbeitsverhältnisse, die zum Zeitpunkt des Abschlusses des TVöD bereits bestanden haben.[1175]

Aber auch die den BAT ablösenden Tarifverträge beinhalten teilweise Regelungen, die Anlass für unzulässige Benachteiligung bieten. Nach § 26 TV-L Wissenschaft wird ein nach dem Alter gestaffelter, zusätzlicher tariflicher Urlaubsanspruch gewährt. Ob mögliche längere Regenerationszeiten älterer Beschäftigter eine solche Benachteiligung rechtfertigen, soll hier aber nicht untersucht werden.

Neben der Gewährung vom Lebensalter abhängigen Leistungen beschäftigte die Rechtsprechung insbesondere auch die Wirksamkeit von Altersgrenzen zur selbständigen Beendigung des Arbeitsverhältnisses in kollektivrechtlichen Regelungen.[1176]

Neben der Benachteiligung wegen des Alters scheint auch die Benachteiligung wegen des Geschlechts durch tarifvertragliche Vereinbarungen von erheblicher Bedeutung.[1177] Die Berichterstattung in den Tagesmedien zu Verdienstdifferenzen

---

1174 Der EuGH hat auf Vorlage des BAG festgestellt, dass die Bemessung der Grundvergütung nach den BAT allein nach dem Lebensalter, nicht mit dem Gemeinschaftsrecht vereinbar war; EuGH v. 08.09.2011 – C-297/10, C-298/10 (*Hennigs* und *Mai*), NZA 2011, 1100.

1175 Nach dem EuGH ist eine Bestandsgewährung in einem Übergangszeitraum zulässig; EuGH v. 08.09.2011 – C-297/10, C-298/10 (*Hennigs* und *Mai*), NZA 2011, 1100 (1105 f.).

1176 Vgl. BAG v. 08.12.2010 – 7 ABR 98/09, NZA 2011, 751 ff; BAG v. 20.03.2012 – 9 AZR 529/10, NZA 2012, 803 ff.

1177 Vgl. BAG v. 19.01.2011 – 3 AZR 29/09, NZA 2011, 860 ff.; ausführlich *Schäfer*, S. 51 ff.

zwischen Männern und Frauen bietet einen möglichen Anhaltspunkt. So kann die Eingruppierung einer Tätigkeit, die typischer Weise und in großer Zahl von einem Geschlecht ausgeübt wird, in eine niedrige Verdienstgruppe und die Eingruppierung einer Tätigkeit, die üblicher Weise größtenteils von dem anderen Geschlecht ausgeübt wird, in eine höhere Verdienstgruppe in extremen Fällen möglicher Weise ein Indiz für eine mittelbare Benachteiligung in Sinne des § 3 II AGG sein. Da nach § 22 AGG der Beschäftigte Indizien für eine Benachteiligung beweisen muss und der Arbeitgeber die Vermutung der Benachteiligung dann widerlegen oder eine Rechtfertigung beweisen muss, kann im Falle dessen, dass dies dem Arbeitgeber nicht gelingt, bereits die widerlegliche Vermutung einer unzulässigen Benachteiligung durch die Eingruppierung zur Begründung der Haftung des Arbeitgebers genügen.

Eine weitere Möglichkeit der Benachteiligung durch die Anwendung kollektivvertraglicher Vereinbarungen neben Tarifverträgen stellt die Anwendung von Betriebs- und Dienstvereinbarungen dar.[1178] Die Möglichkeit einer unzulässigen Benachteiligung besteht zum Beispiel bei einer gestaffelten Vorruhestands- und Abfindungsregelung in Sozialplänen. Dies gilt insbesondere dann, wenn rentennahen Mitarbeitern eine Vorruhestandsregelung angeboten wird, während dessen jüngere Mitarbeiter eine Abfindungszahlung erhalten. Werden rentennahen Mitarbeitern betriebliche Vorruhestandsleistungen bis zum frühestmöglichen Renteneintritt angeboten, droht nicht nur die Gefahr einer Altersdiskriminierung, sondern auch die Gefahr einer Geschlechtsdiskriminierung. Nach der Rechtsprechung des BAG benachteiligt eine Vereinbarung, nach welcher der Anspruch auf betriebliche Vorruhestandsleistungen mit dem Zeitpunkt des frühestmöglichen Renteneintritts endet, Frauen unzulässig wegen des Geschlechts gemäß §§ 1, 7 I AGG und ist deshalb nach § 7 II AGG unwirksam.[1179] Denn für Frauen der Geburtsjahrgänge 1940 bis 1951 endet der Anspruch auf Vorruhestandsleistungen dann bereits mit der Vollendung des 60. Lebensjahrs.[1180] Dies ist gemäß Anlage 20 zu § 237a II SGB VI der frühestmögliche Renteneintritt. Demgegenüber können vergleichbare Männer frühestens mit Vollendung des 63. Lebensjahres Altersrente beanspruchen und deshalb die betrieblichen Vorruhestandsleistungen drei Jahre länger beziehen.[1181] Zugleich erhalten die Frauen im Vergleich zu den gleichaltrigen Männern wegen des früheren Eintritts in die vorzeitige Altersrente einen höheren Abzug von der Altersrente als bei Eintritt mit dem Regelalter von derzeit 67 Jahren. Dies hat zur Folge, dass eine unzulässige Benachteiligung wegen des Geschlechts erfolgt, wenn der Rentennachteil nicht gesondert ausgeglichen wird.

1178 BT-Drs. 16/1780, S. 38; *Adomeit/Mohr*, AGG, § 15 Rn. 81; Schleusener/Suckow/Voigt – *Voigt*, AGG, § 15 Rn. 60; *Bauer/Krieger*, AGG, § 15 Rn. 41; Däubler/Bertzbach – *Deinert*, AGG § 15 Rn. 88; ausführlich *Schäfer*, S. 43 ff.

1179 BAG v. 12.01.2011 – 9 AZR 750/09, NZA 2011, 740 (742).

1180 BAG v. 12.01.2011 – 9 AZR 750/09, NZA 2011, 740 (742).

1181 BAG v. 12.01.2011 – 9 AZR 750/09, NZA 2011, 740 (742).

Ebenso ist von einer unzulässigen Benachteiligung von schwerbehinderten Beschäftigten auszugehen, wenn der Anspruch auf eine betriebliche Vorruhestandsregelung mit dem Zeitpunkt des frühestmöglichen Renteneintritts endet.[1182] Nach § 37 S. 2 SGB VI ist der frühestmögliche Renteneintrittszeitpunkt die Vollendung des 62. Lebensjahres. Nicht schwerbehinderte Beschäftigte hingegen können frühestens mit Vollendung des 63. Lebensjahres die gesetzliche Altersrente in Anspruch nehmen und können daher die betrieblichen Vorruhestandsleistungen mindestens 1 Jahr länger beanspruchen. Dies stellt eine unzulässige Benachteiligung dar. Die Anknüpfung an das gesetzliche Rentenrecht führt zudem dazu, dass schwerbehinderte Beschäftigte auch bei der Rentenhöhe wegen der nach § 77 II 2 a SGB VI hinzunehmenden Rentenabschläge wirtschaftlich schlechter gestellt werden als nicht schwerbehinderte Beschäftigte. Dies ist ein Verstoß gegen das Benachteiligungsverbot.[1183]

An dieser Stelle muss die Frage aufgeworfen werden, ob die Anwendung kollektivrechtlicher Vereinbarungen durch den Arbeitgeber Benachteiligungen seiner Beschäftigten durch Dritte darstellen. Anders formuliert ist danach zu fragen, ob durch Anwendung kollektivrechtlicher Vereinbarungen durch den Arbeitgeber ein Dritter in unzulässiger Weise die Beschäftigten benachteiligt und der Arbeitgeber gegebenenfalls dafür einzustehen hat. Nach dem ersten Eindruck erscheint eine Benachteiligung durch Dritte und die Haftung des Arbeitgebers für Drittverhalten abwegig. Der Arbeitgeber scheint auf den ersten Blick derjenige zu sein, der die Beschäftigten benachteiligt. Er ist es schließlich, der die Vereinbarung anwendet. Dies entfaltet die unmittelbare benachteiligende Wirkung gegenüber den Beschäftigten. Jedoch ist der Arbeitgeber nicht zwingend derjenige, der die von ihm angewandte Regelung geschaffen beziehungsweise allein geschaffen hat. Es ist daher fraglich, ob der Arbeitgeber der zwingend haftende Urheber der Benachteiligung im Sinne des Europarechts ist.[1184] Im Anschluss stellt sich die Frage, wie sich das Ergebnis auf die Haftung des Arbeitgebers auswirkt, insbesondere, weil einzig der Arbeitgeber nach § 15 I, II AGG passivlegitimiert ist.

A. Kontrollfähigkeit kollektivrechtlicher Handlungen

Die Möglichkeit, auch im Zusammenhang kollektivrechtlicher Vereinbarungen Beschäftigte zu benachteiligen, steht außer Frage. Es ist jedoch fraglich, ob entsprechende Vereinbarungen auch entsprechend kontrollfähig sind. Der Gesetzgeber geht in § 2 I Nr. 2 AGG im Ergebnis davon aus. Auch der EuGH ist auf europäischer Ebene der Ansicht, dass auch Tarifverträge einer Diskriminierungskontrolle unterliegen.[1185]

1182 BAG v. 16.12.2008 – 9 AZR 985/07, NZA-RR 2010, 32 (37) zu § 81 SGB IX a.F.
1183 BAG v. 16.12.2008 – 9 AZR 985/07, NZA-RR 2010, 32 (37) zu § 81 SGB IX a.F.
1184 Kritisch hierzu auch *Adomeit/Mohr*, AGG, § 15 Rn. 87.
1185 EuGH v. 31.05.1995 – C-400/93 (*Dansk Industri*), AP EWG-Vertrag Art. 119 Nr. 68.

I. Tarifverträge

Bezüglich der Kontrollfähigkeit von kollektivrechtlichen Vereinbarungen ist zwischen Tarifverträgen und sonstigen kollektivrechtlichen Vereinbarungen, wie zum Beispiel Betriebs- und Dienstvereinbarungen, zu differenzieren. Dies ist der einem besonderen Schutz unterliegenden Tarifautonomie geschuldet. Die Tarifautonomie ist in Art. 9 III GG als Grundrecht geschützt.[1186] Tarifverträge sind aufgrund der erhöhten Richtigkeitsgewähr lediglich einer Sachkontrolle, nicht jedoch einer Rechtmäßigkeitskontrolle entzogen.[1187]

Auch unionsrechtlich ist die Tarifautonomie als ein europäisches Grundrecht anerkannt.[1188] Daneben wird das Recht zum Abschluss von Tarifverträgen ausdrücklich nach Art. 28 der Charta der Grundrechte der EU gewährt. Der Schutz der Tarifautonomie wird jedoch nicht schrankenlos gewährt. Andere Grundrechte, wie zum Beispiel der Grundsatz der Gleichbehandlung und damit auch das Verbot der Ungleichbehandlung von wesentlich Gleichem, sind zu beachten. Die widerstreitenden Interessen sind im Rahmen einer praktischen Konkordanz in Einklang zu bringen.

Der EuGH hat zum Verhältnis des Grundrechtes auf Kollektivverhandlungen zum Schutz vor Diskriminierungen auf europäischer Ebene ausdrücklich Stellung genommen. Soweit das in Art. 28 der Charta der EU proklamierte Recht auf Kollektivverhandlungen Bestandteil des Unionsrechts ist, muss es im Rahmen der Anwendung des Unionsrechts im Einklang mit diesem ausgeübt werden.[1189] Richtlinien hingegen binden nur die Mitgliedsstaaten und nicht die Tarifvertragsparteien. Die Tarifvertragsparteien sind jedoch an die Umsetzungsgesetzgebung des Mitgliedsstaats und die richtlinienkonforme Auslegung entsprechender Gesetze gebunden.[1190] Nach der Rechtsprechung des EuGH konkretisieren die Richtlinien zum Schutz vor Diskriminierungen lediglich das primärrechtliche Verbot der Diskriminierung.[1191] Aus diesem Grund müssen die Sozialpartner bei Abschluss von Tarifverträgen den Diskriminierungsschutz, insbesondere die einschlägigen Richtlinien der Europäischen Union beachten.[1192]

1186 Däubler/Bertzbach – *Deinert*, AGG § 15 Rn. 89; ähnlich *Adomeit/Mohr*, AGG, § 15 Rn. 80.

1187 Exemplarisch BAG v. 06.09.1995 – 5 AZR 174/94, NZA 1996, 437 (439) m.w.N; ErfK – *Preis*, § 310 BGB Rn. 8; Kittner/Zwanziger/Deinert – *Deinert*, ArbR, § 8 Rn. 178 m.w.N; Däubler/Bertzbach – *Deinert*, AGG, § 15 Rn. 89.

1188 EuGH v. 11.12.2007 – C-438/05 (*Viking*), NZA 2008, 124 (127); bereits angedeutet EuGH v. 21.09.1999 – C- 115-117/97 (*Brentjes*), NZA 2000, 201 (203 f.).

1189 EuGH v. 08.09.2011 – C-297/10, C-298/10 (*Hennigs* und *Mai*), NZA 2011, 1100 (1102) m.w.N.

1190 Kittner/Zwanziger/Deinert – *Deinert*, § 8 Rn. 173 m.w.N.

1191 EuGH v. 19.01.2010 – C-555/07 (*Kücükdeveci*), NZA 2010, 85 (89).

1192 EuGH v. 08.09.2011 – C-297/10, C-298/10 (*Hennigs* und *Mai*), NZA 2011, 1100 (1103).

Zudem fordert das AGG die Beachtung des Diskriminierungsverbotes durch die Tarifvertragsparteien. Das AGG dient der Umsetzung der Richtlinien zum Schutz vor Diskriminierungen und enthält in § 7 I AGG ein ausdrückliches Verbot der Benachteiligung. An dieses Verbot sind auch die Tarifvertragsparteien gebunden.[1193]

II. Sonstige kollektivrechtliche Vereinbarungen

Die Grundrechtsproblematik stellt sich im Zusammenhang mit anderen kollektivrechtlichen Vereinbarungen nicht in diesem Ausmaß. Der Abschluss von Betriebs- oder Dienstvereinbarungen ist nicht von der Tarifautonomie umfasst. Insoweit kommt ein Grundrechtsschutz nur im Zusammenhang mit Art. 2 GG, Art. 12 GG oder auf Seiten des Arbeitgebers mit Art. 14 GG in Betracht. Aber auch diese Grundrechte gewähren kein Recht zur Benachteiligung von Beschäftigten. Vielmehr werden auch sie begrenzt durch die Grundrechte anderer und müssen in Abwägung der Grundrechte hinter dem Schutz vor unzulässiger Benachteiligung zurückstehen.

B. Benachteiligende Anwendung einer neutralen Vereinbarung

I. Differenzierung zwischen benachteiligender Anwendung neutraler Vorschriften und Anwendung benachteiligender Vereinbarungen

Bei der Anwendung kollektivrechtlicher Vereinbarungen kann zwischen zwei unterschiedlichen Fallgruppen differenziert werden.

Zu unterscheiden ist zwischen dem Fall, dass der Arbeitgeber eine kollektivrechtliche Vereinbarung ohne benachteiligenden Inhalt in unzulässig benachteiligender Weise anwendet und dem Fall, dass der Arbeitgeber eine kollektivrechtliche Vereinbarung anwendet, deren Inhalt gegen das Verbot der unzulässigen Benachteiligung verstößt.[1194] Die erste Fallkonstellation liegt vor, wenn der Arbeitgeber eine Vorschrift, die benachteiligungsfrei, wie auch benachteiligend ausgelegt werden kann, gerade in der benachteiligenden Leseart anwendet oder wenn der Arbeitgeber in

---

1193 Das Benachteiligungsverbot gilt nicht nur für den Arbeitgeber, sondern nach der Gesetzesbegründung ausdrücklich auch für Dritte; vgl., BT-Drs. 16/1870, S. 34; ebenso Schleusener/Suckow/Voigt – *Schleusener*, AGG, § 15 Rn. 4; Erman – *Belling*, BGB, § 7 AGG Rn. 2; *Kock*, MDR 2006, 1088 (1089); zur Einbeziehung der Tarifvertragsparteien Däubler/Bertzbach – *Däubler*, AGG, § 7 Rn. 2b m.w.N.; *v. Roetteken*, AGG, § 7 Rn. 18 f.; *Nollert-Borasio/Perreng*, AGG, § 7 Rn. 5; *Schäfer*, S. 50.

1194 Diese Unterscheidung vornehmend auch BAG v. 16.02.2012 – 8 AZR 697/10, NZA 2012, 667 (673); Däubler/Bertzbach – *Deinert*, AGG, § 15 Rn. 89a; Schiek – *Kocher*, AGG, § 15 Rn. 54; andeutend, durch Bezug auf die erhöhte Richtigkeitsgewähr *Bauer/Krieger*, AGG, § 15 Rn. 40 f.; ebenso HWK – *Rupp*, AGG, § 15 Rn. 11; *Nollert-Borasio/Perreng*, AGG, § 15 Rn. 29.

diskriminierender Weise unterschiedlich von in Tarifverträgen geschaffenen Rechten Gebrauch macht. In diesem Fall ist nicht die kollektivrechtliche Norm Ursprung der unzulässigen Benachteiligung, sondern erst die Art und Weise der Anwendung durch den Arbeitgeber.

In der zweiten Fallkonstellation ist bereits die kollektivrechtliche Norm der Ausgangspunkt der unzulässigen Benachteiligung, auch wenn sich dies erst durch die entsprechende Anwendung auswirkt. Angesichts dessen ist eine differenzierte Betrachtung der Haftung des Arbeitgebers in beiden Fällen vorzunehmen.

II. Grundsatz der Haftung bei benachteiligender Anwendung

Gemäß § 15 III AGG soll der Arbeitgeber bei der Anwendung kollektivrechtlicher Vereinbarungen nur dann zur Entschädigung verpflichtet sein, wenn er vorsätzlich oder grob fahrlässig handelt. Zweifel an der Vereinbarkeit dieser Privilegierung des Arbeitgebers in § 15 III AGG mit dem Europarecht drängen sich auf.[1195] Davon ungeachtet greift die Privilegierung des § 15 III AGG nicht im Fall der Anwendung von diskriminierungsfreien, kollektivrechtlichen Vereinbarungen, sondern würde allenfalls bei einer vorsätzlichen oder grob fahrlässigen Umsetzung einer wegen des benachteiligenden Charakters unwirksamen Regelung in Betracht kommen.[1196] Das Haftungsprivileg kann bei der benachteiligenden Anwendung einer nicht benachteiligenden, kollektivrechtlichen Vereinbarung nicht greifen. Sinn und Zweck der Privilegierung ist eine vermeintlich vertrauensbegründete, erhöhte „Richtigkeitsgewähr" von kollektivrechtlichen Vereinbarungen.[1197] Bei der fehlerhaften Umsetzung einer zulässigen kollektivrechtlichen Vereinbarung ist nach diesem Sinn und Zweck eine Haftungsprivilegierung des Arbeitgebers nicht angezeigt.[1198] Ein schützenswertes Interesse des Arbeitgebers besteht dann nicht. Es ist zwischen dem angeblich schützenswerten Vertrauen in die Rechtmäßigkeit der angewandten Norm und der benachteiligenden Anwendung der kollektivrechtlichen Vereinbarung zu differenzieren. Beruht das rechtswidrige Verhalten des Arbeitgebers auf der benachteiligenden Umsetzung einer rechtlich nicht zu beanstandenden Norm, ist der Arbeitgeber nicht schutzwürdig. Das Vertrauen des Arbeitgebers darauf, dass die angewandte kollektivrechtliche Vereinbarung rechtmäßig ist, bleibt dabei unberührt. Zudem ist

---

1195 Die Haftungsprivilegierung des § 15 III AGG ist im Ergebnis aus den Gründen, aus denen auch das Verschuldenserfordernis nach § 15 I 2 AGG als gemeinschaftsrechtswidrig anzusehen ist, ebenfalls als unionsrechtswidrig anzuordnen und nicht anzuwenden. Zur Europarechtswidrigkeit des § 15 III AGG siehe auch MüKo – *Thüsing*, BGB, § 15 AGG Rn. 41; Däubler/Bertzbach – *Deinert*, AGG, § 15 Rn. 93; *Temming*, RdA 2008, 205 (217); Erman – *Belling*, BGB, § 15 AGG Rn. 11.

1196 BAG v. 16.02.2012 – 8 AZR 697/10, NZA 2012, 667 (673); MüKo – *Thüsing*, BGB, § 15 AGG Rn. 36; ähnlich Däubler/Bertzbach – *Deinert*, AGG, § 15 Rn. 89a.

1197 BT-Drucks. 16/1780, S. 34; MüKo – *Thüsing*, § 15 AGG Rn. 38; PWW – *Lingemann*, § 15 AGG Rn. 11.

1198 BAG v. 16.02.2012 – 8 AZR 697/10, NZA 2012, 667 (673).

anzumerken, dass die Richtigkeitsgewähr keine Rechtmäßigkeitsgewähr darstellt. Die Richtigkeitsgewähr besagt, dass die getroffene Regelung in der Sache in Bezug auf die Arbeitsbeziehungen für richtig erachtet wird, weil keine der beteiligten Parteien strukturell unterlegen war.[1199] Dies bedeutet jedoch nicht, dass damit feststeht, dass diese Regelung auch mit höherrangigem Recht vereinbar ist. Eine solche Rechtmäßigkeitsgewähr beinhaltet die Richtigkeitsgewähr nicht.

Der Arbeitgeber haftet in den Fällen diskriminierender Anwendung nicht benachteiligender Regelungen nach § 15 I, II AGG gegenüber den betroffenen Beschäftigten auf Schadensersatz und Entschädigung. Eine Haftungsprivilegierung ist abzulehnen.

III. Berücksichtigung besonderer Umstände in Ausnahmefällen

Ist für den Arbeitgeber trotz aller zumutbaren Bemühungen nicht erkennbar, dass eine Vereinbarung diskriminierungsfrei angewandt werden kann, stellt sich die Frage, ob der Arbeitgeber in diesem Ausnahmenfall der diskriminierenden Anwendung einer nicht diskriminierenden Vereinbarung so behandelt werden sollte, als würde er eine diskriminierende Vereinbarung anwenden.

Dem Ganzen liegt folgende Überlegung zu Grunde. Zugunsten des Arbeitgebers ist bei der kaum erkennbaren Möglichkeit der benachteiligungsfreien Auslegung einer Kollektivvereinbarung davon auszugehen, dass die entsprechende Regelung und nicht nur die Anwendung diskriminierend sind. Die Parteien der Kollektivvereinbarung übertragen das Auslegungsrisiko auf den Arbeitgeber und können faktisch frei von jeglicher Überlegung, ob eine Regelung benachteiligt oder nicht, Vereinbarungen treffen. Dies obwohl auch die Tarifvertragsparteien und die Vertretungen der Beschäftigten zur Beachtung des Benachteiligungsverbotes angehalten sind.[1200] Der Gesetzgeber macht dies in § 17 I AGG deutlich. Danach sind Tarifvertragsparteien, Arbeitgeber, Beschäftigte und deren Vertretungen aufgefordert, im Rahmen ihrer Aufgaben und Handlungsmöglichkeiten an der Verwirklichung des

---

1199 BAG v. 03.10.1969 – 3 AZR 400/68, BAGE 22, 144 (151) m.w.N.; BAG v. 06.09.1995 – 5 AZR 174/94, NZA 1996, 437 (439) m.w.N.; Erman – *Belling*, BGB, § 15 AGG Rn. 11; *Adomeit/Mohr*, AGG, § 15 Rn. 80.

1200 Auch die Tarifvertragsparteien und die Betriebsparteien sind an das Benachteiligungsverbot des § 7 I AGG gebunden; BAG v. 08.12.2010 – 7 ABR 98/09, NZA 2011, 751 (754); BAG v. 19.01.2011 – 3 AZR 29/09, NZA 2011, 860 (863); *v. Roetteken*, AGG, § 7 Rn. 19; Däubler/Bertzbach – *Däubler*, AGG, § 7 Rn. 2b; *Bauer/Krieger*, AGG, § 7 Rn. 6; *Nollert-Borasio/Perreng*, AGG, § 7 Rn. 5; ErfK – *Schlachter*, § 7 AGG Rn. 2. Das Benachteiligungsverbot gilt auch für Dritte; vgl. BT-Drs. 16/1780, S. 34; *Kamanabrou*, RdA 2006, 321 (333); Schleusener/Suckow/Voigt – *Schleusener*, AGG, § 7 Rn. 4; a.A. wohl *Adomeit/Mohr*, AGG, § 7 Rn. 8, wonach Anspruchsgegner des Benachteiligungsverbotes der Arbeitgeber sei. Die Unwirksamkeit kollektivrechtlicher Vereinbarungen nach § 7 II AGG wird dennoch bejaht; vgl. *Adomeit/Mohr*, AGG, § 7 Rn. 14.

in § 1 AGG genannten Ziels mitzuwirken. Der EuGH hat den Sozialpartnern bei Ausübung der gewährten Tarifautonomie ausdrücklich die Beachtung des europäischen Antidiskriminierungsschutzes aufgegeben.[1201]

Die Besserstellung des Arbeitgebers in Ausnahmefällen könnte sich aus den damit einhergehenden Folgen begründen. Dies bedeutet keinesfalls, dass der Arbeitgeber in den Genuss einer Haftungsprivilegierung im Sinne des § 15 III AGG kommt.[1202] Jedoch kann dies eine Besserstellung in Bezug auf den Regress gegenüber den Parteien der Kollektivvereinbarung bedeuten. Ein Regress bei diesen besteht nur, soweit man eine Regressmöglichkeit annimmt, wenn eine benachteiligende Vereinbarung angewandt wurde. Ein Regress ist dahingegen nicht angebracht, wenn der Arbeitgeber eine Vereinbarung benachteiligend anwendet. Die Parteien der Kollektivvereinbarung würden so nur das Risiko der Unwirksamkeit einer ihrer Vereinbarungen tragen, währenddessen der Arbeitgeber das Risiko der Haftung nach dem AGG für die Umsetzung einer gesamten kollektivrechtlichen Vereinbarung gänzlich allein tragen würde. Die eigentlichen Urheber der Benachteiligung, die Kollektivparteien, die die Vereinbarung geschaffen haben, würden dagegen kein Haftungsrisiko tragen. Dies erfordert letztlich, in Ausnahmefällen auch bei benachteiligender Anwendung diskriminierungsfreier Kollektivvereinbarungen, die Parteien der Kollektivvereinbarung mit in die Ausgestaltung der Haftung des Arbeitgebers einzubeziehen. Der Arbeitgeber ist im Ergebnis in einem solchen Fall so zu behandeln, als würde er eine diskriminierende Regelung anwenden.

C. Anwendung einer benachteiligenden tarifvertraglichen Vereinbarung

I. Urheberschaft des Arbeitgebers

Voraussetzung für eine zwingende Haftung des Arbeitgebers bei Anwendung eines benachteiligenden Tarifvertrages ist seine Urheberschaft der Benachteiligung.[1203] Die Ursache der Benachteiligung setzten die Parteien der Kollektivvereinbarung, zum Beispiel die Tarifvertragsparteien. Unter diesem Gesichtspunkt ist nicht der Arbeitgeber der Urheber der Benachteiligung. Es stellt sich daher die Frage, ob der Arbeitgeber überhaupt der Urheber durch Anwendung einer kollektivrechtlichen Vereinbarung ist.

1201 EuGH v. 08.09.2011 – C-297/10, C-298/10 (*Hennigs* und *Mai*), NZA 1100 (1103).

1202 Die Haftungsprivilegierung des § 15 III AGG ist europarechtswidrig und daher nicht anzuwenden. So auch MüKo – *Thüsing*, BGB, § 15 AGG Rn. 41; Däubler/Bertzbach – *Deinert*, AGG, § 15 Rn. 93; *Temming*, RdA 2008, 205 (217); Erman – *Belling*, BGB, § 15 AGG Rn. 11.

1203 Zur zwingenden Haftung des Urhebers einer Benachteiligung vgl. EuGH v. 22.04.1997 – C-180/95 (*Draehmpaehl*), NJW 1997, 1839 (1840); EuGH v. 08.11.1990 – C-179/88 (*Dekker*); NZA 1991, 171 (172).

Die Urheberschaft des Arbeitgebers kann nicht bereits deshalb abgelehnt werden, weil er die benachteiligende Wirkung und damit die Unwirksamkeit der Tarifnorm nicht erkannt hat.[1204] Die Erkennbarkeit der benachteiligenden Wirkung ist keine Frage der Urheberschaft der Benachteiligung, sondern eine Frage der Rechtsfolge und der Auswirkungen des möglichen Rechtsirrtums auf die Haftung, insbesondere auf die Haftungshöhe.

1. Urheberschaft des Arbeitgebers durch Anwendung

Ist der Arbeitgeber selbst nicht Tarifvertragspartei, sondern aufgrund seiner Mitgliedschaft im Arbeitgeberverband oder aufgrund einer Inbezugnahme des Tarifvertrages grundsätzlich zur Anwendung des Tarifvertrags verpflichtet, kann seine Urheberschaft für die unzulässige Benachteiligung durch Anwendung einer benachteiligenden Tarifnorm nicht unmittelbar aus der benachteiligenden Tarifnorm hergeleitet werden. Eine benachteiligende Tarifnorm ist eine Benachteiligung im Sinne des § 3 V 1 AGG. Der Arbeitgeber als Anwender des Tarifvertrages wird durch die Regelung zur Benachteiligung seiner Beschäftigten durch die Tarifvertragsparteien angewiesen. Dies wirkt sich jedoch nicht unmittelbar auf den Beschäftigten aus. Dies setzt § 3 V 1 AGG aber auch nicht voraus.[1205] Wendet der Arbeitgeber die Tarifnorm nicht an, hat diese Benachteiligung jedoch keine spürbaren Folgen für die Beschäftigten und begründet dann auch keinen Anspruch gegen den Arbeitgeber. Bei der Beurteilung der Urheberschaft einer unzulässigen Benachteiligung bei Anwendung einer kollektivrechtlichen Vereinbarung allein auf die Verantwortlichkeit für die kollektivrechtliche Vereinbarung abzustellen, scheint daher zu kurzsichtig und nicht praxisgerecht.[1206] Die Urheberschaft des Arbeitgebers für eine unzulässige Benachteiligung durch Anwendung einer benachteiligenden Tarifnorm ergibt sich daher nicht ausschließlich aus der benachteiligenden Norm selbst.

Die Benachteiligung des einzelnen Beschäftigten erfolgt praktisch nicht durch die Kollektivvereinbarung selbst, sondern erst durch die Umsetzung dieser Vereinbarung durch den Arbeitgeber. Der Arbeitgeber benachteiligt den Beschäftigten durch die Umsetzung der Kollektivvereinbarung. Erst durch die Anwendung der Vereinbarung beziehungsweise der benachteiligenden Regelung wird der Beschäftigte tatsächlich spürbar benachteiligt. Faktisch vollstreckt der Arbeitgeber durch die Anwendung der Tarifnorm die durch die Tarifpartner vereinbarte Benachteiligung.

1204 So aber *Krebber*, EuZA 2009, 200 (214); *Wiedemann*, NZA 2007, 950 (954); *Adomeit/Mohr*, AGG, § 15 Rn. 87.

1205 BT-Drs. 16/1780, S. 33; ErfK – *Schlachter*, § 3 AGG Rn. 23; Däubler/Bertzbach – *Deinert*; AGG, § 3 Rn. 90 m.w.N; *Nollert-Borasio-Perreng*, AGG, § 3 Rn. 45; *Bauer/Göpfert/Krieger*, AGG, § 3 Rn. 68; *Meinel/Heyn/Herms*, AGG, § 3 Rn 53; Schleusener/Suckow/Voigt – *Schleusener*, AGG, § 3 Rn. 163; a.A. *Adomeit/Mohr*, AGG, § 3 Rn. 266.

1206 So aber *Krebber*, EuZA 2009, 200 (214); *Wiedemann*, NZA 2007, 950 (954); *Adomeit/Mohr*, AGG, § 15 Rn. 87.

Dies hat zur Folge, dass gegenüber dem betroffenen Beschäftigten nicht die Tarifparteien mittels ihrer Vereinbarung benachteiligen, sondern der diese Vereinbarung anwendende Arbeitgeber.

Der Arbeitgeber seinerseits ist trotz grundsätzlicher Tarifbindung gemäß § 3 I, § 4 I 1 TVG nicht zur Anwendung der nach § 7 II AGG unwirksamen Tarifnorm verpflichtet.[1207] Eine Pflicht zur Anwendung unwirksamer Normen besteht gerade nicht.[1208] Vielmehr gebietet es der Schutz vor unzulässiger Benachteiligung eine entsprechende Norm nicht anzuwenden. Wendet der Arbeitgeber dennoch eine nach § 7 II AGG unwirksame Regelung an, ist er auch verantwortlicher Verursacher der Benachteiligung.

2. *Arbeitgeber selbst Tarifvertragspartei*

Ist der Arbeitgeber selbst Tarifvertragspartei, ist er bereits aufgrund der Anweisung zur Benachteiligung, die nach § 3 V 1 AGG selbst eine Benachteiligung ist, Urheber der Benachteiligung. Die benachteiligende Tarifvereinbarung stellt eine Anweisung zur Benachteiligung dar. Ist der Arbeitgeber selbst Tarifvertragspartei, hat er unmittelbar die benachteiligende Vereinbarung mit geschaffen und zu einer Benachteiligung angewiesen.

Benachteiligende tarifvertragliche Regelungen werden jedoch nicht allein arbeitgeberseitig geschaffen. Tarifverträge sind eine gemeinsame Vereinbarung der Tarifvertragsparteien, genauer von Arbeitgeber und Gewerkschaft. Dies hat zur Folge, dass die tarifvertragschließende Gewerkschaft ebenfalls verantwortlicher Urheber einer zu einer Benachteiligung anweisenden Tarifnorm ist. Im Ergebnis benachteiligt daher auch die am Tarifvertrag beteiligte Gewerkschaft. Die Folgen dieser Konstellation für die Haftung gegenüber den benachteiligten Beschäftigten[1209] und das Haftungsverhältnis zwischen den Tarifvertragsparteien[1210] sind Gegenstand der nachfolgenden Erläuterungen.

3. *Haftungsrechtliche Folgen der Urheberschaft*

Ist der Arbeitgeber als Urheber der Benachteiligung verantwortlich, ist er nach § 15 I, II AGG gegenüber den betroffenen Beschäftigten zur Zahlung von Schadensersatz und einer angemessenen Entschädigung verpflichtet. Zugleich kommt aufgrund

---

1207 Däubler/Bertzbach – *Deinert*, AGG, § 15 Rn. 91; Schiek – *Kocher*, AGG, § 15 Rn. 53; im Erg. auch Schleusener/Suckow/Voigt – *Schleusener*, AGG, § 3 Rn. 169; ähnlich auch Hey/Forst – *Forst*, AGG, § 15 Rn. 103.

1208 ErfK – *Schlachter*, § 15 AGG Rn. 14; *Walker*, NZA 2009, 5 (6); *Nebeling/Miller*, RdA 2007, 289 (292); *Schlachter*, ZESAR 2006, 391 (398).

1209 Hierzu nachfolgend unter Kapitel VI C. I. 3. und VI C. II. und III.

1210 Siehe hierzu nachfolgend unter Kapitel VI C. IV.

der durch die unzulässige Benachteiligung erfolgten Verletzung des allgemeinen Persönlichkeitsrechts eine Haftung des Arbeitgebers aus Delikt in Betracht.[1211]

Im Gegensatz dazu haften die Tarifvertragsparteien in der Regel nicht nach § 15 AGG gegenüber den benachteiligten Beschäftigten. Nach § 15 AGG, der einzigen Anspruchsgrundlage auf Schadensersatz und Entschädigung für Beschäftigte im AGG, ist einzig der Arbeitgeber passivlegitimiert.[1212] Dies bedeutet nicht, dass die Haftung der Tarifvertragsparteien prinzipiell ausgeschlossen ist.[1213]

In Ausnahmefällen haftet auch eine Tarifvertragspartei gegenüber den Beschäftigten nach § 15 AGG. Dies ist der Fall, wenn der Arbeitgeber zum Beispiel bei einem Haustarifvertrag selbst Tarifvertragspartei ist. Die benachteiligende Tarifvereinbarung stellt eine Anweisung zur Benachteiligung dar und ist daher nach § 3 V 1 AGG selbst eine Benachteiligung. Ist der Arbeitgeber selbst Tarifvertragspartei, hat er unmittelbar die benachteiligende Vereinbarung mit geschaffen und zu einer Benachteiligung angewiesen.

Neben der Haftung des Arbeitgebers nach § 15 I, II AGG haftet dieser dem benachteiligten Beschäftigten auch aus Delikt. Ein Anspruch auf Entschädigung aus § 823 I BGB wegen der durch die Benachteiligung erfolgten Persönlichkeitsrechtsverletzung besteht wegen der Subsidiarität dieses Anspruchs angesichts anderweitiger Kompensation nicht.[1214] In Betracht kommt eine Haftung nach § 823 II BGB i.V.m. § 7 I AGG,[1215] gegebenenfalls in Verbindung mit § 31 I BGB.

1211 Siehe hierzu unter Kapitel III C. III. 2. b.

1212 Exemplarisch *Koch*, VersR 2007, 288 (290); *Wagner/Potsch*, JZ 2006, 1085 (1089); *Nollert-Borasio/Perreng*, AGG, § 15 Rn. 5; *Mohr*, SAE 2008, 106 (107) m.w.N.; Däubler/Bertzbach – *Deinert*, AGG, § 15 Rn. 45, 87 m.w.N.; BAG v. 21.06.2012 – 188/11, NZA 2012, 1211 (1212); BAG v. 13.11.2011 – 8 AZR 608/10, EzA § 15 AGG Nr. 16.

1213 Eine grundsätzliche Haftung der Tarifvertragsparteien aufgrund der Anweisung zur Benachteiligung bejahend Däubler/Bertzbach – *Deinert*, AGG § 3 Rn. 91; Schleusener/Suckow/Voigt – *Schleusener*, AGG, § 3 Rn. 170 ff.; a.A. ausdrücklich *Nollert-Borasio/Perreng*, AGG, § 15 Rn. 31.

1214 Vgl. hierzu ausführlich unter Kapitel III C. III. 2. b. cc.

1215 § 7 I AGG ist ein Schutzgesetz. So auch Wendeling-Schröder/Stein – *Stein*, AGG, § 15 Rn. 91; Schleusener/Suckow/Voigt – *Voigt*, AGG, § 15 Rn. 26; Däubler/Bertzbach – *Deinert*, AGG, § 15, Rn. 124; *v. Roetteken*, AGG, § 15 Rn. 114; Palandt – *Weidenkaff*, BGB, § 7 AGG Rn. 7; Schiek – *Kocher*, AGG, § 15 Rn. 67, § 7 Rn. 1; Rust/Falke – *Bücker*, AGG, § 15 Rn. 59. A.A. MüKo – *Thüsing*, BGB, § 15 AGG Rn. 53; *Thüsing*, Arbeitsrechtlicher Diskriminierungsschutz, Rn. 562; PWW – *Schaub*, BGB, § 823 Rn. 236; *Bauer/Krieger*, AGG, § 7 Rn. 7; im Erg. auch *Stoffels*, RdA 2009, 204 (215). Offen gelassen BAG v. 21.06.2012 – 188/11, NZA 2012, 1211 (1215).

II. Haftungsprivileg des § 15 III AGG bei Anwendung diskriminierender Vereinbarungen

1. Grundsatz der Haftungsprivilegierung

Nach dem Wortlaut des § 15 III AGG haftet der Arbeitgeber bei der Anwendung kollektivrechtlicher Vereinbarungen nur bei Vorsatz und grober Fahrlässigkeit. Nach dem Wortlaut des § 15 III AGG unterliegt nur der Anspruch auf Entschädigung nach § 15 II 1 AGG dem Haftungsprivileg. Zum Teil wird dies auch auf den Schadensersatzanspruch nach § 15 I 1 AGG übertragen.[1216] Diese gesetzgeberische Ausgestaltung erscheint konsequent. Schließlich soll nach dem Wortlaut des § 15 I 2 AGG der Anspruch auf Schadensersatz im Gegensatz zum Entschädigungsanspruch verschuldensabhängig sein. Eine solche Unterscheidung ist jedoch im Ergebnis irrelevant. Beide Ansprüche sind unter Beachtung der europarechtlichen Vorgaben nicht von einem Verschulden des Arbeitgebers abhängig.[1217] Zur Begründung der Haftungsprivilegierung bei der Anwendung kollektivrechtlicher Vereinbarungen wird in der Gesetzesbegründung ausgeführt, dass die vermutete Richtigkeitsgewähr eine entsprechende Regelung rechtfertigen würde.[1218]

Unklar ist, ob die Haftungsprivilegierung des § 15 III AGG lediglich bei normativer Geltung der angewendeten kollektivrechtlichen Vereinbarung angewandt werden soll oder auch bei einer Bezugnahme der kollektivrechtlichen Vereinbarung zum Beispiel durch eine arbeitsvertragliche Bezugnahmeklausel.[1219] Offen ist ebenso, ob die Haftungsprivilegierung des § 15 III AGG nur greifen soll, wenn auf die gesamte kollektivrechtliche Vereinbarung Bezug genommen wird oder auch, wenn lediglich einzelne Regelungen der kollektivrechtlichen Vereinbarung in Bezug genommen werden.[1220]

1216 Jauernig – *Mansel*, BGB § 15 AGG, Rn. 5 m.w.N in der 15. Auflage; PWW – *Lingemann*, BGB § 15 AGG, Rn. 11; *Bauer/Krieger*, AGG, § 15 Rn. 45; *Bauer/Evers*, NZA 2006, 893 (897); *Annuß*, BB 2006, 1629, (1635); a.A. Däubler/Bertzbach – *Deinert*, AGG, § 15 Rn. 92; *Schlachter*, ZESAR 2006, 391 (398); *Richardi*, NZA 2006, 881 (885).

1217 So beispielsweise auch Däubler/Bertzbach – *Deinert*, AGG, § 15 Rn. 30 m.w.N., Rn. 58; *Wagner/Potsch*, JZ 2006, 1085 (1091); *Stoffels*, RdA 2009, 204 (210); *Bauer/Thüsing/Schunder*, NZA 2006, 774 (776).

1218 BT-Drs. 16/1780, S. 38.

1219 Bejahend bei Bezugnahme eines fachlich, räumlich und zeitlich einschlägigen Tarifvertrages ErfK – *Schlachter*, § 15 AGG Rn. 13; *Thüsing*, Arbeitsrechtlicher Diskriminierungsschutz, Rn. 549; MüKo – *Thüsing*, § 15 AGG Rn. 39; *Adomeit/Mohr*, AGG, § 15 Rn. 81; *Annuß*, BB 2006, 1629 (1635); *Richardi*, NZA 2006, 881 (885); a.A. Schiek – *Kocher*, AGG, § 15 Rn. 50, wonach bei arbeitsrechtlicher Bezugnahme keine kollektivrechtlichen Vereinbarungen im Rechtssinne angewandt werden.

1220 Ablehnend Schleusener/Suckow/Voigt –*Voigt*, AGG § 15 Rn. 63; Däubler/Bertzbach – *Deinert*, AGG, § 15 Rn. 94; einschränkend für nicht einschlägige Tarifverträge Wendeling-Schröder/Stein – *Stein*, AGG, § 15 Rn. 62; a.A. MüKo – *Thüsing*, BGB, § 15 AGG Rn. 39; *v. Roetteken*, AGG, § 15 Rn. 65 m.w.N.

Nach dem Wortlaut des § 15 III AGG ist eine unmittelbare Geltung der angewandten kollektivrechtlichen Vereinbarung nicht zwingend erforderlich. Danach genügt die Anwendung einer kollektivrechtlichen Vereinbarung durch den Arbeitgeber. Eine Einschränkung auf bestimmte Anwendungsfälle erfolgt nach dem Wortlaut der Norm nicht. Eine ausdrückliche Regelung enthält § 15 III AGG jedoch nicht. Zieht man die Gesetzesbegründung zur Auslegung der Privilegierungsnorm des § 15 III AGG heran, ist nach dem Willen des Gesetzgebers auch die Anwendung kollektivrechtlicher Vereinbarungen aufgrund arbeitsvertraglicher Bezugnahme vom Anwendungsbereich des § 15 III AGG umfasst.[1221]

Gegen die Einbeziehung der Haftungsprivilegierung bei vereinbarter Bezugnahme der angewandten kollektivrechtlichen Vereinbarung bestehen jedoch erhebliche Bedenken. Letztlich würde dies zu einer verschuldensabhängigen Haftung des Arbeitgebers gegenüber dem Beschäftigten aufgrund vertraglicher Vereinbarung führen, obwohl eine verschuldensunabhängige Haftung aufgrund der europäischen Vorgaben zwingend erforderlich ist. Zum Teil wird § 15 III AGG als strategische Möglichkeit zur Vermeidung einer Inanspruchnahme des Arbeitgebers wegen unzulässiger Benachteiligung angesehen.[1222] Dies steht dem effizienten Schutz vor unzulässiger Benachteiligung offensichtlich entgegen. Die bewusste Umgehung der verschuldensunabhängigen Haftung führt zu einer Aushöhlung des Antidiskriminierungsschutzes. Etwas Anderes kann auch nicht bei Bezugnahme einer fachlich und zeitlich einschlägigen Vereinbarung gelten. Insbesondere bei Tarifverträgen besteht bei fehlender Tarifbindung des Arbeitgebers oder der Beschäftigten keine normative Wirkung des Tarifvertrags und damit auch keine zwingende Pflicht zur Anwendung der kollektivrechtlichen Vereinbarung. Es ist daher kein Grund ersichtlich, weshalb in diesem Fall eine Privilegierung vorgenommen werden müsste. Der Arbeitgeber trägt letztlich das Risiko, wenn er eine kollektivrechtliche Vereinbarung anwendet ohne dazu zwingend verpflichtet zu sein.

Etwas Anderes kann dann gelten, wenn ein Tarifvertrag aufgrund einer Bezugnahme in einer Betriebs- oder Dienstvereinbarung anzuwenden ist. In diesem Fall besteht eine zwingende Verpflichtung zur Anwendung aufgrund der normativen Wirkung der Betriebs- oder Dienstvereinbarung. Die angewandte kollektivrechtliche Vereinbarung ist dann faktisch Bestandteil der Bezug nehmenden, normativ wirkenden anderen kollektivrechtlichen Vereinbarung.

Im Ergebnis ist daher eine Anwendung der Haftungsprivilegierung nach § 15 III AGG bei arbeitsvertraglicher Bezugnahme auf die angewandte kollektivrechtliche Vereinbarung abzulehnen. Dies gilt unabhängig davon, ob lediglich eine einzelne Regelung oder die gesamte Vereinbarung in Bezug genommen wurde.

1221 Die arbeitsvertragliche Bezugnahme ist in der Gesetzesbegründung zu § 15 III AGG ausdrücklich genannt; vgl. BT-Drs. 16/1780, S. 38.

1222 *Bauer/Krieger*, AGG § 15 Rn. 43; *Bauer/Evers*, NZA 2006, 893 (897).

2. *Vereinbarkeit des Haftungsprivilegs mit dem Europarecht*

Nach § 15 III AGG soll der Arbeitgeber bei Anwendung einer kollektivrechtlichen Vereinbarung nur bei Vorsatz oder grober Fahrlässigkeit haften. Dies steht den durch den EuGH konkretisierten Anforderungen des Gemeinschaftsrechts jedoch entgegen. Danach darf die Haftung des Urhebers einer Benachteiligung nicht von einem Verschulden abhängen.[1223] Es stellt sich daher die Frage, ob § 15 III AGG mit dem Europarecht vereinbar ist.

Die Frage der Vereinbarkeit von § 15 III AGG mit dem Europarecht ist bisher durch die nationalen Gerichte nicht ausdrücklich geklärt. Das BAG hat die Frage der Vereinbarkeit der Haftungsprivilegierung nach § 15 III AGG mit dem Europarecht ausdrücklich offen gelassen.[1224] Gegen die Vereinbarkeit mit dem Unionsrecht des in § 15 III AGG ausdrücklich normierten Verschuldenserfordernis spricht die eindeutige Rechtsprechung des EuGH in Sachen *Dekker* und *Draehmpaehl.*[1225] Danach darf die Haftung des Arbeitgebers als Urheber nicht von einem Verschulden abhängig sein.[1226] Ginge man davon aus, dass das Verschuldenserfordernis als Privilegierung des Arbeitgebers zur Anwendung kommen würde, so könnte man § 15 III AGG unter strategischen Gesichtspunkten nutzen, eine Haftung wegen unzulässiger Benachteiligung zum Beispiel durch Betriebsvereinbarungen[1227] oder durch einen Tarifvertrag, bei dem der Arbeitgeber selbst Tarifvertragspartei ist,[1228] zu vermeiden. Gleichwohl bietet diese Strategie jedoch gerade auch die Möglichkeit zum Missbrauch für Maßnahmen mit zweifelhafter Legitimation.[1229] So kann der Arbeitgeber im Rahmen kollektivrechtlicher Vereinbarungen versuchen, Regelungen gegenüber den Beschäftigten durchzuführen, obwohl er Zweifel an der Zulässigkeit trotz angemessener Aufklärungsmaßnahmen nicht ausschließen kann. Ein grob fahrlässiges oder vorsätzliches Handeln wäre in diesem Fall nicht gegeben. Jedoch würde der nach den europarechtlichen Vorgaben geforderte effektive Schutz vor Diskriminierung nicht im vollen Umfang gewährleistet werden. Vielmehr würde dies eine Einschränkung des Diskriminierungsschutzes bedeuten.

1223 EuGH v. 22.04.1997 – C-180/95 (*Draehmpaehl*), NJW 1997, 1839 (1840); EuGH v. 08.11.1990 – C-179/88 (*Dekker*); NZA 1991, 171 (172).

1224 BAG v. 22.01.2009 – 8 AZR 906/07, NZA 2009, 945 (951); BAG v. 16.02.2012 – 8 AZR 697, NZA 2012, 667 (673).

1225 So auch MüKo – *Thüsing*, BGB, § 15 AGG Rn. 41; Däubler/Bertzbach – *Deinert*, AGG, § 15 Rn. 93; *Temming*, RdA 2008, 205 (217); Erman – *Belling*, BGB, § 15 AGG Rn. 11; Hey/Forst – *Forst*, AGG, § 15 Rn. 105 f.; a.A. Schleusener/Suckow/Voigt – *Voigt*, AGG, § 15 Rn. 59.

1226 EuGH v. 22.04.1997 – C-180/95 (*Draehmpaehl*), NJW 1997, 1839 (1840); EuGH v. 08.11.1990 – C-179/88 (*Dekker*); NZA 1991, 171 (172).

1227 So *Bauer/Krieger*, AGG, § 15 Rn. 43; *Bauer/Evers*, NZA 2006, 893 (897), ablehnend *Meinel/Heyn/Herms*, AGG, § 15 Rn. 84.

1228 *Jacobs*, RdA 2009, 193 (197).

1229 Ähnlich ablehnend *Meinel/Heyn/Herms*, AGG, § 15 Rn. 84.

Zudem ist nach § 15 AGG einzig der Arbeitgeber passiv legitimiert. Die Anwendung des Haftungsprivilegs hätte dann zur Folge, dass die Haftung ausgeschlossen wäre, wenn die Voraussetzungen vorlägen. Der betroffene Beschäftigte würde unzulässig benachteiligt werden, aber diese Benachteiligung bliebe sanktionslos.[1230] Dies entspricht nicht den europäischen Vorgaben. Die Richtlinien sehen keine Ausnahmen von einer Sanktion in bestimmten Fällen vor.[1231] Vielmehr muss jede Benachteiligung sanktioniert werden.

Des Weiteren ist die Haftungsprivilegierung des § 15 III AGG in Bezug auf eine Benachteiligung wegen des Geschlechts nicht mit dem Verschlechterungsverbot des Art. 27 II der RL 2006/54/EG vereinbar. Nach den Regelungen zum Schutz vor Benachteiligungen wegen des Geschlechts vor Inkrafttreten des AGG bestand keine Haftungsprivilegierung bei Anwendung kollektivrechtlicher Vereinbarungen. Insbesondere hatte § 611a BGB in seiner zuletzt gültigen Fassung eine solche Privilegierung nicht zum Inhalt, sondern begründete bei jeder Benachteiligung wegen des Geschlechts einen verschuldensunabhängigen Entschädigungsanspruch.[1232] Durch die Einführung des AGG wurde zur Umsetzung der Richtlinien das Schutzniveau offensichtlich europarechtswidrig herabgesetzt.

Folglich ist § 15 III AGG grundsätzlich europarechtswidrig.[1233]

3. *Rechtfertigungsansätze*

Ausgehend von der Rechtsprechung des EuGH, nach der die Haftung gerade nicht von einem Verschulden abhängig gemacht werden darf,[1234] stellt das in § 15 III AGG normierte Haftungsprivilegierung bei Anwendung kollektivrechtlicher Vereinbarungen grundsätzlich einen Verstoß gegen den europarechtlichen Schutz vor Diskriminierungen dar. Es stellt sich die Frage, ob dieser Verstoß durch das Haftungsprivileg ausnahmsweise gerechtfertigt sein könnte.

a. *Richtigkeitsgewähr*

Als wichtigstes Argument für die sachliche Rechtfertigung der Haftungsprivilegierung wird die in der Gesetzesbegründung[1235] angeführte vermutete Richtigkeitsgewähr

1230 *Wagner/Potzsch*, JZ 2006, 1085 (1091).

1231 Vgl. Wortlaut der Art. 15. RL 2000/43/EG, Art. 17 RL 2000/78/EG, Art 25 RL 2006/54/EG.

1232 *Jacobs*, RdA 2009, 193 (198).

1233 So auch MüKo – *Thüsing*, BGB, § 15 AGG Rn. 41; Däubler/Bertzbach – *Deinert*, AGG, § 15 Rn. 93; *Temming*, RdA 2008, 205 (217); Erman – *Belling*, BGB, § 15 AGG Rn. 11; Hey/Forst – *Forst*, AGG, § 15 Rn. 105.

1234 Vgl. EuGH v. 22.04.1997 – C-180/95 (*Draehmpaehl*), NJW 1997, 1839 (1840); EuGH v. 08.11.1990 – C-179/88 (*Dekker*); NZA 1991, 171 (172).

1235 BT-Drs. 16/1780, S. 38.

von Tarifverträgen angeführt.[1236] In der Gesetzesbegründung heißt es zu § 15 III AGG wörtlich: *„Wenn Arbeitgeber und Arbeitnehmer einem tarifschließenden Verband angehören, wirken die Bestimmungen eines Tarifvertrages als Rechtsnormen auf das Arbeitsverhältnis ein. Dieser Gedanke trifft ebenso für Betriebs- bzw. Dienstvereinbarungen zu, die – gegebenenfalls über den Spruch der Einigungsstelle – unmittelbare Bindungswirkung entfalten. Die Richtlinien übertragen den Sozialpartnern bei der Umsetzung der Richtlinien eigenständige Verantwortung. Die vermutete „höhere Richtigkeitsgewähr" rechtfertigt es, die Rechtsfolgen benachteiligender kollektiver Regelungen anders auszugestalten als bei Maßnahmen, für die der Arbeitgeber allein verantwortlich ist. Diese Grundsätze greifen auch dann, wenn die Geltung von Tarifverträgen im Arbeitsvertrag vereinbart ist, ferner wenn ein Tarifvertrag für allgemeinverbindlich erklärt ist. Eine Haftung der vertragsschließenden Tarifvertragsparteien bzw. Betriebsparteien fordert das europäische Recht nicht und wird auch durch dieses Gesetz nicht begründet. Eine Verantwortlichkeit des Arbeitgebers ist nur gegeben, wenn er bei der Anwendung des Kollektivrechts zumindest grob fahrlässig gehandelt hat. Benachteiligende kollektive Regelungen sind nach § 7 II unwirksam."*[1237]

Die Richtigkeitsgewähr von Tarifverträgen besagt, dass die Tarifvertragsparteien eine tariflich regelbare Materie aufgrund der gleichstarken Positionen sachgerechter bewerten und regeln können.[1238] Tarifverträge sind aufgrund der Tarifautonomie einer richterlichen Inhaltskontrolle entzogen. Es kommt lediglich eine Kontrolle auf Rechtsfehler bzw. auf Überprüfung der Einhaltung höherrangigen Rechts in Betracht.[1239]

Die oben genannte Argumentation geht fehl. Es wird verkannt, dass die Richtigkeitsgewähr keine Rechtmäßigkeitsgewähr ist. Die Richtigkeitsgewähr begründet kein Vertrauen in die Rechtmäßigkeit der abgeschlossenen Tarifverträge.[1240] So darf

---

1236 *Krebber*, EuZA 2009, 200 (214); *Wiedemann*, NZA 2007, 950 (954); *Adomeit/Mohr*, AGG, § 15 Rn. 87, *Bauer/Krieger*, AGG, § 15 Rn. 41; Schleusener/Suckow/Voigt – *Voigt*, AGG, § 15 Rn. 58; *Lingemann/Gotham*, NZA 2007, 663 (669); *Ring*, JA 2008, 1 (6); im Ergebnis auch *Nebeling/Miller*, RdA 2007, 289 ff., die sich ausführlich mit dem Haftungsprivileg des § 15 III AGG auseinandersetzen, jedoch die Vereinbarkeit mit dem Europarecht gänzlich außen vor lassen.

1237 BT-Drs. 16/1780 S. 38.

1238 BAG v. 03.10.1969 – 3 AZR 400/68, BAGE 22, 144 (151) m.w.N.; BAG v. 06.09.1995 – 5 AZR 174/94, NZA 1996, 437 (439) m.w.N.

1239 Exemplarisch BAG v. 06.09.1995 – 5 AZR 174/94, NZA 1996, 437 (439) m.w.N; ErfK – *Preis*, § 310 BGB Rn. 8; Kittner/Zwanziger/Deinert – *Deinert*, ArbR, § 8 Rn. 178 m.w.N; Däubler/Bertzbach – *Deinert*, AGG, § 15 Rn. 89.

1240 Däubler/Bertzbach – *Deinert*, AGG, § 15 Rn. 89 m.w.N.; *Kamanabrou*, RdA 2006, 321 (337); *Jacobs*, RdA 2009, 193 (197) m.w.N.; KR – *Treber*, § 15 AGG Rn. 45; Erman – *Belling*, BGB, § 15 AGG Rn. 11; *Walker*, NZA 2009, 5 (7); Schaub – *Linck*, ArbR-Hdb, § 36 Rn. 95; a.A. ausdrücklich *Ring/Siebeck/Woitz*, Rn. 303. Ähnlich *Willemsen/Schweibert*, NZA 2006, 2583 (2591). Diese verkennen, dass die Richtigkeitsgewähr auf dem vermuteten Machtgleichgewicht zwischen den Tarifvertragsparteien und dem damit vermuteten Ausgleich und der Angemessenheit der Vereinbarung

lediglich darauf vertraut werden, dass das von den Tarifvertragsparteien gefundene Regelwerk, das Richtige für die betroffenen Arbeitsverhältnisse ist.[1241] Daraus ergibt sich jedoch nicht zwangsläufig, dass die getroffenen Regelungen auch rechtmäßig sind.[1242] Ein schützenswertes Vertrauen des Arbeitgebers in die Rechtmäßigkeit einer Tarifvereinbarung besteht daher gerade nicht. Die Tarifvertragsparteien sind bei Abschluss ihrer Verträge ebenfalls an das zwingende geltende Recht, wozu auch das Diskriminierungsverbot des AGG zählt, gebunden.[1243] Von den Regelungen des AGG kann durch Tarifvertrag nur abgewichen werden, soweit dies gesetzlich bestimmt ist. Das Benachteiligungsverbot nach § 7 I AGG gilt jedoch zwingend. Die vermutete erhöhte Richtigkeitsgewähr ist im Ergebnis kein sachlicher Grund für die Rechtfertigung der Haftungsprivilegierung nach § 15 III AGG. Zudem besteht für den Arbeitgeber gerade keine Pflicht zur Anwendung einer unwirksamen Norm.[1244]

b. Grundrechtsschutz der Tarifautonomie

Ob sich etwas Anderes aus der grundrechtlich geschützten Tarifautonomie ergibt scheint fraglich. Ein sachlicher Grund für die Rechtfertigung des Haftungsprivilegs könnte möglicherweise in der durch das Europarecht und dem Grundgesetz gewährten Tarifautonomie zu sehen sein.

aa. Europäischer Grundrechtsschutz – Charta der Grundrechte der EU

Die Tarifautonomie wird nicht nur durch das Grundgesetz in Art. 9 III GG gewährt. Auch das Recht der Europäischen Union gewährt den Bestand der Tarifautonomie.

Das Recht auf Durchführung einer kollektiven Maßnahme einschließlich des Streikrechts ist als Grundrecht anerkannt und fester Bestandteil der allgemeinen Grundsätze des Europarechts.[1245] Dieser Grundsatz der EuGH-Rechtsprechung ist nunmehr auch unmittelbar geltender Bestandteil des europäischen Primärrechts. Nach Art. 28 der Charta der Grundrechte der EU haben die Arbeitnehmerinnen und Arbeitnehmer sowie die Arbeitgeberinnen und Arbeitgeber oder ihre jeweiligen Organisationen das Recht, Tarifverträge auf den geeigneten Ebenen auszuhandeln und zu schließen.

---

beruht und lediglich ein Inhaltskontrolle aber keine Rechtmäßigkeitskontrolle durch die Gerichte ausschließt. Im Erg. auch *Bauer/Evers*, NZA 2006, 893 (897).

1241 *Gamillscheg*, Koll. ArbR., S. 285 ff.; Erman – *Belling*, BGB, § 15 AGG Rn. 11.

1242 So auch *Gamillscheg*, Koll. ArbR., S. 286; *Walker*, NZA 2009, 5 (7); Schaub – *Linck*, ArbR-Hdb, § 36 Rn. 95; *Jacobs*, RdA 2009, 193 (197), *Kamanabrou*, RdA 2006, 321 (327); Däubler/Bertzbach – *Deinert*, AGG, § 15 Rn. 89; *Walker*, NZA 2009, 5 (6 f.).

1243 Schaub – *Treber*, ArbR-Hdb, § 200 Rn. 17; Däubler – *Reim/Nebe*, TVG, § 1 Rn. 66, 151.

1244 ErfK – *Schlachter*, § 15 AGG Rn. 14; *Walker*, NZA 2009, 5 (6); *Nebeling/Miller*, RdA 2007, 289 (292); *Schlachter*, ZESAR 2006, 391 (398); Schiek – *Kocher*, AGG, § 15 Rn. 53.

1245 EuGH v. 11.12.2007 – C-438/05 (*Viking*), NZA 2008, 124, (127).

Die Tarifautonomie wird jedoch nicht schrankenlos gewährt. Dem in Art. 28 der Charta der Grundrechte der EU proklamierten Recht auf Kollektivverhandlungen steht das europarechtliche Grundrecht auf Gleichbehandlung von Männern und Frauen aus Art. 23 der Charta der Grundrechte der EU und der Schutz vor Diskriminierung nach Art. 21 der Charta der Grundrechte der EU entgegen. Diese europäischen Grundrechte sind in Einklang zu bringen. Nach dem EuGH kann das Grundrecht auf Kollektivverhandlungen und dessen Ausübung durch andere Unionsgrundrechte beschränkt beziehungsweise eingeschränkt sein.[1246] Dies entspricht einem Interessenausgleich im Rahmen der praktischen Konkordanz.[1247] Soweit das in Art. 28 der Charta Grundrechte der EU proklamierte Recht auf Kollektivverhandlungen Bestandteil des Unionsrechts ist, muss es im Rahmen der Anwendung des Unionsrechts im Einklang mit diesem ausgeübt werden.[1248] Deshalb müssen nach zutreffender Ansicht des EuGH die Sozialpartner beim Erlass von Maßnahmen, die in den Anwendungsbereich der im Bereich von Beschäftigung und Beruf das Verbot der Diskriminierung konkretisierenden Richtlinien fallen, diese Richtlinien beachten.[1249] Letztendlich findet die als Unionsgrundrecht geschützte Tarifautonomie ihre Grenzen im Schutz vor Diskriminierung im Bereich Beschäftigung und Beruf. Dies hat zur Folge, dass das europäische Grundrecht auf Kollektivverhandlungen das Haftungsprivileg des § 15 III AGG nicht rechtfertigen kann.[1250] Das Grundrecht auf Kollektivverhandlungen rechtfertigt keinen Eingriff der Sozialpartner in den Schutz vor Diskriminierung, insbesondere nicht die durch § 15 III AGG beabsichtigte Einschränkung der Haftung durch Privilegierung des Arbeitgebers bei einer Benachteiligung aufgrund einer Kollektivvereinbarung.

bb. Grundrechtsschutz nach Art. 9 III GG

Nach Art. 9 III GG besteht ebenfalls ein Schutz der Tarifautonomie. Es stellt sich in diesem Zusammenhang die Frage, in welchem Verhältnis der europäische und der deutsche Grundrechtsschutz im Verhältnis zu einander stehen. Ein Spannungsverhältnis würde dann bestehen, wenn die Haftungsprivilegierung des § 15 III AGG nach dem nationalen Verfassungsrecht geboten wäre, obwohl sie nach dem europäischen Grundrechtsschutz nicht gerechtfertigt ist.

1246 EuGH v. 08.09.2011 – C-297/10, C-298/10 (*Hennings* und *Mai*), NZA 2011, 1100 (1102) m.w.N.

1247 Ähnlich *Henssler/Kaiser*, RdA 2012, 248 (249 f., 252).

1248 EuGH v. 08.09.2011 – C-297/10, C-298/10 (*Hennings* und *Mai*), NZA 2011, 1100 (1102) m.w.N.

1249 So ausdrücklich der EuGH zum Verhältnis der Tarifautonomie zum Verbot der Diskriminierung wegen des Alters EuGH v. 08.09.2011 – C-297/10, C-298/10 (*Hennings* und *Mai*), NZA 2011, 1100 (1103) m.w.N.

1250 A. A. gerade unter Berufung auf die europarechtlich geschützte Tarifautonomie *Löwisch/Rieble*, TVG, § 1 Rn. 1566. Ebenso *Adomeit/Mohr*, AGG, § 15 Rn. 87.

Nach der Rechtsprechung des EuGH genießt das Unionsrecht Vorrang vor dem nationalen Verfassungsrecht.[1251] Das BVerfG lässt einen Vorrang des Unionsrechts zu, wenn feststeht, dass kollidierendes Europarecht seinerseits den Grenzen des Grundgesetzes entspricht. Dem BVerfG obliegt nach seinem Verständnis die Prüfung, ob die verfassungsgebende Gewalt der Mitgliedsstaaten als Herren der Verträge beachtet wird.[1252] Auf eine solche Prüfung verzichtet das BVerfG, solange der europäische Grundrechtsschutz im Wesentlichen dem unabdingbaren Grundrechtsschutz des Grundgesetzes entspricht.[1253] Das BVerfG geht dabei davon aus, dass mittlerweile im Hoheitsbereich der Europäischen Union ein Maß an Grundrechtsschutz erwachsen ist, das nach Konzeption, Inhalt und Wirkungsweise dem Grundrechtsstandard des Grundgesetzes im Wesentlichen gleich zu achten ist.[1254]

Im Zusammenhang mit der Vereinbarkeit des Haftungsprivilegs nach § 15 III AGG mit dem Grundsatz eines effektiven Schutzes vor Diskriminierungen sind das europäischen Grundrecht der Tarifautonomie einerseits und das europäische Grundrecht des Schutzes vor Diskriminierung andererseits in Einklang zu bringen. Der Schutz der Tarifautonomie wird in Art. 28 der Charta der Grundrechte der EU umfassend gewährleistet. Im Zusammenhang mit der Gewähr von kollektivrechtlichen Verhandlungen und dem Abschluss von Tarifverträgen entspricht der gewährte Schutz im Wesentlichen dem Grundrechtsschutz des Art. 9 III GG. So dass vorliegend die Vereinbarkeit des § 15 III AGG am Maßstab der europäischen Grundrechte erfolgt. Art. 9 III GG kann daher nicht als Rechtfertigungsgrundlage für das Haftungsprivileg des § 15 III AGG dienen.

Ungeachtet dessen bestehen Zweifel, ob das Haftungsprivileg nach § 15 III AGG unter dem Gesichtspunkt des Schutzes aus Art. 9 III GG gerechtfertigt wäre. Der Grundrechtsschutz nach Art 9 III GG steht nicht unter dem Vorbehalt eines Gesetzes, sondern wird schrankenlos gewährt. Dies bedeutet, dass lediglich verfassungsimmanente Schranken zu beachten sind. Ein Eingriff in die schrankenlos gewährte Tarifautonomie kann daher nur durch die Anwendung anderer Grundrechte gerechtfertigt werden. Soweit eine Benachteiligung durch tarifvertragliche Regelungen erfolgt, ist die Tarifautonomie im Rahmen einer praktischen Konkordanz mit dem Schutz des Persönlichkeitsrechts der Beschäftigten in Einklang zu bringen.[1255] Die Tarifautonomie wird durch die von den Sozialpartnern zu beachtenden Persönlichkeitsrechte der Beschäftigten beschränkt. Aus diesem Grund rechtfertigt auch der Grundrechtsschutz des Art. 9 III GG eine entsprechende Haftungsprivilegierung nach § 15 III AGG nicht.

1251 So EuGH v. 17.12.1970 – C-11/70, NJW 1971, 343.

1252 BVerfG vom 30.06.2009 – 2 BvE 2/08, NJW 2009, 2267 (2271 f.).

1253 BVerfG v. 22.10.1986 – BvR 197/83, NJW 1987, 577 (582).

1254 BVerfG v. 22.10.1986 – BvR 197/83, NJW 1987, 577 (580).

1255 Allgemein zur Eingrenzung schrankenlos gewährter Grundrechte, insbesondere Art. 9 III GG exemplarisch BVerfG v. 20.10.1981 – 1 BVR 404/78, NJW 1982, 815; BAG v. 31.05.2005 – 1 AZR 141/04, NZA 2005, 1182 (1184) m.w.N.; ErfK – *Dieterich*, Art. 9 GG Rn. 49.

c. *Fazit*

§ 15 III AGG ist europarechtswidrig. Eine Abweichung vom Grundsatz der verschuldensunabhängigen Haftung des Urhebers einer Benachteiligung ist nicht gerechtfertigt.

III. Rechtsfolgen für die Haftung des Arbeitgebers

1. *Schadensersatz- und Entschädigungsanspruch des betroffenen Beschäftigten*

Die Unvereinbarkeit der Regelung des § 15 III AGG mit dem Europarecht hat zur Folge, dass der Arbeitgeber auch bei einer Benachteiligung durch Anwendung einer benachteiligenden kollektivrechtlichen Vereinbarung dem betroffenen Beschäftigten verschuldensunabhängig zum Ersatz des materiellen Schadens nach § 15 I 1 AGG und des immateriellen Schadens nach § 15 II 1 AGG verpflichtet ist. Eine europarechtskonforme Auslegung ist angesichts des eindeutigen Wortlaut und des gesetzgeberischen Willens nicht möglich. Die Regelung des § 15 III AGG ist wegen ihrer Unvereinbarkeit mit dem Europarecht entsprechend der EuGH-Rechtsprechung, insbesondere der *Kücückdeveci* - Entscheidung des EuGH,[1256] nicht anzuwenden.[1257] Nach dem EuGH obliegt es dem nationalen Gericht, in einem Rechtsstreit zwischen Privaten die Beachtung des Verbots der Diskriminierung in seiner Konkretisierung durch die einschlägigen Richtlinien zu gewährleisten, indem es erforderlichenfalls entgegenstehende Vorschriften des innerstaatlichen Rechts nicht anwendet, unabhängig davon, ob es von seiner Befugnis Gebrauch macht, in den Fällen des Art. 267 II AEUV den Gerichtshof der Europäischen Union um eine Vorabentscheidung über die Auslegung dieses Verbots zu ersuchen.[1258] Die Entscheidung des EuGH ist diesbezüglich eindeutig.[1259] Zum Teil wird für eine Nichtanwendung einer Norm wegen ihrer Europarechtswidrigkeit ein Verstoß gegen das Primärrecht gefordert.[1260] Diese Voraussetzung lässt sich der Rechtsprechung des EuGH nicht entnehmen.[1261]

1256 EuGH v. 19.1.2010 – C-555/07 (*Kücükdeveci*), NZA 2010, 85 (89).

1257 Däubler/Bertzbach – *Deinert*, AGG, § 15 Rn. 93 m.w.N.; Schiek – *Kocher*, AGG, § 15 Rn. 52; *Meinel/Heyn/Herms*, AGG, § 15 Rn. 81 f.; *Temming*, RdA 2008, 205 (217); *Nollert-Borasio/Perreng*, AGG, § 15 Rn. 30; einschränkend nur für den Schadensersatzanspruch nach § 15 I AGG *Stoffels*, RdA 2009, 204 (211). Ebenfalls einschränkend *Jacobs*, RdA 2009, 193 (198); MüKo – *Thüsing*, BGB, § 15 AGG Rn. 41, Erman – *Belling*, BGB, § 15 AGG Rn. 11 wonach eine Nichtanwendung des § 15 III AGG nur erfolgen könne, wenn der Staat der Arbeitgeber ist, nicht jedoch ein Privater. Zweifelnd *Wagner/Potzsch*, JZ 2006, 1085 (1093).

1258 EuGH v. 19.1.2010 – C-555/07 (*Kücükdeveci*), NZA 2010, 85 (89).

1259 So auch *Meinel/Heyn/Herms*, AGG, § 15 Rn. 82.

1260 Anders KR – *Treber*, § 15 AGG Rn. 47, wonach eine primärrechtliche Verankerung erforderlich sei; mit ähnlicher Begründung auch *Jacobs*, RdA 2009, 193 (198).

1261 EuGH v. 19.1.2010 – C-555/07 (*Kücükdeveci*), NZA 2010, 85 (87, 89).

Zudem ist der Diskriminierungsschutz in Art. 21 Charta der Grundrechte der EU als Grundrecht verankert. Der Schutz vor Diskriminierungen ist damit Primärrecht. Die einschlägigen Richtlinien konkretisieren diesen Schutz entsprechend.[1262] Eine Vorlage zum EuGH ist daher nicht erforderlich.

Die Besonderheit der Anwendung einer benachteiligenden Tarifnorm findet jedoch Berücksichtigung bei der Höhe der Entschädigung, die der Arbeitgeber nach § 15 II 1 AGG an den betroffenen Beschäftigten zu leisten hat. Dabei ist besonders zu berücksichtigen, wenn der Arbeitgeber weder Kenntnis noch grob fahrlässig Unkenntnis von der benachteiligenden Wirkung der von ihm angewandten Norm hat. Ihm fehlt dann die Benachteiligungsmotivation und das Verschulden ist deutlich geringer.[1263] Fraglich ist, ob in die Abwägungsentscheidung zur Höhe der Entschädigung mit einbezogen werden kann, dass die Tarifvertragsparteien und nicht der Arbeitgeber die Hauptverantwortlichen für die Entstehung der benachteiligenden Tarifnorm sind.[1264] Dieser Gedanke ist zutreffend, soweit sich der Arbeitgeber nicht bei den verantwortlichen Tarifvertragsparteien selbst schadlos halten kann. Die fehlende Hauptverantwortung des Arbeitgebers ist dann zwingend zu berücksichtigen. Dies ist auf § 15 II 1 AGG zu stützen, wonach eine angemessene Entschädigung zu leisten ist. Im Rahmen der Angemessenheit ist insbesondere zu berücksichtigen, dass auch der tarifliche Interessensvertreter des Beschäftigten, die Gewerkschaft, deren Mitglied der Beschäftigte bei beidseitiger Tarifbindung ist, für die benachteiligende Tarifnorm gleichermaßen mitverantwortlich ist. Sie ist gleichberechtigte und gleichwertige Partei des abgeschlossenen Tarifvertrags. Diese Beteiligung seiner von ihm durch Mitgliedschaft in der Gewerkschaft ausgewählten Interessenvertreter muss sich der Beschäftigte bei der Bemessung der angemessenen Entschädigung anrechnen lassen.

Hat dahingegen der Arbeitgeber einen vollständigen Ausgleichsanspruch gegen die Tarifvertragsparteien, drängt sich die Frage auf, ob die dann ebenfalls fehlende Verantwortlichkeit des Arbeitgebers für die benachteiligende Tarifnorm zu Lasten des betroffenen Beschäftigten anspruchsmindernd zu berücksichtigen ist. Durch einen möglichen Ausgleichsanspruch würden die Hauptverantwortlichen faktisch die wirtschaftliche Last tragen. Sie trifft damit im Ergebnis die Sanktion. Dies entspricht dem Grundgedanken des Antidiskriminierungsschutzes. Kann der Arbeitgeber von den Tarifvertragsparteien einen Ausgleich der zu leistenden Entschädigung erlangen, ist dies daher ebenfalls bei der Bemessung der angemessenen Entschädigung zu berücksichtigen.

1262 EuGH v. 19.1.2010 – C-555/07 (*Kücükdeveci*), NZA 2010, 85 (87, 89). Bedenken aufwerfend *Wagner/Potzsch*, JZ 2006, 1085 (1093).

1263 Wendeling-Schröder/Stein – *Stein*, AGG, § 15 Rn. 65; Schiek – *Kocher*, AGG, § 15 Rn. 53; *Nollert-Borasio/Perreng*, AGG, § 15 Rn. 30.

1264 So Wendeling-Schröder/Stein – *Stein*, AGG, § 15 Rn. 65; Schiek – *Kocher*, AGG, § 15 Rn. 53.

2. *Unwirksamkeit der Norm*

Die angewandte Tarifnorm ist nach § 7 II AGG unwirksam. Die Wirksamkeit des gesamten Tarifvertrages ist davon grundsätzlich nicht beeinträchtigt, sondern nur die einzelne Klausel ist in der Regel unwirksam.[1265] Nach dem BAG ist die Rechtsfolge eines Verstoßes gegen das Verbot der Diskriminierung nicht die Gesamtnichtigkeit und damit die gänzliche Unanwendbarkeit des Tarifvertrages, sondern nur die Unwirksamkeit der verbotswidrigen Bestimmung oder Bestimmungen.[1266] Dies ergibt sich aus § 7 II AGG. Auch ansonsten ist nach der Rechtsprechung des 4. Senats des BAG bei Unwirksamkeit einzelner Tarifbestimmungen wegen des Verstoßes gegen Gesetze oder die Verfassung nur diese Klausel unwirksam.[1267] Die Unwirksamkeit einer Tarifbestimmung führt grundsätzlich entgegen der Auslegungsregelung des § 139 BGB nicht zur Unwirksamkeit der übrigen tariflichen Vorschriften.[1268] Dabei kommt es darauf an, ob der Tarifvertrag ohne die unwirksame Regelung noch eine sinnvolle und in sich geschlossene Regelung darstellt.[1269]

3. *Beseitigung der Benachteiligung durch Anpassung*

Neben der Frage der Unwirksamkeit der angewandten Norm stellt sich die Frage nach der Beseitigung der Benachteiligung. Ist die benachteiligende Norm unwirksam, bedeutet dies für die Vergangenheit, dass die durch die Anwendung erlittene Benachteiligung zu beseitigen ist. Dies erfolgt in der Regel durch eine für die Vergangenheit geltende Anpassung nach oben.[1270] Dies ist im Ergebnis der Ersatz des

---

1265 BAG v. 16.11.2011 – 4 AZR 856/09, NZA-RR, 2012, 308; Däubler – *Reim/Nebe*, TVG, § 1 Rn. 186. Gleiches gilt für die Wirksamkeit von Betriebsvereinbarungen; so BAG v. 21.10.2003 – 1 AZR 407/02, NZA 2004, 559 (561); ausführlich für Sozialpläne *Temming*, RdA 2008, 205 (216 ff.).

1266 BAG v. 16.11.2011 – 4 AZR 856/09, NZA-RR, 2012, 308 (309).

1267 BAG v. 16.11.2011 – 4 AZR 856/09, NZA-RR, 2012, 308 (309).

1268 Die Anwendbarkeit des § 139 BGB auf Tarifverträge wird auch in der Literatur überwiegend abgelehnt. Exemplarisch Däubler – *Reim/Nebe*, TVG, § 1 Rn. 186 m.w.N.: Wiedemann – *Thüsing*, TVG, § 1 Rn. 332 m.w.N.; *Adomeit/Mohr*, AGG, § 7 Rn. 14.

1269 BAG v. 16.11.2011 – 4 AZR 856/09, NZA-RR 2012, 308 (309); BAG v. 20.03.2012 – 9 AZR 529/10, NZA 2012, 803; ebenso Wiedemann – *Thüsing*, TVG, § 1 Rn. 332; Däubler – *Reim/Nebe*, TVG, § 1 Rn. 188; im Erg. auch Hey/Forst – *Hey*, AGG, § 7 Rn. 132.

1270 HWK – *Rupp*, § 7 AGG Rn. 5 m.w.N.; ausführlich und differenzierend *Lingemann/Gotham*, NZA 2007, 663 (666 ff.). Für eine Beseitigung der Benachteiligung in Form eine Anpassung durch die Tarifvertragsparteien durch Neugestaltung sprechen *Rieble/Zedler*, ZfA 2006, 273 (291 f.). Ungeachtet der Wirksamkeit des § 15 III AGG erfolgt eine Gleichstellung bei tariflichen Unrecht; vgl. BAG v. 10.11.2011 – 6 AZR 148/09, NZA 2012, 161 (166); BAG v. 10.11.2011 – 6 AZR 481/09, NZA-RR, 2012, 100 (106) m.w.N.; Däubler/Bertzbach – *Deinert*, AGG, § 15 Rn. 92.

materiellen Schadens nach § 15 I 1 AGG in Verbindung mit § 249 BGB.[1271] Kann die Benachteiligung durch die Anpassung nach oben für die Vergangenheit nicht beseitigt werden, ist der noch bestehende Schaden durch den Arbeitgeber auszugleichen. Eine Anpassung nach oben auch für die Zukunft ist dahingegen nicht zwingend erforderlich.[1272] Soweit dem keine anderweitigen rechtlichen Gründe entgegenstehen, ist auch eine Anpassung nach unten durch Beseitigung des nur einem Teil der Beschäftigten gewährten Vorteils zulässig.[1273] Die Vorgaben des Rechts der Europäischen Union schließen eine solche Anpassung für die Zukunft nicht aus. Letztlich werden alle Beschäftigten zukünftig ungeachtet eines der in § 1 AGG genannten Merkmale gleich oder nur bei Vorliegen einer sachlichen Rechtfertigung unterschiedlich behandelt.

IV. Ausgleichsanspruch des Arbeitgebers und Haftungsprivileg gegenüber den Tarifvertragsparteien

Im Verhältnis zum betroffenen Beschäftigten findet die europarechtswidrige Haftungsprivilegierung des § 15 III AGG keine Anwendung. Dies gebietet das Erfordernis des effektiven Diskriminierungsschutzes. Im Verhältnis zwischen Arbeitgeber und Tarifvertragsparteien kann jedoch etwas Anderes gelten. Gegenüber dem betroffenen Beschäftigten ist der Arbeitgeber der Urheber der Benachteiligung. Der Arbeitgeber hat die benachteiligende Kollektivvereinbarung angewandt und damit die Benachteiligung umgesetzt und ihr gegenüber dem Beschäftigten tatsächliche Wirkung verschafft. Jedoch hat der Arbeitgeber die benachteiligende Regelung gerade nicht zwingend selbst geschaffen. Die Verantwortung für die Entstehung der angewandten Tarifnorm tragen die Tarifvertragsparteien. Es stellt sich daher die Frage, ob der Arbeitgeber sich unter bestimmten Voraussetzungen bei den Tarifvertragsparteien schadlos halten kann und gegen diese einen Regressanspruch hat. In diesem Fall haftet er zwar im Innenverhältnis gegenüber dem betroffenen Beschäftigten. Im Außenverhältnis haften ihm gegenüber die die benachteiligende Vereinbarung zu verantwortenden Tarifvertragsparteien, die jedoch im Verhältnis zum Beschäftigten keine Haftung übernehmen müssen. Dem Arbeitgeber steht dann ein Regressanspruch zu. Er trägt als unmittelbar zum Schadensersatz Verpflichteter im Ergebnis das Insolvenzrisiko.

1271 *Lingemann/Gotham*, NZA 2007, 663 (669), *Willemsen/Schweibert*, NJW 2006, 2583 (2589).

1272 So im Ergebnis wohl EuGH v. 19.06.2014 – C-501/12, C-502/12, C-503/12, C-504/12, C-505/12, C-506/12, C-540/12, C-541/12 (*Specht u.a.*), NZA 2014, 831; ähnlich BAG v. 14.05.2014 – 1 AZR 43/12, AP Nr. 58 zu § 75 BetrVG 1972 im Zusammenhang mit einer benachteiligenden Betriebsvereinbarung.

1273 HWK – *Rupp*, § 7 AGG Rn. 5; wohl auch BAG v. 07.03.1995 – 3 AZR 282/94, NZA 1996, 48 (52).

1. *Arbeitgeber selbst Tarifvertragspartei*

Ist der Arbeitgeber selbst Tarifvertragspartei, drängt sich seine verschuldensunabhängige Haftung gegenüber dem betroffenen Beschäftigten auf.[1274] Der Arbeitgeber hat nicht nur die benachteiligende Vereinbarung umgesetzt, sondern er hat sie auch mit geschaffen. In diesem Fall ist es unbillig, dass der Arbeitgeber sich vollständig bei der vertragsschließenden Gewerkschaft schadlos halten könnte. In Betracht kommt jedoch ein Anspruch auf einen anteiligen Ausgleich der Schadenssumme durch die beteiligte Gewerkschaft.

a. Anspruchsgrundlage

Für einen Anspruch des Arbeitgebers gegen die tarifvertragsschließende Gewerkschaft bedarf es einer entsprechenden Grundlage. Weder in den Richtlinien noch im AGG ist eine entsprechende Grundlage normiert. Auch im Tarifrecht lässt sich keine explizite Anspruchsgrundlage finden. Es ergeben sich aus dem Kontext eines gerechten Interessensausgleichs und Verteilung der Haftungslast verschiedene Ansätze, die eine Grundlage für einen entsprechenden Anspruch des Arbeitgebers sein können.

aa. Ausgleich nach gesamtschuldnerischer Haftung

Ein Ansatzpunkt für einen Ausgleichsanspruch des Arbeitgebers gegen seine Tarifvertragspartner könnte sich aus einer gesamtschuldnerischen Haftung der Tarifvertragsparteien ergeben.[1275] Grundlage für den Ausgleichsanspruch wäre dann § 426 I 1 BGB. Die gesamtschuldnerische Haftung setzt voraus, dass mehrere Schuldner gegenüber dem Gläubiger gemeinschaftlich zur Leistung verpflichtet sind.

Fraglich ist, ob die Tarifvertragsparteien, der handelnde Arbeitgeber und die tarifschließende Gewerkschaft Gesamtschuldner sind. Ein Anspruch des benachteiligten Beschäftigten gegen die Tarifvertragsparteien ist auf den ersten Blick nicht sofort zu erkennen.[1276] Insbesondere ergibt sich aus dem AGG keine unmittelbare Haftung der Tarifvertragsparteien. Für einen Anspruch auf Schadensersatz und Entschädigung nach § 15 I, II AGG ist einzig der Arbeitgeber, nicht jedoch die

---

1274 A.A. *Löwisch/Rieble*, TVG, § 1 Rn. 1569; wonach zwischen den Funktionen als Regelungsgeber und umsetzender Normadressat zu differenzieren sei. Dabei wird die Identität in der Person des Arbeitgebers nicht hinreichend berücksichtigt und das Risiko einer unzulässigen Haftungsumgehung ignoriert.

1275 Die gesamtschuldnerische Haftung von Arbeitgeber und Tarifvertragsparteien grundsätzlich bejahend, Däubler/Bertzbach – *Deinert*, AGG, § 3 Rn. 91 ff.; Schleusener/Suckow/Voigt – *Schleusener*, AGG, § 3 Rn. 170; *Adomeit/Mohr*, AGG, § 3 Rn. 267; *Meinel/Heyn/Herms*, AGG, § 3 Rn. 57. Eben Ebenfalls für eine gesamtschuldnerische Haftung der Tarifvertragsparteien gegenüber dem Diskriminierungsopfer plädierend *Dornbusch/Kasprzyk*, NZA 2009, 1000 (1002).

1276 Die Haftung der Tarifvertragsparteien ablehnend *Nollert-Borasio/Perreng*, AGG, § 15 Rn. 31.

Tarifvertragsparteien passiv legitimiert.[1277] § 15 AGG sperrt jedoch nicht die Geltendmachung anderweitiger Ansprüche gegen sonstige Personen. Eine entsprechende Sperrwirkung lässt sich weder aus dem Wortlaut des § 15 AGG, noch aus der Systematik des Gesetzes entnehmen.

(1) Anspruch wegen Verstoß gegen das innerverbandliche Benachteiligungsverbot

Einen Ansatz für eine Haftung der vertragsschließenden Gewerkschaft gegenüber den betroffenen Beschäftigten zeigen *Löwisch/Rieble* auf. So soll den benachteiligten Beschäftigten gegen die Gewerkschaft aus dem Mitgliedschaftsrecht ein Anspruch nach § 18 I AGG i.V.m. § 15 I, II AGG zustehen.[1278] Die Tarifvertragspartei ist innerverbandlich zur Beachtung des Benachteiligungsverbotes gegenüber ihren Mitgliedern verpflichtet.[1279] Nach § 18 I AGG gelten das Benachteiligungsverbot des § 7 I AGG und die weiteren Regelungen des AGG zum Schutz vor unzulässigen Benachteiligungen auch in Bezug auf die Mitgliedschaft und Mitwirkung in einer Tarifvertragspartei. Dies umfasst zum einen die Mitgliedschaft an sich, aber auch die Ausübung von Mitgliedschaftsrechten und die Inanspruchnahme von Leistungen der Vereinigung gegenüber ihren Mitgliedern.[1280] Dies entspricht der ständigen Rechtsprechung zur Gleichbehandlung vor dem Inkrafttreten des AGG.[1281] Nicht umfasst von der Verweisung des § 18 AGG ist das Tarifunrecht durch die Tarifvertragspartei. § 18 I AGG bezieht sich nur auf innerverbandliche Benachteiligungen, nicht aber auf Benachteiligungen bei der Normsetzung in Tarifverträgen.[1282] Eine entsprechende Auslegung des § 18 I AGG wäre zu weitgehend. Nach dem Wortlaut bezieht sich die Verweisung lediglich auf die Mitgliedschaft und die Mitwirkung. Einer weiterreichenden Verweisung auf das Benachteiligungsverbot des § 7 I AGG

1277 Exemplarisch BAG v. 21.06.2012 – 188/11, NZA 2012, 1211 (1212); *Annuß*, BB 2006, 1629 (1634); Däubler/Bertzbach – *Deinert*, AGG, § 15 Rn, 45, 87 jeweils m.w.N.

1278 *Löwisch/Rieble*, TVG, § 1 Rn. 1573 ff.

1279 BAG v. 17.06.2008 – 3 AZR 409/06, NZA 2008, 1244 (1246); BAG v. 11.08.2009 – 3 AZR 23/08, NZA 2010, 408 (410); *Löwisch/Rieble*, TVG, § 1 Rn. 1573 ff.

1280 Exemplarisch ErfK – *Schlachter*, § 18 AGG Rn. 1; Däubler/Bertzbach – *Herrmann*, AGG, § 18 Rn. 15; MüKo – *Thüsing*, BGB, § 18 AGG Rn. 12 f.; *Bauer/Krieger*, AGG, § 18 Rn. 15 f.; ausführlich Schleusener/Suckow/Voigt – *Suckow*, AGG, § 18 Rn. 62 ff.

1281 BAG v. 17.06.2008 – 3 AZR 409/06, NZA 2008, 1244 (1246); BAG v. 11.08.2009 – 3 AZR 23/08, NZA 2010, 408 (410).

1282 Ähnlich wohl auch MüKo – *Thüsing*, BGB, § 18 AGG Rn. 12 f.; *Meinel/Heyn/Herms*, AGG, § 18 Rn. 14; Nollert-Borasio/Perreng; AGG, § 18 Rn. 3; Schiek – *Kocher*, AGG, § 18 Rn. 1; a. A. *Löwisch/Rieble*, TVG, § 1 Rn. 1574. Das BAG hat in den von *Löwisch/Rieble* zitierten Entscheidungen auch keinen weitergehenden Feststellungen getroffen, sondern lediglich zur Benachteiligung wegen der Verweigerung der Mitwirkung von Mitglieder bei der Entscheidung über Tarifabschlüsse entschieden; vgl. BAG v. 17.06.2008 – 3 AZR 409/06, NZA 2008, 1244 ff.; BAG v. 11.08.2009 – 3 AZR 23/08, NZA 2010, 408 ff.

bedarf es zudem nicht. Das Benachteiligungsverbot des § 7 I AGG gilt ungeachtet des § 18 AGG auch für die Tarifvertragsparteien.[1283] Das Tarifunrecht ist somit bereits vom arbeitsrechtlichen Benachteiligungsschutz umfasst, ohne dass es einer entsprechenden Regelung bedarf.

Darüber hinaus ist die Benachteiligung in einem Tarifvertrag keine Benachteiligung in Bezug auf die Mitgliedschaft oder die Mitwirkungsrechte eines Mitglieds. Auch wenn der Tarifvertrag eine benachteiligende Norm enthält, werden die betroffenen Mitglieder nicht in Bezug auf ihre Mitgliedschaft oder ihre Mitgliedschaftsrechte benachteiligt. Den betroffenen Beschäftigten wird weder die Mitgliedschaft oder die Ausübung von Mitgliedschaftsrechten aufgrund eines in § 1 AGG genannten Merkmals verwehrt oder eingeschränkt, noch wird die Inanspruchnahme von Leistungen verweigert. Der Abschluss eines Tarifvertrages wird den Mitgliedern nicht verwehrt. Der Umstand der Pflichtverletzung des Verbandes bei Abschluss des Tarifvertrages mit einer benachteiligenden Norm begründet keine Benachteiligung in Bezug auf die Mitgliedschaft oder die Mitwirkung. Ein Anspruch nach § 15 I, II AGG besteht daher nicht. Dieser Ansatz bietet daher keine Begründung für einen Regressanspruch des Arbeitgebers.

(2) Schadensersatz wegen der Verletzung von Mitgliedschaftsrechten

Ungeachtet dessen stellt sich die Frage, ob der Abschluss eines benachteiligenden Tarifvertrages durch die Gewerkschaft einen Anspruch auf Schadensersatz des Gewerkschaftsmitglieds gegen die tarifvertragschließende Gewerkschaft begründet.[1284]

Der tarifgebundene Beschäftigte ist Mitglied der tarifvertragschließenden Gewerkschaft. Gewerkschaften sind in der Regel Vereine im Sinne des BGB.[1285] Allgemein anerkannt ist, dass einzelne Mitglieder von ihrem Verein Schadensersatz verlangen können, wenn der Verein beziehungsweise ein Organ des Vereins gegenüber dem Vereinsmitglied eine Pflicht aus der Vereinssatzung oder aus dem Mitgliedschaftsrecht verletzt hat.[1286] Der Anspruch auf Schadensersatz des Mitglieds gegen den Verein wegen einer Verletzung von Pflichten aus der Satzung oder aus

---

1283 Das Benachteiligungsverbot gilt nicht nur für den Arbeitgeber, sondern nach der Gesetzesbegründung ausdrücklich auch für Dritte; vgl., BT-Drs. 16/1870, S. 34; ebenso Schleusener/Suckow/Voigt – *Schleusener*, AGG, § 15 Rn. 4; Erman – *Belling*, BGB, § 7 AGG Rn. 2; zur Einbeziehung der Tarifvertragsparteien Däubler/Bertzbach – *Däubler*, AGG, § 7 Rn. 2 m.w.N.; *v. Roetteken*, AGG, § 7 Rn. 18 f.; *Nollert-Borasio/Perreng*, AGG, § 7 Rn. 5.

1284 Zum Schadensersatz nach § 280 BGB wegen der Verletzung von Mitgliedschaftsrechten ausführlich unter 2. a. aa.

1285 Schaub – *Treber*, ArbR-HdB, § 191 Rn. 17; *Reichert*, VereinsR, Rn. 5075, bejahend für DGB-Gewerkschaften Däubler – *Peter*, TVG, § 2 Rn. 11.

1286 BGH v. 12.03.1990 – II ZR 179/89, NJW 1990, 2877 (2878); Palandt - *Ellenberger*, BGB, § 31, Rn. 12 m.w.N.; ders. § 38 Rn. 1b; PWW – *Schöpflin*, BGB § 31 Rn. 10 m.w.N.; Staudinger – *Weick*, BGB § 31 Rn. 12; *Löwisch/Rieble*, TVG, § 1 Rn. 1545.

dem Mitgliedschaftsrecht ergibt sich aus § 280 I BGB.[1287] Die Mitglieder eines Vereins haben gegen den Verein einen Anspruch auf gesetzes- und satzungskonforme Behandlung.[1288] Der Verein hat zudem gegenüber den Mitgliedern eine Loyalitäts- und Treuepflicht. Eine Gewerkschaft, zu deren satzungsgemäßen Zweck im Wesentlichen der Abschluss von Tarifverträgen zählt, an die die Mitglieder gebunden sind, ist gegenüber ihren Mitgliedern verpflichtet, das geltende Recht beachtende Tarifverträge zu schließen. Dies umfasst insbesondere auch den Abschluss von Tarifverträgen, die keine Anweisung an den Arbeitgeber zur Benachteiligung der eigenen Mitglieder beinhalten. Im Hinblick auf den Schutz vor Benachteiligungen hat der Gesetzgeber die Pflichten der Verbände in § 17 I AGG und § 7 I AGG konkretisiert. Die Missachtung des Benachteiligungsverbotes der Gewerkschaft beim Abschluss eines Tarifvertrages ist somit ein pflichtwidriges Verhalten der Gewerkschaft gegenüber den Gewerkschaftsmitgliedern, denn diese haben gerade aus ihrer Mitgliedschaft einen Anspruch auf Abschluss eines rechtmäßigen und gültigen Tarifvertrages. Obwohl keine Rechtmäßigkeitsgewähr besteht, besteht im Verhältnis zur Gewerkschaft ein schützenswertes Vertrauen der Mitglieder, dass die von der Gewerkschaft abgeschlossenen Tarifverträge wirksam sind.[1289] Die Unwirksamkeit einer Tarifnorm begründet daher einen Anspruch auf Schadensersatz nach § 280 I BGB.[1290]

Daneben stellt sich die Frage, ob der Abschluss eines benachteiligenden Tarifvertrags zugleich einen Anspruch aus § 823 I BGB des Gewerkschaftsmitglieds gegen die Gewerkschaft begründet. Die Mitgliedschaft in einem Verein ist ein absolutes Recht im Sinne des § 823 I BGB.[1291] Jedoch wird durch die Unwirksamkeit des Tarifvertrages oder der entsprechenden Tarifnorm nicht das Recht der Mitgliedschaft des gewerkschaftlich organisierten Beschäftigten an sich verletzt, sondern eine sich daraus ergebende Pflicht der Gewerkschaft beziehungsweise ein Recht des Beschäftigten aus der Mitgliedschaft. Ein Anspruch aus § 823 I BGB wegen der Verletzung eines geschützten Rechts kommt jedoch nur bei Beeinträchtigung des Mitgliedschaftsrechts an sich und nicht allein bei der Verletzung einzelner Rechte aus der Mitgliedschaft in Betracht.[1292] Ein Anspruch des Beschäftigten gegen die tarifvertragschließende Gewerkschaft aus § 823 I BGB wegen der Verletzung von Pflichten aus der Mitgliedschaft besteht daher nicht.

1287 Palandt - *Ellenberger*, BGB, § 31, Rn. 12; PWW – *Schöpflin*, BGB § 31 Rn. 10; *Löwisch/Rieble*, TVG, § 1 Rn. 1545.

1288 MüKo –*Reuter*, BGB, § 38 Rn. 35; *Wochner*, BB 1993, 515 (516).

1289 MüArbR – *Löwisch/Rieble*, § 161 Rn. 53; *Löwisch/Rieble*, TVG, § 1 Rn. 1545.

1290 MüArbR – *Löwisch/Rieble*, § 161 Rn. 53; *Löwisch/Rieble*, TVG, § 1 Rn. 1545.

1291 BGH v. 12.03.1990 – II ZR 179/89, NJW 1990, 2877 (2878); Palandt - *Ellenberger*, BGB, § 31, Rn. 12; PWW – *Schöpflin*, BGB § 31 Rn. 10; MüKo – *Reuter*, BGB, § 38 Rn. 17; Erman – *Westermann*, BGB, § 38 Rn. 9.

1292 Ähnlich MüKo – *Reuter*, BGB § 38 Rn. 20. Ebenfalls zur Begründung einer deliktischen Haftung auf den Kern der Mitgliedschaft abstellend Erman - *Westermann*, BGB; § 38 Rn. 9.

(3) Deliktischer Schadensersatzanspruch

In Betracht kommt in Bezug auf die Tarifvertragsparteien eine deliktische Haftung wegen einer Benachteiligung aufgrund tarifvertraglicher Regelungen. Der Gedanke einer unmittelbaren deliktischen Haftung der Tarifvertragsparteien für tarifliches Unrecht gegenüber einem benachteiligtem Beschäftigten vermag nach dem ersten Anschein befremdlich wirken, ist bei genauer Betrachtung aber eine logische Konsequenz.

Ausgangspunkt der Überlegung ist dabei, dass jede Benachteiligung im Sinne des § 3 AGG und jeder Verstoß gegen das Benachteiligungsverbot des § 7 I AGG eine schwerwiegende Persönlichkeitsrechtsverletzung ist.[1293] Auf die Subsidiarität der Haftung wegen einer Persönlichkeitsrechtsverletzung können sich die anderen Tarifvertragsparteien im Verhältnis zum Arbeitgeber nicht berufen. Dies muss zumindest im Ausgleichsverhältnis zum Arbeitgeber gelten. Eine Berufung auf die Subsidiarität durch die Tarifvertragsparteien als Urheber der benachteiligenden Norm wäre eine treuwidrige Rechtsausübung im Verhältnis zum Arbeitgeber. Die Tarifvertragsparteien könnten sich auf diese Weise ihrer Haftung als ebenfalls verantwortliche Urheber einer Benachteiligung entziehen, nur weil sie nicht nach §15 I, II AGG passivlegitimiert sind, obwohl sie offensichtlich Urheber einer benachteiligenden Norm sind. Nach § 840 I BGB haften mehrere nebeneinander für einen aus unerlaubter Handlung entstehenden Schaden Verantwortliche als Gesamtschuldner.

Eine deliktische Haftung der Tarifvertragsparteien kann sich aus § 823 I BGB i.V.m. § 3 V 1 AGG, aus § 823 II BGB i.V.m. § 7 I AGG, aus § 826 BGB oder aus § 830 I 1, II BGB ergeben. Nach § 3 V 1 AGG ist die Anweisung zu einer Benachteiligung ebenfalls eine Benachteiligung. Durch eine benachteiligende Tarifnorm wird der tarifgebundene Arbeitgeber durch die Tarifvertragsparteien zu einer unterschiedlichen, nachteiligen Behandlung seiner Beschäftigten wegen eines in § 1 AGG genannten Merkmals angewiesen. Das Benachteiligungsverbot nach § 7 I AGG gilt nicht nur für den Arbeitgeber. Eine solche Einschränkung besteht nicht. Sie ist weder im Wortlaut des § 7 I AGG noch in der Gesetzessystematik angelegt. Vielmehr ist nach dem Willen des Gesetzgebers der Adressatenkreis des Benachteiligungsverbotes weit gefasst.[1294] Insbesondere die soziale Verantwortung der Tarifvertragsparteien macht eine Einbeziehung in den Adressatenkreis zwingend erforderlich.[1295] Eine entsprechende Verantwortung ist in § 17 I AGG normiert und

---

1293 Vgl. hierzu auch *Deinert*, AiB 2006, 741 (742); Däubler/Bertzbach – *Deinert*, AGG, § 15 Rn. 124; *Fischinger*, NZA 2010, 1048 (1050); a.A. ausdrücklich MüKo – *Thüsing*, BGB, § 15 AGG Rn. 51.

1294 Das Benachteiligungsverbot gilt nicht nur für den Arbeitgeber, sondern nach der Gesetzesbegründung ausdrücklich auch für Dritte; vgl., BT-Drs. 16/1870, S. 34; ebenso Schleusener/Suckow/Voigt – *Schleusener*, AGG, § 15 Rn. 4; Erman – *Belling*, BGB, § 7 AGG Rn. 2; *Kock*, MDR 2006, 1088 (1089); zur Einbeziehung der Tarifvertragsparteien Däubler/Bertzbach – *Däubler*, AGG, § 7 Rn. 2b m.w.N.; *v. Roetteken*, AGG, § 7 Rn. 18 f.; *Nollert-Borasio/Perreng*, AGG, § 7 Rn. 5.

1295 Däubler/Bertzbach – *Deinert*, AGG, § 3 Rn. 85, 91.

in Art. 11 I, II RL 2000/43/EG, Art. 13 I, II RL 2000/78/EG und Art. 21 I, II RL 2006/54/EG verankert. Demnach können auch die Tarifvertragsparteien nach § 3 V 1 AGG durch eine Anweisung zur Benachteiligung gegen das Benachteiligungsverbot verstoßen.[1296] Gegen eine gesamtschuldnerische Haftung der Tarifvertragsparteien zusammen mit dem Arbeitgeber könnte sprechen, dass die unerlaubte Handlung des Arbeitgebers eigentlich die Anwendung der Norm und die unerlaubte Handlung der Tarifvertragsparteien die Anweisung ist. Selbst wenn die unerlaubte Handlung auf unterschiedlichen Einzelhandlungen beruht, besteht ein innerer Zusammenhang. Dies wird durch § 830 II BGB deutlich. Danach steht der Anstifter zu einer unerlaubten Handlung einem Mittäter gleich. Ist der Arbeitgeber selbst Tarifvertragspartei, haftet er nicht nach § 823 I i.V.m. § 3 V 1 AGG.[1297] Seine Haftung besteht gemäß § 15 I, II AGG bereits aufgrund seiner unmittelbaren Benachteiligung aufgrund der Anwendung der Norm.

Selbst wenn man eine deliktische Haftung der Tarifvertragsparteien nach § 823 I BGB wegen einer Anweisung zur Benachteiligung mit der Behauptung der angeblichen Unanwendbarkeit des § 3 V 1 AGG auf die Tarifvertragsparteien ablehnen wollte, besteht eine deliktische Haftung der Tarifvertragsparteien. Dies ergibt sich aus § 830 I 1, II BGB. Die Tarifvertragsparteien stiften den Arbeitgeber mittels der Tarifnorm zu einer unerlaubten Handlung, der Benachteiligung, an. Anstifter ist wer einen anderen vorsätzlich zu einer vorsätzlichen deliktischen Handlung bestimmt.[1298] Vorsatz der Tarifvertragsparteien bezüglich einer unterschiedlichen Behandlung wegen eines in § 1 AGG genannten Merkmals ist anzunehmen. Die bewusste unterschiedliche Behandlung ist gerade Gegenstand der benachteiligenden Norm. Ein Vorsatz bezüglich der Verbotswidrigkeit der Benachteiligung ist nicht erforderlich. Hier ist der gleiche Maßstab für den Anstifter wie für den Haupttäter anzuwenden. Auch der Anstifter ist Urheber der Benachteiligung. Nach den eindeutigen Vorgaben des EuGH zur Umsetzung der Vorgaben eines umfassenden Schutzes vor Diskriminierung darf die Haftung des Urhebers nicht von einem Verschulden

---

1296 Ebenso Däubler/Bertzbach – *Deinert*, AGG, § 3 Rn. 91; Schleusener/Suckow/Voigt – *Schleusener*, AGG, § 13 Rn. 169; *Adomeit/Mohr*, AGG, § 3 Rn. 267 einschränkend bei Verbandszugehörigkeit des Arbeitgebers und bei Allgemeinverbindlichkeit. Nach ablehnender Ansicht wird ein zu strenger Maßstab angelegt und der Personenkreis der Anweisenden zu Unrecht auf Personen mit tatsächlicher, arbeitsrechtlicher Weisungsbefugnis beschränkt; vgl. *Bauer/Krieger*, AGG, § 3 Rn. 64 m.w.N.; HWK – *Rupp*, § 3 AGG Rn. 19 m.w.N.; *Annuß*, BB 2006, 1629 (1632); *Thüsing*, NZA Sonderbeilage 22/2004, 3 (8); *Simon/Greßlin*, BB 2007, 1782; *Kamanabrou*, RdA 2006, 321 (326). Ausdrücklich ablehnend Wendeling-Schröder/Stein – *Wendeling-Schröder*, AGG, § 3 Rn. 53.

1297 *Meinel/Heyn/Herms*, AGG, § 3 Rn. 61; Schleusener/Suckow/Voigt – *Schleusener*, AGG, § 3 Rn. 173.

1298 BGH v. 30.01.1967 – II ZR 185/64, VersR 1967, 471 (473); BGH v. 15.06.1987 – II ZR 301/86, NJW 1987, 2370 (2371); BAG v. 28.04.1981 – 3 AZR 1070/81, juris, Rn. 37; MüKo – *Wagner*, BGB, § 830 Rn. 14; HK-BGB – *Staudinger*, § 830 Rn. 13.

abhängig sein.[1299] Dies ist konsequenter Weise nicht nur auf § 15 I, II AGG anzuwenden, sondern auf jegliche Haftung des Urhebers einer Benachteiligung. Daneben kann kein strenger Maßstab gelten als bei der speziellen Form der Anstiftung, der Anweisung zur Benachteiligung nach § 3 V 1 AGG. Die Anweisung zur Benachteiligung setzt keinen Vorsatz bezüglich der Verbotswidrigkeit voraus.[1300]

(4) Zwischenergebnis

Der Arbeitgeber und die tarifvertragschließende Gewerkschaft sind daher Gesamtschuldner. Gemäß § 426 BGB kann der Arbeitgeber einen anteiligen Ausgleich des von ihm zu leistenden Schadensersatzes beanspruchen. Seine Haftung wird daher im Verhältnis zu den Tarifvertragsparteien reduziert.

bb. Ausgleich unter den Tarifparteien nach den Grundsätzen von Treu und Glauben

Neben einer deliktischen Haftung bieten auch die Grundsätze von Treu und Glauben einen Ansatz für einen Anspruch des Arbeitgebers gegen die tarifvertragschließende Gewerkschaft auf einen anteiligen Ausgleich für die vom Arbeitgeber zu leistenden Schadensersatz- und Entschädigungszahlungen an die betroffenen Beschäftigten.

Zwischen Arbeitgeber und Gewerkschaft besteht aufgrund des Tarifvertrages eine Sonderverbindung im Sinne eines Schuldverhältnisses.[1301] Dieses gebietet nach § 241 II BGB eine gegenseitige Rücksichtnahmepflicht. Die Reichweite der Rücksichtnahmepflicht zwischen den Sozialpartnern ist angesichts der Besonderheit von Arbeitskämpfen eingeschränkt. Jedoch sind die Tarifvertragsparteien in der Weise geeint, dass beide zugleich die Pflicht zur Beachtung des Benachteiligungsverbotes beim Abschluss eines Tarifvertrages trifft, der unter Umständen auch durch einen hart geführten Arbeitskampf geprägt war. Unter diesem Gesichtspunkt ist es unbillig, dass lediglich der Arbeitgeber das wirtschaftliche Risiko und die Gefahr einer Sanktion für die gemeinsame rechtswidrige Tarifnormsetzung trägt. Sämtliche Tarifvertragsparteien sind an das Benachteiligungsverbot gebunden und mit Abschluss des Tarifvertrages verantwortlicher Urheber der benachteiligenden Tarifnorm.

Weder die Richtlinien zum Schutz vor Diskriminierung noch das AGG sehen eine Haftung der Tarifvertragsparteien zwingend vor. Dies schließt diese jedoch nicht aus. Der Gesetzgeber hat in § 15 III AGG deutlich gemacht, dass der Arbeitgeber als Anwender einer benachteiligenden Tarifnorm nicht die volle Last der Sanktion

1299 Vgl. EuGH v. 22.04.1997 – C-180/95 (*Draehmpaehl*), NJW 1997, 1839 (1840).

1300 BT-Drs. 16/1780, S. 33; ErfK – *Schlachter*, § 3 AGG Rn. 23; Däubler/Bertzbach – *Deinert*, AGG, § 3 Rn. 89 m.w.N.; *Bauer/Krieger*, AGG, § 3 Rn. 67; *Meinel/Heyn/Herms*, AGG, § 3 Rn. 53; *Kock*, MDR 2006, 1088 (1089); kritisch *Adomeit/Mohr*, AGG, § 3 Rn. 265.

1301 Zur schuldrechtlichen Sonderverbindung zwischen den Tarifvertragsparteien vgl. exemplarisch ErfK – *Franzen*, § 1 TVG Rn. 79; *Löwisch/Rieble*, TVG, § 1 Rn. 993; im Erg. auch Däubler – *Reim/Ahrendt*, TVG, § 1 Rn. 1165.

tragen soll.[1302] Die gesetzgeberische Ausgestaltung ist misslungen. Insbesondere entspricht die Reduzierung der Sanktionsgefahr zu Lasten des betroffenen Beschäftigten prinzipiell nicht dem Grundgedanken des Diskriminierungsschutzes. Der Ansatz der Verschiebung der Rechtsfolgenlast für eine unwirksame Tarifnorm ist zutreffend, jedoch die Richtung nicht. Die Last einer benachteiligenden Regelung wird so unangemessen in Richtung der Beschäftigten verschoben. Eine Übertragung der Rechtsfolgen- und Sanktionsgefahr auch auf die Verursacher der benachteiligenden Norm ist demgegenüber angebracht.[1303] Die Tarifvertragsparteien tragen zwar das Risiko der Unwirksamkeit ihrer Tarifverträge. Dies ist jedoch keine Sanktion für die Benachteiligung, sondern nur eine denknotwendige Folge.[1304] Die Einbeziehung der Tarifvertragsparteien führt zu einer Verbesserung des Schutzes vor Diskriminierung. Einerseits werden die Urheber der benachteiligenden Regelung einbezogen. Auf den Urheber stellt auch der EuGH als Adressaten der Sanktion ab.[1305] Dies hat zugleich eine abschreckende Wirkung gegenüber den Verursachern. Die Rechtsfolgen- und Sanktionslast für eine unzulässige Benachteiligung durch Anwendung einer benachteiligenden Tarifnorm wird auf diese Weise sach- und interessengerecht verschoben und auf sämtliche Verantwortliche verteilt.

b. Ausschluss bei Vorsatz oder grober Fahrlässigkeit

Der Anspruch des Arbeitgebers gegen die tarifvertragsschließende Gewerkschaft ist ausgeschlossen, wenn der Arbeitgeber die benachteiligende Norm angewandt hat, obwohl er wusste, dass die Norm benachteiligenden Inhalts ist oder er grob fahrlässig Unkenntnis von dem benachteiligenden Inhalt hat. In diesem Fall wäre ein Ausgleichsanspruch unbillig. Ein Grund zur Milderung der wirtschaftlichen Folgen für die begangene Benachteiligung besteht nicht. Hier ist die Wertung des § 15 III AGG heranzuziehen. Der Arbeitgeber ist bei vorsätzlicher oder fahrlässiger Anwendung einer benachteiligenden Norm nicht schutzwürdig. Der Arbeitgeber hätte in diesem Fall die Benachteiligung seiner Beschäftigten unkompliziert vermeiden können. Eine Pflicht zur Anwendung der nach § 7 II AGG unwirksamen Norm besteht gerade nicht.[1306]

1302 A.A ausdrücklich Wendeling-Schröder/Stein – *Wendeling-Schröder*, AGG, § 3 Rn. 53.

1303 Ebenso *Rieble/Zedler*, ZfA 2006, 273 (293); *Löwisch/Rieble*, TVG, § 1 Rn. 1572.

1304 Die Unwirksamkeit ist in vergleichbaren Konstellationen, zum Beispiel im Zusammenhang mit einer benachteiligenden Kündigung keine Sanktion; vgl. *Kamanabrou*, RdA 2007, 199 (204); a.A. *Hamacher/Ulrich*, NZA 2007, 657 (659); *Schmitz-Scholermann/Brune*, RdA 2011, 129 (135).

1305 EuGH v. 22.04.1997 – C-180/95 (*Draehmpaehl*), NJW 1997, 1839 (1840).

1306 ErfK – *Schlachter*, § 15 AGG Rn. 14; *Walker*, NZA 2009, 5 (6); *Nebeling/Miller*, RdA 2007, 289 (292); *Schlachter*, ZESAR 2006, 391 (398); Schiek – *Kocher*, AGG, § 15 Rn. 53.

c. *Rechtsfolgen*

Im Verhältnis zu den betroffenen Beschäftigten haftet der Arbeitgeber wegen der Anwendung einer benachteiligenden Norm nach § 15 I, II AGG. Dahingegen haften die anderen Tarifvertragsparteien nicht gegenüber den Beschäftigten. Ansprüche aus § 15 I II AGG sind ausgeschlossen, da nur der Arbeitgeber diesbezüglich passiv legitimiert ist. Ansprüche der betroffenen Beschäftigten aus unerlaubter Handlung wegen der Verletzung des allgemeinen Persönlichkeitsrechts scheitern am Grundsatz der Subsidiarität, da bereits eine Entschädigung nach § 15 II 1 AGG durch den Arbeitgeber erfolgt und dadurch die Verletzung vollständig anderweitig ausgeglichen werden kann. Auf die Subsidiarität können sich die anderen Tarifvertragsparteien jedoch nur im Verhältnis zu den Beschäftigten berufen. Diese sind dadurch nicht schutzlos gestellt. Im Verhältnis zwischen dem Arbeitgeber und der anderen Tarifvertragspartei gilt dies jedoch nicht. Die tarifvertragsschließenden Parteien sind ebenfalls unmittelbare Urheber der Benachteiligung. Es wäre im Zusammenhang mit einer gesamtschuldnerischen Haftung und dem Innenausgleich zwischen den Gesamtschuldnern treuwidrig, sich auf den Grundsatz der Subsidiarität bei Regressansprüchen des an den Gläubiger leistenden Schuldners, zu berufen. So könnte sich ansonsten ein Urheber einer Benachteiligung ungerechtfertigt seiner Haftung entziehen.

Dies hat zur Folge, dass im Verhältnis zu den Beschäftigten lediglich der Arbeitgeber haftet. Dieser kann jedoch im Innenverhältnis zu der oder den anderen Parteien des Tarifvertrags Ausgleichsansprüche geltend machen.

2. *Normative Geltung des Tarifvertrages kraft Mitgliedschaft des Arbeitgebers im Verband oder aufgrund Allgemeinverbindlichkeit*

a. *Anspruchsgrundlage*

aa. Anspruch aus Verbandsmitgliedschaft

Ist der Arbeitgeber aufgrund seiner Mitgliedschaft im tarifvertragsschließenden Arbeitgeberverband tarifgebunden, so kommt ein Anspruch des Arbeitgebers auf Ausgleich des an den betroffenen Beschäftigten zu leistenden Schadensersatzes und die Entschädigung aus diesem Mitgliedschaftsverhältnis in Betracht.

Ausgangspunkt ist die Mitgliedschaft des Arbeitgebers im tarifvertragsschließenden Arbeitgeberverband. Arbeitgeberverbände sind Vereine im Sinne des BGB.[1307] Allgemein anerkannt ist, dass einzelne Mitglieder von ihrem Verein Schadensersatz verlangen können, wenn der Verein beziehungsweise ein Organ des Vereins gegenüber dem Vereinsmitglied eine Pflicht aus der Vereinssatzung oder aus dem Mitgliedschaftsrecht verletzt hat.[1308] Der Anspruch auf Schadensersatz des Mitglieds

---

1307 Schaub – *Treber*, ArbR-HdB, § 191 Rn. 17; *Reichert*, VereinsR, Rn. 5075.

1308 BGH v. 12.03.1990 – II ZR 179/89, NJW 1990, 2877 (2878); Palandt - *Ellenberger*, BGB, § 31, Rn. 12 m.w.N.; ders. § 38 Rn. 1b; PWW – *Schöpflin*, BGB § 31 Rn. 10 m.w.N.; Staudinger – *Weick*, BGB § 31 Rn. 12; *Löwisch/Rieble*, TVG, § 1 Rn. 1545.

gegen den Verein wegen einer Verletzung von Pflichten aus der Satzung oder aus dem Mitgliedschaftsrecht ergibt sich aus § 280 I BGB.[1309] Ein Schadensersatzanspruch kann sich zum Beispiel aus der Verweigerung satzungsgemäßer Leistungen ergeben.[1310] Auch die Schlechtleistung bei Durchführung der satzungsgemäßen Aufgaben durch den Verein begründet einen Schadensersatzanspruch.[1311] Die Mitglieder eines Vereins haben gegen den Verein einen Anspruch auf gesetzes- und satzungskonforme Behandlung.[1312] Der Verein hat zudem gegenüber den Mitgliedern eine Loyalitäts- und Treuepflicht. Eine Vereinigung, zu deren satzungsgemäßen Zweck im Wesentlichen der Abschluss von Tarifverträgen zählt, an die die Mitglieder gebunden sind, ist gegenüber seinen Mitgliedern verpflichtet, wirksame, das geltende Recht beachtende Tarifverträge zu schließen. Dies umfasst auch die Beachtung des Benachteiligungsverbotes. Im Hinblick auf den Schutz vor Benachteiligungen hat der Gesetzgeber die Pflichten der Verbände in § 17 I AGG und § 7 I AGG konkretisiert. Ist ein Tarifvertrag oder eine Tarifnorm wegen eine Verstoßes gegen das Benachteiligungsverbot unwirksam, handelte der Arbeitgeberverband beziehungsweise das für ihn handelnde Organ nicht satzungsgemäß, sondern verletzte seine satzungsgemäßen Pflichten. Damit werden zugleich die Pflichten gegenüber dem einzelnen Mitglied verletzt, denn dieses hat gerade aus seiner Mitgliedschaft einen Anspruch auf Abschluss eines gültigen Tarifvertrages. Die Unwirksamkeit einer Tarifnorm begründet daher einen Anspruch auf Schadensersatz nach § 280 I BGB.[1313] Mit der Bekanntgabe des Tarifvertrages an seine Mitglieder erweckt der Verband das Vertrauen, dass er satzungsgemäß gehandelt hat. Auch wenn keine Rechtmäßigkeitsgewähr besteht, hat der Arbeitgeber im Verhältnis zu seinem Verband ein schützenswertes Vertrauen, dass die vom Verband abgeschlossenen Tarifverträge gültig sind.[1314] Zweifel an der Gültigkeit der Tarifnormen müssen den Mitgliedern sofort mitgeteilt werden.[1315]

Allein die Möglichkeit des Austritts aus dem Verband ist keine hinreichende Folge für das Fehlverhalten des Verbandes bei Abschluss des Tarifvertrages.[1316] Der Austritt einer Vielzahl von Mitgliedern als Reaktion auf die Unwirksamkeit einer

1309 Palandt - *Ellenberger*, BGB, § 31, Rn. 12; PWW – *Schöpflin*, BGB § 31 Rn. 10; *Löwisch/Rieble*, TVG, § 1 Rn. 1545.

1310 BGH v. 12.03.1990 – II ZR 179/89, NJW 1990, 2877 (2878); Palandt - *Ellenberger*, BGB, § 31, Rn. 12.

1311 OLG München v. 03.11.1987 – 13 U 5194/87, NJW 1988, 1030; Erman – *Westermann*, BGB, § 38 Rn. 9. Zum Verhältnis einer Gewerkschaft zu seinen Mitgliedern ausführlich *Wochner*, BB 1993, 515 (516 f.).

1312 MüKo –*Reuter*, BGB, § 38 Rn. 35; *Wochner*, BB 1993, 515 (516).

1313 MüArbR – *Löwisch/Rieble*, § 161 Rn. 53; *Löwisch/Rieble*, TVG, § 1 Rn. 1545.

1314 MüArbR – *Löwisch/Rieble*, § 161 Rn. 53; *Löwisch/Rieble*, TVG, § 1 Rn. 1545.

1315 MüArbR – *Löwisch/Rieble*, § 161 Rn. 53; *Löwisch/Rieble*, TVG, § 1 Rn. 1545.

1316 A. A. *Gamillscheg*, Koll ArbR I, S. 458 wonach als vordergründige Sanktionsmöglichkeit bei Untätigkeit oder Unfähigkeit des Verbandes den Austritt aus dem Verband anzusehen sei.

Tarifnorm ist für den Verband folgenreich oder im schlimmsten Fall die Existenz gefährdend. Dennoch kann dies einen Schadensersatzanspruch des Arbeitgebers nicht ausschließen. Der Arbeitgeber würde ansonsten die wirtschaftlichen Folgen der nicht von ihm verantwortlich erstellten, benachteiligenden Tarifnorm tragen. Der verantwortliche Verband bliebe trotz seiner Urheberschaft frei von jeglichem wirtschaftlichen Risiko für sein Handeln bei Abschluss eines Tarifvertrages. Das wirtschaftliche Risiko für das Handeln des Verbandes würde bei den einzelnen Mitgliedern verbleiben.

Ein Anspruch des Arbeitgebers aus § 823 I BGB besteht dahingegen nicht. Zweifelsohne ist die Mitgliedschaft in einem Verein ein absolutes Recht im Sinne des § 823 I BGB.[1317] Jedoch wird durch die Unwirksamkeit des Tarifvertrages oder der entsprechenden Tarifnorm nicht das Recht der Mitgliedschaft des Arbeitgebers an sich verletzt, sondern eine sich daraus ergebende Pflicht des Verbandes beziehungsweise ein Recht des Arbeitgebers aus der Mitgliedschaft.[1318] Auch wird der Arbeitgeber in keinem seiner Grundrechte verletzt. Die durch die Tarifnorm unzulässig Benachteiligten sind die betroffenen Beschäftigten nicht jedoch der Arbeitgeber.

Ein deliktischer Anspruch des Arbeitgebers kann auch nicht aus § 823 II 1 BGB begründet werden. Dieser Anspruch setzt die Verletzung eines Schutzgesetzes voraus. Mit guten Gründen kann man argumentieren, dass § 7 I AGG ein Schutzgesetz in diesem Sinne ist.[1319] Einen Anspruch des Arbeitgebers gegen den Arbeitgeberverband begründet dies jedoch nicht. In diesem Fall ist die Schädigung des Arbeitgebers nicht vom Schutzzweck des § 7 I AGG umfasst. Das Benachteiligungsverbot soll die Beschäftigten vor einer unzulässigen Schlechterstellung wegen eines in § 1 AGG genannten Merkmals schützen. Nicht davon umfasst ist der Schutz des Arbeitgebers vor der Inanspruchnahme durch den benachteiligten Beschäftigten auf Schadensersatz und Entschädigung. Die Verletzung von Grundrechten durch die Tarifvertragsparteien kann grundsätzlich einen deliktischen Schadensersatzanspruch begründen.[1320] Die Grundrechte des Arbeitgebers durch Abschluss eines benachteiligenden Tarifvertrages werden jedoch nicht verletzt. Benachteiligt werden sollen die Beschäftigten, nicht jedoch der Arbeitgeber.

1317 BGH v. 12.03.1990 – II ZR 179/89, NJW 1990, 2877 (2878); Palandt - *Ellenberger*, BGB, § 31, Rn. 12; PWW – *Schöpflin*, BGB § 31 Rn. 10; MüKo – *Reuter*, BGB, § 38 Rn. 17; Erman – *Westermann*, BGB, § 38 Rn. 9.

1318 Ähnlich MüKo – *Reuter*, BGB § 38 Rn. 20. Ebenfalls zur Begründung einer deliktischen Haftung auf den Kern der Mitgliedschaft abstellend Erman - *Westermann*, BGB; § 38 Rn. 9.

1319 So auch Wendeling-Schröder/Stein – *Stein*, AGG, § 15 Rn. 91; Schleusener/Suckow/Voigt – *Voigt*, AGG, § 15 Rn. 26; Däubler/Bertzbach – *Deinert*, AGG, § 15, Rn. 124; *v. Roetteken*, AGG, § 15 Rn. 114; Palandt – *Weidenkaff*, BGB, § 7 AGG Rn. 7; Schiek - *Kocher*, AGG, § 15 Rn. 67, § 7 Rn. 1; Rust/Falke – *Bücker*, AGG, § 15 Rn. 59.

1320 Ausführlich hierzu *Baumann*, RdA 1994, 272 (278 f.).

bb. Anspruch gegen die Tarifvertragsparteien nach §§ 280 I BGB i.V.m. § 241 II BGB

Fraglich ist, ob sich der Arbeitgeber nicht nur gegenüber seinem eigenen Verband schadlos halten, sondern er sämtliche Tarifvertragsparteien als Gesamtschuldner nach § 421 S. 1 BGB in Anspruch nehmen kann. Es stellt sich die dabei Frage, ob sich ein Anspruch des Arbeitgebers gegen die Tarifvertragsparteien aus § 280 I BGB i.V.m. § 241 II BGB ergeben kann.

Zwischen den Tarifvertragsparteien und dem tarifgebundenen Arbeitgeber besteht eine Sonderverbindung im Sinne eines Schuldverhältnisses. Die Begründung eines Schuldverhältnisses setzt nicht zwingend einen Vertragsschluss oder gegenseitige Leistungspflichten voraus.[1321] Der Begriff des Schuldverhältnisses im Sinne des § 241 II BGB ist sehr weit zu fassen.[1322] Darunter zählt jede qualifizierte Sonderverbindung.[1323] Anerkannt ist zum Beispiel der nichtige Vertrag oder nach § 311 II BGB das Vertragsanbahnungsverhältnis.[1324] Ebenso entsteht gemäß § 311 III BGB ein Schuldverhältnis mit Pflichten nach § 242 II BGB zu einem Dritten, der selbst nicht Vertragspartei ist, aber ein besonders Vertrauen für sich in Anspruch nimmt und dadurch die Vertragsverhandlungen oder den Vertragsschluss erheblich beeinflusst. Diese Konstellation ist im Verhältnis zwischen dem Arbeitgeber und den Tarifvertragsparteien nach dem Wortlaut des § 311 III BGB nicht gegeben. Der dahinterstehende Grundgedanke ist jedoch entsprechend anzuwenden.

Die Tarifvertragsparteien nehmen eine besondere Vertrauensstellung für sich in Anspruch. Dies mündet in der Richtigkeitsgewähr. Den Tarifvertragsparteien wird zugeschrieben, dass sie über eine entsprechende Sachkunde und -nähe verfügen, um eine gerechte Regelung zu finden.[1325] Die Tarifvertragsparteien können für sich zudem eine Normsetzungsbefugnis im Verhältnis zu den Tarifvertragsgebundenen in Anspruch nehmen.[1326] Durch die Normsetzungsbefugnis können die Tarifvertragsparteien unmittelbar mit normativer Wirkung auf die Rechte und Pflichten in bestehenden Arbeitsverhältnissen Einfluss nehmen.[1327] Damit können die Tarifvertragsparteien in die Rechte und Pflichten der Tarifgebundenen aus dem arbeitsvertraglichen Schuldverhältnis eingreifen. So beeinflussen die Tarifvertragsparteien zwar nicht die Vertragshandlungen oder den Vertragsschluss im Sinne

---

1321 Palandt – *Grüneberg*, BGB, Einl v § 241 Rn. 4.

1322 Palandt – *Grüneberg*, BGB, Einl v § 241 Rn. 4.

1323 Palandt – *Grüneberg*, BGB, Einl v § 241 Rn. 4.

1324 Zum Bestehen eines Schuldverhältnisses trotz nichtigem Vertrag vgl. u.a. BGH v. 29.03.1996 – V ZR 332/94, NJW 1996, 1884 (1885).

1325 BAG v. 03.10.1969 – 3 AZR 400/68, BAGE 22, 144 (151) m.w.N.; BAG v. 06.09.1995 – 5 AZR 174/94, NZA 1996, 437 (439) m.w.N.; *Gamillscheg*, Koll. ArbR., S. 285 ff.

1326 Nach § 4 I 1 TVG wirken die Rechtsnormen eines Tarifvertrages wie ein Gesetz gegenüber den Tarifgebundenen; vgl. HWK – *Henssler*, § 4 TVG Rn. 3; ErfK – *Franzen*, § 4 TVG Rn. 1.

1327 Exemplarisch HWK – *Henssler*, § 4 TVG Rn. 3; ErfK – *Franzen*, § 4 TVG Rn. 1.

des § 311 III BGB. Sie nehmen jedoch mit einer vergleichbaren Wirkung Einfluss auf das Vertragsverhältnis zwischen dem Arbeitgeber und den Beschäftigten i.S.d. § 6 I BGB. Die Tarifvertragsparteien können die wesentlichen Bedingungen des Arbeitsverhältnisses regeln.[1328] Abweichende arbeitsvertragliche Vereinbarungen finden dann nur Anwendung, wenn eine tarifliche Regelung nicht vorliegt, dies gemäß § 4 III TVG nach dem Tarifvertrag zulässig ist oder im Sinne des § 4 III TVG die arbeitsvertragliche Regelung günstiger ist. Die Tarifvertragsparteien müssen auf die durch den Rechtsstaat geschützten Rechte der Tarifgebundenen Rücksicht nehmen. Angesichts der normativen Wirkung tariflicher Regelungen für die Parteien des Arbeitsverhältnisses dürfen Arbeitnehmer und Arbeitgeber von ihren Interessenvertretern bei Abschluss eines Tarifvertrages erwarten, dass diese bemüht sind, das geltende Recht zu beachten, ohne das eine Rechtmäßigkeitsgewähr besteht. Die Tarifvertragspartien sind selbstverständlich zur Beachtung des geltenden Rechts verpflichtet.[1329] Hierzu zählt auch die Beachtung des Benachteiligungsverbotes des § 7 I AGG.[1330] Bereits aufgrund der europäischen Vorgaben müssen die Tarifvertragsparteien das Diskriminierungsverbot bei Ausübung der Tarifautonomie beachten.[1331] Beachten die Tarifvertragsparteien, die eine normative Wirkung ihres Tarifwerkes beanspruchen, bei der Erstellung des Tarifvertrages schuldhaft oder wie bei der Vergütungsstaffelung allein nach dem Lebensalter im BAT in eklatanter und offensichtlicher Weise nicht[1332], ist es unbillig, dass die Tarifvertragsparteien allein den Anwendern des Tarifvertrages das wirtschaftliche Risiko von Verstößen gegen das geltende Recht aufbürden und selbst kaum ein Risiko tragen, dies obwohl auch die Tarifvertragsparteien an das Benachteiligungsverbot gebunden und nach § 17 I AGG aufgefordert sind, im Rahmen ihrer Aufgaben und Handlungsmöglichkeiten an der Verwirklichung des in § 1 AGG genannten Ziels mitzuwirken. Ein schuldhafter Verstoß der Tarifvertragsparteien gegen das Benachteiligungsverbot bei der Gestaltung einer Tarifnorm ist damit nicht vereinbar.

Dies zusammen begründet in Bezug auf die Beachtung des Benachteiligungsverbotes in Tarifverträgen eine Sonderbeziehung zwischen dem Arbeitgeber und den Tarifvertragsparteien im Sinne eines Schuldverhältnisses. Das Erstellen einer wegen eines Verstoßes gegen das Benachteiligungsverbot unwirksamen Tarifnorm ist eine Verletzung der den Tarifvertragsparteien gegenüber den Tarifvertragsanwendern

---

1328 ErfK – *Franzen*, § 1 TVG Rn. 38; HWK – *Henssler*, § 1 TVG Rn. 45.

1329 Dies begründet nicht zuletzt aus der Tatsache, dass die Gerichte die Vereinbarkeit eines Tarifvertrags mit höherrangigem Recht kontrollieren können; vgl. BAG. 06.09.1995 – 5 AZR 174/94, NZA 1996, 437 (439) m.w.N.

1330 Ausführlich hierzu unter Kapitel VI B. III.

1331 EuGH v. 08.09.2011 – C-297/10, C-298/10 (*Hennigs* und *Mai*), NZA 2011, 1100 (1103).

1332 Zur Diskriminierung in der allein am Alter orientierten Vergütungsstaffelung des BAT vgl. BAG v. 08.12.2011 – 6 AZR 319/09, NZA 2012, 275 ff.; BAG v. 10.11.2011 – 6 AZR 148/09, NZA 2012, 161 ff.; EuGH v. 08.09.2011 – C-297/10, C-298/10 (*Hennigs* und *Mai*), NZA 2011, 1100 ff.

obliegenden Rücksichtnahmepflicht aus § 241 II BGB. Dem die unwirksame Norm dennoch anwendenden Arbeitgeber steht folglich ein Anspruch auf Schadensersatz nach § 280 I i.V.m. § 241 II BGB zu. Ein Verschulden der Tarifvertragsparteien wird nach § 280 I 2 BGB vermutet.

cc. Ausgleich nach § 426 BGB

Wie bereits ausgeführt, haften die Tarifvertragsparteien zusammen mit dem Arbeitgeber als Gesamtschuldner. Sie haften neben dem handelnden Arbeitgeber aus Delikt.[1333] Nach § 426 I BGB hat der gegenüber dem Beschäftigten unmittelbar haftende Arbeitgeber einen Anspruch auf Ausgleich des geleisteten Schadensersatzes und der geleisteten Entschädigung.[1334]

dd. Ausgleich nach dem Grundsatz von Treu und Glauben

Ein weiterer Ansatz für einen Ausgleichanspruch des Arbeitgebers gegen die Tarifvertragsparteien ergibt sich aus dem Grundsatz von Treu und Glauben und dem sich in § 15 III AGG widerspiegelnden Grundgedanken der Verschiebung des Sanktionsrisikos zu Gunsten des normanwendenden Arbeitgebers. Wie bereits ausgeführt, ist es interessengerecht, die Tarifvertragsparteien in diesem Fall bei der Verteilung der Sanktionslast mit einzubeziehen.[1335]

b. Ausschluss bei Vorsatz und grober Fahrlässigkeit

Ein entsprechender Anspruch des Arbeitgebers gegen seinen eigenen Verband oder die tarifvertragsschließende Gewerkschaft ist ausgeschlossen, wenn der Arbeitgeber die benachteiligende Norm in Kenntnis oder grober Unkenntnis der benachteiligenden Wirkung und der daraus resultierenden Unwirksamkeit angewandt hat. Die Wertung des § 15 III AGG ist heranzuziehen.[1336] Dies kann zum Beispiel angenommen werden, wenn die Tarifvertragsparteien den Arbeitgeber auf eine bestehende benachteiligende Norm oder auch nur konkrete Zweifel hinsichtlich einer Norm aufmerksam gemacht haben. Die Inanspruchnahme der Tarifvertragsparteien wäre unbillig, wenn der Arbeitgeber Kenntnis oder grob fahrlässig Unkenntnis von der benachteiligenden Wirkung der Tarifnorm hatte. Er hätte in diesem Fall seine Schadensersatz und Entschädigung auslösende Handlung ohne weiteres unterlassen können.

1333 Vergleiche hierzu ausführlich unter Kapitel V C. IV. 1. a. *aa.* (2).

1334 So auch Schleusener/Suckow/Voigt – *Schleusener*, AGG, § 3 Rn. 170; *Adomeit/Mohr*, AGG, § 3 Rn. 267; *Meinel/Heyn/Herms*, AGG, § 3 Rn. 57.

1335 Vergleiche hierzu die Ausführungen unter Kapitel V C. IV. 1. a. *bb.*; ebenso *Meinl/Heyn/Herms*, AGG, § 3 Rn. 57 m.w.N.

1336 Vergleiche hierzu ausführlich unter C. IV. 1. b.

3. *Normative Geltung des Tarifvertrages kraft staatlicher Anordnung*

Es stellt sich die Frage, ob die aufgezeigten Regressmöglichkeiten des Arbeitgebers nicht nur bei Tarifbindung des Arbeitgebers kraft Mitgliedschaft im Arbeitgeberverband, sondern auch bei normativer Bindung des entsprechenden Tarifvertrages nach § 5 IV TVG oder nach § 7 I 1 AEntG gelten.

a. *Tarifbindung kraft Allgemeinverbindlicherklärung nach dem TVG*

Die obige Argumentation zur Tarifbindung kraft Verbandsmitgliedschaft könnte mit Ausnahme der Regressmöglichkeit aufgrund der Verletzung der Pflichten aus dem Mitgliedschaftsverhältnis übertragen werden, wenn der Arbeitgeber erst durch eine Allgemeinverbindlichkeitserklärung zur Anwendung des Tarifvertrages veranlasst wurde. Der Überlegung einer Inanspruchnahme der Tarifvertragsparteien durch den Arbeitgeber liegt zugrunde, dass auch bei Allgemeinverbindlichkeit die Benachteiligung im Ergebnis ebenfalls durch die Tarifvertragsparteien veranlasst ist.[1337] Nach § 5 I 1 TVG wird ein Tarifvertrag nur auf gemeinsamen Antrag der Tarifvertragsparteien im Einvernehmen mit einem paritätisch von Vertretern der Arbeitgeber- und Arbeitnehmerspitzenorganisationen besetzten Ausschusses durch das Bundesministerium für Arbeit und Soziales oder unter den Voraussetzungen des § 5 VI TVG durch die oberste Arbeitsbehörde eines Landes für allgemeinverbindlich erklärt. Es obliegt beim Bundesministerium für Arbeit und Soziales letztlich dem Bundesministerium für Arbeit und Soziales nach pflichtgemäßer Prüfung ermessensfehlerfrei darüber zu entscheiden, ob ein Tarifvertrag für allgemeinverbindlich erklärt wird. Dabei prüft das Ministerium, ob die Voraussetzungen nach § 5 I TVG für eine Allgemeinverbindlichkeitserklärung vorliegen. Eine nicht ausdrücklich im Gesetz genannte Voraussetzung ist, dass der Tarifvertrag wirksam, dass heißt von tariffähigen und tarifzuständigen Parteien abgeschlossen wurden ist.[1338] Der Allgemeinverbindlichkeit steht die Nichtigkeit oder Unwirksamkeit einzelner Tarifnormen nicht entgegen.[1339] Die Allgemeinverbindlichkeitserklärung führt nicht zu einer Heilung von Wirksamkeitsmängeln.[1340]

Die Tarifvertragsparteien verantworten den Inhalt des Tarifvertrags und das Verfahren zur Allgemeinverbindlichkeit. Das BVerfG machte in einer Grundsatzentscheidung zur Verfassungsmäßigkeit der Allgemeinverbindlichkeit deutlich, dass die Tarifvertragsparteien den allgemeinverbindlichen Tarifvertrag und die

---

1337 Ebenso Schleusener/Suckow/Voigt – *Schleusener*, AGG, § 3 Rn. 172; *Adomeit/Mohr*, AGG, § 3 Rn. 267. Anders *Meinl/Heyn/Herms*, AGG, § 3 Rn. 60, wonach auch der Staat gesamtschuldnerisch mithaften solle. Dies sei durch die Beteiligung des Bundesministeriums für Arbeit und Soziales und dessen Prüfungspflicht begründet.

1338 Jacobs/Krause/Oetker/Schubert – *Oetker*, § 6 Rn. 92, Däubler – *Lakies*, TVG, § 5 Rn. 51; ErfK – *Franzen*, § 5 TVG, Rn. 7.

1339 Jacobs/Krause/Oetker/Schubert – *Oetker*, § 6 Rn. 92.

1340 Däubler – *Lakies*, TVG, § 5 Rn. 51; Jacobs/Krause/Oetker/Schubert – *Oetker*, § 6 Rn. 92 m.w.N.; ErfK – *Franzen*, § 5 TVG, Rn. 7.

Erstreckung auf andere verantworten.[1341] Vom zuständigen Minister geht lediglich auf Veranlassung der Tarifvertragsparteien der staatliche Geltungsbefehl für die nicht oder anders Tarifgebundenen aus. Nach den Ausführungen des BVerfG liegt hinsichtlich der inhaltlichen Gestaltung der Normen und der „Gesetzgebungsinitiative" das Schwergewicht eindeutig bei den Tarifparteien. Nicht dem Staat, sondern ausschließlich den Tarifparteien steht es zu, das Verfahren der Allgemeinverbindlicherklärung durch einen gemeinsamen Antrag in Gang zu bringen. Der für die Allgemeinverbindlicherklärung zuständige Bundesminister kann den gemeinsamen Antrag der Tarifvertragsparteien zwar selbständig ablehnen; indessen ist ihm der positive Akt der Normenerstreckung stets nur im Einvernehmen mit dem Tarifausschuss möglich, in dem ihm kein Stimmrecht zusteht. Am normativen Inhalt des für allgemeinverbindlich zu erklärenden Tarifvertrags kann der Bundesminister nichts ändern. Dieser ist ihm von den Tarifparteien vorgegeben.[1342]

Daraus folgt, dass auch speziell für Tarifverträge mit benachteiligenden Normen die Tarifvertragsparteien den entsprechenden Anstoß geben. Es bedarf zudem des Einvernehmens des Tarifausschusses. Dessen paritätische Besetzung lässt allgemein eine Blockadehaltung der Arbeitgeber- oder der Arbeitnehmerseite zu.[1343] Die Tarifvertragsparteien gehören zudem in der Regel einer der Spitzenorganisationen an und können dadurch auch praktisch eine Blockadehaltung mitbegründen. Dies hat zur Folge, dass die Allgemeinverbindlichkeit nach § 5 TVG nur auf Antrag und mit dem Einverständnis der Tarifvertragsparteien erfolgt. Aufgrund dessen verbleibt die Verantwortlichkeit der Tarifvertragsparteien für eine benachteiligende Norm in einem allgemeinverbindlichen Tarifvertrag bei diesen. Dem steht nicht entgegen, dass der zuständige Bundesminister an dem Verfahren zur Allgemeinverbindlichkeit beteiligt war. Der zuständige Minister hat zwar eine Prüfkompetenz[1344] und darf unwirksame Tarifverträge nicht für allgemeinverbindlich erklären. Jedoch findet keine Tarifzensur statt, da für den Inhalt des Tarifvertrags gerade die Tarifvertragsparteien verantwortlich sind.[1345] Angesichts der inhaltlichen Normsetzungskompetenz der Tarifparteien ist eine Prüfung der Wirksamkeit einzelner Normen auf eine summarische Prüfung auf offensichtliche Rechtsverstöße zu begrenzen.[1346] Auch eine Verletzung der Prüfpflicht durch den Bundesminister entbindet die Tarifparteien nicht von ihrer Verantwortlichkeit für den Inhalt des Tarifvertrages und eine damit verbundene Anweisung zur Benachteiligung im Sinne des § 3 V AGG.[1347] Die

1341 BVerfG vom 24.5.1977 – 2 BvL 11/74, NJW 1977, 2255 (2256).

1342 BVerfG vom 24.5.1977 – 2 BvL 11/74, NJW 1977, 2255 (2256).

1343 So auch Däubler – *Lakies*, TVG, § 5 Rn. 130; Henssler/Moll/Bepler – *Sittard*, Teil 7 Rn. 27.

1344 BVerfG v. 24.5.1977 – 2 BvL 11/74, NZA 1977, 2255 (2258).

1345 Däubler – *Lakies*, TVG, § 5 Rn. 52 m.w.N.; a.A. *Löwisch/Rieble*, TVG, § 5 Rn. 43, wonach der den Tarifvertrag anwendende Arbeitgeber einen Staatshaftungsanspruch haben soll.

1346 Ähnlich Däubler – *Lakies*, TVG, § 5 Rn. 52.

1347 So im Ergebnis auch *Meinel/Heyn/Herms*, AGG, § 3 Rn. 60.

eigenständige Prüfpflicht des Bundesministers befreit die Tarifparteien nicht von der ihnen obliegenden Pflicht zur Beachtung des Benachteiligungsverbotes und der Gleichbehandlung von Männern und Frauen.

Die Tarifparteien gestalten auch bei einer Allgemeinverbindlichkeitserklärung eigenverantwortlich den Inhalt des Tarifvertrages und sind somit die verantwortlichen Urheber einer Norm, die den Arbeitgeber zu einer Benachteiligung anweist.[1348] Die Allgemeinverbindlichkeitserklärung entbindet Tarifvertragsparteien trotz Beteiligung des zuständigen Fachministers nicht von ihrer Verantwortlichkeit.

Dies wiederum begründet einen Anspruch des Arbeitgebers gegenüber den Tarifvertragsparteien auf Ersatz des durch Anwendung einer benachteiligenden Tarifnorm zu leistenden Schadensersatzes an den Beschäftigten. Somit kann der Arbeitgeber auch bei Anwendung eines benachteiligenden, allgemeinverbindlichen Tarifvertrages Regress bei den Tarifvertragsparteien nehmen. Mit Ausnahme des aus einer Mitgliedschaft in der tarifvertragschließenden Koalition hergeleiteten Anspruchs finden die zum kraft Mitgliedschaft im Verband tarifgebundenen Arbeitgeber erläuterten Regressmöglichkeiten Anwendung.[1349]

b. Tarifbindung durch Rechtsverordnung nach dem AEntG

Neben der Allgemeinverbindlicherklärung nach § 5 I TVG kann der Arbeitgeber gemäß § 7 I 1 AEntG zur Tarifvertragsanwendung verpflichtet sein. Die Tarifbindung nach § 7 I 1 AEntG setzt einen gemeinsamen Antrag der Tarifvertragsparteien voraus. Die Verantwortlichkeit der Tarifvertragsparteien bleibt in diesem Zusammenhang ebenfalls bestehen. Die Argumentation zur Verantwortlichkeit der Tarifvertragsparteien für das tarifliche Unrecht bei einer Allgemeinverbindlichkeit nach § 5 I TVG kann auf die Tarifbindung nach § 7 I 1 AEntG übertragen werden. Auch in diesem Fall haben die Tarifvertragsparteien die benachteiligende Norm geschaffen und die Anwendung ihres Tarifvertrags auf nicht oder anders organisierte Arbeitnehmer und Arbeitgeber veranlasst und somit den staatlichen Anwendungsbefehl bewirkt. Dies verdeutlicht das Erfordernis des gemeinsamen Antrags der Tarifvertragsparteien nach § 7 I 1 AEntG. Aus diesem Grund sind die Tarifvertragsparteien, wie im Fall der Allgemeinverbindlichkeit nach § 5 I TVG, die verantwortlichen Urheber der benachteiligenden Tarifnorm. Folglich kann der Arbeitgeber die Tarifvertragsparteien nach den bereits erläuterten Regressmöglichkeiten in Anspruch nehmen.[1350]

1348 So auch Schleusener/Suckow/Voigt – *Schleusener*, AGG, § 3 Rn. 172; *Adomeit/Mohr*, AGG, § 3 Rn. 267.

1349 Hierzu ausführlich unter Kapitel VI C. IV. 2.

1350 Zu den Regressmöglichkeiten bereits ausführlich unter Kapitel VI C. IV. 2.

4. *Bezugnahme des angewandten Tarifvertrages*

a. *Bezugnahme durch individualrechtliche Vereinbarung*

Wird die angewandte Tarifnorm aufgrund einer individualrechtlichen Vereinbarung, zum Beispiel durch arbeitsrechtliche Bezugnahmen oder betriebliche Übung, angewandt, ist fraglich, ob der haftende Arbeitgeber die Tarifvertragsparteien in Regress nehmen kann. Gegen einen entsprechenden Regeressanspruch spricht, dass der Tarifvertrag nicht normativ wirkt und der Arbeitgeber im Verhältnis zu den Tarifvertragsparteien gerade nicht zur grundsätzlichen Anwendung eines geltenden Tarifvertrages verpflichtet ist.[1351] Ein Haftungserfordernis der Tarifvertragsparteien ist in diesem Zusammenhang nicht erforderlich. Die Anwendung der benachteiligenden Tarifnorm erfolgt durch den Arbeitgeber im Verhältnis zu den Tarifvertragsparteien auf einer rein freiwilligen Basis. Die Tarifvertragsparteien haben keinen Einfluss auf die Anwendung ihres Vertragswerkes durch einen nicht tarifgebundenen Arbeitgeber. Ein schutzwürdiges Vertrauen des Arbeitgebers besteht in diesem Zusammenhang gegenüber den Tarifvertragsparteien nicht.[1352] Während der tarifgebundene Arbeitgeber von den zuständigen Sozialpartnern erwarten darf, dass sie bemüht sind, keine rechtwidrigen Tarifnormen zu vereinbaren, ohne dass es eine Rechtmäßigkeitsgewähr gibt, besteht bei fehlender Tarifbindung kein besonderes Vertrauensverhältnis zu den Tarifvertragsparteien. Ein allgemeiner Rechtssatz einer Rechtmäßigkeitsgewähr von Tarifverträgen besteht gerade nicht.[1353] Es liegt letztendlich in der Risikosphäre der Anwender eines Tarifertrages, ob dieser einer Rechtmäßigkeitskontrolle standhält oder nicht, wenn sie diesen ohne grundsätzlich zwingende Tarifbindung anwenden wollen. Dem steht nicht entgegen, dass bei einer vollständigen arbeitsvertraglichen Bezugnahme unter Verweis auf § 310 IV BGB keine Inhaltskontrolle nach §§ 307 ff. BGB durchgeführt wird.[1354] Dies ist der Tarifverträgen immanenten Richtigkeitsgewähr geschuldet. Die AGB-Kontrolle ist eine Angemessenheitskontrolle, wie sich aus § 307 I BGB eindeutig ergibt. Die Richtigkeitsgewähr ist jedoch keine Rechtmäßigkeitsgewähr, so dass eine Kontrolle

---

1351 Ähnlich *Meinel/Heyn/Herms*, AGG, § 3 Rn. 56; Schleusener/Suckow/Voigt - *Schleusener*, AGG, § 3 Rn. 169; *Adomeit/Mohr*, AGG, § 3 Rn. 267; a. A. Däubler/Bertzbach - *Deinert*, AGG, § 3 Rn. 91.

1352 A.A. *Rieble/Zedler*, ZfA 2006, 273 (293), die eine anteilige Haftung der Tarifvertragsparteien bejahen, wenn diese Wissen, dass Arbeitgeber auf ihren Tarifabschluss Bezug nehmen.

1353 So auch Däubler/Bertzbach - *Deinert*, AGG, § 15 Rn. 89 m.w.N.; *Kamanabrou*, RdA 2006, 321 (337); *Jacobs*, RdA 2009, 193 (197) m.w.N.; KR - *Treber*, § 15 AGG Rn. 45; Erman - *Belling*, BGB, § 15 AGG Rn. 11; *Walker*, NZA 2009, 5 (7); Schaub - *Linck*, ArbR-Hdb, § 36 Rn. 95.

1354 In ständiger Rechtsprechung BAG v. 09.02.2011 – 7 AZR 91/10, NZA-RR 2012, 232 (236), BAG v. 19.03.2009 - 6 AZR 557/07, NZA 2009, 896 (898); BAG v. 25.04.2007 - 6 AZR 622/06, NZA 2008, 1135; ErfK - *Preis*, § 310 BGB Rn. 13 ff. m.w.N. der Rechtsprechung.

der Rechtmäßigkeit durch den Tarifvertragsanwender bei individualrechtlichen Bezugnahmen gegebenenfalls geboten ist.

b. Bezugnahme durch Betriebsvereinbarung

Wird durch eine Betriebsvereinbarung auf die angewandte, benachteiligende Tarifnorm Bezug genommen, gilt grundsätzlich das oben Ausgeführte zum Regressanspruch gegen die Tarifvertragsparteien bei individualrechtlicher Bezugnahme.[1355] Die Besonderheit besteht jedoch darin, dass die Bezug nehmende Regelung ebenfalls einen kollektivrechtlichen Charakter hat und der Arbeitgeber diese Vereinbarung nicht allein geschaffen hat. Dies hat jedoch keinen Einfluss auf das Verhältnis zu den Tarifvertragsparteien. Auf diese ist die Bezugnahme auf ihren Tarifvertrag nicht zurückzuführen. Sie haben auf diesen Umstand keinen rechtlichen Einfluss. Die Anwendung der Betriebsvereinbarung kann daher keinen Anspruch auf Ausgleich des geleisteten Schadensersatzes und der Entschädigung nach § 15 II AGG gegenüber den Tarifvertragsparteien begründen. Jedoch kann sich die Anwendung der kollektivrechtlichen Bezugnahmenorm möglicherweise auf die Haftung des Arbeitgebers gegenüber dem betroffenen Beschäftigten auswirken.

5. Vereinbarkeit mit dem Europarecht

Aufgrund der erforderlichen Haftung des Urhebers einer Benachteiligung stellt sich die Frage, ob die Vorgaben des Europarechts zum Schutz vor Diskriminierung einen Regressanspruch des Arbeitgebers gegen die Tarifvertragsparteien oder die tarifvertragschließende Gewerkschaft entgegenstehen. Eine unmittelbare Haftung der Tarifvertragsparteien ist in den einschlägigen Richtlinien nicht vorgesehen und wird auch durch das AGG nicht begründet.[1356] Dies steht einen Rückgriff des haftenden Arbeitgebers auf die, für die benachteiligende Tarifnorm verantwortlichen, Tarifvertragsparteien nicht entgegen. Die Ansprüche des betroffenen Beschäftigten gegen den Arbeitgeber auf Schadensersatz und Entschädigung werden durch einen Ausgleichsanspruch des Arbeitgebers nicht beeinträchtigt. Jedoch wird durch den Rückgriff auf die Tarifvertragsparteien der Gedanke des effizienten Schutzes vor Diskriminierung umgesetzt. Das Sanktionserfordernis nach Art. 18 RL 2006/54/EG, Art. 15 der RL 2000/43/EG und Art. 17 der RL 2000/78/EG setzt eine abschreckende Sanktionierung der unzulässigen Benachteiligung voraus. Die Tarifvertragsparteien sind die Urheber der benachteiligenden Norm. Mit der alleinigen Haftung des Arbeitgebers wird zwar der im Verhältnis zum Beschäftigten tätige Verursacher der Benachteiligung sanktioniert, nicht jedoch die verantwortlichen Urheber der

---

1355 Gleiches gilt für die Bezugnahme durch eine Dienstvereinbarung.

1356 MüKo – *Thüsing*, BGB, § 15 AGG Rn. 42; ErfK – *Schlachter*, § 15 BGB Rn. 14; *Walker*, NZA 2009, 5 (7).

benachteiligenden Tarifnorm.[1357] Die alleinige Haftung des Arbeitgebers entspricht in diesem Fall nur eingeschränkt, jedoch einen ausreichenden Schutz gewährend, den Anforderungen an eine abschreckende Sanktionierung. Letztlich ist dadurch der Arbeitgeber als Anwender von Tarifnormen gezwungen, die Tarifnormen bezüglich einer möglichen Benachteiligung zu prüfen und gegebenenfalls nicht anzuwenden. Dennoch verbleibt der Makel, dass die für die benachteiligende Norm verantwortlichen Tarifvertragsparteien nicht sanktioniert werden und dadurch die Abschreckungswirkung der Sanktion nicht weitrechend umgesetzt wird, beziehungsweise nicht vollumfänglich erzielt werden kann.[1358] Eine mittelbare Haftung der Tarifvertragsparteien durch einen Ausgleichsanspruch des gegenüber dem Beschäftigten haftenden Arbeitgebers führt somit zu einer abschreckenden Sanktionierung der Tarifvertragsparteien, wenn diese unter Missachtung des Verbotes der unzulässigen Benachteiligung Tarifnormen schaffen. Das Recht der Europäischen Union steht einem Regressanspruch des Arbeitgebers damit keinesfalls entgegen. Die mit einem Regressanspruch verbundene weite Wirkung der abschreckenden Sanktionierung ist vielmehr im Sinne der europäischen Vorgaben und zur vollumfänglichen Umsetzung dieser Vorgaben ein stückweit geboten. Zumindest wird der Antidiskriminierungsschutz dadurch optimiert.

V. Ergebnis

Die Haftungsprivilegierung nach § 15 III AGG ist europarechtswidrig.[1359] Die Regelung ist in Anwendung der Rechtsprechung des EuGH in der Rechtssache *Kücükdeveci* gegenüber dem betroffenen Beschäftigten nicht anzuwenden.[1360] Eine Vorlage zum EuGH ist daher nicht erforderlich. Im Ausgleichsverhältnis zwischen dem gegenüber den betroffenen Beschäftigten haftenden Arbeitgeber und den Tarifvertragsparteien findet die Wertung der Haftungsprivilegierung des § 15 III AGG dagegen Anwendung. Dies bedeutet, dass sich der Arbeitgeber, soweit er Ausgleichansprüche gegen die Tarifvertragsparteien geltend macht, ein eigenes Mitverschulden an der erfolgten Benachteiligung nicht entgegenhalten lassen muss, wenn er weder vorsätzlich noch grob fahrlässig die benachteiligende Tarifnorm angewandt hat.

1357 ErfK – *Schlachter*, § 15 AGG, Rn. 14. Ebenfalls von einer verantwortlichen Beteiligung der Tarifvertragsparteien ausgehend Däubler/Bertzbach – *Deinert*, AGG, § 3 Rn. 91 ff.

1358 So auch ErfK – *Schlachter*, § 15 AGG, Rn. 14.

1359 MüKo – *Thüsing*, BGB, §15 AGG Rn. 41; *Thüsing*, Arbeitsrechtlicher Diskriminierungsschutz, Rn. 551; Däubler/Bertzbach – *Deinert*, AGG, § 15 Rn. 93; *Stoffels*, RdA, 2009, 204 (211); *Meinel/Heyn/Herms*, AGG, § 15 Rn. 81; a.A. *Bauer/Krieger*, AGG, § 15 Rn. 39; Schleusener/Suckow/Voigt - *Voigt*, AGG, § 15 Rn. 59.

1360 EuGH v. 19.01.2010 – C-555/07 (*Kücükdeveci*), NZW 2010, 85 (89).

D. Anwendung sonstiger kollektivrechtlicher Vereinbarungen

I. Anwendung diskriminierender Betriebsvereinbarungen[1361]

1. *Urheberschaft des Arbeitgebers*

Anders als bei Tarifverträgen ist der Arbeitgeber als Partei der Betriebsvereinbarung stets unmittelbar in die Ausgestaltung und den Abschluss von Betriebsvereinbarungen involviert. Demnach ist der Arbeitgeber nicht nur das vollziehende Werkzeug durch Anwendung der Betriebsvereinbarung. Er ist zugleich verantwortlicher Miturheber der benachteiligenden Norm der Betriebsvereinbarung. Unter Umständen kommt zugleich eine Anstiftung zur Benachteiligung nach § 3 V 1 AGG in Betracht. Dies kann dann der Fall sein, wenn die benachteiligende Norm auf einer Gesamtbetriebsvereinbarung beruht. In diesem Fall sind die Leiter der Unternehmensbetriebe angewiesen, entsprechend der Gesamtbetriebsvereinbarung, die Beschäftigten des jeweiligen Betriebs nach der Gesamtbetriebsvereinbarung zu behandeln. Der Arbeitgeber ist im Verhältnis zu den Beschäftigten der Urheber einer Benachteiligung bei Anwendung einer benachteiligenden Betriebsvereinbarung.

2. *Grundsatz der Haftung*

Der Arbeitgeber ist den betroffenen Beschäftigten nach § 15 I, II AGG zum Ersatz des durch die Benachteiligung entstandenen Schadens und zur Zahlung einer angemessenen Entschädigung verpflichtet. Dies gilt unabhängig davon, ob die Benachteiligung auf der benachteiligenden Anwendung einer neutralen Norm einer Betriebsvereinbarung oder der Anwendung einer benachteiligenden Norm beruht. Hier besteht kein Unterschied zur grundsätzlichen Haftung bei Anwendung eines Tarifvertrages. Eine Haftungsprivilegierung des Arbeitgebers im Verhältnis zum betroffenen Beschäftigten gemäß § 15 III AGG erfolgt nicht. Bereits die Übertragung der Richtigkeitsgewähr auf Betriebsvereinbarungen ist zweifelhaft.[1362] Daneben ist die Richtigkeitsgewähr kein tauglicher Rechtfertigungsgrund für das Haftungsprivileg des § 15 III AGG.[1363] Gleiches muss dann auch für Betriebsvereinbarungen gelten. § 15 III AGG findet keine Anwendung.

1361 Diese Ausführungen zur Anwendung benachteiligender Betriebsvereinbarungen gelten ebenso für die Anwendung benachteiligender Dienstvereinbarungen außer es ergibt sich aus der Anwendung einer Dienstvereinbarung denknotwendig eine andere rechtliche Beurteilung. Soweit eine differenzierte Betrachtung erforderlich ist, erfolgt eine solche an geeigneter Stelle.

1362 Ebenso *Meinel/Heyn/Herms*, AGG, § 3 Rn. 62; Däubler/Bertzbach – *Deinert*, AGG, § 15 Rn. 89.

1363 Zur Europarechtswidrigkeit des § 15 III AGG ausführlich unter C. 2. und C. 3.

3. *Interessengerechter Haftungsausgleich*

a. *Haftung des Betriebsrates zusammen mit dem Arbeitgeber*

Wie auch bei der Anwendung eines benachteiligenden Firmentarifvertrages ist der Arbeitgeber einerseits das die Benachteiligung umsetzende „Organ" und zugleich zusammen mit dem Betriebsrat der verantwortliche Urheber der benachteiligenden Norm. In diesem Zusammenhang stellt sich auch hier die Frage nach einem interessengerechten Ausgleich mit dem Miturheber.

Problematisch ist die Übertragung des Konzepts einer geteilten Haftung der Tarifpartner auf die Anwendung von Betriebsvereinbarungen oder Sozialplänen.[1364] Die Rechtslage scheint zunächst mit der Haftung für die Anwendung eines Firmentarifvertrages vergleichbar. Der Arbeitgeber ist einerseits Normanwender und zugleich auch Normgeber zusammen mit dem Betriebsrat. Bei einem Firmentarifvertrag ist nicht der Betriebsrat, sondern die Gewerkschaft die andere Partei der Vereinbarung. Zwischen den Tarifparteien besteht eine gesamtschuldnerische Haftung.

Eine Ablehnung der gesamtschuldnerischen Haftung zwischen Betriebsrat und Arbeitgeber mit der Begründung einer eigenständigen, erhöhten Überprüfungspflicht des Arbeitgebers hinsichtlich der Vereinbarkeit mit höherrangigem Recht, wird der Problematik nicht gerecht.[1365] Für eine erhöhte Prüfpflicht des Arbeitgebers bei Betriebsvereinbarungen anders als bei Tarifverträgen besteht kein ersichtlicher Grund. Eine solche angebliche Pflicht lässt sich nicht mit bestehenden Zweifeln der Anwendbarkeit der materiellen Richtigkeitsgewähr auch für Betriebsvereinbarungen begründen.[1366]

Obwohl der Betriebsrat als Gremium verantwortlicher Mitverursacher der benachteiligenden Betriebsvereinbarung ist und ein Vergleich mit der Rechtslage bei Anwendung eines Firmentarifvertrages naheliegt, ist fraglich, ob der Arbeitgeber und das Gremium Betriebsrat Gesamtschuldner sind. Anders als die tarifvertragschließende Gewerkschaft verfügt der Betriebsrat über kein eigenes Vermögen und kann daher nicht auf Zahlung einer Entschädigung oder von Schadensersatz tatsächlich in Anspruch genommen werden. Der Betriebsrat ist grundsätzlich nicht rechts- und vermögensfähig.[1367] Eine entsprechende Zwangsvollstreckung würde daher grundsätzlich leerlaufen. Dass der Betriebsrat grundsätzlich über kein eigenes

---

1364 So *Rieble/Zedler*, ZfA 2006, 273 (293) Fn. 83; ebenso Däubler/Bertzbach – *Deinert*, AGG, § 3 Rn. 94; ablehnend *Meinel/Heyn/Herms*, AGG, § 3 Rn. 62.

1365 So *Meinel/Heyn/Herms*, AGG, § 3 Rn. 62.

1366 Nach der Gesetzesbegründung zum Haftungsprivileg nach § 15 III AGG soll die von der Rechtsprechung für Tarifverträge angenommene materielle Richtigkeitsgewähr auch für Betriebsvereinbarungen gelten; vgl. BT-Drs. 16/1780, S. 38. Die Anwendbarkeit der Richtigkeitsgewähr von Tarifverträgen auf Betriebsvereinbarungen ebenfalls anzweifelnd *Meinel/Heyn/Herms*, AGG, § 3 Rn. 62.

1367 BAG v. 24.04.1986 – 6 AZR 607/83, NZA 1987, 100 (101) m.w.N.; *Gamillscheg*, Koll. ArbR II, S. 576; GK – *Franzen*, BetrVG, § 1 Rn. 75 m.w.N.; Richardi – *Thüsing*, BetrVG, Vor § 26 Rn. 8; DKKW – *Wedde*, BetrVG, Einleitung Rn. 141; ErfK – *Koch*, § 1

Vermögen verfügt, wird durch die Kostentragungspflicht des Arbeitgebers nach § 40 BetrVG deutlich.

aa. Partielle Rechtsfähigkeit kraft Gesetz im Verhältnis zum Arbeitgeber

Der Betriebsrat ist ausnahmsweise partiell rechtsfähig, soweit dies durch Gesetz bestimmt wird. Eine zivilrechtliche Haftung des Betriebsrates für von ihm begangenes Unrecht sieht das BetrVG nicht vor. Auch dem AGG ist eine entsprechende Regelung nicht zu entnehmen.

bb. Entscheidung des BGH vom 25.10.2012 zur partiellen Rechts- und Vermögensfähigkeit im Verhältnis zu Dritten

Nach dem BGH kann der Betriebsrat im Verhältnis zu Dritten, im der Entscheidung zu Grunde liegenden Fall gegenüber einem externen Berater, partiell recht- und vermögensfähig sein.[1368] Dem Betriebsrat steht gegen den Arbeitgeber im Fall der Hinzuziehung eines Beraters oder Sachverständigen für die Betriebsratsarbeit ein Anspruch auf Freistellung in Höhe der dadurch entstandenen Kosten erforderlichen Kosten zu.[1369] Eine Teilrechtsfähigkeit des Betriebsrates ergibt sich daraus, dass denknotwendig ein Freistellungsanspruch gegen den Arbeitgeber das Bestehen einer eigenen Verpflichtung des Betriebsrates gegenüber dem Dritten voraussetzt.[1370] Die Vermögensfähigkeit ergibt sich nach dem BGH aus dem Freistellungsanspruch gegen den Arbeitgeber aus § 40 I BetrVG, der an den Dritten abgetreten werden kann und sich dann in einen Zahlungsanspruch des Dritten gegen den Arbeitgeber umwandelt.[1371] Die Vermögensfähigkeit des Betriebsrats ist dabei auf den Umfang des Freistellungsanspruchs gegen den Arbeitgeber aus § 40 I BetrVG beschränkt.[1372] Das „rechtliche Können", die Teilrechtsfähigkeit des Betriebsrates, folgt dabei dem „vermögensmäßigen Können", der partiellen Vermögensfähigkeit des Betriebsrates.[1373] Zusammenfassend ergibt sich aus der Entscheidung des BGH, dass der Betriebsrat gegenüber Dritten im Zusammenhang mit der Wahrnehmung seiner gesetzlichen Aufgaben aus dem BetrVG rechts- und vermögensfähig ist, um wirksam einen Vertrag schließen zu können, soweit dies zur Erfüllung der Aufgaben des

---

BetrVG Rn. 18; *Fitting*, BetrVG, § 1 Rn. 194 m.w.N.; HaKo-BetrVG – *Kloppenburg*, § 1 Rn. 147.

1368 BGH v. 25.10.2012 – III ZR 266/11, NZA 2012, 1382 (1384). Ablehnend GK – *Weber*, § 40 BetrVG, Rn. 25.

1369 BAG v. 24.10.2001 – 7 ABR 20/00, NZA, 2003, 53 (54); BAG v. 29.09.2004 – 1 ABR 30/03, NZA 2005, 123 (124).

1370 BGH v. 25.10.2012 – III ZR 266/11, NZA 2012, 1382 (1384). So auch *Fitting*, BetrVG, § 1, Rn. 207 m.w.N.; a.A. GK – *Weber*, BetrVG, § 40, Rn. 25.

1371 BGH v. 25.10.2012 – III ZR 266/11, NZA 2012, 1382 (1385).

1372 BGH v. 25.10.2012 – III ZR 266/11, NZA 2012, 1382 (1384 f. m.w.N.); *Fitting*, BetrVG, § 1, Rn. 207.

1373 BGH v. 25.10.2012 – III ZR 266/11, NZA 2012, 1382 (1385).

Betriebsrats erforderlich ist und der Betriebsrat daraus resultierend einen Freistellungsanspruch gegen den Arbeitgeber nach § 40 I BetrVG inne hat.[1374]

cc. Auswirkung der BGH-Entscheidung

Fraglich ist, ob die vom BGH angeführte Teilrechts- und Teilvermögensfähigkeit des Betriebsrats gegenüber Dritten eine Haftung des Betriebsrates gegenüber den benachteiligten Beschäftigten begründet und damit zu einer gesamtschuldnerischen Haftung zusammen mit dem Arbeitgeber führt. Gegen eine Teilrechts- und Teilvermögensfähigkeit des Betriebsrats, die eine eigenständige Haftung des Betriebsrats gegenüber einem von einer benachteiligenden Betriebsvereinbarung betroffenen Beschäftigten begründen könnte, sprechen mehrerer Punkte.

Zum einen ist die benachteiligende Betriebsvereinbarung zwischen Arbeitgeber und Betriebsrat keine vertragliche Vereinbarung zwischen Betriebsrat und den benachteiligten Beschäftigten. Die Betriebsvereinbarung ist ein privatrechtlicher, kollektiver Normenvertrag zwischen Betriebsrat und Arbeitgeber, der unmittelbar und zwingend die betrieblichen Arbeitsverhältnisse normativ gestaltet.[1375] Der Betriebsrat will bei Abschluss einer Betriebsvereinbarung daher aber kein rechtsgeschäftliches Verhältnis zu den Beschäftigten begründen.

Daneben ist fraglich, ob Ansprüche auf Schadensersatz aus einer Pflichtverletzung oder einer schädigenden Handlung des Betriebsrats gegenüber Dritten erforderliche Kosten im Sinne des § 40 I BetrVG sind und daher einen Freistellungsanspruch des Betriebsrats gegen den Arbeitgeber begründen können. § 40 I BetrVG umfasst die Kostentragungslast des Arbeitgebers für die erforderlichen Kosten des Betriebsrates, die durch die ordnungsgemäße Erfüllung der Aufgaben des Betriebsrates entstehen. Nach § 75 I BetrVG ist es die Aufgabe des Betriebsrates, zusammen mit dem Arbeitgeber darüber zu wachen, dass die Beschäftigten des Arbeitgebers nicht benachteiligt werden. Ob ein Verstoß gegen § 75 I BetrVG Schadensersatzansprüche auslösen kann, ist umstritten. Zum Teil wird vertreten, dass ein Verstoß gegen § 75 I BGB keinen Schadensersatzanspruch einzelner Arbeitnehmer begründet.[1376] Nach anderer Ansicht ist § 75 I BetrVG ein Schutzgesetz im Sinne des § 823 II BGB, weshalb eine schuldhafte Verletzung des § 75 I BetrVG einen Schadensersatzanspruch der Arbeitnehmer begründet.[1377] Das BAG hat in diesem Zusammenhang bislang nicht Stellung genommen, ob sich dieser Anspruch nur gegen den Arbeitgeber richtet oder in diesem Zusammenhang auch der Betriebsrat rechts- und vermögensfähig ist. Hiergegen spricht jedoch, dass es nicht zu den Aufgaben des Betriebsrates gehört, die Beschäftigten des Arbeitgebers zu

---

1374 BGH v. 25.10.2012 – III ZR 266/11, NZA 2012, 1382.

1375 Exemplarisch *Fitting*, BetrVG, § 77 Rn. 13 m.w.N.

1376 Exemplarisch GK – *Kreutz*, BetrVG, § 75, Rn. 151 m.w.N.; Richardi – *Richardi/Maschmann*, BetrVG, § 75, Rn. 53.

1377 BAG v. 05.04.1984 – 2 AZR 513/82, NZA 1985, 329 (331), ErfK – *Kania*, § 75 BetrVG, Rn. 12, *Fitting*, BetrVG, § 75, Rn. 177.

diskriminieren, sondern gerade über den Schutz vor Diskriminierungen zu wachen. Daraus resultierende Schadensersatzverpflichtungen sind damit keine notwendigen Kosten einer ordnungsgemäßen Erfüllung der Aufgaben des Betriebsrats. Somit besteht im Außenverhältnis gegenüber Dritten auch kein Anspruch auf Freistellung des Betriebsrates gegen den Arbeitgeber aus § 40 I BetrVG. Dies wiederum schließt nach der Rechtsprechung des BGH zur partiellen Rechts- und Vermögensfähigkeit die Rechts- und Vermögensfähigkeit des Betriebsrates aus.[1378]

Fraglich ist, ob eine grundsätzliche Haftung des Arbeitgebers für Pflichtverletzungen des Betriebsrates gegenüber den Beschäftigten in Form einer Freistellungspflicht oder einer sonstigen Einstandspflicht des Arbeitgebers besteht. Als Sanktion von Pflichtverletzungen sieht das BetrVG in § 23 BetrVG den Ausschluss einzelner Betriebsratsmitglieder beziehungsweise die Auflösung des Betriebsrates vor. Eine Zurechnung des Verhaltens des Betriebsrates zu Lasten des Arbeitgebers oder eine Einstandspflicht des Arbeitgebers für Pflichtverletzungen des Betriebsrates ist dem BetrVG jedoch nicht zu entnehmen.

Eine entsprechende Haftung besteht auch nicht im Zusammenhang mit einem Verstoß gegen das Benachteiligungsverbot durch den Betriebsrat. Der Arbeitgeber haftet gegenüber dem benachteiligten Beschäftigten, soweit er selbst gegen das Benachteiligungsverbot verstoßen hat. Eine Zurechnung des Betriebsrates erfolgt nicht. Der Betriebsrat ist weder Vertreter des Arbeitgebers im Sinne der §§ 164 ff. BGB, noch Erfüllungsgehilfe nach § 278 S. 1 BGB. Er ist auch kein Organ des Arbeitgebers im Sinne des§ 31 BGB. Die Benachteiligung von Beschäftigten durch den Betriebsrat begründet daher keinen Freistellungsanspruch gegen den Arbeitgeber.

dd. Rechtsfolge

Der Betriebsrat ist im Zusammenhang mit einer benachteiligenden Regelung in einer Betriebsvereinbarung und der damit zusammenhängenden Folgen nicht rechts- und vermögensfähig. Die fehlende Rechts- und Vermögensfähigkeit des Betriebsrates hat zur Folge, dass der Betriebsrat weder aus Rechtsgeschäft noch aus Delikt selbst haftet.[1379] Eine gesamtschuldnerische Haftung des Arbeitgebers zusammen mit dem Betriebsrat besteht daher nicht.

b. Regressmöglichkeit beim handelnden Betriebsratsmitglied

aa. Regressanspruch gegen die handelnden Betriebsratsmitglieder

Ein gerechter Interessenausgleich könnte durch einen Regressanspruch des Arbeitgebers bei den handelnden Betriebsratsmitgliedern erfolgen.

Ein Anspruch des Arbeitgebers auf zumindest anteiligen Ausgleich des von ihm zu leistenden Schadensersatzes und der Entschädigung könnte sich aus § 280 I BGB

1378 BGH v. 25.10.2012 – III ZR 266/11, NZA 2012, 1382 (1384 f.).

1379 ErfK – *Koch*, § 1 BetrVG Rn. 18; *Fitting*, BetrVG, § 1 Rn. 210; HaKo-BetrVG – *Kloppenburg*, § 1 Rn. 147 f.

i.V.m. § 7 III AGG ergeben. Nach § 7 III AGG ist ein Verstoß eines Beschäftigten gegen das Benachteiligungsverbot zugleich eine Verletzung der arbeitsvertraglichen Pflichten gegenüber dem Arbeitgeber. Ist ein Betriebsratsmitglied kausal an der Erstellung einer benachteiligenden Betriebsvereinbarungsnorm beteiligt, erfolgt dies im Rahmen seiner Amtsführung als Betriebsratsmitglied. Es handelt sich somit um die Verletzung einer Amtspflicht. Diese ergibt sich ausdrücklich aus § 75 I BetrVG. Ob dies zugleich eine schadensersatzbegründende Verletzung der arbeitsvertraglichen Pflichten des Betriebsratsmitgliedes darstellt, ist zweifelhaft. Nach dem Wortlaut des § 7 III AGG ist jede Benachteiligung durch den Arbeitgeber oder einen Beschäftigten eine Verletzung vertraglicher Pflichten. Daraus könnte der Rückschluss gezogen werden, die Benachteiligung durch die Amtspflichtverletzung zugleich eine Vertragspflichtverletzung ist. Dagegen spricht jedoch, dass eine Benachteiligung durch eine entsprechende Anweisung in Form einer Betriebsvereinbarung nur in Rahmen des Betriebsratsamtes möglich ist. Als Beschäftigter ohne betriebsverfassungsrechtliches Amt ist eine entsprechende Pflichtverletzung in dieser Form nicht möglich. Anders als zum Beispiel der Verletzung der Verschwiegenheitspflicht nach § 79 BetrVG, die unabhängig von einem Amt begangen werden kann, da Geheimnisse ungeachtet eines Amtes weitergegeben werden können, ist die Benachteiligung durch eine Betriebsvereinbarung nur im Rahmen des Betriebsratsamtes möglich.[1380] Dem steht nicht entgegen, dass durch das Betriebsratsamt bestimmte Angelegenheiten, die der Verschwiegenheit unterliegen, einfacher zugänglich sind. Zudem wird in § 23 I 1 BetrVG ausdrücklich die Sanktion für eine Verletzung von Amtspflichten als Betriebsratsmitglied benannt. Die Möglichkeit des Regress nach § 280 I BGB i.V.m. § 7 III AGG würde eine nicht sachgerechte Vermischung von Amtspflichten als Betriebsratsmitglied und den arbeitsvertraglichen Pflichten begründen und die Amtspflichten letztlich als arbeitsvertragliche Pflichten deklarieren.

Die Verletzung des Benachteiligungsverbotes als Gremiumsmitglied ist daher als Amtspflichtverletzung, nicht jedoch als Vertragspflichtverletzung einzuordnen. Die Pflichtverletzung schlägt nicht auf das Arbeitsverhältnis durch.

Ein Anspruch des Arbeitgebers gegen die Mitglieder des Betriebsrates aus Delikt scheidet ebenfalls aus. Weder haben die Betriebsratsmitglieder ein geschütztes Rechtsgut des Arbeitgebers, noch ein Schutzgesetz verletzt, das auch dem Schutz individueller Interessen des Arbeitgebers dient.

Der Arbeitgeber kann im Ergebnis gegen die beteiligten Betriebsratsmitglieder keinen Regressanspruch geltend machen.

1380 In der Literatur wird überwiegend vertreten, dass sich eine Verletzung der Verschwiegenheitspflicht der Betriebsratsmitglieder nach § 79 BetrVG auf das Arbeitsverhältnis auswirkt; exemplarisch ErfK – *Kania*, § 79 BetrVG Rn. 20 m.w.N.; DWWK – *Buchmann*, BetrVG, § 79 Rn. 35.

bb. Gesamtschuldnerische Haftung des Arbeitgebers zusammen mit den beteiligten Betriebsratsmitgliedern als persönlich haftende Schuldner

Neben der Frage des Regressanspruchs des Arbeitgebers aus einem eigenständigen Anspruch stellt sich die Frage, ob der Arbeitgeber nach den Grundsätzen der gesamtschuldnerischen Haftung einen Anspruch auf zumindest anteiligen Ausgleich gegen die beteiligten Betriebsratsmitglieder hat.

Die persönliche Haftung von Betriebsratsmitgliedern gegenüber dem Arbeitgeber oder einem Dritten ist höchst umstritten.[1381] Nach der Rechtsprechung des BGH kann sich eine persönliche Haftung von Betriebsratsmitgliedern gegenüber Dritten aus einer entsprechenden Anwendung des § 179 BGB ergeben.[1382] Der BGH bejaht die persönliche Haftung eines rechtsgeschäftlich im Namen des Betriebsrates handelnden Betriebsratsmitglied gegenüber Dritten, wenn die Grenzen der Rechtsfähigkeit des Betriebsrates im Rahmen des Vertragsschlusses mit einem Dritten überschritten werden.[1383] Diese Rechtsprechung kann jedoch nicht auf den Fall einer benachteiligenden Regelung in einer Betriebsvereinbarung übertragen werden. Zum einen handelt das Betriebsratsmitglied bei Abschluss einer Betriebsvereinbarung im Rahmen seiner mit diesem Amt verbundenen Aufgaben. Zum anderen ist der Abschluss einer Betriebsvereinbarung eine originäre Aufgabe des Betriebsrates, so dass sich die Frage nach der Rechtsfähigkeit bei Abschluss der Betriebsvereinbarung beziehungsweise ein Überschreiten der Grenze der Rechtsfähigkeit bei Abschluss der benachteiligenden Betriebsvereinbarung nicht stellt. Es handelt sich gerade nicht um die Abgabe einer Willenserklärung gegenüber dem benachteiligten Dritten im Namen des Betriebsrates.

Eine entsprechende Anwendung des § 179 I BGB drängt sich, anders als im Fall einer beabsichtigten vertraglichen Bindung nicht auf. Es fehlt in diesem Fall an einem vergleichbaren Regelungsinhalt. Die Betriebsratsmitglieder vertreten den Betriebsrat bei Abschluss einer Betriebsvereinbarung gegenüber dem Arbeitgeber und nicht gegenüber den Beschäftigten. Zudem wäre die Rechtsfolge einer entsprechenden Anwendung des § 179 I BGB, dass die Betriebsvereinbarung zwischen den Betriebsrat und dem Arbeitgeber zwar nicht wirksam wäre, jedoch der Arbeitgeber eine Vereinbarung mit den einzelnen Betriebsratsmitgliedern genehmigen könnte. Betriebsvereinbarungen werden jedoch nur zwischen Arbeitgeber und Betriebsrat, aber gerade nicht mit den einzelnen Mitgliedern des Betriebsrates geschlossen.[1384]

1381 Exemplarisch zum Meinungsstand mit ablehnender Ansicht DKKW – *Wedde*, BetrVG, Einleitung Rn. 141 ff.; eine Haftung bejahend GK – *Franzen*, BetrVG, § 1 Rn. 78; *Fitting*, BetrVG, § 1 Rn. 213 ff.; HaKo-BetrVG – *Kloppenburg*, § 1 Rn. 151 ff.; einschränkend Richardi – *Thüsing*, BetrVG, Vor § 26 Rn. 14 f.; kritisch *Gamillscheg*, Koll. ArbR II, S. 576 ff., 582.

1382 BGH v. 25.10.2012 – III ZR 266/11, NZA 2012, 1382 (1386).

1383 BGH v. 25.10.2012 – III ZR 266/11, NZA 2012, 1382 (1386).

1384 ErfK –*Kania*, § 77 BetrVG, Rn. 18; GK – *Kreutz*, BetrVG, § 77, Rn. 33.

Ungeachtet des allgemeinen Streitstandes bedarf es angesichts der Besonderheiten der Haftung für Benachteiligungen und der europäischen Vorgaben einer von der allgemeinen Haftung der Betriebsratsmitglieder losgelösten Betrachtung. Die Voraussetzungen einer persönlichen, deliktischen Haftung der Betriebsratsmitglieder gegenüber den betroffenen Beschäftigten liegen bei konsequenter Gesetzesanwendung vor. Ein Anspruch kann auf §§ 823 I, 830 BGB i.V.m. § 3 V 1 AGG oder § 823 II BGB i.V.m. §§ 7 I, 3 V 1 AGG gestützt werden. In diesem Zusammenhang können sich die Betriebsratsmitglieder ebenso wenig wie bei benachteiligenden Tarifnormen die Tarifvertragsparteien gegenüber dem Arbeitgeber bei Ausgleich im Innenverhältnis auf die Subsidiarität einer deliktischen Haftung wegen einer Persönlichkeitsrechtsverletzung berufen.[1385]

Dahingegen zu beachten ist aber, dass den Betriebsratsmitgliedern ein möglicher Freistellungsanspruch gegen den Arbeitgeber nach den Grundsätzen des innerbetrieblichen Schadensausgleichs zustehen kann.[1386] Bereits dies wird in der Regel faktisch zu einer vollumfänglichen Haftung des Arbeitgebers gegenüber den betroffenen Beschäftigten führen. Schadensersatzansprüche aus einer unerlaubten Handlung lassen sich nicht unter die vom Arbeitgeber nach § 40 BetrVG zu tragenden Kosten einer ordnungsgemäßen Betriebsratstätigkeit subsumieren. Diese Kosten können aus objektiver Sicht nicht als erforderlich für eine ordnungsgemäße Betriebsratsarbeit angesehen werden. Ein Freistellungsanspruch der Betriebsratsmitglieder nach § 40 I BetrVG ist dahingegen nicht begründet.[1387]

Kommt keine Freistellung der Betriebsratsmitglieder nach den Grundsätzen des innerbetrieblichen Schadensausgleichs in Betracht, hätte dies zum Ergebnis, dass die benachteiligten Beschäftigten bei Anwendung einer benachteiligenden Betriebsvereinbarungsnorm gegen die beteiligten Betriebsratsmitglieder einen unmittelbaren Anspruch auf Schadensersatz und Entschädigung aus deliktischer Haftung hätten. Dieses Ergebnis ist gleich aus mehreren Gründen unbillig und nicht sachgerecht. Ausgangspunkt der persönlichen Haftung ist die fehlende Möglichkeit der Inanspruchnahme des Betriebsrats als solchen. Das eigentlich verantwortliche Gremium haftet mangels Vermögen und wegen fehlender Rechtsfähigkeit nicht selbst. Dies ist daher nicht mit der Haftung der Gewerkschaften oder der Verbände vergleichbar. Im Fall einer benachteiligenden Tarifnorm haften die unmittelbar Handelnden nicht persönlich, sondern die juristischen Personen, die Gewerkschaft oder der Verband. Ein unmittelbares persönliches Haftungsrisiko der Handelnden besteht daher nicht. Zudem ist zu beachten, dass es sich nicht um eine gewöhnliche Benachteiligung,

---

1385 Treuwidrigkeit der Berufung auf die Subsidiarität des Entschädigungsanspruchs wegen einer Persönlichkeitsrechtsverletzung im Verhältnis zwischen Arbeitgeber und den Urhebern einer benachteiligenden Norm vergleiche unter Kapitel V C. IV 1. a. aa.

1386 Die Anwendung des Grundsatzes des innerbetrieblichen Schadensausgleichs ist auch im Zusammenhang mit einer Benachteiligung je nach Einzelfall anwendbar; vgl. unter Kapitel III B.I.4.b.

1387 A.A. Däubler/Bertzbach – *Deinert*, AGG, § 3 Rn. 94.

sondern um normatives Unrecht handelt. Angesichts der Vielzahl von Normbetroffenen ist das Haftungsrisiko, das sich aus der Ausübung des Betriebsratsamtes ergibt, unangemessen hoch. Dieses Haftungsrisiko erhöht sich noch angesichts der Besonderheiten der Haftung wegen einer Benachteiligung. Die Haftung des Urhebers einer Benachteiligung darf nicht von einem Verschulden abhängen.[1388] Das Risiko der Haftung für die Betriebsratsmitglieder ist angesichts dessen bei einer Benachteiligung durch eine Betriebsvereinbarungsnorm nicht mehr vorhersehbar und für die Begleitung eines Ehrenamtes nicht mehr zumutbar. Die Handlungsfähigkeit der einzelnen Mitglieder würde durch die Angst vor einer verschuldensunabhängigen und wirtschaftlich ruinierenden Haftung erheblich eingeschränkt. Dies hemmt die Funktionsfähigkeit des Betriebsrats soweit, dass diese nicht mehr gewährleistet wäre.

Bei Ausschluss der persönlichen Haftung der Betriebsratsmitglieder bei Benachteiligung durch Anwendung einer Betriebsvereinbarung wären die betroffenen Beschäftigten zudem nicht schutzlos. Diese können sich nach dem Haftungskonzept des AGG, auch wenn dies kritikwürdig ist, unkompliziert schadlos halten. Der Verweis auf den Behelf beim Arbeitgeber ist allgemein ein geeigneter Ansatzpunkt, um die persönliche Haftung der Betriebsratsmitglieder nicht ausufern zu lassen.[1389]

Aus diesen Gründen bedarf es einer Korrektur der Haftung der Betriebsratsmitglieder bei Benachteiligungen durch Anwendung einer benachteiligenden Betriebsvereinbarungsnorm. Die Haftung der beteiligten Betriebsratsmitglieder gegenüber den betroffenen Beschäftigten ist aus den oben genannten Gründen im Fall einer Benachteiligung durch Anwendung einer Betriebsvereinbarung ausgeschlossen. Damit haftet der Arbeitgeber gegenüber den betroffenen Beschäftigten bei Anwendung einer benachteiligenden Betriebsvereinbarungsnorm allein.

c. Haftungsminderung zugunsten des Arbeitgebers

Eine Möglichkeit zu einem gerechten Interessenausgleich bei der Anwendung benachteiligender Betriebsvereinbarungen könnte eine Haftungsreduzierung zugunsten des Arbeitgebers und zulasten des betroffenen Beschäftigten sein. Würde der Arbeitgeber gegenüber dem betroffenen Beschäftigten allein ohne die Möglichkeit des Regresses bei allen anderen Urhebern der Benachteiligung haften, würde der Arbeitgeber allein das Risiko tragen, das eine kollektivrechtliche Vereinbarung eine unzulässige Benachteiligung beinhaltet. Bei einer alleinigen vollen Haftung des Arbeitgebers für die Benachteiligung würden der Beitrag der Arbeitnehmervertreter und die soziale Verantwortung des Betriebsrates nicht berücksichtigt. Der Arbeitgeber haftet jedoch nicht für das Verhalten des Betriebsrats oder seiner Mitglieder bei Ausübung seiner betriebsverfassungsrechtlichen Aufgaben und Rechte. Weder aus § 278 BGB, § 31 BGB oder § 831 BGB kann eine Haftung begründet werden.

1388 EuGH v. 22.04.1997 – C-180/95 (*Draehmpaehl*), NJW 1997, 1839 (1840); EuGH v. 08.11.1990 – C-179/88 (*Dekker*); NZA 1991, 171 (172).

1389 Hierzu allgemein *Gamillscheg*, Koll. ArbR II, S. 582.

Dies stellt letztlich eine Gefährdungshaftung oder zumindest eine teilweise Gefährdungshaftung für das Verhalten des Betriebsrates dar.

Eine solche Gefährdungshaftung wird dem präventiven Schutzgedanken des Antidiskriminierungsrechts nicht gerecht.[1390] Schließlich würde die soziale Verantwortung der Betriebspartner, insbesondere die der Vertretung der Beschäftigten nicht ausreichend berücksichtigt. Nach § 17 I AGG sind die Vertretungen der Beschäftigten aufgefordert im Rahmen ihrer Möglichkeiten und Aufgaben an der Verwirklichung der Beseitigung und Verhinderung von Benachteiligungen mitzuwirken. Würde die Sanktion für die unzulässige Benachteiligung einzig den Arbeitgeber treffen, besteht für die Vertreter der Beschäftigten kein zwingender Druck, ihrer sozialen Verantwortung mit größtmöglichen Einsatz voll umfänglich nachzukommen. Die Rechtsfolgen neben der Sanktionierung, nämlich Unwirksamkeit der entsprechenden Vereinbarung und eine Anpassung nach oben zugunsten der benachteiligten Beschäftigten muss faktisch nur der Arbeitgeber tragen.

Der Arbeitgeber setzt zwar die benachteiligende Betriebsvereinbarung um, ausgestaltet haben die Betriebsvereinbarung jedoch die Betriebsparteien und nicht der Arbeitgeber allein. Insbesondere in Fällen der erzwingbaren Mitbestimmung nach § 87 I BetrVG oder der Erstellung eines Sozialplanes nach §§ 112 f. BetrVG ist der Betriebsrat zweifelsohne ein gleichberechtigter Partner des Arbeitgebers. Die benachteiligende Regelung der Betriebsvereinbarung ist nach § 7 II AGG bzw. § 134 BGB i.V.m. § 7 I AGG unwirksam. Der Gesetzgeber hat durch § 15 III AGG jedoch deutlich gemacht, dass es sich bei der Diskriminierung durch Anwendung einer kollektivrechtlichen Vereinbarung um eine spezielle Fallkonstellation handelt. Mangels einer Anspruchsgrundlage gegenüber dem Betriebsrat seitens des benachteiligten Beschäftigten und der Verwirklichung der Benachteiligung durch die Umsetzung der benachteiligenden Regelung durch den Arbeitgeber ist es gerechtfertigt, dass der Arbeitgeber in der Außenhaftung gegenüber dem Beschäftigten zu Schadensersatz- und Entschädigungszahlungen verpflichtet ist. Es stellt sich jedoch die Frage, ob dieser Umstand allein dazu führt, dass der Arbeitgeber auch die alleinige wirtschaftliche Last trägt. Der Arbeitgeber ist nicht der alleinige Urheber der Benachteiligung. Dass er allein die wirtschaftliche Last trägt scheint daher nicht gerechtfertigt.

aa. Berücksichtigung der besonderen Fallkonstellation bei der Angemessenheit der Entschädigung nach § 15 II 1 AGG

Ein Ansatzpunkt könnte die Berücksichtigung der besonderen Fallkonstellation bei der Bemessung einer angemessenen Entschädigung sein. Nach § 15 II 1 AGG kann der betroffene Beschäftigte wegen eines Schadens, der kein Vermögensschaden

1390 Vergleiche exemplarisch zur grundsätzlichen Ablehnung einer Gefährdungshaftung des Arbeitgebers für Benachteiligungen seiner Beschäftigten *Simon/Greßlin*, BB 2007, 1782 f.

ist, eine angemessene Entschädigung in Geld verlangen.[1391] Angemessen bedeutet nach dem Willen des Gesetzgebers in diesem Zusammenhang, dass ähnlich dem Schmerzensgeldanspruch des § 253 BGB ein Beurteilungsspielraum besteht.[1392] Bei der Festsetzung einer angemessenen Entschädigung durch das Tatgericht sind alle Umstände des Einzelfalls zu berücksichtigen.[1393] Zu diesen zählen etwa die Schwere und Art der Benachteiligung, ihre Dauer und Folgen, der Anlass und der Beweggrund des Handelns, der Grad der Verantwortlichkeit des Arbeitgebers, etwa geleistete Wiedergutmachung oder erhaltene Genugtuung und das Vorliegen eines Wiederholungsfalls.[1394] Ferner ist der Sanktionszweck der Norm zu berücksichtigen, sodass die Höhe auch danach zu bemessen ist, was zur Erzielung einer abschreckenden Wirkung erforderlich ist.[1395] Demnach ist bei der Bemessung der Entschädigung zugunsten des Arbeitgebers zu berücksichtigen, dass dieser nicht der Alleinurheber ist, sondern auch die Interessenvertreter der Beschäftigten an der Benachteiligung verantwortlich mitgewirkt haben. Zugleich ist auch der Arbeitgeber Urheber der Benachteiligung durch seine Beteiligung an der Normsetzung und durch die Anwendung der Norm. Ein Zurücktreten der Arbeitgeberbeteiligung hinter den Betrag des Betriebsrates bis zu einer Haftungsreduzierung für den Arbeitgeber auf null ist daher ausgeschlossen.[1396] Demnach ist die Reduzierung der Entschädigungssumme ein taugliches Instrument für einen gerechten Interessenausgleich.

bb. Anrechenbares Mitverschulden der Betriebsratsmitglieder gemäß § 254 BGB analog

Einen weiteren Ansatzpunkt könnte eine entsprechende Anwendung des § 254 BGB sein. Bei der Bemessung der Entschädigung nach § 15 II 1 AGG wie auch beim Umfang des Schadensersatzes nach § 15 I 1 AGG stellt sich die Frage, ob sich der benachteiligte Beschäftigte das Verhalten des Betriebsrates anspruchsmindernd anrechnen muss. Der Betriebsrat ist das kollektivrechtliche Interessenvertretungsorgan der Arbeitnehmer im Betrieb des Arbeitgebers. Die Rechtsprechung geht in anderen Zusammenhängen davon aus, dass ein Fehlverhalten des Betriebsrates nicht dem Arbeitgeber angelastet wird, sondern der Arbeitnehmer das Risiko

---

1391 So im Zusammenhang mit einer Diskriminierung in Sozialplänen ausdrücklich *Mohr*, RdA 2010, 44 (54).

1392 BT-Drs. 16/1780 S. 38.

1393 BAG v. 18.03.2010 – 8 AZR 1044/08, NZA 2010, 1129 (1132).

1394 BAG v. 18.03.2010 – 8 AZR 1044/08, NZA 2010, 1129 (1132); Däubler/Bertzbach – *Deinert*, AGG, § 15 Rn. 72 m.w.N; ErfK – *Schlachter*, § 15 AGG Rn. 9.

1395 BAG v. 18.03.2010 – 8 AZR 1044/08, NZA 2010, 1129 (1132).

1396 Dass die Entschädigungssumme bei sehr geringen Auswirkungen der Benachteiligung generell auch auf null reduziert werden kann und keine Entschädigung geleistet werden muss, ist im Einzelfall möglich, wenn bereits durch den nach § 15 I 1 AGG zu leistenden Schadensersatz eine abschreckende Sanktionierung der Benachteiligung erreicht wird. Diese Frage ausdrücklich offen gelassen BAG v. 18.03.2010 – 8 AZR 1044/08, NZA 2010, 1129 (1132).

trägt, dass der Betriebsrat die Rechte des Arbeitnehmers nicht hinreichend berücksichtigt.[1397] Eine unmittelbare Anwendung des § 254 BGB ist ausgeschlossen. Dies beruht bereits darauf, dass die Haftung für eine unzulässige Benachteiligung gerade kein Verschulden voraussetzt. Daneben ist das Handeln des Betriebsrates dem Beschäftigen weder nach § 31 BGB, § 278 BGB, § 831 BGB oder einer anderen Zurechnungsnorm zuzurechnen.

Jedoch sind der Grundgedanke und die in § 254 BGB enthaltende Wertung entsprechend heranzuziehen. Der Betriebsrat ist die Interessenvertretung der Arbeitnehmer in kollektivrechtlichen Fragen. Zu den Aufgaben des Betriebsrats und seiner Mitglieder nach § 75 I BetrVG zählt ausdrücklich die Überwachung, dass alle im Betrieb des Arbeitgebers tätigen Personen nach den Grundsätzen von Recht und Billigkeit gleichbehandelt und nicht benachteiligt werden.[1398] Aufgrund seiner Überwachungspflicht und seines Überwachungsrechts steht der Betriebsrat im Lager des Beschäftigten. Im wurde diese Aufgabe gerade im Sinne der im Betrieb beschäftigten Personen übertragen. In anderen Zusammenhängen ist anerkannt, dass ein Fehlverhalten des Betriebsrats in die Risikosphäre des Arbeitnehmers fällt. So trägt der Arbeitnehmer im Rahmen einer Anhörung zur Kündigung das Risiko, dass der Betriebsrat eigenverantwortlich keinen ordnungsgemäßen Beschluss fast.[1399]

Bei der Bemessung der Haftungsquote ist zunächst vom Grundgedanken auszugehen, dass Betriebsrat und Arbeitgeber gleichberechtigte Partner sind und daher beide zu gleichen Teilen Urheber sind. Dies begründet jedoch nicht zwangsläufig eine Haftungsquote des Arbeitgebers von lediglich 50 Prozent. Dies wird der Besonderheit der Anwendung einer benachteiligenden Norm nur unzureichend gerecht. Es ist zu beachten, dass sich die Benachteiligung erst durch die Anwendung der Norm durch den Arbeitgeber unmittelbar auf den Beschäftigten auswirkt. Hinzu kommt, dass der Arbeitgeber nicht verpflichtet war, die nach § 7 II AGG unwirksame Norm anzuwenden. Dieser das Unrecht erhöhende Beitrag des Arbeitgebers ist gesondert zu berücksichtigen. Dies führt zwangsläufig zu einer Haftungsquote des Arbeitgebers von mehr als 50 Prozent. Im Ergebnis bedeutet dies, dass die Haftungsminderung zugunsten des Arbeitgebers keinesfalls 50 Prozent erreichen kann. Umgekehrt bedeutet dies, dass die Haftung des Arbeitgebers in der Höhe reduziert wird, seine Haftungsquote aber merklich über 50 Prozent liegt.

1397 BAG v. 24.06.2004 – 2 AZR 462/03, NZA 2004, 1330 (1332 f.); BAG v. 16.01.2003 – 2 AZR 707/01, NZA 2003, 927 (928 f.).

1398 ErfK – *Kania*, § 75 BetrVG Rn. 2 m.w.N.; Richardi – *Richardi/Maschmann*, BetrVG, § 75 Rn. 4, 6; HaKo-BetrVG – *Lorenz*, § 75 Rn. 5 ff.

1399 BAG v. 24.06.2004 – 2 AZR 462/03, NZA 2004, 1330 (1332 f.); BAG v. 16.01.2003 – 2 AZR 707/01, NZA 2003, 927 (928 f.); ErfK – *Kania*, § 102 BetrVG Rn. 26 m.w.N.; Richardi – *Thüsing*, BetrVG, § 102 Rn. 130 ff.; KDZ – *Deinert*, KSchR, § 102 BetrVG Rn. 253.

cc. Zwischenergebnis

Die Urheberschaft des Betriebsrates an einer benachteiligenden Betriebsvereinbarung wird interessengerecht berücksichtigt, wenn sich dies auf die Haftung des alleinhaftenden Arbeitgebers angemessen in der Höhe auswirkt. Dies erfolgt durch eine Reduzierung der Entschädigung nach § 15 II AGG.

d. Vereinbarkeit der Haftungsreduzierung mit den europäischen Vorgaben

In diesem Zusammenhang drängt sich die Frage auf, ob eine entsprechende Haftungsreduzierung in der Höhe mit den strengen Vorgaben des Europarechts vereinbar ist. Europarechtskonform ist die Haftungsreduzierung zu Gunsten des Arbeitgebers nur, wenn dies dennoch den Anforderungen an die Sanktionierung einer unzulässigen Benachteiligung gerecht wird.

aa. Anforderungen des Europarechts

Die Richtlinien zum Schutz vor unzulässigen Diskriminierungen und zur Gleichstellung von Männern und Frauen sehen eine Sanktionierung von erfolgten Diskriminierungen vor. Die Sanktionen, die auch Schadenersatzleistungen an die Opfer umfassen können, müssen wirksam, verhältnismäßig und abschreckend sein.[1400]

bb. Konkretisierung durch den EuGH

Wenn sich ein Mitgliedstaat dafür entscheidet, den Verstoß gegen das Diskriminierungsverbot mit der Sanktion einer Entschädigung zu belegen, setzen nach der Auslegung des EuGH die Richtlinien voraus, dass diese Sanktion zur Gewährleistung eines tatsächlichen und wirksamen Rechtsschutzes geeignet ist, eine wirklich abschreckende Wirkung gegenüber dem Arbeitgeber hat und auf jeden Fall in einem angemessenen Verhältnis zum erlittenen Schaden steht.[1401] Eine rein symbolische Sanktion oder Entschädigung würde den Erfordernissen einer wirksamen Umsetzung der Richtlinie nicht gerecht.[1402]

Entscheidet sich ein Mitgliedstaat für eine Sanktion, die sich in den Rahmen einer Regelung über die zivilrechtliche Haftung des Arbeitgebers einfügt, so muss der Verstoß gegen das Diskriminierungsverbot für sich genommen ausreichen, um die volle Haftung seines Urhebers auszulösen, ohne dass die im nationalen Recht vorgesehenen Rechtfertigungsgründe berücksichtigt werden können.[1403] In Bezug

---

1400 Vgl. Art. 15 RL 2000/43/EG, Art. 17 RL 2000/78/EG und Art. 18 RL 2006/54/EG.

1401 EuGH v. 22.04.1997 – C-180/95 (*Draehmpaehl*), NJW 1997, 1839 (1840); EuGH v. 08.11.1990 – C-179/88 (*Dekker*); NZA 1991, 171 (172).

1402 EuGH v. 22.04.1997 – C-180/95 (*Draehmpaehl*), NJW 1997, 1839 (1840); EuGH v. 10.04.1984 – Rs 14/83 (*Colson* und *Kamann*), NZA 1984, 157 (158).

1403 EuGH v. 22.04.1997 – C-180/95 (*Draehmpaehl*), NJW 1997, 1839 (1840); EuGH v. 08.11.1990 – C-179/88 (*Dekker*); NZA 1991, 171 (172); EuGH v. 25.04.2013 – C-81/12 (*Asociatia ACCEPT*), EuZW 2013, 469 (471).

auf das Vorliegen eines Verschuldens lassen sich den Richtlinien keine Rechtfertigungsgründe entnehmen, auf die sich der Urheber einer Diskriminierung mit haftungsbefreiender Wirkung berufen kann.[1404]

cc. Schlussfolgerungen

Schadensersatz und Entschädigung zusammen und nicht allein die Entschädigung nach § 15 II 1 AGG bilden die Sanktion für eine unzulässige Benachteiligung.[1405] So muss das Verhältnis aus Schadensersatz und Entschädigung weiterhin dem erlittenen Schaden angemessen sein und eine abschreckende Wirkung haben. Der Schadensersatz und die Entschädigung stehen auch bei einer entsprechenden sachgerechten Reduzierung der Summe weiterhin in einem angemessenen Verhältnis zu dem durch die Benachteiligung erlittenen Schaden. Praktisch wird sich die Minderung der Haftungssumme in der Regel vorwiegend auf die Bemessung der Entschädigung auswirken. Wird die Benachteiligung vollständig beseitigt und erfolgt insbesondere zukünftig keine unzulässige unterschiedliche Behandlung wegen eines in § 1 AGG genannten Merkmals, so wird zumeist kein materieller Schaden des betroffenen Beschäftigten verbleiben, der vom Arbeitgeber nach § 15 I 1 AGG zu ersetzen wäre.

Soweit der EuGH zur Vereinbarkeit von gesetzlichen Höchstgrenzen für den Entschädigungsanspruch bei Benachteiligungen mit dem Europarecht Stellung nimmt, hat dies keine Auswirkungen auf die Vereinbarkeit einer Betriebsvereinbarung.[1406] Durch die Haftungsminderung infolge der Berücksichtigung der Miturheberschaft des Betriebsrates wird keine pauschale Obergrenze festgesetzt. Der Anspruch des betroffenen Beschäftigten wird einzelfallbezogen ermittelt und die Höhe steht gerade in einem angemessenen Verhältnis zum durch die Benachteiligung erlittenen materiellen und immateriellen Schaden. Den Anforderungen des Europarechts wird

---

1404 So ausdrücklich der EuGH zum Erfordernis des Verschulden beim Anspruch auf Schadensersatz wegen einer geschlechtsbezogenen Benachteiligung im Bezug auf die RL 76/207/EWG, EuGH v. 22.04.1997 – C-180/95 (*Draehmpaehl*), NJW 1997, 1839 (1840).

1405 Däubler/Bertzbach – *Deinert*, AGG, § 15 Rn. 30 m.w.N. Anders hingegen die Gesetzesbegründung, wonach lediglich der Entschädigungsanspruch nach § 15 II 1 AGG die Sanktion darstellen soll; vgl. BT-Drs. 16/1780 S. 38. Ebenso *Bauer/Krieger*, AGG, § 15 Rn. 15; Wendeling-Schröder/Stein – *Stein*, AGG, § 15 Rn. 16; *Boemke/Danko*, AGG im ArbR, § 9 Rn. 40 mit Ausnahme bei der Geschlechtsdiskriminierung. Diese Ansicht verkennt ebenso wie der Gesetzgeber die Vorgaben des Gemeinschaftsrechts. Die Richtlinien unterscheiden in Art. 15 RL 2000/43/EG, Art 17. RL 2000/78/EG und Art. 18 RL 2006/54/EG in den Anforderungen an die zivilrechtliche Sanktionierung nicht zwischen Schadensersatz und Entschädigung.

1406 EuGH v. 22.04.1997 – C-180/95 (*Draehmpaehl*), NJW 1997, 1839 (1840 f.) zur Höchstgrenze der Entschädigung bei geschlechtsbezogener Benachteiligung im Zusammenhang mit einer Einstellung.

die oben erörterte Haftungsminderung des Arbeitgebers bei Anwendung einer Betriebsvereinbarung folglich gerecht.

4. Zusammenfassung

Der Arbeitgeber haftet wegen der Anwendung einer benachteiligenden Betriebsvereinbarungsnorm gegenüber den betroffenen Beschäftigten allein. Ein unmittelbarer Anspruch gegen den Betriebsrat oder dessen Mitglieder besteht nicht. Eine gesamtschuldnerische Haftung des Arbeitgebers mit dem Betriebsrat oder dessen Mitgliedern erfolgt nicht. Ein Rückgriff des Arbeitgebers zum zumindest anteiligen Ausgleich des von ihm zu leistenden Ersatzes des materiellen und immateriellen Schadens im Rahmen eines Regress beim Betriebsrat oder dessen Mitgliedern ist ebenfalls ausgeschlossen. Im Wege eines gerechten Interessenausgleichs ist dies bei der Bemessung des Schadensersatzes und der Entschädigung angemessen zu berücksichtigen.

II. Diskriminierende Betriebsvereinbarung aufgrund eines die Einigung ersetzenden Spruchs der Einigungsstelle

Problematisch ist ebenfalls die Umsetzung diskriminierender Betriebsvereinbarungen, die durch einen die Einigung zwischen den Betriebspartnern ersetzenden Spruch der Einigungsstelle gemäß § 76 V 1 BetrVG zustande gekommen sind. In diesem Fall konnten in der Regel der Arbeitgeber und der Betriebsrat keine Einigung über einen mitbestimmungspflichtigen Tatbestand finden.

1. Urheberschaft des Arbeitgebers

Zunächst stellt sich die Frage, ob der Arbeitgeber auch in diesem Fall der Urheber der Benachteiligung ist. Der Arbeitgeber ist im Fall der erzwingbaren Mitbestimmung grundsätzlich an den Spruch der Einigungsstelle gebunden. Der Spruch der Einigungsstelle ersetzt die Einigung zwischen Betriebsrat und Arbeitgeber. Im Fall der erzwingbaren Mitbestimmung stellt der Einigungsspruch daher in der Regel eine Betriebsvereinbarung dar.[1407] Hat der Einigungsstellenspruch den Charakter eine Betriebsvereinbarung, kann nichts Anderes gelten wie bei einer einvernehmlich zustande gekommenen Betriebsvereinbarung. Auch Betriebsvereinbarungen, die aufgrund des bindenden Spruchs einer Einigungsstelle zustande gekommen sind, sind gemäß § 7 II AGG unwirksam, wenn durch die Regelung gegen das Verbot der unzulässigen Benachteiligung verstoßen wird. Damit wendet der Arbeitgeber eine unwirksame, benachteiligende Betriebsvereinbarungsnorm an, obwohl er diese

---

1407 Exemplarisch GK – *Kreutz*, BetrVG, § 76 Rn. 136 m.w.N; DWWK – *Berg*, BetrVG, § 76 Rn. 141 m.w.N.; ErfK – Kania, § 76 BetrVG Rn. 27; *Fitting*, BetrVG, § 76 Rn. 134; Richardi – *Richardi/Maschmann*, BetrVG, § 76 Rn. 111; ähnlich BAG v. 18.01.1994 – 1 ABR 43/93, NZA 1994, 571 (572).

angesichts der Unwirksamkeit nicht anwenden muss. Er verschafft ihr damit gegenüber seinen Beschäftigten die benachteiligende Wirkung. Ein schützenswertes Vertrauen in die Rechtsmäßigkeit und die zwingende Anwendbarkeit eines Einigungsstellenspruchs besteht nicht. Die Unwirksamkeit wird nicht erst durch eine gestaltende Gerichtsentscheidung begründet.[1408] Im Rahmen einer Rechtskontrolle stellen die Gerichte die Unwirksamkeit lediglich fest.

Auch in diesem Fall gilt, dass der Arbeitgeber im Verhältnis zum betroffenen Beschäftigten der Urheber der Benachteiligung ist, obwohl er die benachteiligende Regelung nicht eigenverantwortlich verursacht hat. Die entsprechende Regelung entfaltet ihre benachteiligende Wirkung gegenüber dem betroffenen Beschäftigten ebenfalls durch die Anwendung der Regelung durch den Arbeitgeber.

2. Auswirkung auf die Haftung des Arbeitgebers

a. Grundsatz der Haftung des Arbeitgebers

Allein der Arbeitgeber ist nach § 15 I, II AGG der Anspruchsgegner des benachteiligten Beschäftigten wegen eines Anspruchs auf Schadensersatz und Entschädigung. Daher haftet der Arbeitgeber im Verhältnis zum Beschäftigten grundsätzlich allein bei einer Benachteiligung durch eine auf einem Spruch der Einigungsstelle beruhende, benachteiligende Betriebsvereinbarung.

b. Regressmöglichkeit des Arbeitgebers

Die alleinige und uneingeschränkte Haftung des Arbeitgebers ist im Ergebnis nicht interessengerecht. Der Arbeitgeber hat die benachteiligende Regelung nicht selbst geschaffen. Vielmehr waren auch die Vertreter der Arbeitnehmer gemäß § 76 II BetrVG und der Einigungsstellenvorsitzende an der Entstehung der benachteiligenden Regelung ebenso in beachtlicher Weise beteiligt. Daher stellt sich die Frage, wie ein gerechter Interessenausgleich erlangt werden kann.

Einen Ansatz könnte ein Regressanspruch des Arbeitgebers gegen die Einigungsstellenmitglieder darstellen. Als Grundlage für einen Anspruch des Arbeitgebers gegen die Mitglieder der Einigungsstelle wegen einer nach § 7 II AGG unwirksamen Betriebsvereinbarungsnorm kommt § 280 I BGB in Betracht. Zwischen dem Arbeitgeber und den Mitgliedern der Einigungsstelle besteht ein betriebsverfassungsrechtliches Schuldverhältnis mit Rechten und Pflichten, unabhängig davon, ob die Mitglieder der Einigungsstelle für ihre Tätigkeit nach § 76a III BetrVG eine Vergütung erhalten oder nicht.[1409] Zu den Pflichten dieses Schuldverhältnisses gehört die Beachtung höherrangigen Rechts, wie dem Benachteiligungsverbot nach

1408 BAG v. 30.10.1979 – 1 ABR 112/77, NJW 1980, 1542 (1543); BAG v. 27.05.1986 – 1 ABR 48/84, NZA 1986, 643 (644); GK – *Kreutz*, BetrVG, § 76 Rn. 171 m.w.N.; Richardi – *Richardi/Maschmann*, BetrVG, § 76 Rn. 135 m.w.N.

1409 BAG v. 27.07.1994 – 7 ABR 10/93, NZA 1995, 545 f.; Richardi – *Richardi/Maschmann*, BetrVG, § 76 Rn. 144; *Fitting*, BetrVG, § 76 Rn. 48; ErfK – *Kania*, § 76 BetrVG

§ 7 I AGG, bei der Findung eines Einigungsstellenspruchs. Ist der Spruch der Einigungsstelle wegen des Verstoßes gegen das Benachteiligungsverbot unwirksam, haften die Mitglieder der Einigungsstelle gegenüber dem Arbeitgeber aufgrund der Pflichtverletzung für den dadurch entstandenen Schaden.

Die Mitglieder der Einigungsstelle sind Teil einer betriebsverfassungsrechtlichen Schlichtungsinstitution. Aufgrund dieser Besonderheit und zur Gewährung der Funktionalität der Einigungsstelle ist die Haftung der Mitglieder der Einigungsstelle auf Vorsatz und grobe Fahrlässigkeit begrenzt.[1410] Eine verschuldensunabhängige Haftung gegenüber dem Arbeitgeber wegen der Benachteiligung der Beschäftigten ist europarechtlich nicht geboten. Eine verschuldensunabhängige Haftung ist nur erforderlich im Verhältnis zum betroffenen Beschäftigten, nicht jedoch zwischen den verschiedenen Verursachern der Benachteiligung im Ausgleichsverhältnis. Dies hat zur Folge, dass der Arbeitgeber nur dann einen eigenen Regressanspruch hat, wenn die beteiligten Mitglieder der Einigungsstelle vorsätzlich oder grob fahrlässig gegen das Benachteiligungsverbot verstoßen haben.

c. Gesamtschuldnerischer Ausgleich

Vergleichbar mit der gesamtschuldnerischen Haftung der Tarifvertragsparteien zusammen mit dem Arbeitgeber könnte eine gesamtschuldnerische Haftung des Arbeitgebers zusammen mit den Mitgliedern der Einigungsstelle in Betracht kommen. Der bindende Spruch der Einigungsstelle in Form einer Betriebsvereinbarung ist eine Benachteiligung nach § 3 V 1 AGG. Der Arbeitgeber wird durch den Spruch der Einigungsstelle zur Benachteiligung seiner Beschäftigten angewiesen. Jede Benachteiligung stellt eine schwerwiegende Persönlichkeitsrechtsverletzung dar. Auf die Subsidiarität eines daraus resultierenden Entschädigungsanspruchs kann sich im Rahmen des Gesamtschuldnerausgleichs nicht berufen werden.[1411] Daher haften die Mitglieder der Einigungsstelle neben dem Arbeitgeber nach §§ 823 I, 830 BGB. Sie haften zusammen mit dem Arbeitgeber als Gesamtschuldner.

Zweifelhaft ist, ob die Einigungsstellenmitglieder sich gegenüber dem Arbeitgeber auf einen Freistellungsanspruch berufen können. Zu denken wäre an eine Übernahme der Kosten nach § 76 I BetrVG. Von der Kostentragungspflicht sind nur solche Kosten umfasst, die erforderlich und verhältnismäßig sind.[1412] Ansprüche gegen die Mitglieder der Einigungsstelle aus unerlaubter Handlung sind

---

Rn. 11; von einem vertraglichem Schuldverhältnis ausgehend GK – *Kreutz*, BetrVG, § 76 Rn. 86; DKKW – *Berg*, BetrVG, § 76 Rn. 41.

1410 DWWK – *Berg*, BetrVG, § 76 Rn. 45; ErfK – *Kania*, § 76 BetrVG Rn. 12; *Fitting*, BetrVG, § 76 Rn. 52 m.w.N.; differenzierende Richardi – *Richardi/Maschmann*, BetrVG, § 76 Rn. 144; a.A. GK – *Kreutz*, BetrVG, § 76 Rn. 93 m.w.N.; *Schipp*, NZA 2011, 271 (273 f.).

1411 Vergleiche hierzu unter Kapitel V C. IV. 1 a. aa.

1412 Exemplarisch BAG v. 13.11.1991 – 7 ABR 70/90, NZA 1992, 459 (461); GK – *Kreutz*, BetrVG, § 76a Rn. 9 f. m.w.N.; DKKW – *Berg*, BetrVG, § 76a Rn. 9.

keine erforderlichen Kosten der Einigungsstelle. Eine unerlaubte Handlung ist keinesfalls zur ordnungsgemäßen Wahrnehmung der Aufgaben der Einigungsstelle erforderlich. Der Schadensersatz- und der Entschädigungsanspruch des benachteiligten Beschäftigten sind keine vom Arbeitgeber nach § 76 I BetrVG zu tragenden Kosten.

Wird der Arbeitgeber nach § 15 I, II AGG von dem benachteiligten Beschäftigten in Anspruch genommen, hat er grundsätzlich einen Anspruch auf anteiligen Ausgleich des geleisteten Schadensersatzes. Dies ergibt aus § 840 BGB i.V.m. § 426 II 1 BGB. In diesem Zusammenhang ist die Haftungsprivilegierung der Einigungsstellenmitglieder zu beachten. Deren Haftung ist auf vorsätzliches oder grob fahrlässiges Handeln begrenzt.[1413] Um einen konsequenten Gleichlauf der Haftung der Einigungsstellenmitglieder zu gewährleisten, bedarf es einer Übertragung dieses Haftungsmaßstabes auch auf den Innenausgleich zwischen Arbeitgeber und Einigungsstellenmitgliedern. Dies bedeutet, dass der Arbeitgeber die Einigungsstellenmitglieder nur dann in Anspruch auf einen Ausgleich in Anspruch nehmen kann, wenn diese vorsätzlich oder grob fahrlässig eine benachteiligende Regelung geschaffen haben. Konsequenterweise bedeutet dies, dass der Arbeitgeber gegenüber dem benachteiligten Beschäftigten allein haftet und ein Regress bei den Einigungsstellenmitgliedern nur möglich ist, wenn diese vorsätzlich oder grob fahrlässig gegen das Benachteiligungsverbot verstoßen haben.

d. Haftungsreduzierung nach Quote

Es stellt sich die Frage, ob die Haftung des Arbeitgebers wie bei einer einvernehmlich zustande gekommenen Betriebsvereinbarung in der Höhe anteilig zu reduzieren ist. Dies kommt grundsätzlich nur in Betracht, wenn der Arbeitgeber mangels des erforderlichen schweren Verschuldens der Einigungsstellenmitglieder bei diesen keinen anteiligen Ausgleich erlangen kann.

Ansatzpunkt für eine anteilige Haftung ist die Tatsache, dass sich die Einigungsstelle paritätisch aus jeweils von Betriebsrat und Arbeitgeber bestellten Mitgliedern und einem neutralen Einigungsstellenvorsitzenden zusammensetzt. Die Mitglieder der Einigungsstelle sind weder vom Arbeitgeber noch vom Betriebsrat weisungsabhängig.[1414] Die Zusammensetzungsregelung des § 76 II 1 BetrVG zeigt jedoch, dass andererseits mit Ausnahmen des Vorsitzenden nicht von einer Unparteilichkeit der Einigungsstellenmitglieder auszugehen ist. Daneben ist

---

1413 DWWK – *Berg*, BetrVG, § 76 Rn. 45; ErfK – *Kania*, § 76 BetrVG Rn. 12; *Fitting*, BetrVG, § 76 Rn. 52 m.w.N.; differenzierende Richardi – *Richardi/Maschmann*, BetrVG, § 76 Rn. 144; a. A. GK – *Kreutz*, BetrVG, § 76 Rn. 93 m.w.N.; *Schipp*, NZA 2011, 271 (273 f.).

1414 Allgemeine Ansicht; vgl. exemplarisch BAG v. 18.01.1994 – 1 ABR 43/93, NZA 1994, 571 (572); BAG v. 27.06.1995 – 1 ABR 3/95, NZA 1996, 161 (162); GK – *Kreutz*, BetrVG, § 76 Rn. 91 m.w.N.; DKKW – *Berg*, BetrVG, § 76 Rn. 38; *Fitting*, BetrVG, § 76 Rn. 51 m.w.N.

die Einigungsstelle eine Schlichtungsinstitution, wenn sich der Betriebsrat und der Arbeitgeber nicht einigen können. Der Betriebsrat als Interessenvertreter der Arbeitnehmer und der Arbeitgeber tragen somit gemeinsam die Verantwortung für die Einigungsstelle. Dies begründet eine Haftungsreduzierung nach den oben aufgezeigten Ansätzen bei Anwendung einer benachteiligenden Betriebsvereinbarung.[1415]

Eine Haftungsreduzierung ist im Ergebnis auch nicht unbillig und mit dem Europarecht vereinbar. Die Haftung des Arbeitgebers ist nicht von dessen Verschulden abhängig, sondern ist bei Fehlen eines schweren Verschuldens der Einigungsstellenmitglieder lediglich in der Höhe reduziert. Dies entspricht einer angemessenen Bemessung im Verhältnis zum durch die Benachteiligung erlittenen Schaden. Der Grad des Verschuldens ist ein zulässiges Bemessungskriterium. Verstoßen die Einigungsstellenmitglieder vorsätzlich oder grob fahrlässig gegen das Benachteiligungsverbot, ist das Haftungsvolumen des Arbeitgebers größer, insbesondere ist die Entschädigungssumme höher. Der Arbeitgeber kann in diesem Fall jedoch einen eigenen Ausgleichsanspruch gegen die Einigungsstellenmitglieder geltend machen. Handelten die Einigungsstellenmitglieder weder vorsätzlich noch grob fahrlässig, ist der Verstoß gegen das Benachteiligungsverbot mangels Benachteiligungswillen weniger schwer. Dies rechtfertigt eine geringere Haftungshöhe durch eine reduzierte Haftungsquote des Arbeitgebers. Wie bereits aufgezeigt, ist die Berücksichtigung der Beteiligung des Betriebsrates als Interessenvertreter der Beschäftigten im Betrieb interessengerecht.

III. Ergebnis

Wendet der Arbeitgeber eine benachteiligende Betriebsvereinbarungsnorm an, so ist er dem betroffenen Beschäftigten zu Schadensersatz und Entschädigung verpflichtet. Bei der Bemessung des zu leistenden Betrages ist jedoch anspruchsmindernd zu berücksichtigen, dass der Betriebsrat als Interessenvertreter des Beschäftigten ebenfalls mitverantwortlicher Urheber der benachteiligenden Norm ist und allein die Erstellung der Norm nach § 3 V I AGG eine Benachteiligung ist. Mangels eigenständiger Haftung des Betriebsrats und fehlender Möglichkeiten zum Regress gegenüber den beteiligten Mitgliedern des Betriebsrats ist eine angemessene Haftungsreduzierung zugunsten des Arbeitgebers vorzunehmen. Dadurch wird eine sachgerechte Haftung des Urhebers der Benachteiligung begründet.

G. Zusammenfassung

Der Arbeitgeber haftet gegenüber den betroffenen Beschäftigten im Außenverhältnis für Benachteiligungen durch die benachteiligende Anwendung von

---

1415 Hierzu ausführlich unter Kapitel V D. I. 3. c.

Tarifverträgen, Betriebs- und Dienstvereinbarungen und die Anwendung benachteiligender Regelungen in Tarifverträgen, Betriebs- und Dienstvereinbarungen. Unter bestimmten Voraussetzungen kann der Arbeitgeber Regress bei den Parteien der Kollektivvereinbarung nehmen. Im Fall der benachteiligenden Betriebsvereinbarungen kommt eine Minderung der Haftungssumme zu Lasten des betroffenen Beschäftigten in Betracht.

Gesamtzusammenfassung und Thesen

1. Der Arbeitgeber haftet in der Regel für die Benachteiligung durch einen Beschäftigten nach § 15 I, II AGG, § 278 BGB analog. Ein Verschulden des Benachteiligenden ist nicht erforderlich. Weder der Anspruch nach § 15 I AGG noch der Entschädigungsanspruch nach § 15 II AGG erfordern ein Verschulden. Es erfolgt die Zurechnung des Verhaltens und nicht des Verschuldens.
   Sonstige Dritte sind in der Regel keine Erfüllungsgehilfen des Arbeitgebers.
2. Eine Zurechnung einer benachteiligenden Willenserklärung zu Lasten des Arbeitgebers nach den Regelungen der Stellvertretung erfolgt mangels Vertretungsmacht des Benachteiligenden nicht. Eine entsprechende Anwendung ist mangels der Voraussetzungen für eine Analogie ausgeschlossen.
3. Der Arbeitgeber haftet grundsätzlich nicht nach § 15 AGG für eine Benachteiligung durch Unterlassen, wenn er seine ihm obliegenden Fürsorge- und Schutzpflichten, insbesondere die in § 12 AGG genannten Pflichten gegenüber seinen Beschäftigten verletzt und dies zu einer Benachteiligung durch andere Beschäftigte oder Dritte führt. Ausnahmsweise kann das Unterlassen positiver Maßnahmen im Zusammenhang mit dem Schutz behinderter Beschäftigter zugleich eine Benachteiligung sein und somit auch eine Haftung nach § 15 AGG begründen. Die Verletzung der Fürsorge- und Schutzpflichten stellt eine Verletzung nebenvertraglicher Pflichten dar. Sie ist jedoch kein Verstoß gegen das Benachteiligungsverbot. Zwischen diesen beiden Pflichtverletzungen ist nach dem eindeutigen Wortlaut des § 15 I 1 AGG und der Gesetzessystematik klar zu differenzieren.
   Der Arbeitgeber ist dem betroffenen Beschäftigten im Fall einer Benachteiligung durch andere Beschäftigte oder Dritte bei einer Verletzung seiner Fürsorge- und Schutzpflichten zu Ersatz des entstandenen Schadens nach § 280 I BGB verpflichtet.
4. Mit einem Verstoß gegen das Benachteiligungsverbot ist stets eine schwerwiegende Verletzung des Persönlichkeitsrechts des betroffenen Beschäftigten verbunden. Die Persönlichkeitsrechtsverletzung kann regelmäßig anderweitig vollständig kompensiert werden. Eine Haftung des Arbeitgebers aus § 823 I BGB ist folglich in der Regel ausgeschlossen. Soweit durch die Benachteiligung durch einen Beschäftigten oder einen sonstigen Dritten ein anderes geschütztes Rechtsgut verletzt wird, haftet der Arbeitgeber nach § 823 I BGB wenn er schuldhaft seine Fürsorgepflichten gegenüber seinen Beschäftigten verletzt hat. Eine Verletzung der Fürsorgepflichten nach § 12 AGG begründet im Fall einer Benachteiligung durch andere Beschäftigte oder Dritte eine Haftung nach § 823 II BGB.
5. Eine Gefährdungshaftung des Arbeitgebers für Benachteiligungen seiner Beschäftigten durch andere Beschäftigte oder Dritte besteht nicht. Dies ist weder

europarechtlich geboten, noch geben das Haftunsgssystem oder fehlende Haftungsdefizite für eine solche Haftung einen Anlass.

6. Die benachteiligende Stellenausschreibung kann als öffentliche Äußerung potentielle Bewerber, die zugleich Merkmalsträger sind, von einer Bewerbung abhalten. Bedient sich der Arbeitgeber für die Stellenausschreibung eines externen Dritten, ist dem Arbeitgeber die benachteiligende Stellenausschreibung ohne nachfolgende Bewerbung nicht nach § 278 BGB, auch nicht in analoger Anwendung, zurechenbar. Die Stellenausschreibung ist jedoch ein Indiz für eine Benachteiligung in einem späteren Stadium des Bewerbungsverfahrens. Im Rahmen des Bewerbungsverfahrens ist zu differenzieren, worin eine Benachteiligungshandlung gesehen werden kann. Treffen Dritte benachteiligende Entscheidungen im Bewerbungsverfahren, haftet nicht zwingend der Arbeitgeber gegenüber dem Bewerber. Eine Benachteiligung des Arbeitgebers liegt jedoch bereits dann vor, wenn der Dritte die Entscheidung nach den Vorgaben des Arbeitgebers trifft. Die Vorgaben des Arbeitgebers sind dann als Anweisung zu einer Benachteiligung selbst eine haftungsbegründende Benachteiligung.
7. Im Rahmen einer Druckkündigung ist nicht die Kündigung an sich die Benachteiligung, sondern das Druckausüben auf den Arbeitgeber wegen eines in § 1 AGG genannten Merkmals des Beschäftigten. Die Kündigung an sich ist dann keine neue Benachteiligung des Arbeitgebers, welche einen Anspruch auf Schadensersatz begründet. Liegen die Voraussetzungen vor, kann dem Arbeitgeber das Druckausüben zugerechnet werden und er ist zu Schadensersatz und Entschädigung verpflichtet. Fehlt es an einer Zurechnungsmöglichkeit und kommt der Arbeitgeber seinen Fürsorge- und Schutzpflichten gegenüber dem betroffenen Beschäftigten nach, haftet der Arbeitgeber nicht. Dies muss im Ergebnis auch dann gelten, wenn der Arbeitgeber bei Vorliegen der Voraussetzungen einer zulässigen Druckkündigung das Arbeitsverhältnis beendet.
8. Die Haftung des Arbeitgebers bei Anwendung von kollektivrechtlichen Vereinbarungen ist entgegen dem Wortlaut des § 15 IV AGG nicht auf Vorsatz und grobe Fahrlässigkeit beschränkt. Dies kann keinesfalls für die benachteiligende Anwendung neutraler Vereinbarungen gelten. Die Benachteiligung liegt dann einzig und allein in der Sphäre des Arbeitgebers. Eine solche Einschränkung kann auch nicht für die Anwendung benachteiligender Vereinbarungen gelten. Dies ist mit dem Recht der Europäischen Union nicht vereinbar. Auch aus der Richtigkeitsgewähr von Tarifvereinbarungen kann kein gegenteiliger Rückschluss gezogen werden. Die Richtigkeitsgewähr von Tarifvereinbarungen stellt gerade keine vertrauensbegründende Rechtmäßigkeitsgewähr dar.
9. Bei Anwendung einer benachteiligenden Tarifnorm haftet der Arbeitgeber gegenüber den Beschäftigten nach § 15 I, II AGG. Das Haftungsprivileg des § 15 III AGG ist europarechtswidrig und findet aus diesem Grund keine Anwendung. Der Arbeitgeber hat gegenüber den Tarifvertragsparteien einen Ausgleichsanspruch für die von ihm zu leistenden Schadensersatz- und Entschädigungszahlungen. Ist er selbst Tarifvertragspartei, kann er einen anteiligen Ausgleich

von der tarifvertragschließenden Gewerkschaft verlangen. Im Verhältnis zu den Tarifvertragsparteien oder den Tarifvertragspartner findet § 15 III AGG Anwendung.

10. Bei Anwendung einer benachteiligenden Betriebsvereinbarung oder einer Personalvereinbarung ist grundsätzlich gleichrangige Beteiligung der Arbeitnehmervertreter bei der Haftung des Arbeitgebers gegenüber den Beschäftigten haftungsmildernd zu berücksichtigen.

Literaturverzeichnis

Adomeit, Klaus: „Arbeitsrecht auf Abwegen“ NJW 1997, Seite 2295

Adomeit, Klaus/Mohr, Jochen: „Benachteiligung von Bewerbern (Beschäftigten) nach dem AGG als Anspruchsgrundlage für Entschädigung und Schadensersatz“ NZA 2007, Seite 179

–: „Verantwortung von Unternehmen für diskriminierende Stellenanzeigen durch Dritte“ NJW 2007, Seite 2522

–: „Rechtsgrundlagen und Reichweite des Schutzes vor diskriminierenden Kündigungen“ NJW 2009, Seite 2255

–: KommAGG - Kommentar zum Allgemeinen Gleichbehandlungsgesetz - 2. Auflage Stuttgart; München; Hannover; Berlin; Weimar; Dresden 2011

Annuß, Georg: „Das Allgemeine Gleichbehandlungsgesetz im Arbeitsrecht“ Betriebs-Berater 2006, Seite 1629

Ascheid, Reiner (Hrsg.)/Preis, Ulrich (Hrsg.)/Schmidt, Ingrid (Hrsg.): Kündigungsrecht - Großkommentar zum gesamten Recht der Beendigung von Arbeitsverhältnissen 4. Auflage München 2012

Bamberger, Heinz Georg/Roth, Herbert: Bürgerliches Gesetzbuch – Kommentar – Band 2 3. Auflage München 2012

Barth, Tobias: „Arbeitsrechtliche Einfühlungsverhältnisse rechtssicher gestalten“ BB 2009, Seite 2646

Bauer, Christoph: „Diskriminierungen und Belästigungen von Arbeitnehmern durch Kollegen und Dritte“ Dissertation Universität Würzburg Würzburg 2013

Bauer, Jobst Hubertus/Arnold, Christian: „AGG und Organmitglieder – Klares und Unklares vom BGH“ NZG 2012, Seite 921

–: „Altersdiskriminierung von Organmitgliedern“ ZIP 2012, Seite 597

Bauer, Jobst-Hubertus/Evers, Malte: „Schadensersatz und Entschädigung bei Diskriminierung – Ein Fass ohne Boden?“ NZA 2006, Seite 893

Bauer, Jobst-Hubertus/Krieger, Steffen: Allgemeines Gleichbehandlungsgesetz – Kommentar – 4. Auflage München 2015

Bauer, Jobst-Hubertus/Thüsing, Gregor/Schunder, Achim: „Das Allgemeine Gleichbehandlungsgesetz – Alter Wein in neuen Schläuchen?“ NZA 2006, Seite 774

Baumann, Thomas: „Die Rechtfolgen eines Grundrechtsverstoßes der Tarifpartner“ RdA 1994, Seite 272

Bauschke, Hans-Joachim: AGG Allgemeines Gleichbehandlungsgesetz im öffentlichen Dienst - Kommentar – Köln 2007

Bayreuther, Frank: „Diskriminierung und sachwidrige Ungleichbehandlung: nicht nur eine Frage des Anstands“ NZA Beilage 2011, Seite 27

Benecke, Martina: „Mobbing: Persönlichkeitsschutz und Haftung des Arbeitgebers – Zugleich Besprechung zum Urteil BAG v. 16.5.2007 – 8 AZR 709/06“ RdA 2008, Seite 357

Bezani, Thomas/Richter, Marcus: Das Allgemeine Gleichbehandlungsgesetz im Arbeitsrecht Köln 2006

Berger-Delhey Ulf: „Ein zweites Gleichberechtigungsgesetz?“ ZTR 1993, Seite 267

–: „*‘Gleich zu sein unter Gleichen, das lässt sich schwer erreichen’* – Aktuelle Rechtsprechung zum allgemeinen Gleichbehandlungsrecht“ ZTR 2007, Seite 474

Boemke, Burkhard/Danko, Franz-Ludwig: AGG im Arbeitsrecht Berlin / Heidelberg 2007

Boemke, Burkhard: Studienbuch Arbeitsrecht 2. Auflage München 2004

Caemerer v., Ernst: Reform der Gefährdungshaftung Berlin, New York 1971

Däubler, Wolfgang (Hrsg.)/Bertzbach, Martin (Hrsg.): Allgemeines Gleichbehandlungsgesetz – Handkommentar – 3. Auflage Baden-Baden 2013

Däubler, Wolfgang (Hrsg.): Tarifvertragsgesetz mit Arbeitnehmer-Entsendegesetz – Kommentar – 3. Auflage Baden-Banden 2012

Däubler, Wolfgang (Hrsg.)/Kittner, Michael (Hrsg.)/Klebe, Thomas (Hrsg.)/Wedde, Thomas (Hrsg.): Betriebsverfassungsgesetz mit Wahlordnung und EBR-Gesetz – Kommentar – 15. Auflage Frankfurt am Main 2016

Däubler, Wolfgang (Hrsg.)/Hjort, Hans Peter (Hrsg.)/Schubert, Michael (Hrsg.)/ Wolmerath, Martin (Hrsg.): Arbeitsrecht Individualarbeitsrecht mit kollektivrechtlichen Bezügen 3. Auflage Baden-Baden 2013

Deinert, Olaf: „Diskriminierungen sind Persönlichkeitsrechtsverletzungen“ AiB 2006, 741

–: „Anwendungsprobleme der arbeitsrechtlichen Schadensersatzvorschriften im neuen AGG“ DB 2007, Seite 398

–: „Die Druckkündigung im Lichte der Diskriminierungsverbote“ RdA 2007, Seite 275

–: „Privatrechtsgestaltung durch Sozialrecht“ Habilitationsschrift Baden-Baden 2007

Diller, Martin: „AGG-Hopping – und was man dagegen tun kann“ BB 2006, Seite 1968

–: „Einstellungsdiskriminierung durch Dritte“ NZA 2007, Seite 649

–: „AGG-Hopping durch Schwerbehinderte“ NZA 2007, Seite 1321

Dornbusch, Gregor/Kasprzyk, Izabela: „Vergütungsstaffeln nach Lebensalter“ NZA 2009, Seite 1000

Düwell, Franz (Hrsg.): Betriebsverfassungsgesetz – Handkommentar – 4. Auflage Baden-Baden 2014

Ehrich, Christian: „Die Entschädigung nach § 611a Abs. 2 BGB – ein neuer „Nebenverdienst“?“ BB 1996, Seite 1007

Etzel, Gerhard/Bader, Peter/Fischermeier, Ernst/Friedrich, Hans-Wolf/Gallner, Inken/Griebeling, Jürgen/Klose, Oliver/Kreft, Burghard/Link, Christian/Lipke, Gert-Albert/Rachor, Stephanie/Rinck, Ursula/Rost, Friedhelm/Spilger, Andreas Michael/Treber, Jürgen/Vogt, Norbert/Weigand, Horst: KR – Gemeinschaftskommentar zum Kündigungsschutzgesetz und zu sonstigen kündigungsschutzrechtlichen Vorschriften 11. Auflage Neuwied 2016

Esser, Walter/Bulach, Christina: „Bedeutung des Allgemeinen Gleichbehandlungsgesetzes für Organmitglieder“ NZG 2007, Seite 321

Fikentscher, Wolfgang/Heinemann, Andreas: Schuldrecht 10. Auflage Berlin 2006

Fischer, Thomas: „Diskriminierung durch Dritte bei der Bewerberauswahl“ NJW 2009, Seite 3547

Fischer, Ulrich: „Die Fremdgeschäftsführerin und andere Organe auf dem Weg zur Arbeitnehmereigenschaft“ NJW 2011, 2329

Fischinger, Philipp S.: „Europarechtskonformität des § 15 IV AGG?“ NZA 2010, Seite 1048

Flohr, Eckhard/Ring, Gerhard: Das neue Gleichbehandlungsgesetz 2006

Freckmann, Anke: „Betriebsbedingte Kündigungen und AGG – was ist noch möglich?“ BB 2007, Seite 1049

Frenzel, Hartmut H.: „Umsetzung der europäischen Antidiskriminierungsrichtlinien in deutsches Recht – Untersuchung auf Effizienz“ ZESAR 2010, Seite 62

Fitting, Karl/Engels, Gerd/Schmidt, Ingrid/Trebinger, Yvonne/Linsenmaier, Wolfgang: Betriebsverfassungsgesetz – Kommentar – 28. Auflage München 2016

Fuchs, Maximilian/Pauker, Werner: Delikts- und Schadensersatzrecht 8. Auflage Berlin, Heidelberg 2012

Gamillscheg, Franz: Kollektives Arbeitsrecht Band I München 1997 Band II München 2008

Gehlhaar, Daniel: „§ 12 III AGG und der Anspruch des belästigten Arbeitnehmers auf Ergreifung (bestimmter?) Schutzmaßnahmen“ NZA 2009, Seite 825

Göpfert, Burkard/Siegrist, Carolin: „Stalking – Nach Inkrafttreten des Allgemeinen Gleichbehandlungsgesetz auch ein Problem für Arbeitgeber?“ NZA 2007, Seite 473

–: „Diskriminierungsverdacht: Über den richtigen Umgang mit arbeitsrechtlichen Diskriminierungsfällen“ ZIP 2006, Seite 1710

Götting, Horst-Peter/Schertz, Christian/Seitz, Walter: Handbuch des Persönlichkeitsrechts München 2008

Hamacher, Anno/Ulrich, Christoph: „Die Kündigung von Arbeitsverhältnissen nach Inkrafttreten und Änderung des AGG“ NZA 2007, Seite 657

Hanau, Peter: „Das Allgemeine Gleichbehandlungsgesetz (arbeitsrechtlicher Teil) zwischen Bagatellisierung und Dramatisierung“ ZIP 2006, Seite 2189

–: „Die Europäische Grundrechtecharta – Schein und Wirklichkeit im Arbeitsrecht“ NZA 2010, Seite 1

Hassold, Gerhard: „Die Lehre vom Organisationsverschulden“ JuS 1982, Seite 583

Heldrich, Andreas/Prölss, Jürgen/Koller, Ingo: Festschrift für Claus-Wilhelm Canaris zum 70. Geburtstag Band I München 2007

Henssler, Martin (Hrsg.)/Braun, Axel (Hrsg.): „Arbeitsrecht in Europa“ 3. Auflage Köln 2011

Henssler, Martin/Kaiser, Eva Maria: „Altersdiskriminierung durch die im BAT festgelegte Vergütung nach Lebensaltersstufen und die Besitzstandswahrung bei Überleitung in den TVöD“ RdA 2012, Seite 248

Henssler, Martin (Hrsg.)/Willemsen, Heinz Josef (Hrsg.)/Kalb, Heinz-Jürgen (Hrsg.): Arbeitsrecht Kommentar 7. Auflage 2016

Henssler, Martin (Hrsg.)/Moll, Wilhelm (Hrsg.)/Bepler, Klaus (Hrsg.): Der Tarifvertrag – Handbuch für das gesamte Tarifrecht – 2. Auflage Köln 2016

Hey, Thomas (Hrsg.)/Forst, Gerrit (Hrsg.): Kommentar zum AGG 2. Auflage Frankfurt am Main 2015

Heyn, Judith/Meinel, Gernod: „Rückenwind für Diskriminierungsklagen“ NZA 2009, Seite 20

Hoch, Sebastian: „Wer nicht schult, zahlt? – Schulungen nach dem Allgemeinen Gleichbehandlungsgesetz“ BB 2007, Seite 1732

Hönn, Günther/Oetker, Hartmut/Raab, Thomas: Festschrift für Peter Kreutz Köln 2010

Hromadka, Wolgang Maschmann, Frank: Arbeitsrecht Band 1 – Individualarbeitsrecht 6. Auflage Berlin, Heidelberg 2015

Huke, Kristina: „Kücükdeveci: Die Kündigungsfrist, das Alter und das Verfassungsrecht“ SAE 2010, Seite 77

Jacobs, Matthias: „Grundprobleme des Entschädigungsanspruchs nach § 15 Abs. 2 AGG“ RdA 2009, Seite 193

Jacobs, Matthias/Krause, Rüdiger/Oetker, Hartmut/Schubert, Claudia: Tarifvertragsrecht 2. Auflage München 2013

Jauernig, Othmar/(Begründer)/Stürner, Rolf (Hrsg.): Bürgerliches Gesetzbuch – Kommentar – 16. Auflage München 2015

Junker, Abbo: Grundkurs Arbeitsrecht 15. Auflage München 2016

–: „Auswirkungen der neueren EuGH-Rechtsprechung auf das deutsche Arbeitsrecht“ NZA 2011, Seite 950

Kamanabrou, Sudabeh: „Rechtsfolgen unzulässiger Benachteiligung im Antidiskriminierungsrecht“ ZfA 2006, Seite 327

–: „Die arbeitsrechtlichen Vorschriften des Allgemeinen Gleichbehandlungsgesetzes“ RdA 2006, Seite 321

–: „Europarechtskonformer Schutz vor Benachteiligungen bei Kündigungen“ RdA 2007, Seite 199

Kandler, Johanna: Sanktionsregelungen für Verstöße gegen die EG –Gleichbehandlungsrichtlinie 76/207/EWG im deutschen Recht Dissertation Universität Regensburg Heidelberg 2003

Kittner, Michael (Hrsg.)/Däubler, Wolfgang (Hrsg.)/Zwanziger, Bertram (Hrsg.): Kündigungsschutzrecht 9. Auflage Frankfurt / Main 2014

Kittner, Michael (Hrsg.)/Zwanziger, Bertram (Hrsg.)/Deinert, Olaf (Hrsg.): Arbeitsrecht Handbuch für die Praxis 8. Auflage Frankfurt / Main 2015

Knittel, Bernhard: SGB IX – Kommentar – 9. Auflage Köln 2016

Koch, Robert: „Versicherung von Haftungsrisiken nach dem Allgemeinen Gleichbehandlungsgesetz“ VersR 2007, Seite 288

Kocher, Eva/Wenckebach, Johanna: „§ 12 AGG als Grundlage für Ansprüche auf angemessene Vorkehrungen“ SR 2013, Seite 17

Kock, Martin: „AGG – amerikanische Verhältnisse“ BB 2009, Seite 157

–: „Allgemeines Gleichbehandlungsgesetz – Überblick über die arbeitsrechtlichen Regelungen“ MDR 2006, Seite 1088

Kohte, Wolfhard (Hrsg.)/Dörner, Hans-Jürgen (Hrsg.)/Anzinger, Rudolf (Hrsg.): Arbeitsrecht im sozialen Dialog Festschrift für Hellmut Wissmann zum 65. Geburtstag München 2005

Kötz, Hein/Wagner, Gerhard: Deliktsrecht 12. Auflage München 2013

Krause, Rüdiger: „Geklärte und ungeklärte Probleme der Arbeitnehmerhaftung“ NZA 2003, Seite 577

Krause, Rüdiger: Arbeitsrecht 3. Auflage Baden-Baden 2015

Krebber, Sebastian: „Rechtsfolgen einer Diskriminierung durch gesetzliche und kollektivrechtliche Regelungen“ EuZA 2009, Seite 200

Ladiges, Manuel: „Die strafrechtliche Garantenpflicht des Vorgesetzten“ SR 2013, Seite 29

Larenz, Karl/Canaris, Claus-Wilhelm: Lehrbuch des Schuldrechts Band II/2 – Besonderer Teil 13. Auflage München 1994

Liebhäuser, Anja: „Die Bedeutung des Allgemeinen Gleichbehandlungsgesetzes für Organmitglieder“ Dissertation Universität Regensburg Hamburg 2012

Lindner, Josef-Franz: „Die Ausweitung des Diskriminierungsschutzes durch den EuGH“ NJW 2008, Seite 2750

Lingemann, Stefan/Gotham, Meike: „AGG - Benachteiligungen wegen des Alters in kollektivrechtlichen Regelungen“ NZA 2007, Seite 663

Lingscheid, Anja: „Antidiskriminierung im Arbeitsrecht“ Dissertation Universität Köln Berlin 2004

Löwisch, Manfred/Rieble, Volker: Tarifvertragsgesetz – Kommentar – 3. Auflage München 2012

Medem v., Andreas: Kündigungsschutz und Allgemeines Gleichbehandlungsgesetz Dissertation Universität Bonn Berlin 2008

Medicus, Dieter/Petersen, Jens: Bürgerliches Recht 25. Auflage Köln 2015

Meinel, Gernod/Heyn, Judith/Herms, Sascha: Allgemeines Gleichbehandlungsgesetz – Kommentar – 2. Auflage München 2010

Mock, Sebastian: „Grundfälle zum Stellvertreterrecht“ JuS 2008, Seite 391

Mohr, Jochen: „Entschädigungsanspruch gem. § 15 Abs. 2 AGG auf Grund einer Diskriminierung wegen der (Schwer-) Behinderung bei der Einschaltung Dritter in das Stellenbesetzungsverfahren“ SAE 2008, Seite 106

–: „Altersdifferenzierungen im Sozialplan nach deutschem und europäischem Recht“ RdA 2010, Seite 44

Mörsdorf, Oliver: „Diskriminierung jüngerer Arbeitnehmer“ NJW 2010, Seite 1046

Müller-Glöge, Rudi (Hrsg.)/Preis, Ulrich (Hrsg.)/Schmidt, Ingrid (Hrsg.): Erfurter Kommentar zum Arbeitsrecht 16. Auflage München 2016

Nägele, Stefan (Hrsg.): „EG-Arbeitsrecht in der deutschen Praxis“ Frankfurt am Main 2007

Nebeling, Martin/Miller, Anemone: „Die materielle Richtigkeitsgewähr des Tarifvertrages im Lichte des § 15 Abs. 3 AGG“ RdA 2007, Seite 289

Nollert-Borasio, Christiane/Perreng, Martina: Allgemeines Gleichbehandlungsgesetz Basiskommentar zu den arbeitsrechtlichen Regelungen 4. Auflage Frankfurt / Main 2016

Nollert-Borasio, Christiane: „2 Jahre AGG – praktische Auswirkungen und notwendige Änderungen“ AuR 2008, Seite 332

Oberthür, Nathalie: „Unionsrechtliche Impulse für den Kündigungsschutz von Organvertretern und Arbeitnehmerbegriff“ NZA 2011, Seite 253

Palandt, Otto (Begründer): Bürgerliches Gesetzbuch – Kommentar – 75. Auflage München 2016

Picker, Eduard: „Antidiskriminierung im Zivil- und Arbeitsrecht“ ZfA 2005, Seite 167

Preis, Ulrich/Sagan, Adam: „Der GmbH-Geschäftsführer in der arbeits- und diskriminierungsrechtlichen Rechtsprechung des EuGH, BGH und BAG“ ZGR 2013, Seite 26

Preis, Ulrich/Temming, Felipe: „Der EuGH, das BVerfG und der Gesetzgeber – Lehren aus Mangold II“ NZA 2010, Seite 185

Prütting Hanns (Hrsg.)/Wegen, Gerhard (Hrsg.)/Weinreich, Gerd (Hrsg.): BGB Kommentar 10. Auflage Köln 2015

Rebhahn, Robert: „Der Arbeitnehmerbegriff des Unionsrechts in der neueren Judikatur des EuGH“ EuZA 2012, Seite 3

Redenius-Hövermann, Julia: „Zur Frauenquote im Aufsichtsrat“ ZIP 2010, Seite 660

Reichert, Bernhard (Hrsg.)/Dauernheim, Jörg (Hrsg.)/Schimke, Martin (Hrsg.): Vereins- und Verbandsrecht 13. Auflage Köln 2016

Reichold, Hermann: „Trail and Error: deutsche Probleme bei der Umsetzung der Antidiskriminierungsrichtlinien 2002 bis 2005“ ZESAR 2006, Seite 386

Repasi, René: „Die Reichweite des allgemeinen Gleichbehandlungsgrundsatzes bei der Richtlinienumsetzung“ EuZW 2009, Seite 756

Reufels, Martin/Molle, Karl: „Diskriminierungsschutz von Organmitgliedern“ NZA-RR 2011, Seite 281

Roetteken v., Torsten: Allgemeines Gleichbehandlungsgesetz – Kommentar zu den arbeits- und dienstrechtlichen Regelungen – 45. Aktualisierung Heidelberg, München, Landsberg, Frechen, Hamburg 2016

Richardi, Reinhard: „Neues und Altes – Ein Ariadnefaden durch das Labyrinth das Allgemeinen Gleichbehandlungsgesetzes“ NZA 2006, Seite 881

Richardi, Reinhard (Hrsg.)/Wlotzke, Otfried (Hrsg.)/Wissmann, Hellmut (Hrsg.)/ Oetker, Hartmut (Hrsg.): Münchner Handbuch zum Arbeitsrecht Band 1 – Individualarbeitsrecht 3. Auflage München 2009

Richardi, Reinhard (Hrsg.): Betriebsverfassungsgesetz mit Wahlordnung – Kommentar – 15. Auflage München 2016

Rieble, Volker/Zedler, Marc Alexander: „Altersdiskriminierung in Tarifverträgen“ ZfA 2006, Seite 273

Rinck, Gerd: Gefährdungshaftung Göttingen 1959

Ring, Gerhard: „Schutz der Beschäftigten vor Benachteiligung nach dem AGG“ JA 2008, Seite 1

Rolfs, Christian/Wessel, Sandra: „Aktuelle Rechtsprechung und Praxisfragen zur Benachteiligung wegen des Geschlechts“ NJW 2009, Seite 3329

Rolfs, Christian: „Allgemeine Gleichbehandlung im Mietrecht“ NJW 2007, Seite 1489

Rudolf, Beate (Hrsg.)/Mahlmann, Matthias (Hrsg.): Gleichbehandlungsrecht – Handbuch – Baden-Baden 2007

Rühl, Wolfgang/Schmid, Matthias/Viethen, Hans Peter: Allgemeines Gleichbehandlungsgesetz München 2007

Rust, Ursula (Hrsg.)/Falke, Josef (Hrsg.): Allgemeines Gleichbehandlungsgesetz mit weiterführenden Vorschriften – Kommentar – Berlin 2007

Säcker, Franz Jürgen (Hrsg.)/Rixecker, Roland (Hrsg.): Münchner Kommentar zum Bürgerlichen Gesetzbuch Band 1 – Allgemeiner Teil §§ 1–240 BGB, ProstG, AGG

7. Auflage München 2015 Band 5 – Schuldrecht-Besonderer Teil III §§ 705–853, PartGG, ProdHaftG 6. Auflage München 2013

Schäfer, Johannes: „Die Verantwortlichkeit des Arbeitgebers für diskriminierendes Verhalten Dritter" Dissertation Universität Hannover Baden-Baden 2013

Sagan, Adam: „Die Sanktion diskriminierender Kündigungen nach dem Allgemeinen Gleichbehandlungsgesetz" NZA 2006, Seite 1257

Schaub, Günther (Begründer)/Koch, Ulrich (Hrsg.)/Treber, Jürgen (Hrsg.)/Linck, Rüdiger (Hrsg.)/ Vogelsang, Hinrich (Hrsg.): Arbeitsrecht – Handbuch 16. Auflage München 2015

Schiefer, Bernd: „Zwei Jahre allgemeines Gleichbehandlungsgesetz" ZfA 2008, Seite 493

Schiek, Dagmar: Allgemeines Gleichbehandlungsgesetz – Ein Kommentar aus europäischer Sicht – München 2007

Schipp, Johannes: „Die Haftung der Einigungsstelle für aufgrund fehlerhafter Einigungsstellensprüche" NZA 2011, Seite 271

Schlachter, Monika: „Das Arbeitsrecht im Allgemeinen Gleichbehandlungsgesetz" ZESAR 2006, Seite 391

Schleusener, Aino/Suckow, Jens/Voigt, Burkhard: Kommentar zum Allgemeinen Gleichbehandlungsgesetz 4. Auflage Köln 2013

Schmidt, Monika: „Rechtssicherheit schaffen" PERSONAL 2010, Seite 72

Schmitt, Jochem: SGB VII - Gesetzliche Unfallversicherung – Kommentar – 4. Auflage Berlin 2009

Schmitz-Scholermann, Christoph/Brune, Ulrike: „Die Rechtsprechung des Bundesarbeitsgerichts zum Allgemeinen Gleichbehandlungsgesetz – Eine Zwischenbilanz" RdA 2011, Seite 129

Schneider, David/Sittard, Ulrich: „Ethikrichtlinien als Präventivmaßnahmen i.S. des § 12 AGG? NZA 2007, Seite 654

Schulze, Reiner/Dörner, Heinrich/Ebert, Ina/Hoeren, Thomas/Kemper, Rainer/Saenger, Ingo/Schreiber, Klaus/Schulte-Nölke, Hans/Staudinger, Ansgar: Bürgerliches Gesetzbuch – Handkommentar 8. Auflage Baden-Baden 2014

Schütt, Kristina/Wolf, Roland: Das neue Allgemein Gleichbehandlungsgesetz Reihe BDA*ktuell* Nr.17 Berlin 2006

Schwab, Rouven: „Diskriminierende Stellenanzeigen durch Personalvermittler" NZA 2007, Seite 178

Seel, Henning-Alexander: „AGG – Schadensersatz für Diskriminierung im Bewerbungsverfahren" MDR 2006, Seite 1321

–: „Die Gleichbehandlung in der arbeitsrechtlichen Praxis" JA 2007, Seite 792

–: „Aktuelles zum AGG" ÖAT 2010, Seite 129

Simon, Oliver/Greßlin Martin: „AGG: Haftung des Arbeitgebers bei Benachteiligungen durch Beschäftigte und Dritte“ BB 2007, Seite 1782

Slupik, Vera/Holpner, Barbara: „§ 611b BGB und die Bundesanstalt für Arbeit“ RdA 1990, Seite 24

Soergel, Hans Theodor: Bürgerliches Gesetzbuch mit Einführungsgesetz und Nebengesetzen – Kommentar

- Band 1 – Allgemeiner Teil 1 §§ 1–103 13. Auflage Stuttgart 2000
- Band 12 – Schuldrecht 10 §§ 823–853 13. Auflage Stuttgart 2005

Spamer, Hansgeorg: „Mobbing am Arbeitsplatz“ Dissertation Technische Universität Darmstadt Frankfurt am Main 2000

Staudinger v., Julius: Kommentar zum Bürgerlichen Gesetzbuch mit Einführungsgesetz und Nebengesetzen

- §§ 21–79 (Allgemeiner Teil 2) Neubearbeitung 2005 Berlin 2005
- §§ 164–240 (Allgemeiner Teil 5) Neubearbeitung 2014 Berlin 2014
- §§ 249–254 (Schadensersatzrecht) Neubearbeitung 2005 Berlin 2005
- §§ 255–304 (Leistungsstörungsrecht 1) Neubearbeitung 2014 Berlin 2014
- §§ 611–613 (Dienstvertragsrecht 1) Neubearbeitung 2016 Berlin 2016
- §§ 823–825 Dreizehnte Bearbeitung 1999 Berlin 1999
- §§ 823 E-I, 824, 825 (Unerlaubte Handlungen 1 – Teilband 2) Neubearbeitung 2009 Berlin 2009
- §§ 830–838 (Unerlaubte Handlung 3) Neubearbeitung 2012 Berlin 2012

Steinkühler, Bernhard: Allgemeines Gleichbehandlungsgesetz Die Umsetzung des AGG im Betrieb mit Handlungsempfehlungen für die Praxis Berlin 2007

Stoffels, Markus: „Grundprobleme der Schadensersatzverpflichtung nach § 15 Abs. 1 AGG“ RdA 2009, Seite 204

Temming, Felipe: „Für einen Paradigmenwechsel in der Sozialplanrechtsprechung“ RdA 2008, Seite 205

Thüsing, Gregor: Arbeitsrechtlicher Diskriminierungsschutz Das neue Allgemeine Gleichbehandlungsgesetz und andere arbeitsrechtliche Benachteiligungsverbote 2. Auflage München 2013

–: „Das Arbeitsrecht der Zukunft? – Die deutsche Umsetzung der Anti-Diskriminierungsrichtlinien im internationalen Vergleich“ NZA Sonderbeilage zu Heft 22/2004, Seite 3

Wagner, Gerhard: „Prävention und Verhaltenssteuerung durch Privatrecht – Anmaßung oder legitimierte Aufgabe?“ Archiv für die civilistische Praxis, Band 206, Seite 352

Wagner, Gerhard/Potsch, Nicolas: „Haftung für Diskriminierung nach dem Allgemeinen Gleichbehandlungsgesetz“ JZ 2006, Seite 1085

Waltermann, Raimund: „Besonderheiten der Haftung im Arbeitsverhältnis“ JuS 2009, Seite 193

Wank, Rolf: „Diskriminierung in Europa – Die Umsetzung der europäischen Antidiskriminierungsrichtlinien aus deutscher Sicht“ NZA Sonderbeilage zu Heft 22/2004, Seite 16

–: „Die personellen Grenzen des Europäischen Arbeitsrechts: Arbeitsrecht für Nicht-Arbeitnehmer?“ EuZA 2008, Seite 172

Wedde, Peter (Hrsg.): Arbeitsrecht – Kompaktkommentar zum Individualarbeitsrecht mit kollektivrechtlichen Bezügen Frankfurt/Main 2009

Wenckebach, Johanna: „Immaterieller Schadensersatz wegen diskriminierender Kündigung“ AuR 2010, Seite 499

Wendeling-Schröder, Ulrike/Stein, Axel: Allgemeines Gleichbehandlungsgesetz – Kommentar – München 2008

Westermann, Peter Harm (Hrsg.)/Grunewald, Barbara (Hrsg.)/Maier-Reimer, Georg (Hrsg.): Bürgerliches Gesetzbuch – Handkommentar – Band 1 14. Auflage Köln 2014

Wiedemann, Herbert: „Tarifvertrag und Diskriminierungsschutz“ NZA 2007, Seite 950

Wiedemann, Herbert (Hrsg.): Tarifvertragsgesetz mit Durchführungs- und Nebenvorschriften – Kommentar – 7. Auflage München 2007

Wiese, Günther/Kreutz, Peter/Oetker, Hartmut/Raab, Thomas/Weber, Christoph/Franzen, Martin/Gutzeit, Martin/Jacobs, Matthias: Gemeinschaftskommentar zum Betriebverfassungsgesetz Band I: §§ 1–73b mit Wahlordnung und EBRG 10. Auflage Köln 2014

Willemsen, Heinz-Josef/Schweibert, Ulrike: „Schutz der Beschäftigten im Allgemeinen Gleichbehandlungsgesetz“ NJW 2006, Seite 2583

Wisskirchen, Gerlind: „Der Umgang mit dem Allgemeinen Gleichbehandlungsgesetz – Ein „Kochrezept“ für Arbeitgeber“ Der Betrieb 2006, Seite 1491

Wolf, Elisa Maria: „Druckkündigung mit diskriminierendem Hintergrund“ Dissertation Georg-August-Universität Göttingen Frankfurt/Main 2012

Wolf, Hunold: „Ausgewählte Rechtsprechung zum Antidiskriminierungsrecht“ NZA-RR 2009, Seite 113

Wolf, Manfred/Neuner, Jörg: Allgemeiner Teil des Bürgerlichen Rechts 10. Auflage München 2012

Wolff, Alexander: „AGG Schuss über das Ziel hinaus“ BB 2009, Seite M1

Wochner, Manfred: „Zur Verantwortlichkeit der Gewerkschaften gegenüber ihren Mitgliedern“ BB 1993, Seite 515

Wulfers, Christian/Hecht, Diana: „Altersdiskriminierung durch Tarifbestimmungen – Eine Analyse des TVöD und TV-L“ ZTR 2007, Seite 475

Wüst, Henning: Allgemeines Gleichbehandlungsgesetz Münster 2006

Schriften zum Recht der Arbeit

Herausgegeben von Olaf Deinert / Rüdiger Krause

Das Arbeitsrecht regelt die Bedingungen, unter denen durch Kooperation von Arbeitgebern und Arbeitnehmern wirtschaftliche Werte geschaffen und die daraus entstehenden Erträge verteilt werden. Dabei muss sich das Arbeitsrecht in einem immer stärkeren Maße den Herausforderungen einer globalisierten Ökonomie einerseits und sich ständig verändernden gesellschaftlichen Anschauungen andererseits stellen. Das Arbeitsrecht nimmt daher eine zentrale Rolle in der Struktur moderner Industrie- und Dienstleistungsgesellschaften ein. Kein anderes Rechtsgebiet steht deshalb so stark im Spannungsfeld der politischen und sozialen Kräfte sowie zugleich im Blickpunkt der Öffentlichkeit. Die Reihe „Schriften zum Recht der Arbeit" soll die wissenschaftliche Auseinandersetzung mit dem Arbeitsrecht und dem betrieblichen Sozialrecht fördern, indem sie einen Rahmen für einschlägige Publikationen schafft. Sie vereint vorwiegend Dissertationen zu diesen Themen, die mit mindestens „cum laude" bewertet worden sind.

Manuskriptvorschläge sind in Papierform an die Herausgeber zu richten: Professor Dr. Olaf Deinert / Professor Dr. Rüdiger Krause, Institut für Arbeitsrecht, Georg-August-Universität Göttingen, Platz der Göttinger Sieben 5, 37073 Göttingen.

Band 1 Elisa Maria Wolf: Druckkündigungen mit diskriminierendem Hintergrund. 2012.

Band 2 Daniel Hader: Die Differenzierung nach der Gewerkschaftsmitgliedschaft durch Vereinbarung. 2012.

Band 3 Nils Seibert: Die Begründung und Beendigung von Arbeitsverhältnissen und Arbeitsverträgen. 2012.

Band 4 Maximilian Federhofer: Europäisches Tarifrecht? Zum Verhältnis von Grundfreiheiten und Grundrechten im Hinblick auf nationale Sachverhalte mit Tarifbezug. 2013.

Band 5 Sara Günther: Arbeitsrechtlicher Antidiskriminierungsschutz und Diversity Management. AGG - Pflicht und Chance zugleich. 2013.

Band 6 Jun Zhu: Die Mankohaftung im Arbeitsverhältnis nach der Schuldrechtsmodernisierung. 2013.

Band 7 Philip Owschimikow: Datenscreening zwischen Compliance-Aufgabe und Arbeitnehmerdatenschutz. Zugleich eine Bewertung des Regierungsentwurfs eines Gesetzes zur Regelung des Beschäftigtendatenschutzes. 2014.

Band 8 Jennifer Rasche: Arbeitnehmerweiterbildung. Gesetzlicher Rahmen und kollektive Gestaltungsmöglichkeiten. 2014.

Band 9 Nicola Jakobi: Flexibilisierungen des Arbeitsverhältnisses im Arbeitnehmerinteresse. Eine rechtsdogmatische und rechtspolitische Untersuchung des Rechts der Arbeitszeiten auf die Vereinbarkeit von Familie und Beruf. 2014.

Band 10 Christiane Radtke: Externer Sachverstand im Betriebsverfassungsrecht. Sachverständige und Berater für Betriebsrat, Gesamtbetriebsrat, Konzernbetriebsrat, Wirtschaftsausschuss und Wahlvorstand. 2014.

Band 11 Michael Au: Das Übergangsmandat der Arbeitnehmervertretungen. 2014.

Band 12 Manfred Walser: Einfluss der Rechtsordnung auf die Tarifbindung der Arbeitgeberseite. 2015.

Band 13 Natascha Ziemek: Der Urlaubsanspruch als synallagmatischer Einheitsanspruch. Die Einordnung des Urlaubs- und Urlaubsabgeltungsanspruchs in das arbeitsvertragliche Synallagma unter Berücksichtigung des unionsrechtlichen Urlaubsbegriffs nach der Rechtsprechung des EuGH. 2016.

Band 14 Yu-Fan Chiu: Die Zulässigkeit atypischer Arbeitskampfformen und die Kampfmittelfreiheit. Eine rechtssoziologische und rechtsdogmatische Analyse im Licht der Flashmob-Entscheidungen von Bundesarbeitsgericht und Bundesverfassungsgericht in Zeiten der wirtschaftlichen Globalisierung. 2017.

Band 15 Paul Brummer: Die Haftung des Arbeitgebers für Benachteiligungen seiner Beschäftigten durch andere Beschäftigte und Dritte. 2017.

www.peterlang.com

www.ingramcontent.com/pod-product-compliance
Ingram Content Group UK Ltd.
Pitfield, Milton Keynes, MK11 3LW, UK
UKHW021833290926
8980IPUK00004B/435

9 783631 720394